신희원

보건교사 길라잡이

4 성인(2)

신희원 편저

동영상강의 www.pmg.co.kr

QMG 박문각

머리말

반갑습니다. 신희원입니다.

25년 전 임용고시를 치르고 보건교사로 임용되었던 순간이 떠오르면 저는 지금도 감명 받습니다. 간호사의 생활도 좋지만, 삶의 방향을 용기 있게 턴해서 완전히 다른 방향으로 과감히 도전해 본다는 것은 자신의 삶에 참으로 진지한 태도라 여겨집니다. 그래서 임용 준비를 시작한 여러분들에게 큰 박수를 보내고 싶습니다.

시작이 반이다!

맞습니다. 그리고 어쩌면 그것이 모두일 수 있습니다.

간절함이 답이다!

보건교사 임용고시에 합격을 하려면 엄청나게 많은 노하우가 저변에 깔려 있을 것이란 의구심이 들 것입니다. 간절함을 키우십시오. 그 간절함이 떨림을 가져오고 신중해지고 되기 위해 할 일들을 하나씩 하나씩 채워나갈 것입니다.

노하우?

있습니다. 그러나 그 노하우는 공개되어진 전략일 뿐입니다. 노하우를 캐는 것에 시간을 보내기보다는 자신의 약점을 채우고 임용고시의 방향을 파악하는 데 시간을 채워나가는 것이 답입니다.

지피지기면 백전백승이다!

자기 자신을 알아야 합니다. 자신이 어떤 부분에 약체인지를 파악해 나가야 합니다. 예를 들면 암기는 잘하지만, 서술을 충분히 하지 않는 경향이 보이는 분들이 많습니다. "IN PUT"을 위한 수많은 노력을 하는 이유는 "OUT PUT"을 잘 하기 위함입니다. 애석하게도 많은 분들이 "IN PUT"에 더 무게중심을 두고 아쉬운 결과를 향해 가는 경우를 많이 보아왔습니다. 문제가 요구하는 답안의 방향을 정확히 파악하고, 키워드를 쓰고, 그 근거를 채워나가기 위해서는 내용의 숙달된 이해도가 있어야만 가능합니다.

그래서 신희원 본인이 여러분의 보건교사 임용을 도와줄 수 있는 부분은 다음과 같습니다.

- 핵심키워드, 우선순위 내용 파악을 위한 구조화 학습을 통해 여러분의 이해도를 제대로 증진시켜줄 수 있다!
- 문제를 읽어내는(파악하는) 능력을 키워줄 수 있다!
- 가장 중요한 "OUT PUT"을 잘하게 해줄 수 있다!

여러분과 이 한 해를 함께 발맞추어 나아가 꼭 합격의 라인에 같이 도달합시다.
꿈은 이루어진다! 여러분을 응원합니다.

신희원

차례

🧰 출제경향 및 유형

연도	내용
1992학년도	고혈압성 두통
1993학년도	백혈병의 구강간호
1994학년도	고혈압 치료제 중 이뇨제 부작용
1995학년도	백혈구의 과립구 작용, 혈액응고요소, 조혈기관, 재생불량성 빈혈
1996학년도	조혈기관, 백혈구작용, 혈우병, 빌리루빈 작용, 악성빈혈
1997학년도	
1998학년도	철분결핍성빈혈(지방)
1999학년도	
후 1999학년도	고혈압 종류, 이뇨제·β차단제의 부작용, 고혈압 환자의 간호관리
2000학년도	
2001학년도	
2002학년도	하지 정맥류의 병태생리기전과 예방법
2003학년도	
2004학년도	
2005학년도	
2006학년도	
2007학년도	혈우병 발생 확률
2008학년도	혈관이상에 의한 출혈성 질병(Henoch–Schonlein purpura)의 증상, Trendelenburg 검사
2009학년도	빈혈
2010학년도	심바스타틴의 약리작용
2011학년도	
2012학년도	고혈압 약물부작용
2013학년도	대사증후군
2014학년도	
2015학년도	겸상적혈구빈혈
2016학년도	심부정맥혈전증, 호만징후
2017학년도	
2018학년도	
2019학년도	
2020학년도	빈혈, 악성빈혈, 레이노(Raynaud) 현상
2021학년도	
2022학년도	
2023학년도	

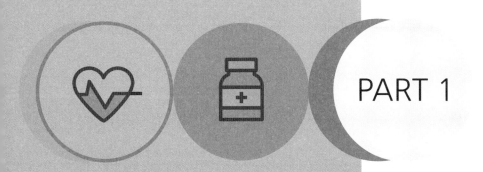

PART 1

맥관계 건강문제와 간호

Chapter

01 동맥질환

01 동맥폐색질환

1 폐색질환

(1) 급성 동맥폐색 [국시 2005 · 2010 · 2018 · 2019]

정의		말초동맥이 모두 혹은 부분적으로 갑자기 폐색되어 사지의 혈액공급이 차단되고 심한 통증이나 괴사를 일으키는 것
원인과 병태생리	주원인	색전증, 혈전증, 외상
	기전	• 인공판막수술 후, 심방세동, 심근경색증 후, 류머티즘성 심질환 후 혈전이 심장에서 떨어져 나와 상지에 발생하는 경우가 가장 흔함 • 하지에 생기는 색전은 대부분 표재성 대퇴동맥, 슬와동맥에서 발생
증상		• 폐색은 보통 급격하게 발생함. 환자는 심한 통증을 느끼지만 동맥폐색이라는 생각을 못하고 넘어갈 수 있으며 가끔은 폐색 시 통증이 없을 수도 있음. 통증의 강도는 급격히 증가하다가 갑자기 체중을 지지하기가 어려울 정도가 됨 • 조기 징후는 냉감, 사지의 무감각증 및 근육 허약감이 오며 환자는 심지어 다리의 마비도 경험할 수 있음 • 혈전증이나 색전증으로 인한 급성 국소빈혈의 전통적 증상은 '6P'
6P : 전통적 증상 [국시 2019]	통증(pain)	하지의 말단부위에 통증, 안정 시 허혈성 통증, 작열감
	감각이상 (parethesia)과 위치감각 상실	핀으로 찌르거나 눌러도 느낌이 들지 않으며 발가락을 굽히거나 젖혀도 알 수가 없게 됨
	냉감 (poikilothermia)	폐색된 부위 사지의 냉감, 피부 온도가 참
	마비(paralysis)	폐색된 부위의 신경괴사로 마비가 생김
	창백 (pale)	• 표피정맥이 비워지고 모세관이 채워지지 않았기 때문 • 점차 점이 생기고 청색증이 오며 사체의 찬 다리 같이 될 수 있음
	맥박소실 (pulselessness)	근육괴사는 폐색 후 2~3시간 후부터 시작될 수 있음. 근육과 관절의 강직이 함께 온 완전한 마비는 돌이킬 수 없는 손상이 초래된 것. 광범위한 근육파괴와 전신 패혈증을 예방하기 위하여 다리는 절단될 수 있음
	수축기압 하강	발목 부위의 수축기압이 하강됨

진단검사	발목－팔(상완) 지수(ABI) 측정 [국시 2019]	측정	발목 수축기압 / 상완동맥 수축기압
		방법	• 대상자를 바로 눕히고 도플러를 이용하여 양쪽 상완에서 혈압 측정 　－ 상완동맥 위에 혈압계 커프를 감고 요골맥박 위에 전도성 젤리를 바른 뒤 도플러로 요골맥박을 들을 수 없을 때까지 혈압계 압력 높이기 • 20mmHg 더 올린 후 천천히 맥박을 다시 들을 수 있을 때까지 압력 낮춤. 그때 미터기의 수치가 수축기압에 해당함 • 이 방법을 다리에도 실시. 발목에 커프를 감고, 족배맥박을 도플러를 이용하여 듣기 • 후경골 수축기압을 상완 수축기압으로 나눈 값이 ABI에 해당
		결과	1.3 초과 · 하지동맥의 석회화 경화도 증가 · 팔동맥 협착
			1.0~1.2 정상(팔목 압력 < 발목 압력)
			0.9 미만 하지동맥 협착
			0.5~0.7 하지동맥 폐색, 파행증
			0~ 0.4 하지동맥 폐색, 안정 시 통증
	도플러초음파검사		－
	MRI, 혈관조영술		수술 전 폐색 부위·정도 파악
치료	약물	항응고제	더 이상 색전이 생기지 않도록 즉각적으로 헤파린 정맥주사
		혈전용해제	혈전이나 색전을 분해하기 위해서는 섬유소 용해제인 streptokinase, urokinase나 TPA(Tissue Plasminogen Activator) 사용
		칼슘통로 차단제	• nifedipine(procardia) : 혈관의 탈분극 시기에 Ca^{++} 유입을 차단하여 말초 혈관의 저항을 떨어뜨려서 말초세동맥 확장 • 혈관경련을 완화하고 예방(동맥혈전이나 색전은 심한 혈관경련을 유발)
		모르핀	morphine sulfate는 진통 효과뿐만 아니라 환자의 불안을 감소시키는 데도 효과적
	수술	색전 제거술	수술할 경우에는 가능한 한 빨리 시행해야 함
		경피적 혈관성형술	사타구니 구멍에 가느다란 유도 철사를 넣어서 좁아지고 막혀있는 혈관을 뚫음. 풍선이나 스텐트를 이용해 좁아진 혈관을 넓힘

간호	사정	• 활력징후, 말초동맥의 맥박, 동맥폐색 징후를 사정함 • 항응고제나 혈전용해제를 사용하는 동안 지속적으로 출혈 징후를 관찰함
	보호	• 환자는 따뜻한 방에서 휴식(온기는 혈관을 확장시키고 순환을 도와줌) • 이환된 사지는 크래들(cradle)을 사용하여 외상을 받지 않도록 보호해야 함
	체위	• 환자의 체위는 다리를 수평으로 유지하거나 약간 낮은 자세로 하는 것이 좋음 • 다리를 상승시키면 동맥 순환이 감소함
	통증	환자의 안위를 돕기 위하여 진통제를 투여하며 필요하다면 진정제를 줄 수도 있음

(2) 만성 동맥폐색 [국시 2018]

정의	부분적 혹은 전체적으로 동맥이 폐색되는 만성적인 상태	
원인과 병태생리	주원인	죽상경화증
진단	발목-팔 지수(ABI) 측정	ABI = 후경골 수축기압 ÷ 상완수축기압 • 파행증과 비슷한 증상/파행증과 안정 시 통증 구분 • 사지의 순환상태 측정 • 동맥협착 정도가 상승 → 손상된 부위의 원위부 수축기압 감소 > 1.3(팔협착) / 1.0~1.2(정상) / < 0.9(하지협착) / < 0.7(파행증) / < 0.4(안정 시 통증)

증상	단계	단계별 임상증상		
	무증상 (asymtomatic)	• 통증은 없음 • 잡음이나 동맥류는 있을 수 있음 • 발 부위 맥박감소 또는 소실		
	간헐적 파행증 (intermittent claudication) [국시 2018]	• 운동 시 근육에 통증이나 경련, 화끈거림 • 통증은 주로 엉덩이나 장딴지에 나타나며, 동맥경화증이 있는 부위를 따라서 발생함 • 보통 피로감, 근육경련, 무감각, 절뚝거림을 동반하여 근육을 만져보면 늘어져 있음		
		허혈	동맥 혈관의 폐쇄(75% 이상)로 조직의 허혈상태로 인한 조직의 부적절한 산소화가 됨	
		젖산	근육 수축에 무산소 대사가 일어나 젖산이 조직 내에 축적됨	
		완화	휴식하면 통증이 사라지나 운동하면 통증이 다시 나타남	

안정 시 통증 (rest pain)		• 수면 중 통증으로 잠을 깨는 상태 • 저리거나 화끈거리며 치통과 같은 양상의 통증 • 통증 부위는 보통 발가락, 뒤꿈치 등이며 장딴지 근육과 복사뼈 부위는 드묾
	기전	혈전이나 색전 또는 동맥절단으로 인한 혈관폐쇄(허혈성 통증)조직에서 만들어진 젖산으로 통증은 더 심해짐
	완화	통증은 다리를 밑으로 내리는 자세로 완화될 수도 있음
괴사 (necrosis/ gangrene)		• 발가락이나 발 뿌리 쪽, 발뒤꿈치 등에 궤양이나 까맣게 된 조직을 볼 수 있음 • 괴사된 조직 특유의 냄새가 남
치료	약물	• 혈관확장제, 항응고제, 혈청 내 콜레스테롤을 낮추는 약물 등 처방 　- 혈관 확장제는 독성 부작용이 없으나 안면홍조, 빈맥과 심계항진, 신경질과 흥분성, 현기증, 떨림, 오심 및 허약감 등의 부작용이 있음. 혈관확장제로서 nifedifine이 보통 사용되나 직립성 저혈압을 예방하기 위해 주의하면서 사용해야 함 • 항응고제는 정맥혈전증 시 효과적으로 사용될 수 있으나 동맥혈전증을 예방하거나 감소시키는 데는 거의 도움이 되지 않음 • 가끔은 혈청 내 콜레스테롤을 낮추는 약물이 처방될 수 있음. 항혈소판(antiplatelet) 제제
	수술	경피적 혈관 내 성형술, 교감신경 차단법
	수술 후 간호	• 수술 후 체위는 무릎을 약간 구부린 자연스러운 자세(오금동맥 수축으로 혈류가 감소하기 때문) • 부종 시 침대 발치 약간 상승, 탄력스타킹 착용(정맥귀환, 동맥관류를 쉽게 함) • 통증 확인 : 수술 부위 폐쇄를 의미 • 부종 : 구획증후군 • 운동 : 계단 오르기, 산책하기, 다리 꼬기 금지, 오랫동안 다리 아래로 떨어뜨리기 금지, 걸을 때만 탄력붕대 착용 교육

02 폐색성 혈전 맥관염과 레이노병의 비교

1 폐색성 혈전 맥관염(Buerger씨 병)

정의	• 동맥이나 정맥이 어떤 원인으로 혈전을 형성하고 비화농성인 동맥염과 정맥염을 형성하여 혈관을 폐색시킴으로써 말초 순환부전을 일으키는 질환이다. • Buerger 질환의 원인은 알려지지 않았지만, 흡연과 밀접한 관계가 있다. 40세 이전의 남성에게 발생률이 매우 높으며, 여성 흡연자의 증가로 여성의 유병률도 증가하고 있다. 가족력, 유전적 소인 및 자가면역도 원인으로 추정된다.	
원인과 병태생리	• 상지와 하지 모두에 나타나나 주로 하지혈관이 중간 크기인 동맥과 정맥에 염증이 반복해서 발생하여 형성된 혈전이 혈관을 폐색시킨다. • 정맥의 이환은 적고 대부분 동맥이 침범되며 혈관의 외벽에서부터 염증성 진행이 시작되어 내벽까지 확대되고 이환된 신경의 말단부가 자극을 받아 심한 통증을 일으킨다.	
증상	통증	• 추위에 노출된 후 통증이 발생한다. • 거의 모든 환자에게 간헐적 파행증이 나타난다. • 초기에는 전형적으로 원위발가락이나 손가락, 족궁에서 증상이 나타나고 드물게는 양쪽 장딴지에 통증이 있다.
	안정 시 통증 (rest pain)	• 휴식 중에도 손가락에 허혈성 통증이 나타난다. • 야간에 통증이 더 심해진다. • 무감각, 감각 이상, 작열감 등도 허혈성 신경증(ischemic neuropathy)의 결과로 나타날 수 있다.
	궤양	• 말초의 국소빈혈로 궤양과 괴저가 발생한다. • 침범된 손가락이나 발가락이 괴저될 수 있다. • 주 혈관은 물론 측부혈관(collateral vessels)도 침범당하여 병이 악화되면 발가락의 외상이나 감염에서 시작된 궤양이 잘 낫지 않고 계속 괴사되므로 극심한 통증을 호소한다.
	감각 이상	하나 이상의 발가락에 계속적인 허혈로 안정 시 통증과 냉감 또는 추위에 민감해지는 감각이상이 나타나고, 후경골동맥과 족배동맥이 약하게 촉지되거나 소실된다.
	피부 변화	• 사지가 비정상적으로 붉어지거나 청색증을 보이며, 특히 사지가 아래쪽을 향할 때 더욱 심해진다. • 발가락의 피부는 창백하고 차갑고 청홍색으로 변하여 체위를 바꾸어도 변하지 않고 계속 나타난다. • 피부는 하지를 올려도 희게 되지 않으며 발적 상태(조직이 blue-redish color로 변한다)가 된다.

진단	• 폐색성 혈전혈관염이 있을 때 Allen test에서 비정상이 나타난다. • 진단은 임상증상과 흡연력, 50세 이전의 발병, 허혈성 궤양, 통증 등에 근거한다.	
	혈관 확장	• 흡연은 혈관을 수축시키므로 반드시 금연해야 한다. 　– 환자와 가족에게 금연의 필요성을 강조하고 금연프로그램에 대한 　　정보를 제공한다. • 혈관 확장을 위해 calcium channel blocker나 prazosin이 도움이 된다. • 혈관 확장을 위해 국소적인 교감신경 절제술을 한다.
	통증 완화	• 적절한 진통제와 혈관확장제로 통증을 조절한다. • 혈관 수축을 예방하기 위해 추위에 노출되지 않도록 교육한다. • 추위에 노출되는 작업을 가진 사람은 직업을 바꾸도록 한다. • 궤양부위의 상처를 간호한다.
	사지 절단	보존적 치료가 실패하고 발가락과 손가락 궤양, 치유되지 않은 상처, 괴저가 있으면 환자의 25%가 절단을 하게 된다. 무릎 위를 절단하는 경우는 드물다.
간호중재	• 중재방법은 일반적으로 죽상경화성 말초혈관질환과 비슷하다. 병의 진전을 막고 혈관을 확장시키며, 통증을 완화시키고 심리적인 지지를 제공하는 것이다. • 모든 환자는 담배를 금해야 하고 소량의 알코올은 혈관 확장의 효과가 있으므로 권해도 좋다. • 찬 곳에 노출되거나 발에 상처를 입지 않는 등 기계적, 화학적, 열적인 손상을 피하도록 한다.	
합병증	• 흔한 합병증으로 궤양과 괴저가 있으며 질병의 초기에 나타날 수 있다. • 환자의 40% 정도는 세정맥에 부분적 혈전성 정맥염이 발생한다.	

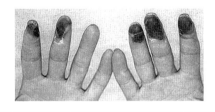 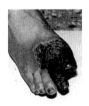

| 폐쇄성 혈전 맥관염 |

2 레이노병(Raynaud's disease) [2020 기출]

정의	• 원발성 혈관 수축성 질환의 일종이다. • 우발적인 혈관경련성 질환으로 손과 발의 동맥에 발작성 경련으로 소동맥에 혈관수축이 일어난다. • 일시적으로 손이 창백해지고 청색증과 함께 피부온도에 변화가 온다. • 추운 날씨와 심리적 자극으로 일어날 수 있으며 발작 후에는 붉은색이 된다.	
	레이노 현상	일측성, 30대에 보통 발생, 남녀 모두에서 발생한다.
	레이노 질환	양측성, 17~50세 사이 발생, 여성에서 많이 발생한다.
원인과 병태생리	• 손가락 추위에 과민한 상태이다. • serotonin의 유리가 촉진된 경우이다. • 선천적으로 혈관 경련이 잘 오는 상태이다. • 80% 정도가 20~49세의 여자에게서 나타난다.	
증상	• 심리적 자극이나 추운 곳에 노출되면 손가락이 창백하고 청색증이 간헐적으로 나타난다. • 증상이 양측성 및 대칭성으로 나타난다. • 손가락 동맥의 폐색성 질병의 징후도 없고 손가락을 변화시킬 수 있는 어떤 전신 질병도 없다. • 괴저가 온다 해도 손가락 끝의 피부에 제한된다. • 적어도 2년 동안 증상이 있었던 과거력이 있다.	
	손가락 증상	• 손의 색깔에 변화(창백)가 있다. • 손가락 끝부분에만 제한된 괴사가 일어난다. • 혈관경련이 멈추면 발적이 생긴다. • 통증, 부종, 무감각, 차가움 등을 호소한다.
손 색깔 변화	1단계	손가락이나 발가락이 하얗게 창백해지며 감각이 무뎌진다.
	2단계	혈액순환이 안 되어 피부가 파랗게 변한다.
	3단계	혈액공급이 원상복귀되어 피부색이 붉어진다.
	4단계	완전히 정상색깔로 돌아온다.

| 레이노병의 증상 |

진단	• 폐색성 혈전혈관염이 있을 때 Allen test에서 비정상이 나타난다. • 진단은 임상증상과 흡연력, 50세 이전의 발병, 허혈성 궤양, 통증 등에 근거한다.	
치료	약물	칼슘 길항제 : nifedipine(procardia)	혈관의 탈분극 시기에 Ca^{++} 유입을 차단하여 말초세동맥 확장으로 혈관 수축 · 경련을 감소시킨다.
		a-교감신경 수용기차단제 : prazosin, terazosin, doxazosin	말초혈관 확장제로 혈관을 수축시키는 아드레날린 수용체를 차단하여 혈관 확장시킨다.
		중추성 교감신경 억제제 : clonidine(catapress), methyldopa(aldomet)	중추신경계를 억제하여 중추신경(뇌, 척수)에서 아드레날린성 신경 유출을 감소시키고, 그에 따라 말초혈관 저항이 감소되며 말초혈관을 확장시킨다.
		혈관수축을 완화하고 평활근을 이완시켜 동맥혈류를 증가시킬 목적으로 약물요법을 시도한다.	
	수술	교감신경 절제술 : 약물요법으로 증상완화 실패 시 실시한다.	
	환자교육	혈관수축 예방 방법(보온, 찬 음식이나 물건은 직접 접촉하지 말 것, 금연, 스트레스 관리, 카페인이나 초콜릿 섭취 제한)을 설명한다.	

| 폐색성 혈전 맥관염과 레이노병의 비교 |

폐색성 혈전 맥관염(Buerger씨 병)	레이노병(Raynaud's disease)
• 원인 : 흡연, 가족력, 유전적 • 동맥과 정맥의 염증 • 40세 이하의 젊은 남자 • 가끔은 비대칭으로 옴 • 간헐적 파행증, 안정 시 동통 • 맥박 소실 • 주로 하지 침범 • 감염과 궤양 동반	• 원인 : 추위, 심리적 자극, 소인, 자가면역 결체조직의 혈관질환 • 20~49세의 젊은 여자 • 증상이 양측성, 대칭적으로 옴 • 손과 발 동맥의 발작성 경련 • 맥박 만져짐 • 주로 손가락 침범 • 조직궤저는 거의 없음 • 피부색 변화(창백-청색-발적), 무감각

	동맥	정맥
통증	• 간헐적 파행증 • 안정 시 통증 • 환부 상승 시 통증 악화	• 하지의 부종 • 하지의 무거움 • 하지의 둔한 통증 • 야간성 근육 경련, 하지 중압감과 부종 • 하지 상승 시 완화, 운동 시 완화
피부	• 털이 없음 • 압박 부위에 통증성 궤양 • 가늘고 반짝이는 피부 • 발톱은 두꺼움 • 발의 허혈성 열상, 발목/뒤꿈치 궤양	• 갈색으로 변함 • 발목/하지 : 병변 부위가 넓고 무통증 • 깊지 않은 궤양 • 발톱은 정상
색깔	창백, 지지 부위 청색증	갈색, 지지 부위 청색증
온도	차가움	혈전성 정맥염 시 따뜻함
감각	감소, 간혹 가려움증, 쿡쿡 쑤시거나 무감각	소양증
맥박	감소 또는 소실	정상
부종	나타날 가능성 있음	부종, 오후 늦게 증가, 하지 상승 시 완화
근육	감소(위축 가능)	정상
간호	하지를 심장보다 낮게 → 사지로 혈액 공급	하지를 심장보다 상승 → 정맥귀환량 증가

03 동맥류(aneurysm)

1 개요

정의		동맥혈관벽의 탄력성이 떨어져 동맥의 압력을 견디지 못하고 풍선처럼 늘어나서 영구적으로 확장된 상태이다.
원인과 병태생리	선천적	• 유전이 주된 소인이다. • 대동맥류 환자에게 엘라스틴(elastin)과 콜라겐(collagen) 형성에 장애가 있음이 밝혀졌다.
	후천적	죽상경화증 [국시 1993]	• 죽상경화증의 결과로 동맥벽의 약화로 수축기 압력을 지탱하지 못하고 확장된다. • 대동맥류의 크기는 시간이 지나면 증가하고 어느 한계에 도달하면 압력을 견디지 못하고 파열된다.

	고혈압	장기간의 고혈압은 혈관내피세포를 손상시켜 대동맥의 내막과 중막이 벗겨져 박리성 동맥류를 형성한다.

	흡연	• 흡연자의 발병 위험도는 비흡연자에 비해 7배가량 높다.
		• 흡연은 죽상경화증, 혈압 상승을 유발한다.
		   − 니코틴, 일산화탄소는 혈관내피손상 및 고지혈증, 혈전형성으로 죽상경화증을 진전시킨다.
		   − 니코틴은 교감신경계 자극으로 혈압이 상승된다.

	노화	노화로 혈관 벽에 탄력이 떨어지면 압력을 견디지 못하고 혈관이 풍선처럼 늘어난다.
동맥류의 유형과 병태생리	 **동맥류의 유형** A. 진성 방추형 동맥류 B. 진성 낭상 동맥류 C. 박리성 동맥류 D. 가성 동맥류	
	• 대동맥류의 크기는 시간이 지나면 증가된다. • 동맥의 지름이 증가하면 Laplace의 법칙(지름이 증가하면 벽에 작용하는 압력이 증가하는 법칙)에 의해 대동맥 벽에 작용하는 압력이 증가하며, 이에 대동맥은 점점 더 늘어난다. • 대동맥 벽이 다양한 원인에 의해 약해지면 대동맥은 방추형이나 소낭형으로 확장된다. • 압력의 한계에 도달하면 압력을 견디지 못하고 파열된다.	

2 뇌동맥류

종류	• aneurysm의 호발[윌리스 고리(circle of willis)의 분지에 많음] • 전교통동맥(anterior communicating a.) & 전대뇌동맥(ACA) : 50.5%, 가장 흔함 • 후교통동맥(posterior − communicating a.) & 속목동맥(ICA) : 32.5% • 중대뇌동맥 분지부(MCA bifurcation), 척추(vertebral) & 뇌바닥(basilar)동맥 : 16.8%
증상	• 갑작스럽고 극심한 두통이 특징적(이전에 경험해 보지 못한 갑작스런 심한 두통) • 오심, 구토, 수막자극증상, 의식 저하 • 배변 시, 성교 시, 심한 흥분 시 발생 • 뇌막자극 징후 : neck stiffness, Kernig's sign
진단	• Brain CT 우선 시행 • 뇌동맥 조영술(angiography)로 aneurysm의 위치 확인 → 확진

3 **복부동맥류**

복부동맥류	심장에서 나온 가장 큰 동맥인 흉부 대동맥을 거쳐 복부 대동맥이 되는데, 이 부위에 생기는 동맥류가 복부 대동맥류임	
		 | 동맥류(흉부/복부) |
원인	노화, 동맥경화, 유전적 요인, 고혈압&흡연, 감염(매독 등), 50~80세 남성(> 여성의 6배) 등	
증상	• 파열 전에는 대부분 증상이 없음 • 대동맥류가 커질 때 주변 장기를 누르면서 증상이 발생 • 대동맥류가 파열되면 복강(배 안)에 대량의 출혈이 생기면서 쇼크로 생명이 위험해짐	
	통증	• 복부, 배부, 측부의 통증, 복부 종괴, 복부팽만감, 복부의 박동감 (sensation of abdominal pulsation) 등이 느껴짐 • 통증은 대부분 서서히 시작하여 지속적으로 진행되고, 모호하고 둔한 양상으로 나타남 • 가끔 박동성 통증(throbbing)이나 산통(colicky)으로 나타남 • 막 파열하려는 참인 동맥류는 촉진 시 압통이 있긴 하나, 동맥류일 때 촉진·타진하지는 않음
	연하곤란	음식을 삼키기 어려운 느낌이 들거나, 숨을 쉬기 답답하고 기침이 나기도 함
	박동감	• 배꼽에서 심장이 뛰는 것 같은 느낌이 나기도 함 • 상복부의 중심부에서 위쪽부터 뚜렷한 박동
	수축기압: 다리 < 팔	다리의 수축기압이 팔의 수축기압보다 낮음 vs) 정상 수축기압: 다리가 팔보다 10~15mmHg 정도 높음
	수축기 잡음	• 청진 시 수축기 잡음 - 청진기를 복부 중앙에 대보면 혈액이 동맥류를 스치며 돌진할 때 난류에 의해 생기는 '쉭쉭'거리는 소리(잡음)를 들을 수 있음
	장폐색	확대된 동맥류 주위의 폐쇄로 인한 국소적 장폐색이 발생됨
진단	초음파촬영	• 동맥류의 크기를 선명하게 보여줄 수 있음 • 동맥류가 비대해지고 있는지, 얼마나 빨리 비대해지고 있는지를 확인하기 위해 몇 달 간격으로 초음파촬영술을 반복할 수도 있음

뇌, 복부 – 흉부 동맥(혈관) 조영술 [국시 2019]	• 조영제를 정맥 주사하고서 X선을 이용하여 조영 촬영 • 초음파촬영보다 더 정확한 복부 대동맥류의 크기와 모양을 확인할 수 있어 동맥류의 진단에 가장 정확함
복부, 흉부 컴퓨터 단층 촬영술(CT)	복부, 흉부 대동맥류의 위치와 크기 진단

④ 치료와 간호

<table>
<tr>
<td rowspan="4">내과적 치료</td>
<td colspan="3">넓이가 2인치(5cm) 미만인 복부 대동맥류는 파열하는 경우가 드묾
→ 매 6개월마다 복부·흉부 초음파 검사를 실시하여 크기 변화를 확인하도록 함</td>
</tr>
<tr>
<td colspan="2">고콜레스테롤 조절</td>
<td>• 동맥류의 크기가 더 이상 커지지 않도록 조절
• 하루에 300mg 이하로 콜레스테롤의 섭취를 제한
• 콜레스테롤을 낮추는 약물인 nicotinic acid나 lovastatin(mevaco)을 투여하여 혈중 콜레스테롤량이 200mg 이하로 유지되도록 조절</td>
</tr>
<tr>
<td colspan="2">고혈압 조절</td>
<td>혈압 하강제로 조절</td>
</tr>
<tr>
<td colspan="2">통증 사정</td>
<td>활력징후나 등, 가슴, 복부 및 다리의 통증을 주의 깊게 사정</td>
</tr>
<tr>
<td rowspan="5">외과적 치료</td>
<td colspan="3">약 2~2⅛인치(5~5.5cm)보다 넓은 동맥류는 파열될 수 있음</td>
</tr>
<tr>
<td rowspan="3">튜브 삽입</td>
<td colspan="2">동맥류 치료를 위해 합성 튜브(이식편) 삽입</td>
</tr>
<tr>
<td>전통적 수술</td>
<td>이식편을 대동맥 안에 딱 맞춰 꿰매 붙이고, 동맥류의 벽으로 이식편을 빙 두르고, 절개를 봉합</td>
</tr>
<tr>
<td>혈관 내 스텐트 이식술</td>
<td>특수 천자 바늘을 통해, 길고 얇은 유도 철사를 삽입해 대퇴동맥을 지나 대동맥 안으로 동맥류가 있는 위치까지 삽입. 스텐트 이식편(그물망이 부착되었으며 구부릴 수 있는 빨대처럼 생김)이 들어 있는 관(카테터)을 유도 철사 위를 따라 삽입해 동맥류 안쪽에 위치시킨 후 스텐트 이식편을 열어 안정된 혈류 통로를 형성</td>
</tr>
<tr>
<td colspan="2">마르팡 증후군</td>
<td>동맥류의 직경이 더 좁더라도 파열될 위험이 더 높기 때문에 동맥류의 대동맥 근부(심장 근처의 대동맥 부분) 직경이 약 1⅛인치(4.5cm)일 때 더 빨리 치료할 수 있음</td>
</tr>
<tr>
<td colspan="3">파열 시 즉시 수술</td>
</tr>
</table>

정맥질환

01 **정맥류(aneurysm)** [2002 · 2008 기출]

1 정의 및 원인

정의	• 하지와 하체의 정맥 판막 부전으로 인해 정맥이 울혈되고 비정상적으로 늘어난 상태 • 정맥압의 상승으로 표재성 정맥이 확장되고 구불거리는 상태(흔한 부위: 대·소복재정맥, 복사뼈 부위의 천공정맥) 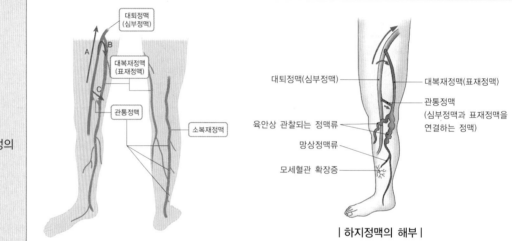 | 하지정맥의 해부 | • A: 대복재정맥에 이상이 없는 경우의 정상적인 다리의 정맥흐름을 보여주는 것 • B: 대복재정맥에 이상이 생겨 다리에서 심장 쪽으로 가는 정맥흐름 중 일부가 이쪽으로 역류하여 대복재정맥 내로 혈액이 정체됨으로써 정맥류가 생기는 것을 보여주는 것 • C: 관통정맥의 이상 시 정맥류가 생기는 것을 보여 주고 있는데, 이런 관통정맥은 복재정맥에 연결되거나 아니면 단독으로 정맥류를 만들 수 있음		
원인	습관	앉을 때 다리를 꼬는 경우가 많은데 이는 하지정맥류를 발생시키는 가장 큰 원인임 → 슬와부위(popliteal spaces) 압박 자세(**예** 다리를 포개고 앉는 자세)를 피해야 함
	직업	오랫동안 앉아 있거나 서 있는 직업을 가진 사람은 정맥귀환의 방해로 하지정맥 울혈(주로 여성/교사, 미용사, 승무원, 간호사, 컴퓨터 프로그래머 등)

임신	체중↑	급격한 체중 증가로 하지정맥에 큰 압박이 가해져 혈액의 순환이 원활하지 못함
	후복강 속 대정맥압↑	태아에 의해 후복강 속의 대정맥이 눌려서 하지의 혈류가 심장으로 정맥귀환의 장애가 발생함
	혈류량↑	임신 자체로 인한 혈류량의 증가로 혈관내경 팽창
	프로게스테론↑	프로게스테론 증가로 평활근이 이완되어 혈관 탄력성 감소로 정맥 확대로 정맥류 발생
비만	복부압↑	비만으로 복부 압력이 증가되어 정맥 귀환의 방해로 하지정맥 울혈
	혈류량↑	• 순환되는 혈류량의 증가로 혈관내경이 팽창됨 • 하지정맥 벽에도 지방이 축적 되면서 혈액순환에 방해됨
복압운동↑	무거운 물건을 드는 직업이나 운동선수들에서 같은 원리로 밸브가 손상되어 하지 정맥류가 발생함(주로 남성)	
유전	• 판막이나 정맥벽의 선천적인 결함이 있는 경우 • 부모 중 한 명이 하지정맥류가 있는 경우 　– 딸(60%), 아들(25%) • 부모 모두 정맥류가 있는 경우 아들과 딸에서 구별 없이 90%의 발병 가능성	
기타	• 손상, 폐색, 심부정맥, 혈전증, 염증으로 인한 판막 손상 • 운동이 부족, 흡연 등이 하지정맥류를 유발 • 노화에 따른 정맥벽의 탄력성 손실 • 여성이 남성보다 3배 더 많음	

| 하지정맥류의 7가지 주요 원인 |

2 병태생리

병태생리 [2002 기출] 정맥압↑ & 판막기능↓	임신, 오래 서 있기 등 정맥압 증가로 정맥벽이 약해지면 정상 압력을 견딜 수 없으며 혈액이 고여 팽창 → 정맥이 팽창되면 판막이 꽉 닫히지 못하게 되어(판막기능↓) 하부정맥으로 혈액이 역류하고 압력이 증가 → 역류된 정맥혈과 정상적으로 진행되는(올라오는) 정맥혈들이 어느 한 부위에서 만나 소용돌이를 일으키고 그 압력으로 정맥이 부풀고 늘어나 확장 → 증가된 팽창은 판막 긴장을 증가시키고 상태를 악화 → 결국 판막의 기능상실과 계속적인 정맥압 상승으로 표재성 정맥은 확장되고 구불거리는 상태를 초래	 정상 판막 손상된 판막
심장으로의 회귀가 되는 혈액순환순서	대동맥 – 소동맥 – 모세혈관 – 표재정맥 – 교통정맥 – 심부정맥 – 상대/하대정맥 – 심장 • 정맥은 대정맥을 통해 심장으로 들어감 • 교통정맥의 판막은 혈액이 표재성 정맥에서 심부정맥으로 흐르게 하지만 반대로 심부정맥에서 표재성 정맥으로 흐르게 하지는 않음	

3 복재정맥 판막 부전증(하지정맥류)의 진단적 검사

시진	• 밝은 빛 아래서 양쪽 다리를 주의 깊게 검사 • 정맥이 팽창되고 돌출되고 꼬불거림이 있음		

도수압박검사
(manual
compress)
	• 선 자세에서 팽창된 정맥을 20cm 간격으로 양손의 손가락을 이용해서 상하를 누르고 있다 뗐을 때 아랫부분의 손가락의 느낌을 감지함
	   – 정상: 아래쪽 손가락에서 박동을 느낄 수 없음
	   – 비정상: 복재정맥 판막 부전증에서는 박동이 전달되어 파동을 느낄 수 있음
	• 압박했다가 뗄 때 아래 두 손가락에 자극이 느껴지면 정맥류임을 의미함
			
			① 압박
			② 혈류 감지

역류충전 (Trendelenburg) 검사, 지혈대 검사 [2008 기출]	목적	• 교통정맥과 표재성(복재)정맥의 판막기능을 검진함 • 하지의 표재성정맥과 교통정맥(표재성정맥과 심부정맥이 합쳐지는 통로가 되는 연결 정맥)으로 통하는 작은 정맥들의 판막기능이 불완전하여 혈액이 역류하는 것을 보여줌	
	방법	환자에게 눕게 한 후 정맥이 비워질 때까지 다리를 올리게 함 → 그런 후 대퇴부 중간쯤 표피정맥이 막힐 정도로만 지혈대로 편안하게 묶음 → 20초 동안 일어서게 하고 지혈대 제거 → 정맥이 밑에서부터 채워지는 시간을 확인	

	정상	35초 걸려 서서히 채워짐
	비정상	정맥판막폐쇄부전에서는 빨리 채워짐
초음파 이중스캔		표재정맥과 같은 정맥의 혈류의 폐쇄 유무와 폐쇄 정도, 정맥혈의 역류 부위를 정확히 알아 치료에 도움이 됨
청진: 도플러 (Doppler) 초음파 검사		환자를 바로 눕게 하고 침대 상체를 20~30° 상승시킨 후 다리를 바깥쪽으로 펴게 하고 발목 복사뼈 안쪽부위에 40~60° 각도로 도플러를 대고 측정함

4 증상 [2002 기출]

외관상 문제	정맥이 팽창됨(늘어짐), 정맥이 비틀리고 변색(갈색)됨, 피부염, 궤양 등이 발생됨, 간혈성 파행증이 육안으로 확인됨
하지 통증	하지 통증, 오랜 시간 서서 일하거나 무거운 짐을 옮기는 등의 다리에 무리를 주는 일을 하고 난 뒤에는 더 심한 통증이 발생함
근경련(쥐)	• 다리, 특히 종아리 쪽에서 근육 경련이나 당김이 느껴짐 • 주기적으로 저리고 쥐가 나며 특히 자다가 쥐가 남(야간성 경련)
부종	• 특히 발목 등의 관절부종 • 오래 동안 서 있으면 다리가 붓고 중압감, 무거움
피로	조금만 걸어도 쉽게 피로해짐
가려움	피부에 발진이 생기고 가려움(소양감)
피부착색	피부에 검은 색소 침착이 과다하게 생기며 거칠어짐
피부염	피부변색, 피부염, 궤양, 혈관염, 출혈의 합병증이 발생함
기타	드물게 정맥표면의 박리로 인한 출혈이 발생함
합병증	• 심부정맥혈전증 • 궤양 등의 피부손상으로 감염의 위험이 증가함

5 하지정맥류 자가진단

자가진단	• 종아리에 실핏줄이 선명하게 보인다. • 종아리 혈관이 울룩불룩하게 튀어나왔다. • 다리와 발이 무겁게 느껴진다. • 조금만 걸어도 쉽게 피로해진다. • 피부에 착색이 생기고 가렵다. • 쑤시는 듯한 통증이 있다. • 다리가 잘 붓고 저리며 자다가 아파 깨기도 한다. • 다리에 쥐가 잘 난다.

6 정맥류와 관련된 문제점

정맥류와 관련된 문제점	• 보기 흉한 외모 • 심부정맥의 정맥부전 • 정맥표면의 박리로 인한 출혈 • 다리와 발에 과다 색소 침착 • 정맥궤양 합병 • 궤양 등의 손상으로 감염의 위험 증가 • 혈전 형성 위험성(심부정맥혈전증) 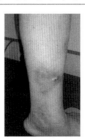 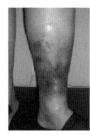 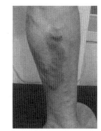 색소 침착 및　　　색소 침착 및　　　정맥성 피부염 혈전성 정맥염　　　피부 궤양

7 하지정맥류의 간호 [2002 기출, 국시 2000 · 2002]

부정확한 자세 습관 고치기	• 오랫동안 앉지 않기 • 가급적 다리를 꼬지 않기(슬와부 압박자세) • 너무 오래 서 있지 않기 　- 오래 서있는 경우 매 2~3분마다 교대로 한쪽 다리 올리기

복압이 증가하는 생활 피하기	체중	적정 체중 유지
	조이는 옷	너무 조이는 옷이나 내의 피하기[거들(girdle)이나 벨트처럼 꽉 조이는 의복]
	복압증가행위	복압이 증가하는 행위 피하기 예 윗몸 일으키기, 무거운 것을 드는 일
	변비예방	고섬유식이
고탄력스타킹		• 고탄력 압박 스타킹 신기(압력 25~35mmHg) － 탄력스타킹은 자고 일어나서 다리의 정맥혈이 비워진 상태에서 신고, 자기 전에 벗음 • 스타킹을 신을 때 주름이 잡히지 않게 함 － 스타킹의 윗부분이 너무 조이거나 뒤틀리면 혈류를 막아 정맥정체를 더 악화시킴
휴식(수면) 시 자세		• 밤에 잘 때 다리를 심장보다 높게 함(정맥벽 부담↓) • 적어도 2시간마다 30분씩, 하지를 15cm 정도 올리고 자도록 함
식이		저염식이, 고섬유소식이
변비 예방		섬유소가 많은 곡물, 신선한 야채 또는 과일 등의 섭취로 변비 예방
규칙적인 운동		• 가볍게 걷는 운동이나 수영은 다리근력과 정맥벽을 강화 • 수시로 다리를 들어 올려 주거나, 자주 다리를 구부리거나 펴고 돌리는 등의 운동을 하는 것은 정맥혈의 순환을 도와줌
기타		너무 뜨거운 곳에의 노출을 삼가도록 함

8 치료 및 보건지도

외과적 중재	수술	사타구니와 무릎 아래에 몇 군데 작은 피부 절개를 한 다음 병든 정맥 조직을 수술적으로 제거하는 방법
	정맥 내 레이저 요법	늘어난 정맥 내로 레이저 광 섬유를 넣은 다음 레이저를 발산하여 병든 정맥으로의 혈액 흐름을 차단(Endovenous Laser Therapy; EVLT)
	혈관경화요법 (sclerotherapy)	• 하지정맥류가 있는 부위의 정맥 안으로 약물(경화제)을 주입해서 인 위적으로 염증을 유발하여 혈액의 흐름을 다른 정맥 쪽으로 유도함으 로써 늘어난 정맥이 막히도록 하는 치료법 • 경화제는 정맥과 내막에 손상을 주어 정맥을 막는 혈전증을 초래할 수 있음
수술 후 간호		• 전체 다리 위의 단단하고 탄력성 있는 압력 유지 • 다리의 규칙적인 움직임과 운동 증진 • 침대 발치를 15~20cm 상승시켜 다리를 심장보다 높게 올려줌 • 합병증 사정 － 출혈, 감염, 신경손상 및 심부정맥 혈전증 등 • 절제한 부위를 따라 착색이 되고 멍든 것 같은 색깔이 되는 것은 정상

02 심부정맥혈전증(Deep Vein Thrombosis; DVT)

1 정의 및 특징

정의	장시간 장딴지 근육의 펌프가 없거나 다리의 움직임이 없어 다리 정맥혈이 심장 방향으로 정상 진행하지 못하면 혈류가 정체돼 혈전이 발생되고 혈관을 막게 되면서 응괴형성과 함께 정맥벽에 염증을 동반한 것	
	정맥혈전증(thrombosis)	정맥에 혈전이 형성된 상태
	혈전성 정맥염(thrombophlebitis)	혈전 형성으로 정맥 내벽에 염증이 생긴 상태
특징	• 보통 아래 다리(하지) 또는 대퇴부에 발생 • 혈전은 혈액의 흐름을 차단할 수 있으며 부기와 통증을 불러일으킴 • 혈전이 형성되어 혈류를 통해 이동하여 색전증을 일으킴 　→ 폐색전증(PE)이 되면 사망할 수 있는 심각한 상태 　→ 색전증은 뇌와 심장뿐만 아니라 다른 곳에도 발생할 수 있음 • 주로 60세 이상의 성인에게서 발생하지만, 모든 연령대에서 발생할 수 있음	

2 심부정맥혈전증(DVT)의 위험 요인

	기전		원인
정맥혈 정체	정맥 혈액 정체로 혈전 형성	정맥류	하지정맥 판막의 기능부전으로 정맥 혈액 정체로 혈전 형성
		심부전, 쇼크	정맥혈류의 정체로 혈전 형성
		임신, 비만	정맥혈류의 정체로 혈전 형성
		3일 이상 부동자세 유지	침상안정으로 움직이지 않으면 정맥정체로 혈전 형성
		사지마비(척수손상), 마취	장딴지 근육의 펌프가 없거나(골격근 수축 감소) 움직이지 않으면 정맥정체로 혈전 형성
		약물 치료	약물 치료로 정맥 확장
정맥벽 손상	정맥벽 손상 시 손상된 혈관은 혈관 내벽에 혈소판을 응집하게 하고 혈소판 플러그 형성으로 혈전 형성		골절, 탈구로 혈관 손상
			• I.V로 정맥 손상 • 중심정맥관 삽입(정맥질환, 항암요법, 비경구영양)
			폐색성 혈전 혈관염(Buerger's disease, 버거씨병)
			경화제로 인한 화학적 손상, X-선 불투과 염료, chlortetracycline 과 같은 몇 가지 항생제 등

혈액의 과응고력	혈액 점도 증가, 혈소판 증가, 응고인자 증가, 섬유소원 증가, 섬유소용해 감소	다혈구혈증	다혈구혈증(적혈구 증가증 : COPD, 선천성 심질환)은 혈액의 점성도를 증가시키고 혈 소판과 응고인자 밀집
		탈수	탈수는 혈액의 점도를 높여 혈액의 과응 고력을 만듦
		신증후군	저혈량증으로 혈액의 점도를 높여 혈액의 과잉응고상태로 동맥, 정맥의 혈전 형성이 증가함
		악성종양	장기암, 난소암에서 혈액의 과응고력
		항응고제 중단	항응고제(heparin, coumadin)의 갑작스러운 중단으로 응고 요인 증가
		경구피임약	경구피임약은 응고인자, 섬유소원 증가, 섬유소 용해 작용 저하로 혈액의 응고력 증가

3 병태생리

	혈전이 생기는 원인은 정맥정체, 과응고력, 정맥벽의 손상이 있는데, 이 경우는 정맥정체의 원인으로 혈전이 형성된 것임	
기전	지속적 부동	장딴지 근육의 펌프가 없거나 움직이지 않으면 정맥정체를 초래하여 혈 관내벽에 혈소판이 유착됨으로서 시작함
	ADP 유리	혈소판이 결체조직(collagen)에 유착되면 adenosine diphosphate(ADP)가 유리됨
	혈소판 플러그 형성	ADP는 혈소판을 응집하게 하고, 그 결과 혈소판 플러그(plug)를 형성함
	혈전으로 혈관 막음	혈전의 직경이나 길이가 보다 커지게 되면 이들은 혈관을 막게 됨
	염증 시작	그 결과 염증이 오고 이는 정맥의 판막을 파괴시킬 수 있으므로 정맥부 전과 정맥염후 증후군이 시작됨
	주요정맥 막음	만일 혈전이 대퇴정맥, 겨드랑이정맥, 대정맥 등의 주요 정맥을 막으면 정맥압은 원위부에서부터 오르게 됨
	소정맥 막음	혈전이 경골정맥, 오금정맥 등의 심부소정맥을 막게 되면 정맥에도 측부 통로가 생기게 되어 증가된 정맥압과 용량을 완화시켜 줌

DVT의 형태		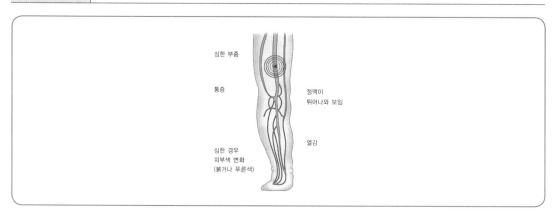
	A	심부정맥의 판막 옆 혈전과 혈액의 흐름
	B	심부정맥의 분리된 곳에 혈전 형성 및 혈류는 느려짐
	C	혈전에 의한 정맥의 완전한 폐색과 혈류의 역류
	D	혈전의 이동과 폐색전 초래
DVT의 결과	혈전	정맥 혈액 정체, 정맥벽 손상, 혈액의 과응고력으로 혈전이 형성됨
	폐색	• 혈전에 의한 정맥의 완전한 폐색과 혈류의 역류가 생김 • 하지의 심부정맥에서 생긴 혈전이 혈류로 운반되어 폐색전증을 일으킴
	혈전성 정맥염	혈전 형성으로 정맥 내벽에 염증이 생겨 혈전성 정맥염이 됨

4 진단 및 간호사정

진단	MRI나 CT 스캔, venography(정맥촬영) 및 초음파 검사에 의해 진단
간호사정	• 다리에 응고물이 형성되어 입원을 하거나 항응고 약물을 복용한 적이 있는지? • 항응고제는 얼마 동안 복용하였으며 출혈의 문제는 없었는지? • 다리나 발에 잘 치유되지 않은 궤양을 앓은 적이 있는지, 또한 이 상태를 위하여 피부이식을 한 적이 있는지? • 폐색전증을 예방하기 위한 수술을 받은 적이 있는지? • 폐색전증을 앓은 적이 있는지? 가족 중에 정맥류를 앓은 사람이 있는지? • 표재성 정맥이 붉고 굳어진 상태를 치유한 적이 있는지? • 오랫동안 서 있은 후 다리 정맥이 부어오르거나 통증이 있었던 경험은 없는지? • 다리를 올리면 좀 나아지는지?(다리를 올린 후 통증이 완화되는 것은 정맥질환과 동맥질환을 구별하는 전통적인 방법이며 동맥질환은 밑으로 내린 상태에서 통증이 완화됨)

| 심부정맥혈전증의 증상 |

5 증상과 징후 [2016 기출]

양쪽 다리 : 다른 크기		• 양쪽 다리의 크기 및 온도와 색깔 등을 확인함 • 크기가 다르면 장딴지 근육 부위와 대퇴부를 측정함 • 침범된 하지에 부종, 종창, 열감, 표재성 정맥 돌출, 압통 등 정상 혈관　　심부정맥 　　　　　　혈전증　　색전증
한쪽 부종		한쪽에 부종이 있는 것은 DVT의 전통적 징후
다리 통증, 압통		• 하지정맥의 폐쇄로 위험한 혈전의 신호 • 다리, 발목이나 발에 통증이나 압통(누르면 따갑거나 아픔)을 느낌
온기, 홍반		붓거나 통증이 있는 한쪽 다리부분에 홍반(변색되어 빨개져 있음), 열감(온기)을 느낌
창백		울혈된 혈액에 환원 혈색소 증가와 조직 부종으로 창백 발생
혈관 돌출		혈전으로 막힌 심부정맥부분의 혈관이 돌출되어 보임
장딴지 통증 [2016 기출]	신체검진 명칭	호만 징후(Homan's sign)
	신체검신 양성	발을 발등 쪽으로 젖히면 장딴지 근육에 날카로운 통증(배굴통) Homan's sign
합병증	폐색전(PE)	• 심부정맥혈전증(DVT)이 위험한 이유 • 폐부위에 갑작스럽고 예리하게 칼로 찌르는 듯한 흉통 • 설명되지 않는 호흡 곤란 • 깊은 호흡 시 고통 • 기침, 객혈(피를 토함) • 빠른 심장 박동과 빠른 호흡(빈호흡)

6 예방

중요성	예방은 질병 자체의 치료 못지않게 중요하다. 예방은 ① 혈류를 증진시키고 ② 정상 응고력을 유지하며 ③ 혈관내벽에 대한 손상을 피하는 방향으로 진행한다.
정맥정체를 예방	• 움직이지 못하는 사람에게(수술 후나 산후) 다리의 능동적 혹은 수동적 운동을 하게 한다. • 가능하면 수술 침대의 상체를 15° 정도 낮추게 한다. • 수술 후나 산후는 조기에 움직이게 한다. • 수술 중이나 후에 탄력성 있는 지지 양말(elastic support hose)을 사용하게 한다. • 흉곽 내 원활한 펌프작용을 위해 수술 후 심호흡하도록 격려한다. • 꼭 끼는 밴드나 코르셋 등은 입지 않게 한다. • 오금 부위에 압박을 방지하기 위하여 무릎을 약간 굽히고 침대 발치를 올리도록 한다.
과응고력을 예방	• 골반에 골절이 온 나이 든 환자, 큰 수술을 받은 모든 환자, 수술을 하고자 하는 비만한 자, 안정을 취하고 있는 환자에게는 예방 차원에서 수술 전에 적은 용량의 헤파린을 투여한다. • 경구용 피임약 복용을 금지한다. • 적절한 수분 섭취를 하도록 한다.
정맥벽 손상 방지	• 정맥 내 요법을 받는 중 약물이 침윤되는 것을 피한다. • 다리를 올리고 수술하는 중에 뒤꿈치 부분에 패드를 대어 정맥내벽에 손상을 피하도록 한다. • 수술 후 다리 아래 베개 사용을 피함으로써 정맥내벽에 손상을 예방한다.

7 항응고 요법

(1) 항응고제 : wafarin(coumadin), heparin

> • 새로운 혈전의 생성을 억제하고, 이미 존재하는 혈전도 더 이상의 크기가 증가되지 않도록 예방한다.
> • 항응고제는 혈전을 용해시키는 혈전용해제와는 매우 다른 기전이며, 혈전을 용해시키지 않는다(헷갈리지 않도록 주의).

헤파린(heparin)	
작용기전	• 헤파린은 강산성의 다당류로 혈액응고기전의 3단계에 모두 작용한다. thromboplastin의 생성을 억제하고, 이미 만들어졌다면 만들어진 thromboplastin을 파괴한다. 이를 통해 prothrombin에서 thrombin의 전환을 억제하고, thrombin이 fibrinogen을 fibrin으로 전환하는 것 역시 억제하여 혈소판응집을 방해한다. • 응고인자 IX의 활성화를 막고 피브린을 형성하는 트롬빈의 작용을 억제한다. 치료적 PTT는 정상의 1.5~2배에 달하게 한다. 　－ 혈액응고의 내적 경로에서 작용하는 중요한 항응고제이다. • 헤파린은 출혈이 적고 혈소판감소증의 빈도를 감소시키고, 흡수력이 좋으며 작용이 더 길다는 유익점이 있다.

부작용 및 주의점	• 헤파린 고용량 투여 시 부작용은 출혈이다.
	  – 헤파린 주사 시 출혈이 있을 때 줄 수 있는 중화제는 protamine sulfate이다. 이의 과다한 양은 오랫동안 혈액을 응고시킬 수 있으므로 주의한다.
	• protamine sulfate 작용기전 : heparin의 길항제로 heparin은 강산성인데 비해 이는 강염기성단백질이므로 heparin을 중화하고 항응고 효과를 억제한다.
	  – aPTT(30~40초가 정상)가 1.5~2배일 때 치료 효과가 있다.
	  – 응고시간은 연장하나 출혈시간은 영향 받지 않는다.

금기	헤파린은 심한 고혈압, 뇌혈관출혈, 위장궤양 및 위장계나 요로계, 호흡기계의 출혈이 있는 경우, 최근에 신경계 수술을 받은 경우 그 밖에 헤파린 알레르기가 있는 경우 등은 사용을 금한다.
합병증	• 헤파린 요법의 합병증은 출혈과 동맥색전증이다. • 헤파린이나 coumadin을 사용하고 있는 사람에게는 아스피린을 주면 안 된다. 이는 출혈을 초래할 수 있기 때문이다. 아스피린은 혈소판 응집을 방해함으로써 지혈시간이 늦어진 사람에게 상승작용을 일으킬 수 있다. • 헤파린 주사를 맞고 있는 사람은 근육주사나 침습적 절차 및 가벼운 외상도 피해야 한다.

쿠마린(coumarins) 경구용 항응고제 : wafarin(coumadin), vitamin K antagonists	
작용기전	• 응고인자 활성을 저해하는 대표적인 경구용 항응고제 • 간에서 비타민 K의 환원을 방해하여 비타민 K 의존성 혈액응고인자인 2, 7, 9, 10번 인자합성을 저해하고 항혈액응고 작용을 나타낸다. → 응고기전의 외적 경로 형성에 영향을 준다. • 주로 심장판막수술, 폐색전증, 심부정맥혈전증, 허혈성뇌졸중, 혈전증수술에 사용된다.
부작용	• 출혈 • 과용량 투여 시 해독제로는 비타민 K가 있다. • PT(정상은 11~15초)가 1.5~2배 시 (약 25~30초)치료 효과가 있다.

혈전용해제 : t-PA, streptokinase, urokinase	
작용기전	• fibrin 분해 / plasminogen을 plasmin으로 전환하도록 자극함으로써 혈전(fibrin)을 녹임 • 급성심근경색, 폐색전증 등에 사용
부작용	출혈
주의점	• 약물 투여 중에 침습적 방법은 금기 • 이 약물 투여 시 다른 약물을 혼합사용은 안 됨 • streptokinase는 플라스틱 병에 넣으면 약물이 비활성화되기 때문에 유리병에 넣어야 하며 정맥투여 시 용량조절기로 조절하여야 함
금기	최근에 큰 수술을 받은 경우나 심한 고혈압, 간질환, 혈액질환, 뇌졸중, 뇌내종양, 내부 손상의 가능성이 있는 외상, 위장계 출혈, 궤양성 대장염, 임신 시 산후 10일 이내

(2) 항혈소판제 : aspirin

아스피린(aspirin)	
작용기전	aspirin은 비선택적 COX억제제로 thromboxane A2의 생성을 억제하여 혈소판의 응집을 방해하고 출혈시간을 연장함
	• 활성화된 혈소판은 phospholipase A2의 작용으로 arachidonic acid를 생성, 이는 곧 COX의 작용으로 인해 thromboxane A2, prostacyclin등을 형성하게 됨 • thromboxane A2 : 혈관수축, 혈소판 응집을 형성 • prostacyclin : 혈관 이완, 혈소판 응집을 억제
부작용	출혈, 수술 전 복용 금지

	헤파린 (heparin)	와파린 [warfarin, = 쿠마딘(coumadin), 쿠마린(coumarins)]
정의	• 정맥용 항응고제 • thrombin 길항제	• 경구용 항응고제(vitamin K antagonists) • 비타민 K 길항제
임신	임신 시 투여할 수 있음	태반을 통과하며 기형 위험이 있으니 임신부에게 절대 사용해서는 안 됨
기전	thrombin의 길항제로 thrombin을 비활성화시켜 fibrinogen(섬유소원)이 fibrin(섬유소)으로 전환을 방지함	• 비타민 K 길항제로 간에서 비타민 K 의존성 • 응고인자(n, vn, IX, X) 생산을 억제시킴
효과	• PTT(Partial Thromboplastin Time) : 활성화부분트롬보플라스틴시간 측정 • 정상(25~40초) 1.5~2.5배 지연	• PT(Prothrombin Time) 측정 • 정상(11~15초)의 1.5~ 2.5배 지연
길항제	• 황산 프로타민 protamine sulfate : 헤파린의 과량투여로 출혈 시 주입 • 출혈은 heparin의 투여를 중지하거나 황산 protamine으로 치료	• 비타민 K • 출혈은 warfarin의 투여를 중지하거나 비타민 K로 치료함
간호	• I.V나 피하주사 • 헤파린의 피하주입은 혈종을 형성함 • 혈관 분포가 활발한 다리, 팔, 배꼽 근처 5cm 이내는 피함 • 혈관 분포가 좋아 혈종 가능성이 높음 • 복부에 놓음	• 투여 후 효과가 날 때까지 2~3일이 필요 • 혈류 속 이미 형성된 응고인자의 혈액응고 작용은 지속되므로, 와파린으로 인한 항응고 작용은 즉시 나타나지 않음 • PT가 치료 범위에 달할 때까지 heparin-warfarin을 병행 투여 • 녹색 채소 섭취 제한 　－ 녹색 채소의 비타민 K가 비타민 K 길항제인 항응고제 효과를 감소시키기 때문 • 비타민 K 제한

| prothrombin time에 영향을 주는 요인 |

PT를 증가시킴	PT를 감소시킴
• 간질환 • 술 • allropuridol • 아스피린 • cimetidine • indomethacin • 비타민 K 결핍 • dextran	• 비타민 K가 많은 음식(녹차, 상추, 양배추, 무잎 등) • 코르티코스테로이드 • 항히스타민 • 디기탈리스 • barbiturate

✍️ 항응고 요법을 사용할 수 없는 경우
① 환자가 협조하지 않을 경우
② 위장관, 비뇨기계, 소화기계 출혈
③ 출혈성 혈액질환
④ 동맥류
⑤ 심한 외상
⑥ 알코올중독
⑦ 마약, 기타 약물중독
⑧ 최근에 받은 눈, 척수, 뇌 수술
⑨ 심한 간, 신장질환
⑩ 최근의 뇌졸중
⑪ 감염
⑫ 궤양
⑬ 손상 위험이 있는 작업을 해야 할 경우

(3) 외과적 치료

DVT를 위한 외과적 치료는 ① 폐색을 제거하기 위하여 혈전제거술과 같은 혈전 자체 제거를 위한 중재와 ② 폐색전증을 예방하기 위하여 하대정맥으로 들어갈 때 혈액을 여과시켜 보낼 수 있도록 여과기를 넣어주는 수술 방법 등의 2가지로 구분될 수 있다.

8 정맥혈전증 예방간호

목적		혈전이 색전을 일으키는 것 예방, 새로운 혈전 형성 예방, 폐색전증 사정
안정 [국시 2007]	효과	• 응고물이 떨어져 나가 색전을 형성하는 것 방지 • 혈전이 정맥벽에 달라붙는 데 필요한 시간으로, 이 기간 동안 움직이면 혈전이 떨어져 색전이 형성됨
	방법	• 혈전이 형성된 후 5~7일 동안 안정(색전증 예방) • 발뒤꿈치에 패드를 대어줌
다리 올림	효과	• 정맥귀환 증가(중력에 의해 혈액이 쉽게 심장으로 흐르도록 도와줌) • 혈액의 흐름이 원활하면 정맥정체를 방지하고 새로운 혈전 생성을 막아줌 • 다리를 올리게 되면 정맥압이 감소됨으로써 부종과 통증 완화
	방법	심장 높이 이상으로 다리를 올림
더운물주머니	효과	• 따뜻한 찜질은 정맥수축을 완화시키고 염증의 완화를 촉진시킴 • 심부정맥혈전증으로 인한 통증, 압통에 진통 효과로 불편감 완화
	방법	이환된 부위 주위에 계속적으로 따뜻한 찜질을 해줌
마사지 금기		응고물이 떨어져 나가 색전증의 위험요인이 됨
탄력스타킹		• 침상안정, 활동제한 시 유용 • 하루 2번씩 잠깐 벗었다가 다시 착용
운동		• 능동적·수동적 운동 권장, 조기이상 • 발가락을 움직이고, 장딴지 근육을 구부리는 다리 근육의 운동으로 다리 근육이 수축하면 다리에 있는 정맥을 압박하여 혈관을 누르고 혈액이 심장을 향해 움직여 펌핑해 들어가 원위정맥의 혈류를 증진하고 하지의 혈액정체를 방지함
수분 섭취		탈수는 혈액의 점도를 높여 혈액의 과응고력을 증진시킴
폐색전증 사정		흉통, 객혈, 기침, 발한, 호흡곤란 및 불안 등 사정
항응고제		약물의 약리시간, 섭취시간, 부작용, 계속적인 모니터링의 중요성 등 교육
생활 속 제한	부동	오랫동안 서 있거나 앉아 있는 부동자세를 지속하면 근육을 사용하지 않아 심장으로의 정맥 귀환을 감소하고 정맥 울혈이 증가
	다리 꼬기	무릎 위 복재정맥에 압력을 주어 다리정맥의 혈액순환을 감소시킴
	꽉 끼는 옷	꽉 끼는 옷은 정맥 순환을 저해하여 정맥을 정체시킴
	경구피임약	경구용 피임약에 응고인자, 섬유소원 증가, 섬유소 용해 작용 저하로 혈액의 과응고력을 만듦
발생 후 간호	관련 내용 교육	예방 및 관리 등에 대한 내용을 교육
	탄력스타킹	급성기에는 탄력스타킹을 착용
	운동 제한	다리를 상승시켜주고, 운동은 제한함

🖊️ 경구 항응고요법 시 환자교육

① 매일 같은 시간(일반적으로 8:00~9:00 AM)에 항응고제를 복용할 것
② 항응고제를 복용하고 있음을 나타내는 카드를 항상 지니고 다닐 것
③ 혈액검사 약속을 잘 지킬 것
④ 항응고제와 상호작용이 있을 수 있으므로 처방 없이 어떤 약물도 복용하지 말 것 : 비타민, 감기약, 항생제, 아스피린, mineral oil 등
⑤ 알코올은 항응고제의 신체반응을 변화시키므로 금할 것
⑥ 식이습관에서 고지방식이, 심한 체중 조절식이(crash diet), 심한 변화는 피할 것
⑦ 처방 없이 coumadin을 사용하지 말 것
⑧ coumadin이 처방된 경우 의사나 간호사의 지시가 없는 한 복용을 중지하지 말 것
⑨ 치과의사나 다른 의사에게 치료를 받아야 할 때는 항응고제의 복용 사실을 밝힐 것
⑩ 발치나 수술 전에 주치의와 상의할 것
⑪ 다음의 증상이 나타나면 즉시 의사에게 보고할 것 : 실신, 갈색의 소변 색깔, 출혈, 좌상의 크기 증가, 비출혈, 신체의 비정상적 출혈, 대변 색깔이 검거나 붉음, 피부 발적
⑫ 출혈을 유발할 수 있는 손상은 가능한 한 피할 것
⑬ 여성은 임신이 의심될 경우 주치의에게 보고할 것
⑭ 혈액응고검사 INR와 같은 혈액검사를 규칙적으로 할 것
  • 간에서 비타민 K 사용 능력을 감소시키는 식품, 즉 양배추, 케일, 녹차, 아스파라거스, 아보카도, 브로콜리, 콜리플라워, 간, 식용유, 두유, 콩, 겨자, 완두콩, 파슬리, 푸른 양파, 시금치, 상추 등은 혈액응고검사 INR에 영향을 미칠 수 있음
⑮ warfarin/coumadin이 기형을 초래할 수 있으므로 임신을 계획 중인 환자는 복용하지 말 것

| 동맥과 정맥질환의 임상적 증상과 징후 |

증상·징후	동맥질환	정맥질환
통증	간헐성 파행증, 경련, 사지를 올릴 때 악화된다.	• 둔통이 있으며 운동 시나 올릴 때 통증이 완화된다. • 밤에 경련이 오고, 가려움증, 감각이상, 오후에는 다리가 무겁고, Homan's 징후(+)
피부	• 털이 없다. • 압박부위에 통증이 있는 조그만 궤양, 가늘고 반짝이는 피부, 발톱은 두껍다.	• 갈색으로 변한다. • 발목이나 하지부위에 넓고 통증이 없으며 깊지 않은 궤양이 있다. 발톱은 정상이다.
색깔	창백하고, 지지부위에 청색증이 있다.	갈색으로 변하고, 지지부위에 청색증이 있다.
온도	차갑다.	혈전성 정맥염이 있으면 따뜻하다.
감각	감소됨 : 간혹 가려움증, 쿡쿡 쑤시거나 무감각 상태가 된다.	소양증이 온다.
맥박	감소되거나 없다. 이환된 동맥 위에서 수축기성 잡음을 들을 수 있다.	보통 정상이거나 부종이 심하면 촉진하기 어렵다.
부종	나타날 수 있다.	부종이 있고, 오후 늦게 더 심하며 하지를 상승시키면 감소된다.
근육상태	위축이 있을 수 있다.	정상이다.

Chapter

03 혈관계 질환

01 혈액의 정상 구조와 생리적 기능

1 조혈기관의 조혈작용

조혈기관	기능
골수	골수 안 적골수에서 혈구세포 생산
림프조직	림프구와 항체 생산
비장	• 손상되거나 노화된 혈구세포 제거 • 대식세포와 림프구가 균을 사멸시키는 데 조력
간	• 빌리루빈 대사에 관여, 정상적 조혈에 중요한 역할 • 정상적인 간 기능과 담즙 형성은 비타민 K 형성에 결정적 역할 • 혈장 단백과 응고 인자 합성

2 혈액의 일차적인 기능

혈액	기능
운반 배설	산소, 영양소, 호르몬을 세포로 운반하고 조직으로부터 대사산물을 배설함 • 폐에서 조직세포로 산소 운반 • 위장계에서 조직세포로 영양소 운반 • 조직이나 세포로 호르몬 운반 • 대사노폐물(CO_2, NH_3, urea)을 폐, 간, 신장으로 운반
조절	• 체액과 전해질 균형 유지 • 산·염기 균형 조절 • 체온 조절
보호	➲ 감염과 출혈 예방 • 미생물이나 기타 이물질로부터 신체 보호 예 백혈구 • 혈액응고를 통한 지혈 예 혈소판

3 혈액의 구성세포와 기능

혈액의 구성	• 혈액계는 혈액과 혈액을 형성하는 조직으로 구성되며, 혈액, 골수, 비장, 간 등이 포함된다. • 주요 기능은 산소와 이산화탄소의 운반, 혈액응고, 감염에 대한 저항능력을 발휘하는 것으로 혈액장애가 발생하면 이들 기능이 방해를 받아 저산소증, 출혈, 감염 등의 문제를 초래하게 된다.
혈장	• 혈장은 혈액에서 혈구성분을 제거한 액체 부분으로 전체 혈액의 약 55%를 차지한다. • 혈장은 물 92%, 단백질 7%, 그 외 전해질, 가스, 영양소 및 노폐물로 구성되어 있다. • 혈청은 혈액의 응고 후에 남아 있는 액체 성분으로 혈장에서 응고인자를 제외한 노란색의 맑은 액체이다. • 혈장 내 주요 단백질 성분으로는 알부민, 글로불린, 섬유소원 등이 있다.
혈구	• 혈액의 약 45%는 고형성분, 즉 혈구(혈액세포)로 구성되어 있으며 적혈구, 백혈구, 혈소판이 있다. • 혈구세포는 조직으로의 산소운반, 감염으로부터의 신체 보호, 혈액응고 기능 등을 수행한다.
전혈구 검사	<table><tr><th>검사 종류</th><th>목적과 특성</th><th>정상 범위</th></tr><tr><td>적혈구 (RBC)</td><td>순환하는 총 적혈구 수 측정</td><td>• 남 : 450만~560만/$\mu\ell$ • 여 : 400만~500만/$\mu\ell$</td></tr><tr><td>혈색소 (hemoglobin)</td><td>❍ 적혈구의 산소운반능력 평가 • 증가 : 적혈구증가증, 탈수 • 감소 : 수분의 과잉섭취, 빈혈</td><td>• 남 : 13~18g/dl • 여 : 12~16g/dl</td></tr><tr><td>헤마토크리트 (hematocrit)</td><td>❍ 총 혈량 중 적혈구가 차지하는 용적비(%) • 증가 : 적혈구증가증, 체액손실, 탈수 • 감소 : 빈혈</td><td>• 남 : 40~54% • 여 : 38~47% (일반적으로 혈색소 농도의 3배)</td></tr><tr><td>백혈구 (WBC)</td><td>순환하는 총 백혈구 수 측정으로 감염과 염증상태 평가</td><td>4000~11,000/$\mu\ell$</td></tr><tr><td>혈소판 (platelet)</td><td>지혈과 응고능력을 담당하는 혈소판 수 측정</td><td>150,000~450,000/$\mu\ell$</td></tr></table>

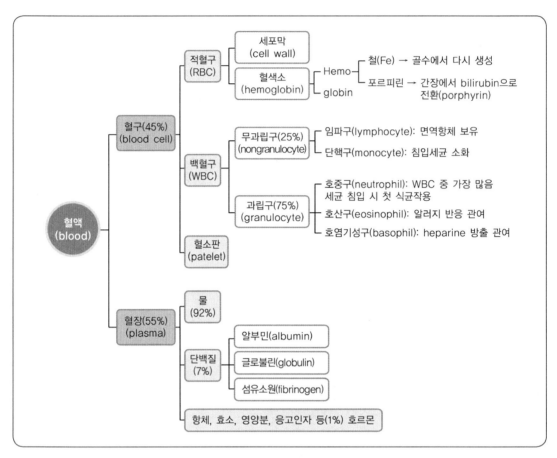

| 혈액의 구성세포와 기능 |

(1) 적혈구(erythrocytes)

생성	• 적색골수의 혈구아세포 → 정적아구 → 망상적혈구 → 핵 없는 적혈구 성숙 • 영아의 장골은 적색골수로 채워져 있다가 아동이 성장하면서 황색골수로 대체 • 적색골수의 위치는 늑골, 견갑골, 척수, 두개골로 옮겨감
파괴	• 120일 이후 간, 비장, 골수 등 망상내피세포에 의해 파괴되며, 일부는 혈관 내 용혈 • 헴은 철과 트랜스페린으로 분리되어 혈색소 합성에 재이용 또는 직접빌리루빈으로 배출 • 글로빈은 아미노산으로 분해되어 조혈에 재이용 • 신생아는 간 기능 미숙으로, 간접 → 직접빌리루빈 전환이 어려워 황달 유발
원반 모양	• 중앙은 얇고 가장자리는 두꺼운, 양면이 오목한 원반 모양의 독특한 형태 • 적혈구의 전체 표면적이 넓어서 산소와 탄산가스의 흡수 및 방출이 용이함 • 적혈구가 여러 모양의 좁은 혈관을 순환할 때 유연성과 신축성을 발휘하여 혈관에 맞게 직경을 변화시킬 수 있음

기능	세포 내 산소 공급	• 헤모글로빈 운반 → 세포 내 산소 공급 • 폐로 이산화탄소를 운반함 • 조직에 저산소증 유발 시 erythropoietin 증가
	혈색소 (hemoglobin)	• 철분이 포함된 4개의 색소(heme)와 단백질성분인 1개의 글로빈으로 이루어진 복합체 - 1개의 글로빈은 4개의 폴리펩티드 사슬구조로 구성 - 헴은 산소와 결합하여 이산화탄소를 배출하는 역할 - 각 혈색소 분자는 최대 4개의 산소와 결합 가능 - 혈류를 따라 이동하다가 산소가 필요한 조직에서 해리 - 산소와 결합된 혈색소를 산화혈색소라 하며, 이를 많이 함유하고 있는 동맥혈은 선홍색 - 이산화탄소는 조직세포로부터 모세혈관으로 확산되어 혈색소의 글로빈과 결합하여 폐로 운반되고 호기를 통해 대기 속으로 제거 • 혈색소와 산소와의 결합능력은 부분적으로 체액의 pH와 온도에 영향을 받는다. - 체액의 pH가 감소하면(acidosis) 산소가 혈색소로부터 해리되어 조직에 산소를 공급해주기 때문에 혈중 산소포화도가 감소하게 됨 - 혈색소는 또한 완충제로서 산·염기 균형을 유지하는 기능을 담당
	산·염기 균형	체액의 산·염기 균형, 전해질 균형 유지
	혈액점성	혈액의 점성 유지
생성에 필요한 요소	유전인자	적혈구 형성을 위한 정상 유전인자
	골수	약물이나 독소 같은 것에 의해 상해를 입지 않은 건강한 골수
	영양소	철분, 비타민 B_6, 엽산, 단백질, 비타민 B_{12} 포함한 적절한 식사

(2) 백혈구(leukocyte)

핵이 있는 세포	• 출생 시 백혈구 수가 많고 과립구의 비율 높음 - 생후 2~4주경 12,000/mm³ 수치 감소 및 림프구 비율 높음 - 만 4세경 백혈구 수가 성인과 비슷해지며 과립구 형태로 구성됨 • 백혈구는 필요시 생성되며 수명은 10일 정도 • 핵을 소유하고 있으며 운동이 자유로움 • 백혈구는 과립구, 임파구, 단핵구, 형질세포 등으로 구분

백혈구 수	정상		정상 백혈구 수는 4,000~11,000/mm² (1개의 백혈구는 500~1,000개의 적혈구에 해당)
	비정상	백혈구증가증 (lcukocytosis)	백혈구 수가 10,000/mm² 이상
		백혈구감소증 (leukopenia)	백혈구 수가 5,000/mm² 이하
분류	과립구 (염색 특성에 따라 분류)	호중구 55~70%	WBC 중 가장 많은 수를 차지. 세균이 침범할 때 첫 번째로 막고 왕성한 식균작용을 함
		호산구 1~4%	기능은 정확치 않으나 알레르기 반응 시 대항 역할
		호염기구 0.5~1%	heparin 방출에 관여
	무과립구	단핵구 2~3%	침입세균을 소화시켜 방어기능에 중요한 역할
		임파구 20~40%	면역항체를 보유하고 있어서 신체의 면역반응과 일차적 관련을 가짐
과립구 (granulocyte)	호중구 55~70%		• 탐식작용, 식균작용(포식작용, phagocytosis) • 가장 먼저 이물질 침범 부위에 도착 - 세균감염에 대처하는 방어기구의 제1선
	호산구 1~4%		• 호중구보다 다소 덜 효과적인 탐식세포(→ 약한 식균작용, 기생충으로 인한 해로운 단백성분 해독작용), 호흡기와 위장계에 많이 존재 • 주요 기능은 과민반응으로 형성된 항원-항체 복합체를 포획하는 것 - 인체가 과민상태에 있을 때 골수 내 저장된 호산구가 순환계 속으로 방출되기 때문에 혈중 호산구의 농도가 증가하게 됨 • 호산구는 기생충 감염 시 저항적 역할을 하는 것으로 알려져 있음
	호염기구 0.5~1%		• 탐식작용은 하지 않음 • 내부에 단백질과 화학물질(헤파린, 히스타민, 브라디키닌, 세로토닌, 류코트리엔)을 함유하고 있어 히스타민, 세로토닌, 헤파린 등의 생물학적 물질 저장소로서의 역할 → 급성 과민반응 시 혈액으로 분비됨 • 역할 - 염증에서 치유를 도움 - 헤파린 분비로 항응고작용 - 감마글로불린과 결합하여 이 결합체가 항원과 결합하여 면역복합체 형성 - 지방질 섭취 후 혈액 속에 축적될 수 있는 과중한 지방분자들을 제거함

무과립구	단핵구 2~3%	• 단핵구는 백혈구 중 가장 크며 골수에서 분비되어 1~2일 동안 순환하다가 조직에 옮겨지면 완전한 식균기능이 있는 대식세포(큰포식세포 macrophage-폐포 대식세포, 간의 kupffer세포, 뼈의 파골세포 등)로 성숙됨 • 대식세포들은 단핵구에 비해 훨씬 강력한 식균능력을 발휘하여 신체를 보호해 주며, 림프구와의 상호작용으로 항원의 인식과정에 참여하여 체액성 및 세포성 면역을 활성화시키기도 함 • 세망내피계(대식세포계) : 단핵구가 많이 모여 있는 곳으로, 림프절, 간, 폐포, 비장, 골수에 많이 모여 있음 • 증가하는 경우 　- 만성감염 시 호중구와 같이 손상 부위로 이주해 감 　- 속도가 느리고 양은 적으나 기능은 오래 지속됨 　- 결핵이나 말라리아 감염증에서 증가됨 • 역할 　- 호중구보다 훨씬 큰 분자(세균 죽은 세포와 파편, 죽은 적혈구)를 소화 　- 식작용, 세균이나 죽은 세포, 조직 찌꺼기 또는 노쇠하고 결함이 있는 적혈구 등 크고 작은 이물질을 탐식하여 제거하는 역할 　- 조직 손상 부위에 이차적으로 나타나 수개월간 생존하면서 침입세균을 소화시키는 중요한 방어적 역할을 함 　- 사이토카인 분비 : 비특이적 면역조력(백혈구 기능 자극), T림프구 활성화, 자연살해세포의 능력 증가, 종양세포 파괴 및 괴사 　　→ 장기적 세포중개성 면역과 항체중개성 면역에 관여함 　- 즉각적인 염증반응 : 이물질 존재를 세포표면의 HLA(조직적합항원)으로 인지하여 자기와 비자기 구분
	림프구 20~40%	• 골수에서 형성되나 림프절에서 주로 발견되며, 과립백혈구보다 크기가 작음 • 증가하는 경우 : 만성감염이나 중독에서 상당수 증식(25~33%) • 특이적 면역반응의 주된 세포. T림프구, B림프구, 자연살해세포(natural killer cell)의 3종류가 있고, 항원과 접촉하면 활성화되어 형질세포(plasma cell), 기억세포(memory cell), 세포독성세포(cytotoxic cell)로 분화 • 자연살해세포는 비장, 림프절, 골수 및 혈액에서 발견되고 면역감시, 감염에 저항, 조기 암세포를 파괴하는 기능을 함 • 역할 　- 면역반응에 항체를 포함하고 있어 체액면역과 세포면역에 관여함 　- 암세포 전파의 조절, 장기이식에 대한 거부반응, 과민반응 등과 관련됨 • 대부분의 림프구는 수개월에서 수년간 생존하나, 소수의 경우 수주에서 수개월의 수명을 가진 것도 있음

(3) 혈소판(platelet 또는 thrombocyte)

특징	• 혈액성분 중 가장 작은 혈구이며, 무색임 • 골수의 줄기세포에서 분화된 거핵구로부터 형성됨 • 건강한 사람에서 혈소판 수는 비교적 일정하게 유지됨 • 효과적인 지혈을 위한 적정 혈소판 수는 15~45만/mm³개이며, 수명은 5~9일 정도 • 혈소판이 감소된 경우를 혈소판감소증이라 하며, 이때는 혈관벽의 손상을 복구시킬 만한 혈소판 수가 충분하지 않기 때문에 혈관손상 시 효과적인 지혈이 이루어지지 않아 지속적인 점상출혈이 나타나게 됨
기능	• 혈액응고를 도움 • 효과적인 응고가 발생되기 위해서는 혈소판 수가 충분해야 하며, 또한 구조적으로나 기능적으로 건강해야 함 • 혈소판은 손상된 혈관부위에서 혈소판 축적과 상호 유착으로 형성된 혈소판 마개를 이용해 혈관벽의 손상된 틈을 막아 출혈을 중단시키는 일차 지혈작용을 함 • 혈소판은 또한 혈병 퇴축(clot retraction) 과정에서 주요 역할을 담당함 - 지혈과 응고에 필수적인 혈소판 생성은 혈소판 생성인자에 의해 엄격하게 조절되기 때문임

(4) 임상 검사 수치

항목	정상수치	항목	정상수치
serum cholesterol	200mg/dL	chloride	90~110mEq/L
triglycerides	150mg/dL		
HDL	60mg/dL 이상 • 남: 40mg/dL 이상 • 여: 50mg/dL 이상		
LDL	100~129mg/dL	안압	10~21mmHg
호중구	50~70%		
호산구	1~3%		
PT	11~15 초		
PTT	25~40(60)2.	INR	• 2~3 • 혈전 형성(2.5~3)
albumin	3.3~5.5gm/100mL	암모니아	15~51g/dL
A/G ratio (albumin/globulin)	1.5~2.5/1		
platelets	150(130) − 400 × 103/mm³		

중심정맥압	4~12cmH₂O(2~12mmHg)		
creatinine	0.6~1.5mg/dL	BUN/Cr 비율	10 : 1
혈액요소질소(BUN)	6~20mg/dL		
혈색소	• 12~16g/dL(여) • 13~18g/dL(남)		
헤마토크릿	• 37~47%(여) • 40~54%(남)		
AST	5~40(12~30)U/mL		
ALT	5~40(5~30)U/mL		
백혈구	4,000~1,000/mm³		
요비중	1.010~1.030		
사구체여과율	120~125mL/min		
혈액 삼투질 농도	275~295mOsm/kg	소변 삼투질 농도	300~900mOsm/kg
		ICP	5~15mmHg
나트륨	135~145mEq/L		
칼륨	3.5~5.1mEq/L		
칼슘	8.5~11mg/dL	인	3~4.5mg/dL
pH	7.35~7.45	저혈당	60 이하 mg/dL
PaCO₂	35~45mmHg		
HCO₃	22~26		
H2CO₃ : NaHCO₃	1 : 20		
PaO₂	80~100mmHg		
SaO₂	95~100%		

base excess/deficit	−2↓	• 대사성 산증 • 호흡성 염기증인 경우 염기가 보상적으로 감소
	+2↑	• 대사성 알칼리증 • 호흡성 산증인 경우 알칼리가 보상적으로 증가

4 혈액응고(blood coagulation)

(1) 지혈기전의 3대 요소 : 혈관, 혈소판, 응고인자 [1995 기출]

혈관	수축	• 출혈 시 혈관이 수축하여 내경 좁힘 • 혈관수축에 기여하는 또 하나의 요인 : 세로토닌(소장 내 세포에서 분비되는 강한 국소혈관 수축물질) → 혈관 수축은 20~30분 정도 지속되면서 추후 혈소판 반응과 응고인자가 활성화될 수 있는 시간적 여유를 부여해 줌
혈소판	thromboplastin이 분비 혈전	혈관벽 손상 → 손상 부위에 혈소판의 집합과 상호유착(혈소판이 활성화되어 불규칙하게 응집되어 응괴 형성) → 혈소판에서 분비하는 ADP, 칼슘, 트롬보산, 콜라겐 등이 혈소판 응집에 작용 → 혈소판 마개 형성, 지혈 유도
응고인자	응혈(응괴)	• 13가지 응고 인자들이 응혈, 응고(coagulation)의 과정을 거침 • 섬유소(fibrin)에 의해 응고물[혈괴, (clot)]로 굳어져 막힘 • 혈액응고의 내적 경로 : 혈관손상으로 내피세포층의 콜라겐 표면에 혈액이 접촉됨으로써 활성화됨 • 혈액응고의 외적 경로 : 혈관 밖에서 진행되는 과정으로 손상된 조직으로부터 조직 트롬보플라스틴이 유리됨으로써 활성화됨 • 자극된 내·외적 경로는 상호수렴을 통해 공통경로에 의한 응고과정을 진행시킴 • 트롬빈 : 공통경로에서 응고를 진행시키는 가장 강력한 효소, 가용성 혈장단백질인 섬유소원을 혈액응고에 필수적인 물질인 섬유소로 전환시킴 • 응고과정에서 혈청 내 칼슘은 적정수준으로 존재해야 함
섬유소 용해	• 혈액응고와 항응고기전은 정상적으로 균형을 이루어야 손상된 부위에서만 응고기전이 제한적으로 일어나며 다른 혈관에서는 정상적 혈류를 유지할 수 있음 • 특정효소에 의해 섬유소 덩어리가 분해 : 플라스미노겐이 플라스민으로 전환 → 섬유소, 섬유소원, 프로트롬빈을 소화/분해	

인자번호	인자명	근원/특징/기능
I	fibrinogen	• 간에서 생성되는 혈장단백 • thrombin에 의해 섬유소로 전환하여 응고 형성
II	prothrombin	• thrombin의 전구물질 • 간에서 비타민 K의 존재하에 생성 • 활성형이 인자 I, V, Ⅶ, X, Ⅲ, 혈소판을 활성화시킴
III	tissue factor(thromboplastin)	외적 경로에서 인자 Ⅶ과 함께 인자 X를 활성화시킴
IV	calcium	효소 활성화를 위해 모든 응고과정에서 필요한 전해질
V	proaccelerin(lavile factor)	인자 X에 의한 prothrombin 활성화 과정에서 조인자 역할
VI	unassigned	인자 V의 활성형, 지금은 사용되지 않음
VII	stable factor (prothrombin conversion accelerator)	• 간에서 비타민 K의 존재하에 생성 • 외적 경로에서 인자 X를 활성화시켜 prothrombin을 thrombin으로 전환시키는 데 촉진 작용
VIII	antihemophilic factor(AHF)	내적 경로에서 인자 X를 활성화시켜 prothrombin을 thrombin으로 전환시키는 데 촉진 작용
IX	plasma thromboplastin component (christmas factor, AHF B)	• 간에서 비타민 K의 존재하에 생성 • 내적 경로에서 인자 Ⅷ와 함께 tenase complex를 형성하여 인자 X를 활성화시킴
X	Stuart prower factor	• 간에서 비타민 K의 존재하에 생성 • 인자 V와 함께 prothrombinase complex를 형성하여 prothrombin을 thrombin으로 전환시킴
XI	plasma thromboplastin antecedent (AHF C)	내적경로에서 인자 IX를 활성화시킴
XII	hageman factor	내적경로에서 인자 XI을 활성화시키는 한편 섬유소를 용해시킴
XIII	fibrin stabilizing factor	fibrin을 교차결합시켜 응고를 보다 견고화시킴

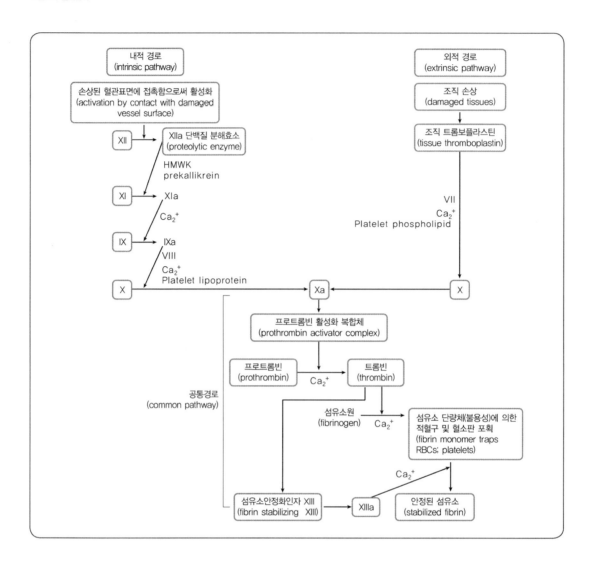

(2) 지혈과정의 4단계

지혈과정	4단계
1단계 : 혈관인자	손상된 부위의 국소적 혈관수축
2단계 : 혈소판인자	혈소판 응집으로 생기는 혈전 형성(platelet plug)
3단계 : 혈액응고인자	혈액 응고(coagulation)
4단계	혈괴 형성(clot)

(3) 혈액 응고기전

① 1단계 : 조직의 thromboplastin과 혈액과의 접촉

혈소판으로부터 thromboplastin 유리

② 2단계 :

$$thromboplastin,\ Ca^{++}$$

$$prothrombin \longrightarrow thrombin$$

③ 3단계 :

$$fibrinogen \longrightarrow fibrin$$

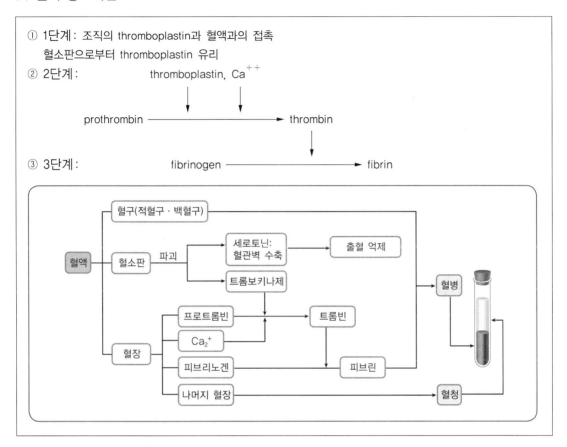

(4) 출혈성 질환(hemorrhagic disorders)의 원인

① 쉽게 혹은 자연적으로 터지는 약한 혈관

② 혈소판감소증

③ 응고인자 결핍

④ 섬유소 용해의 과잉 혹은 부진

5 조혈과 관련된 기관의 기능

비장의 기능	조혈조직으로서 혈구의 생성과 파괴에 관여함 • 조혈기능 : 태아기 동안 적혈구 생산 • 여과기능 : 비장은 여과에 적합한 구조를 가짐, 항원 제거, 결함이 있거나 노쇠한 적혈구 파괴 • 면역기능 : 유아와 어린이에서는 항체의 일차적 자원으로 작용, 성인에서는 림프구, 단핵구, 혈장세포 및 항체 생성 • 저장기능 : 적혈구와 혈소판의 주요 저장소, 스트레스 시 혈구 배출
간 기능	• 혈장단백과 응고인자 합성 • 혈색소를 철분과 포르피린으로 분해, 포르피린을 빌리루빈으로, 빌리루빈을 다시 담즙으로 전환시켜 지방소화를 도움 • 혈색소 성분 중 철분은 ferritin의 형태로 저장

6 혈액계 진단검사

(1) 혈액검사(blood test)

모세혈관 취약성 검사	정상일 경우는 평방 inch당 출혈반점이(petechiae) 1~2개이고, 혈소판 수가 많을 때 출혈반점이 많음
골수천자	백혈병, 재생불량성 빈혈, 점상 적혈구 빈혈 및 그 밖에 여러 질환이 의심될 때 시행함
전혈구검사	• 적혈구, 백혈구, 혈소판의 수 측정 • 골수에서 생성되는 세 가지 주요 혈구 세포에 대한 정보를 제공
출혈시간, 응고시간	출혈시간과 응결시간을 측정하는 검사(정상치 5분)
Hct(hematocrit) 측정	–
망상 적혈구 측정	적혈구 생성 속도와 적혈구 감소 때 골수의 반응을 알아보기 위함
혈액도말(blood film)	적혈구, 백혈구, 혈소판의 크기, 모양, 색깔의 변화를 평가하는 검사
적혈구 지표	적혈구의 크기와 혈색소치
적혈구 수명 측정	
적혈구 침강속도(ESR)	적혈구 침강속도의 증가는 세포 파괴가 증가되는 급성 및 만성 염증상태에서 가장 흔히 볼 수 있으며, 그 외 악성질환, 심근경색, 말기 콩팥 기능상실 상태에서도 증가됨
적혈구 취약성 검사	• 저장성 식염수에 적혈구를 담가 적혈구가 파괴되는 정도를 식염수 농도에 따라서 평가하는 검사임 • 검사에 사용되는 식염수 농도는 0.85~0.3%로서, 정상 적혈구인 경우 0.45~0.39%의 농도에서 용혈이 시작되어 0.33~0.30%에서 완전히 끝나게 됨

쿰 검사 (Coomb's test)		• 항원－항체 반응, 태아적아구 등 희귀한 혈액병, 용혈성 빈혈의 종류 • 용혈성 빈혈의 종류 감별, 면역항체 발견, Rh인자 발견 • 적혈구 항원에 대한 항체를 발견하기 위한 검사, 일명 항글로불린검사라고 함
	직접 쿰 검사	• 적혈구를 손상시키는 자가항체를 발견 • 적혈구표면에 결합되어있는 적혈구 항체를 확인 • 자가항체가 있을 경우 coombs 항체와 반응하여 응집반응 발생 • 수혈을 위한 교차시험이나 태아적아구증 진단을 위한 제대혈액 검사, 그 외 자가면역성 용혈성 빈혈을 진단하는 데 사용함
	간접 쿰 검사	• 혈액 내 순환하는 적혈구에 대한 항체의 존재를 확인하는 검사 • 검사의 주요 목적은 수혈을 받고자 하는 사람이 공혈자 적혈구에 대한 혈청항체를 가지고 있는지의 여부를 확인하기 위함임
유로빌리노겐 검사		－

(2) ABO식 혈액형과 Rh형 혈액형 항원(A와 B)

ABO식 혈액형	• ABO식 혈액형 체계에 근거를 이루며 적혈구 막에만 존재한다. • A형, B형, AB형 및 O형의 4종류 혈액형은 두 개의 항체가 존재하거나 하나 또는 둘 다 없는 상태로 유전된다. • 혈액형 A형에는 항원 A가 있고, B형에게는 항원 B, AB형에게는 항원이 둘 다 있고, O형은 항원 A와 B가 모두 없다. • 사람들은 혈청 안에 항원 A나 B에 반응하는 항－A, B라는 항체를 가진다. 이 항체는 적혈구 표면에 대응 항원이 없을 때 나타난다. • ABO 부적합으로 인해 혈관 내 적혈구 용혈반응이 나타난다. 혈청의 항체가 적혈구 표면에 있는 항원에 반응할 때 적혈구 응집이 일어난다. 예를 들면 A형 혈액에 있는 항－B항체는 B항원과 반응하여 적혈구 용혈반응을 일으킨다.
Rh형 혈액형	• Rh체계는 제3의 항원 D로서 RBC막에 존재한다. Rh 양성인 사람에겐 항원 D가 있는 반면 음성인 사람에게는 없다. • Rh에 양성인 혈액은 ABO 혈액형 다음에 '+'를 명기한다. 사람의 Rh상태를 평가 하기 위해 Coomb's test가 이용될 수 있다. • 분만 중이거나 수혈로 인해 Rh 음성인 사람이 Rh에 양성인 혈액에 노출될 수 있다. 이러한 노출은 Rh 항원과 대립하는 항체인 항－D를 형성하는 결과를 낳는다. • Rh에 양성인 혈액에 감작되고 Rh에 양성인 혈액에 두 번째 노출되면 치명적인 용혈반응을 일으키게 된다. Rh음성인 임산부는 Rho(D) 면역글로불린(Rho GAM) 주사를 맞음으로써 항－D항체를 방지한다.

7 혈액질환의 일반적인 증상과 증후

증상과 증후	근거
만성피로와 호흡곤란	적혈구 수 감소(빈혈, 백혈병, 지혈장애)로 인한 혈액의 산소운반력이 감퇴된다.
감염률 증가	성숙한 백혈구 수 감소(백혈병, 악성 빈혈, 임파선)로 인하여 미생물과 싸울 힘이 줄고 항체생산도 줄어든다.
소화기능장애 (식욕부진, 체중 감소, 소화불량, 구강 내 상처)	위액 분비 저하(악성 빈혈), 점막세포의 비정상적인 변화, 약물의 작용, 과도한 피로로 인하여 식욕이 떨어진다.
출혈(관절과 조직에)	혈소판감소(약물, 감염, 자가면역으로)나 한 가지 혹은 여러 가지 응고인자 결핍으로 인하여 출혈을 보인다.
뼈 통증과 기능장애	골수기능 항진과 병리적 골절로 골통과 불구가 온다.
황달	비정상 적혈구가 파괴되면서 혈액 내 담적소(bilirubin) 양이 많아지고 그 결과로 피부가 노랗게 된다.
간비대, 비장종대, 골수증식	혈구 과잉 생산과 파괴가 원인이 된다.
우울증	대부분의 혈액질환이 갖는 만성 증상, 피로, 불편감 등이 원인이 된다.

| 혈액질환의 진단검사 |

검사명	목적	정상치	결과 해석
출혈시간	작은 천자 상처 후 출혈이 멈출 때까지의 시간을 측정	성인에서 2~9분	혈관질환이나 아스피린 복용 후에 지연
PTT	응고인자 prothrombin, fibrinogen의 결핍 사정과 헤파린 치료의 효과를 평가	25~38초	지연 시 응고인자 결핍으로 인한 응고장애를 뜻함. 혈소판 장애를 진단하지는 못함
PT	응고인자를 측정하여 외적 응고과정을 평가: 경구용 항응고제의 투여용량을 결정하기 위해 사용됨	11~15초 (1단계)	항응고제의 사용, 비정상적으로 낮은 섬유소원, 응고인자 II, V, VII, X의 결핍, 홍반성 낭창에서 지연
모세혈관 취약성 검사	혈관의 저항력과 혈소판 수의 기능을 측정: 혈압계 커프를 팔에 부풀린 채 5분간 두었다가 점상출혈의 숫자를 측정	점상출혈 없음	혈소판감소증과 혈관자반증이 있을 때 점상출혈이 출현

02 혈구장애질환

1 빈혈

(1) 빈혈의 일반적인 원인

상실	출혈	과도출혈
	용혈	• 적혈구 과도파괴(용혈) • 적혈구 세포 자체의 결함이나 혈구 파괴를 촉진하는 외적 요인들에 의해서 적혈구가 정상 수명을 다하지 못하고 파괴될 때 일어남
생성 · 감소	영양결핍	철분, 비타민 B_{12}, 엽산, 단백질 등의 영양 결핍
		철분결핍 / 철분결핍성 빈혈
		엽산결핍 / 엽산결핍성 빈혈
		비타민 B_{12} 결핍 / 악성빈혈
	조혈조직 장애	• 조혈조직의 기능장애 • 골수부전, 비장의 기능항진

(2) 조혈에 필요한 영양소 : cobalamin, 엽산, 철분, 비타민 B_6, 아미노산, 비타민 C

| 철분, 비타민 B_6, 엽산 단백질, 비타민 B_{12}의 작용 |

종류	철분	비타민 B_6	엽산단백질	비타민 B_{12}
특성	(= Fe), 주요 무기질	(= 피리독신), 수용성	수용성	수용성(= 코발라민)
작용	헤모글로빈의 구성요소, 전자 전달체계 효소의 활동 · 성장	아미노산 대사, DNA 합성, 적혈구 생성, 세포 증식	아미노산 대사, DNA 합성, 적혈구 생성, 세포 증식	핵산과 탄수화물 대사, 적혈구 생성, 수초형성
부족 시	빈혈, 에너지 감소 산소 운반기능 감소	피부염, 성장지연, 오심, 신경장애	빈혈, 이분척추, 식욕 부진, 구내염	악성빈혈, 피로 신경계 질환
함유식품	육류, 콩, 간, 말린 새우, 당밀	생선, 효모, 토마토, 간, 장내 박테리아	간, 녹색잎 채소, 우유 장내 박테리아, 효모	간, 적색 육류, 계란, 우유, 치즈

(3) 빈혈의 원인에 따라 나타날 수 있는 임상증상

적혈구 생성 · 감소	창백, 빈맥, 피로(가쁜 호흡, 잦은 휴식), 근육허약, 수축 시 심잡음
적혈구 파괴 증가	황달, 공막 황달, 빈맥, 짙은 색 소변, 비장비대, 간비대
적혈구 소실 증가	창백, 피로, 근육허약, 찬 피부, 빈맥, 말초 맥박 저하, 혈압 저하

(4) 빈혈의 개요

정의	• 적혈구 생성이 감소되거나 혈색소 수치가 정상치보다 낮은 상태 • 빈혈은 혈액이 인체 조직의 대사에 필요한 산소를 충분히 공급하지 못해 조직의 저산소증을 초래하는 경우를 말함 • 조직에 산소를 공급하는 일은 혈액 내의 적혈구가 담당하고 있으므로 적혈구 내의 혈색소(헤모글로빈)를 기준으로 하여 빈혈을 진단함
혈색소 정상치	$12 \sim 16$g/dL(여), $13 \sim 18$g/dL(남)

형태학적 분류	분류	빈혈의 예(질환)
	대적혈구 과다색소빈혈 (적혈구 크기가 크고, 혈색소 함량이 많음)	• 악성빈혈 • 코발라민(vit B_{12}) 결핍, 엽산 결핍, 간질환, 비장 절제술 후
	소혈구성, 저혈색소성 (크기는 작고 창백한 색깔)	• 철분결핍성 빈혈 • 비타민 B_6 결핍, 구리 결핍, 지중해성 빈혈, 납 중독
	정상 혈구성, 정상 혈색소성 (정상 크기와 정상 색깔)	• 용혈성 빈혈 • 급성혈액손실, 용혈, 만성 신장질환, 만성질환, 암, 재생불량성 빈혈, 겸상 적혈구 빈혈, 임신

증상		
	• 빈혈이 천천히 진행될 경우 초기에는 무증상 • 조직 저산소증이 발생하면 전신피로, 근육쇠약, 청색증 • 혈액점도 감소 → 심장으로 귀환하는 혈액량 증가 → 심박동수·박출량 증가 → 심부전 발생 • 만성적인 중증빈혈에서 성장지연(세포대사 감소, 식욕부진 등)	
	경한 빈혈 (Hb : $10 \sim 14$g/dl)	거의 증상 없음, 심한 일을 한 후 심계항진증, 호흡곤란, 심한 발한 등이 나타남
	중등도 빈혈 (Hb : $6 \sim 10$g/dl)	운동 후 호흡곤란, 심계항진, 활동과 무관한 만성적 피로
	심한 빈혈 (Hb : 6g/dl 이하)	울혈성 심부전, 협심증 등

진단검사	• CBC검사 : 적혈구, Hb, 적혈구 용적률 감소 • 망상적혈구 수 증가 : 적혈구에 대한 신체요구도 증상 확인 • 말초혈액 도말검사(적혈구 형태 확인) • 골수검사(정상 혈액세포 생산 기능 평가)
치료적 관리	• 부족한 혈액과 혈액성분공급(신체기능정상화 도모) • 산소요법, 수액공급, 침상 안정 등
간호	• 건강사정을 통한 빈혈의 원인과 심각성 파악 • 쉽게 피로감을 느끼므로 무리가 가지 않는 범위 내에서 활동 권장 • 감염에 취약하므로 적절한 영양섭취와 감염 증상을 지속적으로 관찰

| 빈혈의 임상적 증상 |

신체장기	빈혈 증상		
	경증 (Hb : 10~14g/dl)	중등증 (Hb : 6~10g/dl)	중증 (Hb : 6g/dl 이하)
피부	무증상	무증상	창백(특히 손바닥, 손톱, 결막, 구강 주위), 황달, 소양증, 상처치유의 지연
눈	무증상	무증상	황달(결막, 공막), 망막출혈, 시야 흐림
구강	무증상	무증상	설염, 매끄러운 혀, 구강과 혀의 궤양
심맥관계	심계항진	심계항진 증가	빈맥, 맥압 증가, 의존성 부종, 수축기 잡음, 간혈성 파행증, 협심증, 울혈성심부전, 심근경색
호흡계	활동 시 호흡곤란	호흡곤란	빈호흡, 기좌호흡, 안정 시 호흡곤란
신경계	무증상	무증상	두통, 어지러움증, 불안정, 우울, 사고장애
위장계	무증상	무증상	식욕부진, 간비대, 비장비대, 연하곤란, 구내염
근골격계	무증상	무증상	뼈의 통증(bone pain)
비뇨생식계	무증상	무증상	월경불순, 혈뇨, 성욕감퇴, 불임
일반적 증상	무증상	피로	추위에 예민해짐, 체중 감소, 권태

2 급성 출혈로 인한 빈혈

정의	급성 출혈로 인한 빈혈은 단기간 내 다량의 실혈로 인해 많은 양의 적혈구를 잃은 후에 오는 빈혈이며 적혈구의 크기와 혈색소는 정상적인 빈혈을 의미한다.
원인	• 심한 외상, 수술 후 합병증, 출혈장애 또는 혈관의 통합성이 파괴되는 상황이나 질환에서 발생된다(동맥류 파열 등). • 이런 경우 일차적인 문제는 총혈액량이 급격히 감소되면서 적혈구가 상실되면 조직으로의 산소 공급이 감소되고 심할 경우 저혈량성 쇼크의 위험이 있다. • 일반적으로 천천히 소실되는 다량의 출혈은 급속히 나타나는 적은 양의 출혈보다 덜 위험하다.
병태생리	• 순환하고 있는 적혈구의 감소로 인해 발생하는데, 성인의 총 혈액량은 대략 6L 정도 된다. • 일반적으로 심각한 출혈이나 지속적인 출혈이 되지 않더라도 비장은 저장해 놓은 적혈구를 방출하게 되면 500ml의 혈량 소실 효과를 나타낼 수도 있다. • 만약 1L 이상의 혈액 손실이 되면 이는 심각한 결과를 초래하게 된다.
증상과 징후	• 급성 출혈에 의한 증상은 적절한 혈액량을 유지하고 조직의 산소요구를 충족시키기 위한 신체의 보상반응으로 나타난다. • 구체적인 증상은 출혈의 정도에 따라 다양하며 주요 합병증으로 쇼크가 발생할 수 있다.

협동관리	빌리루빈	결함 있는 적혈구의 용혈로 인해 비결합 빌리루빈이 증가한다.
	혈청 LDH	매우 상승된다.
	schilling test	위장 내 벽세포의 기능을 평가하여 내적인자 결핍을 찾는 검사로 악성 빈혈을 진단하는 가장 명확한 검사이다.
	위액분석 검사	벽세포의 염산 분비 능력을 평가하는 검사이다. 악성 빈혈에서는 비정상적으로 염산 분비가 적고 위액의 pH가 높은 것이 특징이며, 위액 분비를 자극하는 히스타민을 주사한 후에도 염산 분비는 증가되지 않는다.
	비경구적 비타민 B$_{12}$ 투여법	환자에게 비타민 B$_{12}$를 근육 내로 10일간 주사한 후 환자의 반응과 혈액 소견을 보고 진단하는 검사이다. 주사 후 환자가 건강한 느낌을 갖게 되고 혈액 내 그물적혈구 수가 많아지면 악성 빈혈로 확진할 수 있다.

③ 염산결핍성 빈혈(영양결핍성 빈혈)

특징		• 거대적아구성 빈혈 유발 • 엽산은 DNA 합성에 요구되는 물질로 적혈구 형성과 성숙에 필요하지만 신경계 기능에는 작용하지 않는 것이 비타민 B$_{12}$와 다름 • 신체에서는 염산염의 형태로 저장되어 있으며, 엽산을 포함하고 있는 주요 식품은 녹색 야채와 간
원인	부적절 식이	녹색 야채, 간, 감귤류, 효모균, 말린 콩, 견과류, 곡류 등의 식이섭취 부족, 알코올 중독, 만성적 식욕부진 상태, 완전비경구영양(TPN)
	부적절 흡수	소장질환과 관련된 흡수장애 증후군, 열대성 스프루
	약물 사용	엽산의 흡수 및 이용을 방해하는 약물(MTX, 경구피임약, 항경련제 등)
	배설 증가	장기간의 투석(혈액 또는 복막투석)
	엽산요구량 증가	유아나 청년, 임산부, 암(특히 림프증식성)환자
증상	잠행적 진행	악성 빈혈의 증상과 유사하고 느리며 잠행적으로 진행
	빈혈 증상	–
	위장계 증상	소화불량, 붉고 매끄러운 혀 등
	신경학 병변 유발 ×	신경계가 침범되지 않는다는 것이 엽산결핍 빈혈과 악성빈혈을 감별할 수 있는 가장 중요한 차이
진단	혈액도말	–
	골수검사	–
	엽산결핍성빈혈 특징	• 혈청 엽산치가 4ng/ml 이하(정상: 7~20ng/mL) • Schilling 검사 결과는 정상. 위액분석검사에 염산이 있음 • 신경계 증상이 없음

간호	• 매일 엽산 1mg을 경구 투여 • 투여된 엽산의 조혈기능을 증진시키기 위해 비타민 C를 처방 • 엽산함유량이 높은 식품을 권장

④ 철결핍성 빈혈(iron deficiency anemia, 영양결핍성 빈혈) [1998 · 2009 · 2022 기출]

(1) 특징

정의		적혈구 안 혈색소 합성에 필요한 철분이 정상 이하로 발생
혈구의 특징		소구성, 저색소성 / 적혈구 크기가 작고 혈색소치가 정상보다 낮으며 모양이 불규칙적임
진단검사	혈색소 감소	감소 Hb 11g/dL 이하, 헤마토크릿 33% 이하
	MCH 감소	평균적혈구 혈색소량(MCH), 평균 혈구용적(MCV) 감소
	ferritin 감소	감소 / 철분 공급 감소로 총 철분의 저장량인 ferritin 합성 억제로 혈청 내 ferritin 감소
	TIBC 증가	• 상승($350{\sim}500\mu g/d\ell$) • 총철분결합능력(Total Iron-Binding Capacity; TIBC) 증가 • 철분이 감소되었기 때문에 적은 양의 철분을 효과적으로 쓰기 위해 TIBC는 증가 • transferrin(위장관에서 철분과 결합하여 저장 장소로 운반하는 단백질) 양을 측정하는 검사
	빌리루빈	정상

적혈구 정상 검사치		MCHC(평균혈구혈색소농도) : 32~36%	
남 : 450~600만/mm³	Hct : 40~54%		
여 : 400~500만/mm³	Hct : 38~47%	MCH(평균혈구혈색소량) : 27~33pg	
MCV(평균혈구용적) : 80~95/mm³(82~98fl)		TIBC(총결합능력) : 250~410㎍/dl	

철분결핍성 빈혈	
저색소성, 소구성	
MCH 평균적혈구 혈색소량	감소
철분	약간 감소
TIBC : 총철분결합능력	상승(350~500㎍/dl)
빌리루빈	정상

(2) 원인 : 철분의 불충분한 흡수나 과잉손실로 인함

섭취 부족 [국시 2014]	영양부족(육류, 생선류, 비타민 B, C의 섭취 부족)
철분흡수상애	만성설사, 위절제술, 부산증, 장 질환, 위축성 위염, 약물에 의한 철분흡수 저해
출혈	급성, 만성출혈로 인한 철분 소실: 소화성 궤양, 치질, 위암, 월경과다, 식도 정맥류 등
요구량 증가	급성장기, 월경, 임신, 수유 등
철분유용률 저하	만성 위장질환, 만성 염증성질환
기타	차 성분 중 탄닌산이나 탄산, 음식 방부제로 사용되는 EDTA, 제산제로 사용되는 삼규산 마그네슘 등도 철분 흡수를 변화시키는 물질들

🔖 철분 균형

① 정상 성인이 하루동안 섭취하는 음식물에는 10~15mg의 철분이 포함되는데 이중 5~10%(0.6~1.5mg)만 흡수되며 사춘기 여학생의 경우 월경으로 12~30mg의 철분을 상실하게 된다.
② 한편 철분의 하루 배설량은 1mg 이하로 소변, 땀, 담즙, 대변으로, 또는 탈락세포의 형태로 피부를 통해 배설된다.
③ 철분 상실이 비정상적으로 증가될 경우 신체는 흡수량을 증가시키거나 배설량을 감소시킴으로써 철분 균형을 유지한다.
④ 철분이 많이 함유된 식품으로는 간, 굴, 살코기, 강낭콩, 밀빵, 양배추, 시금치, 계란 노른자, 무잎, 사탕무, 당근, 살구, 건포도 등이 있다.

🔖 성장에 따른 빈혈

성장에 따른 빈혈	원인
미숙아	철 저장량이 부족하여 생후 2개월부터 철분보충 필요
만삭아 (생후 5~6개월 영아)	• 생후 5~6개월까지 저장된 철을 사용하며, 이후에는 음식 섭취 필요 • 건강하게 태어난 아이는 태내에서 엄마로부터 받은 철분을 간에 저장하고 있으므로 생후 6개월은 철분이 별로 부족하지 않으나, 그 후 급속하게 성장하면서 철분이 많이 필요하게 되고, 간에 저장해 두었던 철분이 소모되기 시작하므로 음식으로 적절하게 공급되어야 함
유아 (만 1~3세)	• 만 1~3세, 특히 만 2세 전후의 아이들이 잘 걸리게 됨. 그 이유는 바로 '성장 속도' 때문인데, 성장이 빠르면 빠를수록 혈액량이 증가하므로 철 요구량도 더 급격히 증가하기 때문임. 만일 이런 시기에 식량 공급이 원활하지 못해 영양결핍 문제가 더해지면 더더욱 빈혈이 잘 생길 수 있음 • 3세 이상이 되면 출혈이 철결핍의 주요 원인[주로 위장관 문제]
청소년기	• 급격한 성장발달로 심장혈관간의 부조화로 인해 일시적으로 빈혈이 발생할 수 있음 • 월경에 의한 실혈이 주요 원인
모유와 분유의 철분함량은 비슷하나 모유에 함유된 철이 흡수율이 높음	

(3) 증상 및 징후

경증 증상		• 가벼운 빈혈에서는 증상 없을 수도 있으나, 차츰 피로감, 권태감이 생김 • 피로감, 권태
전형적인 빈혈 증상 [2009 기출]		• 피부와 점막의 창백함 • 빈맥, 심계항진 호소 • 운동 시 호흡곤란 호소 • 잦은 두통, 현기증 호소 • 추위에 예민한 증상, 감각이상 • 근육긴장도 저하, 피로, 운동 및 활동능력 저하 • 머리카락과 손톱이 부러지는 현상 • 손톱이 얇아지고 스푼처럼 생김
중증(심한) 증상 : 3대 증상 (Plummer-Vinson Syndrome)	위축성 설염	혀 유두의 위축으로 혀가 매끈해지고 붉은색으로 비대해짐
	연하곤란	–
	구내염	구강 점막 염증
	진흙이나 얼음을 계속 먹고 싶어 하는 '이식증'	

• 가벼운 빈혈에서는 대개 증상이 없음
• 심한 경우에는 연하곤란, 구내염, 위축성 설염 등의 증상이 나타남

🖋 저산소증에 대한 보상반응

저산소증 반응	창백한 점막, 피부	• 창백한 결막 · 점막 • 창백한 피부 · 입술 • 피부탄력 상실 • 치유장애
	스푼형 손톱	• 창백한 손톱 • 숟가락 모양의 거친 손톱으로 손톱이 스푼(spoon) 모양으로 오목해짐
	가는 모발	모발이 가늘어지고, 탈모
	신경계	어지러움, 실신, 두통
	소화기계	오심, 구토, 식욕부진, 복통
	기타	• 권태, 보챔(짜증), 피로감 • 추위에 예민해짐 • 장기간의 철분결핍성 빈혈은 성장 지연 초래
보상기전	심장 (빈맥울혈성 심부전)	• 체조직의 부족한 산소를 감당하기 위해 심장과 폐가 많은 활동 　→ 빠르게 뛰는 심박동, 빈맥 • 조직에 많은 산소를 공급하기 위해 심장박동 증가 → 심부담 증가 → 심장 　수축력 감소 → 울혈성 심부전 발생
	호흡	빈호흡, 기좌호흡, 운동 시 호흡곤란

(4) 치료 및 보건지도 [2022 기출]

철분 결핍성 환아의 건강문제 (간호진단)	• 허약감, 피로, 두통과 관련된 활동의 지속적 장애가 발생한다. • 철분제제 투여와 관련된 지식이 부족하다. • 혈액의 산소운반능력 감소에 의한 가스교환장애가 있다. • 심박출량이 저하된다. • 영양부족 상태이다.
허약감과 피로와 관련된 간호	• 대상자의 정상적인 일상생활 정도를 사정한다. • 적절한 휴식시간과 적당한 수면을 갖도록 한다. • 조용하고 안정된 환경을 제공한다.

식이 관리
(철분과
비타민 C)
	• 철분 함유식품이 충분히 포함된 균형 잡힌 식사(생선, 우유, 계란, 고기, 간 포함)를 한다.
	• 철분섭취, 특히 heme(iron)섭취를 증가시키되 매 식사마다 증가시키는 것이 좋다.
	• 철분 흡수를 강화하기 위해서 매 식사 시 비타민 C를 포함한다.
	• 철분 함유식품 사용법에 관하여 교육한다.
	  − 말린 과일을 곡물과 구운 빵에 추가하도록 한다.
	  − 철분을 강화한 곡물을 갈아 가루로 만들어서 육류, 생선, 가금류와 채소에 사용한다.
	  − 정제된 상품 대신 전곡류를 사용한다(백미 대신 현미).
	  − 가능하면 산성식품을 철분 함유 식품에 넣어 요리한다.
	• 철분 이용도를 증가시키는 방법에 대하여 교육한다.
	  − 매 식사에 육류를 먹는다.
	  − 매 식사에 비타민 C를 충분히 섭취한다(감귤류, 과일과 주스, 양배추, 딸기, 브로콜리, 멜론, 토마토).

필요시 투약	• 필요시 철분제제를 복용한다. • 철분제제 복용 시 주의점을 교육한다. • 근본 원인을 파악하여 교정하도록 한다.
철분제제 경구복용 : 경제적이고 안전하며 효과적인 방법	• 식전, 또는 위장 불편감(복통, 변비, 더부룩함) 시 식사 직후나 식간에 복용한다. • 희석하여 빨대로 먹도록 한다(치아 착색 예방). • vit C와 같이 섭취한다(철분 흡수를 도움). • 검은 대변을 볼 수 있다고 교육한다. • Hb수치가 정상이 된 후 2~3개월은 철분제 복용을 유지한다.
적절한 운동	식욕 증진을 위해 적당량의 운동을 권장한다.

(5) 철분제 경구복용 시 중재와 병리적 근거 [2022 기출]

철분제제	액체형	철분은 십이지장, 공장 상부에서 잘 흡수되므로 유리 속도가 지연되는 당의정(당분으로 겉을 싼 알약)이나 캡슐형태의 철분제제는 비효과적
철분 흡수 증가 [2022 기출]	비타민 C	아스코르빈산을 함유하고 있는 비타민 C 제제나 오렌지 주스 등과 함께 마시면 철분 흡수에 도움이 됨
	산성 환경	철분은 산성 환경에서 잘 흡수되므로 비타민 C는 염산을 활성화시켜 철분 흡수를 증진시킴
	흡수↑	• 산성, 비타민 C, 비타민 A, 칼슘, 육류, 생선, 가금류, 철로 만들어진 냄비 • 모유수유 권장(철의 흡수율 높음)
	철분 함유 음식	간, 육류, 달걀, 등푸른 생선, 조개류, 해조류, 도정하지 않은 곡류와 빵 종류, 녹황색 채소, 견과류, 말린 콩 등이 있는데 철분은 흡수율이 매우 낮아서 음식에 함유된 양 가운데 10~15%만 체내에 흡수됨
철분 흡수 감소	탄닌산	• 탄닌산이 함유된(떫은맛) 인 성분은 철의 흡수를 방해함 • 식사 도중 또는 식후에 커피, 차, 청량음료는 마시지 않음 - 식사 직후에 마시게 되면 철분흡수율이 50%나 감소됨
	우유	많이 마시는 경우 인 성분이 철분흡수를 방해
	철분흡수 억제 음식	• 알칼리(모든 제산제), 인산염(우유 섭취), 파틴산염(곡류), 수산염(과일과 채소-자두, 건포도, 녹두, 시금치, 고구마, 토마토), 탄닌산(홍차, 커피) • 철분 흡수를 방해하므로 투여 1시간 전 후에는 불소, 제산제, 테트라사이클린, 커피, 홍차, 달걀, 통밀빵 등을 주지 않음
복용 시기	식전 복용	철분은 산성 환경에서 가장 잘 흡수됨. 때문에 철분이 음식과 섞이지 않도록 하는 것이 중요하고 흡수 효율성을 극대화하기 위해서는 십이지장 점막이 산성화되어 있는 식사 1시간 전에 투약하는 것이 바람직함
	식간 후 복용	• 철분제제는 위장 자극 증상인 작열감, 복부경련, 위장관 불편감, 변비, 설사를 유발함 • 위장자극증상(오심, **복통**, 변비, 설사, 상복부 불편감 등)시 필히 식사와 함께 또는, 식사 직후 복용
복용 기간 [2022 기출]		• Hb수치가 정상이 된 후 2~3개월은 철분제 복용을 유지 • 철분 저장은 혈색소 생성보다 느리므로 2~3개월 동안 복용하여 철분을 저장시킴
위장 불편감		위장자극증상(오심, 복통, 변비, 설사, 상복부 불편감 등) 관찰 → 식직후(식간) 복용
변의 변화	검은 변	• 철분제를 사용할 경우 대변 속에 철분이 섞여 배설되기 때문에 대변 색깔이 까맣게(암녹색이나 검정색)변한다는 것을 알려 줌 • 투여량이 적절하면 대변 색이 짙은 녹색으로 변함
	변비	철분치료는 흔히 변비를 유발하므로 투약이 시작되면 고섬유소 식이와 함께 변완화제를 사용함

치아 착색	• 희석하지 않은 액체형 철분제는 치아를 착색시키므로 희석해서 빨대를 이용해 먹음 • 빨대나 주사기, 점적기를 이용하여 구강 내 뒤쪽으로 점적해 줌 • 투여 후에 양치질 − 양치질을 하면 변색 정도를 경감시킴
보관	철분제제는 어린이의 손이 닿지 않는 안전한 곳에 보관함

(6) 비경구 투여 : Iron−dextran(Infed)

Iron−dextran(Infed)은 비경구 투여가 가능한 대표적인 약물이다. 이 약은 주의 깊게 투여하지 않으면 주사부위의 피부색이 검게 변하기 때문에 근육주사 시 다음과 같은 주의가 필요하다.

① 근육주사 시 주의사항

근육주사		주의사항
바늘 분리		Iron−dextran(Infed)을 뽑을 때 사용한 바늘과 주사할 때의 바늘은 분리해서 사용한다. 바늘을 바꾸지 못하면 바늘에 남아있는 철분이 환자의 조직을 착색시키기 때문이다.
공기주입		• 주사약을 준비할 때 주사기 속에 공기를 0.5ml 남겨 두었다가 그것까지 주사한다. • 공기는 주사 바늘 속에 남아 있는 약물을 완전히 밀어내고 바늘을 조직에서 뺄 때 약물이 새어나오는 것을 막을 수 있다.
굵은 바늘, 주사 부위		• 2~3인치의 19~20게이지 바늘을 사용하여 둔부근육 깊이 주사한다. • 팔이나 다른 부위에는 주사하지 않는다.
Z−track	목적	• Z−track 방법으로 근주하여 약물이 조직에서 새어나오는 것을 막는다. • 철분제제에 의한 지방조직의 괴사로 피부색이 검게 변한다.
	방법	• 근육주사 동안 피부를 옆으로 잡아당긴다. • 약물주입 후 잡아당긴 부위의 손을 뗀다. • 당겨졌던 피부가 제자리로 돌아오면 주사바늘 경로가 막힌다. • 주사 후 형성된 Z−track은 약물이 피하조직으로 새는 것을 막아준다.
마사지 ×		주사부위는 마사지하지 않는다. 마사지 시, 피하조직으로 약물이 새어나와 피부가 검게 변한다.
꽉 끼는 옷 ×		너무 꽉 끼는 옷은 흡수에 지장을 초래하므로 삼가도록 한다.
걷기		걷게 하여 약물 흡수를 돕는다.
부작용 관찰		계속해서 주사할 경우 주사 부위의 통증과 종기의 발생 여부를 관찰한다. 무균성 종기, 림프선염, 두통, 두드러기, 저혈압, 아나필락틱 쇼크의 증상을 관찰한다.

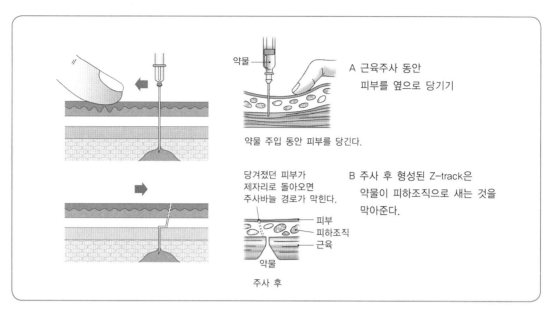

A 근육주사 동안
피부를 옆으로 당기기

약물

약물 주입 동안 피부를 당긴다.

당겨졌던 피부가
제자리로 돌아오면
주사바늘 경로가 막힌다.

B 주사 후 형성된 Z-track은
약물이 피하조직으로 새는 것을
막아준다.

피부
피하조직
근육

약물

주사 후

| 근육주사 시 Z-track 방법 |

② 비경구투여 시 즉시 투여를 중단해야 할 부작용

정맥투여	흉통, 천명, 혈압강하 등 증상발현 시 즉시 중단
근육투여	피부착색, 발진, 통증, 조직괴사, 아나필락시스, 쇼크 등 부작용 위험

5 재생불량성 빈혈(aplastic anemia, 골수 부전성 빈혈) [1995 기출]

(1) 정의 및 특징

정의 및 특징		• 골수 기능 장애에 의해 골수의 조혈모 세포가 감소하여 골수의 혈구생산 능력이 저하되고 적혈구 조혈이 중단되어 순환 적혈구 수가 부족한 상태 • 골수기능이 부적절하여 적혈구뿐만 아니라 백혈구와 혈소판의 생성 역시 장애를 받아 흔히 3종류의 혈구가 동시에 감소되는 범혈구감소증(pancytopenia)의 특징을 보임
원인	선천적 원인	염색체 이상
	후천적 원인	• 방사선, 화학물질(벤젠, 살충제, 비소, 알코올 등) • 바이러스나 세균 감염(간염, parvovirus 감염, 담즙성 결핵 등) • 약물(알킬화제, 항경련제, 대사억제제, 항생제, 금합성물 등) • 자가면역장애(조혈세포의 성장을 방해하는 항체 존재) 등 • 후천성 재생불량성 빈혈의 약 70% 정도는 원인불명

	원인	동반기형	혈액검사
선천성 재생불량성 빈혈	상염색체 열성유전으로 인한 범혈구 감소증	❂ 신체적 이상, 기형 동반 • 피부(멜라닌 착색, 밀크 커피색 반점) • 근골격계(근육발달 저하, 골격 이상) • 비뇨기계(신장이 없거나 기형)	• 수년에서 수십 년까지 • 정상소견
후천성 재생불량성 빈혈	약물이나 화학물질, 독소, 감염, 방사선조사, 면역질환으로 인해 직접적인 골수파괴나 면역매개체의 손상으로 유발	❂ 합병증 동반 • 골수조혈 기능장애 • 백혈병 • 간질환	• 빈혈 • 백혈구 감소 • 혈소판감소

(2) 혈구소견

혈구소견 [국시 2003]	범혈구 감소증	❂ 적혈구 저하, 백혈구 저하, 혈소판감소증 • 적혈구지표(MCV, MCH, MCHC)는 정상이기 때문에 정구성, 정색성 빈혈의 특징 • 그물적혈구 수는 감소하고 출혈시간(BT)은 지연 • 혈청 철분과 총철분결합용적(TIBC)은 조혈작용이 억제됨에 따라 증가
골수소견	황골 수가 증가되어 있고 세포 수는 현저히 감소	
적혈구 감소	크기·혈색소 함량	적혈구의 크기와 혈색소 함량은 정상(정상적혈구빈혈)
	적혈구 수	감소 / 대체적으로 10,000/mm^3 이하(정상 : 450만~560만)
	망상(그물)적혈구/ 미성숙적혈구	❂ 없거나 감소 • 골수의 조혈모 세포 감소로 망상 적혈구(적혈구의 전구 세포)는 없거나 감소 • 망상적혈구는 골수에서 생성되고 성숙한 뒤, 만 하루 정도 혈관을 타고 다니다가 완전히 성숙한 적혈구가 됨
과립구감소증	백혈구 수	보통 2,000/mm^3 이하(정상 : 4,000~11,000/mm^3)
혈소판감소증	혈소판 수 감소	20,000/mm^3 이하로 떨어져 출혈 위험 증가(정상 : 150,000~400,000/mm^3)
	출혈시간 지연	1~7분(정상은 1~3분)

(3) 증상과 징후

재생불량성 빈혈의 발생은 느리고 잠행적이지만 골수독 물질에 노출되고 그로부터 수주 또는 수개월 후에는 급성으로 진전되기도 함

정상적혈구 빈혈	• 피로, 권태, 호흡곤란 등 빈혈의 전형적인 증상이 나타나고 피부나 점막이 밀랍처럼 창백함 • 간, 비장비대는 없음 • 적혈구의 크기와 혈색소 함량은 정상이나 적혈구 수가 대체적으로 10,000/mm^3 이하이며 그물적혈구(망상적혈구, 미성숙한 적혈구)는 없거나 감소됨
과립구감소증	• 백혈구 수는 보통 2,000mm^3 이하 • 과립구 감소가 현저하여 감염이 취약해짐 • 발열, 인후염, 패혈증 등이 자주 발생되며 과립구가 500/mm^3 이하로 떨어지면 극적인 형태의 감염으로 진행
혈소판감소증	• 혈소판이 20,000mm^3 이하로 떨어져 출혈 위험이 커짐 • 피부나 점막출혈이 흔하고 비출혈이나 안저출혈 등이 나타날 수 있음

(4) 간호

지지적 간호	• 재생불량성 빈혈에 대한 치료는 골수기능을 위축시키는 약물이나 물질 등 원인이 되는 경우를 제거하고 범혈구감소증을 개선하기 위한 지지적인 간호를 제공하는 것 • 최근에는 골수이식과 면역억제치료법이 주요한 치료방법으로 사용되고 있음 • 재생불량성 빈혈환자의 간호는 감염과 출혈로 인한 합병증을 예방하는 것
감염예방	• 환자의 백혈구가 1,000/mm^3 이하로 떨어지면 엄격한 격리가 필요 • 저항력을 기르기 위해서는 고비타민과 고단백질 식품을 섭취하도록 격려 • 구강 내 염증이 있으면 식사 전·후에 구강위생제 사용 • 감염이 발생하면 원인균을 확인하여 적합한 항생제 사용 • 범혈구감소증 환자에게는 항생제를 예방적으로 사용해서는 안 되는데 이는 내성을 가진 세균이나 진균의 출혈을 조장할 수 있기 때문
출혈예방	• 출혈을 조절하기 위해 코르티코스테로이드를 투여하여 모세혈관의 저항력을 증가시켜 주거나 또는 혈소판 농축액(platelet-rich)을 수혈해 줌 • 가임 여성은 에스트로겐이나 프로게스테론 제제를 투여하여 무월경 대책을 세우기도 하는데, 이런 처치는 월경기간 동안의 실혈을 감소시켜 줌 • 또한 허약상태와 피로의 정도에 따라서 환자의 에너지를 보존해 줄 수 있는 계획을 세워 줌
출혈예방을 위한 일반적 주의할 점	• 환자로 하여금 코를 후비지 않게 하고 부드러운 칫솔과 전기면도기를 사용해서 상처를 내지 않도록 함 • 약물은 주사가 아닌 경구로 투여하도록 함. 불가피한 경우에는 주사부위에 마른 솜을 사용해서 출혈이 완전히 멈출 때까지 가볍게 눌러줌 • 환자가 변비 증상을 보이면 대변완화제를 줌. 굳은 대변은 직장 점막에 상처를 입힐 수 있고, 배변 시 힘을 주면 복강내압이 증가해서 내출혈을 일으킬 수 있음
피로예방	• 자주 휴식을 취하게 함 • 피로를 유발하는 활동은 피함 • 움직일 때 호흡곤란이 동반되거나 다른 과도한 피로 증상이 있는지 사정함

(5) 치료

재생불량성 빈혈은 치료하지 않으면 예후는 극히 나쁨

면역 억제요법			• 자가 면역장애를 차단하기 위해 림프구 활동을 억제하는 약물 투여 • 스테로이드와 androgen을 이용한 치료(재발가능성이 높고 간질환이 동반될 수 있음) • 스테로이드 요법 시 얼굴부종, 다모증, 여드름 등 증상이 나타날 수 있음을 교육
수혈 [국시 2017]			• 빈혈, 출혈이 심하고 교정되지 않을 경우 최소한의 양으로 수혈 • 수혈은 조혈모세포 이식 시 거부반응이나 이식편대 숙주 반응을 일으킬 가능성이 있음
골수 (조혈모세포) 이식	적응증		• HLA(인간 백혈구 항원) 적합 공여자가 있는 경우 • 40세 이하 중증 재생불량성 빈혈환자에게 적용(60~80% 생존) • 수혈 경험이 없고 나이가 젊은 사람일수록 효과적 • 수혈 경험이 많을수록 이식 거부반응이나 이식편대 숙주반응이 높음 • 잦은 수혈치료가 이루어지기 전에 시행되어야 성공률 높음
	방법		공여자의 골수에서 줄기세포를 채취하여 정맥을 통해 주입 • 줄기 세포: 어떤 조직으로도 발달할 수 있는 세포
	이식편대 숙주반응	기전	• 제4형 지연형 과민 반응 • 면역력이 건강한 공여자의 이식된 성숙한 T 림프구에 의해 활성화된 자연살해(NK)세포가 수혜자 세포 파괴
		피부	홍반성 발진, 심한 발진, 홍피 탈락
		소화기계	오심, 구토, 설사, 소화흡수 장애
		간	간기능 검사 이상, 복부 통증, 간비대, 황달

6 악성 빈혈(pernicious anemia, 거대 적아구성 빈혈) [1996 기출]

(I) 개요

정의 및 특징		• 비타민 B_{12} 흡수불능의 내적 인자가 없는 대사성 질환(= 위액 내 염산 결핍) • 신경계와 위장관의 증후 동반 • 비타민 B_{12}를 평생 주사 맞아야만 생명 유지가 가능
	비타민 B_{12}	항빈혈요소, 외적인자(내적인자와 결합해야만 흡수됨) → 정상적 적혈구 성숙, 정상 신경계 기능에 필수적 비타민 → 이 외적 요소는 내적 요소가 없으면 소장에서 흡수될 수 없음
혈구소견	거대적아구성	적혈구의 크기가 비정상적으로 크고(macrocyte), 고색소성(hyperchromic)
원인	흡수장애	내적 요소 결핍, 위벽의 소실 및 위점막 위축, 위절제술, 위암, 국한성 장염이나 회장의 흡수 조건이 나쁜 경우
	섭취 부족	외적 요소 결핍(고기류 섭취 부족)
	신진대사장애	갑상샘 기능항진증(자가면역반응), 임신, 암

병태생리	• 위액 분비 기능의 저하로 위산이 저하되어 필요한 내인자가 위산 내에 결여되어 있기 때문에 비타민 B_{12}는 (외인자)흡수에 유일한 흡수부위인 소장하부에서 흡수가 안 됨 • 외적 요소 비타민 B_{12}는 내적 요소가 없으면 소장에서 흡수될 수 없음		
	비타민 B_{12} 항빈혈요소 외적인자	조혈요소로 RBC의 재료	호흡곤란, 심계항진, 창백, 청색증, 피곤, 권태, 추위에 예민, 고상지두
		위장점막세포 성장에 관여	위장관계증상(소화불량, 트림, 식욕부진, 설사, 구내염)
		신경세포 형성에 관여	신경계증후(손발이 쑤시고, 멍멍한 감각, 마비, 초조, 우울, 보행장애)

(2) 혈액계 진단검사

전혈구검사	적혈구가 3백만/μL 이하로 떨어지면서 혈색소와 헤마토크리트도 감소
혈액도말 (blood film)	• 헤모글로빈을 다량 함유한 거대세포 출현 • 적혈구 크기가 정상보다 크며, 세포당 혈색소는 증가
위액검사	• 벽세포에서 염산의 분비능력을 평가하는 검사 • 비정상적으로 염산 분비가 적어 위액의 pH가 높은 것이 특징 • 악성 빈혈에서는 이며 위액 분비를 자극하는 히스타민을 주사한 후에도 염산 분비는 증가되지 않음
골수검사	골수에 거대 적아구 수가 늘어난 반면, 정상 적아구 수는 적고 백혈구 성숙에도 결함을 보임
빌리루빈	결함 있는 적혈구의 용혈로 인해 비결합 빌리루빈 증가
비경구적 vit B_{12} 투여법	비타민 B_{12} 1mg 10일간 근육주사 후 2~4일 경과 시 환자의 반응과 혈액소견 → 환자가 건강한 느낌 & 망상적혈구 수 증가 시 → 악성 빈혈로 확진
Schiling 검사 [국시 2006]	내인자의 비경구적 투여 유·무에 따라 경구 투여한 방사성 비타민 B_{12}(Cobalt-60 부착)의 소변배설량이 변화되는 지의 여부를 평가하여 진단함(위 수술 등으로 인한 내인자 결핍 확인)

Schiling 검사 [국시 2006]	1단계	방사성 비타민 B_{12}를 경구 투여 → 24시간 소변 채집으로 방사성 비타민 B_{12} 양 측정(소변 내 배설량 확인) • 배설량이 정상범주 → 검사 종료 • 배설량이 감소 → 소장에서의 비타민 B_{12} 흡수장애 → 2단계 검사
	2단계	• 내인자를 비경구적으로 투여+방사성 비타민 B_{12}를 경구 투여 → 24시간 소변채집으로 방사성 비타민 B_{12} 양 측정(소변 내 배설량 확인) → 비타민 B_{12}의 소변배설량이 정상으로 증가 → 악성 빈혈로 진단 • 내인자를 투여해도 비타민 B_{12}가 정상화되지 않으면 회장 질병의 원인이 됨

(3) 증상

빈혈	빈혈정도와 관계없이 허약, 피로, 체중 감소, 빈맥, 권태, 가벼운 황달, 창백한 피부나 청색증, 심계항진, 피로, 협심증, 다리 부종
	적혈구 감소로 인한 산소운반력 감퇴
위장관계 증상	위축염, 구내염, 설염(혀가 붓고 통증, 매끄럽고 빨간 혀 '우육양'), 체중 감소, 점차 위장관에 음식 잔여물이 많아지고 소화가 힘들어짐, 변비나 설사
	위점막위축과 염산 분비 저하 및 내인자 결핍
신경계 증후	말초신경병증, 균형감각소실, 협응(coodination)소실, 운동실조, 혼동, 기억력감소, 진동감각의 감소, 신경반사감소, 바빈스키 양성, 사지 무감각, 저림, 마비, 우울, 정신증
	비타민 B$_{12}$의 결핍으로 말초신경과 척수 및 뇌의 신경퇴화
황달	손과 손가락 마디에 색소가 과다하게 침착, 피부가 창백한 노란색을 띰
	• 거대적아구는 세포막이 취약하여 쉽게 파괴 • 비정상적으로 큰 적혈구가 모세혈관을 통과할 때 용혈이 일어남 → 간접 빌리루빈 증가에 의한 황달

(4) 치료 및 보건지도

유지요법: 비타민 B$_{12}$ (코발라민)를 평생 주사 [국시 2008 · 2018]	비타민 B$_{12}$를 평생 동안 근육주사나 피하로 투여 • 첫 2주 동안 매일 투여 → 매주 투여 → 헤마토크리트 정상화 → 매달 주사 • 1주 만에 극적으로 호전(적혈구 수 현저히 증가) → 빈혈상태 호전 • 합병된 심장질환증상도 호전 • but 신경근육계 합병증은 영구적으로 남을 수 있음
엽산 투여	영양 부족 환자에게는 때로 비타민 B$_{12}$와 함께 엽산도 투여
수혈	심한 빈혈 시
영양식이	철분, 단백질, 비타민이 많이 함유된 생선, 고기, 우유, 달걀과 같은 식품
안정	혈액 상태가 좋아질 때까지 침상에서 안정
신경손상으로 부터 보호	관절 운동	관절 경직, 근육위축으로 합병증 예방 위해 완전 범위의 관절 운동
	화상·외상으로부터 보호	악성빈혈환자는 열과 동통에 대한 감각이 둔해짐
	물리치료 및 재활치료	• 치료하지 않으면 신경계 증상이 나타날 수 있음 • 물리요법으로 기능을 회복시킬 수 있지만 신경 손상은 일생동안 지속됨

7 용혈성 빈혈(hemolytic anemia)

(1) 특징 및 병태생리

특징	• 적혈구 수명이 짧음 • 대식세포에 의해 파괴되는 적혈구 수가 비정상적으로 증가함 • 골수의 적혈구 생성능력이 적혈구 파괴속도에 미치지 못함	

분류	**선천성**
	• 효소 이상 ○ - 유전구형적혈구증
	• 막에 이상 ○ - G6PD결핍증, PK결핍증
	• 혈색소 이상 ○ - 지중해빈혈, 혈색소병증
	  (겸상적혈구병 포함)
		후천성
		• 면역기전에 의한 것 - 면역용혈빈혈
		• anchor protein에 이상 ○ - 발작야간혈색뇨증
		• 물리적 외력에 의한 파괴 - 적혈구파괴증후군
		• 비장의 적혈구 처리능력이 항진되어 일어나는
		  용혈빈혈

사정자료와 병태생리	**사정자료**	**병태생리**
	황달(피부와 눈이 노랗게 됨)	적혈구의 과도 파괴로 혈액 내에 많은 양의 빌리루빈이 축적됨
	비장종대, 간비대	결함 있는 적혈구를 식균하기 위한 비장, 간, 골수 내 대식세포의 부담이 커져서 기능이 항진됨
	담석증(색소성)	적혈구의 파괴로 인해 담낭 내에 빌리루빈이 과도하게 축적되어 색깔 있는 돌을 생성

(2) 유전성 용혈성 빈혈

겸상 적혈구 빈혈	헤모글로빈의 beta-polypeptide chain 가운데 6번째 아미노산이 valine으로 대치되어 발생 하는 빈혈로, 적혈구의 저산소 상태에 노출 시 낫 모양으로 변화되면서 서로 응집되어 혈 관을 폐쇄하고 용혈을 일으킴	
지중해성 빈혈	• 저색소성 소구성 적혈구이며 모양이 특이한 변형 적혈구 • 적혈구가 비정상적으로 얇고 깨지기 쉬운 세포로 가끔 용혈이 급격히 진행됨 • 적혈구 수는 정상이지만, 헤모글로빈 수치가 정상범위보다 2~3g/dL로 낮음. 중증 시 헤모글로빈 수치 5g/dL 이하 • 6개월 이후 청색증, 불안정, 식욕부진, 철분침착, 황달 발생 • 중증일 경우 간 비대, 비장비대, 식욕부진, 당뇨, 심부전에 의한 사망 초래 • 특징적인 외모	
		➡ **중증 지중해성 빈혈 아동의 특징적 모습** • 수질과 골수 외 조혈이 증가하여 뼈가 커지고 얇아짐 • 두정엽과 전두엽의 골 형성이 증가된 형태 • 부정교합과 윗니 돌출 • 편평하고 넓은 코가 특징적 • 양쪽 미간이 좁아짐

유전성 구상 적혈구증	• 상염색체 우성 유전 • 적혈구 세포막의 구성성분의 이상으로 초래되며 유전성 용혈성 빈혈의 원인 중 가장 흔한 질환임. 나트륨에 대한 세포막 투과성이 증가되어 적혈구의 모양이 둥그런 구상이 됨 • 적혈구 외부막의 구성 성분 중 일부가 유전적인 이유로 부족하여 나트륨에 대한 세포막 투과성이 증가되어 적혈구의 모양이 공처럼 중간이 불룩한 형태의 구형 적혈구로 바뀌어서 나타나는 질환 • 유연성이 적은 구형 적혈구가 비장의 좁은 모세혈관을 어렵게 통과하면서 용혈이 증가하여 빈혈, 담석이 증가하고 황달이 생김. 평상시에는 골수의 적혈구 생성 능력이 상대적으로 증가하여 보상 능력을 발휘해 큰 빈혈은 잘 생기지 않으나, 용혈 증가로 황달의 수치가 증가하여 간 질환으로 오인하여 발견이 늦어지기도 함

(3) 후천적 용혈성 빈혈

정의		적혈구 자체는 정상이나 외적 요인, 항체반응, 간, 비장 내 적혈구 포획, 독소 요인으로 적혈구가 손상되어 발생함
자가면역장애	정의	자신의 적혈구를 항원으로 인식하여 항체를 생산하여 항체로 덮인 적혈구는 비장에서 조기 파괴
	수혈 반응	ABO형이 부적합한 혈액이 주입된 경우 체내에서 부적합한 혈액에 대한 항체를 형성하여 주입된 혈구를 파괴하는 용혈 현상
	태아적아구증	• 태아의 Rh+혈액에 대해 모체가 항체를 형성함. 모체가 생성한 항체가 태반을 통해 태아의 혈액으로 되돌아오면 이 항체가 태아의 적혈구를 파괴하여 용혈을 일으킴 • 교환수혈 방법으로 태아의 Rh+혈액을 Rh−혈액으로 바꾸어야 용혈이 중지됨
SLE		−
독성 물질		독성 화학물질, 요독증, 뱀의 독소에 의해 용혈이 생김
물리적 자극		화상에 용혈됨

(4) 사정자료와 병태생리 [국시 2008]

황달	적혈구의 과도 파괴로 혈액 내에 많은 양의 간접 빌리루빈이 축적되어 황달 발생
담석	적혈구의 과도 파괴로 담낭 내에 빌리루빈이 과도하게 축적되어 담석증이 됨
신부전 [국시 2005]	심한 용혈현상으로 적혈구의 분해로 증가된 요산의 배설에 대한 신장의 부담 증가함
비장비대, 간비대	결함이 있는 적혈구를 식균하기 위한 비장, 간 내 대식세포의 부담이 커져서 기능항진으로 비장비대, 간비대

(5) 용혈성 빈혈의 진단적 검사

정구성 빈혈	적혈구의 크기, 혈색소 정상
간접 빌리루빈 증가 [국시 2014]	• 적혈구 수명이 단축되어 혈액 내 indirect bilirubin은 증가하며 혈중 direct bilirubin은 증가하지 않음 • 요중 bilirubin 음성
유로빌리노겐	증가 / 소변, 대변으로 유로빌리노겐 배설 증가
망상적혈구수 (reticulocyet count) 증가	용혈, 실혈을 판단하는 유용한 지표로 적혈구의 과도 파괴에 골수의 보상반응으로 망상적혈구 수(reticulocyet count) 증가
	VS 골수 부전 빈혈 : 망상적혈구 감소
Coomb's test	적혈구 항체를 찾아내는 직접쿰즈검사는 적혈구표면에 결합되어있는 적혈구 항체를 확인하고 간접쿰즈검사는 혈액 내 순환하는 적혈구에 대한 항체를 확인하는 검사
간호	• 성장 및 성적 성숙 지연과 관련된 지지간호 • 과다한 골수생성으로 인한 얼굴의 특징적인 변화와 관련된 지지 및 격려
치료	corticosteroid	면역억제요법
	비장절제술	스테로이드 치료에 반응하지 않을 때 과도한 적혈구 파괴로 비장비대가 지속될 경우 시행
	골수이식	골수이식으로 완치 기대 가능

8 겸상적혈구병 [2015 기출]

(1) 정의 및 특징

정의	겸은 낫 겸(鎌)자로 겸상 적혈구 증후군
유전병	• 겸상적혈구 빈혈은 보인자(carrier)인 양쪽 부모 모두로부터 유전되는 상염색체 열성 질환 • 유전병이라 부모 중 겸상 적혈구 증후군 환자가 있다면 자식도 겸상 적혈구를 가질 확률이 생김 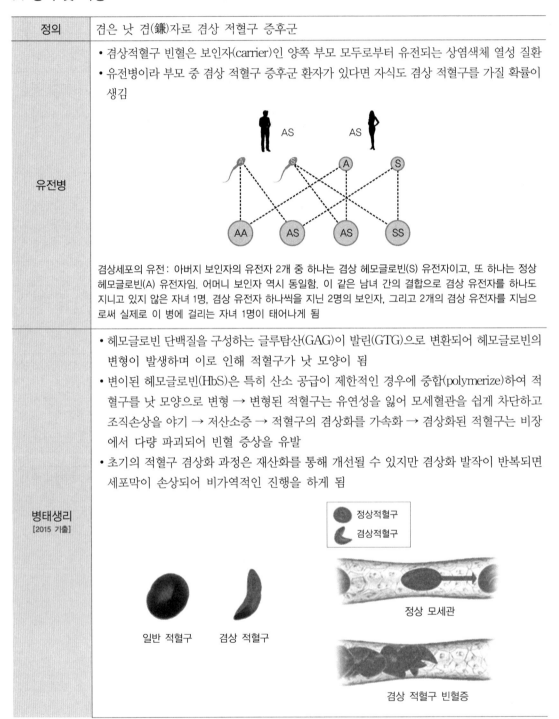 겸상세포의 유전: 아버지 보인자의 유전자 2개 중 하나는 겸상 헤모글로빈(S) 유전자이고, 또 하나는 정상 헤모글로빈(A) 유전자임. 어머니 보인자 역시 동일함. 이 같은 남녀 간의 결합으로 겸상 유전자를 하나도 지니고 있지 않은 자녀 1명, 겸상 유전자 하나씩을 지닌 2명의 보인자, 그리고 2개의 겸상 유전자를 지님으로써 실제로 이 병에 걸리는 자녀 1명이 태어나게 됨
병태생리 [2015 기출]	• 헤모글로빈 단백질을 구성하는 글루탐산(GAG)이 발린(GTG)으로 변환되어 헤모글로빈의 변형이 발생하며 이로 인해 적혈구가 낫 모양이 됨 • 변이된 헤모글로빈(HbS)은 특히 산소 공급이 제한적인 경우에 중합(polymerize)하여 적혈구를 낫 모양으로 변형 → 변형된 적혈구는 유연성을 잃어 모세혈관을 쉽게 차단하고 조직손상을 야기 → 저산소증 → 적혈구의 겸상화를 가속화 → 겸상화된 적혈구는 비장에서 다량 파괴되어 빈혈 증상을 유발 • 초기의 적혈구 겸상화 과정은 재산화를 통해 개선될 수 있지만 겸상화 발작이 반복되면 세포막이 손상되어 비가역적인 진행을 하게 됨

정상 혈색소 HbA	성인의 정상 혈색소는 2개의 α chain과 2개의 β chain을 가진 HbA
겸상세포질환자 : 비정상적인 혈색소 HbS	• β-chain이 비정상적인 HbS를 가지며, HbS는 적혈구의 산소함유량에 따라 민감하게 변화됨. 즉, 적혈구가 저산소상태에 노출되면 낫 모양이나 초승달 모양의 겸상세포로 변화되면서 서로 응집되어 혈관을 폐쇄함 • 적혈구의 40% 이상이 HbS일 때 적혈구의 평균 수명은 12~15일로서 용혈성 빈혈을 일으킴
겸상세포 위기 (sickle cell crisis)	• 순환하는 적혈구가 감소되어 저산소증 상태가 되면 조혈을 촉진하지만 저산소증이 심해지면 겸상세포가 응집하여 광범위한 혈관이 폐쇄되는 겸상세포 위기(sickle cell crisis)가 유발됨 • 겸상세포에 의해 혈류가 차단되면 혈관경련이 발생되고 나아가서는 혈행 흐름을 제한함 → 저산소증은 극심한 모세혈관 세포막 투과성을 변화시켜 혈장 손실로 인한 혈액 농축, 혈전 형성, 순환정체를 유발 → 결국 산소공급이 차단되어 조직의 허혈 및 경색, 괴사 등 진행 → 쇼크는 겸상화 위기로 초래되는 치명적인 상태로 이는 조직의 심한 산소결핍과 순환하는 체액량의 부족으로 야기 • 상화 위기는 갑작스럽게 시작되어 수일 또는 수주간 지속될 수 있음

(2) 원인

	저산소증		• 겸상화 발작은 혈중 산소분압이 감소할 때 자극됨 • 전신마취, 높은 고도, 비행기 여행 등은 조직 저산소증을 유발함
겸상화 발작의 원인: 산소분압 감소 시 자극	감염		감염은 가장 흔한 겸상화 요인이고 적혈구의 환원을 촉진하는 요인
	신체적 스트레스		–
	극단의 온도	추운 기후	• 정맥정체를 유발하여 혈구의 겸상화를 초래 • 지체온 상대에서도 겸상화가 촉진
		더운 날씨	탈수를 일으켜 혈액의 점성이 증가하면 혈류 정체와 저산소증의 원인이 됨
	대사성 산증		산증은 적혈구의 환원을 촉진하고 겸상화를 유발
	탈수		탈수, 혈장 삼투질 농도 증가, 혈장량 감소

(3) 겸상적혈구 빈혈의 진단검사(선별검사)

혈액검사	-
HbS 선별검사	상염색체 열성유전으로 부모 모두에게 HbS가 발견되는 경우 발생
혈색소 전기역동검사	• 겸상세포 빈혈과 겸상세포 체질을 감별해 주는 검사 • 헤모글로빈 저하, 망상적혈구 증가
말초혈액도말 검사	겸상모양의 세포 확인
겸상화 검사	혈구를 산소환원 물질에 노출시켜 낫 모양으로 변화되는 현상을 관찰해서 진단하는 검사로 정확도가 높음
겸상혼탁도 검사	• 겸상세포 혈색소를 찾는 대표적인 선별검사이다. 환자의 혈액을 시험관의 sickledex용액에 섞어 5분 후에 검체물의 혼탁도 여부를 평가함 • 겸상세포 혈색소가 있는 경우 sickledex용액은 흐리게 나타나고, 정상이면 맑게 나타남. 이 검사는 겸상세포 혈색소의 존재 여부만 평가할 수 있음

(4) 증상과 징후

임상증상	hand-foot 증후군, 간비대, 비장비대, 지속발기증, 황달, 시력감퇴 등 → 만성적인 빈혈 증상으로 점막의 창백, 피로, 운동내구성 저하 등을 호소
통증	겸상화로 인한 특징적인 증상은 통증임. 겸상화 위기가 초래되면 조직허혈에 의한 통증이 심하게 나타나는데, 특히 손과 발부위의 관절통을 가장 많이 호소함. 뼈의 경색으로 인한 수족 증후군은 겸상세포 질환의 초기 증상으로 발생되며, 음경정맥이 폐색되면 발기지속증(priapism)이 나타남
손발의 관절통 수족증후군	• hand-foot 증후군 • 손과 발부위의 관절통을 가장 많이 호소함. 뼈의 경색으로 인한 수족 증후군은 겸상세포 질환의 초기 증상으로 발생
발기지속증 (priapism)	음경정맥이 폐색되면 발기지속증이 나타남
빈혈	• 겸상화 발작 동안을 제외하고는 거의 무증상 상태 • 만성적인 빈혈 증상으로 점막의 창백, 피로, 운동내구성 저하 등을 호소
겸상적혈구 위기	갑작스레 발병하는 중증상태. 혈관에 겸상세포들이 다량 축적되어 조직허혈과 저산소증 유발. 주로 사지에 급성 통증 발생
생존율	혈관막힘위기(vaso-occlusive crisis)의 빈도에 따라 결정됨. 1년에 3번 이상 혈관막힘위기를 겪는 환자의 기대 수명은 약 35세이며, 위기가 이보다 적을 시 50세 이상까지 생존하기도 함

급성 합병증	겸상화 발작이 반복되면 점진적으로 모든 신체 조직이 영향을 받는데, 특히 산소요구량이 높은 비장, 폐, 콩팥, 뇌조직 등이 우선적으로 침범되어 다양한 합병증을 유발함 • 심장은 허혈상태로 비대되어 울혈성 심부전을 유발함 • 급성 흉곽증후군이 발생되면 발열, 흉통, 기침, 폐침윤, 호흡곤란 증상이 나타남 • 폐경색으로 인해 폐고혈압, 심근경색, 심부전이 발생되고 결국 폐성심으로 진행됨 • 망막혈관이 막히면 출혈, 반흔화, 망막분리로 실명이 초래됨 • 콩팥은 혈액점도의 증가와 산소부족으로 손상되어 콩팥기능상실이 유발됨 • 비장은 반복적인 흉터 형성으로 작아지는데, 이러한 현상을 자동비장절제술이라고 함 • 뇌졸중은 뇌혈관의 혈전이나 경색으로 인해 초래되고 뼈는 경색 후 골다공증이나 골경화증을 유발함 • 하지로의 산소공급 저하는 만성적인 하지궤양을 발생시키는데 흔히 무릎 부분이 침범됨 • 비장의 식균작용 저하로 감염에 취약해지는데 폐렴은 가장 흔히 발생되는 감염

(5) 겸상세포빈혈의 위기

혈관폐색 위기	겸상세포의 길고 단단한 chain 때문에 작은 혈관들이 폐색되어 허혈성 손상과 경색으로 심한 통증을 유발한다.
통증위기	조직허혈에 의한 통증이 심하게 나타나는데, 특히 손과 발 부위의 관절통을 가장 많이 호소한다.
분리(격리) 위기	• 겸상적혈구로 비장이 막혀 그 결과 순환하는 혈장량이 감소하면 혈압이 저하되고 혈류가 정체된다. • 비장이나 간에 다량의 혈액이 울혈됨으로 순환 혈액량이 감소되어 쇼크를 동반한다. • 통증이 있으면서 단단하며 육안으로도 비대된 비장을 볼 수 있다.
재생불량성 위기	겸상세포빈혈로 비장에서 많은 적혈구가 파괴됨으로써 골수에서 많은 적혈구를 생성하게 되면 정상적인 피드백 기전을 잃고 기능이 완전히 정지하게 된다. 이는 재생불량성 위기로서 망상적혈구가 생산되지 않아 혈색소가 하루에 1g/dL까지 심하게 저하된다.
과다용혈 위기	과다용혈 위기는 드문 합병증이다 적혈구가 과다하게 파괴되어 혈색소가 급격하게 감소하지만 골수의 기능이 정상이면 망상적혈구 생산이 증가한다.

(6) 급성 합병증

겸상화 발작이 반복되면 점진적으로 모든 신체 조직이 영향을 받는데, 특히 산소요구량이 높은 비장, 폐, 콩팥, 뇌조직 등이 우선적으로 침범되어 다양한 합병증을 유발한다.

혈관폐쇄		• 낫 모양의 적혈구는 모세혈관을 막아 각 장기로 가는 혈류를 방해하여 허혈성 손상과 심한 통증, 때로는 장기 기능 부전까지 유발 • 충분한 수액 공급과 통증 조절 필요-마약성 진통제를 일정한 간격으로 투약하는 것 추천 • 감소된 혈류는 흔히 비장의 경색을 일으켜 기능 부전에 이르게 되고 따라서 세균감염의 위험 증가 - 예방 차원에서 항생제 투여 • 이밖에 급성 혈관폐쇄로 인해 발열, 흉통, 호흡 곤란, 단순흉부촬영상 폐포 침윤 등의 증상을 나타낼 수 있음
	울혈성 심부전	심장은 허혈상태로 비대되어 울혈성 심부전을 유발
	급성 흉곽증후군	발열, 흉통, 호흡 곤란, 단순흉부촬영상 폐포 침윤 등
	폐경색	폐고혈압, 심근경색, 심부전이 발생되고 결국 폐성심으로 진행
	폐렴	비장의 식균작용 저하로 감염에 취약해지는데 폐렴은 가장 흔히 발생되는 감염
	망막분리	망막혈관이 막히면 출혈, 반흔화, 망막분리로 실명이 초래됨
	신부전	콩팥은 혈액점도의 증가와 산소부족으로 손상되어 콩팥기능 상실
	자동비장절제술	비장은 반복적인 흉터형성으로 작아지는데, 이러한 현상을 자동비장절제술이라고 함
	뇌졸중	뇌혈관의 혈전이나 경색으로 인해 초래
	뼈경색	뼈는 경색 후 골다공증이나 골경화증을 유발함
	하지궤양	하지로의 산소공급 저하는 만성적인 하지궤양을 발생시키며 흔히 무릎 부분이 침범됨
용혈성 빈혈		-
비장의 확대		심한 통증을 동반하며 갑작스럽게 비장이 확장되는 경우로 환자는 복부 팽만과 경직을 보임

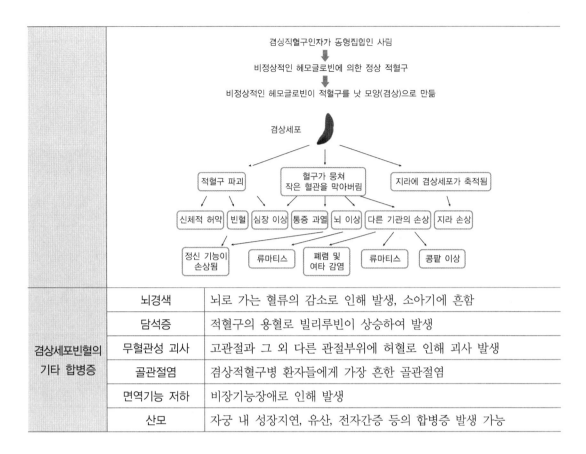

겸상세포빈혈의 기타 합병증	뇌경색	뇌로 가는 혈류의 감소로 인해 발생, 소아기에 흔함
	담석증	적혈구의 용혈로 빌리루빈이 상승하여 발생
	무혈관성 괴사	고관절과 그 외 다른 관절부위에 허혈로 인해 괴사 발생
	골관절염	겸상적혈구병 환자들에게 가장 흔한 골관절염
	면역기능 저하	비장기능장애로 인해 발생
	산모	자궁 내 성장지연, 유산, 전자간증 등의 합병증 발생 가능

(7) 간호

혈관폐색 예방을 위한 수분공급 및 폐색 발생 시 산소공급으로 대처	
통증조절, 휴식제공	• 통증감소 및 산소소비 감소 • Tylenol(아세트아미노펜)이나 마약성진통제(코데인 등) 투여 • 따뜻한 수건이나 온열패드로 영향 받는 신체부위를 부드럽게 마사지
산소·수분 공급	• 겸상석혈구 위기 방시 • 탈수를 동반할 때 겸상적혈구화를 유도 • 겸상적혈구화를 예방하기 위해서는 혈액의 점도 증가를 방지해야 하며 그에 따라 충분한 수분이 필요함
	낮아진 산소 분압에서 겸상적혈구화를 유도함
감염관리	• 감염은 겸상적혈구 위기를 촉진시킴 • 예방접종시행 및 감염발생 시 항생제 투여 등 즉각 치료
신장의 상태 사정	요 유무, 섭취량과 배설량 확인, 요비중 검사 등
수혈	• 비장격리, 심한 감염, 만성 신장손상 시 사용 • 수혈요법에 의한 칼륨수치 상승 주의

겸상화 위기 상황 피하기	• 아주 힘든 일이나 운동을 피하고 또한 고산지역이나 비행기 여행을 피하도록 함 • 탈수되지 않도록 주의, 구토, 설사, 그 외 다른 수분상실을 유발하는 원인이 있으면 병원 방문
상담	유전질환이므로 가족상담을 통해 질병에 대한 교육 시행

03 백혈구 장애

1 호중구감소증

정의		• 심한 호중구 감소를 특징으로 하는 혈액질환 • 절대 호중구 수(Absolute Neutrophil Count; ANC)는 총 백혈구 수에 호중구가 차지하는 비율을 곱해 얻어짐 • 호중구 수가 2000/mm³ 이하로 감소되어 있으면 호중구감소증(정상 4000~10,000mm³)
원인	흔한 원인	약물의 독작용이나 과민반응
	약물	항암제, 항생제, 향정신성 및 항우울제, AZT 등
	혈액질환	호중구감소증, 재생불량성 빈혈, 백혈병
	자가면역장애	SLE, 류머티즘성 관절염, Felty 증후군
	감염	바이러스(간염, 인플루엔자), 세균
	기타	패혈증, 골수침윤증
증상 징후		• 호중구 수가 500/mm³ 이하↓ • 미열만이 유일한 감염의 징후가 될 수 있음 • 발열이 관찰(감염) 시 조기에 치료하지 않으면 발열과 오한, 패혈증, 패혈성 쇼크 등 치명적 상태로 진행됨
치료		• 호중구감소를 초래하는 원인 규명 • 감염 시 원인균 확인 • 예방 및 치료적 차원에서 항생제 투여 • 조혈성장인자 투여 • 보호적 격리술 적용
간호		• 감염의 징후를 확인하기 위해 발열 상태 및 절대 호중구 수를 자주 관찰 • 발열만이 감염이나 패혈성 쇼크의 유일한 징후이기 때문에 4시간 간격으로 활력징후를 측정하여 발열이나 오한 증상이 있는지를 확인 • 체온이 100.4°F(38℃) 이상이면 즉시 의사에게 보고하여 항생제 치료 시작 • 구강 통증, 계속되는 기침, 흉통, 소변 시 작열감, 또는 실내온도가 따뜻함에도 불구하고 춥고 오한 등의 증상이 있다고 호소하는지 잘 관찰함. 이는 감염의 징후일 수 있기 때문 • 정맥선을 주입하거나 정맥접근 기구를 다룰 때, 그리고 혈액을 채취할 때 피부를 통한 감염 위험을 감소하기 위해 피부준비를 철저히 함

	• 환자와 전촉하는 모든 사람에게 방부제 용액을 이용한 철저한 손 씻기 방법을 교육함
	• 감염이 확산되는 것을 예방하기 위해 침상안정을 취하고 고단백, 고비타민, 고탄수화물 식이로 과도한 쇠약과 병약한 상태를 예방함
	• 의사의 처방 없이 함부로 약을 사용하지 않도록 교육함

② 백혈병 [1993 · 2013 기출]

(1) 정의 및 특징

정의	• 백혈병은 혈액과 골수, 비장, 림프절 등의 조혈기관에 하나 또는 그 이상의 미분화된 백혈병 세포들이 비정상적으로 증식하는 혈액의 악성 질환
	• 세포분열에 대한 정상 조절기능이 상실된 미분화 세포들의 증식 및 침윤으로 초래
	• 백혈병은 점진적으로 진행되나 치료하지 않으면 결국은 치명적 상태로 진전
발생연령	모든 연령 집단에서 발생
아동백혈병	• 아동기의 악성종양 중 가장 빈도가 높고, 15세 이하에서 1/3이 발생
	• 아동에서는 95% 이상이 급성이며 세포는 형태에 따라 임파구성, 골수성, 단구성으로 분류함
	− 아동에서는 가장 흔한 형태는 급성 임파구성
분류	급성: 세포 성숙에 결함이 있는 미숙세포의 증식이 특징이며, 급속한 경과를 취하는 경우가 대부분임
	만성: 만성 백혈병은 보다 성숙한 형태의 백혈구가 이상 증식되는 형태로 대부분 임상 경과가 완만하게 진행되는 경우가 많음
	• 림프구성: 급성 임파성 백혈병(소아 백혈증의 60%), 만성 임파성 백혈병
	• 골수성: 급성 골수성 백혈병, 만성 골수성 백혈병
	• 단핵구성: 급성 단핵구성 백혈병, 만성 단핵구성 백혈병
원인	• 바이러스 감염
	• 환경요인: 방사선 조사 및 치료, 감염, 약물(벤졸 등), 화학발암물질
	• 염색체 이상 및 유전적 원인, 가족적 소인
병태생리	• 백혈병의 병태 생리적 특성은 골수에서 정상적으로 형성되어야 할 적혈구, 과립구, 혈소판 등이 병적으로 증식하는 백혈병 세포로 대치됨으로써 골수, 림프절, 간, 비장, 기타 기관을 침범하여 증식
	• 골수장애는 혈소판감소증, 백혈구 수와 기능 감소에 따른 증상들이 특징적으로 나타남. 또한 미분화된 비정상 백혈구들이 골수 내에 과도하게 증식되면 이들이 혈액과 림프계로 침투하여 전신적으로 순환함으로써 결국 신체 모든 조직과 장기에 백혈병 세포가 축적되어 비장비대, 간비대, 림프선증, 골통증, 뇌막자극증상, 구강병변 등을 발생시키며, 때로 녹색종이라고 불리는 백혈병 세포집단인 단단한 덩어리를 형성하기도 함

- 백혈병은 단일 줄기세포의 악성 변화로 시작함. 백혈구 세포는 천천히 증식하나 정상적으로 분화되지는 않음
- 백혈구의 수명은 길어지며 골수에 축적됨. 백혈구 세포가 골수에 축적되면 다른 정상 혈구세포의 증식을 억압하게 됨. 백혈구 세포는 성숙 백혈구의 기능을 하지 못하게 되므로 감염이나 염증과정에 비효율적으로 작용함
- 백혈구 세포는 골수에서 정상 조혈요소를 대치하게 되므로, 적혈구와 혈소판 생성이 억압 당하게 됨. 따라서 심한 빈혈, 비장비대, 출혈장애가 발생하게 됨
- 백혈구 세포는 골수에서 방출되어 전신을 순환하면서 중추신경계, 고환, 피부, 위장관계, 림프절, 간 그리고 비장과 같은 다른 신체 조직으로 침윤됨
- 백혈병은 일반적으로 내출혈과 감염으로 사망하게 됨

(2) 백혈병의 유형별 특성

유형	임상증상	예후	치료
ALL	• 빈혈: 권태감, 피로 • 호중구감소증: 발열, 뼈의 통증 • 혈소판감소증: 출혈, 멍 • 중추신경계 침범(10%)	• 완전관해: 89~90% • 완치: 30~40% • 어린이 완치율: 60~85%	• 항암화학요법: 관해유도, 중추신경계 치료, 관해 후 치료 • 골수·조혈모세포이식
AML	• 빈혈: 권태감, 피로 • 호중구감소증: 발열, 뼈의 통증, 항생제 치료의 효과가 없는 감염 재발 • 혈소판감소증: 출혈, 멍	• 70세 이상은 관해치료 불가능 • 백혈구 수 100,000/mm³ 초과 시에는 치료 첫 주에 사망률 증가	• 항암화학요법: 관해유도, 관해 후 치료 • 생물학적 치료: 단일군 항체 • 골수·조혈모세포이식
CLL	• B림프구가 악성으로 변형 • 드물게 T형이 있음 • 건강검진에서 발견됨 • 호흡기계와 피부감염이 잦음	• 진단 시 질병의 중증도가 생존 결정 • 질병과정을 예측할 수 없음	• 종종 치료시기 결정이 어려움 • 치료의 목표는 완치가 아니라 증상 완화 • 합병증 치료: 항생제, 면역 글로불린 정맥주사 • 항암화학요법 • 비장절제술 • 방사선요법 • 골수·조혈모세포이식
CML	• 만성기: 피로, 창백, 호흡곤란, 빈혈, 야간발한, 체중 감소, 흉통 • 가속기: 치료 후 만성적인 증상 재발 • 급성기: 중등도 심하고 진행성인 말기 단계	• 만성기: 3~4년 • 급성기가 되면 6개월 미만 • 대상자의 85%가 급성기에 출혈과 감염으로 사망	• 항암화학요법 • 생물학적 치료: interferon • 골수·조혈모세포이식

(3) 백혈병의 증상·징후와 병태생리

임상증상	병태생리적 근거
빈혈, 감염 및 열, 출혈	골수기능부전으로 인한 3대 증상
심한 감염 : 발열, 구강과 목에 궤양, 폐렴, 패혈증	백혈구 수는 증가해도 미성숙하고 비정상적이어서 세균과 싸울 힘이 없음
• 빈혈(피로, 기면, 저산소증) • 출혈(잇몸 출혈, 반상출혈, 점상출혈, 망막출혈)	비정상적 백혈구의 과다증식으로 적혈구와 혈소판 생성이 적절하지 못해 발생
백혈병세포의 장기침윤 : 비장과 간비대, 림프샘종, 골수세포증식증(식욕부진, 복통, 체중 감소)	극도로 증가된 백혈구가 간, 비장, 림프결절 및 골수에 축적
신진대사 항진 : 허약, 창백, 체중 감소	백혈구 생산 증가로 대사 항진, 다량의 영양분이 소모, 비정상적 백혈구의 파괴가 증가해 대사산물이 축적됨
고요산혈증 : 콩팥통증, 콩팥결석증, 감염, 말기에는 요독증을 동반한 콩팥기능상실로 진행	항암약물 사용으로 엄청난 수의 백혈구가 파괴됨에 따라 다량의 요산이 혈중으로 방출됨
중추신경계 증상 : 두개내압 상승, 뇌막염 증상 (두통, 지남력 상실)	백혈병 세포가 중추신경계 침윤
골절통, 림프선종	다량의 백혈병 세포가 림프절 및 골수에 침윤

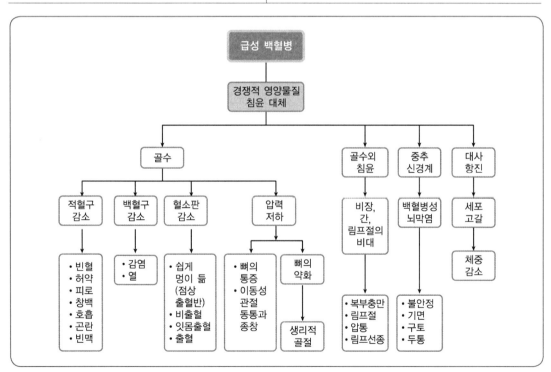

| 백혈병에서 주로 침범되는 기관과 임상증상 |

(4) 백혈병 간호진단

잠재성 감염	—
안위장애(통증)	녹색종(백혈병 세포의 집합)이 압박을 유발하여 심한 동통 호소
영양장애 (영양결핍)	• 빈혈과 관련 영양결핍, 체중 감소 및 식욕부진 • 항암요법으로 인한 식욕부진, 오심, 구토, 체중 감소 등, 구내염으로 인해 씹고 삼키는 일이 어려워 영양상태 손상

(5) 백혈병 치료

치료 (화학요법)	완해의 도입	• 백혈병 세포덩어리를 적정수준까지 감소 • 항생제, 수혈로 감염과 출혈에 대한 보조치료 • 화학요법제(adriamycin, carmustine, cyclophosphamide 등 사용) 투여
	완해의 유지	골수와 골수 밖의 질환 억제를 지속시키고 약물에 내성을 가진 세포군의 발달예방
골수이식	목적	보호격리 및 면역억제
	이식 후	구강점막궤양으로 구강섭취가 어려우므로 정맥 내 영양(무균적 시행), 항균제 용액으로 목욕
	부작용 관찰	골수이식으로 인한 부작용 관찰: 알레르기 반응, 지방색전증, 열, 오한 등

(6) 백혈병 화학요법 단계 : 관해과정

관해	완전한 관해		• 질병의 임상적, 병리적 증거가 없는 상태 • 백혈병 세포의 소실로 골수와 말초 혈액소견이 정상 • 골수에서 아세포(blast cell)가 5% 이하로 존재할 때 결정됨
	부분 관해		질병의 징후가 없고 혈액소견이 정상이나 골수 내 암세포 존재
	4단계 과정	유도기	백혈병 세포의 완전한 관해(remission)나 소멸시키는 과정
		강화기	종양의 수가 더 감소
		중추신경침범 예방	백혈병 세포가 중추신경계에 침범하는 것을 막음
		유지기	관해단계를 계속 유지하는 과정

백혈병 화학요법 단계	관해 유도 (induction)	악성세포를 죽이기 위해 처음 시도하는 단계. 관해상태에서 숨이있는 종양세포에 추가의 화학요법을 하지 않으면 재발함	
		기간	4~6주 동안 지속
		사용약물	• corticosteriod(특히 prednisone 혹은 dexamethasone), Vincristine, L-asparaginase 등을 사용 • 구강 스테로이드 제제는 매일 분할된 용량을 복용하여 일정하게 높은 혈중 농도를 유지하게 함 • Vincristine은 정맥주입기로 4~6회 용량 전부를 일주일에 한 번씩 투여 • L-asparaginase 혹은 doxorubicin은 다양한 스케줄로 투여
	강화(경화)요법 (intensification, consolidation)	• 유도치료 직후 유도치료와 동일 약물의 고용량 항암제를 수개월 동안 투여로 재발을 감소시킴 • 아동 신체에 있는 백혈병 세포 수를 보다 감소시키기 위해 사용됨 • 급성 골수성 백혈병은 관해와 강화요법이 중요함	
	유지요법	목적	관해(remission)를 유지하고 백혈병 세포의 수를 더 줄이는 것
		• 관해의 유지는 저용량의 항암제를 경구로 2년에서 3년 동안 투여함 • 급성 림프성 백혈병에서 유지 요법이 중요하고 급성 골수성 백혈병은 관해의 유지 요법이 효과가 없음	
		약물	다양한 약물이 유지기 치료 동안 사용되는데, 매일 구강으로 6-mercaptopurine을 투여하고, methotrexate를 매주 근육주사하며, 간헐적으로 steroids와 vincristine을 주입하는 것은 가장 표준이 되는 치료방법임
		관리	유지기 동안 매주 혹은 매달 총 혈구수를 검사하여 약물에 대한 골수의 반응을 평가함. 만일 골수기능억제가 심해지거나(일반적으로 절대 호중구 수가 $1000/mm^3$ 이하일 때 나타남) 독성 부작용이 발생하면 치료를 일시적으로 중지하거나 약물의 용량을 줄임

(7) 예후 및 재발에 따른 치료

급성 골수성 백혈병 (AML)	• 급성 골수성 백혈병(AML) 아동의 유도 치료를 위해 사용되는 주요한 약물은 doxorubicin 혹은 daunomycin과 cytosine arabinoside이다. • 많은 약물이 골수 억제를 야기시키므로 관해(remission)가 일어난 후에 즉시 위기가 나타날 수 있다. • 신체가 침범한 병원균(특히 정상 세균)에 대해 방어하지 못하고, 자연적인 출혈이 쉽게 일어날 수 있다. 따라서 지지적 치료가 이 시기에 필수적이다.
골수이식 (BMT)	• 골수이식은 ALL과 AML 아동의 치료에 성공적으로 사용되어 왔다. • 첫 번째 관해기에 있는 ALL 아동의 경우, 화학요법만으로도 좋은 결과가 있으므로 골수이식을 권하지 않는다. 가장 좋은 결과를 보이는 집단은 두 번째 관해기 동안에 골수이식을 받은 ALL 아동들이다. • AML 아동들은 더욱 예후가 좋지 않으므로 적당한 공여자가 있을 때 첫 번째 관해기에 골수이식을 고려할 수 있다.
재발에 따른 재유도기	• 골수 내 백혈구 세포가 존재 확인되어 재발이 일어난 경우 부가적인 치료 필수적 • 일반적으로 ALL 아동을 위한 재유도기에는 prednisone과 vincristine에 다른 약물을 더하며 복합적으로 사용한다. 한 번 이상의 재발 후에는 다시 관해(remission)가 이루어졌더라도 예후는 훨씬 더 안 좋다. • 화학요법에 내성이 있고 백혈병 재발이 되는 부위는 고환이다. 치료가 종결되었을 때 양쪽 고환의 조직 검사를 정기적으로 시행하여 질병의 발생 여부를 확인하며 양쪽 고환에 방사선조사와 집중적인 화학요법 및 중추신경계의 예방 치료가 뒤따라야 한다.

(8) 화학요법의 부작용

급성신부전 : 종양용해증후군			• 화학요법이 시작되면서 파괴된 백혈병 림프아세포에서 분비된 퓨린은 요산의 증가를 초래하며 이는 급성신부전으로 발달한다. 이 합병증은 소변을 pH7~8로 알칼리화 시키기 위한 중탄산소디움($NaHCO_3$, sodium bicarbonate)이 포함된 IV수액으로 예방한다. • 요산생성 억제제인 allopurinol투여로 신부전을 예방한다.
치료전략	수분 섭취	방법	요산을 배설시키기 위해 충분한 수분을 섭취한다.
		근거	• 항암제 투여로 인한 백혈구 파괴 증가로 다량의 요산을 생성하여 요산으로 신질환이 초래된다. • 세포에 있는 요산은 퓨린이 간에서 대사되는 최종 분해 산물이다.
	allopurinol	방법	allopurinol을 복용한다.
		근거	allopurinol은 요산 생성 억제제로 요산 생성에 관여하는 잔틴(xanthine)이 요산으로 전환되는 것을 예방하여 요산 생성을 억제한다.

알칼리화	방법	소변을 pH7~8로 알칼리화 시키기 위한 중탄산소디움(NaHCO₃, sodium bicarbonate)을 투여한다.
	근거	• 요산은 산성농도가 높은 환경에서 요산 결석을 형성한다. • 소변을 알칼리화시켜 신장 내 요산 침착을 방지한다.

(9) 백혈병 간호

📎 **백혈병을 앓고 있는 아동을 위한 간호계획을 세울 때 포함되어야 할 사항**
① 진단과 치료 절차에 대한 준비
② 통증을 완화시키기 위한 간호
③ 골수억제의 부작용 예방(감염, 출혈, 빈혈)
④ 항암치료로 인한 합병증 관리(오심과 구토, 식욕부진, 점막궤양, 신경병변, 출혈성 방광염, 원형탈모증, 기분변화 등)

과요산 혈증예방	• 백혈병 세포의 분해로 인한 핵산퓨린 방출로 혈중요산이 증가 • 신장 내 요산침착을 방지하기 위해 충분한 수분공급, 요의 알칼리화, 정기적 약물공급 • 과요산혈증 진행 시 급성신부전 유발		
골수억압으로 인한 빈혈 및 출혈간호	• 빈혈이 예상되는 환아는 골수천자 전에라도 수혈을 해 주어야 함 • 다량출혈 시 혈소판, 적혈구 수혈 • 출혈위험 감소(칫솔질 주의) 　− 부드러운 칫솔 또는 거즈로 싼 설압자나 스폰지 사용		
감염에 대한 간호 및 치료	• 활력 증상 관찰, 구강간호 • 발열조절 : 냉찜질, 수분 섭취 권장, 해열제 투여 • 안위를 위한 간호 : 에너지 보존, 대사활동 감소		
동통	• 동통이 악화되지 않도록 아동과 가족에게 정보를 제공 • 진통제 투여(동통예방을 위해 정기적 계획에 따라 투여)		
화학요법 시 간호	전반사정	영양, 피부, 구강상태, 신경학적·정서적·심리적 상태 사정	
	약물 부작용	구내염, 탈모증, 영양문제(오심, 구토, 식욕부진, 설사)	
	골수기능 저하	감염, 출혈에 대한 중재	
	면역↓, 감염↑	발열조절 (냉찜질, 수분 섭취 권장, 해열제 투여)	
	세포파괴	세포파괴와 관련된 부작용 관찰 : BUN 증가, 요로에서의 stone 생성	

(10) 화학치료 부작용 시 간호중재

오심, 구토 감소	• 뜨거운 음식보다 찬 음식이 오심을 덜 유발시킨다. • 맑은 유동식이나 연식은 오심을 완화시키는 데 도움을 준다. • 기름기가 많은 음식(고지방식), 고염식이, 강한 냄새가 나는 음식은 피한다.
감염 예방	• 환자의 과립구가 500/mm³ 이하이면 보호적 격리나 독방에서 간호한다. • 환자와 접촉하는 모든 사람들로 하여금 철저한 손 씻기를 강조한다. • 감염의 가능성이 있는 방문객이나 직원은 엄격히 통제(환자와 접촉×)한다. • 음식 섭취 후마다 구강위생을 실시한다. • 가능하면 주사, 정맥 내 카테터, 도뇨관, 그리고 질이나 항문의 침습적인 절차는 피하도록 한다. • 정맥천자가 필요한 경우에 주사부위의 오염을 미리 제거한 후 천자를 시도하며 중심 정맥 카테터가 삽입되어 있을 때는 항상 멸균 드레싱을 유지한다. • 거친 음식을 먹지 않도록 하며 무균식을 유지하고 생과일이나 야채의 섭취는 피하도록 한다. • 여성의 경우 질세척이나 탐폰 사용을 금한다. 또한 치열 발생을 예방하기 위해 매일 대변 완화제를 처방해 주고 좌약 삽입이나 직장 체온 측정 등 직장에 상처를 입힐 수 있는 어떠한 침습적 절차도 시행하지 않는다.
동통	환자의 불편감을 완화하기 위해서 진통제를 투여한다. 아스피린은 발열상태를 은폐시키며 항혈소판 작용이 있기 때문에 혈소판감소가 있는 경우 절대로 사용해서는 안 된다.

(11) 백혈병 환아 예후의 영향 요인

영향 요인		좋은 예후	나쁜 예후
백혈병 유형		• 급성 임파구성 백혈병(ALL) • 장기간 생존할 수 있는 아동은 80% 정도	–
진단시기 · 연령		가장 좋은 예후는 2~9세의 연령	2세 이하나 10세 이상
초기 백혈구 수		< 50,000/mm³ 미만	> 50,000~100,000개/mm³
기타	초기의 헤모글로빈과 혈소판 수	–	–
	유전학	고배수체(백혈병 세포에 50개 이상 염색체, 염색체수를 많이 가진 세포)	–
	성별	여자	남자
	비대	–	간 비대, 비장비대가 심한 경우 중추 신경계의 침범

04 지혈장애질환

1 지혈

(1) 지혈장애

정의	• 지혈의 3대 요소인 혈관, 혈소판, 응고인자의 상호작용에 의해 출혈을 막고 혈관손상을 회복시키는 과정 • 이들 중 어느 요소에 결함이 생기게 되면 출혈이나 응고장애를 초래하여 자반증, 혈우병과 폰 빌레브란트병(von Willebrand disease), 파종혈관내응고 등이 발생	
혈소판 장애	혈관 자반증, 혈소판감소성 자반증	
	혈소판감소증	혈소판 수 감소
	혈소판증가증	혈소판 수 증가
응고장애	혈우병, 저프로트롬빈혈증, 파종성 혈관내 응고증	
	혈우병	응고인자(Ⅷ, Ⅸ, Ⅺ) 감소
	비타민 K 결핍증	응고인자(Ⅱ, Ⅶ, Ⅸ, Ⅹ) 감소
	저프로트롬빈혈증	응고인자(prothrombin) 감소
	파종성 혈관내응고증	처음에는 응고과정을 자극하고 다음에는 섬유소 용해과정을 자극
일반적 간호	• 출혈증상이 있을 때 즉시 보고 • 출혈증상에 대한 지속적인 환자 관찰 : 피부, 구강점막의 점상 및 반상출혈, 대변의 잠혈, 내출혈증상(실신, 빈맥, 저혈압 등) • 상처예방 : 면도 시에는 전기면도기, 양치 전에 따뜻한 물에 칫솔을 담가 부드럽게 만든 후에 사용 • 변비 예방 : 배변 완화제 사용 및 관장 실시 • 주사 시 간호 : 주사부위 수분 동안 눌러주기 • 질병신분증(병명, 연락처, 응급처치 기록)을 지참하도록 교육	

(2) 지혈과정

지혈의 3대 요소	① 혈관	수축	출혈 시 혈관이 수축하여 내경 좁힘
	② 혈소판	thromboplastin 분비(혈전)	• 혈소판끼리 유착하여 혈소판 마개를 형성하여 손상된 혈관벽을 막아줌 • 혈소판 혈전이 혈관벽에 축적되는 동안 그곳에서 thromboplastin이 분비됨 • 수축성 단백을 방출 • 상처입은 혈관을 연결시키는 데 작용
	③ 응고 인자	응혈(응괴)	• 13가지 응고 인자들이 응혈, 응고(coagulation)의 과정을 거침 • 섬유소(fibrin)에 의해 응고물[혈괴, (clot)]로 굳어져 막힘
지혈과정	1단계 혈관인자		손상된 부위의 국소적 혈관 수축
	2단계 혈소판인자		혈소판 응집으로 생기는 혈전 형성(platelet plug)
	3단계 혈액응고인자		혈액 응고(coagulation)
	4단계		혈괴 형성(clot)

(3) 응고의 활성화 2단계

1차 지혈 (혈전)	혈관벽이나 조직이 손상되면 혈소판이 콜라겐에 노출되면서 응집되어 외상 후 수초 만에 혈소판 응집을 만듦	
	응고기전 1단계	손상된 조직으로부터 조직 트롬보플라스틴이 생성되어 응고인자가 활성화됨
	혈관 수축	serotonin에 의해 상처 부위의 혈관 수축
	혈소판마개	응집된 혈소판으로 혈소판 마개인 혈소판 혈전을 형성
	기전	상처(통증자극이 척수전달) → 근연축과 혈관 수축 → 동시에 혈소판 모임 → 혈소판은 콜라겐에 부착 → 세로토닌과 ADP 유리 → 혈관구멍은 더욱 좁아짐(serotonine), 더 많은 혈소판을 모이게 함(ADP) → 혈소판전(platelet thrombus)형성
2차 지혈 (응고)	• 2차 지혈은 혈소판 마개가 형성되어 응고단계가 활성화되면서 시작함 • 혈액 내 비활성형이었던 응고인자들은 내적경로와 외적경로에 의하여 차례대로 활성화됨 • 혈액응고 과정과 혈괴형성으로 혈관의 구멍이 완전히 막힘 • 섬유소(fibrin)에 의해 응고물(혈괴)로 굳어져 막힘	
	응고기전 2단계	prothrombin ⟶ thrombin 응고인자, Ca^{++} [1992 기출] 응고인자와 Ca^{++}의 존재하에 prothrombin(응고인자 II)을 thrombin으로 전환함
	응고기전 3단계	thrombin fibrinogen ⟶ fibrin 응고인자, Ca_2^+ • 응고인자와 Ca_2^+의 존재하에 thrombin에 의하여 섬유소원(fibrinogen, 응고인사 I)은 섬유소(fibrin)로 선환함 • 섬유소들은 서로 가까이 뭉치고 겹쳐져서 혈괴가 단단해지는 퇴축 현상으로 섬유소 혈전과 1차 지혈에서 만들어진 혈소판 혈전(마개)은 지혈 마개를 형성함

⑷ 응고기전의 4단계

1단계	손상조직으로 thromboplastin 유리 → 혈소판과 Ca_2^+ 존재 시 → X와 V인자 활성화
2단계	트롬보플라스틴(thromboplastin)에 의해 프로트롬빈(prothrombin)이 트롬빈(thrombin)으로 변환되는 과정
3단계	thrombin이 fibrinogen(섬유소원)에 작용하여 fibrin(섬유소)으로 변화
4단계	섬유소 용해단계로, 손상된 혈관이 회복된 후 plasminogen이 plasmin으로 활성화 fibrin(섬유소) 용해

4단계	기전	plasminogen ——————— plasmin → 혈전, 섬유소원, 섬유소, 응고인자 파괴 + Ca^{++} ↓ + 헤파린, 응고인자, thrombin
	목적	• 혈전, 섬유소원, 섬유소, 응고인자를 파괴함으로 혈액응고를 방지 • 혈액 내 Ca_2^+을 낮춤으로 항응고제로 작용 • 혈액 내 헤파린이 혈액응고를 방지

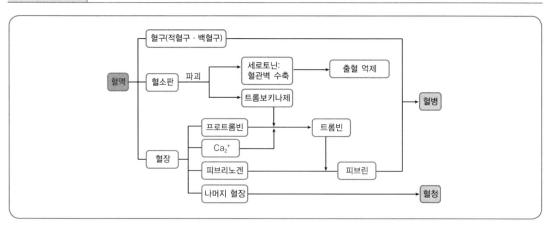

| 출혈시간, 혈소판 수, PPT, PT, 활성화된 응고시간 |

검사종류	목적과 특성	정상범위	결과해석
출혈시간 (bleeding time)	작은 천자 상처 후 출혈이 멈출 때까지의 시간을 측정: 지혈과정 중 혈관의 수축 및 혈소판의 부착과 응집에 의한 일차 지혈기능을 평가	성인에서 2~9분	혈관질환이나 아스피린 복용 후에 지연
혈소판 (platelet)	순환하는 혈소판 수 측정	150,000~400,000/mm³	수치가 낮으면 출혈시간이 지연되고 혈병퇴축 장애가 옴. 혈소판감소증의 진단에 사용
Partial Thromboplastin Time(PTT)	내적 응고과정의 정상성 검사: 응고인자 prothrombin, fibriongen의 결핍 사정, 헤파린 치료의 효과를 평가	25~38초	지연 시 응고인자 결핍으로 인한 응고장애를 뜻함
Prothrombin time(PT)	응고인자 IV, VII, X, prothrombin, fibriongen을 측정하여 외적 응고과정을 평가: 경구용 항응고제의 투여용량을 결정하기 위해 사용됨	11~15초(1단계)	항응고제의 사용, 비정상적으로 낮은 섬유소원, 응고인자 II, V, VII, X의 결핍, 홍반성 낭창에서 지연
활성화된 응고시간 (activated clotting time)	정맥혈의 응고과정 평가: 헤파린 치료의 조정에 사용되며 흔히 심맥관계 수술이나 중환자실에서 사용됨	7~120초	심한 응고문제가 있거나 헤파린의 치료적 투여 시 지연
tourniquet	• 지혈대를 아동의 전환에 5~10분 적용 후 조직반응관찰 • 모세혈관의 강도와 혈소판 기능 측정	2cm 범위에 petechiae (점상출혈) 0~2개	-

(5) 지혈장애

지혈장애	기전	출혈양상	출혈시간 (bleeding time)	관련질환
1차 지혈장애	혈소판 결함	피부, 점막, 코, 소화기, 비뇨기계의 출혈	지연 : 1~7분 (정상 1~3분)	• 혈관 자반증 • 혈소판감소성 자반증 • Von Willebrand's Disease : 혈소판의 구조적 결함, 응고인자 Ⅶ 활성 저하
		점상출혈, 반상출혈, 자반증		
		외상 후 즉시 출혈 시작		
2차 지혈장애	응고계 결함	혈관절증, 혈종	정상	• 혈우병 : 응고인자(Ⅷ, Ⅸ, Ⅺ) 감소 • 비타민 K 결핍증 : 응고인자 (Ⅱ, Ⅶ, Ⅸ, Ⅹ) 감소 • 저프로트롬빈혈증 : 응고인자 (prothrombin) 감소 • 파종성 혈관내 응고증 : 처음에는 응고과정을 자극하고 다음에는 섬유소 용해과정을 자극
		• 혈관절증(관절강 내 출혈) • 피하조직, 근육 내, 말초신경 근처에 혈종		
		지연된 출혈 시작 시간 수시간~수일 뒤 지속적 출혈		

2 혈관자반증

혈관자반증	아주 작은 압력에도 모세혈관이 쉽게 파열되어 조직으로 출혈되는 것이다. 혈관 자반증의 원인은 유전, 알레르기, 약물이나 독물에의 노출, 영양부족, 감염, 고혈압 등이 있다.
아나필락시스 자반증	—
유전성 출혈성 모세혈관확장증	• 다발성으로 모세혈관이나 세동맥이 확장되어 얇아져 있는 것이 특징이다. • 파열되기 쉬운 이러한 혈관들은 구강이나 비점막 또는 위장계나 콩팥에서 많이 발견되며, 작은 손상에도 쉽게 출혈을 일으킨다. • 작고 붉은 보라색 병변이 구강이나 비점막, 혀, 엄지발가락, 손톱 끝에서 흔히 나타나게 되는데, 이 병변을 누르면 창백해졌다가 저절로 출혈이 일어나게 된다. • 진단은 특징적인 병변을 확인하는 것에 의해서만 가능하며, 치료는 대증적이다. • 국소적인 지혈제와 에스트로겐을 투여하며, 심한 위장관 출혈 시에는 철분 투여와 수혈을 시행한다. • 이런 조건은 유전적이기 때문에 유전 상담이 필요하다.
독성 자반증	• 약물이나 독성 물질에 의해 혈관손상이 일어나는 경우이다. • 치료는 원인이 되는 약물이나 독성물질을 확인해서 그것에 노출되지 않도록 하는 것이다.

3 아나필락시스 자바증(= anaphylactoidpurpura, Henoch–Schonlein purpura, allergic purpura) [2008 기출]

정의	• 세동맥, 세정맥, 모세혈관과 같은 소혈관의 혈관염으로 오는 전신 혈관 장애 • 자반, 위장증세, 관절증세, 신증세가 주 증상
원인	• 혈관 상피세포에 손상을 주는 알레르기 반응에 의한 소혈관의 혈관염 • 원인 미정 • 수주 또는 수개월에 걸쳐 점진적으로 나타날 수도 있음
특징	• 아동기에 비교적 흔함, 2~8세, 남녀 성비 유사, 겨울 • 비혈소판감소성 자반, 복부 통증, 관절염, 신장염을 특징으로 함 • 상기도감염(연쇄상구균, 아데노바이러스), 알레르기, 약물에 대한 과민반응이 관련 있음 • 피부, 관절, 위장관 혈관에 급·만성 염증을 일으킴
병태생리	모세혈관 및 세동맥의 염증 → 적혈구의 침윤을 야기하여 피부의 점상출혈반을 만듦 → 염증과 출혈은 위장관, 활막, 사구체, 중추신경계에도 발생

증상
• 피부 발적, 담마진, 소양증 및 관절통, 복통, 혈뇨, 위장계 출혈, 열, 권태 등
• 병의 경과는 양호하나 드물게 만성 신질환 및 신부전으로 발전될 수 있음. 관절 증상은 며칠 내 회복됨

주요기관	증상
피부	• 발진 : 두드러기 모양 → 붉은 자반 → 적갈색 몇 주 지속 → 엉덩이와 하지에 대칭성 자반 • 상지의 신전면에 확산. 얼굴, 복부, 손발바닥에는 거의 없고 구진상 발진과 두드러기 홍반이 나타남 • 두피, 귀, 입술, 손발 등에 심한 부종이 나타나 심한 경우 화상과 유사한 양상을 보임
신장	• 육안적 및 현미경적 혈뇨, 단백뇨(환자의 25~50%) － 심한 경우 핍뇨, 고혈압, 고질소혈증 • 대부분 완벽히 회복되나 만성 신질환으로 발전 가능(50%)
관절(2/3)	단일 관절의 무증상 부종에서 여러 관절의 단단한 동통성 부종까지 다양, 무릎 발목에 흔함
복부	배꼽부근에 심한 산통이 반복적으로 나타남, 구토와 하혈을 동반하기도 함

진단	• 확진방법 없음. 경한 백혈구/호산구 증가, 혈소판 증가 가능, 잠혈검사 • 혈액응고와 관련된 수치 모두 정상, IgA/IgM 증가(50%)

치료	사정	소변특성 관찰
	염증조절	• NSAIDs, 스테로이드 • PD : 증상완화 도움
	스테로이드	심한 복통, 두피부종, 중추신경계 합병증 → 자반병의 경과나 신침범 등에는 별로 영향을 주지 못함

	신장증	◑ 수분&전해질 • 소금섭취량 관리 • 혈압측정
	피부관리	• 건조하고 청결하게 • 벗겨지면 화상유사치료
	합병증관리	◑ 치명적 징후 조사 • 임상검사 • 처방약 투여
지지요법		◑ 자아상 관리 • 피부발진은 일시적 현상임을 알림 • 긴 옷을 이용하여 가릴 수 있도록 함

4 혈소판감소성 자반증

정의	• 혈소판이 15만/mm^3 이하로 감소되어 발생되는 지혈장애 • 용혈성 빈혈, 혈소판감소증, 신경학적 장애, 발열, 콩팥기능 장애 등을 특징으로 하는 비교적 드물게 나타나는 증후군 • 혈소판응집이 항진되어 형성된 미세혈전이 세동맥이나 모세혈관에 축적됨으로써 발생 • 혈소판응집을 일으키는 이유는 불분명하며 가족 내의 발생 빈도가 높아서 유전적 요인이 암시되기도 함
특징	• 손상이 없어도 신체 모든 장기에서 자연적으로 발생하는 출혈 • 아주 사소한 상처에도 오래 지속되는 출혈 현상
원인	• 유전 • 특정 식품이나 특정 약물의 복용 후 혈소판 생성이 감소되거나, 또는 혈소판 파괴가 지나치게 증가

5 면역성 혈소판감소성 자반증(Immune Thrombocytopenic Purpura; ITP)

정의	• 순환 혈소판의 비정상적인 감소가 동반되는 자반증(피하출혈을 일으키는 상태) • 자가항체 또는 기타 면역기전에 의해 혈소판이 비장에서 조기에 파괴되어 말초혈액에서 혈소판감소증과 출혈 경향이 현저히 증가된 소견을 보임
특징	• 혈소판 항원에 대한 자가항체(IgG)의 생성 • 혈소판의 급격하고 과다한 파괴로 말초혈액에서 현저한 혈소판감소증 • 혈소판감소증과 함께 출혈 경향이 현저히 증가 • 급성 특발성 혈소판감소성 자반증은 혈소판감소증이 6개월 미만으로 지속되는 경우를 말하며, 대개 소아에게서 상기도의 급성바이러스감염 질환을 앓은 후 갑자기 나타나고 대부분의 환자는 특별한 치료 없이 저절로 회복됨 • 만성 특발성 혈소판감소성 자반증은 대부분 성인에게 서서히 발생하며 6개월 이상 지속되는데, 자연 회복되는 경우는 드물어서 특별한 치료가 필요함

원인		• 정확한 원인 알 수 없음 • 각종 감염질환이나 악성질환, 또는 약물 투여 등에 의해 이차적으로 생기기도 함 • 대개 소아에서 상기도 급성 바이러스 감염질환 후 갑자기 나타남
특징적 임상소견	혈소판감소	➲ 혈소판 수는 150,000/mm 이하 • 피부병변 : 적은 적색 출혈로 압박해도 퇴색하지 않음 • 자반성 변화는 주로 장기에도 올 수 있음 • 출혈은 코, 구강, 자궁 등에서도 나타남
	출혈시간 연장	응고시간(CT)은 정상이나 출혈시간(BT)이 지연
	지혈대 검사	지혈대 검사에서 모세혈관 취약성이 증가되어 있음
	항혈소판 항체검사	항혈소판 항체 선별검사에서 양성반응
	골수검사	거핵구의 증가(혈소판 파괴 증가 시)
증상	잦은 타박상	• 피부와 점막의 점상출혈(petechica) • 반상출혈(ecchymosis) • 자반(purpura)
	내출혈	토혈, 혈변, 혈뇨, 잇몸출혈, 비출혈, 월경과다, 혈관절 등
합병증		• 합병증은 출혈이며 주로 관절, 망막, 뇌 부위에서 발생 • 뇌출혈은 환자의 1~5%에서 발생되어 치명적인 상태를 유발 • 비뇨기로부터의 심한 출혈, 폐합병증을 일으킬 수 있는 횡격막 출혈, 신경 및 뇌조직에 형성된 혈종의 압박으로 인한 신경통, 사지의 무감각, 마비증상
치료	원인제거	출혈의 원인을 파악함 • 혈소판 공급 – FFP 수혈 • 면역글로불린, anti-D항체
	혈소판감소 억제	• 스테로이드 • 비장 적출술(6개월 이상 지속 및 재발성일 경우)
	통증 조절	• 아세트아미노펜 사용 • 아스피린은 절대 사용 금함
	감염 예방	• 출혈부위는 쉽게 감염됨 • 비장절제 후 페니실린 치료 • 가능한 피부 천자를 피할 것 : 부득이한 경우 무균술 적용 및 출혈 여부 관찰, 천자 후 압박법
	출혈 예방	출혈증상 관찰, 안전한 환경·편안한 신발을 제공하며 직장 체온 측정 이나 근육 주사와 직장투약은 피함. 칫솔 대신 생리식염수 등을 이용하여 구강간호
	활동 제한	• 혈소판 수 10만 이하일 때 • 환아의 외상을 최소화
	환자교육	보호용 모자 착용, 재발징후, 스테로이드 요법의 부작용과 이론적 근거 교육

6 응고장애질환

정의	하나 혹은 그 이상의 응고인자가 결핍되어 발생되는 출혈성 장애
혈우병	유전성 응고장애질환
저프로트롬빈혈증	• 순환 혈액 내에 프로트롬빈의 양이 결핍된 상태 • 프로트롬빈은 간에서 생산되는 응고인자로서 간 내 합성과 혈관 내 응고현상에 의해 초래되는 심한 출혈장애 • 응고상태가 광범위하게 확산되면서 응고인자와 혈소판이 모두 소모되기 때문에 결국 조절할 수 없는 심각한 출혈상태를 유발하는 것이 특징
파종혈관내응고	• 감염, 수술, 외상 등의 원인으로 인해 혈관 내 지혈 담당 성분이 과다하게 활성화되는 것 • 과잉 활성화 응고 작용이 혈관 전체에서 일어나 혈전이 형성되고 이 혈전이 각종 장기에 달라붙으면 혈액 순환에 장애가 생김 • 과다혈전형성(응고) 후 출혈을 조절하는 데 필요한 혈소판과 응고 인자가 극소로 감소되어 과다출혈이 나타남

7 혈우병(hemophila) [1996 · 2007 기출]

(1) 개요

정의	유전성 응고장애로 혈액응고인자 Ⅷ, Ⅸ, Ⅺ 결핍되어 출혈경향이 증가하는 것이다.		
분류	혈우병 A (고전적 혈우병) 80%	제8 응고인자(Factor Ⅷ) 생산장애	• 혈우병 A & B는 반성 열성 유전 - 어머니로부터 들에게 유전, 딸은 보인자가 된다. • 유전성 응고장애로 X 염색체 열성 유전으로 아들과 딸이 다르게 유전된다. • 혈우병 B보다 혈우병 A가 5배 많다. • 임상증상과 예후에는 거의 차이가 없다.
	혈우병 B (Christmas질병) 20%	제9 응고인자(Factor Ⅸ) 생산 장애	
	혈우병 C	응고인자 11(Ⅺ)인자 결핍	상염색체 열성 유전, 매우 드물다.
	von Willebrand 질환	• 정상 응고과정에 관여하는 큰 다당체 당단백인 폰빌레브란트 인자 (von Willebrand Factor [vWF])의 결핍 또는 기능저하에 의해 발병된다. • 폰빌레브란트 인자는 손상된 혈관부위의 혈소판 응집 부착에 중요한 역할을 한다. • 상염색체 우성으로 유전된다.	

01

반성열성유전	• X 염색체에 의한 유전자와 존재가 원인이다.
	• 증상이 없는 여성의 X 염색체 중 한 개의 염색체에 의해서 혈우병성 인자가 전이된다.
	• 단 한 개의 X 염색체 중 혈우병성 인자가 존재하면 그 남성은 질병으로 표현된다.
	• 혈우병의 남자는 여자 자손에게 잠복성 혈우병을 전달한다.
	• 보인자인 어머니와 정상인 아버지에게서 자녀가 태어날 경우, 혈우병이 있는 아들이 태어날 확률 : 25%
	• 정상인 어머니와 혈우병 아버지에게서 자녀가 태어날 경우, 보인자인 딸이 태어날 확률 : 50%
	• 보인자인 어머니와 혈우병 아버지에서 아들이 태어났을 경우, 그 아들이 혈우병일 확률 : 50%

(2) 증상

출혈	• 느리고 오래 계속되는 출혈 : 사소한 상처에도 많은 양의 위험한 출혈을 초래. 두개 내 출혈이 가장 심각함
	• 지연되는 출혈 : 상처 입은 후 몇 시간 며칠이 지나서야 상처부위의 출혈이 시작됨
	• 발치 후 단단한 칫솔로 양치 후의 심한 출혈
	• 코 충격, 상처 후 심하고 치명적인 출혈
	• 위장 출혈 : 위궤양 동반
	• 내출혈
	− 목, 입, 흉부, 두개 내출혈
	− 위장출혈 : 위궤양 출혈, 후복막강 안 출혈
	− 자연적 혈뇨, 비출혈
	− 척수의 혈종 : 마비 야기
	• 피하출혈, 근육 내의 출혈
혈종	• 피하조직이나 근육 내 또는 말초신경 근처에 반복적인 혈종 형성
	• 혈종에 의한 압박증상으로 통증, 무감각, 마비, 근육위축 등의 신경장애 징후
	• 혈관절증의 재발로 심한 관절기형과 영구적인 불구 초래(혈관절증은 무릎, 발목, 팔꿈치, 팔목, 손가락, 둔부관절, 어깨 순으로 발생)
	• 깊은 피하조직, 근육 내, 말초신경 근처 부위의 신경이 혈종에 의해 압박 받으면 심한 동통과 영구적 신경손상이 옴 → 마비, 근위축
운동장애	재발성 혈종 − 깊은 피하조직, 근육 내, 말초신경 근처 부위의 신경이 혈종에 의해 압박받으면 심한 동통과 영구적 신경손상이 옴 → 마비, 근위축
예후	1/3 이상만이 30세 정도까지는 생존하고 대부분은 소출혈 후 대출혈을 유발하여 실혈로 사망함

(3) 진단

진단	• 출혈경향 확인, X 염색체 유전검사(엄마 → 아들) • 응고인자분석(8·9 기능평가), 혈청칼슘 • PTT 지연(가장 중요한 검사) • 혈소판/피브리노겐 농도/BT 정상	
혈액소견	• 혈액 응고 시간 및 출혈 시간 연장 • 부분 트롬보플라스틴 생성 지연	
혈우병의 검사 소견	**검사**	**검사소견**
	Prothrombin Time(PT)	정상(외적 경로의 손상은 없음)
	Thrombin Time	정상(thrombin-fibrinogen 반응장애는 없음)
	Platelet count	정상(혈소판 생성은 적절함)
	Partial thromboplastin Time(PTT)	지연
	Bleeding Time(BT)	• von-Willebrand 질환 : 지연(혈소판의 구조적인 결함 때문에) • 혈우병 A와 B : 정상
	Factor assays(응고인자 분석)	• 혈우병 A : factor Ⅷ 결핍 • 혈우병 B : factor Ⅸ 결핍 • von-Willebrand 질환 : vWF 부족

(4) 치료 및 보건지도

목표	• 주요 출혈부위를 가능한 빨리 지혈 → 압박법 • 혈장 내 결핍된 항혈우병인자 보충 • 혈관절증에 의한 다리장애 예방 • 불필요한 상처 예방 • 환자 교육
치료 및 보건지도	• 출혈 시 지혈 : RICE, 지혈제, Amicar(국소도포, 응혈파괴예방), 혈관절증에 의한 절름발이 예방, 합병증 예방 • 항혈우병 인자를 투여 : 인자 8농축액 합성 바소프레신, AHF 보충 • 관절통과 부종을 완화 : 냉찜질, 스테로이드, 아세트아미노펜(아스피린 금지), 관절혈액 흡인 • 환자에게 상처가 생기면 위험한 이유를 설명하고 상처를 입지 않도록 교육 • 상처입을 만한 모든 조건은 피하도록 교육하고, 상처 및 출혈에 대처하는 법을 교육

(5) 간호중재(보건지도 내용)

출혈증상 관찰	반상, 점상, 잇몸출혈, 혈뇨, 월경과다, 토혈, 혈변을 관찰
외상으로부터 보호	• 침대 난간을 올리고 패드를 대어줌 • 활동을 적절히 제한 • 교사, 주위사람, 친구들에게 상태를 알리고 주의를 함 • 안전한 환경 조성
출혈 예방 (상처를 입을 만한 모든 조건을 피하도록)	• 코를 세게 풀지 않음, 코 후비지 않기 • 직장 체온 측정, 근육 내 주사, 직장 투약, 탐폰이나 카테터 사용 금지 • 면도날 대신 전기면도기 사용 • 구강 간호 시 부드러운 칫솔 사용(출혈 경향 심할 시 과산화수소나 물, 생리식염수 이용) • 과격한 운동이나 발치 피함 • 아스피린이나 아스피린 화합물 사용 금지 • 장운동을 주의 깊게 관찰하여 변비 증상이 보이면 대변 완화제 줌
출혈 시 지혈법 교육 (응급처치 교육)	• 상처 발생 시 그 즉시 지혈(정상아보다 지혈시간이 오래 걸리는 것에 유념함) • 출혈부위를 5~10분간 직접 압박 • 표재성 출혈 시 냉찜질이나 얼음주머니 사용 • 부목이나 탄력붕대로 상처부위 고정 후 출혈 부위를 심장보다 높임 • 가까운 병원이나 주치의에게 연락 • 합병증 관찰 및 예방
혈관절증 예방	휴식, 과도한 운동 피하기, 얼음찜질
혈우병 환자임을 표시하는 증명서 휴대	• 주변인(의사, 치과의사, 교사, 친구)에게 주지시켜 위험요소 노출 예방 • 발치, 치과치료 시, 수술 필요시(병원 내원 시) 혈우병임을 의사에게 알림 • 수혈이 필요한 경우(수술이나 발치) 미리 충분한 혈액 공급방안을 마련 • 되도록 주사를 피하도록. 가능하면 주사보다 경구적 투약을 하도록 불가피한 주사 시 지혈을 확실히 시키고 주사부위를 매시간 여러 날 관찰
식이요법	• 과체중으로 인한 관절의 부담 피함 • 혈관절증의 유발을 방지하기 위한 식이요법
출혈 시 응급처치	• 국소적인 출혈부위는 직접적 압박이나 얼음, gelform으로 막아줌 • 부족한 응고인자 투여, 트롬빈과 같은 국소지혈제 사용 • 관절 출혈이 있는 경우 응고인자 투여 외 관절을 부동화시켜 혈관절증으로 인한 절름발이 기형 예방, 얼음찜질하여 통증 완화 → 출혈이 멈추면 관절범위운동, 물리치료 권장(관절기형 및 근위축 예방), 관절부종이 가라앉을 때까지 한쪽다리로 걷지 않도록 함
통증조절	냉찜질, 스테로이드, 아세트아미노펜(아스피린 금지), 관절혈액흡인
합병증 관리	출혈 시 혈액 흡인으로 인한 기도폐색의 위험을 예방하고 뇌출혈에 대한 조기발견 및 치료

8 파종성 혈관 응고증(Disseminated Intravascular Coagulation; DIC)

원인	급성 DIC	쇼크, 패혈증, 용혈과정(부적합 수혈 등), 조직손상(광범한 화상 및 외상), 열사병, 심한 뇌손상, 이식거부반응, 수술후 외상, 지방색전 및 폐색전, 뱀교상, 사구체신염 등		
	아급성 DIC	악성질환(급성 백혈병, 전이성암), 산과적 조건(사산아 보유)		
	만성 DIC	간질환, 전신성 홍반성 낭창(SLE), 국소화된 악성질환		
병태생리	• DIC 초기단계에서 정상 응고기전이 항진되어 있어 트롬빈이 혈관 내 생성 증가 → 혈소판응집을 촉진하여 광범한 혈전 형성 • 과다한 응고현상으로 섬유소 분해산물을 과다생성 • 섬유소 분해산물은 항응고의 특성이 있어 정상 혈액응고를 방해하여 출혈을 더욱 조장 • 축적된 섬유소 분해산물과 응고인자의 소모로 혈액응고 능력을 상실 • 손상 부위에서 더 이상 안정된 혈괴를 형성하지 못하고 출혈 유발			
증상징후	출혈증상	혈소판과 응고인자의 소모, 혈괴의 용해, 항응고 특성을 갖는 섬유소 분해물의 생성으로 초래		
		피부계	창백, 점상출혈, 혈액누출, 정맥 천자 부위의 출혈, 혈종, 잠혈	
		호흡계	빈맥, 객혈, 기좌호흡	
		심혈관계	빈맥, 저혈압	
		위장계	상부 및 하부 위장관 출혈, 복부팽만, 혈변	
		요로계	혈뇨	
		신경계	시력변화, 어지럼증, 두통, 의식변화, 불안정	
	혈전증상	미세혈관 내 섬유소나 혈소판이 침착되어 나타남		
		피부계	청색증, 허혈조직의 괴사, 출혈성 괴사	
		호흡계	빈호흡, 호흡곤란, 폐색전, ARDS	
		심혈관계	심전도 변화, 정맥 울혈	
		위장계	복통, 마비성 장폐색	
		요로계	핍뇨, 급성 신부전	

진단	• DIC가 매우 심한 경우 검사소견은 지혈 기전의 완전 상실상태를 보여줌 • PT의 지연(75%), 혈소판 수 감소, PTT와 Thrombin, 활성화된 PTT의 지연, 섬유소원 감소, 응고인자 감소 등 혈액의 응고불능 상태를 보여주는 소견이 특징적으로 나타남 | DIC의 검사소견 | (아래 표 참조)

DIC의 검사소견

검사	검사소견
⊙ 일반검사 • Prothrombin Time • Partial Thromboplastin Tiome(PTT) • Activated PTT • Thrombin time • Fibrinogen • Platelets	 • 지연 • 지연 • 지연 • 지연 • 감소 • 감소(100,000/$\mu\ell$ 이하)
⊙ 특수검사 • Fibrine Split Prodcts(FSP) • Factor assay(V, Ⅶ, Ⅷ, X, XⅢ) • D-dimer(fibrin fragments) • Antithrombin Ⅲ	 • 상승 • 감소 • 상승(FSP보다 정확) • 감소

치료 및 간호	• 근본 문제 해결(쇼크, 태아분만, 수술, 암치료를 위한 방사선치료 등) • 실혈량을 정확히 측정하여 처방된 혈액제제와 약물 투여 • 혈전증상은 헤파린 사용하나 주의 • 혈액을 보충하기 위해 농축 적혈구 투여 • 헤파린으로 조절되지 않는 출혈이 있는 경우 aminocaproic acid(amicar)을 투여하며 이 약물을 투여하는 동안에는 심장, 신장 및 전해질에 대한 검사가 신중하게 이루어져야 함 • DIC 환자의 간호는 질병의 정도에 따라 다양하나 일반적으로 지지적 간호에 초점을 둠. 합병증 예방을 위해 되도록 주사는 피하고 출혈부위에는 압박을 가해 주며 수시로 조심스럽게 체위를 변화시켜 줌

05 조혈장애질환

1 림프종

(1) 분류

림프종		골수나 림프조직을 구성하고 있는 세포의 악성종양을 총칭하는데 주로 림프구의 조절할 수 없는 증식을 초래하는 것이 특징임
호지킨병	정의	림프절에 존재하는 Reed – Sternberg 세포라는 비정상적인 거대 다핵세포의 증식을 특징으로 하는 악성질환
	초발부위	• 경부 림프절(무통) • 90%에서 림프절(2/3 경부 림프절)에서 발생하여 인접 림프조직을 통해 확산 • 질병이 진행되면서 폐, 간, 비장, 모든 조직 침범
	진행양식	• 연속적, 규칙적 • 질병이 횡격막 윗부분에서 시작하여 상당기간 동안 병변의 림프절에 국한
	위험인자	• unknown • Epstein-barr 바이러스(EBV)의 감염, 유전적 소인, 직업적 독성물질에의 노출
비호지킨림프종	정의	Reedsternburg 세포가 존재하지 않고 림프육종, 세망세포육종, Burkitt's 림프종 등이 포함
	초발부위	• 림프절 외에도 많음(40%) • 림프절에서 시작하지만 초기 결절 이외 조직을 침범하고, 광범위하게 퍼짐 • 초기 결절 이외 위장관, 뼈, 골수, 피부 침범
	진행양식	비연속성, 무작위

(2) 증상

	호지킨 림프종	비호지킨 림프종
무통성 림프절 비대 [국시 2018]	• 통증 없는 림프절 비대 • 비대된 림프절은 주변 신경에 압박을 가하지 않는 한 통증을 유발하지 않음	• 통증 없는 림프절 비대 • 림프절 밖에서 처음 발생하는 경우도 많음 (40%) [국시 2005]
침범 부위	• 경부, 쇄골 상부, 종격동 • 액와, 서혜부 림프절 침범 • 간 비장비대 • 비장비대는 적혈구 파괴 증가로 빈혈	• 경부, 액와, 서혜부, 대퇴부 림프절 침범 • 비장비대 • 초기에 결절 이외 위장관, 뼈, 골수, 피부 침범

압박 증상	기전	종격동과 후복막강 내 림프절이 침범되면 심한 압박증상이 초래됨
	식도 압박	연하곤란
	기관 압박	호흡곤란
	신경 압박	후두마비, 사지마비 / 요추, 천골 신경통
	정맥 압박	• 정맥 압박으로 사지부종 • 얼굴부종, 청색증, 사지부종 등 상대정맥증후군을 유발
	림프관 폐색	림프관이 폐색되면 다량의 수분이 흉부, 복부와 전신조직에 축적되어 전신부종 • 림프관 : 림프관은 과다 간질액, 단백질을 정맥으로 운반함
	담관 압박	담관을 눌러 폐쇄성 황달

	호지킨 림프종	비호지킨 림프종
전신증상 : B symptom (B증상)	• 일반적임(40%) • 체중 감소, 피로, 허약, 발열, 오한, 빈맥, 야간발한 • B증상은 예후가 불량함 • B증상은 호지킨 림프종(40%) > 비호지킨 림프종(10%)	• 일반적이지 않음(10%) • 체중 감소, 피로, 허약, 발열, 오한, 빈맥, 야간발한
소양증	원인은 알 수 없으나 소양증이 심함	소양증
뼈 통증	골격 침범으로 뼈 통증	
말기증상	심한 체중 감소와 악액질, 감염, 빈혈 증상들을 경험하게 되며 다량의 수분이 흉부나 복부 등 전신조직에 축적되어 전신부종이 나타나고 혈압은 점차 떨어져 쇼크를 유발	

2 전염성 단핵구증

특징	• 선질환 혹은 kissing disease라고 알려져 있다. 통증을 동반한 림프절 증대, 림프구 증가증, 인후통 및 발열 증상을 특징으로 하는 질환으로 자체 내 국소화되는 특징을 가지고 있다. • 3~5세 사이의 어린이들과 15~30세 사이의 젊은이들에게 우선적으로 발병된다.
원인	헤르페스 바이러스인 Epstein-Barr virus의 감염에 의해 발생한다. 감염 경로는 불분명하나 입맞춤과 같은 직접접촉을 통해 옮겨지는 것으로 추정된다.
증상과 징후	• 비교적 경하며 신체 전반에 영향을 미쳐 다양한 증상을 유발하는 경향이 있다. • 보통 2~3일에서 2~6주 정도의 잠복기를 거치는데 이때 피로, 두통, 권태, 근육통 등의 증상이 나타난다. 뒤이어 39℃ 이상의 발열, 인후염, 경부의 림프샘증 등이 발생한다. • 10~15%의 환자에서 풍진 발진과 유사한 반점성 발진이 발생한다. 비장은 정상보다 2~3 배로 커져서 좌상복부 부위에 통증을 느낀다. 신경계가 침범되면 심한 두통이 나타나며, 드물지만 간이 침범되면 간염과 비슷한 징후를 나타낸다.
진단검사	**임상증상** 발열, 림프샘증, 인후염, 비장비대 **혈액검사** 백혈구 수가 12,000~20,000mm³ 정도로 증가되어 있다. 그중 50%는 림프구와 단핵구로서 10~20%는 downey 세포로 알려진 크고 비정상적인 림프구로 되어 있다(atypical lympocytosis). **heterophil (monospot) 검사** 환자의 혈액 속에 heterophil agglutination이나 monospot가 있을 경우 전염성 단핵구증의 확진이 가능하다. 발병 10~14일째에 양성반응을 보인다.
지지적 간호	• 특별한 치료법은 없고 증상을 완화시키거나 질병 경과를 단축시키기 위한 간호가 이루어진다. • 열, 권태, 피로, 두통이 사라질 때까지 안정시킨다. salicylates, 미온수 침상목욕, 많은 양의 수분 섭취가 열을 내리는 데 좋다. 따뜻한 식염수로 목을 함수하면 인후통을 완화하는 데 도움이 된다.
합병증의 예방과 치료	• 비장파열이나 감염에 대한 저항력 감퇴를 일으킬 수 있기 때문에 과도한 운동은 피하도록 한다. • 비장파열을 의미하는 두 가지 증상, 즉 복부 통증과 쇼크의 징후가 보이면 즉시 보고하고 응급 수술을 받도록 환자를 준비시킨다. • 세균오염으로부터 환자를 격리시키고, 만일 인후통이 악화되면 적절한 항생제를 사용하도록 한다.
예후	• 합병증은 비교적 드물게 나타나며 예후는 일반적으로 양호하다. • 이 질병의 발열기는 보통 2~4주 정도 지속되며 오랜 기간의 회복기를 거치면서 환자가 점차 기력을 회복해 간다.

06 감염성 혈액질환 - 패혈증(sepsis)

정의	전신적인 감염으로 혈류 내 균증식을 말한다(중이염, 담낭병, 골수염, 신우염, 감염자궁 등).
원인균	Gram 음성균, Gram 양성균
증상	• 창백, 청색증, 무호흡, 의식혼탁 • 체온저하 또는 고열 • 경련, 근육긴축 • 빈혈, 황달 • 간·비장비대증, 복부팽만, 구토와 설사 • septic shock : 저혈압, 빈맥, 쇼크, 무뇨
진단	• 균 검출 배양 • 혈액 검사 • 혈소판 측정 • 혈당치
합병증	뇌막염, 화농성 관절염, 쇼크 등
치료보건지도	• 균배양 : 항생제 투여 • 저혈압 치료 : Dopamin 투여 • 탈수 : 수분공급 • 열 : 해열제

1992학년도	
1993학년도	
1994학년도	
1995학년도	신증후군, 사구체 여과율
1996학년도	신장역할, Na$^+$ 제한 질환
1997학년도	
1998학년도	
1999학년도	
후 1999학년도	
2000학년도	신장의 기능 3가지, 뇨검사 시 「단백」 검출되었을 때 대표적인 질환 4가지, 「단백」 검출된 학생들에게 학생들에게 취해야 할 조치사항 5가지
2001학년도	
2002학년도	
2003학년도	
2004학년도	여성의 하부 요로 감염이 빈번한 이유와 간호중재방법
2005학년도	
2006학년도	
2007학년도	연쇄상구균 감염 후 급성 사구체 신염 시 사정(assessment)해야 할 주요 내용
2008학년도	
2009학년도	만성신부전
2010학년도	
2011학년도	사구체 신염
2012학년도	
2013학년도	신증후군 4대증상, 신부전증 혈액투석환자 주의점
2014학년도	
2015학년도	전립선암 검사
2016학년도	
2017학년도	
2018학년도	급성사구체신염
2019학년도	
2020학년도	신증후군의 전신부종 시 저혈량증에 대한 신장의 보상 기전, 소변혈액검사
2021학년도	
2022학년도	신부전시 고칼륨혈증 응급처치(인슐린작용), 혈액투석 목적
2023학년도	

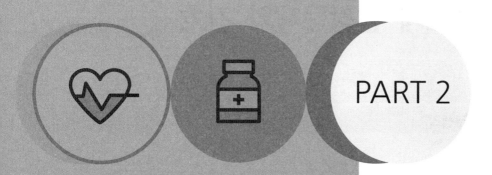

PART 2

요로계
건강문제와
간호

02 요로계 건강문제와 간호

01 신장의 해부생리

1 신장의 기능 [2000 기출]

(1) 주요 기능

요형성	• 하루 1500mL 정도의 소변 형성 • 사구체여과 → 세뇨관 흡수 → 세뇨관 분비 → 소변 생성 • 요이동 : 네프론에서 소변 → 집합관 → 신우 → 요관
노폐물 제거 (배설)	요소, 요산, 크레아티닌과 같은 대사성 노폐물(독소, 약물 포함) 배설
수분 전해질 조절	• 항이뇨호르몬(ADH)은 세뇨관에서 수분의 재흡수 조절 • renin – Angiotensin – Aldosterone은 Na 재흡수를 촉진하여 전해질 배설 조절 • 신장은 인체 내 수분의 양뿐만 아니라, 나트륨, 칼륨, 칼슘, 인, 염소 및 중조 같은 전해질의 양도 모니터링하여 과다한 양의 전해질이나 수분을 소변으로 배설
산 염기의 균형조절	산염기 불균형상태에서 수소이온(H^+)이나 중탄산이온(HCO_3^-)을 배출시켜 균형을 유지
혈압조절	레닌(renin)을 분비하여 혈압을 올리는 호르몬의 생산을 자극
대사성, 내분비 기능	• 조혈인자 생성으로 적혈구 생성 관여 • 비타민 D의 활성화로 골형성 관여 • 갑상샘호르몬의 조절로 칼슘－인 대사 조절

(2) 노폐물 제거

신장동맥	신장동맥은 심장과 전신에서 운반되어 온 혈액을 함유하고 있으며 일단 신장에서 노폐물을 소변으로 내보내고 여과된 혈액은 신장정맥을 통하여 심장으로 들어가게 된다.
전신	한 번의 심박 등으로 나온 혈액의 25% 정도가 신장으로 들어가게 되며 약 2분마다 우리 몸 전체의 혈액이 신장을 통과하여 혈액을 씻어낸다고 할 수 있다.
신장네프론	신장 속에는 네프론(nephron)이라는 작은 기관이 한쪽 신장에 100만개 정도 들어 있는데 이곳에서 여과작용이 일어나게 된다.
사구체	네프론은 사구체와 세뇨관으로 구성되어 있다. 세뇨관의 말단은 컵 모양의 보우만낭으로 사구체를 둘러싼다. 사구체는 '모세혈관 뭉치'이며, 혈액을 여과시킨다.

세뇨관	세뇨관은 근위세뇨관, 헨레 고리, 원위세뇨관, 집합관으로 구성되며, 집합관은 수질 안쪽 으로 내려가 유두에 연결되어 있다.	
수입소동맥	수입소동맥으로 들어온 혈액은 사구체 모세혈관막을 통해 보우만낭으로 여과되어 근위세 뇨관으로 흘러들어가며 여과되지 않은 성분은 수출소동맥으로 나간다.	
여과, 배출	사구체에서 여과된 후 신세뇨관에서는 여과된 물질을 재흡수하거나 재분비하면서 최종 노폐물을 소변으로서 집합관을 통해 신배와 요관을 통하여 방광에 저장했다가 요도를 통 하여 체외로 배출된다.	
재흡수, 배설	재흡수	대부분의 수분, 나트륨, 염소, 포도당, 작은 입자의 단백질, 기타 많은 유용한 물 질은 재흡수된다.
	배설	요소, 크레아티닌, 기타 단백질 대사산물들, 약물들, 몸에 과잉 축적된 염류, 칼륨, 인산염, 황산염 등은 요세관 세포에 의해서 배설된다.

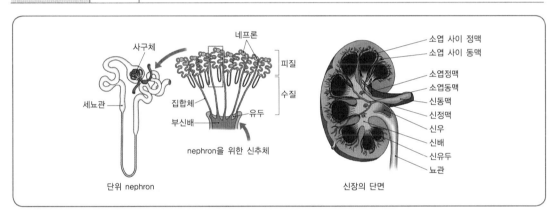

| 사구체여과와 세뇨관 재흡수 및 분비 |

(3) 사구체여과와 세뇨관 재흡수 및 분비

사구체여과 (glomerular filtration)	• 신장으로 들어오는 혈액량 600mg/min • 사구체에서 보우만낭으로 여과되도록 작용하는 압력(여과딩)에 의해 여과 • 사구체여과율 : 정상인은 120~125mg/min 여과압에 비례 [1995 기출] • 세층의 여과막을 통해 혈액 중 혈장단백질 이하 크기의 물질이 통과 ✐ 사구체의 여과 • 여과 시 소요되는 에너지는 혈압으로서 소변이 생성되는 원동력이 된다. 사구체 모세혈 관의 압력은 45mmHg 정도이다. 그런데 혈장단백으로 인한 교질삼투압(25mmHg)과 보우만주머니 내의 압력(10mmHg)은 혈압과는 반대 방향으로 작용하여 사구체에서의 여과를 방해하므로 결국 45 − (25 + 10) = 10mmHg가 순여과압이다. • 분당 사구체에서 여과되는 양을 사구체여과율(Glomerular Filtration Rate; GFR)이라고 하는데, 성인 남자에서는 125mL/min/1.73m²(체표면적)이며, 여자에서는 110mL/ min/1.73m²(체표면적)이다.

세뇨관 재흡수 및 분비	근위세뇨관 (proximal tubule)	• 여액 80%의 전해질과 포도당, 아미노산, HCO_3^-를 재흡수 • H^+과 creatinine을 분비 • Na^+, 물의 80%를 재흡수
	헨레 고리 (Henle's loop)	• 상행각(ascending loop of Henle)에서는 전해질만 흡수 • 물의 재흡수는 하행각(내림가지)에서 이루어짐 • Na^+과 Cl^-의 재흡수는 상행각(오름가지)에서 이루어짐
	원위세뇨관 (distal tubule)	• 약 10%의 Na^+/Cl^-가 재흡수 • Ca_2^+의 분비는 PTH에 의해 이 부위에서 이루어짐 • K^+, H^+, 암모니아를 분비하고 물과 HCO_3^-를 재흡수
	집합관 (collecting duct)	• Na-K의 분배가 이루어짐 • ADH(vassopressin) 수용체가 물의 재흡수를 촉진 • 알도스테론(aldosterone)의 활성에 의해 Na^+의 재흡수와 K^+의 분비가 이루어짐

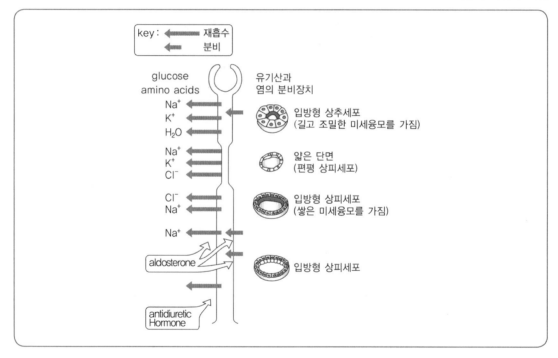

| 세뇨관 재흡수 및 분비 |

02

(4) 혈압의 조절

레닌 (renin)	• 장에서는 renin이라는 물질을 분비하여 혈압을 올리는 호르몬의 생산을 자극하는데, 신장이 이러한 역할을 적절히 하지 못하여 renin이 많이 분비되면서 고혈압이 발생됨 • renin을 분비하여 혈압을 올리는 호르몬의 생산을 자극 • 체액량 유지, 혈관수축반응 자극하여 혈압조절 • 혈청소듐치 저하, 심박출량 감소 • 신허혈 → 레닌 → 안지오텐신 I, II → 알도스테론 체계로 혈압 상승 초래 • 레닌이 과도하게 분비되면 고혈압 발생 • 신장이 제 역할을 못하면 혈압 상승, 부종, 심하면 심부전이 생김
기전	• 혈압저하 • 안지오텐시노겐 → 안지오텐신 I • 안지오텐신 전환효소 • 안지오텐신 II • 알도스테론 | 혈압조절기전 |

(5) 수분 및 전해질의 조절

뇌하수체 후엽의 항이뇨호르몬 (ADH)	뇌하수체 후엽의 항이뇨호르몬(ADH)은 세뇨관에서 수분의 재흡수를 조절
알도스테론 (aldosterone)	부신피질호르몬 옆 aldosterone은 Na 재흡수를 촉진하여 전해질 배설을 조절

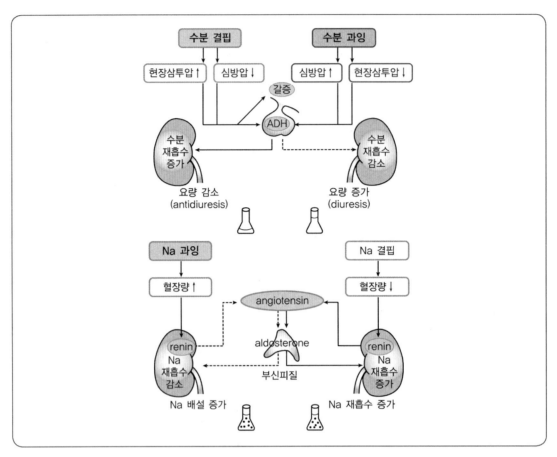

| 수분 - 전해질 조절 |

(6) 대사 외 내분비 기능

비타민 D의 활성화	• 비타민 D는 음식과 피부에 있는 콜레스테롤에 자외선을 통한 합성에 의해 얻어지며 이는 두 단계에 의해 활성화된다. • 우선 간에서 활성화되고 그다음 단계는 콩팥에서 이루어진다. 이렇게 활성화된 비타민 D는 장으로부터 칼슘의 흡수를 돕고 칼슘의 항상성을 유지시키며 골 형성에 중요한 역할을 한다. • 콩팥의 기능상실이 있는 환자는 비타민 D의 대사에 문제가 있고 칼슘과 인의 불균형 상태를 초래할 수 있으며 비타민 D를 섭취해도 활성화되지 못한다.
적혈구 형성인자의 생성	• 적혈구 형성인자는 저산소증과 콩팥허혈로 인해 생성되며 골수에서 적혈구의 생성을 자극한다. • 적혈구 형성인자의 결핍은 콩팥기능 상실에 의한 빈혈을 초래한다.
인슐린의 분해 작용	인슐린은 요세관세포에 의해 비활성화되는데 이자에서 분비된 인슐린의 약 20%가 콩팥 순환 시 요세관에서 분해되어 배설된다.

프로스타글란딘의 합성	• 프로스타글란딘은 세포기능과 방어력의 조절에 관여한다. • 콩팥에서 프로스타글란딘 합성은 일차적으로 속질에서 일어난다. • 프로스타글란딘은 콩팥혈류량 증가와 나트륨이온의 분비를 촉진하는 것 외에 혈관 확장작용이 있다. 즉 안지오텐신, 노르에피네프린 같은 혈관수축 효과에 길항한다. • 프로스타글란딘은 콩팥기능상실인 경우 상실되며, 콩팥기능상실에서 고혈압이 나타나는 데 한 요인이 될 수 있다.

🖋 신장의 기능

① 조절기능 : 수분과 전해질 조절, 산 또는 염기를 제거하여 적절한 pH 유지, 체내 염의 균형을 조절하여 혈장총량을 유지하여 혈압조절, 적절한 세포외액의 삼투질 농도 유지
② 배출기능 : 요를 형성하여 노폐물 배출, 체내로 들어온 많은 이물질(독소, 약물 포함)도 배출
③ 호르몬기능 : 적혈구 조혈인자를 분비하여 적혈구 생성, 레닌-안지오텐신-알도스테론계를 작동시켜 염분의 재흡수 조절
④ 대사기능 : 비타민 D의 활성화로 소화계로부터 칼슘 재흡수에 아주 중요한 역할을 함

02 요로검사

1 요검사의 비정상소견

요검사 임상검사	정상치	비정상소견	관련 질환
케톤	(−)	(+)	당뇨병, 기아 → 기아 : 생체가 당을 에너지원으로 이용하지 못하면 몸의 지방을 분해하여 케톤체 증가
당	(−)	증가	임신 : 당에 대한 신장의 요역치가 저하되어 사구체의 여과 작용 증가와 세뇨관에서 당의 재흡수 장애로 소변에서 당이 나옴
빌리루빈	(−)	증가	간질환

2 요로검사

검사 항목	정상치	의미
색(color)	미색, 호박색, 짚색	요농축 능력, 출혈, 약물, 음식의 영향
혼탁도(opacity)	투명	혼탁은 이물질, 세균성 침전 → 요로감염
산도(pH)	4.6~8.0	• 알칼리성 : 소변의 오랜 방치, 요로감염 • 산성 : 산독증 의미
비중(specific gravity)	1.005~1.025	소변 농축 능력, 신체 수분 상태 평가
당(glucose), 케톤(ketone)	미검출	당뇨, 단식, 임산부, 수유부, 구토 등
단백(protein)	미검출	단백뇨
빌리루빈(bilirubin)	미검출	간염, 간세포 손상 시 증가
적혈구(RBC)	0~2	외상, 요로 출혈
백혈구(WBC)	0~4	감염의 지표
세균(bacteria)	미검출	감염의 지표
원주체(cast), 결정체(crystals)	미검출	소변혼탁의 원인, 사구체와 세뇨관의 질병을 의미

3 배뇨양상의 변화

종류	정의	관련요인
혈뇨	• 소변에 적혈구가 있음 • 산성소변이면 뿌옇거나 혼탁 • 알칼리성 소변이면 붉은색	암, 외상, 지나친 운동, 항응고요법
다뇨	1회 배뇨량이 많으며 24시간 총 배뇨량이 3,000ml를 초과	당뇨병, 요붕증, 만성신질환, 과다한 수분 섭취, 이뇨제, 급성신부전의 이뇨기
핍뇨	24시간 중 총 배뇨량이 100~400ml	쇼크, 외상, 수혈반응, 중독, 만성신부전, 급성신부전의 핍뇨기, 신관류감소, 허혈
배뇨곤란	배뇨 시 통증이나 어려움	여러 가지원인에 의해 발생(광범함)
긴박뇨	요의를 강하게 느낌	전립선염, 방광염, 요도염
배뇨통	소변이 통증을 수반하여 느리게 배출	방광염
배뇨 시 작열감	배뇨 중이나 배뇨 후 타는 듯한 느낌	요도염, 방광염, 질염, 성병
빈뇨	1일 배뇨횟수 증가, 혹은 소량씩 자주 배뇨	불안, 스트레스
지연뇨	배뇨시작이 지체되고 어려움	전립선비대, 신경인성 방광, 요도압박, 요도구폐색

실금	방광에서 소변이 불수의적으로 배출됨	
야뇨증	밤 동안 배뇨하기 위해 두 번 이상 깸	임신 중 혹은 종양으로 방광용적의 감소. 신질환, 심장질환

03 주요 신장 질환

✒ 신장질환과 연관된 주증상
① 부종, 특히 눈 주위, 발목이나 손목
② 하부요통이나 옆구리 통증
③ 배뇨 시 통증
④ 배뇨 횟수의 이상 또는 소변 색깔의 변화
⑤ 포도주 빛 또는 콜라색 소변
⑥ 고혈압

1 급성 사구체신염(acute glomerulonephritis) [2007 · 2011 기출]

(1) 개요

정의		• 항원－항체반응의 결과 복합체가 형성되어 혈액을 순환하다가 사구체에 침전을 일으켜 염증반응을 초래하는 면역장애 신장질환을 의미함 • 주로 용혈성 연쇄상 구균에 의한 상기도 감염이나 농가진을 앓고 난 후 약 1~3주 후에 갑자기 콜라 색깔의 소변을 보면서 부종, 고혈압, 핍뇨, 단백뇨 등의 증상이 나타나는 급성 질환이며, 특히 고혈압이 심하면 뇌증을 일으킬 수 있으므로 응급대처를 해야 함
	1차성 사구체신염	• 사구체에만 국한된 염증 • 주로 면역조절 장애
	2차성 사구체신염	• 전신질환과 함께 사구체염 • 당뇨병, 고혈압, 혈관염, 유전
원인	면역학적 반응 (대부분)	• Group A β-용혈성 연쇄상구균의 감염 － 인후염에 의한 경우 대개 10일, 피부감염(농가진 등)에 의한 경우 약 2주 후에 발병 • 감염 후 주로 2~6세의 소아에서 발생하며 95% 완전 회복
	기타	• 혈관손상(고혈압) • 대사성 질환(당뇨병) • 산재성 혈관 내 응고

(2) 병태생리

면역학적 기전	급성 사구체신염은 연쇄상구균에 의한 감염 후 10~14일경에 나타나는 경우가 가장 많으며 학령기 초기의 남아에게서 발병률이 높다. → 연쇄상구균 감염으로 형성된 항원항체 복합체가 사구체막에서 걸러지게 될 때, 모세관을 폐쇄시켜서 염증을 일으키고 이로 인해 과잉의 수분 축적과 염분의 정체가 생겨 부종이 발생한다(아침에 심한 부종이 얼굴과 안와에 생김). → 핍뇨가 발생한다. → 사구체막이 파열되면 혈뇨(탁한 콜라색의 혈뇨)를 일으킨다. → 식욕부진, 창백, 민감, 무기력, 배뇨곤란, 구토, 혈압상승 등의 증상을 보이게 된다.
항원−항체 복합체	항원−항체 반응의 결과 복합체가 생성되어 혈액을 순환하다가 사구체에 침전한다. → 신체의 다른 곳에서 발생된 감염에 의해 형성된 항원항체 면역복합체들이 순환 도중 사구체에 염증성 손상과 함께 기능을 방해하여 사구체막의 투과력을 감소시키게 된다.
사구체염증	면역복합체는 사구체 모세혈관 고리에 걸리며 염증반응을 일으킨다. → 항원은 외인성(예 연쇄상구균 감염 후) 혹은 내인성(예 전신 홍반 루푸스)으로 면역복합체와 더불어 항체가 사구체 바닥막에 자리를 잡아서 사구체신염을 발생시킨다.
면역반응	사구체 기저막에 항체를 형성하여 면역반응을 일으킨다. → 다형핵 백혈구의 침윤, 모세혈관 고리는 부종 형성, 사구체여과율 감소, 수분과잉 축적, 염분 정체, 부종, 혈액순환 정체
사구체섬유화	면역반응의 결과 백혈구를 사구체로 이동시키고 혈소판 응집과 섬유소 침전을 일으키고 계속 진행되면 조직의 괴사와 섬유화를 초래한다.
사구체신염	사구체신염의 주요 병리는 증식과 염증으로 급성 사구체신염이 요독증이나 만성 사구체신염으로 빠르게 진행되면 치명적이다. → 대부분의 급성 사구체신염은 14일 이내에 회복되기 시작한다. 혈뇨와 단백뇨는 상당히 오랜 기간 지속되지만 대부분의 임상증상은 몇 주 안에 정상으로 회복된다.
신기능저하	모세혈관 내경 폐색 → 혈장의 여과 감소 → 수분과 염분보유 증가 → 혈장과 간질액의 양 증가 → 순환성 울혈과 부종 발생
잠재적 사구체신염	'잠재적 사구체신염'이란 급성 발병 후 1년 이상 소변 속에 알부민과 원주체가 의미 있게 검출되지만 증상은 나타나지 않는 경우로서, 지속적으로 서서히 콩팥 실질이 변하고 있음을 의미한다.
요약	면역복합체 혈액순환 → 사구체기저막에 침전, 축적 → 사구체 염증반응 → 사구체 자가항체형성 면역반응 → 사구체내피 백혈구침윤동반 사구체손상 → 사구체기저막의 기공이 커지면서 단백질 여과 → 단백뇨, 혈뇨

✍ 사구체신염의 면역학적 기전

① 사구체의 정상 구성 성분이 항원으로 작용하여 이에 대한 항체가 형성되어 항원−항체 반응을 일으키는 경우
- 항사구체 기저막 신염
② 외부 항원이 사구체에 침착된 후 이에 대한 항체가 형성되어 항원−항체 반응을 일으키는 경우
- 전신성 홍반성 루푸스(외부 항원의 구조가 사구체 구성성분과 유사하여 외부 항원에 대한 항체가 사구체의 구성 성분과 결합하게 되는 교차반응)
③ 순환 면역복합체의 침착에 의한 경우
- 혈중 내 순환하고 있는 항원항체 면역복합체가 사구체 내에 침착됨으로써 사구체 손상이 일어나고 있는 기전. 이들 면역복합체가 사구체 내 침착하게 되면 대부분의 경우 보체가 결합하여 활성화되고 이에 따라 사구체 내피세포, 혈관 간세포의 증식, 대식세포 및 다형핵 백혈구의 침윤이 동반되어 사구체 손상이 유발된다.
- 연쇄상구균 감염 후 급성 사구체신염
- 인후염에 의한 경우 대개 10일, 피부감염에 의한 경우 약 2주

(3) 진단 사정(assessment) [2007 기출]

기왕력 (병력수집)		• 신염 발병 1~3주 전 상기도감염 및 피부감염의 기왕력. 상부 호흡기감염, 피부감염과 사구체신염을 앓았는지 등의 과거력을 파악한다. • B형간염이나 C형간염 병력과 루푸스와 같은 전 콩팥질환의 여부를 관찰한다.
요검사 [2007 · 2011 기출]	혈뇨	육안적 or 현미경적 혈뇨, 검붉은색(콜라색) 혈뇨
	단백뇨	소변에 지속적인 거품이 동반된다.
	부종	특히 눈 주위에 현저하게 나타나고 복수를 동반하기도 한다.
	핍뇨	사구체여과율의 감소로 핍뇨가 흔히 나타난다.
혈청검사		• 혈액요소질소(BUN)치 상승 • ESR 상승 • C반응 단백(C reactive protein) 상승 • 항연쇄상구균 용해소(ASO titer) 상승
사구체여과율 감소		질소혈증, 나트륨 및 수분정체, 요비중 증가, ESR, ASO titer 상승

⑷ 임상증상

초기증상	단백뇨, 혈뇨, 질소혈증, 핍뇨	
	혈뇨	진하고 거무칙칙한 콜라색
	단백뇨	거품 많은 단백뇨
	핍뇨	사구체여과율 감소로 인함
	부종	특히 얼굴과 눈 주위 부종, 체중 증가
사구체손상	전형적인 증상인 혈뇨(탁한 갈색뇨)와 단백뇨가 갑자기 나타남	
전신증상	열, 오한, 쇠약감, 창백, 식욕부진, 오심과 구토	
부종 진행	• 콩팥부종과 콩팥겉질의 팽창으로 복부와 옆구리 통증, 늑골척추각 압통(CVA pain) • 복수, 가슴막삼출, 울혈성 심부전 • 망막부종으로 시각의 선명함이 떨어짐	
늑골척추각 압통 (CVA pain)	직접 타진: 손 (Murphy 타진법)	손가락이나 손으로 몸을 직접 두드리는 것, 부비동을 타진하거나 주먹으로 척추각을 두드려 압통의 유무를 파악할 수 있음
	압통	• 12번째 늑골 아래 늑골 척추각 부위에 통증 • 검진자의 손가락 끝으로 늑골 척추각에 압력을 가하여 압통 확인
고혈압	발병 후 1~2주 이내에 나타남(200/120 이상) → 혈관경련에 의한 뇌빈혈 : 두통, 구토, 시야 흐림	
핍뇨 진행	핍뇨 기간이 길어질수록 콩팥손상이 비가역적으로 악화	
급속한 사구체 손상	소변량 감소, 고혈압, 호흡곤란	
합병증	폐수종, 심부전증, 두개내압 상승, 콩팥기능상실 등을 포함하여 두통과 고혈압(중정도-중증)도 나타남	

⑸ 치료 및 간호

치료는 콩팥손상이 더 이상 진행되지 않도록 예방하고 염증을 완화하거나 억제하여 콩팥기능을 향상시키고, 면역의 변화에 대한 조화와 균형이다.

급성기 [2011 기출]	안정	urine이 정상(BUN, creatinine 정상)일 때까지 절대안정(ABR)
	수분과잉과 고혈압	• 이뇨제와 항고혈압제 투여 • 식이에서 염분과 수분을 제한
	고혈압성 뇌증	두통, 오심 및 경련의 징후를 사정
	감염 예방	항생제로 연쇄상구균 감염을 예방하고 치료
휴식과 활동의 조절		급성기 동안 침상안정(BUN과 혈압이 정상, 부종이 없고 단백뇨와 혈뇨가 소실될 때까지), 이후 피로를 느끼지 않을 정도로 활동을 조절한다(피로하면 즉시 휴식).
영양	단백제한	• BUN과 creatinine 증가 시 단백 제한 • 고탄수화물과 저단백식이 • 단백질을 제한하는 정도는 소변을 통해 배설되는 단백질 양과 환자의 요구량에 따라 정해진다.
	염분제한	염분은 부종의 정도에 따라 제한한다. 식욕부진, 오심과 구토는 충분한 칼로리 섭취를 방해하는 문제가 있다.
체액균형의 유지 및 합병증 관찰	섭취량과 배설량을 측정, 기록	체중과 섭취량 및 배설량을 매일 측정하여 부종의 정도와 콩팥기능을 평가한다. 다리와 복부의 부종도 매일 측정한다.
	체중, 복부둘레 측정	매일 체중 및 복부둘레를 측정한다.
	수분 섭취량은 배설량에 따라 섭취	수분 섭취를 제한하는 경우 단단한 사탕을 빨게 하거나, 레몬 조각 혹은 얼음 조각 등으로 갈증을 해소시켜 주고, 식사를 포함한 하루 동안의 허용된 수분 섭취량을 나누어 섭취하도록 한다.
	폐수종 관찰	경정맥 울혈, 하지부종, 폐의 나음 등 심부전과 폐수종의 증상을 관찰한다.
	신부전, 고혈압 관찰	–
약물요법		• 항생제 : Penicillin, 지속적 감염 신속히 치료, 항원－항체 반응으로 인한 보체 형성 예방 항원 제거 • Corticosteroids : 면역균형 유지, 염증성 과정의 억제 및 완화 • 면역억제제(immunosuppressives) : 항원－항체 반응 억제 • 항고혈압제제 • 이뇨제 : 수분정체 시 투여

감염예방		• 면역계의 장애와 면역억제제의 투여로 감염 가능성이 높아져 경미한 감염도 신장염을 재발시킨다. • 격리는 불필요하나 감염을 막기 위해 사람들과 접촉하지 못하도록 각별히 주의한다. • 싱기도 김염이 의심되면 즉시 항생제로 치료한다. • 도뇨와 같은 감염유발시술은 가능한 피한다.
합병증 관찰 및 예방		고혈압성 뇌증, 급성 심부전(복수, 늑막 삼출증, 호흡곤란), 급성 신부전

(6) 사구체신염 환아의 간호진단에 따른 간호중재

식욕부진과 관련된 영양부족	주요중재	고탄수화물과 저단백식이 처방
	근거	• 단백질 분자와 단백질 대사산물을 보다 적게 유지하여 신장 안정 • 단백질의 이화작용을 피하기 위해서는 적절한 칼로리가 필요하기 때문
	중재	• 단백질 이화 방지−칼로리 보충(고탄수화물 식이) • 소변을 통해 배설되는 단백질 양과 환자의 요구량에 따른 단백질 제한 • 부종의 정도에 따른 염분제한 • 식욕부진, 오심과 구토에 따른 간호중재
소변량 감소와 관련된 체액과다	주요중재	섭취량 및 배설량을 매일 측정
	근거	부종의 정도와 경과를 파악하고 신(콩팥)기능을 평가
	중재	• 체중과 섭취량 및 배설량을 매일 측정 → 부종평가, 신기능평가 • 수분 섭취량은 배설량을 기초로 결정 • 수분 섭취량을 제한하는 경우 사탕, 레몬 조각, 얼음 조각 등으로 갈증 해소 • 하루 허용된 수분 섭취량을 나누어 섭취(식사 포함)
증가된 대사요구와 관련된 피로	주요 중재	절대안정(BUN과 혈압이 정상, 부종이 없고 단백뇨와 혈뇨가 소실될 때까지)
	근거	활동 시 혈뇨, 단백뇨 증가, 운동은 이화작용 증가
	중재	요검사결과에 따른 활동량 조절
부종과 관련된 피부손상 위험성	주요중재	청결, 마사지, 체위변경
	근거	부종은 세포의 영양공급을 방해하므로 부종환자는 피부손상에 더욱 민감
	중재	피부손상을 예방하기 위해 청결, 마사지, 체위변경, 깨끗하고 편한 침상 준비
면역반응의 변화와 관련된 감염위험성	주요중재	사람들과 접촉하지 못하도록 각별히 주의
	근거	• 연쇄상구균감염에 대하여 자연적 방어력이 낮음 • 면역억제제와 부신피질호르몬제의 투여로 환자의 저항력이 더 낮아짐
	중재	격리는 필요치 않으나 감염된 사람들과의 접촉을 각별히 주의함 • 환자의 방어기전을 증진시키는 지지요법이 필요 특히, 호흡기와 요로계감염 예방법을 교육함

2 만성 사구체신염

원인	• 급성 사구체신염 후 발생 • 가벼운 항원－항체반응이 만성화되어 발생 • 서서히 신부전으로 이행 • 사구체가 서서히 파괴, 신장 기능 점차 소실
병태생리	사구체와 요세관의 파괴로 인하여 콩팥은 오그라들고 수축하게 됨. 콩팥조직은 섬유조직과 흉터조직으로 대치되고 콩팥혈관의 경화가 발생하며 콩팥의 파괴 속도는 다양함
증상	• 뚜렷한 징후 없이 수년간 간헐적이거나 지속적으로 혈뇨와 단백뇨 • 체중 감소, 쇠약, 초조, 부종, 민감성 증가, 두통, 현기증, 소화불량 • 콩팥의 농축능력이 없어지므로 다뇨증과 야뇨증 • 혈압상승 : 망막출혈, 유두부종 • 후기증상 : 호흡곤란과 협심증, 동맥경화증, 심장비대와 콩팥, 폐, 망막 또는 대뇌에서 출혈
진단검사	• 사구체여과율 저하 • 혈청 크레아틴 상승 • BUN 상승 • 포타슘·인 상승, 칼슘 저하 • X-선 초음파상 신장위축
치료 및 간호	• 포타슘보존 이뇨제, Loop이뇨제 • 항고혈압제 • 면역억제제 • 항혈소판제제, 항응고제 • 투석 • 고탄수화물, 저단백식이, 적절한 열량 공급 • 신장의 배설능력에 따라 염분 수분 섭취 • 침상안정 및 감염예방

3 콩팥증후군(= 신장증, 신증후군, nephrotic syndrom) [2013 · 2020 기출]

(1) 개요

정의		신증후군은 신세뇨관 상피의 퇴행성병변에 의해 생기는 신장의 질병을 가리키며 심한 단백뇨, 저알부민혈증(저단백혈증), 고지방혈증, 전신부종을 특징으로 하는 질병
1차성 신증후군	미세변화형 신증후군 [2020 기출]	• 2~7세 아동에서 많음 • 신증후군의 80%를 차지 • 특징적으로 심한 단백뇨와 그로 인한 혈중 알부민의 감소, 지방질 증가, 부종 등의 신증후군 증상이 갑자기 나타남 • 남아에게 주로 발병하고, 흔히 목감기와 같은 상기도 감염이나 알레르기 현상이 일어난 후에 시작
	열성 유전성	—
2차성 신증후군		겸상적혈구질환, 앨포트 증후군, 전신성 홍반성낭창, 혈전성 질환 등으로 발생
	앨포트증후군	유전성 신질환 중 가장 빈도가 높은 대표적 질환으로 가족력이 있으며 진행 사구체신염의 임상 경과를 보이고, 난청과 눈의 이상 등의 신장 외 증상이 동반됨
병태생리		콩팥증후군은 단백질, 특히 알부민에 대한 사구체 기저막의 비정상적인 투과성 때문에 사구체에서 단백질이 과도하게 여과되어 소변으로 배출되고 결과적으로 저알부민혈증이 혈관 내의 삼투압을 변화시키고 체액을 간질강 내로 이동시켜 부종을 유발함. 또한 혈장 내 레닌의 활동을 자극하고 알도스테론의 생산을 증가시켜 콩팥이 나트륨과 수분을 보유하게 함으로써 세포외액의 축적을 가속화시킴
		사구체 기저막의 비정상적인 투과성 증가(기공이 커짐) → 단백뇨 → 저알부민혈증(혈관 내 삼투압변화, 체액을 간질강으로 이동) → 부종 유발 & 혈장량 감소 → 레닌 자극, 알도스테론 생산 증가(사구체여과율 감소) → 신장의 염분·수분배설 감소(염분 재흡수 증가, 수분정체 증가)
진단 및 임상검사	건강력	건강력과 4대 임상증상(부종, 단백뇨, 저알부민혈증, 고혈압이 동반되지 않는 고콜레스테롤혈증)으로 진단
	주요소견	가장 중요한 소견은 심한 단백뇨(체표면적당 하루 2g 이상)와 저알부민혈증
	소변검사	• 단백뇨(stick 3+ 이상), 투명 침전물 • 소수의 적혈구, 과립 원주체와 상피세포 원주체, 타원형 지방체 발견 • 요비중 증가 • 사구체여과율 정상

혈액검사	• 혈상 알부민 저하 1.0~2g/dL(serum albumin 서하) • 혈청 콜레스테롤 1200mg/dL(serum cholesterol 상승) • 헤모글로빈, Hct 정상 • 혈소판 50~100만 • 혈청 Na^+ 130~135Eq/L
현미경검사	전자현미경상 사구체 기저막의 족기(foot process)가 융합된 병변 보임
신장 생검	사구체 기저막의 상피세포 소실, 신세뇨관의 지방침전, 사구체 경화 등

(2) 신증후군의 4대 증상의 이론적 근거(병태생리) [2013 · 2020 기출]

4대 증상		병리적 근거
단백뇨		• 하루 단백질 4~30gm 손실 • 사구체 기저막의 결함으로 기공이 커지면 사구체 모세혈관에서 혈청단백(알부민)이 투과되기 때문
저알부민혈증		혈청단백(알부민)이 투과되어 단백뇨로 인한 교질삼투압이 저하됨. 혈청단백(알부민)은 교질삼투압을 형성하여 혈관 내 체액을 보유
전신부종	교질삼투압 감소 (저혈량)	순환 중인 혈청단백(알부민)의 감소에 대한 반응으로 혈장교질삼투압이 감소되어 수분이 혈관에서 조직으로 이동함(저혈량)
	RAA 작동	감소된 혈액량(저혈량)에 반응하여 renin-angiotensin system을 차례로 자극하여 Na과 물의 재흡수가 증가됨 → 혈관내의 감소된 혈액량이 항이뇨 호르몬(ADH)의 분비를 자극하여 수분을 재흡수 → 결과적으로 더욱 부종을 초래하게 됨
고지방혈증		• 저단백혈증에서 2차적으로 발생됨 → 저알부민혈증에 대한 간의 보상작용으로 지단백 생성 증가 • 소변으로 빠져나간 단백질을 보충하기 위해 간에서 활발하게 단백질을 합성하는데, 이때 간이 단백질만을 만드는 것이 아니고 지방도 함께 합성하기 때문
증상정리		• 콩팥증후군은 단백뇨, 저알부민혈증, 부종이 전형적인 증상임. 환자의 주된 호소는 부종으로 발병과정은 잠행성이지만 부종이 심해짐에 따라 이로 인한 합병증이 나타남. 피부는 빈혈보다는 부종으로 인하여 납처럼 창백한 색을 띰. 그 외에 식욕부진, 권태, 불안정, 무월경 혹은 비정상적 월경이 나타남 • 단백뇨로 인해 하루에 3.5g의 단백질 손실이 있고, 혈청 내 알부민은 dL당 2g이 감소됨. 감소된 혈청 알부민에 대한 반응으로 간의 지단백합성이 증가되어 고지혈증이 발생함. 콩팥기능상실 정도에 따라 빈혈이 발생하고, 소변에는 과립 원주체와 상피세포 원주체, 지방체가 보이며 약간의 혈뇨와 다량의 단백질이 검출됨 • 잠재적인 합병증은 세포바깥액의 축적으로 인한 영향과 콩팥기능상실로의 진행임. 환자는 심한 저혈량증, 혈전 전색증, 2차적 알도스테론증, 갑상샘기능의 변화, 감염에 대한 감수성의 증가 등을 경험하게 함. 또한 골연화증이 발생할 수 있음

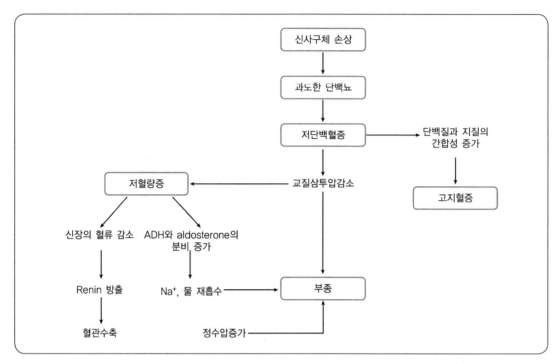

| 신증후군의 경과 순서 |

(3) 임상 증상

체중 증가	-
부종	• 초기에는 종속적, 후기에는 전신적 • 얼굴의 부종(특히 눈 주위, 아침 기상 시) • 진행 시(심한 경우) 복부팽창(복수), 호흡곤란(흉막삼출물), 음순 혹은 음낭 부종 • 장점막의 부종(설사, 식욕부진, 흡수부전) • 사지피부 납처럼 창백
피로	민감, 피로, 기면, 감염에 민감
소변 변화	• 단백뇨(하루 단백질 4~30gm 손실) • 양이 감소하고 거품이 많아짐 • 검은 유백색(젖빛, darkly opalescent)
혈압	정상이거나 약간 떨어짐
기타	빈혈, 식욕부진, 민감, 피로, 권태, 불안정, 무월경

<table>
<tr><td rowspan="2">신증후군</td><td colspan="3">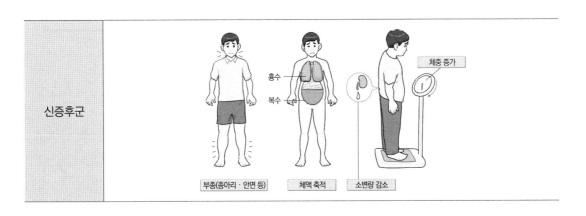</td></tr>
<tr><td>부종(종아리 · 안면 등)</td><td>체액 축적</td><td>소변량 감소</td></tr>
</table>

(4) 치료 및 간호관리

간호문제에 따른 간호관리	주요 건강문제	부종과 저혈량
	약물	면역억제제, 스테로이드요법 → 면역반응 감소효과
	부종 감소	sodium 제한식이, 이뇨제, 알부민 주입
	부종으로 인한 피부의 간호	−
	감염원으로부터의 보호	무균술, 휴식, 감염원 회피
	적절한 영양섭취 격려	적정단백, 고칼로리식이, 염분 및 칼륨섭취 제한
	침상안정	부종이 경미해질 때까지 침상안정
	최적의 건강상태 유지	감염예방, 영양공급, 적절한 신체활동 등
	기타	• 긍정적인 신체상의 확립 • 치료적 섭생에 대한 효과적 가정 관리
약물		• 부신피질호르몬제(prednisone) 투여 − 2mg/kg을 3~4회/day, 4~8주간 스테로이드요법 • 부작용 관찰 : 식욕이나 몸무게의 증가, 혈압상승, 비만증, 장기 사용 시 성장장애, 골다공증, 정신이상, 면역기능 억제, 감염증, 쿠싱증후군 등 • 대부분 스테로이드에 반응을 보이나 상당수 재발
식이		• 부종을 감소시키기 위해 sodium 제한 • 수분은 거의 제한하지 않아도 됨. 부종이 아주 심한 경우에 한해 수분섭취 제한 • 저나트륨식이 : 염분 대신 향신료(고춧가루, 겨자, 후추), 식초, 레몬 등을 사용하여 요리 • 정상수준의 단백질 섭취 : 사구체여과율에 따른 단백 섭취 • 단백소실을 막기 위해 열량을 충분히 공급, 탄수화물로 칼로리 보충(에너지 저하 시 단백질 분해/이용) • 소량의 식사를 자주 제공(장점막 부종으로 식욕부진) • 좋아하는 음식으로 식욕을 돋워 줌
부종관리		부종관리 : 체중, 복부둘레, 혈압 체크

피부관리	• 부종으로 인한 피부손상을 방지하기 위해 체위 변경 • 부종이 심한 부위는 높이 올려줌 • 부종 및 겹쳐진 부위의 청결 유지, 면 종류의 옷을 입혀 피부 보호 • 부종이 있는 안검은 따뜻한 식염수 습포 • 열·냉의 노출을 피함 • 의복은 느슨하게 입힘 • 손톱을 정돈하여 피부를 긁거나 벗기는 것을 예방
감염예방	• 소변으로의 다량의 단백소실로 신체방어력 손상 → 감염 가능성 증가 • 스테로이드 사용으로 인한 감염 가능성 증가 • 감염환자로부터 보호 • 감염의심 시 즉시 항생제 투여 • 침습적 검사는 피하고 검사 시 무균술 • 감염예방을 위한 적절한 영양과 운동, 적절한 휴식과 수면
안정 및 적절한 신체활동	• 부종이 경미해질 때까지 침상안정하되 매 시간 체위 변경 • 부종으로 인한 부동과 신증에서 나타나는 과잉응고 상태는 혈전 및 색전형성 용이 • 부종이 감소하면 활동증진(스테로이드 투여로 뼈 광물질 소실 예방)
신증후군 환자의 교육	• 신증의 질병과정과 미래 투석이나 신장이식의 필요성 • 약물의 용량, 작용, 부작용 • 영양공급 : 고열량, 사구체여과율에 따른 단백섭취, 소듐제한 식이 • 치료를 요하는 증상과 증후 : 부종, 호흡곤란, 피로, 두통, 감염 • 감염예방을 위한 조치 : 적절한 영양과 운동, 적절한 휴식과 수면, 감염원 회피

④ 용혈성 요독증후군(Hemolytic Uremic Syndrome; HUS)

정의	3가지 특징적 양상(급성 신부전, 용혈성 빈혈, 혈소판감소증)으로 보이는 급성 신질환이다.
호발연령	6개월~3년 사이에 어린 아동에서 발생한다.
원인	• 유전적인 요인, 혈소판응집 감소 등을 내포하고 있지만 대부분의 경우 원인은 밝혀지지 않았다. • 각종 리케차, 바이러스, 대장균, 폐렴구균, 이질균 등이 전형적인 용혈성 요독증후군과 연관된 것으로 생각된다. • 역학조사에 따르면 E.coli O157 : H7 혈청형의 장내감염에 의해 발생한 많은 용혈성 요독증후군은 제대로 익히지 않은 햄버거용 소고기, 저온살균되지 않은 사과주스, 공중수영장과 관련 있는 것으로 밝혀졌다.

병태생리	사구체 내피세포 손상	일차적으로 손상되는 장소가 신사구체 세동맥의 내피세포이지만, 간, 뇌, 췌장도세포, 근육과 같은 다른 조직도 손상될 수 있다.
	용혈성 빈혈	내피세포의 종창과 혈소판과 섬유소 덩어리 때문에 혈관이 막힌다. 부분적으로 막힌 혈관을 통과하면서 적혈구는 손상을 입는다. 이렇게 손상을 받은 적혈구는 비장에서 제거되고 급성 용혈성 빈혈을 일으킨다.
	혈소판감소증	침착된 섬유소에 대한 섬유용해작용으로 혈청과 소변 중 섬유소 분해산물이 나타난다. 손상된 혈관 내에 혈소판 침착이 일어나고 혈소판 손상과 제거로 특징적인 혈소판감소증이 나타난다.
임상증상		• 전구기에는 복통, 설사, 구토, 혈변 등의 위장관 증상 등이 발생한다. • 5~10일간의 전구기가 지난 후, 급격히 용혈이 일어난다. • 갑자기 창백해지며 피부나 위장관출혈이 나타나고 황달이 생긴다. • 아동은 식욕이 없고 불안정하며 보채다 기면상태가 된다. • 배뇨량이 줄고 심한 경우 무뇨증과 고혈압이 발생한다. • 중추신경계 증상으로 경련과 혼수가 있으며 급성 심부전 징후가 나타날 수 있다.
진단		• 빈혈, 혈소판감소증, 신부전이 있으면 진단이 가능하다. • 단백뇨, 혈뇨, 원주체의 출현, 혈중요소 질소(BUN), 혈청크레아티닌이 증가한다. • 헤모글로빈과 적혈구 용적은 낮고 망상 적혈구 수가 높으면 용혈성 빈혈을 확진한다.
치료		신부전 치료: 주의 깊은 수액보충, 고혈압 치료, 산증과 전해질 이상 교정, 24시간 이상 무뇨를 보이거나 요독증, 고혈압, 경련을 동반한 빈뇨를 보이는 환아에게 가장 지속적이고 효과적인 것은 혈액투석, 복막투석, 지속적 혈액여과

⑤ 신농양

원인	보통 장내 세균종에 의한 2차적 요로감염으로 발생하여 흔히 요결석과 폐쇄를 동반한다. 신농양은 콩팥 외 부위에서 비롯된 다른 균으로도 야기될 수 있다.
냉태생리	신농양은 국소화된 감염으로 콩팥실질 내에 미세농양이나 보다 작은 감염성 병소들의 융합으로 형성된다.
증상징후	전형적인 증상은 오한, 고열과 환측 콩팥의 심한 통증이다. 이 통증은 보통 계속적으로 상복부 사분역에서나 갈비척추부위에서 느껴진다. 때로 콩팥의 산통과 비슷하다. 신우신염과 다른 점은 신농양에서는 소변이 일반적으로 멸균상태인데, 이것은 농양이 요집합관을 침범하지 않기 때문이다.
치료와 간호	강력한 항생제 투여가 일반적으로 효과가 좋다. 때때로 외과적으로 농양 절개와 배농을 할 때도 있다. 만일 절개와 배농을 하면, 절개 수술 후의 간호를 해주어야 한다. 이 경우 얼마 동안 배농관을 절개부위에 삽입해 둔다.

6 신우신염

정의	신우신염은 신장의 실질조직과 신우, 신배에 염증이 일어나는 병이다.
특징	• 여성에게 많이 나타나며 그중에서도 신혼이나 임신 중에 걸리기 쉽다. • 원발성 방광요관 역류에 의한 급성 신우신염은 아주 어린 아기들에게 많이 나타난다. • 전립선암이나 전립선 비대증 같은 것에 의한 것은 고령자에게 많다. • 신우신염은 보통 요도와 방광을 통해 역행성으로 감염되며, 대부분 방광염, 임신, 비뇨계 폐쇄, 외상과 관련이 있다.
원인	• 보통 요도와 방광을 통해 역행성으로 감염(가장 흔한 원인균은 대장균 E. Coli/ 포도상구균, 연쇄상구균 등)된다. • 방광염, 전립선염에 의한 방광뇨관 역류현상으로 온다. 특히 배뇨 시에 방광에서 뇨관으로 역류가 일어나는 현상이다. • 비뇨폐색(urinary obstruction) : 결석, 악성종양, 수신증 • 임신 • 비뇨기계 폐쇄, 기구조작, 외상과 관련
급성 신우신염	일시적으로 신장에 영향을 미치나 신부전으로는 거의 진전되지 않는다.
만성 신우신염	반복되는 염증과 반흔 조직으로 인해 신장조직을 영구적으로 파괴하여 신부전을 초래한다.
병태생리	급성 염증, 조직의 화농과 충혈, 만성 염증은 반흔과 위축으로 만성 신부전을 유발한다. | 요로 감염증의 병태 |

02

임상증상		• 오한, 발열, 요통, 오심, 구토, 늑골추각의 통증, 백혈구 증가, 세균뇨, 농뇨, 빈뇨 및 배뇨장애 • 급성 감염이 반복될 때마다 반흔화하여 신이 위축된다.
	급성	• 옆구리 통증, 고열, 두통, 근육통, 오한, 권태, 백혈구 증가 등이 나타난다. • 소변 내 백혈구와 세균이 검출(요가 혼탁하고 혈액이 섞이고 냄새가 난다)된다. • 배뇨장애, 빈뇨, 긴급뇨의, 기타 방광염 증상 등이 나타난다. • 신장 기능이 저하됨에 따라 식욕부진, 구토, 요통 증세를 보인다. • 혈압이 상승하기도 하며 혈액 중의 질소가 증가하기도 한다.
	만성	• 고혈압, 심한 세균뇨, 농뇨, 단백뇨, 요농축능력 저하, BUN 증가, creatinine clearance 감소 • 질소혈증, 빈혈, 산증(acidosis)
치료		• 수분 섭취가 증가되면 배뇨를 촉진하고 고열도 경감된다. • 급성일 경우에는 안정을 취하도록 한다. • 원인이 된 세균에 유효한 항생제를 복용한다(2~4주간). • 알코올이나 자극성이 강한 음식을 피한다. • 원인이 되는 요로폐쇄(요로결석 등)를 치료한다. • 몸의 저항력을 기르기 위한 고칼로리식이, 단백제한식이를 유지한다. • 자각증세가 없어진 다음에도 한 달에 1~2회는 정기적으로 소변검사를 해서 지속적으로 상태를 확인하는 것이 바람직하다.

급성	만성
• 항생제: 치료완료 후 2주 후 소변 추후배양검사 • 항경련제: 방광경련 완화	• 항생제 투여하여 감염치료 • 항고혈압제제 투여: 신장 실질조직의 손상 예방	
간호	급성	• 안정 • 수분 권장: 3L/1일 - 염증 부산물 제거, 소변정체 예방으로 세균의 성장을 예방한다.
	만성	• 자가간호의 중요성을 인식하도록 돕는다. • 적절한 영양을 섭취하도록 한다. • 처방받은 약물을 꾸준히 복용한다. • 적절한 수분을 섭취하면 노폐물을 제거하는 데 도움이 된다.

급성 신우신염의 예방	1차 예방	• 결석이나 감염 같은 일차적인 예방법을 교육한다. • 고혈압과 당뇨병을 조절한다. • 가능한 도뇨와 기계적 배뇨를 피한다. • 결석 형성을 예방한다.
	2차 예방	• 고위험 대상자의 신장 문제를 조사한다. • 방광염 치료 시 항생제를 처방대로 복용한다. • 고위험 대상자에게 신우신염 증상을 교육한다.
	3차 예방	• 수분 섭취량 증가를 권장한다. • 처방된 식이요법을 하도록 권장한다. • 대상자의 당뇨병과 고혈압 조절을 권장한다.

7 신결석

(1) 개요

정의	요로결석은 콩팥요로계의 어느 부위에서나 형성될 수 있지만 가장 흔하게 형성되는 부위는 콩팥이며, 이를 신결석이라 부름. 신결석은 요로를 따라 내려오면서 손상을 입히거나 손상을 입히지 않고 아무데나 머물러서 커지거나 콩팥 내에서 커질 수도 있음. 요로결석은 환자가 모르는 사이에 요로를 통해 체외로 배설되는 경우가 많으며, 그렇지 않으면 응급실이나 개인병원 혹은 외래에서 결석제거 치료를 받게 됨
결석 형성의 요인	• 소변의 흐름이 느림(요저류, 요정체, 부동, 탈수 등) : 처음에 칼슘과 같은 소변의 특성 성분을 과도하게 농축시켜 결정체를 만든 다음 결석을 형성 • 요로의 내면에 생긴 손상 • 소변의 과도한 농축과 결정체의 응집을 예방할 수 있는 소변 속 억제 물질[인산염, 마그네슘, 구연산염(citrate)]의 감소

| 결석을 유발하는 대사장애와 원인 |

구분	대사장애	원인
고칼슘혈증	원발성	• 장에서 칼슘흡수 증가 • 세뇨관의 칼슘배설 감소
	속발성	부갑상샘 기능항진, 비타민 D 중독, 신세뇨관의 산증, 장기간의 부동상태
고수산염 요증	원발성	수산염 생산과다를 일으키는 체염색체 열성유전질환
	속발성	시금치, 장군풀(하제), 근대, 코코아, 사탕무, 맥아, 토마토, 호두, 땅콩, 초콜릿, 라임 껍질

고요산혈증	원발성	통풍은 선천성 퓨린대사장애(통풍 대상자의 20%가 요산결석 발생)	
	속발성	골수증식질환으로 요산의 생산 증가나 배설 감소, thiazide계 이뇨제, 암종	
	struvite 결석	인산암모늄 마그네슘과 탄산 인회석으로 구성되었는데, 주로 proteus mirabilis라는 박테리아가 요산을 분해해서 생성되며, 소변을 알칼리로 만듦	
	시스틴뇨	소변에서 불용성의 시스틴결정화를 촉진하는 유전성 아미노산 대사질환	
진단	경정맥 신우 촬영술(IVP)	◎ 신장 크기 측정 • 요로계의 폐색 발견 • 신장 실질의 종양 사정	
	Kidney, Ureter, Bladder(KUB)의 방사선 검사(복부단순촬영)	• 신장의 모양과 크기 측정 • 요로계의 결석, 협착, 폐색의 발견	
	urinalysis	혈뇨	
	blood chemistry	–	
위험요인	• 요정체, 부동, 탈수 - 요산, 인산 등 결정 침전되기 쉬움 • 인산칼슘, 요산을 과도하게 배설하는 질병 • 칼슘이나 퓨린의 과다섭취 • 원발성 부갑상샘 기능항진증(혈중 $Ca_2^+\uparrow$, $P\downarrow$) • 비타민 D 과다증 • 신세뇨관 산증		
호발부위	요관이 좁아지는 부위, 즉 요관 신우부위, 요관 혈관부위 및 요관 방광부위는 결석이 쉽게 걸릴 수 있는 지점		

(2) 증상

증상	• 갑작스럽고 참기 힘든 신산통(renal colic) 및 옆구리 통증 • 오심, 구토, 창백, 발한 동반 • 결석이 방광 도달 시 빈뇨와 배뇨곤란 • 혈뇨(뿌옇고 녹슨 색) • 요로폐쇄 시 극심한 통증, 피부 창백, 땀, 체온 혈압 저하 → 쇼크 발생 가능
	• 요관결석과 신결석의 가상 특징적인 증상은 갈비척추각(costovertebral angle) 부위에 예리하고 심한 통증(flank pain)의 갑작스런 발생이다. 이 통증을 콩팥산통(renal colic) 혹은 요관산통(ureteral colic)이라 한다. • 콩팥산통은 허리부분 깊은 곳에서 시작하여 허리 옆에서 주위로 방사된다. 남성은 고환을 향해 밑으로 방사하고, 여성은 방광으로 방사된다. 이 통증은 정수압(hydrostatic pressure)이 증가하여 신우와 근위요세관이 팽창하여 생기는 것으로 생식기관과 대퇴를 향해 방사되는 요관산통은 요관이 팽창된 결과이다. 통증이 심해지면 환자는 고통스런 모습을 보이며 대개 오심, 구토, 창백, 발한과 함께 아주 불안해한다. 빈뇨를 호소하고 통증은 몇 분에서 수일까지 계속될 수 있으며 진통제에 대해 어느 정도 저항이 생긴다. 통증이 간헐적이면 흔히 결석이 움직이는 것을 의미한다. 결석이 방광에 다다르면 통증은 없어진다. • 신결석으로 인한 통증이 반드시 심하고 산통인 것은 아니다. 통증이 둔하다가 아프고 압박하는 느낌이 들기도 하는 경우는 초기 물콩팥증 단계에서 일어나는 통증 현상이다. 결석이 통과하여 나오면서 변기에 '딱'하고 부딪치는 소리를 들었을 때 결석을 확인하기도 한다. 신결석 환자의 95%에서 혈뇨가 나타난다.

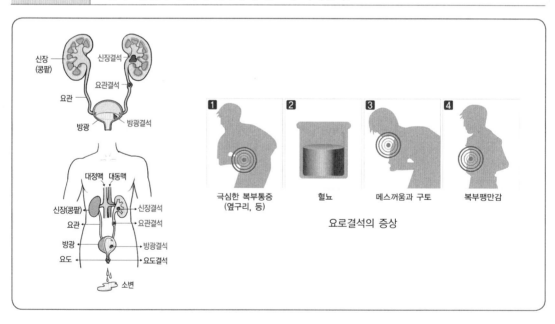

요로결석의 증상

(3) 치료와 간호

	결석 종류	식이중재	이론적 근거
결석의 종류에 따른 식이 중재 (내용)	칼슘석 (calcium)	• 고단백 식품 섭취 제한 • 칼슘섭취 감소(유제품 제한)	단백질 섭취를 감소하면 산성소변이 줄고 칼슘침전도 예방
	수산염석 (oxalate)	수산식품은 피할 것 예 차, 코코아, 인스턴트커피, 시금치, 감귤, 사과, 포도 등	소변의 수산함량이 감소하면 이런 결석의 형성 예방
	삼중인산염 (struvite)	인산의 제한식이	인산은 요를 알칼리화함 → 요의 산성화로 이런 결석의 형성 예방
	요산 결석 (uric acid)	퓨린식품의 섭취를 피함 예 치즈, 육류내장, 가금류, 생선, 육즙, 적포도주	소변의 퓨린내용물 감소는 결석의 형성을 예방
	시스틴 결석 (cystine)	하루 3리터까지 수분 섭취 격려	수분증가는 소변을 희석시켜 cystine 결정체가 생기는 것 예방
치료		• 체외충격파 쇄석술(ESWL) • 신절제술 • 소변 pH 변화 • 결석배출 집중관찰 • 식이(시금치, 고단백식품, 칼슘, 적색고기나 고기 내장, 퓨린식품은 금지) • drugs(potassudium citrate, allopurinol, orthophosphates, sodium cellulose phosphate, thiazide) • 침상안정 • 온욕 • 수분공급(3L/day)	
간호	결석 생성의 예방	• 하루에 3~4리터의 소변량을 유지하도록 수분의 섭취를 격려함 • 환자의 소변은 희석되어야 함	
	소변의 산성화	• 환자의 소변이 지속적으로 알칼리(pH 7.2~7.7)로 유지된다면, 인산칼슘 혹은 인산마그네슘암모늄 결석으로 발전할 수도 있음 • 환자에게 크랜베리 주스를 마시도록 격려함	
	통풍 환자의 식이제한	• 결석의 성분이 확인되면 재발방지를 위해 식이를 변경함. 저수산염식이는 수산결석의 재발 예방에 유용하고 저퓨린식이는 요산결석의 재발 방지에 필요하기 때문. 과거에는 저칼슘식이가 칼슘결석의 재발 예방에 유용하다고 하였으나, 최근에는 오히려 칼슘의 충분한 섭취를 권장하고 있음 • 환자와 가족에게 알코올을 피하고, 퓨린이 다량 함유된 음식(앤초비, 간, 정어리)을 피하도록 교육함	

교육	• 요로감염이 생기지 않도록 처방된 항생제를 모두 끝까지 복용 • 평상시대로 일상 활동을 다시 시작할 수 있음을 알릴 것 • 수면과 휴식에 균형을 맞춰 규칙적으로 운동 • 결석 예방을 위해 식사를 제한 • 잠재적인 결석형성 결정체를 희석하고, 탈수를 예방하며, 소변 흐름을 촉진하기 위해 적어도 하루 3L의 수분을 섭취 • 지시대로 소변의 산도(pH)를 측정(하루에 3번 정도까지) • 쇄석술을 받고 나서 상당히 넓은 부위에 멍이 생길 수 있으며, 없어지는 데 몇 주가 걸릴 수도 있음 • 수술 후 며칠 동안 소변에 피가 섞여 나올 수 있음 • 신장이나 방광부위의 통증은 감염이나 새로운 결석의 신호일 수 있음. 통증, 열, 오한, 배뇨곤란 등의 증상이 있으면 즉시 의사나 간호사에게 보고함 • 감염 여부를 확인하고, 재배양검사를 하며, 추후 진료 약속을 지킴

8 물콩팥증(수신증, hyeronephrosis)

정의	정상적인 소변의 흐름이 폐색되어 신우와 콩팥잔이 팽창된 상태
원인	요관의 결석, 종양, 흉터조직, 염증 혹은 꼬임, 남자 노인의 경우 전립샘 비대 등 요로의 폐색으로 인해 물콩팥증이 발생함
병태생리	소변의 배설을 막는 원인이 어떤 것이든 간에 신우 벽에 압력이 가해짐. 지속적이거나 간헐적인 장시간의 높은 압력으로 인해 신우와 콩팥잔이 확장되고 콩팥기능을 손상시킴. 요로의 폐색으로 소변이 정체되면 감염을 일으킬 수 있음
증상징후	증상은 측복부의 둔통이나 종류(腫瘤 – 부스럼, 혹) 등이며 거의 증상이 나타나지 않아 모르는 경우도 있음. 그러나 소변이 정체되면 감염이나 결석이 발생되기 쉬우므로 이러한 합병증이 병발하면 발열이나 동통이 나타남
진단	폐색 부위와 폐색의 원인을 찾아내기 위해 초음파 검사와 경정맥 요로 조영술 등의 검사를 할 수 있음. 신기능 손상 정도를 확인하기 위해 사구체여과율 측정
간호	• 폐색을 없애고 감염을 예방하는 것이 목적 • 폐색을 제거한 직후에는 요로에 차 있던 콩팥실질의 압력이 갑자기 풀리게 되면서 반사적으로 이뇨하게 됨. 이뇨가 계속되면 체액이 부족해질 수 있음 • 근본적으로 폐색을 제거하기 어려운 경우에는 경피적으로 콩팥, 요관이나 방광에 도관을 삽입하여 배뇨하는 방법을 사용 • 감염증과 폐색이 동반된 경우에는 즉시 항생제 치료를 시작함. 항생제는 일반적인 요로감염증과 달리 3~4주 동안 장기간 사용해야 할 수도 있음 • 만성적이고 반복적인 요로감염증과 폐색이 동반되어 콩팥기능을 상실한 경우에는 콩팥 절제술이 도움이 될 수 있음

9 급성 콩팥기능상실(acute renal failure)

(1) 개요

정의	콩팥기능이 빠르게 감소되어(수시간에서 수일) 질소혈증과 수분, 전해질 불균형이 나타남. 급성 콩팥기능상실의 가장 흔한 원인은 허혈과 신독성물질임. 혈액이 콩팥을 통과하기 때문에 콩팥은 이 두 가지 인자에 대해 특히 취약함. 혈액의 압력이나 혈량의 감소는 신조직 허혈의 원인임. 혈중의 콩팥독성 물질은 콩팥조직을 직접적으로 손상시킴 • 신혈액 순환부전이나 사구체 또는 세뇨관의 장애에 의해 신기능이 급격히 또는 완전히 소실된 상태 • 신장을 통해 정상적으로 배출되는 대사물질이 체액에 축적됨

원인	신전성(prerenal) 원인	신혈류의 감소(shock, 탈수증, 심한 출혈)
	신성(renal) 원인	급성 사구체신염, 급성 세뇨관 괴사(신독성물질, 부적합한 수혈)
	신후성(postrenal) 원인	신결석, 전립선비대, 종양, 수술조작의 실수와 복막 후방의 섬유 조직 증식증

신전성 신부전
체액 이동으로 혈관 확장
심박출량 감소로
신순환량이 고갈 상태

신성 신부전증
급성 세뇨관 괴저,
대사성장애, 사구체신염

신후성 신부전
세뇨관에서 요도까지의
어느 부위가 폐색되었을 때

| 급성 신부전증의 원인 : 신전성, 신성, 신후성 |

병태생리	• 급성 콩팥기능상실의 병태생리는 정확히 밝혀지지 않았음 • 손상된 요세관이 정상적으로 염분을 보유할 수 없게 되면 레닌−안지오텐신−알도스테론계가 활성화되어 구심성, 원심성 소동맥의 긴장도가 증가하고 콩팥으로의 혈류공급이 감소함 • 그 결과 콩팥에 국소빈혈이 나타나 vasopressin 분비가 증가하고 세포 내 부종이 생기며 프로스타글란딘 합성이 방해받아 레닌−안지오텐신계를 더욱 자극함. 감소된 혈류로 사구체 압력과 사구체여과율이 감소하여 소변감소증이 유발됨 • 급성 콩팥기능상실로 인한 사망률은 50% 정도임. 외상 혹은 수술이 원인일 경우 사망률이 가장 높고 콩팥독성 물질에 의한 경우 사망률이 가장 낮음. 폐색이나 사구체신염에 의한 경우는 비교적 사망률이 낮음

(2) 질병 경과

1단계:
시작기
	• 수시간~수일. 소변배설량 < 400ml/24h으로 핍뇨증상
	• 손상의 초기단계(저혈압, 허혈, 저혈량), 대사성 노폐물의 배설장애
	  (혈액 요소질소와 creatinine의 상승)
	• 임상증상 : 미약함
	  － 오심, 구토, 졸음, 혼돈, 혼수, 위장관 출혈, 고정 자세 불능증, 심낭염

2단계:
핍뇨기
(1~8주)
	• 독성손상의 유형과 허혈기간에 따라 다름(소변배설량 < 30ml/24h)
	• 전해질 조절 장애(고칼륨혈증, 저나트륨혈증, 산증, 저칼슘혈증, 고인산혈증)
	• 수분배설장애(수분과다, 고혈량증)
	• 혈액학적 기능장애(빈혈, 혈소판 기능이상, 백혈구감소증)
	• 임상증상 : 오심, 구토, 심부정맥, 심전도의 변화, kussmaul 호흡, 졸음, 혼돈, 혼수, 부종,
	  울혈성 심부전, 폐부종, 경정맥 팽만, 고혈압, 피로, 출혈, 감염
	  － 이 기간이 길어질수록 예후가 나쁨
	• 핍뇨－무뇨기 동안 필요시 투석 가능

3단계: 이뇨기	• 핍뇨기 시작 후 2~6주(소변배설량 > 1000ml/24h) • 사구체여과율 및 혈중요소 질소치 회복 • 소변생성 증가(세뇨관의 농축능력의 결핍과 높은 BUN의 삼투성 이뇨효과에 의함) • 임상증상 : 소변배설량이 1일 4~5L까지 증가, 체위성 저혈압, 빈맥, 의식명료, 활동증진, 체중 감소, 갈증, 점막의 건조, 피부탄력성 저하 • 소변량이 1~2L 이상이 되어 탈수가 유발되므로 적절한 수분공급 필요
4단계: 회복기	• 3~12개월 • 일부를 제외하고는 신기능이 이전의 활동수준을 회복

(3) 급성 콩팥기능상실의 영향

나트륨 불균형	• 저나트륨혈증은 체액과다로 인해 나타나며 소변감소증기에 소변 배출이 잘 되지 않는
	  상태에서 기저질환 치료를 위해 여러 가지 약물이나 수분을 정맥이나 구강으로 공급하면
	  혈장이 희석되어 나트륨 수치가 낮아진다.
	• 혈중 나트륨이 130mEq/L 이하이면 저나트륨혈증이라 한다.
	• 따뜻하고 습하며 홍조를 띤 피부, 뇌부종, 의식변화 등을 보인다. 출혈이 없어도 혈액
	  희석의 효과로 인해 헤마토크리트와 헤모글로빈 수치가 급격히 저하된다.
	• 나트륨이 많이 포함된 약물이나 음식이 들어가면서 환자의 혈중 나트륨 수치가 정상이
	  거나 낮게 나올 수 있지만 실제 체내는 나트륨 과다 상태일 수 있다. 이때에는 나트륨과
	  수분의 축적으로 부종과 혈압 상승이 나타난다.

고칼륨혈증	• 정상적으로 칼륨은 원위세뇨관에서 나트륨이나 수소이온과 교체되어 배출된다. • 혈중 칼륨이 5.5mEq/L 이상이면 고칼륨혈증이라 한다. 혈중 칼륨이 7~10mEq/L이면 정상 심기능을 유지하기 어렵다. • QRS군이 넓어지거나 T파가 높아지고 서맥, 심정지, 심장정지까지 발생할 수 있다. 감각 이상이나 마비와 같은 신경근육계 변화도 나타난다.
대사산증	• 요세관에서의 수소이온 배출은 감소하고 중탄산염이온 생산은 감소하면서 대사산증이 된다. • 대사산증의 증상은 의식의 변화와 호흡의 변화이다. 폐가 산증을 어느 정도 해결하기 위해 빠른 호흡으로 이산화탄소를 배출한다.

대사 노폐물과 수분의 배출장애	수분축적	수분 축적으로 고혈압이 나타나고 말초부종과 폐부종 등이 일어난다.
	질소혈증	대사 노폐물, 즉 요소와 크레아티닌이 제거되지 않아 질소혈증의 특징적인 증상과 징후가 나타난다.
	신경계증상	혼동, 혼수, 발작 등의 요독성 뇌질환과 감각변화가 나타나고 자세고정불능증(asterixis)이 나타난다.
	위장관계증상	• 식욕부진, 오심, 구토 등의 증상이 나타난다. • 체질량과 근육이 감소된다. • 요소 축적으로 인해 입에서 금속성의 맛과 입에서 심한 냄새가 난다.

	혈액계증상	• 빈혈
		  – 적혈구형성인자 생산이 감소하고 적혈구의 생명이 짧아지기 때문에 발생된다.
		  – 정상 적혈구의 생명은 보통 120일이지만, 급성 콩팥기능상실 환자의 적혈구는 생명이 60일 정도이다.
		• 혈소판 기능 변화로 쉽게 상처를 입고 출혈 경향이 증가하고 위장관계 출혈을 보이기도 한다.

	면역 감소	세포면역 감소로 감염 위험이 증가한다.
	심징계	대사 노폐물 축적으로 심장막이 자극받아 심낭염이 발생하고 심낭의 마찰음이 청진된다.

이뇨기	소변량이 서서히 증가하고 이는 손상되었던 콩팥단위가 치료되기 시작했음을 의미한다. 빠르게는 1~2일 이내에 소변량이 4~5L/day 이상 증가하기도 한다. 그렇지만 콩팥이 완전하게 치유되기까지는 수주에서 수개월이 걸리며, 완전히 치유된 상태가 아니라 수분은 배출되지만 노폐물의 배출은 제대로 되지 않은 상태로 신대체요법이 필요할 수 있다.

(4) 증상

체액전해질 불균형	체액의 과잉, 고칼륨혈증(hyperkalemia), 저나트륨혈증(hyponatremia), 저칼슘혈증(hypocalcemia), 고마그네슘혈증(hypermagnesemia), 산중독증(acidosis)
비뇨기계	• 핍뇨나 무뇨(20~30ml/hr 또는 400~500ml/24hr) • 요비중 증가, 요중 Na^+농도 저하(신전성), 요비중 감소, 요중 Na^+농도 상승(신성) • 신장에서 배설되는 물질의 혈액 내 농도 증가(urea, creatine, uric acid↑)
호흡순환계	고혈압, 폐부종, 늑막삼출증, Kussmaul 호흡
신경계	무기력, 발작, 감정둔마(apathy), 진전(tremors), 경련과 혼수로 특징을 가진 요독성 뇌질환
심장	• 고혈압(신성), 저혈압(신전성) • 심부전, 부정맥 • 심낭염, 심낭삼출증
혈액계	전신부종, 체중 증가
전신	• 빈혈: erythropoietin 결핍으로 적혈구 생성 감소 및 생명기간 단축, 철분과 엽산 결핍, 혈액투석, 출혈에 의해 발생 • 백혈구증가증 • 혈소판기능장애
대사	• BUN↑, creatinine↑, K^+↑, phosphate↑ • Na^+↓, pH↓, HCO_3^-↓, Ca_2^+↓
위장관	식욕부진, 오심, 구토, 설사, 변비, 구내염
감염	속발성 감염에 대한 감수성이 높아짐

(5) 핍뇨기 치료

원인제거		가능하면 신부전의 원인을 제거함 • 비뇨관의 폐색성 질환 치료 • 신독성이 될 수 있는 약을 중단
투석		체액균형을 위한 여러 가지 방법을 사용해도 대사장애가 계속될 때 복막투석(peritoneal dialysis)이나 혈액투석(hemodialysis)을 함
신혈류회복	지시된 정맥수액	• 순환하는 혈액량을 유지함 • 쇼크를 방지함
	furosemide (lasix)	➋ 이뇨제 라식스(lasix)투여 시 주의점 • 저칼륨혈증, 저칼슘혈증, 저나트륨혈증, 저마그네슘혈증의 관찰 • 섭취량 및 배설량 기록과 체중 측정 • 직립성 저혈압, 맥박, 호흡, 중심정맥압 측정 • 피부와 점막 상태 관찰

| 체액과 전해질의 균형을 유지 | | • 핍뇨기 동안은 수분의 상실량을 보충할 만큼의 양을 줌
　- 수분 섭취량과 배설량, 체중을 잼
　- 수분 섭취 제한, 수분 섭취량 = 소변배설량 + 500∼800ml(불감성 손실)
• 수분과잉 판정 : 호흡곤란, 빈맥, 폐수종, 팽창된 경부정맥, 사지부종
• 칼륨(K)균형조절, 저칼슘혈증 조절, 대사성 산중독 조절 |

| 고칼륨(K) 교정
[2022 기출] | 고칼륨혈증의 원인 | • 신장의 포타슘 배설능력 저하
• 조직손상이 있을 경우 포타슘이 혈중으로 유리
• 산증인 경우 H^+는 세포 내로 들어가고 K^+가 세포외(혈중)로 나옴
• 포타슘 수치가 6mEq/L 이상이거나 부정맥이 있으면 즉각 치료가 필요함 |
| | 교정내용 | • 전해질 불균형 중 가장 위험 : 급성 심정지 유발
• 혈액 생화학 검사와 EKG에서의 P파동의 상승에서 고K혈증 평가
• K 교환수지를 줌 : kalliminate(경구 투여)
• 정맥 내 50% glucose, regular insulin, sod bicarbonate 등은 K 중독에 응급적인 방법 |

		교정중재	근거
	경구투약	kalliminate 투여(또는 관장)	장내포타슘을 장내에서 흡착시켜 체외(배변)으로 배출하여 소장을 통해 혈중에 흡수시키지 않음
	비경구 [2022 기출]	glucose(50%D/W) & Regular insulin 정맥 투여	인슐린은 K^+을 세포 내로 이동
		• 중탄산염 투여 • Sodium bicarbonate	세포 내로 포타슘 이동
		calcium gluconate 정맥 투여	심전도 변화 시 투여
	식이제한	• 식사를 통한 칼륨 섭취는 60∼70mmEg로 제한 • 칼륨 많은 음식이나 약물 금지 　- 오렌지, 바나나, 토마토, 살구, 호두, 땅콩 등	

저칼슘혈증	Cal, gluconate 정맥 투여
대사성 산중독	Sod bicarbonate로 서서히 교정
감염방지	무균적 환경 조성
합병증 예방	• 감염증 • K(potassium) 중독 • 산독증 • 울혈성 심부전 : 폐수종 • 고혈압

식이요법	• 고칼로리: 단백질 이화 억제 **예** 밀가루, 설탕, 버터가 섞인 버터볼 • 저단백: 필수아미노산 포함된 생물가가 높은 단백질 → 질소성 대사산물을 줄이기 위해 • 염분제한식이 • 고칼슘식이 • 설탕, dextrose 첨가한 과일 주스: 조직 단백의 파괴 감소 • 상태의 경과에 따라 저단백식 제공

(6) 이뇨기 치료

탈수교정	탈수 사정, 수분 투여
감염예방	격리시켜서 감염을 예방: 속발성 감염으로 인한 사망률이 50~90%나 됨
요독증	요독증으로 진행되면 투석이 필요하며 안정될 때까지 투석을 지속함

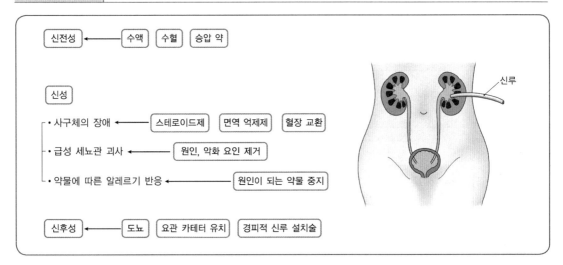

| 급성 신부전의 치료 |

10 만성 콩팥기능상실(chronic renal failure) [2009 · 2013 · 2022 기출]

(1) 개요

정의	• 신기능의 진행성 파괴현상으로, 치료로는 회복이 되지 않는 비가역적인 상태 • 말기 요독증(또는 기타 질소성 대사물의 혈중 축적 상태) 또는 그의 합병증으로 치명적인 상태 • 사구체여과율이 3개월 이상 60ml/min 이하(정상 : 120~125ml/min)시 진단 • 혈액투석이나 신장이식으로 호전을 기대할 수 있음

만성신부전 단계	단계	1단계	2단계	3단계	4단계	5단계
	사구체여과율	≥90	60~89	30~59	15~29	< 15 (투석, 이식)

원인	• 당뇨병(50.2%) > 고혈압(20.3%) >사구체신염(8.4%) 순 • 기타(요로의 폐색과 감염, 신독성 물질 등)

병태생리	① 신장의 잔여기능 감소, ② 신장기능 부족, ③ 신부전, ④ 말기 신질환의 4단계를 거침. 만성 신부전 시 일부 네프론은 파괴되나 일부 네프론은 정상을 유지. 사구체여과율의 감소에도 불구하고 정상적인 네프론들은 비대해져서 여과와 신세뇨관의 재흡수를 증가시킴. 이러한 적응기전은 네프론의 약 3/4이 파괴될 때까지도 신장이 기능할 수 있도록 해 줌. 용질이 재흡수 할 수 있는 양보다 더 많아지게 되면 결국 삼투압성 이뇨가 초래되어 다뇨증과 갈증 등이 일어남. 차츰 더 많은 네프론 등이 파괴되어 핍뇨증이 초래되고 노폐물이 축적됨	
	신네프론의 파괴와 기능 소실	• 사구체여과율과 청소율(clearance) 감소 • BUN과 크레아티닌치 상승
	세뇨관의 전해질 재흡수능력 저하	기능하는 네프론의 비대로 요농축 능력 감소, 다량의 희석된 요(다뇨)가 배출 • 다뇨증과 갈증
	사구체여과율 감소	• 신기능 70~80% 손상까지 사구체여과율 정상 유지(정상네프론이 보상) • 핍뇨증이 초래되고 노폐물 축적
	네프론 파괴	• 크레아틴, BUN 증가, 요량 감소, 체액 증가 → 요독증 초래 • 무뇨증으로 진전, 물, 염분, 기타 노폐물 제거 기능 상실, 항상성 유지 불능

진단	• 빈혈검사 • 혈청 creatinine 증가 • 혈청 내 phosphorus 증가 • 혈청 내 칼슘 감소 • 저혈청 단백, 특히 albumin 저하 • 핍뇨성이 아닌 신부전에서는 저포타슘혈증 • 진전되는 중요한 증상 : BUN 상승 및 혈청 creatinine 증가

(2) 증상 및 병태생리

전해질 불균형	저나트륨혈증		소듐 배설 장애로 소듐과 함께 수분정체로 인한 희석효과
	고나드륨혈증		말기에는 고나트륨혈증이 되어 염분과 수분의 정체로 고혈압과 울혈성 심부전
	고칼륨혈증	배설손상	신장의 칼륨 배설 조절 능력이 손상으로 고칼륨혈증
		조직이화	급속한 조직의 이화작용
		산증	신장의 산 배설 능력이 손상되어 산독증, 고칼륨혈증
		부정맥	• 부정맥과 심정지 초래, 사지의 이완성 마비, 근육허약 • 위험한 상태를 초래할 수 있으므로 칼륨을 포함한 약물, 외상, 수혈, 산증 등으로 인한 칼륨과잉 여부를 관찰해야 함
	저칼슘혈증, 고인산혈증		• 비타민 D 활성화 장애로 장에서의 칼슘흡수가 저하됨에 따라 저칼슘혈증 부갑상샘호르몬↑ → 골기질에서 칼슘이 빠져나와 정상수치 유지하기도 함 • 저칼슘혈증과 동시에 인은 배설이 안 되어 고인산혈증 야기
	고마그네슘혈증		• 정상: 1.2~2.0mEq/L • 호흡부전, 저혈압, 부정맥, 반사의 소실, 각성상태 저하 • 마그네슘이 포함된 제산제(magnesium제제) 금기
대사장애	단백 (저단백혈증)		• 사구체여과율 감소 → BUN 증가(단백대사산물), 크레아티닌 증가 (근육량과 움직임이 많으면 혈중 크레아티닌 수치 더 상승) • 단백뇨와 부족한 단백질 섭취는 체내 저단백혈증을 유발하여 혈관 내 교질삼투압 감소
	당 (고인슐린혈증)		탄수화물대사장애 − 인슐린 배설담당 신장의 기능저하로 혈중 인슐린이 오래 유지 → 고인슐린혈증
	지방 (고지혈증)		• 중성지방 상승 − 고인슐린혈증 → 간에서 중성지방 생성 자극 → 고지혈증 유발 • 인슐린은 간에서 지단백[VLDL, LDL, 트리글리세라이드(triglyceride)] 생산을 자극하여 상승, HDL 감소 • 요독증으로 지질분해활동 저하 → 고밀도 콜레스테롤(HDL)생성 감소, 저밀도콜레스테롤(LDL)과 중성지방 증가 → 죽상경화증 발생(만성 콩팥기능상실 환자의 30~70%에서 고지혈증)
	대사성 산증		대사산증은 콩팥에서 중탄산염 재흡수가 감소하고 수소이온을 배설 × • 보상기전으로 Kussmaul 호흡(호흡수 증가)

혈액계	빈혈 (erythropoietin↓)	• 적혈구 형성인자↓(erythropoictin 합성장에) → 적혈구 생성↓ → 빈혈 → 피로와 쇠약을 호소하고 추위에 민감함 • 요독증으로 적혈구 생존시간 단축 • 식이제한으로 철분과 엽산 결핍 등의 영양부족으로 빈혈 진행 • 빈혈이 지속되면 조직으로의 산소 공급 저하, 심박출량 증가, 심장 비대, 심실 비대, 울혈성 심부전, 인지기능이나 정신력 저하
	출혈 (혈소판 응집↓)	요독소 축적은 혈소판 응집 방해 → 혈소판 기능손상에 따른 출혈
위장관계		• 식욕부진, 오심, 구토, 미각 소실(가끔 쓴맛이나 짠맛) • 호흡 시 악취나 비린 냄새 혹은 암모니아 냄새 • 구내염, 이하선염과 치은염 등이 흔히 발생(구강위생이 불결하고 침샘으로부터 요소에서 생성된 암모니아가 분비되기 때문) • 가스트린 축적으로 인해 궤양질환이 잘 생김 → 식도염, 위염, 소화성 궤양 • 변비는 흔히 나타나는 문제로서 수분 제한, 인결합제제의 복용, 고섬유질 음식의 제한, 활동 감소 등이 주원인

근골격계	신성 골이양증 [국시 2009]	비타민 D 활성화 장애	저칼슘혈증과 부갑상선호르몬 상승
		인산배설저하: 고인산혈증	인산의 배설이 저하되어 혈중에 축적되므로 상 대적으로 칼슘치가 저하
		2차적 부갑상선호르몬 상승	뼈의 칼슘이 유리되어 혈중으로 이동하므로 섬 유성골염, 골다공증 및 골연화증 등이 발생함
	골다공증	신장이 비타민 D를 calciferol 같은 활성화 형태로 전환하지 못하여 장 내에서 칼슘 흡수 감소로 골형성 장애	
	골연화증	• 비타민 D 결핍으로 칼슘과 인의 대사 장애로 골기질에 무기질이 침 착되지 않아 골연화 • 어린이는 뼈의 석회화가 되지 않아 성장 지연 • 어린이는 골의 교체속도가 성인의 8~10배에 달하며 또한 성장의 지속을 위하여 골단이 열려있는 상태이므로 성인에 비해 골병변의 빈도도 높고 정도도 심하여 특히 구루병의 소견이 현저함	

신부전 → Vit, D_3↓↓ → 혈청 ca↓ → PTH↑↑ → 섬유성 골염 → 골다공증

신부전 → PO_4 배설↓↓

골다공증

| 신성 골영양장애의 발생기전 |

심혈관계	고혈압	• 사구체여과율 감소로 나트륨 수분 정체 • 콩팥혈류감소 → RAA 자극 → Na^+과 수분 재흡수

	고지혈증	고인슐린혈증	• 신장의 인슐린 배설기능 저하 • 인슐린은 간에서 지단백[VLDL, LDL, 트리글리세라이드(triglyceride)] 생산을 자극하여 상승, HDL 감소
		요독증	지질분해활동 저하 → LDL 중성지방 증가, HDL 감소
	울혈성 심부전		• 사구체여과율 감소로 소듐·수분이 정체되면 순환 과부하로 전부하 증가와 고혈압으로 인한 후부하, 울혈성 심부전 증가 • 좌심비대와 울혈성 심부전이 발생하고, 삼출성 심낭염과 심장압전증 같은 심각한 합병증으로 진전될 수 있음
	동맥의 석회화		초기에 발목 → 복대정맥, 손, 손목, 발, 골반 → 괴저
면역계	• 감염 감수성 증가 • 체액 면역에서의 항체생성의 억제, 과민성 지연의 억제, 백혈구의 기능감소 등		
호흡계	• 수분의 과부담으로 인한 폐수종이 있고, 흉막염과 심낭염 • 대사산증에 대한 보상작용으로 호흡수 증가(Kussmaul 호흡)		
피부	심한 소양증 [국시 2008]		2차적인 부갑상샘 기능항진과 관련하여, 피부에 칼슘이 축적됨(인산칼슘 침전물)으로 인한 증상이 초래되며 증상은 다음과 같음 • 소양증 • 요독증 • 땀샘의 위축으로 피부 건조 • 감각성 신경병증 등
	창백한 피부, 색소침착		• 출혈성 경향으로 쉽게 멍이 들고 점상출혈과 자반증 • 빈혈로 인해 피부가 창백 • 피부의 변색(요황색소, urinary chromogen 축적 - 피부색이 오렌지색이나 회색)
	반과반 손발톱		• 머리카락은 힘이 없고 잘 빠지며 손톱은 얇아지고 약해짐 • 손톱에 Muercke's line이라는 붉은 띠가 생기고 '반과반 손발톱' 관찰됨(근위부는 하얗고 원위부는 갈색으로 변하는 특징적 소견)
신경계	말초신경병증		발에 작열감이 있고 다리와 발이 힘이 약해지며 보행의 변화, 족저굴곡과 하지마비, 하지불안증후군 등
	중추신경계 변화		• 건망증, 집중력 저하, 주의력 감소, 사고력과 판단에 장애가 발생 • 중추신경계가 억압되면서 발작이나 혼수상태에 빠지게 되기도 함
	신경불안정성 증가		안구진탕증이나 몸의 뒤틀림이 나타나기도 함
	감각 변화		청력 검사 시 질병 초기에 고음장애가 두드러지게 나타나며 청력이 점진적으로 약화

생식계	월경불순, 무월경, 불임증, 발기부전, 고환위축, 소정자증, 정자운동능력 감소, 성욕 감퇴
내분비계	부갑상샘호르몬, 성장호르몬, 유즙분비호르몬, 황체호르몬, 여포자극호르몬, 갑상샘호르몬의 변화
약물대사장애	요독증이 있는 환자는 콩팥의 변화로 인해 치료약물의 약물동력, 즉 흡수·대사·배설에 장애가 생겨 약물 독성에 대한 위험성이 높아짐

02

🚑 PLUS

신부전 시 혈청 전해질의 변화

1. 포타슘 증가
① 신장의 포타슘 배설능력 저하
② 조직손상이 있을 경우 포타슘이 혈중으로 유리
③ 산증인 경우 H^+는 세포 내로 들어가고 K^+가 세포 외(혈중)로 나옴
④ 포타슘 수치가 6mEq/L 이상이거나 부정맥이 있으면 즉각 치료가 필요함

> • Kaliminate를 경구·직장투여
> • 급성 심정지 위험, 심전도 점검
> • 식사를 통한 칼륨섭취는 60~70mmEg로 제한
> • sodium bicarbonate, calcium gluconate 정맥투여
> • glucose & Regular insulin 정맥투여

2. 쇼듐 정상 또는 저하
① 신세뇨관의 손상으로 Na^+을 보존하지 못함
② 체액이 과다하면 희석성 저나트륨혈증
③ 체액과다로 고혈압, 울혈성 심부전, 폐수종 유발

3. 칼슘 감소
① 위장관에서 칼슘을 흡수하기 위해 필요한 비타민 D가 신장에서 활성화되지 못함
② 저칼슘증은 부갑상샘호르몬 분비(PTH)를 자극
③ PTH는 뼈에서 칼슘을 유리시킴
④ 뼈가 약해짐, 병리적 골절

4. 인 증가
① 칼슘이 유리될 때 인도 함께 유리되어 혈중 농도 증가
② 신장에서 인의 배설이 저하됨

5. 중탄산염 저하
① 대사성 산증에서 H^+의 완충제로 사용됨
② 신세뇨관의 기능저하로 중탄산 재흡수 기능장애

6. 마그네슘 증가
고마그네슘혈증 가능성

(3) 치료 [2009 · 2022 기출]

고칼륨혈증 교정 [2022 기출]	• 정상적으로 칼륨은 원위세뇨관에서 나트륨이나 수소이온과 교체되어 배출 • 혈중 칼륨이 5.5mEq/L 이상이면 고칼륨혈증 • 혈중 칼륨이 7~10mEq/L이면 정상 심기능을 유지하기 어려움 • QRS군이 넓어지거나 T파가 높아지고 서맥, 심정지, 심장정지까지 발생 - 부정맥, 사지의 이완성 마비, 근육허약, 감각이상이나 마비와 같은 신경근육계 변화도 나타남	
	kalimate 경구투여 (또는 관장)	포타슘을 장내에서 흡착 → 체외(배변)로 배출 → 소장을 통해 혈중에 흡수시키지 않음
	glucose(50% D/W) & regular insulin 정맥투여	• 혈청 내 K가 7.0 이상이면 응급치료 • 인슐린은 K^+을 세포 내로 이동
	중탄산염(sodium bicarbonate) 투여	세포 내로 포타슘 이동
저칼슘 교정	calcium gluconate 정맥투여 → 심전도 변화 시 투여	
대사성 산증	대사성 산증으로 인한 호흡양상, 의식장애 등을 관찰 • 혼미, Kussmaul 형태의 빠르고 깊은 숨, 힘들고 짧은 숨, 허약, 의식장애의 유무를 살핌 • sodium bicarbonate를 점적, 경구적으로 투여	
빈혈 조절	• 황산제일철(iron sulfate), 엽산(folic acid) 투여 • 철분 : 비경구적 투여 • androgen : 적혈구 생성 자극, 경구 · 비경구적 투여	
고인혈증 교정	• 인산염이 결합된 제산제 투여 • 인 level을 감소시키기 위해 투여	
울혈성 심부전	digitalis, 이뇨제, 항부정맥 제제로 신순환 촉진	
신성 골이양증	• 활성형의 비타민 D - 전이성 석회화의 부작용으로 주의하여 투여 • califediol - 골강화 작용 촉진, 순환혈액 내의 부갑상샘호르몬과 alkaline phosphate 감소	
장기 인공투석	–	

⑷ 간호중재

식이	단백질(질↑) [국시 2012]	• 생물학적 역가가 높은 단백질(육류, 우유, 유제품, 달걀)을 1일 20~40g 제공 • 단백질 섭취 부족은 근육 소모, 필수 아미노산(체내에서 만들어지지 않으며 식품을 통해서만 섭취가 가능)을 함유한 생물학적 가치가 높은 단백질을 충분히 섭취	
	단백 제한 [국시 2009]	• GFR이 감소된 대상자가 투석을 받지 않을 때 0.5g/kg로 단백질 제한 • 고단백 식이는 사구체의 단백 여과량을 늘려 신장의 부담으로 신장 기능을 악화시키고 질소성 노폐물을 축적시키므로 제한	
	고칼로리, 고탄수화물	칼로리 섭취를 제한 시 체내 단백질의 분해가 진행되어 단백질 이화작용이 촉진되면서 BUN 상승 → 단백질 이화작용을 막기 위해 고칼로리식 제공	
	고칼슘식이	저칼슘증 모니터	저칼슘혈증과 관련된 전해질 불균형(예 : 고인혈증)을 모니터 뼈의 탈무기질화, 골절 가능성을 판단
		칼슘염	처방된 칼슘염(예 탄산칼슘, 염화칼슘, 구연산칼슘) 투여
		비타민 D	위장관에서 칼슘 흡수를 도와주는 비타민 D 섭취로 뼈의 탈무기질화의 예방과 치료
	전해질 제한	인은 제한, 소듐 제한, 포타슘(오렌지, 바나나, 토마토, 살구) 제한	
수분염분제한	• 질병이 진전되면 수분을 제한 • 수분 섭취 필요량(400ml + 소변 배설량) • 체중 측정(몸무게 변동이 하루에 0.45kg 이상 되어서는 안 됨) – 소변 배출량이 1L/1일 이상이면 제한하지 않음		
간호진단	• 오심, 구토, 식욕감퇴, 이화작용의 영향, 의식수준의 감소, 미각변화, 식이제한 등과 관련된, 신체요구량보다 작은 영양 불균형 • 조절기전의 악화와 관련된 체액과다 • 부정맥, 체액과다, 말초혈관저항 증가로 감소된 1회 심박동량과 관련된 심박출량 감소 • 피부손상, 만성질병, 영양불량 등과 관련된 감염 위험성 • 출혈, 낙상, 병리적 골절, 약물 등과 관련된 손상 위험성 • 대사 에너지 생산의 변화, 산소공급과 요구 사이의 불균형, 빈혈 등과 관련된 피로 • 건강상태, 사회경제적 상태, 인간관계, 역할기능, 지지체계, 상황위기, 죽음의 위협, 지식부족 등과 관련된 불안		

11 **투석** [2013 기출]

(1) 정의 및 원리

정의	만성 신부전환자의 투석은 요독증의 증상의 개선이 불가능한 경우에 체내 노폐물과 과잉 수분을 인공적으로 제거하는 과정
기전	반투과막을 사이에 두고 환자의 혈액과 투석액 간 상호 교류를 통해 과량의 수분·전해질과 혈액내 노폐물(BUN, Cr)을 체외로 배설시키고 산염기 균형 조절, 요독 증상의 완화·정화된 혈액은 다시 환자에게 주입 | 투석기막 |

원리	확산(용질이동)	반투과막을 통해 용질이 고농도에서 저농도로 이동, 투석액 이동 (요소, 크레아티닌, 요산, 전해질 - K, P)
	삼투(삼투질 농도에 의한 수분이동)	반투과막을 통해 수분이 저농도에서 고농도로 이동(수분의 양이 많은 곳에서 적은 곳으로 이동), 투석액(포도당을 첨가한 고농도의 용액)
	초여과(정수압 차이)	혈액과 투석액 사이의 인위적인 압력경사를 만들어 혈액 내 수분이 반투과막을 통과, 투석액으로 이동

(2) 혈액투석과 복막투석

	혈액투석	복막투석
정의	체외투석기를 통해 혈액 내 노폐물과 수분 제거	고장액을 복막강으로 순환시켜 노폐물과 수분 제거, 투석액 주입과 배액은 중력에 의해 이루어지며 복강내 1~2ℓ 투석액을 30~40분 저류시킨 후 배액
장점	• 짧은 치료시간 : 3~5시간 • 노폐물, 수분의 효과적 제거	• 환자가 손으로 쉽게 조작 가능 • 저혈압과 수분전해질 불균형 드묾 • 혈액화학물의 상태를 일정하게 유지할 수 있음 • 식이제한이 비교적 적음(고단백식이 권장) • 혈역동적으로 불안할 때 사용 가능
단점	• 전문적 직원과 장비 필요 • 저혈압과 수분전해질 불균형 자주 발생 • 전신적인 헤파린 요법 필요	• 긴 치료시간 : 10~14시간 • 복막염 위험 • 복강내 수분축적 • 단백소실
합병증	• 감염, 공기색전, 출혈, 전해질 불균형 • 혈액역동의 변화(저혈압, 심부정맥, 빈혈증) • 투석 불균형 증후군(혈액투석 시 BUN수치의 급격한 감소로 뇌부종 유발)	• 복막염(초기증상 : 혼탁하거나 불투명한 삼출액) – 유출액 배양검사, 민감도 검사 • 단백질 손실 • 탈장, 복압 상승 • 장 천공 • 호흡곤란, 고혈당, 출혈
금기증	혈역동의 불안정한 상태	광범위한 복막유착, 복막섬유증, 최근 복부수술

간호	• 투석 후 부작용 감시
	• 활력징후와 체중을 투석 전 측정치와 비교
	• 투석하는 날 아침에는 항고혈압제 복용하지 말 것
	• 헤파린요법으로 출혈위험이 있으므로 출혈증상 검사. 정맥천자 피할 것
	• 저혈당증 예방
	  – 투석전·중에 식사, 투석 중 식사는 개인 취향에 따름
	• 좋은 영양상태 유지
	  – 양질의 단백질 식사, 적절한 열량 유지, 수분과 염분제한, 칼륨과 인 제한, 필수약물(수용성 비타민, 철분, 인결합제, 칼슘보충제, 활성비타민 D, 항고혈압제
		• 복막투석에 관한 환자교육
		• 도관삽입 후 상처치유기간(5~7일) 이후부터 투석 시도
		• 투석 전·중·후 활력징후 관찰
		• 매일 같은 시간에, 투석액 배출 전·후로 체중 측정
		• 투석액 투입 중에는 Fowler's position(복강내 투석액이 횡격막을 압박하여 호흡을 방해하므로)
		• 투석액은 체온 정도로 데워서 사용
		• 통목욕 금지, 매일 샤워
		• 단백질 소실 예방
		  – 충분한 단백질 공급

(3) 혈관통로 동정맥루(A-V fistula) 조성술 및 동정맥루 관리

혈관통로	• 혈관통로는 혈액투석을 위해 혈류의 흐름이 빨라야 하고 큰 혈관을 확보해야 함 • 투석환자의 혈관통로인 '동정맥루' 형성
션트	감염, 혈전 등의 합병증으로 오늘날에는 거의 사용하지 않음
일시적 혈관통로	경정맥, 대퇴 정맥에 이중관의 카테터 삽입 : 1~3주까지 유지 가능
동정맥루	• 전박의 요골이나 척골동맥과 요골정맥 사이의 문합이 가장 흔함 • 혈액 투석 3개월 전에 시술 • 동맥과 정맥을 옆선에 따라 문합을 하거나 끝을 이어 동맥과 정맥 사이 개구, 루를 만듦 • 동맥과 요골 정맥 사이의 문합으로 동맥과 정맥이 연결되면 압력이 센 동맥혈이 정맥 내로 흘러들어가 정맥혈관을 울혈시키고 굵어지게 하여 투석에 이용 투석기에서 정화된 혈액이 혈관으로 들어감 정맥 동맥 혈관으로부터 나온 혈액이 투석기로 들어감

동정맥루 환자 간호중재	손 운동	방법	• 수술 2일 후 수술 부위 통증, 부종이 감소한 때부터 운동 시작 • 손등 밑에 배개를 사용하여 팔을 약간 올려놓고 정구공(soft tennis) 같은 부드럽고 작은 공을 주무르는 운동 • 필요한 경우 의료진의 지시에 따라 수술 1주일 후 상박을 고무줄로 감고 공을 주무르는 운동(60~90초간)을 하루 3~4회 실시
		효과	• 동정맥루 수술 후 혈관이 잘 자랄 때까지 혈관 발달을 돕기 위한 운동 실시 • 동정맥루는 성숙하는 데 최소한 2~3달 소요
	수술 직후 자세, 운동		수술 직후 환측 사지 상승, 일상적인 ROM운동 권장
	투석중·후 저혈압 관리		• 동정맥루 시술 후 처음 투석을 하는 중 혹은 투석 직후에 저혈압이 발생하는데, 이는 빠른 혈량 제거, 감소된 심박출량, 감소된 전신혈관 내 저항으로부터 기인하여 몽롱함, 오심, 구토, 발작, 시력저하, 심장허혈로부터 오는 흉통, 경련 등이 나타날 수 있음 • 말초맥박과 순환 사정
	동정맥루 개존성 유지 [국시 2013]		혈관 통로의 개존성 여부 확인을 위해 매일 자주(4시간 마다) 진동(thrill)을 촉진하고 잡음을 청진 • 투석 전에는 혈관의 개존성(진동과 잡음) 여부를 확인

	혈전 예방	동정맥루가 있는 팔에서 혈압측정 하지 않음
	감염 예방	• 바늘 삽입 부위의 출혈 유무와 감염 증상 사정 • 동정맥루를 깨끗하고 건조한 상태로 유지 • 동정맥루가 설치된 팔에서 혈액 채취, 정맥주사 하지 않음 • 혈관 통로의 감염을 예방
	무게 ×, 조이지 ×	• 수면 시 혈관통로가 있는 사지 위로 무게가 가해지지 않게 함 • 혈관통로가 있는 사지를 압박하거나 무거운 물건을 들지 않게 함 • 혈관을 조이는 장신구, 의복착용, 팔베개를 하지 않도록 교육함

(4) 만성신부전 환자의 혈액투석의 합병증 [2013 기출]

	근거	
저혈압	혈관 내 수액의 빠른 제거, 전신혈관저항 감소, 심박출량 감소	
혈액손실	잔여혈액이 투석기에 남거나, 투석막 파열로 혈관라인이 분리되어 바늘 제거 후 통로에 남은 혈액 손실	
근육경련, 쥐	쇼듐과 물의 빠른 제거	
간염	수혈, 정맥주입 약물의 과다사용	
패혈증	혈관통로의 감염, 튜브 분리로 투석 중 박테리아 유입	
투석불균형 증후군: 뇌부종 [2013 기출]	병리적 근거	• 뇌의 수분변이로 생길 수 있음 • 급성신부전이나 혈중 요소질소가 매우 높고(150mg/dL 이상) 혈액투석을 처음 시작할 때 장시간 과도하게 시행하면 BUN이 제거되어 세포외액이 성분이 빠르게 변화(혈액 중 요소, 전해질, PH의 급격한 교정)되면서 뇌세포 내 삼투압이 혈액 성분보다 높아져 수분이 뇌세포로 이동하여 뇌부종과 두개내압 상승을 초래함
	증상	투석 중이나 직후에 나타나며, 초기증상은 오심, 구토, 안절부절못함, 두통, 의식저하, 발작, 무의식, 경련혼수, 사망 등이 나타날 수 있음
	예방안	• 투석 시간을 짧게 하고 투석 속도 느리게 함 • 치료는 항경련제 투여

12 신장이식(renal transplantation) [2011 기출]

적응증		• 회복 불가능한 신부전 상태 • 활동성 감염이나 악성질환이 없어야 함. 요로기능은 정상이어야 함	
조직적합성 검사		HLA(Human Leukocyte Antigen) 검사 음성반응 시 이식가능 [국시 2017]	
초급성 거부반응	시기	수술 직후부터 수술 후 48시간 이내	
	기전	체액성 면역반응에 의해 세포독성 항체가 이식된 조직에 침투하여 이식조직 괴사	
	증상	소변량 갑자기 감소, 고열, 신장부위 통증, 기능 감소	
	치료	즉시 신장 적출술	
급성 거부반응	시기	수술 후 1주에서 3개월 사이	

	기전	• 세포 중개성 면역반응(T림프구, 제4형 지연형 과민반응)에 기인함
		• 수혜자가 공여자 세포의 항원에 감작(sensitization, 항원에 과민반응)될
		  때 반응이 시작됨
		• 감작된 T림프구와 대식세포가 이식한 혈관 자체를 황폐화시켜 이식조직은
		  괴사	

	증상 [국시 2014 · 2017]	• 장기이식 부위의 통증, 압통, 부종, 염증, 신기능 감소, 소변량 감소, 무뇨 경도 고혈압, 부종, 체중 증가 고열, 백혈구증가증 • 혈액 내 BUN, creatinine 상승, 단백뇨	
	치료	스테로이드나 단일항체 면역억제제로 치료 가능	
만성 거부반응 [2011 기출]	시기	이식 후 수개월, 수년 후에 발생	
	기전	• 면역학적 원인과 함께 혈관 이상이 원인 • 이식 장기 내 혈관 내막 세포의 심한 증식과 비후로 혈관이 폐쇄되어 허 혈성 괴사를 일으켜 장기의 기능이 없어짐 • 거부 반응이 진행됨에 따라 콩팥 기능이 비가역적으로 저하됨	
	증상	• 서서히 진행되는 신기능부전 • 소변량 감소, 고혈압, 부종, 체중 증가 • 혈청 크레아티닌, 요소 질소 증가, 전해질 불균형, 단백뇨	
	치료	만성 거부반응은 점진적 진행되는 퇴행성 문제로 치료는 이식 거부반응 약 물들로 진행 과정을 늦춤	
간호		• 면역억제제 - 사이클로스포린(cyclosporine, prednisone)을 평생 복용하므로 일상생활 동안 감염에 주의 • 무거운 것을 들어 올리거나 신체적으로 힘든 일은 2~3개월 후 가능 • 이식 부위에 외상을 받지 않도록 신체 접촉이 있는 운동은 피함	

04 요로계 질환

1 요로감염(UTI) [2004 기출]

(1) 개요

정의			건강한 사람의 경우 방광 내 소변은 무균 상태로, 세균이나 기타 감염성 생물이 없음. 신장(콩팥)에서 만들어진 소변을 방광까지 운반해 주는 것이 요관이고, 방광에서 소변이 저장된 후 요도를 통해 밖으로 배출됨. 신장, 방광, 요관, 요도처럼 소변이 나오는 길과 관련된 부분이 요로계이며, 요로감염은 요로기관에 세균 침투로 염증이 난 것을 말함
원인	감염	원인균	• 주로 상행성 세균 감염 • 흔한 원인균은 E-coli, enterobacter, pseudomonas, serratia 등 • 여성 요로감염의 90%는 E-coli가 원인균, 칸디다도 방광염의 원인
		근거	• 장관의 상주균들로서 항문과 요도구가 인접해 있기 때문에 비뇨기 감염을 쉽게 일으킴 • 칸디다 감염은 혈액질환, 당뇨, 암, 약물중독, 면역억제제, 요로감염의 계속된 항생제 치료 등으로 몸이 쇠약해졌을 때 감염
	비감염		화학물질 노출, 방사선치료, SLE 같은 면역반응으로 발생 가능
	여성		• 호르몬, 임신, 해부학적 이유로 여성의 25% 이상에서 요로감염이나 방광염을 경험(요로감염은 치료 후에도 재발이 잘 되며, 약 20%에서 빈번한 재발을 호소) • 남성은 요도가 길고 전립샘액의 항균성 때문에 50세 이전에는 방광염에 잘 걸리지 않음
요로감염에 기여하는 위험요소와 병태생리 [2004 기출]	갱년기		• 갱년기 이후 감염 방지 역할을 하는 에스트로겐 감소와 질 젖산균 감소 • 질내와 요도의 pH도 증가하여 질과 요도에 세균이 유착되고 증식할 가능성이 높아지며 요도염, 질염 위험성 증가
	임신		• 임산부의 약 10%에서 요로감염 발생 • 임산부의 경우 요관의 기계적 압박이나 호르몬 변화로 인한 감염 가능성이 높음 • 프로게스테론, 커진 자궁의 방광압박으로 방광용적 증가(약 1500ml), 점막 울혈, 소변정체 → 감염 가능성 증가 • 임신성 당뇨와 단백뇨, 소변의 농축력 저하 또한 소변의 자연 항균력을 약화시켜 세균 증식에 기여
	해부학적		요도가 짧고 질과 항문에 가까움 • 질과 항문에 가까워 이들의 분비물에 쉽게 오염 • 질과 요도의 E-coli 군집은 여성에서 재발성 방광염의 원인

	예방	• 회음부를 닦을 때는 앞에서부터 뒤로 닦아줌으로써 방광염을 예방하도록 함 • 통목욕보다는 샤워를 권장(통목욕은 요도를 자극하고 오염의 위험성) • 거품목욕 피하기 • 흡수성이 좋은 면 내의를 입고 회음부를 습하게 하는 팬티스타킹은 피함
	성관계 지양	성행위 시 요도 주변의 균을 방광으로 밀어올리기 때문
	피임기구	피임법으로 사용하는 질 삽입기구가 잘 맞지 않으면 방광에 대한 압력으로 작용하여 방광이 완전히 비워지지 않아 방광염이 잘 생김
	살정제	살정제는 질의 산도를 높여서 정상적인 질의 상주균을 변경시키고 E-coli의 군집을 증가시켜 방광염 발생 가능성 증가
	만성질병	요정체, 통풍, 당뇨병, 고혈압, 겸상적혈구빈혈, 다낭포신장, 다발성 골수종, 사구체신염, 면역억제제 사용
	기구 사용	인공도뇨, 진단 검사 시 기구 사용
	노령	방광을 완전히 비우지 못함, 소변의 산도 저하, 빈혈, 영양부족
	기타	합성섬유로 된 속내의나 팬티스타킹, 조이는 청바지, 젖은 목욕가운에 눕기, 여성위생 스프레이, 거품목욕, 향기나는 화장지, 위생냅킨, 비누 등의 알레르기나 자극

(2) 진단

요배양검사	• 100,000CFU(Colony Forming Units, 미생물 집락): 요로감염 확진 • 세균(++), 백혈구(+++), 적혈구(10~20/HPF), 단백(±)
혈액검사	백혈구증가증: 감염 의미

(3) 증상

배뇨 곤란	• 배뇨하기 고통스럽고 어려움 • 배뇨시작 곤란, 배뇨 지연, 배뇨 완료 후 소변을 흘리는 것 • 빈뇨, 야뇨증
요정체	충만감, 방광이 차 있는 느낌
요실금	요실금은 불수의적인 소변의 누출을 의미함
빈뇨, 긴박뇨	방광 감각의 과민성으로 긴박뇨
배뇨 시 작열감	배뇨 시 작열감으로 염증 부위가 서로 마찰되어 오는 통증
동통	치골 상부의 동통

탁한 소변	소변이 뿌옇고(cloudy) 탁함
악취	–
혈뇨	염증이 심하여 점막에서 출혈로 인해 발생
전신 증상	열, 오한, 권태감

(4) 요로감염 관리

임산부	수분 섭취를 늘리고 적어도 2시간 간격으로 배뇨한다.
노령	질의 산도가 변화되고 질의 상주균이 바뀌며, 질의 윤활 정도가 감소되면서 성교 중 요도의 자극이 많아진다. 질용 에스트로겐 크림을 사용하면 질의 산도가 보존되며, 성교 시 수용성 윤활유를 사용하면 요도의 자극을 줄일 수 있어서 방광염의 위험이 낮아진다.
여성	방광염의 위험요인들을 피한다. • 합성섬유로 된 속내의나 팬티스타킹, 조이는 청바지, 젖은 목욕가운에 눕거나, 여성위생 스프레이, 거품목욕, 향기 화장지, 위생냅킨, 비누 등의 알레르기나 자극을 피한다.
충분한 치료	감염이 재발하는 경우 감염에 대한 감수성이 높아 방광염에서 회복되더라도 세균의 침입에 대한 저항력이 건강한 방광보다 저하된다. 따라서 방광염은 소변에서 균이 검출되지 않을 때까지 완전하게 치료하여 재발되지 않도록 해야 한다.
유치도뇨 시 멸균법	유치도뇨 환자에게 엄격한 멸균법을 지키고 밀봉배액을 유지하도록 한다. 매일 회음부 간호를 세심하게 하되 비누와 물을 사용한다.
남성 노인	남성 노인은 요로폐색이나 전립샘액의 살균력의 감소, 방광을 비우는 능력의 감소, 기타 내과적 질환에 의해 요로감염이 발생한다.
성관계	성교로 인한 감염의 위험을 줄이기 위해서 성교 전에는 잘 씻고 성교 후에는 곧바로 배뇨하도록 한다.
수분 섭취	매일 3L 이상 수분을 섭취하고 소변을 산성화시키는 음료를 권장한다.
산성식품	산성식품은 소변을 산성화하는 데 도움이 되므로 크랜베리 주스를 권장한다.
실 삽입기구	질 삽입기구를 잘 고정시키고 살정제를 정확하게 사용함으로써 감염의 위험을 줄일 수 있다.
좌욕	좌욕은 회음부의 청결이나 여성질환 등의 개선에 도움을 준다.
약물	pyridium이나 atogantrisin	요도 방광 점막자극으로 인한 통증을 치료한다.
	항생제	• 재발성 요로감염 환자는 수개월간 항생제를 복용한다. 성교로 인한 재발 감염 가능성이 큰 여성은 예방적 차원에서 항생제를 투여한다. • 증상이 없어진 후에도 충분한 기간 동안 투여하는 것이 중요함을 교육한다.

> **🔖 요로감염 대상자에게 수분 섭취와 소변을 자주 보도록 권장하는 이유**
> ① 방광에 있는 소변을 외부로 배설시킨다.
> ② 소변정체로 인한 세균의 증식을 예방한다.
> ③ 방광의 압력을 낮추어 소변의 역류를 방지한다.
> ④ 방광의 과도 신장으로 인한 조직의 국소 빈혈을 방지한다.

(5) 하부 요로감염을 완화시킬 수 있는 자가간호 [2004 기출]

원인제거			감염에 대한 원인(종양, 결석 등의 폐색제거와 원인균에 대한 항생제 사용) 제거
방광자극 감소	수분 섭취와 배뇨권장	수분 섭취	하루에 적어도 3000ml 이상의 수분 섭취를 권장
		배뇨반사자극	적당한 요량의 소변생성으로 배뇨반사 자극
		과민성 감소	수분 제한 → 소변 농축 → 방광점막 자극, 과민성↑ → 긴박뇨 악화
		역류 방지	방광의 압력을 낮추어 소변의 역류를 방지
		감염 감소	• 방광 내 세척효과 → 방광 내 세균 제거 • 소변정체로 인한 세균의 증식을 예방
		국소빈혈 방지	방광의 과도 신장으로 인한 조직의 국소 빈혈 방지
	방광자극 음료 제한		커피, 홍차, 초콜릿, 알코올은 방광 자극하므로 피함
	배뇨방법		• 배뇨 후 2시간 혹은 3시간 간격으로 배뇨, 밤에도 한두 번 배뇨 • 이중배뇨: 소변을 볼 때 방광을 완전히 비우도록 이중 배뇨를 하고 소변을 보고 잠시 기다려 다시 소변을 봄 • 참지 않기 → 요의를 느끼자마자 소변 볼 것
안위 증진	수분 섭취		요를 희석시켜 점막자극 줄임
	보온		치골상부에 온찜질을 함으로써 방광견련과 치골부위의 통증 완화
	좌욕		요도점막 자극 시 따뜻한 좌욕으로 통증 완화 → 베이킹소다를 물에 희석하여 진정효과(보습↑ 소양감↓) 높여 줌
권장하기	수분 섭취		다량의 수분을 섭취함으로써 세균을 방광 밖으로 씻어내는 것이 가장 간단한 예방법
	크랜베리 주스		산성식품은 소변을 산성화하는 데 도움이 됨 • 크랜베리 주스, 자두 주스, 사과 주스, 토마토 주스 권장 • 비타민 C를 복용하면 소변이 산성으로 됨 　- 병원체는 알칼리성 배지를 선호하므로 소변을 산성화하는 음료를 섭취하도록 함. 산성 소변은 요로감염, 결석(인산암모늄 마그네슘)형성을 최소화시켜 줌

제한하기	샤워	통목욕보다는 샤워
	헐렁한 옷	통기, 환기가 잘 되도록 하여 세균증식 억제
	대소변 후	여아는 대소변을 본 후 앞쪽에서 뒤쪽으로 닦기
	성관계후	성행위는 요도 주변의 균을 방광으로 밀어 올리는 역할을 하므로 성관계 전에 잘 씻고 성교 후에 곧바로 배뇨하고 물 마시기 권장
	자극 식품	커피, 홍차, 초콜릿, 알코올은 방광 자극하므로 피함
	조이는 옷	꽉 조이는 팬티 스타킹, 거들, 조이는 청바지를 입지 않음 → 환기↓, 회음부에 열과 습도를 상승 시켜 세균, 곰팡이 증식을 자극
	통목욕	통목욕은 오염으로 요도를 자극
	거품목욕	여성위생 스프레이, 거품목욕, 향기 화장지, 비누 등의 자극을 피함
	젖은 가운	젖은 목욕 가운, 수건에 있는 세균에 의해 간접 전파로 감염
	합성섬유	속옷은 면제품으로 된 것을 입고 합성 섬유, 나일론 팬티를 입지 않음 → 환기↓, 회음부에 열과 습도를 상승 시켜 세균, 곰팡이 증식을 자극
	질 안쪽 씻기	강한 알칼리 비누로 회음부, 질 안쪽을 지나치게 씻지 않음 → 질 안에 있는 정상 상주균의 제거로 질과 요도의 알칼리성과 세균이 증가되어 요로감염을 초래함

2 요정체(urinary retention) [2011 기출]

정의	콩팥에서 소변이 형성되나 방광에서 소변을 배출하지 못하는 상태
원인	가장 흔한 원인은 방광출구의 폐쇄(전립선비대, 요도협착, 결석, 종양, 수술로 인한 방광긴장 감소, 척추마취, 불안, 약물, 치질 등)

병태생리		방광에 소변↑ → 지속적인 방광팽만↑ → 방광 내압↑ → 방광근육의 긴장도↓, 괄약근 기능↓ → 다시 소변으로 충만 → 방광 내의 정수압↑ → 배뇨근의 비후, 방광주의 형성, 요로계 게실↑ → 섬유화 → 신우와 신실질조직의 손상을 초래
	요정체	요정체로 인한 병리적인 영향은 요로감염과 결석형성임. 또한 요로계 구조의 장기적 손상을 초래할 수 있음
	지속적 방광 팽만	지속적인 방광팽만은 방광근육의 긴장도를 떨어뜨림. 방광에 소변이 계속 차게 되면 방광 내압이 상승하게 되고, 지나치게 상승한 방광 내압은 괄약근 기능을 억제하게 됨. 이때 외괄약근은 요의 흐름을 조절할 수 있는 수준까지 소변을 내보냄으로써 방광 내압을 감소시키려 하나 방광은 소변이 다 비워지지 않은 상태에서 다시 소변으로 충만되며 이 과정은 계속하여 되풀이됨

	정수압 상승	정체된 소변이 방광 내의 정수압을 높여 배뇨근의 비후, 방광주의 형성, 요로계 게실이 발생하며 요도근육의 연동운동을 방해하게 되어 요도는 점차 길어지고 구불거리며 섬유화가 일어남. 또한 요정체로 인해 방광 내압이 계속 증가하면 신우와 신실질조직의 손상을 초래하게 됨
	물콩팥증	물콩팥증으로 인해 신혈관의 국소빈혈이 초래되고 치료하지 않으면 콩팥 기능상실로 진행되어 사망에 이를 수 있음
증상		• 치골상부의 불편감 • 방광팽만 : 치골 봉합위나, 정중선 옆으로 상승되기도 함 • 소변으로 차 있는 방광을 타진해 보면 북소리가 남 • 대상자는 배뇨욕구가 증가되어 빈뇨를 보이며, 안절부절못하고 불안해하며 땀을 흘림 • 소변줄기 강도 감소 • 방광은 팽만하나 배뇨량이 없음(무뇨, 핍뇨) • 요로감염 증상
진단		• 섭취량과 배설량을 측정함. 25~50mL 정도의 소변을 자주 배뇨하는 것은 정체된 소변이 가득 차서 넘치는 것을 의미 • 요비중 측정은 정체된 소변이 흘러넘친 것인지 소변감소증에 의한 것인지를 구분하는 데 도움이 됨 • 배뇨 후 잔뇨량을 측정함. 정상적으로 잔뇨량은 전체 방광용적의 25% 이하이며 150~200mL 이상이면 요정체를 의미함 • 방광스캔은 배뇨 후 잔뇨량을 측정할 수 있는 비침습적 방법. 방광경 검사로 요로폐쇄를 확인할 수 있음
치료		• 약물요법 [2011 기출] : neostigmine(prostigmin)과 bethanechol(urecholine) 투여 • 요도확장술 • 인공도뇨법 • 방광성형술 • 치골상 카테터 삽입(suprapubic catheter)
간호	지나친 알콜 ×	알코올 섭취로 인해 다뇨와 함께 방광에 소변이 차도 배뇨의 욕구가 떨어지기 때문임. 배뇨곤란을 호소하는 환자는 카페인이 든 커피 또는 차를 마시거나 따뜻한 물로 목욕을 하도록 권할 것
	방광 재훈련	배뇨욕구와 상관없이 3~4시간마다 배뇨하도록 하는 방광 재훈련
	이중 배뇨방법	방광이 최대로 비워지도록 배뇨 욕구가 있을 때 3~4분 동안 변기에 앉아 있도록 하고 화장실을 나오기 전 한번 더 배뇨하도록 하는 방법
	도뇨 시 감염예방	• 간헐적 도뇨와 유치도뇨에서 요로감염과 요도손상을 최소화할 수 있는 간호가 요구됨 • 세균뇨의 번식은 도뇨관이 삽입되어 있는 기간과 관계가 깊음. 원인균은 E-coli, proteus, klebsiella, 호기균속(aerobacter), 녹농균, 연쇄상구균과 포도상구균 등으로 도뇨관을 통해서 요도로 침입하기 때문

3 요실금(incontinence)

(1) 개요

정의	• 체외로 요를 운반하는 요괄약근의 기능부전으로 인해 요의 흐름을 조절할 수 없어 요가 저절로 새어나오는 상태 • 요실금이란 자신의 의지와 상관없이 소변이 새어 나와 사회적, 정신적 문제를 야기하는 증상(국제 요실금 학회)	
원인	구조적, 신체적 요인	괄약근의 약화 또는 손상, 요도손상, 방광요도 접합부의 변화, 배뇨근의 불안정, 복부와 회음부의 근긴장 감소
	물리적 요인	스스로 화장실이나 변기를 이용할 수 없는 기동성 장애
	사회심리적 요인	단순한 혼돈부터 치매까지
	약물 관련 요인	다양한 약물들이 요실금을 일으키는데, 특히 역류성 요실금과 관련한 마약성 진통제, 정신 안정제, 진정제 및 수면제와 알코올, 이뇨제, 항히스타민제, 아트로핀과 유사약물, 혈압강하제, α-교감신경 차단제, β-교감신경제제, 신경절 차단제 등
	기타	분변매복, 요도협착, 당뇨, 비만도 요실금을 일으킬 수 있음
	 골반저근 태아가 임산부의 요도와 골반저근을 누르고 있음　　방광근육　소변　괄약근　요도　골반저근　요도 입구	
요실금이 생기는 조건	• 폐경 • 과도한 비만증 • 질식 분만을 많이 한 경우 • 자궁적출술 등의 골반부위 수술 • 일부 약물 • 직장에 대변이 많이 찬 경우 • 요로감염 • 거동이 불편한 경우 • 기침을 많이 하는 만성 호흡기질환 • 남성의 경우 전립선 절제수술의 후유증 • 당뇨병	

(2) 병태생리

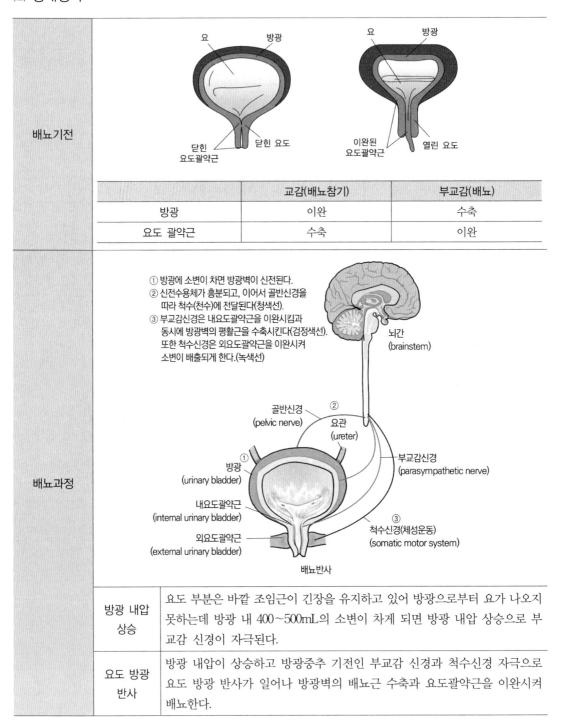

	교감(배뇨참기)	부교감(배뇨)
방광	이완	수축
요도 괄약근	수축	이완

방광 내압 상승
요도 부분은 바깥 조임근이 긴장을 유지하고 있어 방광으로부터 요가 나오지 못하는데 방광 내 400~500mL의 소변이 차게 되면 방광 내압 상승으로 부교감 신경이 자극된다.

요도 방광 반사
방광 내압이 상승하고 방광중추 기전인 부교감 신경과 척수신경 자극으로 요도 방광 반사가 일어나 방광벽의 배뇨근 수축과 요도괄약근을 이완시켜 배뇨한다.

요실금의 증상 (자가진단)	• 화장실 도착 전에 소변을 흘리는 경우가 있다. • 소변이 많이 마려우면 참기 어렵다. • 기침, 재채기 할 때 소변을 흘린다. • 운동을 할 때 소변을 흘린다. • 소변을 보아도 시원치 않다. • 소변을 보려고 하면 즉시 소변이 나오지 않는다. • 하루 8회 이상 소변을 본다. • 밤에 자다가 깨서 소변을 보는 횟수가 하루 저녁에 두 번 이상이다.
요실금 간호진단	• 피부손상의 위험성이 있다. • 자긍심이 저하된다. • 요로감염의 위험성이 높아진다. • 사회적으로 고립될 가능성이 높다.

(3) 요실금의 종류

종류	증상	원인	치료
복압긴장성 요실금 (stress incontinence)	• 갑작스런 복압상승으로 소변 흐름을 조절할 수 없음 • 기침, 웃음, 무거운 물건 들기, 운동 시 실금	• 분만 등으로 골반근육이 이완된 여성에게 흔함 • estrogen 감소로 인한 여성 요도 위축(요도괄약근 부전) • 남성의 전립샘수술 후 발생	• 골반저근육운동(케겔 운동) • 비만한 경우 체중조절 • estrogen 크림 • 질내 장치(cone) 삽입 • 요도 내 콜라겐 주입
긴박성 요실금 (urge incontinence)	요의를 느낀 후 화장실 가기 전 실금	• 배뇨근의 불안정성과 방광의 과민성으로 인함 • 뇌졸중, 척추종양 등으로 방광반사를 조절하는 중추신경계 억제로 조절장애	• 원인 치료 • 골반저근육운동 • 방광 훈련 • 항콜린성 약물 • 전기자극
익류성 요실금 (overflow incontinence)	방광에 가득 찬 소변의 압력으로 지속적으로 소량의 소변이 새어나오는 형태	• 방광출구의 폐쇄(전립선비대증 등) • 신경근육질환의 영향(추간판탈출증, 당뇨병성 신증) • 수술 또는 마취 등이 원인 • 평소에 소변을 오래 참는 습관을 가진 여성에서도 방광이 약해져서 익류성 요실금이 올 수 있음	• 원인치료 • 인공도뇨 • valsalva 수기법 • α-교감신경차단제 • 콜린성제제(bethanechol)

반사성 요실금	• 방광에 소변이 찰 때 예측 가능한 간격으로 일어나는 불수의적 요실금. 지속적으로 실금현상이 나타남 • 빈뇨, 중정도의 심각함	S2 수준 이상의 비정상적 척수 반사로 인해 배뇨근의 과잉반사와 배뇨근 수축과 괄약근 이완에 관여하는 신경전달통로의 장애	• 원인교정 • 간헐적 도뇨 • α-교감신경차단제 • 항생제의 예방적 투여 • 괄약근 수술
기능성 요실금	• 기동장애, 환경적인 문제로 인한 요실금 • 비뇨생식기의 원인은 없음	노년기의 균형감각과 기동성이 흔한 원인	화장실을 쉽게 찾을 수 있도록 조명, 이동보조기구, 간이 소변기 마련 등 환경 조성
수술과 손상으로 인한 요실금	• 여자의 경우 방광 질 누공, 또는 요도 방광 누공이 원인 • 남자의 경우 근위, 원위 요도괄약근의 조절장애가 원인	• 누공은 임신, 분만, 자궁적출술, 자궁경부암, 방사선 치료로 인해 발생 • 수술의 합병증으로 인한 요실금은 경요도, 회음부, 치골 후방 전립샘 수술 등	• 요로전환술 • 누 교정술 • 콘돔카테터 • 요도 인공괄약근

복압성 요실금
복압 증가 시
소변 누출

익류성 요실금
가득찬 방광에서
소변이 넘쳐 흐름

복합성 요실금
복압성 요실금과 절박성
요실금이 합쳐진 상태

절박성 요실금
방광 과민반응으로
비정상적 소변 누출

종류	특징
진성긴장성 요실금 (genuine stress incontinence, 복압성 또는 스트레스성 요실금)	기침, 재채기, 웃음, 뜀뛰기 등 복압을 증가시키는 행동을 할 때 자신도 모르게 소변이 나오는 증상을 말한다. 주요 원인은 임신과 출산으로 골반저근이 약화되면서 생기는 것으로 알려져 있다. 소변량이 하루 5g을 넘지 않으면 가벼운 증상(mild incontinence)으로 본다.
절박성 요실금 (urge incontinence)	요의를 느낀 후, 화장실에 도착하기 전에 불수의적인 요배출이 있다. 배뇨근의 불안정성과 방광 감각의 과민성 때문이며, 주원인은 중추신경질환(뇌종양, 파킨슨병 등), 척추의 종양, 방광의 종양, 방광염 등이다.
혼합성 요실금 (mixed urinary incontinence)	주로 진성긴장성 요실금과 절박성 요실금이 혼합되어 나타나는 증상이다.
익류성 요실금 (overflow urinary incontinence)	방광에 가득찬 소변의 압력으로 적은 양의 소변이 지속적으로 새어나오는 형태로 방광팽만은 지속적이다. 방광출구의 폐쇄(전립선비대증 등), 신경근육질환의 영향(추간판탈출증, 당뇨병성 신증), 수술 또는 마취 등이 원인이다.

⑷ 복압성(스트레스성, 긴장성) 요실금(stress incontinence)

정의	• 기침하거나 웃을 때, 뛸 때 등 배의 압력이 증가될 때 생김 • 골반 내의 장기를 지지하는 골반근육이 임신, 출산, 폐경 후 에스트로겐 호르몬의 감소로 인해 방광, 요도, 자궁 등 골반 내 장기가 위축되어 긴장력이 떨어지고 요도괄약근이 약해져 나타남. 비만인 사람도 복막 속에 지방이 쌓여 방광이나 자궁이 처져 생길 수 있음 • 요실금의 30~60%를 차지, 중년 여성의 40% 이상이 겪음	
병태생리	압력과 관련된 골반근육 이완	• 임신 · 출산/비만 • 골반 내의 장기를 지지하는 골반 근육의 약화, 이완, 긴장력 감소
	폐경 후 에스트로겐 호르몬 감소	요도 위축 → 요도괄약근이 약해짐
증상	• 갑작스러운 복압 상승, 즉 복부내압 증가로 방광이 압박되어 초래(기침, 재채기, 웃음, 무거운 물건 들기 등 복압을 증가시키는 행동 시 발생) • 복압이 증가하면서 50ml 이하의 소량의 소변이 새어 나옴 • 요실금 환자의 70~80%를 차지 • 골반근육의 약화, 폐경, 임신, 출산, 요도괄약근 약화 • 정상 분만 후에도 가능 • 나이가 들수록 빈도 증가	
약물요법과 방광 재훈련	교감신경흥분제 : 에페드린(ephedrine), 페닐에프린(phenylephrin)	방광경부 요도괄약근을 수축시켜 요실금을 막아줌
	에스트로겐제제	폐경기 여성에서 요도의 혈관 분포와 점막을 증가시켜 요도의 기능 회복과 요도 자극 감소(혈전위험성 - 혈전정맥염 관찰)

(5) 절박성 요실금(urge incontinence)

정의		• 방광 안에 소변이 조금만 차도 방광이 제멋대로 수축해 소변이 샘 • 전체 요실금의 10~20%를 차지	
원인	신경성 방광	• 다발성 경화증, 뇌졸중, 파킨슨병, 치매, 뇌손상, 뇌종양 등과 같은 뇌질환 • 척수손상, 척수종양	
	요로계 감염 (불안정방광)	• 남성의 전립선비대증, 만성 방광염 등 • 급성 방광염이나 요도염	
	기타	당뇨, 자궁수술 후에 걸리기 쉬움	
증상 및 특성	강한 뇨의	강한 요의를 느끼고 화장실에 도착하기 전에 실금이 되는 형태 : 소변을 보려고 화장실에 가기 전에 이미 속옷을 적심	
	긴박뇨	소변을 참지 못함	
	야뇨	밤에도 소변이 마려워서 자주 일어나야 함(2~3회 이상 깨어남). 잠자다가 이부자리에 소변을 적심	
	빈뇨	2시간을 견디지 못하고 화장실에 가야 한다(24시간 중 배뇨빈도가 7~8회 이상).	
	소변이 자주 마려울까 봐 음료수 마시기를 꺼림		
	카페인, 알코올, 이뇨제, 니코틴 섭취로 인한 방광의 불안전성과 위축성 질염과도 관련이 있음		
	 긴박뇨　　　　　야뇨		
약물요법과 방광 재훈련	항콜린성 제제 oxybutynin(ditropan) : propantheline(pro-bantine) dicyclomine(bentyl) : 위산 분비 억제제	• 방광의 평활근 이완 • 방광의 근긴장도 감소 • 요도의 조임근 증가	
		주의	• 녹내장 환자에게 사용하지 않음 • 기립성 저혈압을 유발할 수 있으므로 자세 변경 시 천천히 움직이도록 함
	삼환계 항우울제(TCA) : imipramine(tofranil), desipramine(norpramin)	항콜린 작용으로 방광 수축 감소/ 방광 근육을 이완하고 긴박뇨를 감소시킴	
		주의	아침에 현기증이 있을 수 있으므로(기립성 저혈압) 가능하면 취침 시에 전용량을 투여함
	칼슘채널 차단제 : nifedipine(procardia, adalat) verapamil(isoptin)	평활근 이완제로 방광근 수축을 감소시킴	
		부작용	방광근의 수축 감소로 요정체
		주의	혈압과 맥박수를 관찰하고 기립성 저혈압 관찰

(6) 치료

행동요법	• 골반저근육운동 • 배뇨훈련 프로그램(방광 재훈련)
약물요법	• 항콜린성 제제 – 배뇨근 자극 감소 • oxybutynin(ditropan) – 방광의 평활근 직접 이완 • 에스트로겐 – 요도염과 위축성 질염 치료
외과적 기타치료	• 전기자극법 • 기계적 압박법 • 외부배뇨방법

(7) 주요 중재 실천사항

주요 중재	실천사항
방광 재훈련	–
골반 근육 (골반저근) 강화 운동	케겔 운동(Kegel Exercises)
적당한 소변 생성	• 3,000mL의 수분 섭취 • 시간표에 따라 수분 섭취 – 낮 동안 섭취 격려, 저녁식사 후 섭취 제한
배뇨 습관	• 실금 전에 배뇨 • 화장실은 미리 가고, 소변을 오래 참지 않도록 함
배뇨근의 민감성 감소	알코올, 초콜릿, 카페인 섭취 제한
배변 습관	규칙적으로 배변하는 습관을 길러 변비 예방
체중 감소	과체중인 경우 필요시 체중 감소
신체청결유지와 안위 증진	• 피부보호 및 의복관리 – 면제품 권장(합성섬유는 피부 자극) • 피부감염, 발진, 손상의 위험 감소[회음부를 습하게 하면 모닐리아성(칸디다성) 발적이 생길 수 있음] • 실금 전에 배뇨할 수 있도록 함
자긍심 증진	• 가족이나 사회로부터 위축되고 소외되기 쉬우며 자긍심도 저하됨 • 방광 재훈련에 적극 참여하도록 격려함

요실금을 줄이기 위해 수분 섭취를 제한하는 경우가 있는데 이는 효과적인 방법이 아니다. 배뇨반사를 자극시키기 위해 적당한 양의 소변생성이 필요하며 이를 위해 충분한 수분 섭취가 필요하다. 따라서 금기가 아니라면, 하루에 2,000~2,500mL의 수분을 섭취하도록 하여야 한다. 수분은 낮 동안에 일정한 간격을 두고 주의 깊게 섭취하도록 하며 취침 시에는 충분한 수면을 위해 섭취를 제한해야 한다.

배뇨근이 불안정한 대상자의 카페인 섭취는 배뇨근의 민감성을 증가시키므로 커피, 홍차, 탄산음료 등의 카페인 섭취를 제한한다. 과체중인 경우 필요시 체중을 감소시킨다. 변비는 절박성 요실금의 원인이 되므로 규칙적인 장 습관을 유지하는 것이 필요하다.

요실금은 피부감염, 발진, 손상의 위험을 증가시키므로 피부보호와 침상정리 및 의복 관리가 필요하다. 피부가 젖으면 세심하게 씻고 건조시켜서 암모니아로 인한 피부의 손상을 예방해야 한다. 실금되기 전에 배뇨시키는 것이 최선의 피부보호가 된다.

(8) 방광 재훈련 및 골반저근강화운동

배뇨훈련 (방광 재훈련) : 적절한 요량유지, 방광 내 세척효과	• 환자의 배뇨양상을 파악한다(예상 배뇨 시간표를 작성). • 가능한 정상적인 배뇨자세를 취하게 한다. • 배뇨시간이 조절 될 때까지 1~2시간마다 배뇨시킨다(강제적 배뇨). • 방광을 완전히 비우도록 격려한다. • 적절한 소변량을 유지하기 위해 매일 3000mL의 충분한 수분을 제공한다. • 밤 동안 배뇨횟수를 줄이기 위해 오후 4시 이전에 대부분의 수분을 섭취하게 한다. • 8시 이후 수분 섭취를 제한한다. • 이뇨제 복용은 낮 시간에 한다.
골반저 근육운동 (케겔운동, kegel exercise) : 복압긴장성, 긴박성에 효과	골반근은 방광, 요도, 질을 당겨 지지하는 근육이다. 요실금의 원인이 되는 늘어진 골반 근육을 강화시켜 방광경부를 원래 위치로 되돌리고 요도괄약근의 기능을 향상시키는 운동으로 다른 부위의 근육처럼 수축과 이완을 반복하면 강해져 소변의 흐름을 효과적으로 멈출 수 있게 된다. • 소변 흐름을 멈춘다. • 중요한 점은 하복부와 허벅다리 그리고 엉덩이의 근육에는 힘을 주지 않고 골반 근육과 요도괄약근만 운동시킨다. • 항문을 조였다 푸는 동작을 반복하면 요도괄약근과 골반근육이 강화된다. 항문을 조이면서 10까지 세고 쉬었다가 다시 10까지 세면서 기다린다. 이것을 한번에 20번씩, 하루에 4번 시행한다. 　- 이 운동을 서서, 앉아서, 누워서 각각 한다. • 이때 배뇨하기를 원하면 실제로 배뇨하도록 하고 배뇨 중 멈추는 것을 시도한다.

(9) 요실금 예방법

요실금 예방법	실천사항
배뇨습관	화장실은 미리 가고, 소변을 오래 참지 않도록 한다.
배변습관	규칙적으로 배변하는 습관을 길러 변비를 예방한다. • 변비가 심하면 방광을 자극하여 소변을 자주 보게 된다.
배뇨근의 민감성 감소	• 맵고 짠 자극성 음식 및 술, 카페인이 함유된 커피, 차 등은 방광을 자극하므로 섭취를 삼간다. • 지나친 수분 섭취는 피한다.
온적용	하복부를 따뜻하게 유지하여 배뇨근에 혈류공급과 이완을 돕는다.
운동 및 비만예방	평상시에 규칙적인 운동을 하여 비만을 예방한다. • 수영이나 에어로빅보다는 가벼운 등산이 좋다.
약물복용주의	• 감기약, 혈압강하제는 요도 압력을 변화시킨다. • 이뇨제는 소변량을 증가시킨다. • 항히스타민제나 항우울제 등은 방광을 수축시킨다.
임산부	• 출산 직후부터 골반근육 운동을 권장한다. • 쪼그리고 앉아 일하는 일이 없도록 한다.
분만 후	골반근육 강화운동을 반복적으로 한다.

(10) 소변 정체에 방광 자극 간호 [국시 2002 · 2006 · 2017 · 2018]

배뇨 체위	방법	발을 지지한 자세로 앉아서 상체를 앞쪽으로 굽히고 소변을 보게 한다.
	효과	정상 배뇨 체위는 복압을 증가시켜 배뇨를 시작하는 데 도움이 된다. cf) 변비 : 웅크린 자세
기침	방법	강제로 기침을 해서 복압을 높인다.
	효과	복압을 높여서 배뇨를 시킨다.
Valsalva 기법	방법	Valsalva maneuver를 시킨다.
	효과	Valsalva maneuver로 배변할 때처럼 힘을 주게 하여 복부 근육을 긴장시켜 배뇨를 시킨다.
크래드 방법 (복부 긴장법)	방법	몸을 구부린 후 복부에서 회음부 쪽으로 손을 밀어 손바닥을 방광 위에 대고 방광 위 복부를 부드럽게 압박하여 눌러주거나 치골 상부를 두드린다.
	효과	치골 상부 압력으로 배뇨근의 수축력 증가로 배뇨를 시킨다.
거들, 코르셋	방법	외부 압박이 되도록 거들이나 코르셋을 착용한다.
	효과	외부 압박으로 복압을 높여 배뇨를 시킨다.
피부자극	방법	대퇴 안쪽 자극하기, 대퇴 내측 쓰다듬기, 대퇴를 두드려주기, 치모를 가볍게 잡 아당기기 등을 실시한다.

	효과	대퇴 내측을 쓰다듬고 음부를 자극하면 배뇨근이 자극되어 방광이 수축하여 자연배뇨를 유도한다.
물	방법	• 물소리를 듣게 한다. • 두 손을 따뜻한 물에 담근다. • 회음부에 더운물을 붓는다.
	효과	따뜻한 물은 배뇨를 자극한다.

1. 누워서 두 무릎을 접어 세워준다.
   이때 두 다리를 완전히 모으고,
   양손은 엉덩이 옆을 짚는다.

2. 마시는 숨에 양 손바닥을 밀어내며
   엉덩이를 들어올린다. 내쉬는 숨에
   제자리로 돌아온다. 최대한 천천히
   호흡하며 10회 반복한다.

| 요실금 예방을 위한 운동 |

1. 똑바로 누워 무릎을 세우고 손을 배 위에 놓는다.
   하복부에 힘을 주지 않고 항문과 질을 수축
   시킨다. 1에서 5까지 세었다가 서서히 힘을
   뺀다. 이 동작을 5회 반복 시행한다.

2. 다리를 뻗은 채로 똑바로 누워 손을 배
   위에 얹고 1번과 같은 동작을 시행한다.

3. 똑바로 누워 무릎을 세운다. 골반 근육을 수축
   한 후 허리를 될 수 있는 한 높이 쳐든다.
   어깨, 등, 엉덩이의 순서로 바닥에 내리면서
   힘을 뺀다.

4. 다리를 어깨 폭만큼 벌리고 서서 두 손을 테이블 위에
   놓는다. 항문과 질을 수축시킨 후 1에서 5까지 세다가
   힘을 뺀다. 이를 5회 반복.

5. 똑바로 누워 무릎을 세운다. 먼저 항문과 질을 수축
   시킨 후 앉은 자세를 취하면서 1에서 5까지 숫자를
   센다.

④ 신경성 방광(neurogenic bladder dysfunction)

원인	신경계의 병변으로 인해서 방광기능에 장애가 온 것을 의미한다.
병태생리 및 증상과 징후	• 비억제 신경성 방광 : 배뇨를 억제하는 경로의 병변으로 방광에 소변을 축적하지 못하고 배뇨 욕구 발생 즉시 실금한다. 뇌졸중, 다발성 경화증, 물척수막탈출증(척수수막류)에서 발생할 수 있다. • 감각마비성 방광 : 측방척수로 내의 질병으로 신경이 차단된 결과이며 척수로, 당뇨병성 신경증으로 기인된다. 방광의 감각기능 상실로 환자는 소변이 방광에 차는 것을 느끼지 못하며 계속 소변이 흘러나오게 된다. • 운동마비성 방광 : 사례가 드물며, S2~S4의 전각세포나 전근의 병소로 인해 배뇨중추에서 방광으로 분포되어 있는 운동신경의 기능부전을 초래하여 수의적인 배뇨를 할 수 없는 것이다. 이때 방광의 감각은 정상이므로 방광 팽만감은 느낄 수 있으나 통증이 생기고, 배뇨를 시작할 수 없다. 소아마비, 종양, 외상, 감염 등이 원인이 된다. • 신경성 자율 방광 : 요가 방광에 차는 것을 느낄 수 없고 복부를 눌러 주는 것과 같은 보조수단 없이는 계속해서 배뇨할 수 없고, 배뇨를 시작할 수도 없다. 흔히 복압긴장성 요실금을 호소한다. 이것은 방광과 중추신경계 사이의 모든 신경의 연결이 파괴되어 발생한다. 원인으로 외상, 염증과정, 악성종양을 들 수 있다. • 신경성 반사 방광 : 척수의 횡단장애로 인하여 감각이 없어지고 방광은 반사적으로 수축하지만 방광을 완전히 비우지 못한다. 무긴장성 방광이나 이완성 방광이 나타난다. 이 시기를 척수 쇼크 단계라고 하며, 수주에서 수개월간 지속된다.
합병증	• 자율반사 이상항진은 정상적인 자극에 대한 과잉 자율반응의 결과로 척수외상을 받은 환자가 방광훈련 프로그램을 실시하는 동안 배뇨기구가 폐쇄된 경우에 나타날 수 있다. 또 장기의 팽만이나 피부의 통각 자극으로 유발될 수 있는데, 방광팽만이 가장 흔한 원인이다. • 자율반사 이상항진은 내과적 응급으로 혈압 상승, 심한 서맥, 지끈거리는 두통, 홍조, 병소 아랫부분의 발한, 시력장애, 비충혈, 오심, 입모근성 경련 등이 나타난다. 즉시 치료하지 않으면 고혈압, 경련이나 실신이 발생한다. • 자극 유발요인과 분변매복을 제거하여, 요의 흐름을 유지한다. 활력징후를 자주 측정하고 반좌위를 취해 준다.
협동적 관리	방광훈련 프로그램	• 수분 섭취, 배뇨훈련, 방광운동을 포함한다. • 신경성 방광 환자는 배뇨 시작과 지속적인 배뇨가 힘들기 때문에 반사자극을 돕기 위한 방법을 배울 필요가 있다. 　- 복부를 눌러서 배뇨근의 수축력을 증가시킨다. 이 방법은 허리를 앞으로 구부리고, 손이나 팔로 복부를 누르고, 앞쪽으로 몸을 구부린 후 횡격막 아래를 눌러 심호흡시키는 것이다. 　- 외부 압박이 되도록 거들이나 코르셋을 착용토록 한다. 　- 크레데법(Crede maneuver)은 손바닥을 방광 위에 대고 천천히 눌러 두덩(치골) 아래로 힘을 주게 한다.

		- 상부 운동신경원에 병변이 있는 환자의 경우, 요도근 실조와 요관 역류에 주의해야 한다. - 외요도괄약근의 반사를 이완하고 배뇨를 촉진하기 위해 하복부, 대퇴 안쪽이나 두덩 부위를 자극할 수도 있다. - 환자를 화장실 변기에 앉혀서 몸을 앞으로 구부리게 한 후 손가락 2개를 항문 내로 삽입하여 2개의 손가락을 벌리거나 후방으로 당긴다. - 남자의 경우는 음경의 귀두를 건드리지 않도록 주의해야 하는데 망울해면체근(구해면체근) 반사를 자극하여 괄약근의 수축을 유발할 수 있기 때문이다.
	간헐적 도뇨	• 요로감염 발생률이 높은 유치도뇨 대신 간헐적 도뇨를 시행한다. 이 방법은 요도카테터를 일정한 간격을 두고 방광에 삽입하여 소변을 배출하는 것이다. • 도뇨시간 간격은 요실금의 정도와 각 개인에 따라 다양하며 보통 성인의 경우 최초의 간격은 4시간으로 한다.
	투약	• 방광수축반사가 억제되지 않는 경우 항경련제와 항콜린성제제, α-교감신경 차단제가 투여될 수 있다. • bethanechol chloride는 무긴장성 방광에 흔히 투여된다.
	수술	• 약물치료로 효과가 없으면 외과적 수술이 필요하다. 외괄약근 절개술이나 방광목의 성형술로 방광기능을 회복할 수 있다. • 비억제 방광은 방광반사를 일으키는 신경분포를 차단하는 방법으로 치료할 수 있다. • 위의 방법들로 치유가 되지 않으면 요로전환술을 시행한다.

05 남성 요로계 질환

1 남성생식기계 진단검사

혈액검사	전립선 특정항원 (Prostate Specific Antigen; PSA) 검사	• 전립샘암의 발병 가능성(위험성) 정도를 사정하기 위한 면역 검사이다. • 이 항원은 정상인의 전립샘액에서도 발견되는데 수치가 4.0ng/mL 이하로 매우 낮다. • PSA의 의미를 좀 더 명확히 하기 위한 두 가지 검사는 PSA Density (PSAD)와 PSA Velocity(PSAV)이다. PSAD는 전립샘 크기와 관련이 있고 PSAV는 전립샘 특정항원 수치의 변화율을 나타내며 수치가 올라감에 따라 암 발생 가능성도 높아진다.

		• PSAD가 0.10ng/mL 미만인 사람은 전립샘암에 걸릴 가능성이 낮고, 일년에 PSAV가 0.7ng/mL 이상 상승하거나 20% 이상 증가하는 사람은 전립샘암에 걸릴 위험이 높은 것으로 간주된다. • 주의할 점은 검사하기 48시간 이내에 전립샘 마사지를 하거나 직장 검사를 하면 항원수치가 높게 나올 수 있다는 것이다.
	혈청 산성 인산효소 검사	• 전립샘암의 진단에 중요하게 이용되어 왔으나 최근 전립샘 특정 항원 검사가 더 많이 활용된다. • 산성 인산효소는 전립샘암이 전이된 후에 증가되므로 질병을 조기 발견하기보다는 전이 여부를 확인하는 검사이다. • 혈청 산성 인산효소는 직장 검진 후 또는 전립샘염이나 양성 전립샘비대증일 경우에도 수치가 상승할 수 있다.
	알칼리성 인산효소 검사	전립샘암이 뼈로 전이되었는지의 여부를 알기 위해 실시되지만, 많은 약물이 이 효소치를 올리거나 낮출 수 있어 신중하게 해석해야 한다.
	매독 혈청 검사	VDRL 검사나 RPR 검사는 매독에 감염된 환자의 혈장 속에 항체가 있는지를 검사하는 것이다. FTA-ABC(fluorescent treponemal antibody absorption) 검사 역시 신뢰할 만하며, VDRL이나 RPR 검사에서 양성으로 나온 경우 실시하고 매독 확진을 위해 시행한다.
도말 및 배양 검사		• 성병의 진단을 위한 방법이다. 도말이나 배양을 위한 검사물은 남성의 경우 요도와 직장에서 채취한다. • 그람염색도말은 클라미디아 감염진단에 효과적이며, 매독 진단을 위해서는 매독 하감에서 얻은 검사물을 현미경으로 직접 검사한다. • 전립샘 도말검사는 전립샘을 먼저 마사지한 후 음경에서 분비물을 채취한다. 분비물이 없는 경우 검진 후 소변을 받는다. 전립샘 도말법을 통해 결핵과 암을 발견할 수 있으나 최근에는 많이 시행하고 있지 않다.
정액 검사		• 불임 진단을 위한 검사이다. • 2~4주 간격을 두고 두 번 정액을 채취한다. 충분한 정액을 얻기 위해 검사 전 2~5일간은 사정을 삼가야 한다. 잦은 사정은 정액의 농도와 양을 감소시키며, 지나친 금욕은 정액의 특성과 운동성을 감소시킨다. • 깨끗한 용기에 자위행위를 하여 정액을 채취하는 것이 최상의 방법이다. 콘돔이나 성교를 통한 채취는 검사물을 오염시킬 수 있기 때문에 적절하지 않다. • 만약 환자가 검사실 밖에서 채취해야 한다면 방 안 온도로 유지하고, 검사물은 채취 후 30분 내에 검사실로 보낸다.

2 양성 전립샘 비대증 [2007 기출]

병태생리	전립샘이 커지면 요로가 좁아지면서 소변배설이 폐쇄됨 → 방광은 예민, 긴박뇨와 빈뇨 → 이를 보상 위해 방광이 과다하게 일을 하면서 방광 근육 과다 증식 → 방광 벽주름 증가로 요정체 발생 → 방광의 근육 긴장도는 더욱 약해지고 소변을 완전히 비울 수 없게 됨 → 소변이 정체되어 알칼리화되고 세균증식에 좋은 배지가 됨(잦은 요로감염) → 진행되어 요관과 신장의 확대(요관수종, 수신증)	
	전립샘 비대	전립샘의 샘조직에서 세포 수가 비정상적으로 증가하여 조직 증식
	소변 배설 폐쇄	전립샘이 커지면 방광 쪽으로 올라가고 요로가 좁아지면서 요도를 압박함으로 소변배설 폐쇄로 소변이 정체되어 배뇨곤란, 요정체
	방광근육 과다 증식	소변 배설 폐쇄를 보상하기 위해 방광은 과다한 일을 하고 방광근육이 과다 증식되며 근육의 긴장도는 약해지고 방광은 소변을 완전하게 비울 수 없어 요정체가 되고 진행되면 요관, 신장도 확대
	요로감염	소변은 정체와 알칼리화로 세균 증식에 좋은 배지가 되며 요로감염으로 방광이 예민하여 긴박뇨, 빈뇨
양성 전립샘 비대의 위험요인	• 남성호르몬(dihydrotestosterone)의 과잉 • 비만(특히 복부비만) • 가족력 • 전립샘의 만성 염증 • 호르몬의 변화와 노화 • estrogen의 자극 • 환경과 식이	

신루

50세 이후의 남자에게 증가한다. 침범된 전립샘은 보통 양측성으로 커지며 부드럽고 약간의 탄력성이 있다. 전립샘의 비대는 커진 것이 만져지기 전에 요로의 흐름을 막는다.

| 양성 전립샘 비대 |

진단	• 직장수지검사 • 소변검사 • 혈액검사(CBC, BUN, Creatine)

증상 [2007 기출]	점진적 요로폐색으로 인한 방광경 폐쇄증상	배뇨 시작	• 소변 줄기기 기늘고 힘이 든다(힘과 흐름의 감소). • 배뇨 시작이 어렵고, 방울방울 떨어진다. • 배뇨시간이 지연(지연뇨)된다.
		배뇨 후	• 배뇨 후에도 소변 방울이 똑똑 떨어진다. • 요정체, 잔뇨감이 증가한다. • 방광을 완전히 비우기 어렵다(잔뇨량 증가, 잦은 요의). 이때 배뇨하면 소량의 뇨만 배설된다. • 간헐적 배뇨, 빈뇨, 야뇨증
	배뇨 곤란		• 배뇨 시작이 어렵다. • 하요도증상, 즉 지연뇨가 발생한다. • 방광을 완전히 비우기 어렵다(잔뇨량 증가, 잦은 요의). • 치골상부의 불편감 및 팽만감(발한을 동반한), 통증이 동반된다.
	요정체		• 배뇨 후 곧 요의가 느껴지나, 이때 배뇨하면 소량의 요만 배설된다. • 간헐적 배뇨 or 빈뇨 or 야뇨증 or 요실금
	불편감과 잦은 감염, 결석		• 치골상부의 불편감 및 (발한을 동반한)팽만감, 통증, 복부검진 때 방광 팽만이 촉진된다. • 요관수종 및 수신증, 유출성(overflow) 실금이 발생한다. • 잦은 요로감염(뿌연 색깔의 소변, 배뇨 시 작열감, 빈뇨, 급뇨, 발열 등의 증상)이 발생한다: 요로가 폐쇄되면 배뇨하지 못하여 소량의 소변이 넘쳐 새어나오나 방광을 완전히 비울 수 없어 방광이 차면서 치골 상부에 불 편감과 팽만감이 있고 자주 배뇨하나 정체가 지속되면서 결국 요로감염이 나타나게 된다. • 방광 결석과 게실이 관찰된다. • 장기적인 소변정체로 인한 신장손상 및 신부전이 초래된다.
	양성 전립샘 비대증(BPH)의 주요증상		• 소변줄기가 가늘어진다. • 소변을 보고 나서도 시원하지 않다. • 힘을 주어야 소변이 니온다. • 소변이 자주 마렵거나 참기 힘들다. • 자다가 일어나서 소변을 봐야 한다.
	합병증	결석	잔뇨는 인산암모늄마그네슘의 결석 형성의 원인이 된다.
		요로 · 신장 장애	요정체에 의해 요로와 신장 장애로 방광확장증, 요관수종, 요관확장증, 신우확장증, 수신증, 신우신염 등이 초래된다.
		급성 신부전	신후성 신부전이 발생한다.
치료와 간호	식이		• 자극성 있는 조미료, 탄산음료, 알코올 섭취 시 전립샘의 울혈이 더욱 심해지므로 피한다. • 소화가 잘 되고 자극이 적은 식이를 섭취한다. • 보완요법: 허브(쏘팔메토 등)는 전립샘에서 상피세포의 수축을 가져온다.

약물요법	• finasteride : 전립샘의 크기를 축소시키거나 요도의 압력을 감소한다. • 소변 산성화(methenamine, mandelate or Vit.C 500mg 4회/1일) • prazosin, terazosin, doxazosin : 근이완 및 소변정체를 완화한다.
기타	• 목욕 및 마사지를 한다. • 규칙적인 배변습관을 기른다.
수술	전립샘절제술

3 전립선암(= 전립샘암)

임상증상	• 전립샘 안에 한정되어 있을 때는 무증상 • 요로폐쇄 증상 : 빈뇨, 지연뇨, 배뇨곤란, 요정체, 잔뇨량 증가 • 요로감염 증상 : 발열, 탁한 소변, 빈뇨, 배뇨곤란, 혈뇨 • 하부 요통, 권태감, 전이된 경우 하지와 골반의 통증
진단검사	• 40세 이상의 남성은 규칙적으로 직장검진을 통해 전립샘을 촉진해 보아야 한다. 전립샘암의 초기에는 불규칙적인 종괴가 만져진다. BPH와 전립샘암은 촉진으로 감별하기 어려우므로 확진을 위해 전립샘 생검을 실시한다. • 전립샘암 진단 시 가장 효과적인 방법은 직장수지검사와 전립샘 특이항원 검사이다.

직장수지검사 (Digital Rectal Examination; DRE)			
	• 이 검사법은 의사의 검지를 항문으로 삽입하여 직장 쪽으로 있는 전립선 부위를 만지는 검사법이다. • 전립샘이 부드럽고 매끈하며 대칭적으로 커져서 직장벽 안쪽으로 1cm 이상 튀어나와 있다. 전립선비대의 초기증상 발견에 매우 중요한 검사법이다.		
	방법	기전	• 전립샘은 직장벽에 가까워 직장수지검사를 실시한다. • 전립선의 3개의 엽이 요도를 둘러싸고 있다. • 둥글고 심장 모양이다.
		방광 비우기	방광이 가득 차 있을 시 전립선의 기저부를 확인하기 힘들어 방광의 팽창 감소를 위해 소변을 보아 방광을 비우도록 한다.
		체위	• 엉덩이를 올리는 체위를 한다. • 슬흉위 : 검진대 위에 팔꿈치와 무릎을 대고 엎드린 체위이다. • 좌측위, 심스 체위 : 측면으로 누워 태아처럼 구부리게 한다.
		삽입	대상자가 힘을 줄 때 장갑을 낀 두 번째 손가락을 항문 위에 대고 있다가 괄약근이 이완되면 부드럽게 손가락을 배꼽 방향으로 손가락이 쉽게 삽입된다.
		촉진	• 검진자의 손을 시계 반대 방향으로 돌려 손가락으로 전립선을 만지고, 전립선의 양측엽, 그 사이 정중구를 촉진한다. • 전립샘의 크기, 단단함, 결절, 모양, 압통을 파악한다.

	정상	• 소아 때는 작으나, 청소년기에 정상 크기로 성장한다. • 폭 2cm, 길이 3~4cm이며 고무같이 부드럽고 탄력성이 있고 압통이 없다. • 코끝, 자궁 경관처럼 느껴진다. • 두 개의 측엽은 중앙열구(정중구)에 의해 나누어지며 촉진된다. cf) 고환의 크기: 폭 2~3cm, 길이 3.5~5.5cm 정도이다.
	양성전립샘비대증	• 양측성 전립선이 비대하며 비대된 부위는 단단하며, 매끈매끈하다. • 대칭적으로 커져서 직장벽 안쪽으로 1cm 이상 튀어나와 있다. • 비대로 중앙열구(정중구)를 확인할 수 없다.
	이상소견	반드시 조직 생검을 시행한다.
전립샘 특이항원 (Prostate Specific Antigen; PSA)		전립샘에서만 유일하게 생성되는 당단백질 면역물질이다. 면역측정법을 이용해 혈액 내의 전립샘 특이항원을 확인하여 전립샘의 진행 정도를 파악한다.
	전립샘 특이항원 (PSA)	전립선 상피세포에서 만들어지는 일종의 분해효소이다. • 정상치는 4ng/ml 이하
	PSA의 증가	• 4ng/ml 이상이면 전립선암일 가능성이 25~30%이며, 10ng/ml 이상이면 약 50%이다. • PSA치가 높을수록 전립선암의 확률은 증가된다.
전립선암의 진단방법		 직장수지검사 혈청 전립선특이항원(PSA) 검사
임상검사		전혈구검사(CBC), 혈액화학검사, 신기능검사(BUN, creatinine) 및 간기능검사 등으로 방광폐쇄, 전립샘폐쇄 및 간이나 골수로의 전이 여부를 확인한다. • 이를 근거로 50세 이상의 남자에게는 기본적으로 매년 1회 측정을 권장하고 있다. • 전립샘 특이항원은 정액과 전립샘액에 정상적으로 존재한다. 정상의 젊은 남성에서는 아주 소량이 검출되고, 65세 이상 남성에서는 4ng/ml 이상 검출될 수 있다. 전립샘 마사지나 직장검사를 실시한 후 48시간 이내에 검사를 실시하면 수치가 상승될 수 있다. 그 외 혈청융모성선검사(HCG 증가, 고환의 융모암이나 다른 고환암), α-fetoprtein test(간 위장에서 생성되는 순환단백질, 70%가 증가) 등이 있다.
치료		수술, 방사선치료, 약물치료

1992학년도	갑상선 기능 저하 및 항진, 부갑상선 기능 저하 및 항진, 애디슨씨병, 소아당뇨, 쿠싱증후군
1993학년도	당뇨 치료의 인슐린 작용
1994학년도	소아당뇨, 애디슨씨병의 증상
1995학년도	당뇨의 저혈당증
1996학년도	소아 당뇨관리, 갑상선 기능저하증, 성호르몬 분비기관, 2차 성징 호르몬
1997학년도	소아 당뇨 환아의 저혈당증 발생 시 응급간호, 저혈당증 발생 원인, 당뇨병의 치료 지침을 지키고 있는지 알기 위한 내용
1998학년도	
1999학년도	당뇨병의 고혈당, 당뇨, 다뇨, 다음과 다식, 체중감소 등의 증상이 나타나는 병태생리 기전
후 1999학년도	
2000학년도	
2001학년도	
2002학년도	
2003학년도	
2004학년도	
2005학년도	
2006학년도	당뇨병성 케톤산증(Diabetic Ketoacidosis)에서 3다(3多: 다뇨, 다갈, 다식) 증상 외에 증상 6가지
2007학년도	
2008학년도	
2009학년도	당뇨 교육내용-저혈당대처, 발관리
2010학년도	1형 당뇨 교육내용
2011학년도	말단 비대증의 증상
2012학년도	저혈당증 조치, 당뇨발관리, 저칼슘혈증
2013학년도	
2014학년도	성장호르몬 결핍증, 당뇨병진단기준(당화혈색소)
2015학년도	
2016학년도	인슐린요법 시 새벽현상
2017학년도	당뇨병태생리(케톤산혈증)
2018학년도	
2019학년도	당뇨합병증, 당뇨발관리
2020학년도	저혈당 시 응급처치, 당뇨임부의 거대아, 호흡곤란증후군
2021학년도	
2022학년도	프로락틴(FSH, LH)
2023학년도	

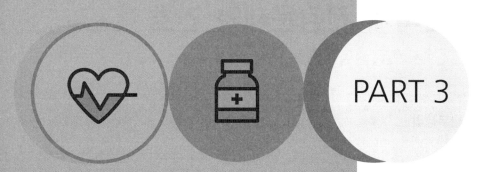

PART 3

내분비계
건강문제와
간호

Part

03 내분비계 건강문제와 간호

---

01 내분비계 해부생리

1 호르몬의 특징과 기능

내분비계	• 모든 신체계통과 연관되어 생리적 영향을 미치는 상호전달체계 • 신경계와 함께 신체기능을 조절·통합 • 모든 내분비계는 호르몬을 분비하여 혈류를 통해 표적기관으로 운반	
	내분비호르몬	혈액으로 분비(**예** 갑상샘에서 생산되는 티록신)
	외분비호르몬	관이나 튜브를 통해 직접 장관이나 피부로 분비(**예** 가스트린)
내분비계 구성	샘, 샘조직, 표적기관 또는 수용체	
샘단위	시상하부, 뇌하수체, 갑상샘, 부갑상샘, 부신, 췌장의 랑게르한스섬, 생식샘 등	
호르몬 기본 분비 양상	호르몬의 분비에는 특수한 비율과 양상이 있음 • 일 주기(일중 변동 **예** 코르티솔) 분비 • 주기적(**예** 에스트로겐, 성장호르몬, 프로락틴) 분비 • 칼슘, 나트륨, 칼륨 또는 호르몬 물질 등 순환물질의 양에 따른 분비	
특징	• 호르몬은 최적의 내적 환경을 유지하기 위하여 정적(+) 혹은 부적(−) 회환이 되도록 조절 • 호르몬은 적절한 수용체 내에 있는 세포에만 영향을 주어 세포의 특수한 기능이나 활동을 시작하게 함 • 호르몬은 모두가 일정하게 콩팥에서 배설되거나 간이나 다른 세포기전에 의해 비활성화됨	
호르몬기능	• 에너지 생성 • 음식물 대사 • 수분, 전해질 균형 • 신체적, 지적 성장 발달을 도움 • 생산 과정 조절 • 신체의 전반적인 기능을 통합, 조절	

2 주요 호르몬의 작용

내분비선	호르몬	표적기관	작용	증가 시	감소 시
시상하부	갑상샘자극호르몬 방출호르몬(TRH)	뇌하수체전엽	TSH와 prolactin 방출자극		
	부신피질자극호르몬 방출호르몬(CRH)	뇌하수체전엽	ACTH 분비		
	성장H 방출호르몬 (GHRH)	뇌하수체전엽	GH분비		
	성선자극호르몬 방출호르몬(GnRH)	뇌하수체전엽	FSH, LH 분비		
	somatostain	뇌하수체, 췌장, 위장관계	• GH, TSH, 위호르몬 분비 억제 • 위공복상태 지연 • 췌장호르몬 분비 억제		
	dopamine	뇌하수체전엽	prolactin 분비 억제		
뇌하수체 전엽	갑상샘 자극호르몬 (TSH)	갑상샘	T3, T4, calcitonin 분비 촉진	갑상샘종	갑상샘종, 갑상샘 활동 감소
	부신피질자극호르몬 (ACTH)	부신피질	• 당류피질호르몬 • 염류피질호르몬 • 성호르몬 분비	쿠싱증후군	에디슨병
	성장호르몬 (GH)	뼈, 근육, 신체조직	신체성장 촉진, 대사증진(당원/지방 분해, 단백질 합성 촉진)	거인증, 말단비대증	난쟁이증
	황체호르몬 (LH)	난소의 여포, 고환	• 성호르몬생산자극 • 황체형성 • 배란자극 • 정자생산		
	여포자극호르몬 (FSH)	난소, 고환	• 난소여포의 성숙 • estrogen 분비 • 정자생성		

	멜라닌자극 H (MSH)	피부, 체모	피부와 체모의 멜라닌세포의 멜라닌 색소방출 및 생산자극		
	유즙분비호르몬 (prolactin)	황체, 유방	• 황체유지 • progesterone 분비 • 유즙분비자극		
뇌하수체 후엽	항이뇨호르몬 (ADH)	신장	수분재흡수	부적절 분비 증후군	요붕증
	옥시토신 (oxytocin)	자궁, 유방	자궁수축, 유즙분비	분만촉진, 유즙 과다 분비	
갑상샘	thyroxine(T4) triiodothyronine(T3)	광범위 표적기관	대사율, 에너지 대사 증진, 성장조절	그레이브스병	갑상샘기능 저하증
	calcitonin	골격	혈장칼슘농도 감소		
부갑상샘	부갑상샘호르몬 (PTH)	뼈, 신장, 위장관	• 혈장칼슘농도 증가 • 골흡수 증가 • 인배설 촉진	부갑상선기능 항진증 (고칼슘혈증)	부갑상선기능 저하증 (저칼슘혈증)
부신피질	당류피질호르몬 (cortisol)	광범위 표적기관	탄수화물/지방/단백질 대사, 혈당 상승, 스트레스반응	쿠싱증후군	에디슨병
	염류피질호르몬 (aldosterone)	원위 세뇨관	• 수분균형유지 • 소듐재흡수 • 칼륨배설	원발성 알도스테론증	
	성호르몬	성샘	2차성징발현과 성장에 영향		
부신수질	epinephrine	심장, 평활근, 소동맥, 골격근간	• 스트레스에 대한 교감신경반응 • 혈관수축, 혈압 상승, 당원신생 작용, 혈당 증가	갈색세포종	
	norepinephrine	동맥	동맥혈관의 수축, 대사촉진, 동공확대, 심장활동촉진, 소화관 활동억제		

	insulin	광범위표적기관	혈당감소, 세포 내로의 포도당이동촉진		당뇨병
췌장	glucagon	간, 근육, 지방세포	당원분해작용, 지방분해에 의한 혈당상승		
	성장억제호르몬(GIF) = 소마토스타틴	췌장, 위	insulin, glucagon 분비억제		
성샘	estrogen	생식세포	2차성징 발현, 생식기관의 성숙, 성적기능		
	progesterone	자궁, 유방	유선발달, 임신유지, 자궁내막의 준비		
	testosterone	광범위표적기관	동화작용, 2차성징 발현, 생식기관의 성숙, 성적기능		
신장	renin	레닌기질	angiotensinogen을 angiotensin I 로 전환 (혈압조절)		
	ESF	골수	적혈구생산		
위장관계	gastrin	위	위액 분비와 위운동성 촉진, pepsin과 내적인자 생산		
	secretin	위, 췌장	위액 분비 감소		
	CCK-PZ	췌장	위 운동성 감소		
흉샘	thymosinthy	면역체계	림프구 발달, 신경근육전달통로 폐쇄		
	thymopoietin	면역체계			
송과샘	melatonin	시상하부, 중뇌, 성샘	GH 분비 억제, 혈중 LH 감소, 수면촉진, 안녕감 증진, 성적성숙		

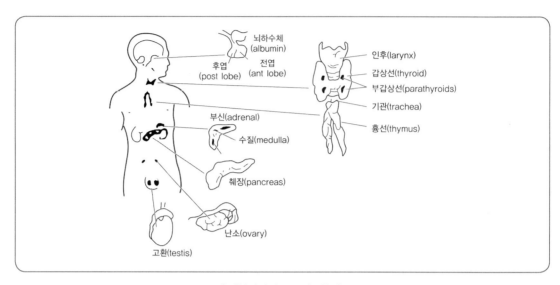

| 내분비선의 종류와 기능 |

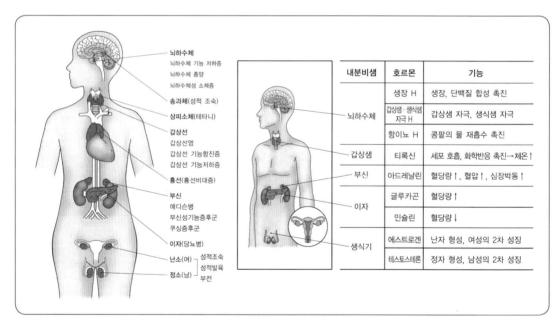

내분비샘	호르몬	기능
뇌하수체	생장 H	생장, 단백질 합성 촉진
	갑상샘·생식샘 자극 H	갑상샘 자극, 생식샘 자극
	항이뇨 H	콩팥의 물 재흡수 촉진
갑상샘	티록신	세포 호흡, 화학반응 촉진→체온↑
부신	아드레날린	혈당량↑, 혈압↑, 심장박동↑
이자	글루카곤	혈당량↑
	인슐린	혈당량↓
생식기	에스트로겐	난자 형성, 여성의 2차 성징
	테스토스테론	정자 형성, 남성의 2차 성징

| 내분비선과 그 장애로 생기는 주요 질병 |

02 뇌하수체 장애

1 뇌하수체의 기능 [국시 2004]

전엽	TSH, ACTH, 성장호르몬, LH, FSH, prolactin, MSH MT-AP-LPG
후엽	ADH, oxytocin

	호르몬	기본작용
뇌하수체 전엽	Growth Hormone(somatotropin)	뼈, 근육, 다른 조직의 성장 자극
	Thyroid Stimulating Hormone(TSH)	갑상샘에서 갑상샘호르몬 분비 활동 자극
	Adrenocorticotrophic Hormone(ACTH)	부신 피질에서 당류 코르티코이드, 염류 코르티코이드, 성호르몬의 분비 활동 자극
	Gonadotropic Hormone(LH, FSH)	성기관의 성장, 성숙 및 기능에 영향을 줌
	prolactin	유방조직의 성장 자극과 유즙분비
	멜라닌세포 자극 호르몬 [Melanocyte Stimulating Hormone(MSH)]	색소침착에 영향을 줌
뇌하수체 후엽 [국시 2004]	Antidiuretic Hormone(ADH, vasopressin) [국시 2007]	수분 재흡수의 증가로 소변 배설의 감소, 수분 균형 유지
	Oxytocin(pitocin)	자궁 수축 자극, 유즙 배출 자극

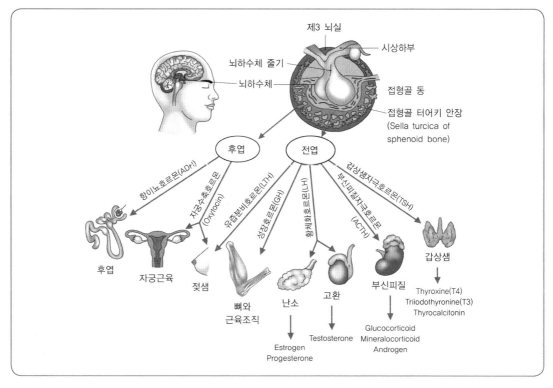

| 뇌하수체 호르몬과 작용하는 표적기관 |

2 뇌하수체 전엽 기능항진 주요 장애

성장호르몬 과잉분비	거인증	장골이 과도하게 성장하는 것
	말단비대증	성인의 경우 골단이 융합된 이후이므로 뼈의 두께가 증가하고 연조직이 비후됨
프로락틴 과잉분비	여성	무배란, 무월경, 월경장애, 불임, 유즙분비, 성교통, 질점막 위축, 성욕감소 등
	남성	성욕감소, 발기부전, 여성형 유방, 유즙분비
신경계증상		초기 시력손상, 빈맹이나 현훈으로 시각상실, 두통, 졸림, 두개내압 상승, 식욕저하, 수면장애, 체온조절 장애, 경련, 발작 등

3 뇌하수체 전엽 기능검사방법

성장호르몬 방사성면역 분석법		• 성장호르몬 과잉이나 부족의심검사 • 혈장정상치 : 공복과 안정 시 2~5ng/mL • 방법 : 성장호르몬 상승하는 이른 아침에 채혈, 검사 8시간 전부터 금식, 채혈 30분 전 안정
성장호르몬 자극검사 (인슐린 내성검사, 인슐린유발 저혈당검사)	적응증	• 성장호르몬, 유즙분비호르몬 결핍 • 시상하부 – 뇌하수체전엽 – 부신연쇄관계 부전 진단
	금기증	심근경색, 허혈성심질환, 뇌혈관질환
	방법	인슐린 투여하여 혈청 코르티솔, 성장호르몬, 프로락틴 농도확인 → 증가되면 정상 → 변화 없으면 시상하부–뇌하수체전엽–부신부전증
	간호	• 자정부터 금식, 30분 안정 후 채혈 　– 코르티솔, GH, prolactin 농도 확인 • 처방된 인슐린 정맥주사 • 혈당 코르티솔, GH, prolactin 농도 측정 위해 30, 45, 60, 90분 후 혈액 채취 • 채혈 후 아침식사 • 저혈당 응급대비 50% 포도당 침상 곁에 준비
성장호르몬 억제검사 (포도당부하 검사)	적응증	• 정상상태에서 혈관 내 포도당 주입 시 혈청 내 성장호르몬 감소 • 수치변화 없으면 말단비대증, 거인증 진단
	원리	포도당 이외에 성장호르몬 분비 저하시키는 자극으로 성장호르몬, REM수면, 코르티솔, 유리지방산 등
	간호	• 자정부터 금식, 침상안정 • 기본적으로 GH 측정 위해 혈청 GH농도 측정 • 구강으로 포도당 100g투여 후 30, 60, 90, 120분 후 혈청 GH농도 측정

④ 뇌하수체 기능항진증

정의 [국시 2006]	뇌하수체선에서 분비되는 호르몬 중 한 가지 이상 호르몬의 과잉분비			
원인	• 뇌하수체선종의 분비종양, 양성선종(adenoma) • 프로락틴 분비선종 > 성선자극호르몬 분비선종 > 성장호르몬 분비선종 > 부신피질자 극호르몬 분비선종 • 뇌하수체 전엽을 구성하는 각 기본세포 형태의 과잉 성장			
	호산 세포종양	• 성장호르몬, 유즙분비 자극호르몬 과량 생성 • 20~50대 남성, 양성선종 • 어린이 : 거인증 / 성인 : 말단비대증		
	호염기 세포종양	• 부신피질자극호르몬, 갑상샘자극호르몬, 여포자극호르몬, 황체화호르몬 • 쿠싱질환, 악성은 드묾		

	염색
	세포종양
		• 뇌하수체 종양 중 가장 흔하며 약 90% 차지, 양성선종
		• 분비성 염색세포종양 : ACTH, GH
		  → 뇌하수체 기능항진증
		• 비분비성 염색세포종양 : 종양 자체가 너무 커 뇌하수체샘을 파괴
		  → 뇌하수체 기능저하증		

전신증상	전엽장애	ACTH 증가	쿠싱증후군	뇌하수체샘종으로 부신피질자극호르몬(ACTH)이 과잉분비
		TSH 증가	갑상샘 기능항진증	–
		GH 증가	거인증	• 골단이 융합되기 전 성장호르몬의 과잉 분비 • 키가 240~270cm까지 자랄 수 있으며 더 진행되면 근육약화, 골관절염 등으로 서 있기도 어려움
			말단 비대증	골단 융합 이후 성장호르몬의 과잉분비
		LH/FSH 증가	진성 성조숙증	생식샘 자극호르몬(LH/FSH) 과잉분비로 어린이에게 성의 조숙 초래
		prolactin 증가		뇌하수체의 프로락틴 생산 종양은 가장 흔한 종양으로 뇌하수체 전엽에서 프로락틴 증가
			유즙누출증	프로락틴이 증가하여 과량의 유즙분비 자극
			무월경, 불임증	프로락틴이 시상하부에서 GnRH를 억제하 므로 뇌하수체 전엽에서 FSH, LH가 감소 되어 난소기능 감소로 월경과 배란 지연
	후엽장애	ADH 증가	항이뇨호르몬 부적절분비 증후군 (SIADH)	수분 정체, 소변량 감소

국소증상 (압박증상)		뼈로 둘러싸인 두개골 때문에 뇌에 부분적인 압박을 받아 나타남
	시신경의 압박	시력 변화, 시야 변화, 복시 등의 시력장애
	시상하부 압박	수면, 체온 조절, 식욕 및 자율신경 기능장애
	압박	두통

5 고프로락틴혈증

원인			유즙분비종양에 의해
증상		유즙분비호르몬 과잉분비	
	여성	무배란, 무월경, 월경장애, 불임, 유즙분비, 성교통, 질점막 위축, 성욕감소 등	
	남성	성욕감소, 발기부전, 여성형 유방, 유즙분비	
치료		외과적 절제: 경접형동 종양절제술 약물치료: bromocriptine	

6 말단비대증(acromegaly) [2011 기출]

정의			• 성인의 경우 골단이 융합된 이후이므로 성장호르몬이 과잉분비 • 성장호르몬: 고혈당, 지방 분해와 단백질 합성물을 촉진함으로 뼈, 근육, 다른 조직의 성장을 자극 • 20대에 시작하여 5~10년간 서서히 지속되며, 진단은 40세에 이르러 받게 됨 • 사춘기 이후에 발병하므로 특별히 키가 크지는 않지만 신체의 모든 조직(연조직, 기관, 뼈)을 자극하여 넓고 두껍게 자람
원인			뇌하수체 전엽의 증식이나 종양
증상 [2011 기출]	뇌조직의 압박		두통, 시력장애 및 시력상실, 복시, 무기력
	비대	연조직비대	키의 성장은 없으나 뼈의 두께가 증가하고 연조직이 비후됨 → 외모가 거칠어짐
		코, 턱, 손, 발	• 코와 아래턱, 앞이마가 튀어나오고 커짐 • 입술 비대(두꺼워짐) • 손과 발이 두껍고 넓어지고 커짐
		후두비후	목소리가 굵어짐
		기관비대	• 기관비대에 의한 폐쇄로 수면 무호흡 • 혀, 타액선, 심장, 간, 비장, 신장, 다른 기관의 비대

		골격과잉증식	뼈의 과잉 성장으로 인해 • 척추체의 증가로 흉추 후만증 • 관절에 동통, 관절염, 요통 • 신경 압박으로 팔목 터널 증후군, 말초신경장애
	기타	피부	• 피부가 지성이 되며 거칠어짐 − 여드름, 지루성 피부 • 땀, 다한증
		유루증	성장호르몬과 프로락틴을 모두 생산 → 프로락틴 증가로 유루증, 무월경, 불임
		고지혈증	지방 대사 변화로 지방을 분해하여 혈관 내 지방 증가
		고혈압	• 심장 비대로 인한 혈압 상승 • 전해질 대사 작용으로 나트륨과 수분 저류로 고혈압
		고혈당	성장호르몬의 증가 → 당원분해 → 고혈당
		갑상샘종	TSH 과잉분비로 갑상샘종
검사	선별검사	IGF시 검사	나이와 성별에 따른 혈청 인슐린 유사 성장인자-1(인슐린양 성장인자-1, Insulin-like growth factor-1; IGF-1)의 농도를 확인함. IGF-1은 GH의 자극에 의해 생산됨. 성장호르몬이 상승하면 IGF-1도 증가함
	확진검사	경구포도당 부하 검사	• 75g 경구포도당부하 검사(OGTT)를 통해 2시간 이내에 성장호르몬이 감소하지 않으면 확진함 • 정상적으로 성장호르몬 분비는 포도당에 감소함
		MRI	확진검사를 통해 말단비대증이 진단되면, 자기공명영상검사를 통해 뇌하수체 종양을 확인
치료	조기진단		신체적 변화가 명백하게 나타난 경우 원상태로 돌아가기 어려워 초기에 진단될수록 치료가 쉬움
	수술 방사선조사		• 거인증이나 말단비대승의 원인은 뇌하수체 전엽의 송양으로 뇌하수제 설제술, 방사선요법, 약물요법 • 뇌하수체 전체를 모두 절제한 경우 뇌하수체 호르몬이 분비되지 않으므로 일생 동안 호르몬을 보충
수술 후 간호			• 비심지를 2~3일 유지하므로 비강호흡과 코밑에 콧수염을 드레싱해야 함을 설명 • 수술근육이식 부위가 떨어지게 하는 원인이 되는 재채기, 기침, 코풀기, 몸 구부리기 등을 피하도록 교육 • 비강분비물이 목 뒤로 넘어가는 듯한 느낌 시 뇌척수액 누출 의심 • 기침은 절개부위압력 증가와 뇌척수액의 누출을 초래하므로 기침, 재채기, 코풀기 피하도록 • 호르몬 복위요법에 필요한 약제를 환자 스스로 안전하게 복용하도록 함 • 호르몬 요법 시 호르몬 불균형증상이 나타날 가능성이 있으므로 6개월에 한 번씩 병원 방문

7 거인증(giantism)

정의	성장호르몬의 과잉분비로 인하여 어린이의 경우 골단이 융합되기 전에 장골이 과도하게 성장하여 거인증(giantism)이 된다. 키가 240~270cm까지 자랄 수 있으며 더 진행되면 근육약화, 골관절염 등으로 서 있기도 어려울 정도이다.
증상	• 장골의 대칭적인 과잉성장을 한다. • 지나치게 큰 키, 진전되면 극도의 근육 약화, 골관절염이나 척추측만증이 올 수 있다. • 성인 초기에 정신적, 신체적 발달과정에서 이상이 초래된다.
치료	방사선 조사, 뇌하수체 절제술
뇌하수체 절제술	• 보통 접형골동을 통해 접근한다. • 전신마취하에서 반좌위 자세를 취하고 수행하는 현미경적 수술이다. • 윗입술의 안쪽을 절개하고 접형골동을 통해 터키안장으로 들어간다. 샘이 제거된 후에는 근육 이식을 해야 하는데 보통 대퇴의 앞부분에서 시행하며 이는 경뇌막을 싸서 뇌척수액이 새는 것을 방지하기 위함이다. • 절개 부위가 봉합된 후 비강을 막고 코를 막은 것이 빠지지 않도록 코 아래 드레싱을 한다.
쿠싱병	호염기세포종양으로 인하여 부신피질자극호르몬이 과잉분비된다.
성기능장애	성조숙증	뇌하수체 종양은 생식샘자극호르몬을 과잉분비한다.
	유즙흐름증	과량의 유즙분비자극호르몬은 무월경이나 유즙흐름증(galactorrhea)을 초래한다.

🖉 뇌하수체 후엽의 장애
뇌하수체 후엽은 질병으로 파괴되는 경우가 드물며, 비록 파괴되거나 전엽과 함께 외과적으로 제거된다 하더라도 시상하부에서 자궁수축호르몬인 oxytocin과 항이뇨호르몬인 ADH가 계속적으로 합성되기 때문에 후엽 호르몬의 결핍증은 나타나지 않는다. 반면에 시상하부가 손상되면 뇌하수체 후엽이 건강하고 완전해도 oxytocin이나 ADH의 결핍증이 나타난다.

8 요붕증(diabetes insipidus)

정의 [국시 2014]	뇌하수체 후엽 질환으로 항이뇨호르몬(ADH)의 결핍으로 초래되는 수분대사질환
병태생리	• 항이뇨호르몬(ADH)의 결핍으로 희석된 소변을 다량 분비하여 혈장 삼투성의 증가 • 심한 갈증으로 다량의 수분을 섭취하나 소변을 농축할 수 없음 • 소변의 비중은 1.001~1.005
종류	중추성요붕증	시상하부, 뇌하수체에 문제가 있어 뇌하수체 후엽에서 ADH 합성 방해
	심인성요붕증	다량의 수분 섭취에 의해 혈장과 소변 모두 희석되어 혈중 삼투압 저하와 다뇨

	신성 요붕증	ADH분비는 정상적이나 신장의 문제로 원위 세뇨관과 집합관이 ADH에 반응이 없어 수분 재흡수가 불가능함
증상 [국시 2007]	다뇨, 야뇨	• 불충분한 ADH의 분비는 희석된 소변을 다량 분비 • 1일 8~12L의 소변 • 소변은 희석, 소변 비중은 보통 1.001~1.005의 낮은 수준 (정상: 1.010~1.030)
	심한 갈증	다량의 수분을 섭취하며 보통 찬물을 주로 찾음
	심한 탈수	체중 감소(근육쇠약), 요비중 저하, 두통, 식욕부진, 피로
	고나트륨혈증	• 뇌세포 탈수(불안정, 발작) • 근육 강직, 근육약화 • 심부건 과반사, 반사 감소
	고삼투질	혈청 삼투압 농도 상승
진단	수분제한검사	요붕증을 다른 다뇨 상태와 구별하기 위해 8시간 동안 수분 섭취를 금지시키고 소변의 농축 능력을 측정
		당뇨 · 소변 용량이 급격히 저하되며 소변 삼투질 농도가 100mOsm/kg 정도를 유지하여 농축 능력에도 거의 변화가 없이 희석된 소변을 보게 됨. 혈장 삼투질 농도가 소변 삼투질 농도보다 항상 높음
		심인성 요붕증 · 다뇨 감소와 요비중·요삼투압이 증가함
		콩팥성 요붕증 · 중추성·신성 요붕증일 경우 수분 섭취를 억제하더라도 다뇨 감소와 요비중·요삼투압이 증가하지 않음
	외인성 항이뇨호르몬 주입 검사	수성 항이뇨호르몬(pitressin)인 desmopressin acetate(DDAVP)을 주입해 보아 다뇨증, 다갈증이 완화되는지 관찰
		중추성, 심인성 요붕증 · 다뇨증 감소
		콩팥성요붕증 · 외인성 항이뇨호르몬 주입에 무반응
치료		항이뇨호르몬 vasopressin(ADH) - 항이뇨와 혈관 수축
	투여방법	• 비강 vasopressin 분무 • 항이뇨호르몬(vasopressin) 근육주사
	부작용	기관지 수축, 평활근 수축으로 혈압 상승 [국시 2017], 연동 운동 증가, 자궁경련
	피부간호	피부로션, 마사지
	수분 섭취	정확한 섭취량과 배설량을 측정하고 소변비중과 체중을 매일 측정하여 수분중독증의 징후를 확인하도록 함
	수술	종양이 있을 경우는 뇌하수체 절제술

03

9 항이뇨호르몬 부적절 분비증후군(SIADH)

정의	• 수분정체로 혈청 내 나트륨이 떨어져서 저나트륨혈증과 수분중독증 초래(부종이 없이 저나트륨혈증) • 혈청 내 나트륨이 120mEq/L 이하일 때는 중추신경계의 기능장애 초래	
원인	두부손상, 뇌막염으로 시상하부에 장애 부종양 증후군: 폐암의 소세포암	
병태생리	ADH 분비↑	항이뇨호르몬(ADH)을 조절하는 회환기전 기능↓ → 혈장 삼투압이 낮음에도 항이뇨호르몬(ADH) 계속 분비
	저나트륨혈증	혈량의 증가 → 레닌과 알도스테론↓ → Na^+ 재흡수 × → 소변에서 소듐 소실 증가 → 저나트륨혈증이 심해짐
	수분 중독	낮은 혈장 삼투질 농도로 수분이 세포 내로 이동 → 세포 내 수분과다로 수분 중독
증상	수분 전해질	• 혈중 나트륨 감소, 삼투압 감소 • 소변 내 나트륨 증가, 삼투압 증가 • 수분 정체로 체중 증가, 부종 없음, 소변 증가
	신경학적 변화 [국시 2018]	저나트륨혈증으로 수분이 뇌세포 내 이동 → 불안, 안절부절못함, 두통, 기면, 지남력 상실, 혼돈, 경련발작
진단	저나트륨혈증	부종이 없는 저나트륨혈증, 혈청 삼투압 저하
	요중 나트륨 배설량 증가	혈량의 증가로 레닌과 알도스테론의 분비 억제 → 소변에서 소듐 소실 증가로 소변 삼투압 상승
치료	원인질환 치료	
	이뇨제	✪ furosemide(lasix) • 심장의 과부담 상태를 초래한 경우 이뇨제 사용 • 이뇨제로 소듐 상실은 SIADH를 악화시키므로 주의
	고장성 saline	• 고장성 saline(3~5% sodium chloride) 사용(등장성, 0.9% normal saline) • 혈청 나트륨 수치가 120mEq/L 이하 감소한 경우 투여
간호 [국시 2014]	갈증해소	설탕이 함유되지 않은 껌, 사탕, 레몬조각, 얼음조각 등을 빠는 것으로 갈증 해소
	구강간호	구강점막의 건조·갈증 해소
	입술 윤활제	입술을 건조하지 않게 함
	가습	분무기로 습도를 유지하여 갈증 예방
	전환요법	기분 전환 활동인 놀이 요법, TV시청의 적절한 전환요법을 적용함 → 갈증을 인식하지 않게 하여 수분 섭취를 제한함
	안전한 환경	• 과도한 자극 방지를 위하여 소음과 빛을 줄임 • 경련 발작: 저나트륨혈증으로 수분의 뇌세포 내 이동으로 경련

10 성장호르몬 결핍증(GHD) [2014 기출]

뇌하수체 부진인 경우	뇌하수체 부진으로 적정량의 성장호르몬을 만들지 못하는 경우이다. • 성장호르몬 결핍증의 발병은 보기 드물지만, 비정상적으로 작은 체구를 가진 어린이들의 가장 큰 원인 중 하나이다. • 보통 정상 성장률의 50~60% 정도만 성장한다. • 성장호르몬 치료를 받지 않을 경우, 성장호르몬 결핍증을 가진 아이들은 성장이 느리고 부모의 키를 고려한 신장 예상치보다 무려 40cm가 작다. 　- 성장호르몬 결핍증에 걸린 아이들은 아주 어린 아이를 제외하고는 비만인 경향이 있다. • 아이들은 대체적으로 자신의 나이보다 어려 보이고 뚱뚱하며, 손가락과 피부 혈색이 어린 아이와 유사하다. • 성장호르몬 결핍증에 걸린 어린이들은 자주 피곤해 하며, 일반적으로 허약하고 활발하지 못하다. • 여러 연구 결과, 성장호르몬 결핍증으로 출생한 남자아이의 생식기는 덜 발달되었으며, 사춘기도 늦게 찾아올 수 있다.
뇌하수체 및 시상하부에 기질적 병변이 없는 경우	• 출생 시 체중과 키는 정상이며, 성장지연은 주로 1세 이후에 나타난다. 키가 3백분위수 미만 또는 −2 표준편차 미만이고, 성장속도의 감소를 관찰할 수 있어 3세 이후에는 1년 성장속도가 4cm 미만이다. • 성장호르몬의 결핍이 부신피질호르몬 및 갑상샘호르몬의 결핍과 동반되는 경우, 저혈당의 임상 증상이 빨리 나타나며 정도에 있어서도 심하다. • 지능은 출생 전후기에 저산소증으로, 그리고 영아기에 저혈당증이 심하여 뇌손상이 초래되지 않는 한 비교적 정상이다. • 둥근 머리, 짧고 넓은 얼굴, 전두부 돌출, 납작한 코, 턱의 발달 저하, 치아 발달 저하, 손발이 작고 짧으며 나이에 비하여 음경의 발달과 성적 발달이 느리다. • 피하 조직에 지방의 침착이 있어 비만이 관찰되며, 그중에서도 특히 복부비만이 현저하다. • 상절과 하절의 길이의 비는 역연령에 비하여 비교적 정상이다.

✐ **가족성 저성장증**
① 부모가 왜소하다(키가 작고 체중이 적음).
② 출생 시 체중이 작다.
③ 매년 4~5cm 성장속도를 가지고 있고, 사춘기 시작연령이 정상적이다.
④ 최종 성인 키가 작다.

✐ **체질성 성장지연**
체질적으로 성장이 늦은 것
① 나이에 비해 골연령이 2~3년 정도 지연된다.
② 사춘기 시작연령도 2~3년 지연된다.
③ 최종 성인 키는 정상이다.

✎ **성장장애(저신장)**

① 저신장은 다른 사람들에 비해 단순히 키가 작다는 것을 의미하고, 이 중에는 질병이 있는 사람도 있으나, 대부분은 질병 없이 부모 키가 작거나(가족성 저신장), 사춘기가 늦게 오는 사람(체질적 사춘기, 성장지연)들이다.

② 성장장애는 질병 등에 의하여 비정상적으로 성장하는 경우를 말하며, 성장 속도가 너무 크거나 낮을 수 있고 적극적인 진단 및 치료가 필요하다.

③ 정의에 따라 키가 100명 중 3번째 미만으로 작으면 저신장이라 한다.

11 뇌하수체 기능저하증 [2020 기출]

정의 (시몬드 병)	• 뇌하수체 전엽에서 분비되는 호르몬의 한 가지나 그 이상이 결핍되어 초래됨. 전엽과 후엽의 모두에서 호르몬 분비가 안 될 때를 범하수체 기능저하증(시몬드 병)이라고 함 • 뇌하수체호르몬의 부족으로 성장지연(어린이), 대사이상, 성적 미성숙 등이 초래됨			
원인	뇌하수체 절제, 비활동성 종양인 비분비성 하수체 종양, 성장호르몬 분비 결핍, 산후 뇌하수체 괴사, 뇌하수체 경색증, 유전장애 및 외상 등			
	뇌하수체샘종(36%)	비분비성 뇌하수체 종양		
	시한(Sheehan) 증후군(23%) [2020 기출, 국시 2006]	분만 후 산후 출혈에 의한 뇌하수체의 허혈성 괴사		
	두개인두종(15%)	뇌하수체 상부 표면의 뇌종양(뇌압 상승, 시야·시력 손상, 저신장증(GH↓), 요붕증(ADH↓)		
	수술, 방사선	뇌하수체 절제 수술, 방사선		
임상증상	전엽	GH↓	난장이증	저신장, 골연령 지연, 성장속도 감소
		부신피질자극 호르몬 ACTH↓	2차성 부신피질 부전	혈장 cortisol수치 감소, 창백하고 누르스름한 혈색, 권태감과 기면, 식욕감퇴, 기립성 저혈압, 두통, 저혈당, 저나트륨혈증, 액와·치골 체모 감소(여성)
		갑상샘자극 호르몬 TSH↓	2차성 갑상샘 기능저하증, 점액수종	피부건조, 느린맥, 추위에 대한 저항 감소
		LH/FSH↓ 성장애	남성	2차 성징 감소, 고환 위축, 정자 형성 감소, 얼굴과 체모 감소, 근력저하, 성욕감퇴, 얼굴 잔주름
			여성	무월경, 무배란, 순환 estrogen수준 저하, 유방위축, 골밀도 손실, 액와·치골 체모 감소, 성욕감퇴, 얼굴 잔주름

	후엽	ADH↓	요붕증, 소변배설 극도 상승, 소변비중 저하(< 1.005), 저혈량증, 저혈압, 탈수, 혈장삼투압 상승, 갈증 증가, 수분 섭취 감소 시 배설량 감소되지 않음
	신경학적 증상		❍ 뇌하수체샘종(비분비성 뇌하수체 선종), 뇌종양(두개인두종)에서 발생 • 종양↑ → 시신경, 3, 4, 6뇌신경에 영향 → 시력손상, 시야결손, 복시 • 종양↑ → 두통, ICP 상승
치료			❍ 원인(종양 등)의 제거와 표적기관에서 분비되는 호르몬의 영구적 대치 • 부족한 갑상선 자극 호르몬을 투여하면 적절한 대사가 이루어져 V/S 정상됨 • 부족한 LH, FSH를 투여하면 불임, 무월경, 이차성징, 성욕감퇴 등이 회복됨 • 성장호르몬을 주사(HGH)

03

12 프로락틴 선종

정의			• 유즙분비호르몬을 분비하는 세포들이 비정상적으로 증식하여 유즙분비호르몬을 과다하게 분비하는 종양 • 기능성 뇌하수체 종양 중 가장 흔하며 약 25%를 차지 • 종양의 크기에 따라서 1cm보다 작으면 미세선종, 1cm 이상은 거대선종 • 미세선종의 경우 여성과 남성의 비율이 20 : 1로 여자에서 더 흔함 • 거대선종의 경우에는 남녀 비율이 거의 비슷함
원인			유즙분비종양에 의해
증상	유즙분비 호르몬 과잉분비	여성	무배란, 무월경, 월경장애, 불임, 유즙분비, 성교통, 질점막위축, 성욕 감소 등
		남성	성욕 감소, 발기부전, 여성형유방, 유즙분비, 불임(남성의 경우 정자 수의 감소 또는 정자의 운동성 감소로 인한 불임)
	종양압박		두통 및 시야장애
치료	약물		• 프로락틴 선종의 주된 치료 방법은 약물치료(약물에 잘 반응) • 도파민 작용제인 카베르골린(cabergoline), 브로모크립틴(bromocriptine)이라는 약제를 3개월 정도 우선 투여 • 약물치료를 시작한 지 3개월 후에는 반드시 MRI 검사를 시행 → 그 결과 종양의 크기가 줄어들고, 프로락틴수치가 정상화되고, 환자가 약물 투여에 대한 부작용(특히 소화장애)이 없는 경우에는 평생 약물치료로 유지가 가능. 그러나 약물을 중지하게 되면 프로락틴 호르몬 수치가 다시 상승하고 종양도 다시 커질 수 있음
	수술		• 종양이 약물치료에 반응을 보이지 않는 경우 • 약물에 대한 부작용이 심해 약물을 계속 복용할 수 없는 경우 • 종양이 커서 시신경의 압박증상이 진행되는 경우 • 종양 내의 출혈이 의심되는 경우

03 부신질환

1 부신의 구조와 기능

부신구조	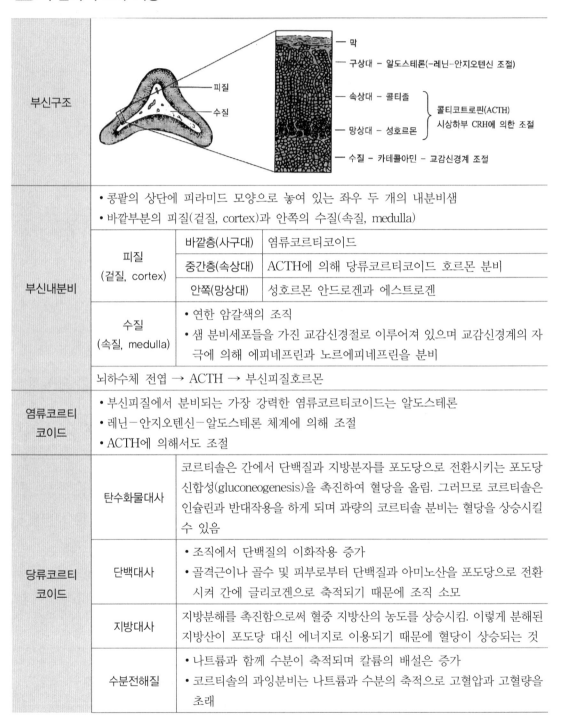

	• 콩팥의 상단에 피라미드 모양으로 놓여 있는 좌우 두 개의 내분비샘 • 바깥부분의 피질(겉질, cortex)과 안쪽의 수질(속질, medulla)		
부신내분비	피질 (겉질, cortex)	바깥층(사구대)	염류코르티코이드
		중간층(속상대)	ACTH에 의해 당류코르티코이드 호르몬 분비
		안쪽(망상대)	성호르몬 안드로겐과 에스트로겐
	수질 (속질, medulla)		• 연한 암갈색의 조직 • 샘 분비세포들을 가진 교감신경절로 이루어져 있으며 교감신경계의 자극에 의해 에피네프린과 노르에피네프린을 분비
	뇌하수체 전엽 → ACTH → 부신피질호르몬		

염류코르티 코이드	• 부신피질에서 분비되는 가장 강력한 염류코르티코이드는 알도스테론 • 레닌–안지오텐신–알도스테론 체계에 의해 조절 • ACTH에 의해서도 조절

당류코르티 코이드	탄수화물대사	코르티솔은 간에서 단백질과 지방분자를 포도당으로 전환시키는 포도당 신합성(gluconeogenesis)을 촉진하여 혈당을 올림. 그러므로 코르티솔은 인슐린과 반대작용을 하게 되며 과량의 코르티솔 분비는 혈당을 상승시킬 수 있음
	단백대사	• 조직에서 단백질의 이화작용 증가 • 골격근이나 골수 및 피부로부터 단백질과 아미노산을 포도당으로 전환시켜 간에 글리코겐으로 축적되기 때문에 조직 소모
	지방대사	지방분해를 촉진함으로써 혈중 지방산의 농도를 상승시킴. 이렇게 분해된 지방산이 포도당 대신 에너지로 이용되기 때문에 혈당이 상승되는 것
	수분전해질	• 나트륨과 함께 수분이 축적되며 칼륨의 배설은 증가 • 코르티솔의 과잉분비는 나트륨과 수분의 축적으로 고혈압과 고혈량을 초래

	염증면역	코르티솔은 조직 손상에 대한 정상적인 염증반응을 억압하고 감염원의 침범에 대한 보호 면역반응을 억압
	스트레스반응	• 코르티솔 분비는 신체의 스트레스에 대한 적응과 저항력을 결정 • 코르티솔의 불충분한 생성은 스트레스에 대한 저항을 감소시키므로 이러한 환자에게 코르티솔을 속히 투여하지 않으면 비교적 작은 외상에도 심한 쇼크로 사망할 수 있음
성호르몬		• 소량의 안드로겐과 에스트로겐 분비됨(생식샘인 고환과 난소에서 분비되는 양보다 훨씬 적음) • 부신에서 안드로겐이 과량 유리되면 남성화 • 에스트로겐이 과량 분비되면 남성의 여성형 유방, 나트륨과 수분의 정체
부신수질		• 25%의 노르에피네프린과 75%의 에피네프린을 분비 • 부신수질 지배신경인 교감신경의 자극에 의하여 두 호르몬의 비율은 변화됨 • 부신수질호르몬과 교감신경계의 활동은 어느 한쪽의 작용이 저하되면 다른 한쪽의 활동이 강화되어서 체내 여러 기관의 기능을 균등하게 유지시킴 • 호르몬의 분비 조절은 통증, 추위, 불안 등의 정신적 흥분, 저혈당, 혈압 강하 등으로 시상하부가 자극되면 교감신경을 통하여 이루어짐. 이때 작용되는 자극의 종류에 따라서 에피네프린과 노르에피네프린의 분비 비율이 결정됨 • 부신수질의 분비 과다는 위험하나 오히려 분비 저하는 거의 문제를 일으키지 않음. 이는 수질이 질병에 의해 파괴되거나 외과적으로 제거되어도 교감신경계에 의해 보상받기 때문임
	노르에피네프린	• 혈관 수축, 심장의 활동 촉진, 소화관 활동의 억제, 동공확대 • 광범위한 혈관 수축을 초래하여 혈압을 현저하게 올림
	에피네프린	• 노르에피네프린보다 20배 정도 강함 • 혈관수축 작용은 노르에피네프린보다 약함 • 간에 있는 글리코겐을 포도당으로 전환시켜 혈당 증가 • 심박출량 증가(가슴이 두근거리며 깊고 급한 호흡)

03

PLUS

glucocorticoid(cortisol)의 생리적 작용

1. 대사작용
  ① 아미노산 대사 : 단백 분해 아미노산 증가, 이미 손상된 세포 재생
  ② 지방 대사 : 혈중 지방산 증가 → 간에서 포도당 신생에 이용, 포도당 대신 지방산 이용
  ③ 당질 대사 : 혈당 유지(뇌세포의 에너지원), 간의 포도당 신생작용 촉진

2. 순환계
심장의 수축력 증가, 혈압을 정상으로 유지

3. 골격근(근육의 정상기능)
수축력 증가, 피로도 감소, 과다 분비 시 골격근의 단백분해(포도당 신생에 이용)로 근 위축 및 근 약화

4. 면역억제작용
T cell의 성숙억제

5. 항염작용
호중구, 단구식세포가 염증부위로 이동하는 것의 억제

6. 수분과 전해질 균형조절
사구체여과율 증가, 수분재흡수 감소

7. 스트레스 대응
스트레스 대처상황에서 필수적, 단백질과 지방분해

8. 조혈기능
작용기전은 밝혀지지 않았으나, 적혈구 생성과 혈소판 생성 자극, 코르티솔 증가 시 백혈구증가증이 나타남

Mineralocorticoid(aldosterone)의 생리적 작용

1. 칼륨과 수소 이온을 쇼듐 이온으로 교환함으로써 소변 내의 칼륨과 수소를 배설하고, 소듐을 보유하게 함으로써 소듐과 물의 신장 재흡수를 야기하여 혈장의 양과 농도를 되돌려 놓는다.
2. aldosterone의 작용은 세포외액의 양을 유지하는 데 필수적이다.

알도스테론 분비에 작용하는 주요 요소

1. renin−angiotensin 체계 : 알도스테론 분비에 가장 중요한 조절인자
2. 혈중 칼륨 농도
3. ACTH(Adrenocorticotropic hormone)

renin의 방출을 자극하는 원인

1. 동맥 내 혈량의 감소(혈액상실, 소듐상실, 혹은 자세변화 등), 신장의 혈류감소(신동맥협착 등)
2. Epinephrine이나 norepinephrine의 분비 증가로 인한 교감신경계 자극
3. 혈중 쇼듐 농도의 감소

2 부신기능항진증 – 쿠싱증후군(Cushing's Syndrome) [1992 기출]

(1) 개요

정의		코르티솔의 만성적 과다분비 상태	
원인	부신종양	• 부신종양(쿠싱증후군의 약 30%) • 대부분(85%)은 양성이고 15%는 악성	
	부신피질증식	뇌하수체종양	• 종양으로 뇌하수체호르몬 과잉분비 • 종양으로 ACTH의 과잉 자극 및 생성 • 뇌하수체 종양은 보통 양성이며 호염기세포 샘종이나 염색세포 샘종
		ACTH의 이소성분비	• 뇌하수체 이외의 기관에 있는 종양이 ACTH를 과다 분비 • 소세포 폐암과 기관지암이 ectopic ACTH 증후군과 관련
	스테로이드 장기투여	관절염의 치료, 장기이식 후, 항암화학요법의 보조요법으로 스테로이드를 장기 투여하는 경우	

(2) 증상

당 대사 증가		계속적인 고혈당(스테로이드성 당뇨병) – 비정상적으로 혈당이 높아짐
비정상적 지방 침착	기전	• 지방 합성이 촉진되고 지방산의 대사가 느려져 신체 지방 증가 • 합성된 지방에서 지방산의 유리 증가로 혈중 지방산의 농도 상승 • 지방의 비정상적 분포 – 월상안, 몸통비대, 사지는 가늘고, 들소목
	중심성 비만 (central obesity)	몸무게가 지나치게 많이 증가함 • 몸통은 비대해지지만 팔과 다리는 상대적으로 날씬한 모습을 보임
	월상안 (moon face)	비만으로 인해 얼굴 주위(쇄골 위)에 지방이 침착되며, 결국 달 모양과 같은 둥근 얼굴형의 모습을 보임(만월형 얼굴)
	들소목 (buffalo hump)	뒷목 바로 밑 견갑골 사이에 지방이 축적됨
	임신선	임신선과 같은 줄이 복부와 골반부에 나타남. 특수부위의 피부에 지방 조직이 과다하게 축적되어 퍼지면 붉은색의 선(striae)이 나타남
단백 과다 분해		• 근육 소모로 사지가 가늘어짐 • 근허약감 • 모세혈관이 쉽게 파열되어 멍이 잘 듦 • 피부가 얇아지고 상처 치유가 늦어지며 피부감염이 잘 발생

콜라겐 감소	• 골아세포 억제하여 콜라겐과 결합조직 감소 • 뼈 세포질(bone matrix) 소모 – 점차적으로 뼈가 얇아지기 때문에 뼈가 약해지고 부서지기 쉬움 • 칼슘 흡수 감소로 골다공증(진행되면서 병리적 골절, 척추압박골질로 척추후만증), 늑골 골절, 신결석	
수분, 전해질장애	부종, 고혈압 (85%)	• 염류 코르티코이드 → 나트륨 정체 → 고혈압, 체중 증가, 부종 • 글루코코르티코이드 → 혈관 내피의 안지오텐신 I 에 대한 감수성을 높여 고혈압 • 심부전
	칼륨상실 (K$^+$ 감소), 대사성 알칼리	저칼륨혈증 : 부정맥, 근육 허약감, 신장장애
감염 감수성 증가	corticosteroid↑ → T-림프구(세포 매개성 면역) 감소, 호중구 증가와 B림프구의 기능 억제로 항체 활동장애를 줌. 염증, 면역반응의 방어기전 저하로 감염원의 침범에 보호 면역반응이 억압되어 감염에 감수성 증가로 바이러스, 진균 감염에 취약함	
androgen↑ : 다모증, 여드름, 대머리	• 다모증, 여성의 남성화, 여드름, 대머리 • 여성의 경우 얼굴, 목, 가슴, 복부, 허벅지에 과도한 양의 털이 나며 여드름이 생김 • 불규칙적인 월경, 과소 월경, 무월경, 성욕의 변화 • 어떤 환자들은 머리카락이 얇아지며 이마가 벗겨져서 대머리가 되어 감	
피부변화, 색소침착	• 피부가 붉고 얇아짐 → 손상되기 쉽고, 치료 속도도 늦어짐 • 팔, 유방, 겨드랑이 밑(액와), 복부, 엉덩이, 허벅지의 결합조직이 약해져서 피부에 붉고 보랏빛의 늘어지고 갈라진 흔적(striae) • 피부점막에 색소과다침착 – ACTH 과도 → 멜라닌 색소 자극 → 피부와 점막에 과잉 색소침착	
정신장애	심한 허약감, 피로, 그리고 정신적인 장애를 보일 수 있음 • 정신적인 장애로는 기분의 변화, 우울증, 과민성 등이 있으며 수면장애도 흔히 나타남 • 기억력 상실, 집중력 감소, 심한 감정변화, 다행증, 황홀감, 우울증, 스테로이드성 정신병 (steroid phychosis)	
혈액학적 장애 : 안면홍조, 색전	• corticosteroid↑ → 적혈구, 헤모글로빈, 헤마토크리트 상승 → 안면홍조 • 백혈구 증가, 림프구 감소, 호산구 감소 • corticosteroid↑ → 응고인자, 혈소판 증가 → 혈전색전증	
소화성 궤양	• corticosteroid↑ → 염산과 펩신분비 증가 → 위점막 공격 • corticosteroid↑ → 단백질 소모↑ → 위점막 세포의 재생률 감소 → 점막 손상에 반응 하여 마개를 형성하지 못하여 방어력 감소 → 위염, 위궤양, 소화성 궤양을 유발	

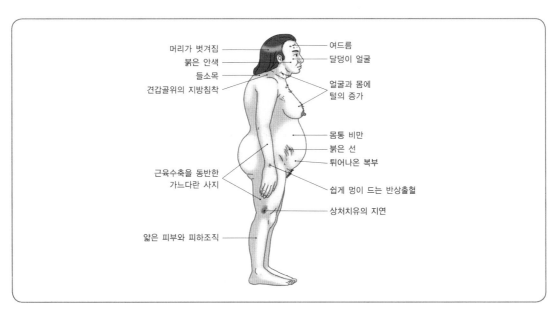

| 쿠싱증후군의 소견 |

(3) 치료

약물요법		corticosteroid 요법
스테로이드 부작용	쿠싱증후군	쿠싱증후군 증상
	백내장	수정체의 응고, 괴사로 백내장
	녹내장	방수의 유출장애로 안압이 증가되어 녹내장
	무혈관성 골괴사	관절의 뼈로 가는 작은 혈관을 수축시켜 혈액 공급이 차단됨으로 고관절, 슬관절, 여러 관절에서 무균성 무혈관성 골괴사가 생김
	성장억제	시상하부 – 뇌하수체 축이 억제되어 성장 호르몬 감소로 성장 억제
수술	• 부신샘종이나 악성종양 시 부분 혹은 전체 부신절제술(adrenalectomy) • 이소성 ACTH 분비성 종양 – 양측 부신절제술	
	양측 부신절제술	평생 동안 호르몬 대체 요법으로 당류 코르티코이드와 염류 코르티코이드를 투여
	한쪽 부신절제술 [국시 2017]	• 한쪽 부신샘만 절제하는 경우는 코르티손 15~20mg 정도를 6~12개월 동안 투여 • 건강한 쪽의 부신피질 기능이 회복될 때까지 cortisol 보충을 실시
수술 전 간호	• 고단백질, 고비타민 식이 • 비타민과 단백질은 수술 후 조직복구와 상처 치유에 필요 • 전해질과 혈당치를 검사하고, 이상이 있으면 미리 교정 • 수술하는 날 아침과 수술 중에 코르티코스테로이드를 근육이나 정맥 내로 투여 • 감염의 위험성이 높기 때문에 기침과 심호흡, 체위변경의 중요성을 교육	

수술 후 간호	쇼크 예방	• 15분마다 활력징후를 측정(저혈압, 맥박↑ 등) • 핍뇨 관찰, 소변배설량 기록 • Addison 위기 징후 관찰
	감염 예방	• 수술 후 호흡기 감염을 예방하기 위해 기침과 심호흡, 체위변경이 필요함 • 상처 감염을 예방하기 위해서는 철저한 무균법으로 수술부위 치료 • 체온, 백혈구 수치, 상처 분비물을 규칙적으로 사정
	코르티손의 유지	• 회복기에 접어들면 호르몬 대체요법의 자가투여에 대한 지침 제공 • 부신피질호르몬의 정상 분비상태와 일치하도록 코르티손은 하루 양의 2/3는 아침에, 나머지 1/3은 오후 4시 이전에 복용하도록 함. 코르티손은 중추신경을 자극하는 작용이 있으므로 오후 늦게 투여하면 수면에 방해가 됨 • 이 약물은 궤양을 형성시킬 수 있으므로 위 자극을 최소로 하기 위해 식사와 함께 투여하는 것이 좋음 • 환자가 스트레스 상태가 될 때는 투여량을 증가시켜야 하며 갑자기 약물을 끊지 않도록 주의를 줌 • 한쪽 샘을 절제한 경우는 코르티손 15~20mg 정도를 6~12개월 동안 투여해야 하며, 양측 절제 시에는 일생 동안 투여해야 함
방사선요법		• 원발성 뇌하수체 종양과 이소성 ACTH 분비샘종을 치료하는 데 사용 • 정상 조직도 파괴할 수 있으므로 대상자의 의식, 동공반사, 두통, 혈압 및 맥박상승과 같은 신경학적 기능 상태와 변화를 주의 깊게 관찰

(4) 부신위기관리

조기증상		안절부절못함, 탈수, 빈맥
후기증상		극심한 허약감, 심한 저혈압, 심한 복통, 발열, 구토 → 쇼크
치료		⭕ corticosteroid 요법 • 일측 절제: ※ 일정기간 코르티솔 투여(충분한 양의 코르티솔이 분비될 때까지 15~20mg 정도를 6~12개월 동안 투여) • 양측 절제: 일생동안 스테로이드 요법 시행
corticosteroid 요법 교육 [국시 2009 · 2011]	코르티솔 투여지침	• 아침 복용(2/3) + 오후 4~6시 복용(1/3) 　(코르티손은 중추신경을 자극하여 오후 늦게 투여하면 수면 방해) • 코르티솔의 자가근육주사방법 습득

부신위기예방	• steroid를 계속 사용한 경우 스트레스 증가 시(수술, 치과치료, 독감, 고열, 임신, 정신적 충격) 부신위기초래 가능 　→ 증상 발생 시 의사에게 보고 　→ 처방에 따라 용량 증가 　→ 갑작스런 약물 중단 금지 • 투약 팔찌를 착용하고 위급한 상황인 큰 사고, 수술에 용량을 증가시킴
위장장애 예방	• 스테로이드제제를 식사나 간식과 함께 투여 • 글루코코르티코이드 증가는 염산과 pepsin 분비를 증가시켜 궤양을 형성시킬 수 있으므로 위 자극을 최소로 하기 위하여 식사와 함께 투여하는 것이 좋음 • 소화성 궤양으로 상복부 통증, 위장 출혈, 혈변 증상 관찰 　- 증상 발생 시 제산제 투여 	제산제와 금지	철분제제, digitalis, 위산 분비 억제제, 점막보호제 | 	제산제와 함께	steroid, famotidine(pepcid), NSAID, 중주신경자극제(ADHD) | • 위장을 자극하는 음식을 섭취하지 않음
갑작스런 약물 중단금지	• corticosteroid 투여를 갑자기 중단하면 급성 부신기능 부전을 초래하고 관리하지 않으면 사망할 수 있음 • 점진적 용량 감소(7~10일에 걸쳐 용량↓) → 중단 • 고용량의 호르몬을 투여할 경우 시상하부-뇌하수체-부신 축이 억제됨. 부신피질 스테로이드를 점진적으로 용량을 줄여 하루씩 걸러서 투여하면 호르몬을 투여하지 않는 날에는 시상하부-뇌하수체-부신 축의 기능이 점차적으로 회복하여 급성 부신기능부전 예방
감염예방	• 코르티솔의 과잉분비는 면역계를 억압하므로 감염에 노출되지 않도록 예방 • 감염 증상을 주의 깊게 사정 　→ 코르티솔의 과잉분비는 감염을 은폐하므로 경한 증상도 실제적으로는 심한 상태임을 의미함
골다공증 [국시 2015]	• 골밀도 감소로 골밀도 감시 • 근육약화, 골다공증으로 가벼운 외상에 병리적 골절로 외상을 받지 않도록 보호 • 적당량의 단백(고단백질), 고칼슘 식이
체중 증가	매일 같은 상태(시간, 의복)로 체중을 측정하여 수분 정체 정도 사정
혈압, 당뇨 관찰	• 정기적 혈당 측정 및 고혈당 방지 위해 혈당 조절 • 활력징후를 측정하여 혈압 증가를 보고

	식이	• 체액이 정체되면 저소듐 식이 • 저포타슘 혈중 예방을 위해 포타슘이 풍부한 음식, 포타슘 보충제 제공 • 저지방 식이
	사고과정장애	• 스테로이드요법은 정신 및 감정의 변화를 초래함 • 정신상태, 기억, 사고 장애를 평가하여 정신상태의 변화가 나타나면 기록하고 담당의사에게 보고함 • 극심하게 우울해 보이는 환자는 세심하게 관찰함(우울한 기분, 흥미와 즐거움 상실, 무가치감, 죄책감, 정신 운동성 초조, 지연, 집중력 감소, 죽음, 자살 생각) → 환자가 자신의 느낌과 염려를 표현하도록 도움
호르몬요법의 부작용	경한 부작용	여드름, 체중 증가, 두통, 피로감, 배변횟수 증가
	심한 부작용	직립성 저혈압, 오심, 구토, 갈증, 복통, 감염 발생, 상처치유 지연
	대사성 부작용	만월형 얼굴, 들소목, 골다공증, 척추 압박골절, 근허약감
	중추신경계	황홀감, 흥분, 행복감, 불안, 불면증
	내분비계	뇌하수체전엽기능 억제, 성장장애,
스테로이드 장기복용 시 부작용 [국시 2004 · 2006 · 2009]	쿠싱증후군	쿠싱증후군 증상
	수분정체 및 혈압상승	염류피질호르몬의 효과와 관련됨
	감염에 대한 감수성 증가	면역계의 억압
	근육허약감, 근육 손상	당류피질호르몬에 의해 단백질 이화작용 증가
	골다공증, 골절	칼슘대사의 변화는 뼈에서 칼슘이 빠져나가게 함
	무혈관성 골괴사	관절의 뼈로 가는 작은 혈관을 수축시켜 혈액 공급이 차단됨으로 고관절, 슬관절, 여러 관절에서 무균성·무혈관성 골괴사가 생김
	포도당 내인성 장애, 고혈당	당류피질호르몬에 의한 당원신생 증가
	체부에 지방축적 증가	당류피질호르몬에 의한 지방합성 증가
	성장 억제	시상하부-뇌하수체 축이 억제되어 당류피질호르몬에 의한 성장 호르몬 감소로 성장 억제
	정서적 변화 (불안, 우울, 수면장애)	알려지지 않음

위염, 위궤양, 소화성 궤양	직접자극 또는 단백질의 소모로 인함
백내장	수정체의 응고, 괴사로 백내장
녹내장	방수의 유출장애로 안압이 증가되어 녹내장
췌장염	당류피질호르몬에 의한 지방대사의 영향

(5) 간호

문제	간호적용
심리적 불안정	• 신체 모양의 변화에 대한 감정을 표현하도록 한다. • 대상자를 지지해 주고 수용 태도를 취한다. • 자기 이미지를 좋게 생각하도록 해준다. • 교육 계획을 세우고, 몇 가지 신체적 변화는 치료 후 원상으로 회복될 수 있음을 알린다.
감염	• 증상과 징후를 사정한다. • 내과적 무균술을 사용한다. 심리적 손상을 고려하면서 가능한 감염원으로부터 격리하도록 한다. • 처방에 따라 항생제를 투여한다.
허약감	• 사고로 인한 손상을 받지 않도록 보호한다. • 안정을 취하게 하며 활동 시 부축해 준다.
위궤양과 당뇨병	• 저당질 식이 섭취를 장려하고 소량을 자주 섭취하게 한다. 처방에 따라 제산제를 투여한다. • 요당과 아세톤을 검사한다.
염분과 수분의 축적	• 고혈압과 울혈성 심부전의 징후가 있는지 관찰한다. • 활력징후가 안정되었는지를 평가한다. • 부종을 사정하고 체중을 주기적으로 측정한다. • 처방에 따라 저염식이를 준다.
쇼크	• 활력징후를 주의 깊게 모니터한다. • 정맥 내 수액을 투입하고 주기적으로 측정한다. • 소변 배설량을 측정한다.
통증	통증을 평가하고 처방에 따라 약물을 투여한다.
오심, 구토	복부팽만이 있는지 확인하고 처방에 따라 위관을 사용하고 구강간호를 자주 한다.
심장 합병증	• 치료 효과를 평가하고 약물의 부작용을 설명해 준다. • 처방에 따라 digoxin을 투여하고 맥박을 주의 깊게 측정하며 칼슘양의 변화를 관찰하여 digoxin 중독증을 예방한다.

3 알도스테론증(aldosteronism)

정의	부신의 염류피질호르몬(mineralocorticoid)인 알도스테론의 과잉분비 상태	
분류	원발성	• 한쪽 또는 양쪽 부신피질에서 알도스테론이 과잉분비되는 질환 • 대부분 aldosteronoma라는 양성 종양 • 90% 정도가 편측성 샘종
	원발성 알도스테론증의 결과	 | 과다한 알도스테론 분비는 Na^+과 수분정체 증가, K^+ 배설 증가 |
	속발성	• 부신 이외에서 생긴 자극으로 인해 알도스테론 분비가 증가된 상태 • 주로 부종성 장애(심부전, 복수가 찬 간경화증, 콩팥증)의 결과로 오나 다양한 병리적 요인에 의해 레닌 분비가 자극을 받을 때 나타남 • 대부분 고혈압과 관련
증상	과도한 알도스테론의 분비	• 요세관 상피세포에서 나트륨과 수분의 재흡수를 자극 • 수소이온과 칼륨을 배설 • 나트륨의 정체는 수분정체를 동반하여 혈량을 증가시키고 혈압 상승 (고혈압) • 치료를 하지 않으면 고혈압으로 인한 시력장애, 심부전, 콩팥 손상, 뇌졸중 등이 나타남
	저칼륨혈증	• 정상 신경근 흥분의 감소로 근육약화, 마비, 심부건 반사 감소, 심전도의 변화, 심부정맥 등 • 더욱 심해지면 콩팥요세관(신세뇨관)의 소변 농축능력이 상실되어 다뇨가 발생하며 수분소실이 증가하고, 다갈, 다음증 • 원위세뇨관에서 칼륨과 교환하기 위하여 수소이온을 세포 내로 이동 → 대사성 알칼리증을 초래 • 대사성 알칼리증은 이온화된 칼슘량을 감소시켜 강직(tetany)을 초래하고, 호흡 억제를 가져옴

치료	• 일측성 혹은 양측성 부신 절제술
	• 투약
	  - 치료의 목적은 고혈압을 완화시키고, 저칼륨혈증을 교정하여 콩팥 손상을 예방하는 데 있음
	  - 샘종을 외과적으로 절제할 수 없는 경우 spironolactone(aldactone)을 투여하여 나트륨 배설을 증가시키고 고혈압과 저칼륨혈증을 치료함
	  - 이 경우 고칼륨혈증으로의 진전을 예방하기 위해 환자의 칼륨 양을 주의 깊게 확인해야 함. 특히 칼륨보충제나 고칼륨식이를 섭취하는 환자는 더욱 주의를 요함

간호	• 진단과 조기치료를 통해 영구적인 손상이 오지 않도록 도와주어야 함 • 매일 섭취량과 배설량, 체중을 측정하고, 활력징후를 자주 측정함 • 고혈압으로 인한 증상과 징후, 울혈성 심부전 증상(호흡곤란, 폐의 수포음, 기좌호흡, 경정맥 팽대), 부정맥 등에 대한 관찰이 필요함 • 저칼륨혈증으로 인한 증상을 사정하고, 저칼륨혈증성 알칼리증으로 인한 마비와 강직 증상을 사정함 • 식이는 고단백, 저나트륨, 고칼륨식이를 하도록 함 • 부신절제술 후 일시적 또는 영구적인 호르몬 대체요법을 위해 약물의 작용, 용량, 부작용 등을 설명하며, 정기적인 추후 관리의 필요성을 교육하도록 함 • 혈압과 맥박을 규칙적으로 측정하여 이상이 있을 때 병원을 방문하도록 교육함

4 부신피질 기능저하증 - 애디슨병(Addison's disease) [1992 · 1994 기출]

(1) 개요

정의		부신피질호르몬의 분비가 감소된 상태
분류	원발성	• 부신 자체의 질환 때문에 호르몬의 생성이 안 됨 • 만성 원발성 부신피질 기능저하증은 '애디슨병'이라 함
	속발성	시상하부-뇌하수체의 기능저하로 인함
원인	양측 부신절제술을 수행하였을 경우	-
	부신의 출혈성 경색이나 괴사	부신의 출혈은 뇌막염구균에 의한 패혈증의 합병증과 항응고요법의 합병증
	부신 파괴나 위축	• 대부분 만성 결핵에 의한 부신의 파괴 • 원인불명 또는 자가면역으로 인한 부신 위축
	뇌하수체 기능부전 상태	ACTH↓ → 부신에서 코르티솔과 안드로겐↓

	시상하부−뇌하수체의 ACTH 분비 억압		• 스테로이드 장기 투여 • 갑작스런 약물 중단 → 순환 혈액 내에 감소된 당류코르티코이드 농도에 시상하부와 뇌하수체가 정상적으로 반응하지 못하여 부신피질 기능저하 증상 발현 • 스테로이드제를 격일로 투여하거나 약물의 용량을 서서히 감소시키면 보통 부신샘은 정상 기능으로 돌아옴
병태생리	부신피질 기능저하		• 당류피질호르몬(코르티솔)분비장애 　→ 포도당, 지방, 단백대사장애, 수분전해질, 근육강도 변화 • 염류피질호르몬(알도스테론)분비장애 　→ 포타슘, 쇼듐, 수분 불균형 • 남성호르몬(안드로겐) 생산 감소 → 여성의 체모 감소
	Na$^+$, K$^+$ 교환능력상실		Na$^+$ 배설이 증가되어 저혈량, 저혈압, K$^+$ 증가
	알도스테론 결핍		• 수분 배설 증가, 세포 외액량 감소(탈수), 저혈압, 심박출량 감소, 심장 크기 감소(감소된 혈량 때문), 저나트륨혈증 증상(어지러움, 혼돈, 신경근육 불안정, 체위성 저혈압) • 결국 체액량 감소로 인해 순환성 허탈과 쇼크 • 칼륨의 체내 축적은 부정맥과 심장정지를 일으킴
	당류코르티코이드 결핍	저혈당	❂ 당류피질호르몬(코르티솔)의 부족으로 저혈당 • 허약하고 지침, 식욕부진과 체중 감소, 오심, 구토, 설사 • 심리적으로 경한 신경 증상에서 심한 우울증까지 변화 • 가벼운 스트레스에 대한 저항력까지 감소하게 되며 수술, 임신, 외상, 감염, 더운 날 심한 발한으로 인한 나트륨 상실 등은 애디슨 위기로 진전
		색소침착	• 당류코르티코이드의 결핍은 뇌하수체를 자극하여 과량의 ACTH와 멜라닌세포 자극호르몬을 분비하게 함 • MSH의 분비 증가는 피부와 점막에 색소 침착을 증가시키고 태양에 노출된 신체부위는 구릿빛 　− 손바닥, 무릎, 팔꿈치 등과 같이 압력이 가해지는 부분에서 더 심할 수 있음
	안드로겐 결핍	남성	고환에서 성호르몬의 적당량이 분비되기 때문에 부족 증상이 나타나지 않음
		여성	과소월경, 무월경, 겨드랑이나 음모 등 체모 감소

부신피질 기능저하증의 임상증상	일반증상	• 발병속도가 느리고 잠행성이며 치료를 하지 않는 경우 치명적 (수분배설 증가 → 체액량 감소 → 순환성 허탈과 쇼크, 사망 가능) • 전신쇠약, 체중 감소, 저항력 감소 등이 나타남
	신경근육증상	• 근육쇠약 • 피로 • 관절 및 근육통증
	위장관증상	• 식욕부진 • 오심, 구토 • 복통 • 배변의 변화(변비/설사) • 소금 과다 요구
	피부증상	• 백반(vitiligo) • 과잉색소침착(hyperpigmentation)
	심혈관증상	• 빈혈 • 저혈압 • 저나트륨혈증 • 고칼륨혈증 • 고칼슘혈증
	저혈당	50%에서 발생
	수분전해질장애	• 포타슘배출 저하, 저나트륨혈증, 저혈량증 • 포타슘 정체로 산증 • 근육약화, 이완성 마비 • 저나트륨혈증으로 어지럼증, 혼동 • 체액량 결핍으로 탈수, 피부긴장도 감소, 안구함몰, 구강점막건조, 저혈압
	성적특징	• 여성: 월경변화(과소월경·무월경), 체모(겨드랑이·음모)가 감소 • 남성: 발기부전
	심리	무기력 우울증 신경증, 정신증
	부신위기	※ 심한 저혈압, 혼수, 오심구토, 복부경련, 탈수동반 설사, 청색증 발열 증 응급상태 • 부신절제술 이후 발생가능

(2) 일차성(Addison병, 애디슨씨 병)

저나트륨혈증	• aldosterone↓ → Na^+ 배출 증가 → 저나트륨혈증 • 신경 충격 전달 감소로 근육 쇠약, 근긴장 저하, 심부건 반사 저하, 두통, 혼동, 오심, 구토, 설사, 복통, 식욕부진
저혈량증	• aldosterone↓ → 수분배출 증가 → 탈수 증상 • 저혈압, 피부 긴장도 감소, 구강점막의 건조, 안구 함몰
고칼륨혈증	• aldosterone↓ → K^+ 배출 저하 → 고칼륨혈증 • 식욕부진, 오심, 구토, 경련성 복통, 설사 • 부정맥 • ECG상의 변화: QRS의 진폭은 감소하고 넓어지고 T-파는 올라감 • 심한 경우 심정지
산증	aldosterone↓ → HCO_3^- 배설, H^+의 재흡수 촉진 → 산증

(3) 공통성(Addison병, 애디슨씨 병)

저혈당	글루코코르티코이드 부족으로 당원 분해와 당 신생이 감소하여 저혈당, 기초대사량 감소, 무력감
체중 감소	식욕부진과 탈수
성적변화	• 여성: 액와모발 상실, 월경 변화 • 남성: 발기부전
정신이상	무기력, 혼란, 우울, 정신증
피부증상	• 색소침착 – 원발성(일차성)은 ACTH 증가로 멜라닌세포 자극 호르몬 분비 • 백반, 피부탈색 – 속발성은 ACTH 감소로 백반, 피부탈색

(4) 치료

치료	• 호르몬 복위요법 • 전해질의 균형을 유지하기 위한 고염분, 저칼륨식이
간호	• 정서적 지지 • vital sign, body weight 측정 • 호르몬 복위요법의 부작용(쿠싱증후군, 염분·수분 축적, 갑자기 약물 중단 시 애디슨 위기) 관찰 • 고탄수화물, 고단백식이를 제공함 • 수분 섭취량과 배설량을 정확히 측정하도록 함

- 환자교육
  - 호르몬 복위요법에 필요한 약제를 환자 스스로 안전하게 복용하도록 함
  - 의사의 처방이 없는 약은 사용하지 않도록 함
  - 감염의 증상이 나타나면 의사에게 곧 보고하고, 감염을 피하도록 함
  - 더울 경우는 힘든 일을 피하도록 하며 규칙적인 운동을 함
  - 계속 의사의 지시를 받도록 함
  - 긴장을 피하도록 함

PLUS

애디슨 치료약물

1. 당류피질호르몬의 부작용
① 수분과 전해질 : 저칼륨혈증, 저칼슘혈증, 울혈성 심부전, 고혈압, 체액정체, 체중 증가
② 근골격계 : 허약감, 근육병변증, 대퇴와 상완의 무균성 괴사, 골절, 골다공증
③ 심맥관계 : 혈전색전증, 저칼륨혈증과 관련된 부정맥, 고혈압, 최근 경색으로 인한 심근파열, 심장비대
④ 위장관계 : 췌장염, 소화성 궤양, 장염, 궤양성 식도염
⑤ 피부 : 상처치유의 지연, 얇은 피부, 점상출혈, 피부반응검사 억제, 발한, 알레르기 반응
⑥ 신경계 : 경련, 스테로이드성 정신증
⑦ 내분비계 : 무월경, 폐경 후 출혈, 쿠싱양상의 악화, 아동의 성장억제, 인슐린 저항성 당뇨발현

2. 염류피질호르몬의 부작용
① 심맥관계 : 고혈압, 체액정체, 체중 증가, 심장비대
② 내분비계 : 약물로 인한 부신부전
③ 피부계 : 멍, 발한
④ 기타 : 저칼륨혈증, 알레르기 반응

5 급성 부신기능상실증(부신 위기)

정의	• 부신기능 지하증에서 적절한 호르몬 대체요법을 받지 않은 대상자가 스트레스를 받을 때 발생하는 급성 반응으로 부신위기(adrenal crisis, addisonian crisis)라고도 하며, 생명을 위협하는 급성 상태 • 알도스테론과 코르티솔의 결핍으로 인하여 저혈량성 저혈압으로 인한 쇼크가 일어남 • 부적절한 약물 치료로 상태가 급성으로 진전하여 순환 허탈로 치명적 상태
검사소견	• 혈중 나트륨과 칼륨의 비율이 1 : 30 이하로 고칼륨혈증 • 혈장, 코르티솔 및 나트륨은 정상이거나 감소하며 호산구는 상승
원인	스트레스 요인으로 임신, 수술, 감염, 탈수, 식욕부진, 발열, 정서적 스트레스, 코르티솔의 갑작스러운 중단 등

임상증상		• 갑작스런 극심한 허약감, 오심, 구토, 설사 • 심한 복통, 심한 두통 등의 통증 및 다리의 통증 • 고열상태에 이어 체온이 저하됨 • 말초혈관 허탈 : 심한 무기력, 심한 저혈압, 청색증, 쇼크 • 혼수, 고칼륨혈증으로 사망 초래 • 콩팥기능상실, 무뇨, 신부전 • 의식저하 혼수, 사망
응급 간호	목적	쇼크를 완화시키고, 순환을 회복시키며, 필요한 양의 스테로이드를 보충
	활력징후	기도를 유지하고 활력징후와 간호사정을 자주 실시하여 환자 상태를 파악
	스테로이드	• 수용성 당류코르티코이드인 hydrocortisone succinate(solucortef)나 hydrocortisone phosphate 100~200mg을 즉시 정맥주사하고 2~4시간마다 50~100mg 투여 • 스테로이드를 생리식염수 1,000mL에 용해하여 정맥주입하고, 점차 용량을 감소시켜 근육이나 정맥으로 6~8시간마다 투여
	저혈압	저혈압을 교정하기 위해 dopamine, neo-synephrine 같은 혈압상승제를 투여
	모니터	• 일반혈액검사, 특히 호산구 검사를 하며 전해질, 혈액요소질소, 혈당, 혈액응고검사, 혈장 내의 코르티솔, 혈액 및 소변배양 검사 실시 • 심장모니터 • 유치도뇨관을 삽입하여 적어도 매시간 소변량을 측정하고 핍뇨가 나타나는지 모니터
	관리	• 환자가 더 이상 신체적, 심리적으로 스트레스를 받지 않도록 환경 관리 • 당류코르티코이드의 용량 과다로 인한 증상, 수분정체로 인한 전신 부종과 고혈압 및 저칼륨혈증으로 인한 마비, 정신증(psychosis), 의식상실 등의 증상을 관찰 • 애디슨 위기는 빠르고 효과적인 치료로 보통 12시간 내에 사라지고 환자 상태는 안정되며 회복기가 시작됨
치료		• 체액과 전해질의 불균형 교정 : 등장성 수액, 산소공급, 혈관수축제 • 저혈당 교정 : 포도당 정주 • 체액감소로 인한 쇼트, 신부전 대처 : 시간당 소변점검, 활력증상, 체중측정 • Steroid제 대체 　- 수용성 당류피질호르몬제인 hydrocortisone phosphatef를 생리식염수에 용해하여 정맥주사, adrenocorticoid도 함께 투여 　- 점차 감량 후 근육이나 정맥으로 투여(과도한 위산 분비·스트레스를 피하기 위해 식사, 우유, 제산제 제공) • 위기가 지날 때까지 절대안정 / 적절한 휴식과 점진적 활동 증진 • 위기증상 관찰 • 신체적·정서적 스트레스 적은 환경 제공

- 원인교정(감염, 불충분한 약물 투여 및 갑작스런 중단, 스트레스, 정신적 흥분 등)을 맞추기 위해 정맥주사를 투여 : adrenocorticoid도 함께 투여
- 감염으로부터 환자를 보호
- 위기가 지날 때까지 절대안정

6 부신수질질환 : 크롬친화세포종(pheochromocytoma)

(1) 원인

원인	cathecholamin을 분비하는 부신수질의 종양	
갈색세포종	• 부신수질 내에 생기는 조그마한 종양 • 일반적으로 양성이며 10% 이하에서만 악성 • 크롬친화성 세포로 구성 • 이 종양은 심한 증상을 나타낼 수 있고 에피네프린과 노르에피네프린의 과량 분비 때문에 사망을 초래하기도 함 • 고혈압 환자의 0.1% 정도는 이 질병으로 인해 발병 • 남자보다 여자에서 이환율이 약간 높으며 보통 중년기에 흔하고 60세 이후에는 드묾	
증상	고혈압	혈압상승, 심장혈관계 장애(에피네프린과 노르에피네프린의 과량 분비 때문에)
	고혈당	에피네프린과 노르에피네프린의 과량 분비로 인해 발생
	교감신경계의 과잉 자극	심계항진, 심한 발한, 다뇨, 설사, 진전, 심한 불안, 전율, 두통, 어지러움, 이명, 호흡곤란
임상검사	X-선 검사	흉부, 복부, X-선 검사
	VMA 검사	VMA 검사(vanillylmandelic acid) - 24시간 소변의 VMA 증가
치료	• 종양 제거술 • 내과적 치료 : 고혈압, 당뇨	
간호	• 환자는 입원 시부터 신체적·정신적으로 지친 상태이며 대사가 높기 때문에 안정을 취하는 것이 가장 중요함. 안정을 도모하기 위해 진정제가 처방될 수 있는데 진정제에 대한 저항성 때문에 정상 양보다 더 많은 용량이 필요하게 됨 • 신체적·정신적으로 불안정하고 시력의 장애도 있을 수 있으므로 사고를 예방하기 위하여 주의를 기울여 안전 관리를 잘 하는 것이 필요함 • 환자는 대사가 증가하여 더위를 못 견디고 땀과 피부 분비물이 많으므로 목욕을 자주 하도록 함 • 비타민, 무기질, 칼로리가 충분한 식이를 섭취하여 대사 요구에 맞도록 해야 하지만, 당뇨가 있는 경우에는 탄수화물과 총칼로리를 제한하고, 커피나 홍차, 콜라는 자극 효과를 증가시키기 때문에 제한함	

| 부신수질호르몬인 catecholamine 수용체와 표적기관에 대한 효과 |

기관	수용체	효과
심장	β_1	주기적 운동 활동, 수축작용
혈관	α	혈관 수축(정맥수축, 정맥귀환량 증가)
	β_2	혈관 확장
위장계	α	괄약근 강도 감소
	β_2	위장운동 감소
신장	β_2	레닌분비 증가(나트륨 재흡수 자극)
기관지	β_2	기관지 이완, 확장
방광	α	괄약근 수축
	β_2	배뇨근 이완
피부	α	발한 증가
지방세포	β	지방분해 증가
간	α	당질 신생/당원 분해 증가
췌장	α	글루카곤과 인슐린 분비 감소
	β_2	글루카곤과 인슐린 분비 증가
눈	α	동공확장

04 갑상샘질환

✎ 갑상샘의 해부와 생리
① 갑상샘 해부
- 갑상샘은 목에서 기관(trachea)의 바로 앞에 놓여있는 좌우 두 개의 엽으로 구성된 내분비선이다.
- 두 개의 좁은 협부(isthmus)로 연결되어 전체적으로는 '나비 모양' 혹은 'H'형을 이루고 있다.
② 갑상샘 생리
- 갑상샘은 옥소(iodine)를 재료로 하여서 아미노산 Tyrosine을 결합시켜서 갑상샘호르몬을 만든다.
- 갑상샘호르몬은 신체활동의 에너지원의 근원으로써 사용되어 신진대사율(metabolic rate)을 통제하고 성장과 발달, 신경계의 기능, 수분과 전해질 균형 등을 조절한다.

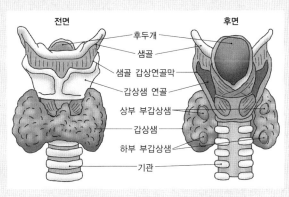

| 갑상샘, 부갑상샘 및 주위기관들 |

1 개요

(1) 갑상샘호르몬의 주요 기능

대사작용	• 단백질 합성과 분해를 촉진한다. • 소량의 갑상샘호르몬은 단백질 합성을 촉진하고, 대량의 갑상샘호르몬은 음성질소 균형(negative nirogen balance)이 될 정도로 이화작용을 촉진한다.
탄수화물 대사	• 내당능(glucose tolerance)이 저하되어 혈당을 상승시킨다. • 장(gut)에서 포도당과 갈락토오스 흡수를 촉진한다. • T4는 포도당 신생작용(gluconeogenesis)과 세포의 포도당 이용을 자극한다. • 단백질로부터 포도당 생산을 증가시킨다. • 간에서 glycogenolysis를 촉진한다. • 탄수화물 대사에 대한 epinephrine과 norepinephrine의 작용을 조절한다. • T4는 과잉상태에서 인슐린을 분해시킴으로써 그 효과를 감소시키는 인슐린 길항제 역할을 한다. • 갑상샘 기능저하증과 같이 T4호르몬이 부족할 때에는 인슐린의 분해가 서서히 이루어져서 인슐린 요구량이 감소한다.

지방 대사	• T4는 지방분해·합성·이동에 영향을 준다.
	• 콜레스테롤 합성과 순환계에서의 콜레스테롤 제거기전을 자극한다.
	• 지방의 전환을 자극하여 유리지방산의 방출을 자극한다.
	• 비타민 대사작용
	  − 비타민의 흡수와 반응에 관여한다.
	  − 장에서 비타민 B$_{12}$를 흡수하려면 갑상샘호르몬이 필요하다.
	  − 간에서 케로틴을 비타민 A로 전환하는 반응에 관여한다.

호르몬 작용	• catecholamine(특히 epinephrine)이 심근에 미치는 작용을 촉진하여 심박수와 심박출량을 증가시킨다. • epinephrine은 중성지방을 분해하고 유리지방산을 방출한다. ☝ catecholamine의 양은 증가시키지 않고 작용을 강화시킨다.
대사율	• 모든 세포의 대사율을 조절하여 산소소비가 증가한다(단 뇌, 고환, 자궁 림프절, 비장, 뇌하수체 전엽만은 산소소비를 증가하지 않는다). • 열생산을 증가시키고 열방출기전을 조절한다. • 기초대사율을 측정하여 갑상샘 활동 정도를 판단하는 검사로 활용한다.
갑상샘의 증대	갑상샘의 증대는 다음 3가지 장애의 원인이 될 수 있다. ① 요오드 부족(단순 갑상샘종: simple goiter, nontoxic goiter, nodular goiter) ② 갑상샘 염증 ③ 갑상샘 종양(양성 혹은 악성 종양)

2 갑상샘 기능항진증(hyperthyroidism) [1992 기출]

(I) 정의

갑상샘 기능항진증 (hyperthyroidism)	갑상샘호르몬의 과다로 인하여 말초조직의 대사가 항진된 상태
갑상샘 중독증 (thyrotoxicosis)	갑상샘 기능항진증의 임상상태
그레이브스병 (Graves' disease)	갑상샘 기능항진, 갑상샘종(diffuse goiter), 안구돌출(exophthalmopathy)의 징후를 동반한 기능항진증을 의미함

(2) 갑상샘 기능항진증의 원인

Graves병 [바제도병 (Basedow's Disease)]	정의	• 가장 흔한 원인(자가면역질환) • 갑상선 기능항진증, 미만성 갑상선 비대, 안구돌출증을 포함하는 자가면역질환

	기전	• 갑상샘 자가항체(Thyroid Stimulating Immunoglobulins; TSI)에 의해 갑상샘 자극 • TSI이 TSH 수용체에 결합하여 자극 　→ 갑상선의 크기 증가, 호르몬 분비 증가(T4, T3가 증가하게 되고 음성되먹임으로 인해서 TSH 분비는 저하)
중독성 다발성 갑상샘종양		• 갑상샘조직일부만 호르몬 생성항진 　－ 심방세동, 심부전 • 눈 돌출은 없고 결절 촉진
이차성 갑상샘 항진증		뇌하수체전엽의 종양, 요오드섭취 부족, 만성갑상샘염 등

(3) 그레이브스병의 원인

자가면역성	갑상샘을 자극하는 항원체가 원인물질
유전적 요소	그레이브스병 환자가족에 갑상샘질환이 많고 특별한 조직적합항원과 관계가 깊음
환경적 요인	스트레스, 바이러스성 감염과 관계가 깊음

(4) 진단검사

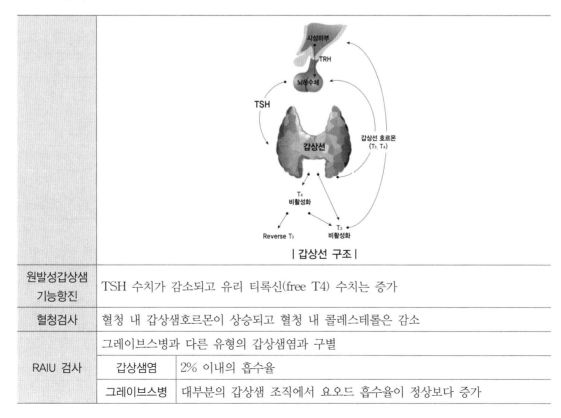

| 갑상선 구조 |

원발성갑상샘 기능항진	TSH 수치가 감소되고 유리 티록신(free T4) 수치는 증가	
혈청검사	혈청 내 갑상샘호르몬이 상승되고 혈청 내 콜레스테롤은 감소	
RAIU 검사	그레이브스병과 다른 유형의 갑상샘염과 구별	
	갑상샘염	2% 이내의 흡수율
	그레이브스병	대부분의 갑상샘 조직에서 요오드 흡수율이 정상보다 증가

(5) 그레이브스병의 진단기준

뚜렷한 외모의 변화	 눈이 크고 돌출되어 있다. 목부분이 부어 있다. Graves병의 특징 | 튀어나온 목(갑상샘종 : Goiter), 불안한 표정, 안구돌출 |
특징적 증상	불안, 안절부절못함, 체중 감소, 더위에 민감, 발한 증가, 손떨림 등의 증상
심혈관증상	• 심질환의 증거 없이 안정 시 맥박 수 90회/분 이상 • 특히 수면 중에는 맥박 수 80회/분 이상
갑상샘청진	갑상샘의 잡음 청진
검사소견	<table><tr><td>혈청 T4, T3 증가</td><td>혈청 티록신(T4)과 triiodothyronine(T3)의 증가</td></tr><tr><td>혈청 cholesterol의 감소</td><td>갑상샘호르몬은 순환계에서 콜레스테롤 제거기전을 자극함</td></tr><tr><td>I-131 흡수(RAIU) 증가</td><td>요오드를 경구적으로 투여한 24시간 후 갑상샘에 섭취된 양 측정</td></tr><tr><td>EKG상 심방세동과 P파와 T파의 변화</td><td>❏ P(심방수축)파의 변화 • 심방 세동 : 불규칙하게 빠른 세동파(350~600회/분), 방실 결절에서 차단, • 심박수 160~200회/분, 매우 불규칙한 맥박</td></tr><tr><td colspan="2">thyroid scan 시 결절 커짐</td></tr></table>

(6) 병태생리 및 증상

병태생리	• 모든 대사(metabolism)가 항진됨 • 산소 소모량이 증가됨 • 열 발생이 증가됨 • 교감신경계의 과민반응이 나타남
안구돌출	• 안와조직과 안구근육에 지방과 수분이 축적되어 안구돌출 발생 • 안구돌출로 근육이 붓고 짧아져 완전히 눈을 감지 못하고(충혈된 결막, 각막의 궤양, 감염) 사물의 초점을 맞추기 어려움(눈의 피로) • 안구돌출로 외안근 비대, 안구운동 장애 • 시신경 장애로 흐릿함, 복시, 눈부심, 눈물의 증가
갑상샘 증식	갑상샘 세포의 비후, 증식으로 갑상샘이 3~4배까지 커질 수 있음

대사항진	• 과다한 갑상샘호르몬은 교감신경계를 자극하여 대사 항진으로 기초대사율 증가 • 열에 민감, 미열 • 식욕 증가에도 불구하고 체중 감소	
호흡곤란	–	
심맥관계	심계항진	–
	수축기압 상승	갑상샘호르몬 상승으로 교감신경이 항진되어 심박수·심박출량 증가로 수축기압 상승
	이완기압 하강	말초조직에서 산소 소비 항진으로 조직으로 산소 공급을 증가시키기 위해 말초 혈관이 확장되어 이완기 혈압 감소
고혈당, 당뇨	T4는 인슐린 길항제로 인슐린을 분해시켜, 인슐린의 효과를 감소시키며 포도당 분해와 포도당 신생 작용으로 인해 당뇨를 유발함	
근골격계	골다공증	뼈 흡수와 뼈 형성이 모두 촉진되나 뼈 흡수가 강하게 촉진되어 골다공증
	근 허약	근육소모, 근무력증
	주기적 마비	• 저칼륨혈증성 주기적 마비 • 앉았다 일어서려 할 때 다리에 힘이 빠져 일어날 수 없는 것 • T4, T3 증가 → glucose↑ → insulin↑ → K^+의 세포 내 이동 → K^+↑
심부건 반사↑	신경 과민으로 과도한 심부건 반사, 미세한 떨림	
위장관계	• 체중 감소 • 신진대사 증진으로 식욕 증가 • 장운동 증가로 잦은 배변, 설사	
무월경	월경과소, 무월경, 월경과다, 불임증, 성욕 감퇴	
피부	발한	더위에 적응하지 못하고 땀을 많이 흘려 따뜻하고 부드럽고 습한 피부(축축함)
	홍조	말초 조직에서 산소 소비 항진으로 말초 혈관이 확장되어 피부가 홍조를 띰
	색소침착	
	모발	가늘고 부드럽고 매끈한 모발, 탈모현상
정서	• 신경질적, 흥분을 잘하고 불안감, 안절부절 상태 • 조용히 앉아 있을 수 없음, 주의집중 감소 • 기분은 주기적으로 경한 황홀감에서 심한 망상 상태까지 변화 • 불면증	

03

| 기관별 임상증상 |

피부	• 홍조(말초조직 산소소비항진으로 말초혈관 확장) • 가늘고 부드럽고 매끈한 모발 • 따뜻하고 부드러운 습한 피부, 발한 (더위에 적응하지 못하고 땀을 많이 흘림)	신경계	• 수명 • 안검퇴축, 안검하수 • 흰 다리 • 과도한 심부건 반사 • 미세한 떨림
호흡기계	호흡곤란(안정성 또는 운동성 호흡곤란) • 호흡 깊이 · 횟수의 증가	심리 및 정서반응	• 주의집중 기간 감소 • 안절부절못함 • 조증행동 • 불면증
심맥관계	• 심계항진, 강하고 빠른 맥박 • 흉통 • 증가된 이완기 혈압 • 맥압 증가 • 빈맥 • 부정맥	대사	• 기초대사율 증가 • 열에 대한 민감성 • 미열
위장관계	• 체중 감소 • 신진대사 증진으로 식욕 증가 • 장운동 증가로 잦은 배변, 설사	생식기계	• 무월경 • 불규칙한 월경 • 월경 감소 • 성욕 감소
근골격계	• 근위부 근육허약 • 뼈흡수와 뼈형성이 모두 촉진되나 뼈흡수가 강하게 촉진되어 골다공증	기타	• 갑상샘의 비대 • 커진 눈(놀란 모습) • 허약, 피로
시력	• 흐릿하거나 복시 • 눈의 피로 • 각막의 궤양이나 감염 • 눈물 증가 • 충혈된 결막	합병증	• 안구돌출증 • 심장질환 • 갑상샘 위기

(7) 그레이브스병의 합병증

안구돌출증	–
심장질환	심방세동
갑상샘위기	• 갑상샘 기능항진증의 증상이 급격하게 심해지는 상태 • 고열, 발한, 심한 빈맥, 흥분, 의식상실, 혼수, 저혈압, 구토, 설사 등의 증상이 나타남

(8) 치료

그레이브스병 갑상샘 기능항진증은 자가면역질환으로 그 자체를 치료할 수는 없으나, 갑상샘호르몬의 생산과정을 억제하여 정상기능을 유지시키는 항갑상샘 요법과 갑상샘 조직자체를 파괴시키는 수술요법 및 방사성 옥소요법 등이 있다.

항갑상샘 약물	항갑상샘제	• 갑상샘호르몬의 생산과정을 억제하며 갑상샘 기능을 정상화 • 보통 1~2년 치료하며 50~60%에서 좋아짐 • 경한 갑상샘 기능항진증, young age, 갑상샘 비대가 심하지 않은 경우 등에 사용
	항갑상샘제 (PTU)	• 항갑상샘제(PTU : propylthiouracil) • 많은 용량으로 시작하여 점차 감량하여 정상을 유지, 작용 느림, 6~8주 요구 - T4의 T3로의 전환을 억제하여 T3를 더 빨리 감소시킴
	부작용	• 피부발진, 위장장애, 가려움증(소양증), 발열 • 중요한 독작용 : 무과립구증, 혈소판감소증 주기적 관찰 • 드물게(5%) 발열, 발진, 관절통 등
교감신경 차단제		• propranolol, reserpine • 교감신경계의 과잉활동 조절 • 교감신경차단제는 교감신경 수용체를 차단시켜 갑상샘 기능항진증의 교감신경계의 과잉활동인 심장 증상, 빈맥, 미세한 떨림, 신경과민, 불안을 조절 • T4가 T3로 전환 억제효과 • 카테콜아민에 대한 민감성 감소 • β-아드레날린 수용체 수를 감소시켜 갑상샘 기능항진증의 심장치료에 효과적 • β-교감신경차단제 propranolol은 신경과민, 빈맥, 미세한 떨림, 불안 등 조절에 유의
요오드제제		potassium iodide, Lugol's solution
	효과	• 갑상선의 혈관 분포를 줄이고 다량의 요오드는 일시적으로 요오드의 갑상서 내 이동 억제로 갑상샘호르몬의 합성을 방해함 • 갑상샘호르몬 유리를 감소, 갑상샘 크기와 혈관분포를 감소
	용법	• 요오드용액과 요오드 화합물은 우유나 과일주스에 희석하여 맛을 좋게 함 • 빨대 사용(치아 착색), 식후 투여 • 항갑상샘 약물보다 빠르게 대사율 감소 but 약리작용은 오래 지속 × • 투여 받는 동안 갑상샘이 커지는지 관찰 • 요오드 포함 약물 or 요오드 반응 증가약물 기침약, 거담제, 기관지확장제, 염분대치물은 피할 것

방사선요오드 치료	• 방사성 동위원소 I-131을 이용하여 갑상샘 세포를 파괴하여 기능을 정상화시킴 • 부작용 : 치료 후 갑상샘기능저하증의 발생빈도 높음 **❍ 치료 시 교육지침** • 변기 사용 후 변기를 물로 2~3회 씻어 내린다. • 방사성요오드의 배출을 촉진하기 위해 수분 섭취를 증가한다. • 식기, 타월을 분리하여 사용하고, 이러한 물건과 속옷 및 침구류는 분리하여 세탁한다. • 대상자가 사용한 세면대나 욕조를 철저히 닦고, 화장실 사용 후 손을 주의 깊게 씻는다. • 며칠 동안은 독방에서 혼자 지내고, 타인과 장시간의 신체접촉을 피한다. • 방사성요오드는 모유로 분비되기 때문에 모유수유를 금한다. • 치료 후 6개월 동안 피임을 한다. • 갑상샘호르몬 수치를 정기적으로 확인한다. • 검사 없이 약물을 바꾸지 않도록 한다. • 갑상샘호르몬 대체약물을 공복에 평생 복용한다.
갑상샘 절제술	• 항갑상샘제 치료 후 재발되었거나 갑상샘비대가 심할 때 한다. • 완전절제 시 갑상샘호르몬 평생 인공으로 보충한다.
안구돌출증	• 눈 주위 부종 완화를 위해 이뇨제 투여 • 눈 주위 염증 완화를 위해 전신 스테로이드 요법 • 폐경기 환자의 경우 에스트로겐 요법 • 눈의 자극 감소 및 통증완화를 위해 0.25 methyl cellulose 용액 점적 • 심한 경우 안와 뒤쪽 조직에 방사선요법을 실시 • 모든 방법에 실패했을 경우 안와감압수술 • 부종 완화를 위해 염분섭취를 제한하고 눈의 기능증진을 위해 매일 눈 주위 근육운동을 격려
심방세동	모니터링
갑상샘위기	PTU, propranolol, 기도개방

(9) 갑상샘 기능항진증 증상 조절 중재

눈보호	• 수면 시 침상머리를 상승하여 부종을 완화시킴 • 수면 시 눈가리개 • 처방에 의해 인공눈물을 투여해 각막의 건조를 완화시키고 자극으로부터 보호 • 안구돌출 심할 시 수면동안 안검에 테이프를 붙여놓음 • 안대를 착용해 각막과 결막의 건조를 보호함 • 색안경 착용 시 눈부심을 줄이는 데 도움이 됨

안위유지	• 다량 발한으로 매일 목욕함 • 침구를 자주 갈아줌 • 열에 예민하므로 실내온도를 낮추고, 가벼운 침구와 잠옷을 사용함 • 최대한 휴식 제공, 피로 경감 위해 활동을 제한함 • 항문 주위 청결 유지 및 필요 시 윤활제 도포(잦은 배변과 설사로 항문 주위 피부가 쉽게 손상되므로)
영양공급	• 하루 4,000~5,000Kcal의 식사 제공 • 고단백, 고탄수화물, 지방과 미네랄이 풍부한 식이, 비타민(vit B)섭취 • 고섬유식이를 피하며, 카페인도 제한함(연동 운동의 증가로 위장이 쉽게 자극) • 식간과 취침 전에 간식을 권장함
수분공급	• 하루 4L의 수분 섭취 권장(발한으로 인한 수분 상실 보충) • 환자의 요구와 입맛에 맞게 여러 방법으로 수분을 제공, 목적(노폐물 희석, 신장으로 배설)을 설명해 줌 • 적절한 체중을 유지하기 위해 매일 체중을 측정함
정서적 지지	• 쉽게 불안하고 흥분하므로 혼자 있도록 독려하고, 방문객을 제한함 • 혼돈이나 불안을 야기하는 이야기는 피하도록 함
수면장애	• 피로를 예방하고 안정을 도모하기 위해 활동을 제한함 • 환자와 가족에게 일상생활의 제한점과 그 이유를 설명해 줌 • 심하게 자극하는 환경(방 안 온도, 불빛, 라디오, 텔레비전 등)을 조절하고, 활동 중간에 휴식을 취하게 함 • 처방대로 안정제를 투여함
환자교육	• 환자 스스로 안전하게 호르몬 제제를 투여하도록 투약의 중요성(약명, 목적, 용량, 작용, 부작용)에 대해 설명함 • 적당한 휴식과 식이의 중요성을 설명함 • 긴장된 상황을 피하도록 함 • 환자에게 갑상샘 기능항진 및 저하증의 증상과 징후 등을 설명함 • 합병증 관찰 : 심부전 증상(운동 시 호흡곤란, 가쁜 호흡, 발작성 야간성 호흡곤란, 부정맥, 나음 등) • 정기적 병원방문의 목적과 중요성을 교육함 : 갑상샘호르몬(T3, T4)의 수치 확인, 약물 용량 조절

✏️ **갑상샘 기능항진증의 간호**

① 눈의 보호   ② 안대 착용
③ 실내온도 낮추기   ④ 시원한 환경
⑤ 체온측정   ⑥ 피부간호

⑽ 갑상샘 절제술 시 관찰해야 할 합병증

후두신경 손상	쉰·약한 목소리 → 환자에게 말을 시켜 쉰 목소리가 나면 의심
저칼슘증 (테타니)	**| 수술시 부갑상샘 손상 및 제거 |** **조기증상** 입 주위나 발과 손의 저린감 **후기증상** Chvostek 징후와 Trousseau 징후 양성, 전신경련 응급 1순위: 부갑상선 제거 시 칼슘 level 저하 → 기도근육 수축 → 호흡기도 폐쇄 → 침대 옆에 반드시 Tracheostomy set & 칼슘 제제 준비 • Chvostek 징후(+): 귀 바로 앞부분의 안면신경 타진 시 같은 측의 안면근육이 수축 • trousseau 징후(+): 팔에 혈압계 커프(cuff)를 감고 압력을 올린 후 1~4분가량 그대로 두었을 때 손이 동물의 발톱 모양으로 수축, 손과 발에 경련 발생

호흡부전	• 가장 위험한 합병증, 응급 1순위
	• 기관과 연접된 부위
	  → 호흡기계의 부종(원인: 출혈, 성문의 부종, 기관의 압박)
	  → 기관 내 삽관, tracheostomy, 산고공급물품, 흡인 카테터 침상 옆 준비
	• 머리 상승 → 드레싱 헐겁게 / 협착음, 호흡곤란, 청색증, 부속근 사용 관찰
	  - 침대 옆에 반드시 기관절개세트 Tracheostomy set(호흡부전대비)
	  - 칼슘(calcium gluconate) 제제 준비

출혈, 조직부종	드레싱 부위 출혈, 질식감, 기침이나 연하의 어려움, 드레싱이 꽉 조이는 느낌 등을 관찰
갑상샘 중독 위기	• 갑상샘 과잉활동의 급성 상황: 수술 시 갑상샘 자극, 감염, 스트레스, 외상 • 조기징후: 고열(40~41℃), 발한, 빈맥(130~160회), 탈수, 저칼륨혈증, 심한 불안정, N/V, 설사, 정신증, 망상, 정신적 흥분, 불안 증가 • 치료: 항갑상샘 약물/정맥 내로 수액 KCl/PTH 경구투여, PTU, 덱사메타손 등 경구 및 정맥투여, 해열제(아세트아미노펜 사용 / 아스피린 금지), 얼음주머니 적용

(11) 수술 후 간호

합병증 관찰	–
호흡부전 관찰	• 응급간호준비(기관지절개세트) • 침대 옆에 반드시 기관절개세트[Tracheostomy set(호흡부전 대비)] • 칼슘(calcium gluconate) 제제 준비
통증완화	진통제
영양상태 유지	고탄수화물과 고단백식이 권장
부동유지	• 반좌위, 머리 옆에 모래주머니 대주기(머리와 목 부동유지로 과다 신전 예방) • 목의 영구적 운동제한 예방을 위해 상처 치유될 때 목의 ROM운동 실시
약물	전체 갑상샘 절제 후 영구적인 갑상샘호르몬 투여 필요

(12) 갑상샘 중독 위기

갑상샘 과잉활동의 급성상황 : 수술 시 갑상샘 자극, 감염, 스트레스, 외상

① 징후

고열	고열(40~41℃), 발한
심계항진	빈맥(130~160회)
저혈압, 쇼크	탈수
호흡곤란	–
소화계	N/V, 설사
의식	정신증, 망상, 정신적 흥분, 불안 증가
저칼륨혈증	• T4는 포도당 분해와 포도당 신생 작용 • T4, T3가 증가 → glucose↑ → insulin↑ → K^+의 세포 내 이동 → K^+↑

② 치료

PTU	• 항갑상샘 약물(PTU) 후 potassium iodide을 줌 • 갑상샘호르몬 분비를 차단함
propranolo	심박동수를 저하시켜 적절한 심박출량을 유지하고 심부전을 방지함
수액, kcl	탈수와 저칼륨혈증을 완화
해열제	• acetaminophen으로 체온을 하강시킴 • 아스피린 금지 : 아스피린은 유리 갑상선 호르몬치를 증가시켜 갑상선 기능항진증 환자에게는 피함
얼음주머니	갑상샘 위기에 고열이 발생하므로 얼음주머니로 전도에 의해 열을 하강시킴

3 갑상샘 기능저하증(hypothyroidsm) [1992 · 1996 기출]

정의		• 갑상샘 기능저하증이란 갑상샘에서 갑상샘호르몬이 잘 생성되지 않아 체내에 갑상샘호르몬 농도가 저하 또는 결핍되어 말초 조직의 대사가 감소된 상태 • 갑상샘 기능저하증의 경우 신체적인 여러 가지 증상이 발생하지만 초기의 경우 쉽게 발견하기 쉽지 않음. 남자보다 여자에게서 5배 정도 더 많이 볼 수 있으며 연령이 많은 사람에게서 주로 발생함
원인	원발성	갑상샘호르몬의 선천적 결핍, 갑상샘 기능항진증의 치료 후 갑상샘 조직을 제거한 경우, 자가면역성 갑상샘염 등
	이차성	뇌하수체 종양으로 샘이 파괴된 상태, 뇌하수체 부전상태 등
	삼차성	시상하부가 TRH를 생성할 수 없고 그 결과 뇌하수체에서 TSH의 분비를 자극하지 못한 상태
병태생리	갑상샘호르몬 생산부족	기초대사율 저하 → 위의 무산증, 위장관운동 저하, 서맥, 신경학적 기능 감소, 기초체온 저하
	갑상샘호르몬 부족	지질대사에 영향 → 죽상경화증, 동맥경화증, 심장동맥질환 발병 증가
	갑상샘호르몬 부족	빈혈 발생
하시모토병		• 하시모토병(Hashimoto's Disease)은 갑상선기능저하증의 대표적인 질환으로 성인에서 갑상선의 종창인 갑상선종의 일반적인 원인임 • 하시모토병은 항체에 의해서 갑상선세포가 공격을 받아 세포가 파괴가 되고 이로 인해서 림프구의 침윤이 일어나기도 하며 섬유화가 일어나기도 함 • 하시모토병으로 인해서 갑상선은 손상을 받고 인체는 갑상선호르몬을 합성하기 위해서 높은 TSH를 분비하나 혈중에 T4, T3는 낮은 농도가 됨
크레틴병 (cretinism) 선천성 갑상샘 기능저하증	원인	• 산모의 요오드 섭취 부족 • 요오드 대사의 선천적 결함 또는 태어나면서부터 합성이 안 되는 경우 • 선천적으로 해부학적 결함이 있는 경우
	징후	지능저하 및 성장발달지연
	치료	조기진단 후 호르몬 요법

(1) 증상

갑상선비대	• 갑상샘호르몬의 생산이 부족하면 이에 대한 보상으로 갑상샘 비대 • 갑상샘 비대로 호흡곤란, 연하곤란	
대사저하	추위	• 열생산 감소, 체온하강 • 추위를 타고(여름에는 더위를 잘 못 느낌), 땀이 잘 나지 않고, 손발이 차게 됨
	지방합성 감소	혈청 콜레스테롤 인지질 중성지방 저밀도 지단백 증가 → 동맥경화, 관상동맥질환
	체중 증가	–
심맥관계	• 심박동수 감소, 박동량 감소, 심박출량 감소, 고혈압, 고지혈증 • 숨이 차고 거동이 힘들며, 맥박이 느려짐 • 빈혈(적혈구 조혈호르몬 생산 감소), 비정상적 혈액응고	
호흡계	산소요구 감소, 호흡횟수 감소, 호흡기 근육 허약	
위장계	• 연동운동 감소, 식욕부진, 체중 증가, 변비, 단백대사 감소, 혈중 지방 증가 • 입맛이 감소되어 잘 못 먹는데도 체중이 자꾸 늘며, 장운동이 감소하기 때문에 변비가 잘 생기게 됨	
근골격	심부건 반사 감소, 근육반응 느려짐, 관절강직과 통증	
요로계	수분정체, 소변배설량 감소, 신체 수분 축적	
피부	얼굴	• 얼굴, 특히 눈 주위와 손발이 붓고, 피부가 누렇게 뜨게 됨 • 마르고 거칠며 껍질이 벗겨지는 피부 • 두껍고 푸석한 얼굴, 무표정한 얼굴, 눈 주위의 부종
	머리카락	거칠고 건조한 머리카락이 빠지고, 눈썹의 바깥쪽 1/3이 빠져 없어짐
	손톱	두껍고 부서지는 손톱
신경계	반사지연	심부건 반사 감소, 근육반응 느려짐, 느리고 답답한 언어구사
	우울	무감동, 우울, 상, 단기간 기억상실, 무력감
생식계	과월경, 배란저하, 불규칙한 월경, 성욕감퇴	
심리 및 정서반응	• 피로감, 느리고 답답한 언어구사, 무감동, 우울, 망상, 단기간 기억상실, 무력감, 말과 행동이 느려짐 • 주위에 대한 관심도 떨어지고, 얼굴에도 무기력한 표정이 그대로 드러나거나 얼굴의 표정이 사라짐 • 기억력이 감퇴되고, 집중이 안 되며, 청력이 감소됨	
기타	• 목소리가 거칠어지고 쉽게 쉬며, 말소리도 느려짐 • 팔다리가 저리고 쥐가 남	
주요 증상	체중 증가, 부종, 피부건조, 무력감, 과월경	

갑상선	갑상샘 비대	갑상샘호르몬의 생산이 부족하면 이에 대한 보상으로 갑상샘 비대, 호흡곤란, 연하곤란
	갑상샘 위축	–
대사	추위	갑상샘호르몬 감소로 기초대사율 감소로 신체내사가 느려지면 열생산이 저하되어 추위에 예민해지고 추위를 견딜 수 없게 됨
	무기력	피로감
	감염	감염에 예민성 증가
심혈관계	서맥	갑상샘호르몬 감소로 심박동수 감소로 서맥
	이완기 고혈압	• 갑상샘호르몬 감소로 신체대사가 감소되어 심박출량도 저하되어 혈압은 정상 또는 저하 • 이완기 고혈압: 고콜레스테롤혈증을 동반하고 혈관 평활근에 영향을 미쳐 동맥경화가 촉진되고 말초혈관저항 증가로 이완기 고혈압 동맥경화 　– 동맥벽 내면에 기름기가 끼고 이상조직이 증식하여 동맥의 탄력이 떨어지고 좁아짐 ☼ • 수축기압: 심장의 수축력에 의해 결정 　• 이완기압: 심장이 이완될 때의 혈압으로 혈관이 피를 내보내며 저항하는 압력, 혈관 저항에 의해 결정됨
	고지혈증 [국시 2007 · 2009]	갑상샘호르몬이 콜레스테롤 제거 기전을 자극하나 갑상샘호르몬 감소로 혈청 내 콜레스테롤과 중성 지방이 증가하고 동맥경화증과 관상동맥 질환이 발생함
위장계	기전	갑상샘호르몬 감소로 위장의 연동 운동이 느려짐
	변비	변비, 식욕 부진
근골격계	관절통, 관절 강직, 관절 삼출액	
피부	건조 피부	발한이 적어 피부가 건조, 마르고 거칠며 껍질이 벗겨지는 피부
	건조 모발	머리카락은 거칠고 마르고 건조해서 빠지기 쉬움 cf) 갑상선 기능항진증: 가늘고 부드럽고 매끈한 모발, 탈모 현상
점액 수종	기전	 | 점액 수종(myxedema) | 단백질 이화가 이루어지지 않아 피부와 조직에 점액소(nRncin, 점막에서 분비되는 점액물질)가 축적되고 삼투압을 형성하여 물이 고여 부어오름

	비요흔성	건조하고 창백한 형태의 부종으로 비요흔성 형태(non pitting edema, 눌렀다 떼면 함몰되지 않고 원래대로 돌아옴)이며, 경골 앞 부위와 얼굴에 흔히 생김
	얼굴, 눈	얼굴, 눈 주위 부종
	혀	점액 수종으로 혀는 부종이 생겨 혀가 앞으로 튀어나옴
	목 쉰 소리	성대에도 부종이 와서 목 쉰 소리
신경계	반사 지연	갑상샘호르몬 감소로 신경계 기능이 느려져 아킬레스건 반사(L5~S2) 지연
	우울증	무감동, 느린 행동, 심해지는 건망증, 느리고 답답한 언어구사, 우울증
혈액계	빈혈	갑상샘호르몬은 적혈구 생성에 중요한 역할로 빈혈을 동반함
생식기계	여성	월경 과다 후 무월경, 무배란, 불임, 자연유산, 성욕 감퇴
	남성	성욕 감퇴, 발기부전, 정자 결핍증 cf) 갑상선 기능항진증 : 월경 과소, 무월경, 월경 과다, 성욕 감퇴
기타		진정제, 수면제, 마취제에 과민하여 사망 초래 가능

추위를 탄다

얼굴, 손발이 붓는다

체중이 증가한다

기억력이 감퇴된다

생리량이 2배 이상이다

피부가 건조해진다

| 갑상샘 기능저하증 |

| 갑상샘 기능항진증과 기능저하증의 비교 |

기관	갑상샘 기능항진증	갑상샘 기능저하증
피부, 모발	발한, 가늘고 매끈한 모발, 따뜻하고 부드러운 습한 피부	푸석푸석, 창백하고 누런 색깔을 띤 피부(빈혈과 고케로딘혈증), 건조하고 거친 피부, 긴조하고 부스러지는 모발
호흡계	호흡곤란(안정 및 운동 시)	늑막삼출, 호흡능력 감소
심맥관계	심계항진, 흉통, 빈맥, 부정맥	심장비대, 심음감소, 심박출량 감소, 동성서맥 등
위장관계	체중 감소, 식욕 증가, 설사	식욕감퇴, 체중 증가, 연동운동감소, 변비, 혈청비타민 B_{12} 저하로 인한 악성빈혈
근골격계	근육허약	근육통증, 근육의 수축과 이완이 지연됨
신경계	수명, 안검하수, 휜다리, 과도심부건반사, tremor	모든 지적능력 저하(지연된 불분명한 말), 무감각, 느리고 둔한 움직임, 건반사 감소
생식계	무월경, 불규칙한 월경, 월경량 감소, 성욕감퇴	무배란, 불임, 월경과다, 성욕감퇴
대사	기초대사율 증가, 열에 민감성, 미열	기초대사율 감소, 열생산 감소, 체온하강, 단백질 감소, 인슐린민감성 저하, 인지질 중성지방 증가
심리 정서	주의집중 감소, 안절부절, 불안정, 조증, 불면증	우울, 무력, 말·행동 느림
기타	갑상샘비대, 안구돌출, 허약, 피로	부종, 점액수종

(2) 갑상샘 기능저하증 진단법

진단	• 기초대사율(BMR)은 30% 이하 • 혈청 내 갑상샘호르몬은 감소 • 혈청 내 콜레스테롤은 상승 • 방사성 요오드 흡수검사 결과는 감소 • 낮은 T3, T4를 보상하기 위해 TSH는 상승

(3) 갑상샘 기능저하증 자가진단 및 치료

자가진단	• 입맛이 없는데 이유 없이 체중이 증가하시나요? • 남들에 비해 추위를 많이 타시나요? • 쉽게 피로하고 무기력해지시나요? • 최근 들어 얼굴과 목이 많이 부으셨나요? • 눈썹이 이유 없이 빠지시나요?

	• 목에 뭔가 걸린 듯한 이물감이 느껴지며 숨쉬기 힘드신가요?
	• 최근 들어 변비가 심해지셨나요?
	• 목에서 쉰 소리가 나시나요?
	• 말이 느려지고 행동이 둔해지셨나요?
	• 피부가 자꾸 푸석푸석하고 건조해지나요?
치료	• 일단 갑상샘 기능저하가 오면 모자라는 만큼의 갑상샘호르몬을 투여하여 정상기능을 갖도록 하는 외에 특별한 방법이 없다.
	• 갑상샘호르몬 제제를 소량부터 시작하여 점진적으로 증량하며 유지량으로 지속한다.
	• cretinism인 경우 정신적 발육부진은 치유되기 어렵다.

⑷ 갑상샘 기능저하증의 보건지도 : 약물, 대사율 감소, 피부통합성 유지

약물 Levothyroxine (Synthyroid)	기전	갑상샘호르몬 결핍 교정으로 증상 완화, 심장과 동맥 손상을 예방
	저용량 시작	• 심혈관질환 예방을 위해 소량으로 시작하며 점차 치료 양을 늘려 지속 • 많은 양의 갑상샘호르몬제를 투여하면 신진대사, 교감신경계가 갑자기 활성화되면서 심근에서 많은 산소를 필요로 함
갑상선 제제의 부작용을 관찰		• 심계항진, 불안정, 불면증, 두통, 협심증, 심근경색, 심부전 등 • 정신상태가 총명해지면 환자는 자신의 질병에 대해서 알도록 하고 남은 생애동안 매일 호르몬제제를 복용해야 함을 교육함
약물요구량 감소		• 신진대사율이 감소되어 약물의 작용 강화로 약물의 요구량이 감소함 • 진정제, 마약의 경우 정상량의 1/2, 1/3을 투여 • 호흡 억압이나 혼수 징후를 관찰
식이		식욕을 관찰하고 체중이 안정될 때까지 저칼로리, 고단백, 고섬유소 식이
변비 예방		섬유소가 풍부한 음식(과일, 야채, 곡물)을 먹게 하고, 6~8잔의 물 섭취
감염 예방		갑상선 기능저하증 환자는 감염에 대한 저항력 감소와 감염은 점액 수종 혼수를 유발함
보온		실내온도를 따뜻하게 유지함
부종		• 부종이 감소되고, 외모의 변화가 있는지를 관찰함 • 욕창증후가 있는지도 관찰함
피부손상의 위험성	부종	• 압박지점(천골, 미골, 팔꿈치, 견갑골)의 발적, 조직손상 관찰 • 체위변경 철저, 압박감소침요사용
	보습	• 목욕 시 비누는 최소로 사용하고 크림과 로션을 발라 줌 • 발한이 적어 피부가 건조하고 거칠고 마른 상태로 보습을 유지함 • 비누는 지방 성분을 제거하여 피부가 건조하여 소양증을 악화시킴 • 비누는 알칼리성으로 피부를 자극하며 피부 자체에 손상을 줌

갑상샘 기능저하증의 예방	• 음식에 요오드염을 첨가함 • 출생 시 조기진단을 위한 검사를 실시함. 신체검진이나 갑상샘 기능검사 시 위험요인을 가지고 있는 환자를 사정함 • 환자에게 호르몬제제의 작용과 약물의 중요성에 대해 설명하고 약물복용을 잘 하도록 교육함 • 약물과 증상을 계속적으로 관리하기 위해 정기적으로 추후검진을 받아야 함

⑸ Levothyroxine(Synthyroid) 약물요법 간호 [국시 2016]

기전 이해	• T4인 갑상샘호르몬은 갑상샘호르몬 결핍 교정 • 증상 완화, 심장과 동맥 손상을 예방 • 갑상샘호르몬 대체 요법을 시작한 후 3~6주가 되면 갑상샘 기능저하증의 증상이 서서히 사라짐	
저용량 시작	• 심혈관질환 예방을 위해 소량에서 시작하여 점차 치료를 늘려 지속함 • 치료 시작 시점에서 많은 양의 갑상샘호르몬제를 투여하면 신진대사율, 교감신경계가 갑자기 활성화됨 　→ 심근에서 많은 산소가 필요함 • 갑상샘 기능저하증 환자는 관상동맥 협착으로 산소 공급이 부족하여 협심증, 심근경색증이 가능함	
	VS 항갑상샘제 PTU	처음에 대량 투여하고 서서히 조금씩 줄여감
매일 아침 복용	• 매일 아침·매일 같은 시간에 1알씩 복용하여 불면증을 예방함 • 복용을 잊은 경우 기억한 즉시 약을 복용함 • 전문가의 처방 없이 중단하거나 약물을 바꾸면 안 됨	
	VS 메틸페니데이트 (methylpenidate)	• 도파민(dopamine)과 교감신경계를 자극하여 집중력을 증가시키는 노르에피네프린(norepinephrine)을 증가시켜 중추신경계를 자극하는 약물을 아침에 복용하고 저녁 6시 이전에 복용함 • 학교 생활 중 약물 효과를 최대화하고 야간에 불면증이 생기지 않도록 함
공복 흡수	이른 아침에 공복 시에 약물을 복용하고 1시간 동안은 음식을 섭취하지 않음 (호르몬 흡수 최대화)	
	공복흡수 증가	• 항결핵약, 비스포스포네이트(파골세포 기능억제), 점막보호제 • 철분제, levodopa, 갑상선제
함께 복용×	• 제산제, 비타민, 무기질, 철분제제, 칼슘 • 갑상샘호르몬을 복용하기 적어도 4시간 전 또는 후 복용(갑상샘호르몬 흡수 억제를 막기 위해)	

두 배 용량	투약을 한 번 놓쳤다면 다음 날 두 배의 용량을 복용함	
	VS 디곡신	약물을 복용하지 못한 경우 두 배의 용량을 복용하지 않음
용량 조절	아동의 연령, 체중이 증가함에 따라 약의 용량 조절	
평생 복용	• 진단 즉시 갑상선호르몬(levothyroxine)을 복용(평생 복용) • 투약은 아동의 뇌와 성장 발달에 필수적임 • 제대로 투여하지 않으면 지적발달 장애와 성장과 발달 지연	
Vit D	• 갑상샘제제를 처음 복용하면 골격이 빠르게 성장하여 Vit D를 충분히 제공하여 구루병 예방 • Vit D 결핍 시에는 성장 중에 뼈에 칼슘, 인의 침착이 되지 않으므로 뼈가 변형되고 이것이 구루병이 됨	
철분	갑상선호르몬은 적혈구를 생산하여 철분 요구량이 증가하므로 다량의 육류, 해산물 제공	
결핍증과 과다증	• 갑상샘 결핍증과 과다증의 증상을 가르쳐주고 적정 약물 용량에 교육 • 갑상선호르몬 과량 복용으로 갑상샘 과다증 증상인 과민성, 불안정, 흥분, 잠을 못 잠, 심한 체중 감소, 흉통, 빠른 맥박, 설사와 같은 부작용을 알림	
TSH 수치	혈청 TSH 수치의 주기적 확인이 중요하며 치료 시 TSH의 정상 유지	
악화요인 노출 ×	갑상선 기능저하증을 악화시키는 원인이 되는 추위에 노출, 스트레스 사건, 상처, 감염을 피함	
팔찌	갑상선 기능저하증과 복용하는 약물의 이름과 용량, 주치의의 이름과 전화번호를 증명할 팔찌나 목걸이를 착용하고 다님	

4 갑상샘염(thyroiditis)

급성 화농성 갑상샘염	세균침범으로 인한 드문 질환
아급성 갑상샘염	(주로 상기도 감염 후) 바이러스 감염에 의한 염증성 질환, 염증 및 통증 치료
만성 갑상샘염 (Hashimoto's thyroiditis)	❖ 장기간의 염증장애로 가장 흔한 형태 • 통증 없이 갑상샘이 증식되어 주위 조직을 압박하면 호흡장애, 연하곤란 가능 • 갑상샘 기능저하증(점액수종)이 나타날 수 있음 • 치료 : 호르몬제제 투여

5 갑상샘 장애의 중증 합병증

(1) 갑상샘 위기

유발요인	• 진단되거나 치료되지 않아 악화된 갑상샘 기능항진증 • 감염, 갑상샘절제술, 대사성장애 • 외과수술, 외상 • 진통과 분만 • 심근경색증, 폐색전, 약물과다복용 등
증상	고열, 심산빈맥, 탈수, 발한, 복통, 설사, 구토, 심한불안정, 저혈압, 심계항진 → 섬망, 혼수, 사망 가능
치료	• 체온조절(저온 담요 사용) • 탈수교정(수액정주) • 유발요인 교정 • beta blocker 투여 : 교감신경자극 감소와 빈맥치료 • glucocorticoid와 덱사메타존과 PTU 경구투여 • 실내온도를 낮추고 시원한 환경 조성

(2) 점액수종 혼수(Myxedema coma)

정의		전신의 대사율이 저하된 위험한 상태로 저체온 + 혼수
유발요인		• 수술 또는 감염과 같은 스트레스, 치료에 대한 불이행 시 발생 • 주로 노인 환자이며 겨울철에 호발됨
증상 [국시 2007]		• 급격한 대사율 감소, 호흡성산증을 유발하는 과소환기, 저체온증, 저혈압 → 혼수상태 • 저나트륨혈증, 고칼슘혈증, 이차적 부신부전, 저혈당증, 수분중독증 유발 가능
치료	기도 유지	호흡률 감소로 호흡성 산증으로 기도 유지, 산소 투여
	levothyroxine	levothyoxine sodium은 포도당과 corticosteroid와 함께 정맥투여
	hydrocortisone	• 갑상샘호르몬인 levothyroxine(synthroid)을 투여하면 대사 기능이 항진 되어 급성 부신피질 부족 가능성과 스트레스 증가에 cortisol 용량을 올려야 함 • hydrocortisone(천연 cortisol)을 동시에 정맥 주사함
	포도당	저혈당으로 포도당 생리식염수 투여
	보온	• 저체온으로 보온해주고 회복 시까지 활력징후 측정 • 열찜질 금기(혈관계 허탈 유발)
	모니터	• 조직관류위해 혈관수축제 사용, 혼수유발 상황 평가하여 치료 • 혼수에서 깨어날 때까지 활력징후 모니터

05 부갑상샘 질환

1 부갑상샘의 해부학적 구조와 기능

03

| 부갑상샘 | • 부갑상샘은 갑상샘 후면에 부착되어 있는 콩알 만한 크기의 샘으로 보통 4개
• PTH(parathyroid hormone) 분비 |
\| 부갑상선의 위치 \| |
|---|---|---|

부갑상샘 호르몬 [국시 2005]		• 칼슘과 인의 대사 조절 • 뼈의 재흡수를 증가시켜 혈청 내 칼슘량을 정상으로 유지 • 혈청 내 Ca과 P은 반대의 관계를 유지하면서 신경과 근육의 정상 흥분도를 유지
	자극	혈청 칼슘 농도가 감소하면 부갑상선을 자극하여 부갑상샘 호르몬을 분비하여 혈중 칼슘을 높임
	신장	• PTH가 신세뇨관에 직접 작용 → 칼슘의 재흡수 증가, 인의 재흡수 억제 → 혈청 내 칼슘과 인의 균형 유지 • 비타민 D를 활성형태로 전환시킴
	뼈	• 혈청칼슘농도 저하 시 → PTH 방출 증가 → 뼈에서 칼슘을 혈액으로 방출시킴 • 혈청칼슘농도 증가 시 → PTH 방출 감소 → 과도한 칼슘 뼈로 보내거나 소변으로 배설 • 골형성 감소, 골파괴 증가
	위장관	• 십이지장과 공장에서 칼슘과 인의 흡수를 도움 • 비타민 D는 장점막을 통한 칼슘의 흡수를 도움

2 혈청 칼슘 농도 조절

혈청칼슘농도 조절		• 혈중 칼슘 농도는 크게 부갑상선호르몬과 비타민 D, 칼시토닌에 의해 조절 • 칼슘은 우리 몸에서 소장을 통해 흡수되어 신장을 통해 배설 • 뼈는 칼슘을 저장하는 저장소 역할을 하며 적절한 칼슘 농도를 유지 • 칼슘의 기능 : 골격구조, 신경근육활동, 대사활동에 필수적
	부갑상샘호르몬(PTH) : 혈중 칼슘↑	혈청칼슘농도 유지를 위해 뼈, 위장관, 신장에서 재흡수 촉진
	calcitonin : [국시 1998] 혈중 칼슘↓	• calcitonin은 갑상샘에서 분비 • 혈액 속 칼슘의 농도가 정상치보다 높을 때 소장에서 칼슘 흡수와 신장에서 칼슘 재흡수를 억제 • 골파괴로 인한 골흡수를 억제하고 조골세포의 골형성을 자극하여 칼슘을 혈청에서 뼈로 이동시켜 혈청 칼슘을 낮춤

	인 혈중 칼슘↓	• 80%의 인은 뼈 속에 존재하며 혈청 내 Ca과 P은 반대의 관계 • 혈중 인 증가로 혈중 칼슘은 감소 • 인 정상 3~4.5mEq/L
산염기 상태와 칼슘	정상	8.5~11mg/dL
	존재	• Ca+alb(50%), Ca^{++}(50%) • 칼슘의 반은 알부민과 결합, 반은 이온 상태
	산증	알부민이 과다한 H$^+$과 결합하여 알부민과 결합하는 칼슘이 감소되어 칼슘이온 증가
	알칼리증	H$^+$부족으로 알부민과 칼슘 결합이 증가하여 칼슘이온 감소
혈청 칼슘조절 칼시토닌과 부갑상샘 호르몬	 | 혈중 칼슘수치에서의 칼시토닌과 부갑상샘호르몬의 영향 |	

3 부갑상샘 기능항진증 [1992 기출]

(1) 개요

정의	부갑상샘호르몬(PTH)의 과잉 분비로 순환 혈청 내 칼슘치는 증가(고칼슘혈증), 인은 감소 (저인혈증) 정상 칼슘혈증: 8.5~11mg/dL	
분류	원발성	• 혈청 내 칼슘량과 부갑상샘호르몬 분비 사이에 정상적인 조절관계가 되지 않을 때 발생 • 부갑상샘의 샘종이나 과형성 시 발생
	2차성	• 만성 저칼슘혈증에 대한 보상반응으로 이는 보통 콩팥기능상실의 결과로 나타남 • 골형성부전증이나 파제트병, 다발성 골수종, 뼈에 전이된 암 등
	3차성	• 다른 기관의 기능장애로 인해 샘이 증식되었을 때 혈청 내 칼슘량이 정 상임에도 불구하고 PTH가 억제되지 않고 자동적으로 생성되어 발생 • 만성 콩팥기능상실에서 가장 흔히 나타남

원인	원인	• 부갑상샘 호르몬의 과잉분비로 순환혈청내 칼슘농도 증가, 인의 농도가 감소 • 여성(2배) > 남성, 40세 이상 흔함 • 원발성 원인 : 단독 양성선종(90%), 부갑상샘비후, 악성종양 • 속발성 원인 : 신부전
	원발성	• PTH 과다분비 • 뼈의 파골작용 증가 → 혈청칼슘의 상승 초래 • 신장의 사구체에서 칼슘과 인의 재흡수, 중탄산 배설 증가 • 비타민 D를 활성화시켜 위장관을 통한 칼슘 흡수 증가 • PTH 증가로 혈청 Ca 증가, P 감소(정상 3~4.5mg/dL)
	속발성	• 저칼슘증에 대한 보상반응으로 나타남 : 낮은 칼슘농도 → 부갑상샘 만성적으로 자극 → 부갑상샘 과다증식 → PTH 과다생산 → 파골작용 → 칼슘을 정상으로 유지, 골격은 골연화증, 골경화증, 낭종성 섬유성 골염의 변화 초래 • PTH 증가하여도 혈청 Ca 감소, Alkaline phosphatase 증가(뼈 손상 동반 시 상승)
고칼륨혈증 원인	위장계 칼슘의 흡수 증가	비타민 D 중독, 유육종증, 결핵
	뼈의 칼슘 방출 증가	원발성 부갑상샘 기능항진증, 뼈로 전이된 악성종양, 다발성 골수종, 백혈병, 장기간 부동, 신세뇨관 칼슘 재흡수 증가, 이뇨제의 치료
	기타	부신부전, 신장질환

(2) 병태생리 기전

병태생리 기전	PTH의 과잉분비 → 뼈 내에서 파골세포의 성장과 활동의 증가 → 뼈 재흡수 증가(뼈에서 혈액 내로 칼슘이 이동) → 고칼슘혈증 → 뼈 칼슘 소실상태		
	뼈 손상	병리적 골절	• 뼈 칼슘 소실상태(demineralization : 광물질이 빠져 나오는 상태)가 오게 되어 조그마한 외상에서도 쉽게 골절이 됨. 이러한 상태를 병리적 골절이라 일컬음 - 척추후만증이나 척추 압박골절과 같은 병리적 변화 초래 • 파골세포의 증식이 조절되지 않고 지속되면 결국 심각한 뼈 질환인 낭성 섬유골염으로 발전될 수 있음
	고칼슘혈증	신장	과량의 칼슘을 배설(고칼슘뇨증), 신결석
		혈청	• 혈청 내 과량의 칼슘은 calcium phosphate 형태로 폐나 근육, 심장, 눈 등 연조직에 침전 • 위액 분비를 증가 → 복통과 소화성 궤양 초래, 췌장염도 영향 받을 수 있음

콩팥 손상	• PTH 증가 → 소변으로 과량의 인 배설 • 혈청 내 칼슘이 계속 상승하면 과량의 칼슘 배설 → 많은 양의 칼슘과 인이 콩팥으로 배설되기 때문에 신결석이 초래될 수 있음

(3) 부갑상샘 기능항진증과 고칼슘혈증의 주요증상 [국시 2001]

부갑상샘 기능항진증과 고칼슘혈증의 주요 증상	 기면, 피로, 기억상실, 인격 변화, 혼돈, 혼수, 정신증, 망상 신장결석, 2차 감염, 요독증 뼈 : 칼슘 소실과 병리적 골절, 섬유성 골염, 골다공증, 골연화증, 구루병, 관절염 심부전증 : 혈관 변화와 신장질환과 연관 위궤양과 위장 증상 (오심, 구토, 변비, 소화불량) 췌장염 혈관 내 칼슘 침전으로 고혈압 초래 | 부갑상샘 기능항진증과 고칼슘혈증의 증상 |
일반증상	• 대부분 무증상, 무력감, 피로 • 고칼슘증과 관련된 골격계. 비뇨기계증상 발생 • 심한 경우에는 뼈의 손상, 콩팥 손상 및 위장장애 증상 • 뼈와 관절통증, 병리적 골절 및 진행성 만곡증, 뼈의 낭종 • 고칼슘뇨증, 신결석 • 고칼슘혈증(식욕부진, 오심, 구토, 복통, 허약감, 다갈증, 호흡곤란, 혼수 등) • 부갑상샘 위기
고칼슘혈증	**심맥관** • 심부정맥, 서맥, 고혈압, digitalis 약물에 대한 민감성 증가 • 혈관 내 칼슘 침전으로 고혈압(강심제 : Ca^{++}을 세포 내로 증가시켜 심근 수축력 증가) **위장증상** • 식욕부진, 오심, 구토, 복통, 변비, 마비성 장폐색 • 고칼슘혈증 → gastrin↑ → 위액 분비↑ → 소화성 궤양, 복통, 위장계 출혈, 췌장염도 영향받을 수 있음 **근골격계** 고칼슘혈증에 근육이 흥분하기 어렵고 근력이 저하됨 **조직 석회화** 혈청 내 과량의 칼슘은 calcium phosphate 형태로 폐나 근육, 심장, 눈 등 연조직에 침전, 눈에 칼슘화가 형성됨으로 인한 시력 상실 **신경계** • 고칼슘혈증이 되면 신경계 흥분이 억제되어 우울증, 망상, 정신증 • 기면, 피로, 기억상실, 인격변화, 혼돈, 혼수

	통증	등의 통증, 뼈와 관절의 통증
뼈 손상	신경과 근육	혈청 칼슘치 증가는 신경과 근육 활동에도 영향을 주어 근육허약과 마비를 유발
	병리적 골절 [국시 2005]	• 뼈 칼슘 소실상태(demineralization : 광물질이 빠져 나오는 상태) • 작은 외상에서도 쉽게 골절 • 척추후만증이나 척추 압박골절의 병리적 변화 • 척추와 늑골 및 장골의 병적 골절 • 골다공증, 골연화증, 구루병, 관절염
	낭성섬유골염	파골세포의 증식이 조절되지 않고 지속되면 결국 심각한 뼈 질환인 낭성 섬유골염 발생(뼈의 구부러짐, 기형)
콩팥손상	근위세뇨관 손상	산의 배설은 감소하고 염기의 배설은 증가 → 대사성 산증
	다뇨, 다갈	고칼슘혈증은 신장의 소변농축능력 감소로 다뇨, 심한 갈증, 다음
	질소혈증 신부전	• 질소혈증, 요독증으로 진전, 신성 고혈압 • 신장부전(신성 신부전 : 칼슘이 세뇨관 내강을 막아 소변의 형성과 배출 방해)
	신결석	많은 양의 칼슘과 인이 신장으로 배설하여 여과된 칼슘의 증가로 신결석 발생
	기타	사구체여과율 감소, 2차적 신장감염
기타		손톱과 발톱이 두껍고 불룩해짐, 관절주위 연조직에 칼슘침착

(4) 치료중재

치료의 목적	• 극도로 증가된 칼슘농도를 낮춤 • 이뇨제로 칼슘배설을 증가시킴 • 칼슘의 뼈 흡수를 증가시키기 위한 약물 투여로 고칼슘혈증을 장기적으로 관리함
경증 부갑상샘 기능항진증	• 수분 섭취 증가 • 활동유지 • 이뇨제 • 인 투여 • 폐경 이후 대상자는 estrogen 투여
고칼슘혈증	• 수분 섭취 증가 - 오심 구토로 인한 탈수증상 예방, 신결석 예방 • 수분 섭취량과 배설량을 정확히 기록 • 식이 중 칼슘 섭취 제한 • 신결석과 요로감염 예방 위해 소변을 산성으로 유지 　- 산성식이 제공(토마토, 옥수수, 포도, 육류, 가금류, 생선, 달걀, 곡류, 서양자두 등) • 심한 신장장애자는 투석
부갑상샘 절제술	• 원발성 부갑상샘 기능항진증의 경우 부갑상샘 종양을 제거함 • 수술 후 합병증은 저칼슘혈증, 출혈, 후두신경손상으로 인한 호흡억제 등

(5) 간호

식이 [국시 2016]	• 칼슘과 비타민 D가 적은 음식을 섭취함
	• 부동 환자는 저칼슘식이로 유제품 제한
	cf) 인산칼슘결석 간호 : Vit D 제한, 저단백, 저염식이, 요산성화
움직임	부동 환자도 움직임 증가로 고칼슘혈증 예방 움직일 수 없는 환자는 뼈에서 칼슘이 빠져나감

변비	움직임	• 고칼슘혈증으로 변비 예방 위한 활동이 중요함
		• 운동이 중요하나 뼈 손상의 중증도에 따라 다름
	변비 완화제	변비가 계속되면 변비 완화제를 투여
콩팥돌증 (신결석) 예방	수분 섭취	하루에 3,000mL의 수분 섭취 증가로 신장 결석 감소 탈수에 혈청 내 칼슘량 증가로 신석 형성 위험 고칼슘혈증 시 수분 섭취로 갈증을 감소시킴
	산성화	• 인산칼슘석은 소변의 높은 알칼리성으로 발생하여 소변을 산성화하여 인산칼슘결석을 예방함
		• 산성 과일주스, 크랜베리주스, 자두주스, 사과주스, 토마토주스
	신결석 증상	• 소변에 혈액, 신장의 통증을 관찰
		• 비뇨기계 감염으로 탁하고 냄새나는 소변, 혈뇨, 치골 상부의 통증 관찰

4 부갑상샘 기능저하증 [1992 · 2013 기출]

(1) 개요

정의	parathormone(PTH)의 급성 또는 만성적 분비저하로 발생하는 질환
병태생리	PTH의 분비 감소
	→ 뼈의 재흡수(파골작용) 증가, 비타민 D의 활성화 저하(장의 칼슘흡수 감소), 신세뇨관의 칼슘배설 증가, 신세뇨관의 인 배설 감소
	→ 저칼슘혈증과 고인혈증

	저칼슘혈증 [국시 2014]	• 부갑상샘의 분비가 감소되면 골흡수는 느려져 혈청 내 칼슘량 저하로 신경근의 흥분성이 증가하여 근경련, 강직, 얼얼한 느낌이 생김
		• 혈청 내 칼슘치가 8.5mg/dL 이하 [국시 2018]
		• 정상 : 8.5~11mg/dL
	고인혈증	PTH는 신장에서 인을 배설시키나 부갑상샘의 분비 감소로 신장은 인의 배설을 감소시켜 혈청 내 인은 상승
	신경근육 기능의 불안정	• 칼슘 수준 저하로 신경근육 기능의 불안정이 생김
		• 신경은 흥분역치가 감소하고 한 번의 자극에 반복적 반응을 보여주거나 지속적 활동으로 경련이 나타나기도 함

원인	• 갑상샘절제 혹은 방사선치료의 부작용 • 부갑상샘 절제술 • 선천성 이상 • 특발성(자가면역성 부갑상샘 기능저하증) • 저마그네슘 혈증
진단	• Chvostek's 증후와 Trousseau's 증후가 있을 때 • 입 주위나 손가락이 저리며 욱신거리는 증상이 있을 때 • 검사소견에 저칼슘혈증과 고인산혈증, 소변 내 칼슘이 없거나 저하된 상태일 때 • 호르몬 검사에서 혈청 PTH 농도가 저하되어 있을 때 • X-선 검사에서 기저핵에 칼슘화가 나타났을 때 • 눈 검사에서 백내장의 진전이 있을 때

(2) 급성 저칼슘혈증 [2013 기출]

정의		• 급성 부갑상샘 기능저하증(갑상샘 수술 시 사고로 부갑상샘의 제거)은 신경근육의 흥분성을 상당히 증가시켜 강직(tetany)을 초래하는 것이 특징 • 강직의 증상은 통증을 동반한 근육강직, 경련, 얼굴이 비뚤어짐, 손가락의 욱신거림, 후두강직, 부정맥 등이 있으며 Chvostek's 징후, Trousseau's 징후가 나타남 • 경우에 따라서 후두강직은 호흡기 폐쇄를 가져와 신속히 치료하지 않으면 호흡기 폐쇄로 사망할 수 있기 때문에 기관절개술이 필요할 수도 있음
원인		갑상선 절제술, 경부 암종 제거술 후에 일시적으로 혹은 영구적으로 발생함
감각저하, 경련		사지의 감각이 없어지며, 저릿저릿하고 경련이 나타남
테타니(tetany) [2013 기출, 국시 2005 · 2019]		신경의 흥분성을 증가시켜 급성이고 잠재적으로 치명적인 tetany가 나타남 • 동통이 있는 근육 강직 • 흥분, 얼굴이 비뚤어짐, 손가락이 욱신거림 • 후두강직 • 부정맥
	운동신경의 흥분	근육강직, 얼굴경련, 얼굴이 비뚤어짐, 입주변의 뒤틀림, 손목, 발의 경련, 강직성 경련
	감각신경의 흥분	손가락의 저림과 무감각
	후두강직	후두강직은 호흡기 폐쇄를 가져와 신속히 치료하지 않으면 호흡기 폐쇄로 사망할 수 있기 때문에 기관절개술이 필요
저칼슘혈증의 양성 반응을 사정하는 검사 [2013 기출]	쉬보스텍 증후 (chvostek's 증후)	안면신경의 과흥분 상태가 얼굴의 한쪽(안면신경 부위-관자놀이 바로 밑)에 나타나 가볍게 두드리면 안면근육이 수축
	트루소 증후 (Trousseaus 증후)	신경근육의 불안정, 팔을 혈압기 cuff로 수축기 혈압보다 20mmHg 높은 압력으로 수 분간(1~4분가량) 순환을 억제시키면 손과 손가락에 강직이 나타나 동물의 발톱 모양으로 수축·경련하는 것(carpopedal spasm)

| chvostek's sign 양성 | trousseaus's sign 양성 |

(3) 만성 저칼슘혈증

정의	만성 부갑상샘 기능저하증(보통 원인불명)으로 진행시, 피부, 인성, 눈, 영구적 뇌손상, 심부전 등으로 진행
주요증상	• 무기력, 머리카락이 가늘고, 피부는 마르고, 허물이 벗겨짐 • 인성에 변화가 옴 • 치료가 지연되면 백내장(눈과 기저핵에 칼슘화) • 신경증과 경련을 수반하는 영구적인 뇌손상 • 부정맥, 심부전(칼슘혈증이 심하게 계속적으로 지속)

(4) 부갑상샘 기능저하증과 저칼슘혈증 증상 [2013 기출, 국시 2013 · 2014]

가장 특징적 증상	저칼슘혈증
가장 심한형태	저칼슘성, 테타니(tetany)
신경근육계 [2012 기출]	발이 무감각 또는 쑤심, 손목 손가락 발 발가락의 chvostek's sign과 trousseaus's sign을 가진 테타니, 신체의 경직성 경련, 후두천명과 성대마비, 호흡곤란 등 심한 경우 뇌압상승 및 뇌종양과 비슷한 국소징후가 나타남
호흡계	후두경련, 후두연축, 후두강직, 천명, 호흡곤란
정서 정신	무기력, 기억력 손상, 성격의 변화(우울, 불안, 흥분, 정신증, 섬망)
심맥관계	부정맥, QT와 ST간격의 지연 및 불규칙 리듬, 심박수 감소
눈	수정체의 칼슘화, 수명, 복시, 흐린시야, 백내장, 시력상실
치아(발병연령에 의존)	치아의 에나멜 손상, 치아가 늦게 나거나 나지 않음
위장계	오심, 구토, 설사, 변비, 장운동 증가, 장음 증가, 복부 경련, 흡수불량
피부	부서지기 쉬운 손발톱, 얇고 가는 모발
석회화	눈, 기저신경절에 석회침착
혈액학적	응고 시간 지연 Ca^{++} : 2차 지혈 관여
알칼로시스	pH가 상승한 알칼로시스에 총 칼슘량은 같은 양이어도 이온화된 칼슘량은 떨어져 저칼슘혈증 증상은 심해짐

(5) 급성 부갑상샘 기능저하증 치료

응급치료의 주 목적			• 혈청 내 칼슘량을 신속히 올리고, 경련을 예방하고 치료 • 후두강직의 조절로 호흡기 폐쇄를 방지
응급처치내용	혈중 칼슘↑	처치	• 10% calcium gluconate 정맥 내 투여 • 10~15분 동안 정맥 내 투여
		근거	혈청 내 칼슘량을 빠른 시간 내에 상승
		주의	• 칼슘을 정맥으로 투여할 때 너무 빨리 투여하면 고칼슘혈증과 심부정맥을 일으킬 수 있으므로 천천히 투여하고 심전도를 관찰함 • 피하조직으로 침윤되면 괴사를 일으킬 수 있으므로 주의함
		calcium chloride	calcium gluconate보다 칼슘을 더 많이 함유하고 있지만 정맥을 더 많이 자극하여 혈관경화를 일으킬 수 있으므로 주의
	후두강직 (tetany)	준비	항상 기관내관(endotracheal tube)과 기관절개세트를 환자 가까이에 준비해 두어야 함
		후두천명과 호흡기 폐색	• 후두천명과 호흡기 폐색, 발작에 대한 대비 • calcium gluconate 정맥주사 – 가능한 빨리 혈청칼슘을 상승하고 경련예방 – 투여 시 대사성 산증 유도(재호흡 백 이용) • 항경련제와 진정제 투여 • 후두경련이 있을 경우는 기관지 절개술 시행
		강직 시	침상난간을 올리고 조용한 환경을 조성함
		강직 안정 시	혈청 내 칼슘량을 정상으로 유지시키기 위하여 비타민 D와 칼슘염을 구강으로 투여함

(6) 만성 부갑상샘 기능저하증 치료

치료목적	혈청 내 칼슘농도를 정상으로 회복
칼슘염투여	급성이 아닌 경우 처방에 의해 경구용 칼슘제제인 calcium gluconate나 calcium lactate, calcium chloride 등의 칼슘염(calcium salts)을 구강으로 투여
비타민 D	• 비타민 D는 정제나 지방성 액체 형태가 있으며 신체에서 서서히 적응되므로 증상이 완화되기까지 1주일 이상 걸림 • 비타민 D는 장에서 칼슘제의 흡수를 촉진시켜서 혈청 내 칼슘량을 증가시킴
thiazide 이뇨제 (ca보존 이뇨제)	thiazide 이뇨제를 투여하여 신세뇨관에서 calcium의 재흡수를 촉진시켜서 혈청 내 칼슘량을 증가시킴

aluminum hydroxide (인산염결합제)	aluminum hydroxide은 장에서 인산염과 결합하여 인을 배출시켜 혈청 인을 감소시켜서 칼슘을 높임
고칼슘식이	• 우유제품, 치즈, 뼈째로 먹는 생선, 연어, 멸치, 정어리, 굴은 인이 많으므로 주지 않음 • 해조류(김, 미역, 다시마 : 비타민 A, Ca↑) • 녹색 채소(시금치, 브로콜리, 무잎, 배추, 양배추 : 비타민 A, C, 철분, Ca, 에스트로겐↑.) • 콩(철분, Ca, 에스트로겐↑)
저인식이	• 우유제품, 치즈, 생선은 칼슘은 많으나 인의 함량도 높으므로 섭취 × • 인 높은 식이 : 쇠고기, 닭고기, 달걀, 유제품, 치즈, 생선, 탄산음료, 콜라
추후방문	• 매년 적어도 3회 병원을 방문하여 혈청 내 칼슘량을 체크하도록 함 • 고칼슘혈증이나 저칼슘혈증이 진전되면 불균형을 교정하기 위한 치료 요법을 조정하여야 함

06 당뇨병(diabetes mellitus) [1993 · 1994 · 1996 · 1997 · 1999 · 2006 · 2009 · 2010 · 2011 · 2012 · 2014 · 2016 · 2017 기출]

1 혈당 조절에 관여하는 호르몬 [국시 2000]

혈당 감소	인슐린, GIP(Gastric Inhibitory Polypeptide)	
	GIP	• 인슐린 분비를 촉진한다. • 지방이 많은 음식물을 섭취하면 정상 체중인 사람에게서는 GIP가 인슐린 분비를 촉진해 혈당을 낮추는 역할을 하지만, 비만 대사성 질환이 있는 환자는 GIP의 인슐린 분비 기능이 약해지고 오히려 지방 축적에 관여하게 된다.
혈당 상승	호르몬	효과
	부신피질자극호르몬(ACTH)과 당류코르티코이드	포도당 신합성을 증가시키고 혈당을 올린다. 단백질 이화작용을 자극하고 음성질소균형을 이룬다. 지방분해(lipolysis)를 증가시킨다.
	글루카곤	당원을 분해하여 혈당을 상승시킨다. 근육에서 간으로 아미노산의 이동을 증가시키고, 지방분해를 증가시킨다.
	카테콜아민(에피네프린)	당원분해, 포도당신생, 그리고 혈당을 증가시킨다. 포도당산화, 지방분해, 단백질분해를 증가시킨다.
	갑상샘호르몬	포도당신생 및 당원분해를 증가시킨다. 말초조직에서 포도당흡수를 증가시키며 단백질분해와 인슐린 분비를 증가시킨다.
	성장억제호르몬	고혈당과 당분해를 증가시키며 지방분해와 단백질분해를 증가시킨다.

2 인슐린(Insulin) [2023 기출, 국시 2005]

인슐린 기능	탄수화물 대사 : 혈당 저하	포도당 이용	근육과 지방세포의 포도당 흡수와 이용증가로 혈당 감소
		글리코겐 축적	포도당은 인슐린에 의해 간, 근육에 글리코겐으로 축적되고 글리코겐이 포도당으로 분해 억제로 혈당이 감소함
		당신생 억제	아미노산이 포도당으로 전환(당 신생)됨을 억제
	지방대사 : 지방합성	지방합성	• 혈액의 포도당을 지방세포로 이동(잉여 포도당은 지방조직으로 저장) • 유리지방산을 지방세포에 흡수 축적 → 지방합성을 촉진하고 지방분해 억제
		지방산 산화억제	혈중 유리지방산의 산화를 줄이고, 케톤 형성을 억제
		triglyceride (TG)의 저장	glycerol 생성도 자극하여 triglyceride(TG)의 저장을 촉진
	단백대사 : 단백합성	단백합성	• 아미노산을 세포 내로 이동(포도당 신생을 억제) → 단백질로 합성 • 많은 단백질이 근육에 축적되도록 함
		단백분해억제	성장과 질소축적을 촉진
		당신생 전환 억제	간에서 단백분해 억제로 아미노산이 포도당으로 전환을 감소하여 당신생 전환 억제로 혈당 감소
		인슐린 부족 시	조직무력, 성장에 필수적
		인슐린 부족 → 단백질 신생 정지, 저장단백질분해 → 혈중 아미노산 농도 증가	
	간에 대한 효과	• 혈당조절 : 뇌기능과 체액대사에 큰 역할 • 혈당↑ : 포도당은 간, 근육에서 글리코겐으로 축적 • 혈당↓ : 간에서 글리코겐, 지질, 단백질을 포도당으로 분해	
	수분과 전해질 균형 [2023 기출]	칼륨을 세포 내로 이동시킴 → 혈청 칼륨 농도 저하	
인슐린 분비조절	자극	• 포도당 : 인슐린 분비를 자극할 뿐만 아니라 그 합성도 자극 • 아미노산, 지방산, keton body 등도 인슐린 분비를 자극 • GIP	
	억제	epinephrine 및 norepinephrine은 인슐린 분비를 억제	

	구분	탄수화물	단백질	지방
인슐린 부족 시	간세포	당원분해↑ 당질신생↑	이화작용↑	케톤합성↑
	근육세포	당원분해↑ 포도당흡수↓	이화작용↑ 아미노산유리↑ 아미노산흡수↓	–
	지방세포	포도당흡수↓	–	지방분해↑ 지방합성↓

인슐린의 부족은 신체의 에너지 대사에 비정상 상태를 가져온다. 인슐린이 결핍되면 포도당 이용 감소, 지방 이용 증가, 단백질 이용 증가 등 3가지 주요 문제가 발생한다.

1. 포도당 이용 감소

   신경 조직, 적혈구, 장세포, 간 콩팥의 요세관은 포도당 이동을 위해 인슐린을 요구하지 않지만 골격근과 심장근육 및 지방조직은 포도당 이동을 위해 인슐린을 필요로 한다. 인슐린이 부족하면 포도당은 혈액 내에 남아 있고 고혈당이 된다. 간도 인슐린 없이는 글리코겐 형태로 포도당을 저장할 수 없기 때문에 혈당은 계속 오르게 된다. 인슐린의 부족은 인슐린 분비 장애로 인한 결핍과 인슐린이 작용하는 세포의 반응이 저하되는 인슐린 저항성 때문이다. 인슐린이 분비되기 위해서는 포도당 수준이 인슐린 분비세포에 의해 인지되어야 하는데 인지능력이 둔해질 때는 포도당 자극에 의한 인슐린 분비능력이 떨어진다. 혈액 내의 높아진 포도당 수준을 정상 수준으로 유지하기 위해 콩팥은 포도당을 과량 배설하게 되며 이 과정으로 소변에 당이 나타난다. 또한 고혈당 상태의 혈액은 삼투압이 높아져서 세포 내 수분을 혈액으로 이동하게 하여 세포의 탈수 상태를 초래하게 된다.

2. 지방 이용 증가

   포도당을 에너지로 이용할 수 없을 때 신체는 지방을 이용하게 된다. 지방이 대사되는 과정에서 대사산물인 케톤(acetone, β-hydroxubutylic acid, acetoacetic acid)이 형성되는데, 케톤은 혈액 내에 축적되고 콩팥과 폐를 통해 배설된다. 케톤은 혈액과 소변에서 측정할 수 있으며 당뇨병의 지표가 되기도 한다. 케톤은 수소이온을 생성함으로써 산·염기 균형을 방해하여 pH는 떨어지고 환자는 대사성 산증으로 진행될 수 있다. 수소이온과 탄산가스 농도가 증가하면 뇌의 중추 화학감수체를 자극하게 되고 산증을 보상하기 위해 호흡의 깊이와 횟수를 증가시키는데, 이러한 호흡 형태를 Kussmaul 호흡이라고 한다. 케톤이 배설되면 나트륨도 함께 배설되어 나트륨 결핍과 함께 산증이 더 진행된다. 또 케톤이 배설될 때는 삼투압도 증가되어 수분상실의 원인이 되기도 한다.

3. 단백질 이용 증가

   인슐린 부족은 단백질 소모를 초래한다. 단백질은 정상적인 상태에서는 계속적으로 소모되고 재생성되는데 인슐린이 없는 상태에서는 단백질의 이화작용이 증가한다. 즉 간에서 아미노산이 포도당으로 전환되어 혈당을 높이게 되며, 이 상태를 치료하지 않으면 당뇨병 환자는 단백질 소실로 인해 심하게 마르게 된다.

3 당뇨병의 정의

정의	• 우리 몸 안에서 혈당을 조절하는 기관인 췌장 내에 나오는 '인슐린'이라는 호르몬이 그 기능을 제대로 발휘하지 못해 혈액 내에 당분이 지나치게 높아져서 소변으로 당분이 나오는 질환을 의미함 • 당뇨병은 고혈당이 특징인 대사장애로 인슐린 수요와 공급의 불균형 상태임. 인슐린 결핍에 의해 지방, 단백질 대사의 이상을 동반하는 혈당상승이 특징인 당질대사장애 • 계속적인 혈당상승의 상태는 여러 기관의 합병증을 초래함		
원인	유전적 요인	당뇨병에 걸리기 쉬운 소질을 가지고 태어난 사람에게 많이 발생	
	환경적 요인	비만	비만하게 되면 인슐린 요구량이 많아져서 당뇨병을 유발·악화시킴
		나이	최근에는 어린이에게서도 발병률이 증가되고 있으나 일반적으로 중년 이후에 많이 발생하는 성인병임
		외상, 수술	스트레스와 관계되어서 당뇨병이 발병되는 예가 많음
		임신	임신 시 분비되는 호르몬이 인슐린의 작용을 억제하므로 이미 소질을 가진 경우에 당뇨병을 발생시키거나 악화시킴
		바이러스감염	어떤 종류의 바이러스가 그 후유증으로 특히 어린이에서 당뇨병을 일으킨다는 것이 밝혀짐
		약물	부신피질호르몬제, 고혈압 치료제와 이뇨제 등이 혈당을 높임
		기타	신경을 많이 쓰고 마음이 불편하며 늘 긴장상태에 있는 것도 당뇨병에 좋지 않은 영향을 미침
당뇨병 이환율이 점차 증가되는 이유	• 노인인구의 증가 : 노인들은 인슐린 분비저하로 당뇨병에 걸릴 가능성이 높음 • 비만인구의 증가 : 비만은 당뇨병을 유발함 • 인슐린의 치료로 당뇨병 환자의 사망률이 감소(당뇨병 환자가 결혼하여 당뇨병 될 확률이 높은 아이의 출산이 증가)하고 있음		

4 당뇨병의 병태생리

고혈당	• 췌장의 랑게르한스섬의 베타 세포가 파괴되어 인슐린 분비 부족 • 세포의 인슐린 분비에 대한 불응 내지는 내성(인슐린 저항성 증가) → 인슐린의 주요 기능인 혈당조절 기능을 하지 못하게 되어 고혈당
당뇨	혈중 포도당 농도가 180mg/dl 이상 상승하게 되면 포도당의 재흡수가 어려워져 소변으로 당이 배출됨
다뇨	혈당이 증가하면 혈관 내가 고장액이 되어 세포에서 혈관 내로 수분이 이동되어 세포는 탈수가 되는 반면, 혈관 내로 이동된 수분은 신장에서 당이 배설되며 당의 삼투작용 때문에 수분은 재흡수되지 못하고 다량이 체외로 나가게 됨
다음	혈당으로 세포의 탈수와 다뇨 현상으로 심한 탈수를 초래하게 되면, 뇌의 갈증 중추를 자극하여 다갈 증상이 나타나고, 물을 많이 마시게 됨
다식	당뇨 증상으로 많은 당이 소실되면 에너지원의 보충을 위해 저장된 지방과 단백질을 대사하게 되므로 이를 충족하기 위해 많이 먹게 됨
체중 감소	포도당이 세포의 에너지로 이용될 수 없으므로 저장된 지방과 단백질을 대사하여 소모하게 되어 체중이 감소됨
대사성 과산증	포도당이 에너지로 이용되지 못하면 지방과 단백질을 대사하여 쓰게 되는데 이 과정에서 지방은 인슐린이 없으면 Malonyl CoA(케톤체형성억제효소)의 활동이 억제되어 불완전대사가 되고 여기에서 케톤체가 형성되며, 케톤은 수소 이온을 생성하므로 대사성 산증을 초래함

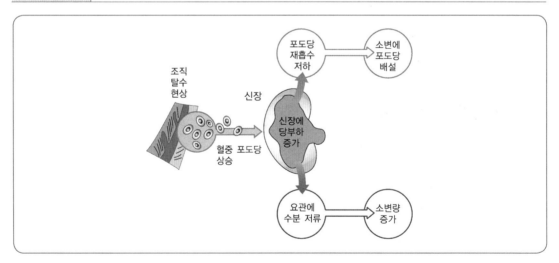

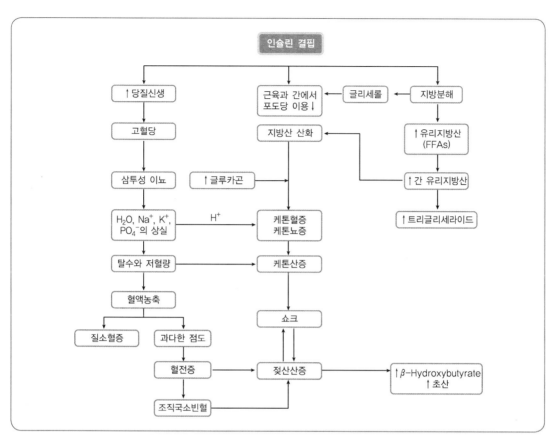

| 인슐린 결핍의 병태생리 |

5 당뇨병의 분류

1차성	• 인슐린 의존형 당뇨병(IDDM, type 1)
	• 인슐린 비의존형 당뇨병(NIDDM, type 2)
	   − 비(非)비만형
	   − 비만형
	   − 유전적 결함에 의한 인슐린 비의존형 당뇨병(Maturity-Onset Diabetes of the Young, MODY)

2차성	• 췌장질환: 알코올성 만성 췌장염, 만성 췌장염은 베타세포의 파괴를 초래 • 호르몬 이상: 내분비질환(갈색세포종, 말단비대증, 쿠싱증후군) • 약물 또는 화학물질에 의해 유발된 당뇨병(당질코르티코이드제제, pentamidine, nicotinic acid, dilantine, thiazide 등) • 인슐린 수용체 이상과 관련된 당뇨병 • 특정 유전질환과 관련된 당뇨병 • 기타(지방이영양증, 위축성 근경직증)

임신성 당뇨병	• 임신 중 처음으로 당뇨병이 발견되었거나 진단된 경우 • 모든 임신부는 임신 24~27주 사이에 당뇨병 검사를 받도록 하며, 임신성 당뇨병으로 진단되면 혈당을 조절하기 위해 1일 4회의 혈당검사와 식이조절을 실시 • 출산 후 대부분 정상 혈당치로 돌아오지만 임신성 딩뇨병 환자의 약 60%에서 15년 내에 다시 당뇨병이 발생하는 것으로 보고되고 있음. 그러므로 임신성 당뇨를 앓았던 여성들은 산후에 체중유지 및 규칙적인 운동이 필요함
당뇨병 전단계	—

| 제1형 당뇨병과 제2형 당뇨병의 비교 |

종류	1형 당뇨	2형 당뇨
동의어	인슐린 의존형 당뇨	인슐린 비의존형 당뇨
기전	자가 면역기전으로 면역계는 췌장의 랑게르한스섬 β세포에 항체가 매개하여 췌장 랑게르한스섬의 β세포의 파괴임. 절대적 인슐린 결핍으로 인슐린 형성 능력이 거의 없어 인슐린 부족으로 포도당 흡수장애는 고혈당증을 초래함	• 인슐린 분비 저하나 인슐린 저항성 증가 • 인슐린은 세포막에 인슐린 수용체와 결합하여 세포 내에서 포도당 대사가 이루어짐 • 인슐린 저항성은 세포막의 인슐린 수용체에서 반응이 저하되어 세포에서 효과적으로 포도당을 흡수하지 않음 • 췌장의 인슐린 분비능력은 좋은 편이나 비만 등의 여러 가지 이유로 체내 인슐린의 필요량이 증가되어 있어 더 많이 필요해진 인슐린을 충분히 공급하지 못하여 발생
발병 시기	청소년기·젊은 나이, 어느 연령에나 발병	주로 중년 이후, 최근 어린이에게 증가
시작 형태	갑자기 시작, 병의 시작이 확실함	서서히 시작, 병의 시작이 불확실함
빈도	전체 당뇨병의 5~10%	전체 당뇨병의 90%
일차적인 결함	췌장의 베타세포를 파괴하여 인슐린 분비가 안 되거나 거의 안 됨	인슐린 분비는 되지만 인슐린에 대한 세포 반응 저하
췌장내섬세포 (islet cells) 항체	• 발병 시 존재 • 랑게르한스섬 베타세포 항체	없음
원인	• 유전(DR3나 DR4와 같은 특정한 HLA (Human Leukocyte Antigen)항원을 가진 사람들에서 제1형 당뇨병 발생 위험성이 증가) • 면역학적 요인, 환경요인 • 바이러스감염(정한 바이러스가 췌장의 β세포를 파괴)	• 비만(인슐린 저항성에 의한 인슐린에 대한 반응이 떨어져 고혈당) • 가족력(직계 가족 중 당뇨병이 있는 경우 당뇨병 발생이 훨씬 높게 나타남) • 임신성 당뇨(임신 24~27주 사이에 당뇨병 검사로 처음 당뇨병 진단) • 다낭성 난소난종

케톤증	고혈당이 진전되면서 케토시스를 동반	고혈당이 진전되면서 비케톤성 혼수
비만증	비만증과 관련이 없음. 마르는 특성	비만한 사람에게 발생률이 높음
증상	갈증, 다뇨, 다음, 피로, 체중 감소	피로, 잦은 감염, 보통 증상 없음
환경요인	유전적 요인(가장 강력), 면역학적 요인, 환경적 요인, 바이러스 감염과 관련	연령, 비만, 가족력, 당내인성장애의 과거력, 고혈압 및 고지혈증, 약물, 스트레스 등과 관련
치료	인슐린 주사가 평생 꼭 필요	식이, 운동, 약물, 주사, 혈당강화제로도 당을 조절. 인슐린 일부환자에게 필요
응급상태	당뇨성 산독증, 저혈당 반응	고혈당 비삼투성 비케톤성 혼수
혈관 신경계 합병증	잦음	잦음

6 소아당뇨가 성인당뇨와 비교하여 더 심각한 이유 [1999 부산 · 광주 기출]

인슐린 부족	인슐린 부족 상태가 절대적인 만큼 증상의 정도가 심하고 갑작스럽게 나타난다.
갑작스런 다뇨, 다음, 체중 감소	갑자기 소변의 양과 횟수가 많아지며, 빈번한 야뇨증이 문제가 되고 심한 갈증으로 다음증이 나타난다. 식욕은 왕성해도 급격한 체중 감소가 특징이다.
혈당조절의 어려움	인슐린의 절대적인 부족으로 혈당조절 관리에 어려움이 있다. 즉, 식사시간 및 식사량, 운동시간 및 운동량, 인슐린 주입시간 및 주입량을 철저히 준수해야 하는 어려움이 있다.
긴 유병률	성인에 비해 유병률이 길기 때문에 당뇨의 합병증으로 인한 곤란을 많이 겪게 된다.
잦은 저혈당 · 고혈당	성인에 비해 치명적인 저혈당과 고혈당의 반응이 자주 나타난다.
성장장애	장기간 계속되면서 진행성 체중 감소, 성장 및 발육 부전과 지연, 제2차 성장 발현 부전과 지연, 무월경이 문제가 된다.
사회적 · 심리적 위축	당뇨관리이 어려움으로 인해 소아는 좌절감, 우울증 등을 경험하게 되고, 대인관계의 변화 및 학습능률의 저하, 가정적 파탄을 경험하기도 한다.

7 제2형 당뇨병의 위험요소

과체중	체질량지수 23kg/m² 이상
가족력	직계가족(부모, 형제자매) 중 당뇨병이 있는 경우
임신	임신성 당뇨병 혹은 4kg 이상의 거대아 출산력
공복혈당장애	공복혈당장애나 내당능장애로 진단받은 적이 있는 경우
고혈압	고혈압 : 혈압이 140/90mmHg 이상이거나 고혈압 약제 복용
고지혈증	고지혈증 : HDL 콜레스테롤이 35mg/dL 미만이거나 중성지방이 250mg/dL 이상인 사람
인슐린저항성	인슐린저항성(다낭난소증후군, 흑색가지세포증 등)
심혈관질환	심혈관질환(뇌졸중, 관상동맥질환 등)
약물	약물(당류코르티코이드, 비정형항정신병 약물 등)

출처 ▶ 대한당뇨병학회, 2015

8 당뇨병의 증상

대사장애	고혈당, 당뇨, 다뇨, 다갈, 다음, 체중 감소, 다식, 대사성 과산증
합병증에 의함	• 눈 : 시력장애 • 신경 : 신경통, 지각이상 • 피부 : 부스럼, 가려움증 • 감염 : 폐렴, 질염, 종기 • 당뇨병은 성인에서 실명의 주요원인이 된다. • 당뇨병은 말기신부전의 주요원인이 된다. • 당뇨병은 비외상성 하지 절단의 주요원인이 된다. • 당뇨병은 뇌졸중의 주요원인이 된다.

9 당뇨병의 진단기준 [2020 기출]

진단기준	전형적 증상	다뇨, 다갈, 다음, 다식, 체중 감소	
	혈당검사	다음 중 한 항목에 해당하면 당뇨병으로 진단	
		공복 혈장 혈당	≥ 126mg/dl
		• 임의 혈장 혈당 • 당뇨병의 전형적인 증상(다뇨, 다갈, 다음, 다식, 체중 감소)	≥ 200mg/dl
		75g 경구당부하검사 후 2시간 혈장 혈당	≥ 200mg/dl
		당화혈색소	≥ 6.5%

검사명	검사의미/정상치	당뇨병 진단기준
공복시 혈당검사 (FBS)	• 신체의 포도당 사용정도 평가(검사 전 8시간 금식 후 채혈) • 정상치 : 100mg/dl 이하 • 공복혈당장애 : 공복 시 100~125mg/dl	126mg/dl 이상
식후 2시간 혈당 (2PPBS)	• 정상인의 혈당은 식후 30분~1시간 정도가 되면 최고 농도, 식후 2시간이 지나면 혈당은 정상 • 140mg/dl	140mg/dl 이상
당부하 검사 (GTT)	• 75g 경구 당부하 2시간 후 혈당 • 75g의 포도당을 물에 타서 마시고 30분 간격으로 2시간 동안 혈액을 채취 • 140mg/dl • 내당능장애 : 75g 경구 당부하 2시간 후 혈당 140~199mg/dl	200mg/dl 이상
당화혈색소 (HbA1C)	• 2~3개월간 평균 혈당치 반영 • 글루코스가 특정 부위의 헤모글로빈 분자에 부착되는 정도를 측정하는 검사 • 글루코스는 당화라는 과정을 통해 다양한 단백질에 결합하기 때문에 혈당이 높을수록 당화혈색소가 증가 • 정상치 : 전체의 Hb의 4~6%	6.5% 이상
C-펩타이드	• 췌장 베타세포의 인슐린 분비량 반영 • 1.3~1.5ng/dl	정상보다 증가
당화 알부민	• 2~3주간의 혈당조절상태 반영 • 205~285μmol/L	-
혈청 인슐린	• 1형과 2형의 당뇨병 구분목적 • 6~26μU/ml	정상치보다 감소 시 1형당뇨
인슐린수용체	1형과 2형의 당뇨병 구분목적	인슐린 수용체가 적으면 2형당뇨
요당, 요케톤	• 요당 : 요 내의 당여부 확인 • 요케톤 : 혈당수준 높을 때 에너지원으로 지방이용여부 확인	요당 증가, 요케톤 증가
혈청 삼투질 농도	혈청 삼투질 농도의 정상수준은 275~300mOsm/kg	당뇨병 시 증가

10 혈당상태에 따른 분류(단위 : mg/dl)

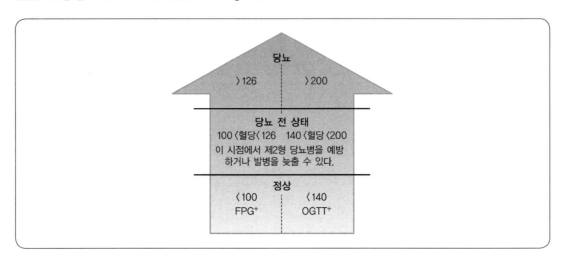

| 당뇨병의 진단기준 |

		공복 시 혈당	식후 2시간
정상		79~99mg/dl	140mg/dl 미만
당뇨병		126mg/dl 이상	200mg/dl 이상
당뇨 전단계	공복혈당장애	100~125mg/dl	–
	내당능장애	–	140~199mg/dl

11 당뇨병 급성 합병증 : 저혈당 혼수 [1997 · 2012 · 2016 기출]

(1) 원인 및 증상

원인		• 과량의 인슐린 투여 • 식사를 정해진 시간에, 정해진 양만큼 하지 않은 경우 • 음식보충을 하지 않고 과다한 운동을 한 경우 • 오심, 구토로 인한 영양과 수분의 불균형이 있는 경우 • 음주 등
저혈당 증상	위장관	배고픔, 허기, 오심
	신경계	초기 증상 • 두통, 어지러움, 쇠약감, 신경과민, 집중력장애, 기억력저하, 혼돈, 정서변화, 입술을 빨거나 손을 잡는 원시적 행동, 불합리한 행동
	심맥관계	빈맥, 심계항진
	피부	차고 축축한 피부, 발한, 창백
	눈	시력장애, 복시

구강입술	혀와 입술의 무감각, 불분명한 발음
호흡계	느린 호흡
근육	근육 협동 운동 실조

증상 분류	구분	증상
	교감신경계 징후(epinephrine 증상) : 저혈당 → 교감신경계 자극 → 부신수질에서 카테콜아민	• 발한, 떨림, 진전 • 빈맥, 심계항진 • 불안정, 신경쇠약, 감각이상 • 배고픔
	신경 저혈당 증상(neuroglycopenic 증상) : 저혈당 → 중추신경계 부적절 기능	• 두통, 정신이상, 집중력 저하 • 느린 말투, 불분명한 언어(발음), 혀·입술 무감각 • 흐린 시야, 복수 • 혼돈, 비정상적인 행동, 기면, 의식변화, 혼수 발작, 사망

(2) 저혈당 응급간호 [1997 · 2012 · 2016 · 2020 기출, 국시 2004 · 2006 · 2009]

혈당검사	저혈당 증상 발생 즉시 혈당검사(저혈당 : 혈당이 70mg/dL 이하)
	혈당 측정방법
	• 혈당을 측정하기 전에 따뜻한 물로 손을 씻거나 알코올 솜으로 소독 • 채혈기(채혈침 디바이스)에 채혈침(란셋)을 끼우고 바늘 깊이를 조정(1~3단계) • 손에 물기가 마른 것을 확인한 후 혈당시험지(혈당 스트립)를 혈당측정기에 끼우면 자동으로 켜짐 • 채혈기로 손가락 끝 가장자리를 채혈한 후 혈액이 충분히 나오도록 손가락을 부드럽게 눌러줌 • 혈당시험지에 혈액을 묻힌 후 결과가 나올 때까지 기다림 • 기록지에 혈당 결과를 기록

채혈하기 좋은 부위: 손가락 끝의 가장자리

신경분포가 거의 없는 가장 자리를 이용하여 채혈

의식있을 시	• 빨리 흡수되는 단당류(예 사탕, 설탕물, 주스)를 먹여 혈당치를 올려줌 • 15분 내에 증상완화가 없는 경우 단당류를 반복 투여하고 15~30분 후에 반응을 관찰 • 증상의 호전이 있으면 오랫동안 혈당을 올릴 수 있는 복합당질을 투여(우유, 치즈, 크래커) • 빨리 흡수되는 당질 음료를 2~3회 투여 후에도 증상이 완화되지 않으면 급히 의사에게 연락

무의식환자	측위	옆으로 눕힘
	글루카곤 [2020 기출]	• 글루카곤 1mg 피하 혹은 근육주사 • 근육주사가 빠른 반응을 이끎 • 글루카곤은 간에 저장된 글리코겐을 분해하여 포도당 분비를 자극함. 글루카곤은 작용시간이 짧으므로 환자가 깨어나면서 저혈당 재발을 막기 위해 단당류를 준 후 간식을 제공함
	포도당	50% dextrose 정맥주사
	구강투여 금지	무의식 환자는 주스, 설탕물 구강 투여 시 기도 흡인에 의한 폐 합병증 발생가능, 절대 구강투여를 삼감
저혈당 발생요인 파악	저혈당증의 초래 이유를 확인하여 앞으로 저혈당이 발생하지 않도록 방지	
	인슐린	과량의 인슐린이나 경구용 혈당하강제 투여
	식이	• 소량의 음식 섭취 • 오심, 구토, 음주한 경우
	운동	• 과도한 신체 활동 • 인슐린 작용시간에 운동

(3) 저혈당 예방법

식사	식사를 거르거나 식사시간이 늦어지지 않도록 하며(또는 규칙적인 식이) 알맞은 열량을 섭취한다.
운동 전(초기)	음식섭취량을 늘리거나 쉽게 흡수되는 당질(주스나 사탕 등)을 섭취한다.
규칙적인 운동	• 인슐린이 최고도로 작용하는 시간에 운동을 피한다. • 운동은 혈당농도가 최고에 이르는 시간에 규칙적으로 실시한다.
규칙적인 혈당측정	인슐린 요구량의 변화를 예측할 수 있도록 규칙적으로 측정한다.
당류 휴대	흡수가 잘 되는 당류(사탕 등)를 항상 지니고 다니도록 한다.
금주	음주는 간의 포도당 신생 작용을 억제하여 저혈당을 유발한다.
주변사람에 대한 교육	인식표 카드 (팔찌)	당뇨병 환자 인식표를 항상 지참한다.
	저혈당쇼크 시 처치	주변의 가까운 사람들에게 저혈당 증상이 나타날 때 본인에게 당이 함유된 주스, 사탕 등을 주어야 하고, 의식상실 시 병원에 곧장 데려가야 함을 알려준다.
인슐린 용량	임의로 인슐린 주사용량을 변경하지 않도록 하며, 자주 저혈당에 빠질 때 의사와 상의하에만 인슐린 용량을 변경하도록 한다.
혈당검사	자율신경증이 있거나, 고혈압 치료제(베타차단제)를 복용하는 경우 저혈당의 전형적 증상이 나타나지 않을 수 있으므로 규칙적 혈당검사를 시행한다.

✐ **저혈당 예방을 위해 보건교사가 알려주어야 할 저혈당 관련 정보**
① 원인 : 지나친 인슐린주사, 지나친 운동량, 음식섭취의 불충분 등
② 증상 : 발한, 떨림, 초조함, 배고픔, 허약감 등
③ 처치 : 단당류 섭취(사탕, 주스 등) 이후 치즈와 크래커 또는 우유와 크래커 등과 같이 단백질과 탄수화물을 함유한 간식 종류를 먹도록 한다.

12 당뇨병 급성 합병증 : 당뇨성 케톤산혈증(Diabetic Ketoacidosis; DKA)

03

(I) 개요

정의 및 특징	• 인슐린 부족으로 포도당이 에너지원으로 사용하지 못하여 지방이 이용되어 케톤산 형성과 심각한 고삼투압 상태와 저혈압과 혼수가 있다. • 당뇨성 케톤산증은 1형 당뇨환자의 1차 합병증이며, 2형 당뇨환자가 심한 스트레스를 받는 동안에 나타날 수 있다.		
증상	• 갈증, 다뇨, 빈뇨, 야뇨 등의 증상이 급속히 나타나고 심해진다. • 동시에 무력증이 오고 식욕이 없으며 물만 찾는다. • 얼마 뒤에 식욕부진, 오심·구토, 심한 경우 심한 복통과 함께 혼수상태에 빠지며 저혈압, Kussmaul씨(호흡이 깊고 빨라 헐떡거리는 호흡상태) 호흡이 초래되며, 호흡 시 과일향기 같은(단내) 냄새를 맡을 수 있다.		
원인	인슐린 부족	인슐린 용량이 부적절, 인슐린을 투여하지 않은 경우	
	인슐린 요구량 증가	스트레스	수술, 외상 등의 신체적·정신적인 스트레스는 에피네프린(α, β), cortisol의 증가로 간에서 포도당 생산을 촉진하여 인슐린 효과가 저하된다.
		임신	임신 2, 3기에 태반 호르몬인 코르티솔, 태반락토젠, HCG, estrogen, progesterone, 인슐린 분해 효소가 인슐린 길항제로 작용한다.
		감염	질병, 감염은 인슐린 저항과 관련된다.
	인슐린에 저항	인슐린 항체로 인해 인슐린에 저항이 생긴 경우이다.	
	진단 안 된 당뇨병 환자		

병태생리	인슐린이 현저히 부족하거나 생성부족 시 3대 특징: 탈수, 전해질 손실, 산증	
	당뇨병이 심해지면 몸의 세포는 포도당을 충분히 이용할 수 없으므로 포도당 대신 지방산이나 아미노산을 에너지원으로 쓰게 된다. 이 같은 이상 상태가 생기면 간장에서는 케톤체가 많이 만들어지게 되는데 너무 많이 케톤체가 만들어져 혈액 속으로 증가되었을 때 혈액이 산성화되면서 서서히 케톤산혈증에 빠지게 된다.	
	고혈당	인슐린 부족 → 세포의 포도당이용 감소 → 간에서 포도당을 무제한으로 생산 → 고혈당
	포도당배출 (탈수)	체내 과다한 포도당 제거 → 신장에서 포도당배출 증가 → 고삼투성 이뇨 → 탈수 및 전해질 손실(→ 혈액농축, 질소혈증, 점성 증가 → 혈전증)
	지방분해 (케톤형성)	지방 세포의 분해 → 지방산과 글리세롤 분해 → 지방산은 간에서 케톤체로 전환 → 산성의 축적, 산증(& 지방분해로 유리지방산↑ → 중성지방↑)

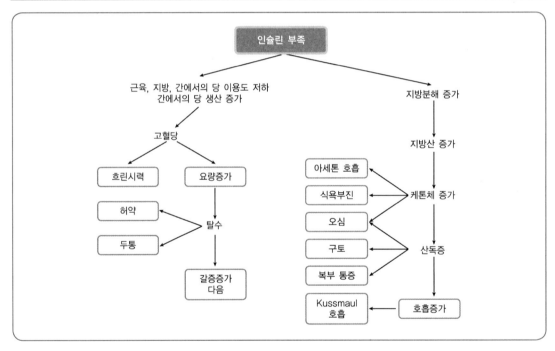

| 당뇨성 산증의 병태생리 |

(2) 증상

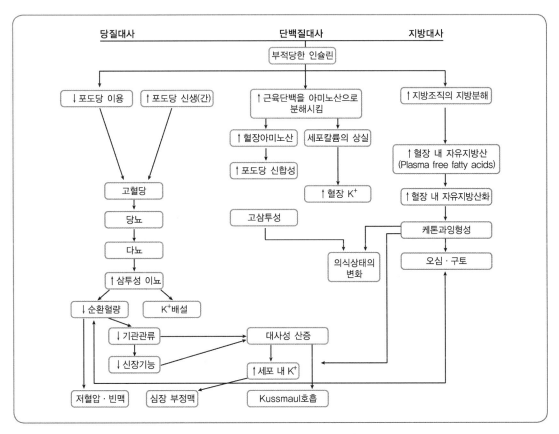

| 당뇨병성 케톤산증의 병태생리 |

케톤산혈증 증상 [2006 · 2017 기출]	병태생리적 근거	
당 생산 증가 (고혈당)	근육, 간, 지방에서 당이용도 저하로 간에서 당 생산 증가	
케톤체 증가로 산증	인슐린부족으로 지방분해 증가 시 지방산 증가로 케톤체 형성, 산독증	
고혈당	다뇨	인슐린 부족으로 근육, 지방에서 당 이용이 감소하고 간에서 당 생산 증가로 고혈당으로 혈당수치는 증가되어 혈장 삼투압이 증가하여 세포로부터 수분을 끌어내고 소변 배설이 증가됨
	다갈, 다음	❍ 갈증이 심하다고 한 기전은 다뇨로 인한 탈수 → 뇌의 갈증 중추 자극 → 다갈 → 다음
	다식	당뇨로 당을 소실하여 에너지원 보충 위해 저장된 지방, 단백질 대사로 조직 파괴에 의한 허기증으로 다식

	탈수	• 삼투성 이뇨로 인한 다뇨로 탈수 • 탈수와 관련한 허약감(피로), 두통(그 외 빠른 맥박, 저혈압) • 구강점막건조, 피부탄력성 저하, 따뜻하고 건조한 피부
	흐린 시력	고혈당과 관련한 흐린 시력
	의식수준 저하	혈장 삼투압과 관련된 의식수준의 저하(졸리거나 무의식 상태 등)
대사성 산증	호흡 시 아세톤 냄새	에너지를 생성하기 위하여 지질이 분해되어 케톤이 형성되고 케톤체를 폐를 통해 배출하여 호기 시 과일향이나 아세톤 냄새가 남
	kussmaul 호흡	• 호흡 36회/분이고 호흡은 깊으면서 빠름 • 당뇨병성 케톤산증 시 대사성 산증에 보상작용으로 이산화탄소를 배출하기 위해 호흡이 빨라지고 깊어짐
	위장계 증상	케톤체 증가로 오심과 구토, 식욕부진, 복통, 복부 경련이 있음
	신경계 저하	혈장의 삼투압 농도와 산증으로 의식은 다양하며 명료하거나 정신 상태 변화로 졸음, 혼수가 있음
		허약감, 마비, 감각이상(고칼륨혈증)

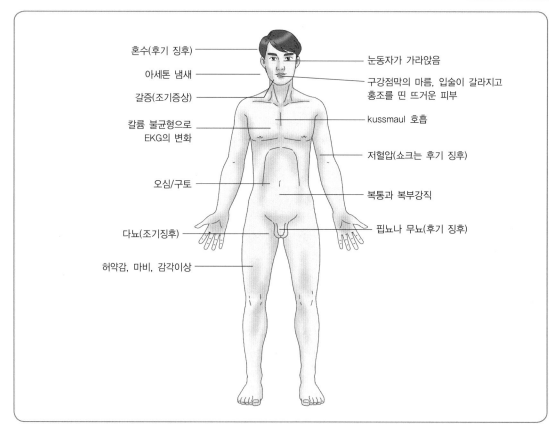

| 당뇨병성 케톤산증의 증상 |

(3) 치료

목표	탈수, 전해질 손실, 산증의 문제해결	
탈수	의식이 있을 때 경구로 수액을 공급하고 의식이 없을 때 생리식염수를 정맥 내 주입	
	수분공급	다뇨, 과도호흡, 설사 및 구토로 인한 탈수 보상 → 정맥주입(등장성 식염수)
전해질 손실: 특히 칼륨 주의	저칼륨혈증	• 세포 내 칼륨량 저하(혈액 내 pH가 감소하면 H^+가 세포 내로, K^+가 세포 외로 이동) • 수분공급이 혈장량을 증가시켜 혈청 내 칼륨농도 저하 • 수분공급이 소변을 통한 칼륨배설 증가 • 인슐린 주입으로 세포 외 칼륨이 세포 내로 이동 • 정맥에 칼륨을 섞어 서서히 공급(심전도검사와 칼륨수치를 통하여 고칼륨혈증 & 칼륨저하증 증상 여부를 자주 확인)
	고칼륨혈증	체액소실 + 산증 → 고칼륨혈증(> 5.1mEq/L)
산증 해결	• 인슐린 주입(시간마다 혈당 측정) • 인슐린이 지방의 분해를 방지하고 산 생성을 줄임	
인슐린 투여	• 심한 탈수로 조직 관류 감소에 의한 흡수 감소에 근육이나 정맥으로 처방에 의한 속효성 인슐린(RI)을 주사 [국시 2005 · 2013] • 피하조직이 탈수되어 혈액 관류가 좋지 않기 때문에 인슐린을 피하로 투여하지 못함 • 혈당이 250mg/dL 이하로 감소하면 혈당이 떨어지는 것을 막기 위해 정맥수액에 dextrose를 첨가하거나 5%D/W 1L 사용	
혈당측정	시간마다 혈당을 재측정하여 첫 24시간 동안 혈당을 200~300mg/dL로 유지	

(4) 당뇨병성 케톤산증의 일차적인 예방법

처방대로 인슐린 투여	오심이나 구토 시에는 인슐린 양을 줄이지 않도록 함
혈당측정	혈당을 주기적으로 측정
주기적 병원방문	병원방문을 주기적으로 하여 혈당, 체중상태, 일반 건강상태에 관해 상담
감염예방	감염의 증상 징후를 인식함
즉시 진찰 받아야 할 징후	다음의 상태일 때는 급히 병원을 방문하도록 함 • 식욕부진, 오심, 구토, 설사 • 8시간 이상 계속되는 소변 내 케톤 존재 • 열성질환이나 감염 • 산증의 어떤 증상이나 징후

규칙적 생활수칙	그밖에 꼭 지켜야 할 생활수칙 • 매일 규칙적인 혈당검사 • 당뇨병 프로그램 이행 • 경한 케톤증의 인식 및 조기치료 • 스트레스 관리 • 정기적인 유산소 운동

🖎 당뇨성 산독증과 인슐린성 저혈당증에 대한 주요 감별점

① 호흡양상
- 당뇨성 산독증 : 빠르고 깊은 호흡, 호흡 시 아세톤 냄새
- 인슐린성 저혈당증 : 느린 호흡

② 피부나 점막의 상태
- 당뇨성 산독증 : 따뜻하고 건조함, 점막은 탈수 상태가 됨
- 인슐린성 저혈당증 : 차고 축축하고 창백함

③ 증상의 진행
- 당뇨성 산독증 : 몇 시간 또는 며칠에 걸쳐 서서히 진행
- 인슐린성 저혈당증 : 수분에서 수시간에 걸쳐 갑작스럽게 진행

| 당뇨성 산독증과 인슐린성 저혈당증 비교 |

구분	당뇨성 산독증 (Diabetic Ketoacidosis; DKA)	인슐린성 혼수 (저혈당증)
종류 및 원인	• 제1형 당뇨 • 불충분한 인슐린 　－ 내분비질환 : 갑상샘 항진증 　－ 외상, 감염, 스트레스, 수술, 임신 　－ 성장으로 인슐린 요구량 증가 　－ 새로 발견된 당뇨	• 제1형 또는 제2형 당뇨 • 인슐린 과량 투여 　－ 부적절한 식이(칼로리 부족) 　－ 칼로리 보충하지 않은 상태에서 운동
증상	• 초기에 고혈당, 다뇨(후에 탈수로 인해 감소) • 졸리다가 혼탁 • 심한 탈수증으로 구토, 심한 복통 • 피부건조, 체온상승, 빈맥, 저혈압 • Kussmaul 호흡, 호흡 시 아세톤 냄새	• 오심, 의욕상실 • 쇠약감, 배고픔 • 흥분, 혼미, 경련, 혼수, 발작, 기억상실 • 입술을 빨거나 손을 잡는 등 원시적 행동 • 피부가 차고 축축, 발한, 창백 • 시력장애
증상 시작	몇 시간에서 며칠에 걸쳐 서서히 옴	몇 분에서 몇 시간에 걸쳐 급히 옴
임상소견	• 혈당 : 300~1,500mg/dl • 혈청 내 keton, BUN, HCT 상승 • 혈청 내 Na 정상이거나 감소 • 혈청 내 K 정상 → 상승 → 감소 • 동맥혈가스 pH : 7.3 이하 • 혈청 삼투질 : 300~350mOsm/kg • 소변 내 당, 케톤 상승 • 보상성 호흡성 알칼로시스와 함께 대사성 산독증	• 혈당 60mg/dl 이하 • 혈청 내 keton, BUN HCT 정상 • 혈청 내 Na 정상 • 혈청 내 K 정상 • 소변 내 당, 케톤 정상 • 정상이거나 경한 호흡성 산증

| 응급간호 | • 기도 유지
• 수액요법 : 등장성 식염수 IV
• 활력증후 점검 : 심근경색증 예방
• RI 주사 IV(혈당 200mg시 중단)
• K보충(소변 배설이 원활하면)
• sodium bicarbonate를 수액에 혼합
　(pH7 이하 시)
• 저혈당, 저칼륨증, 뇌부종 예방 :
　dexamethason IV
• 소변 배설량 확인
• 합병증 치료 : 심근경색증, 폐감염, 비뇨기 감염 | • 기도 유지
• 약한 반응 : 10~15g의 탄수화물 투여
• 중정도 반응 : 글루카곤 0.5~1mg
• 심한 정도 : 글루카곤 IM 또는 SC
• 필요 시 glucose IV |

13 당뇨병 급성 합병증 : 고삼투성 비케톤성 혼수(Non Keton Hyperosmolar Coma; HNKC)

원인	• 많은 2형 당뇨환자에게서 혼수가 나타나는 가장 흔한 원인 • 감염이나 스트레스에 의해 인슐린의 작용이 감소 → 갑자기 혈당 상승 → 삼투압이 올라가며 탈수 진행, 혼수상태 유발
증상	• 심한 고혈당(600~200mg/dl) • 케톤산증이 없거나 약함 • 심한 탈수 • 혈장의 고삼투압, BUN 상승. 이외에 의식변화(혼수, 혼돈), 고열, 빠른 호흡, 유산산증, 저혈압, 쇼크 등
처치	다량의 수분보충, 인슐린 및 전해질 공급

14 당뇨성 케톤산증, 고삼투성 비케톤성 혼수 비교

요인	당뇨성 케톤산증(DKA)	고삼투성 비케톤성 혼수(HNKC)
당뇨병의 종류	제1형 당뇨병	제2형 당뇨병
사정자료	• 저혈압, 빈맥 • 따뜻하고 건조한 피부, 홍조를 띤 모습, 건조한 점막, 의식 수준의 변화 • 오심, 구토, 복통, 호흡 시 아세톤 냄새 • Kussmaul 호흡	Kussmaul 호흡과 호흡 시 아세톤 냄새, 오심과 구토만 제외하고 DKA와 같음
증상의 시작	서서히 나타남(몇 시간~며칠)	서서히 나타남(몇 시간~며칠)
혈당	300~1,500mg/dL	600~3,000mg/dL
헤마토크리트	증가	증가

혈청 내 케톤	증가	정상
소변 내 케톤	증가	정상
소변 내 당	증가	증가
PH	대사성 산증	보통 정상이거나 경한 대사성 산증
혈청 삼투질 농도	300~350mOsm/kg (정상 275~295mOsm/kg)	보통 350mOsm/kg 이상
중재	• 인슐린 및 생리 식염수의 정맥 내 투여, 소변 배설량이 적당하면 K 투여 • pH가 7.0 이하이면 중탄산염 투여	인슐린 및 생리 식염수의 정맥 내 투여, 소변 배설량이 적당하면 K 투여
예방법	스트레스 발생 시나 질환에 미리 사전에 주의, 예방	DKA와 같음

15 당뇨병 만성 합병증

(1) 대혈관합병증

정의		• 대혈관 죽상경화성 변화에 의한 것, 발생한 위치에 따라 다양한 질환 나타남 • 동맥경화증과 대소혈관벽의 퇴행성 변화가 발생 • 심장의 관상동맥이 좁아지면서 협심증이나 심근경색이, 뇌에서는 뇌혈전, 뇌출혈, 뇌혈관 사고가 발생
기전	고혈당	만성적인 고혈당에 의한 혈관 손상으로 발생
	고혈압과 이상 지질혈증	인슐린 저항성은 고혈압과 이상 지질혈증으로 혈액 유리 지방산이 증가
관상동맥질환		자율신경계 병리현상으로 무증후성 심근경색증(허혈증상 경험 못함)
	심장	심장병은 당뇨환자가 2~4배 흔하고 당뇨병 관련 사망률의 75%
뇌혈관질환		어지럽고, 시야가 좁아짐, 힘이 없음
	뇌	뇌졸중 위험 2배
말초혈관질환	발	• 하지의 심한 폐쇄성 동맥질환으로 발괴저 • 비외상성 하지절단의 80%
	눈	성인 실명의 주요원인
	하지	—

| 당뇨병의 만성합병증 |

대혈관 합병증		• 대혈관 죽상경화성 변화에 의한 것, 발생한 위치에 따라 다양한 질환 나타남 • 동맥경화증과 대소혈관벽의 퇴행성 변화가 발생 • 심장의 관상동맥이 좁아지면서 협심증이나 심근경색이, 뇌에서는 뇌혈전, 뇌출혈, 뇌혈관 사고가 발생
	관상동맥질환	자율신경계 병리현상으로 무증후성 심근경색증(허혈증상 경험 못함)
	뇌혈관질환	어지럽고, 시야가 좁아지고 힘이 없음
	말초혈관질환	하지의 심한 폐쇄성 동맥질환으로 발괴저

신경병증 (neuropathy)		• 모세혈관 폐쇄되고, 신경 수초탈락 현상이 나타나서 신경전도에 장애 유발 • 신경의 국소빈혈과 신경에 공급되는 혈관변화와 신경통로의 전도속도를 감소시키는 대사물질의 축적으로 감각상실, 자율신경기능 상실 등 발생
	말초신경병증 (= 다발성 신경증)	• 온몸의 통증, 특히 팔다리가 저리고 아픔. 근육위축, 감각마비 • 말초신경병증이라고 함. 이것은 신경의 말초부위, 특히 하지신경에 흔하게 옴 • 몸의 양쪽에 대칭적으로 같이 발생하며, 근위부로 계속 퍼져감 • 임상증상은 처음에 찌르르한 느낌, 저린 느낌, 과잉감각 등의 감각이상과 특히 밤에 작열감이 나타남 • 신경병증이 진전되면서 발의 감각이 없어짐. 고유감각(자세에대한 지각, 위치감각, 신체무게감)이 저하되고 가벼운 자극에 대한 감각이 약해져 걸음걸이가 불안정해짐 • 통증과 온도에 대한 감각이 저하되어 손상을 받거나 발에 감염이 생길 위험이 증가함 • 심부건반사와 진동감각도 감소함

	자율신경병증 (= 단일신경병증)	뇌, 척수 신경의 손상. 눈꺼풀 처짐, 복시, 안와 통증 및 감각상실, 비정상적인 반사반응 • 신경의 국소빈혈과 신경에 공급되는 혈관변화와 신경통로의 전도속도를 감소시키는 대사물질의 축적으로 감각상실, 자율신경기능 상실 등 발생
	심혈관계	빈맥, 기립성 저혈압, 통증을 동반하지 않는 심근경색
	위장계	조기포만감, 복부팽만, 오심구토 등과 함께 위장이 비는 시간이 지연될 수 있음. 또한 위장계 자율신경손상으로 변비나 설사(특히 야간성 설사)가 생김
	비뇨계	• 요로정체, 방광팽만에 대한 감각소실, 기타 신경성 방광의 증상들이 생김 • 신경성 방광은 요로감염의 소인이 됨. 고혈당증은 감염에 대한 저항력을 저하시키므로 혈당이 조절되지 않는 경우 그 위험이 높음

	부신/저혈당증의 인식결여		• 떨림, 발한, 불안초조, 심계항진 등을 느끼지 못함 • 저혈당증의 전구증상이 없으므로 치명적인 저혈당 상태에 빠질 위험이 높음
	발한신경병증		사지발한이 감소하거나 없어지는 현상(무한증)을 말하는데 이를 보상하기 위해 상체의 발한이 증가함. 이로 인해 발이 건조해지며 궤양이 발생할 위험이 증가함
	성기능장애		발기불능과 같은 성기능 손상이 올 수 있음
	만성 통증		상적인 혈당치를 유지 못하고 고혈당이 지속될 경우 흔히 말초신경손상을 유발하여 신경병변 통증이 나타남
감염에 대한 감수성 증가			• 고혈당은 백혈구 기능 저하시키며, 세균이나 곰팡이 성장에 좋은 환경 제공 • 비뇨기계 감염이 많이 발생, 신우신염, 신장조직 손상이 발생 • 하지 혈액순환 장애로 상처가 잘 낫지 않고, 괴저(gangrene)가 잘 생기므로 발 관리를 잘 하도록 교육함

(2) 미세혈관합병증

① 정의 및 기전

정의			• 모세혈관의 기저막이 두꺼워지는 것이 특징 • 특히 망막(retina)과 신장에 많음. 특히 당뇨성 망막병증이 진행되어 실명할 수 있으므로 예방교육이 중요
당뇨병성 망막병증	기전		• 망막의 미세혈관이 손상되어 망막의 허혈로 시력을 잃음 • 망막에 시세포들이 있음
	주증상		시력의 흐림, 망막증, 시력상실, 백내장, 녹내장, 수정체 변화, 복시, 외안근마비 등
	단계	비증식 망막병증	• 검안경으로 망막의 혈관에 미세 동맥류나 망막 내의 미세출혈이 있음 • 대부분 시력 장애는 없음
		증식 전 망막병증	모세혈관의 폐쇄와 혈류 감소로 허혈성 경색의 망막임
		증식 망막병증	• 망막 내부와 주위 초자체에 신생 혈관이 생김 • 신생 혈관은 매우 약해서 신생 혈관이 터지면 초자체 출혈로 망막이 박리되어 시력을 잃음 • 망막출혈이 있으면 '부유물'이나 '거미줄'이 보인다고 함 • 심한 시력 손상을 일으킬 가능성이 높음

당뇨성 신병증	기전	혈당이 상승하였을 때 콩팥 모세혈관인 시구체(토리)의 증기로 콩팥 손상이 일어남. 모세혈관인 사구체(토리)의 기저막이 두꺼워지고 단백질의 투과성이 증가하여 소변으로 단백질이 소실됨
	증상	• 알부민뇨, 고혈압, 부종, 콩팥기능 부전 • 저혈당증 : 인슐린은 신장에서 대사되고 배설되기 때문에 신기능이 악화되면 인슐린은 오랜 시간 작용을 지속하게 되어 인슐린 요구량이 감소하게 됨 • 신부전이 진행됨에 따라 인슐린 분해작용 감소로 인슐린 증가로 저혈당증
	단계	• 당뇨성 신병증은 당뇨병의 미세혈관합병증으로 지속적으로 알부민뇨가 나타남 • 처음에는 신장의 크기가 커지고 사구체여과율은 정상보다 높아짐. 소변에서 세수준의 알부민이 검출되고, 점진적인 신장손상으로 단백질이 검출됨
	1단계	당뇨병을 진단받은 때. 신장의 크기와 사구체여과율이 증가함
	2단계	진단 2~3년 경과, 사구체와 세뇨관 모세혈관기저막이 변화되어 여과면적 감소와 반흔 형성을 동반한 현미경적 변화가 생김. 이런 사구체변화를 '사구체경화증'이라고 함
	3단계	진단 7~15년 경과. 미세 알부민뇨가 나타남. 사구체여과율은 정상이거나 증가함
	4단계	dipstick검사에서 알부민뇨가 검출됨. 사구체여과율이 감소함. 혈압이 오르고 망막증이 생김
	5단계	사구체여과율이 매년 평균 10ml/min씩 감소함

② 예방

망막병증예방	고혈당예방	고혈당이 망막병증 가속화
	고혈압예방	• 고혈압이 망막병증 가속화 • 고혈압은 망막 동맥의 죽상경화를 일으켜 망막 혈관 경화증으로 혈류 저하와 미세동맥류와 서동맥압 상승으로 망막 내 출혈로 시력손상이 옴
	안과검사	• 당뇨병 발병 후 수년 내 망막 손상 가능으로 안과 검사를 자주하여 시력 보존 • 망막 동맥은 육안으로 볼 수 있는 가장 미세한 동맥으로 주기적으로 검안경 검사를 받아 망막 동맥 손상을 조기 발견
	심한운동	• 심한 운동은 혈압 증가로 망막병증 악화 • 심한 운동으로 혈관 내 압력이 높아져 혈관을 파열시킴
신병증예방	혈당조절	신장증 발생 예방 위해 정상 혈당치 유지
	저염, 저단백	• 초기단계 신장손상에 저염식이와 저단백 식이 • 신장 손상에 Na^+을 배설하지 못하여 염분 제한으로 인한 부종과 고혈압 완화 • 고단백 섭취는 신사구체여과율을 증가시켜 신장의 부담으로 신장질환의 초기 증상이 나타나면 단백질 제한

요로감염	방법	요로감염 예방
	신경성 방광	신경성 방광은 방광 팽만에 감각 소실로 요로 정체가 되어 요로 감염의 소인
	면역기능↓	고혈당으로 면역 기능 감소로 요로감염
ACE억제제		고혈압 조절에 사용되는 ACE억제제가 초기 단백뇨를 줄일 수 있음

(3) 신경병증

정의		• 모세혈관 폐쇄되고, 신경 수초탈락 현상이 나타나서 신경전도에 장애가 온다. • 신경의 국소빈혈과 신경에 공급되는 혈관변화와 신경통로의 전도속도를 감소시키는 대사물질의 축적으로 감각상실, 자율신경기능 상실 등이 발생한다.
말초신경병증 (= 다발성 신경증)		온몸의 통증, 특히 팔다리가 저리고 아프다. 근육위축, 감각마비가 초래된다.
	하지신경	말초신경병증이라고 한다. 이것은 신경의 말초부위, 특히 하지신경에 흔하게 온다.
	대칭적	몸의 양쪽에 대칭적으로 같이 발생하며, 근위부로 계속 퍼져간다.
	감각이상	임상증상은 처음에 찌르르한 느낌, 저린 느낌, 과잉감각 등의 감각이상과 특히 밤에 작열감이 나타난다.
	감각저하	신경병증이 진전되면서 발의 감각이 없어진다. 고유감각(자세에 대한 지각, 위치감각, 신체무게감)이 저하되고 가벼운 자극에 대한 감각이 약해져 걸음걸이가 불안정해진다.
	발 감염 위험 증가	통증과 온도에 대한 감각이 저하되어 손상을 받거나 발에 감염이 생길 위험이 증가한다.
	만성 통증	상적인 혈당치를 유지하지 못하고 고혈당이 지속될 경우 흔히 말초신경손상을 유발하여 신경병변 통증이 나타난다.
	반사감소	심부건반사와 진동감각도 감소한다.
자율신경병증 (= 단일신경병증)		• 뇌, 척수 신경의 손상, 눈꺼풀 처짐, 복시, 안와 통증 및 감각상실, 비정상적인 반사반응이 나타난다. • 신경의 국소빈혈과 신경에 공급되는 혈관변화와 신경통로의 전도속도를 감소시키는 대사물질의 축적으로 감각상실, 자율신경기능 상실 등이 발생한다.
	심혈관계	빈맥, 기립성 저혈압, 통증을 동반하지 않는 심근경색이다.
	위장계	조기포만감, 복부팽만, 오심구토 등과 함께 위장이 비는 시간이 지연될 수 있다. 또한 위장계 자율신경손상으로 변비나 설사(특히 야간성 설사)가 생긴다.
	비뇨계	• 요정체, 방광팽만에 대한 감각소실, 기타 신경성 방광의 증상들이 생긴다. • 신경성 방광은 요로감염의 소인이 된다. 고혈당증은 감염에 대한 저항력을 저하시키므로 혈당이 조절되지 않는 경우 그 위험이 높다.

	부신/저혈당증의 인식결여	• 떨림, 발한, 불안초조, 심계항진 등을 느끼지 못한다. • 저혈당증의 전구증상이 없으므로 치명적인 저혈당 상태에 빠질 위험이 높다.
	발한신경병증	사지발한이 감소하거나 없어지는 현상(무한증)을 말하는데 이를 보상하기 위해 상체의 발한이 증가한다. 이로 인해 발이 건조해지며 궤양이 발생할 위험이 증가한다.
	성기능장애	발기불능과 같은 성기능 손상이 올 수 있다.

(4) 감염에 대한 감수성 증가

감염에 대한 감수성 증가	• 고혈당은 백혈구 기능 저하시키며, 세균이나 곰팡이 성장에 좋은 환경 제공 • 비뇨기계 감염이 많이 발생, 신우신염, 신장조직 손상이 발생 • 하지 혈액순환 장애로 상처가 잘 낫지 않고, 괴저(gangrene)가 잘 생기므로 발 관리를 잘 하도록 함

| 당뇨병의 합병증 종류 |

분류		종류
급성 합병증		• 당뇨성 케톤산혈증 • 고삼투성 비케톤성 혼수 • 저혈당증
만성 합병증	미세혈관 합병증	• 당뇨성 망막병증 • 당뇨성 신장병증
	당뇨병성 신경병증	• 말초신경병증 • 자율신경병증 　- 기립성 저혈압 　- 당뇨병성 위장운동장애 　- 당뇨병성 배뇨장애 　- 당뇨병성 성기능장애
	대혈관 합병증	• 관상동맥질환 • 뇌혈관질환
	발과 다리의 합병증	-
	치주질환	-
	피부질환	• 상처치유지연 • 포도상구균의 세균감염과 칸디다에 의한 곰팡이 감염

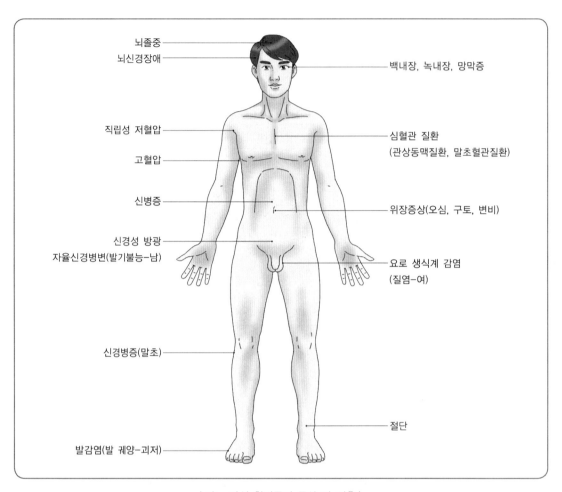

| 당뇨 만성 합병증의 증상 및 징후 |

16 당뇨환자의 발관리 [2013 · 2019 기출, 국시 2003]

당뇨인의 발문제가 자주 생기는 이유	당뇨병성 신경합병증	• 발에 감각이 떨어져 상처나 화상을 입기가 쉽고 통증을 느끼지 못하여 치료 지연 • 신경합병증으로 피부의 땀샘이 위축되면 땀분비가 안 되고 피부가 건조하여 잘 갈라지며 갈라진 부위에 염증이 쉽게 생김 • 신경합병증으로 발의 작은 근육이 약해져 발변형을 가져오고 결과 힘을 많이 받는 부위에 굳은살이 생겨 주위 조직을 압박하고 굳은살을 제거하는 과정에서 염증이 생기기 쉬움
	동맥경화증	다리로 가는 혈관이 좁아지거나 막히면서 혈액순환이 악화되어 발상처의 치유 지연 및 허혈성 괴사가 생김

당뇨성 신경병증	원인	작은 신경섬유기 손상되면 냉온감각 및 통증감각 인지도가 감소, 간가신경손상에 의해 발은 무감각
	특징	• 촉진 시 따뜻하고 건조하며 맥박이 잘 촉진됨 • 통증, 감각이상증, 다리나 발의 무감각증 • 작열통, 얼얼함, 무감각으로 나타나고, 걸으면 통증이 완화됨 • 운동성 신경병증 : 발의 내재근 기능의 약화로 발 변형(편평족이나 무지외반증) • 감각신경병증 : 감각↓, 상처 쉽게 입음/진동감각, 운동평형감각↓, 잘 넘어지게 되어 병적 골절/화상, 상처치료 지연 • 자율신경병증 : 혈액순환 조절기능↓, 혈관의 팽창으로 순환량은 증가 → 부종/땀 조절기능에 이상 → 피부 건조 균열
당뇨성 혈관병증	원인	고혈압, 고콜레스테롤, 당뇨병, 담배 등의 위험인자는 혈관 내피세포에서 초과산화물 생성↑ → 혈관내피세포의 혈관벽 기저막이 두꺼워져 혈관내강이 좁아짐, 막힘 → 혈액순환이 악화되어 발 상처의 치유 지연 및 허혈성 괴사
	특징	간헐성 파행증, 휴식 시에도 통증(rest pain)
당뇨인의 발관리 [2013 기출]		• 매일 밤 밝은 곳에서 발을 주의 깊게 관찰해서 상처나 무좀이 생겼는지 점검한다. • 매일 따뜻한 물로 발을 씻는다. 발을 심하게 문지르거나 독한 비누를 사용하지 않는다. • 발을 씻은 뒤에는 부드러운 수건으로 톡톡 두드리듯 닦고 발가락 사이도 잘 닦아서 말린다. 다음에 마사지하듯 로션을 바른다. • 발톱은 목욕한 뒤 밝은 곳에서 일직선 모양으로 깎으며 너무 바짝 깎지 않도록 한다. • 발에 상처가 나면 생리식염수를 이용해 잘 세척한 뒤 상처부위를 말리고 거즈를 붙인 다음 가급적 빨리 병원에 간다. • 발에 생긴 작은 상처나 무좀은 즉시 자극성 없는 소독액으로 닦고 필요한 항생제를 복용하게 하며 요오드액이나 머큐롬 같은 색깔이 있는 소독약은 피한다. • 맨발로 다니지 말고 꽉 조이는 양말과 옷을 피한다. 여성은 거들이나 코르셋을 입지 않는다. • 흡연은 모세혈관을 수축시켜 피부 병변을 악화시키므로 반드시 금연해야 한다.

✏️ **당뇨환자의 발관리**

① 혈액순환 증진 : 운동, 보온, 발마사지, 꼭 끼는 옷이나 양말 금지, 다리 꼬지 않기, 금연
② 상처예방 : 양말 착용, 굽이 낮고 넉넉한 신발 선택, 발톱 일자로 깎기, 화상 예방, 티눈, 굳은살 관리, 무좀 치료
③ 상처관리 : 무색의 자극 없는 소독제 사용, 필요한 항생제 사용(후시딘 등)
④ 신발선택 : 운동화 사용, 발끝에서 1cm 더 크게, 앞볼이 둥글고 넓은 것, 신발구입은 오후에 하도록, 굽은 3cm 이하

17 당뇨병의 식이 · 운동요법

(1) 목표

목표	• 혈당을 정상으로 유지시킨다. • 정상체중을 유지시킨다. • 합병증을 예방한다.
당뇨병 조절기준	• 적절한 체중을 유지하고 좋은 건강생활을 할 때 • 당화혈색소가 정상 범주일 때 • 공복 시 혈당이 130mg/dl 이하일 때 • 식후 1~2시간 혈당이 180mg/dl 이하일 때

(2) 식이요법 [2014 기출]

① 개요

당뇨관리식	영양소의 섭취, 에너지 소비 그리고 인슐린이나 혈당강하제의 용량과 투약 시간 간에 세심한 균형이 요구된다.		
당뇨식이의 일반적 원칙	• 농축된 당질음식과 지방음식을 제한한다. • 비만증을 조절한다.		
당뇨식의 목적	• 필수영양소를 공급(비타민, 무기질 등)한다. • 적절한 체중을 유지한다. • 필요한 열량을 제공한다. • 혈당치가 크게 변화하지 않도록 예방한다.		
식이전략	**식이전략**	**인슐린이 필요 없는 비만인 자**	**인슐린이 필요한 보통 체중인 자**
	칼로리	칼로리 제한: 체중 감소는 혈당을 정상 범주 내로 감소시킬 수 있다.	특별히 칼로리를 제한할 필요가 없다.
	식사의 양과 횟수	주당 체중 감소가 0.5~1kg이 되도록 총 칼로리를 조절한다.	보통 하루 세 끼 식사와 적당한 간식이 필요하다.
	저혈당	규칙적이고 합리적인 식사로 예방된다. 특별한 중재는 필요 없다.	운동과 스트레스가 증가할 때는 칼로리 섭취를 증가시켜 저혈당을 예방하고 저혈당 시에는 오렌지 주스 등의 단당류가 풍부한 음식을 준다.
	운동	운동은 체중을 감소시키기 위해 필요하다.	적절한 인슐린요법과 함께 운동요법이 필요하다.
당뇨식 주의점	• 식사는 규칙적으로 정해진 시간에 한다. 식사가 늦어지는 경우에는 저혈당반응을 피하기 위해 우유나 크래커 등을 섭취한다. • 음식은 되도록 자극성 없게 싱겁게 먹는다. 식사 시에는 국과 반찬을 먼저 섭취한다. • 인슐린이나 경구용 혈당강하제를 투여받는 경우 식탁에 준비된 음식은 모두 먹는다.		

	• 인슐린을 투여하는 경우 간식과 밤참이 필요하다.
	• 불포화지방산은 혈중 콜레스테롤을 낮추므로 합병증 예방을 위해 식물성 기름으로 조리한다(참깨, 들깨, 들기름 등).
	• 외식 시에도 고기나 튀긴 음식, 단 음식은 피하고, 식품종류가 골고루 포함된 것을 선택한다(비빔밥, 고기와 야채를 넣은 칼국수 등).
	• 알코올은 하루에 20oz(60ml) 이상은 마시지 않는다.
	• 식품은 눈대중으로 양을 가늠할 수 있을 때까지는 저울, 계량스푼으로 달아 사용한다.
	• 식품은 만복감이 있는 것으로 선택하고(해조류, 곤약 등) 채소군을 섞어서 조리한다.
	• 1일 나트륨 2,000mg(소금 5g) 이내로 제한한다.
약물요법 시 식이요법	• 인슐린이나 경구용 혈당강하제를 복용하는 환자는 철저히 식이요법을 이행해야 함을 강조한다. • 식탁에 준비된 음식을 모두 먹는다. 이는 약물요법 환자에게는 특히 중요하다. 만일 음식을 남긴 경우, 섭취되지 않은 영양소와 같은 종류의 음식을 교환하여 섭취한다. • 식사가 늦어지는 경우에는 저혈당반응을 피하기 위하여 식사를 기다리는 동안 우유나 크래커 등을 섭취한다. • 식욕이 없을 때 굶지 말고 당질을 국물이나 주스의 형태로 섭취한다. • 운동을 많이 하거나 오래할 때는 저혈당반응을 피하기 위하여 칼로리 섭취량을 증가시킨다.

② 식이요법의 내용

규칙적 식사		• 정해진 식이를 규칙적으로 일정한 시간에 식사하며 점심~저녁 사이 간단한 간식, 밤에 간단한 간식을 섭취한다. • 규칙적 식사로 정상 혈당 범주에 달성하여 혈당치의 광범위한 변화, 저혈당을 예방한다.
식품 교환표 [2014 기출]	원칙	• 당뇨식이를 계산하여 섭취한다. • 정해진 칼로리를 모두 섭취하여 저혈당을 예방한다.
	내용	• 식품 교환표란 식품을 영양소가 비슷하고 몸에서 같은 일을 하는 것끼리 6가지 식품군으로 나누어 묶은 표이다. 식품 교환표는 같은 군에서 영양소가 비슷하여 서로 교환이 가능하므로 교환하여 섭취한다. – 6가지 식품군 : 곡류군, 어육류군, 우유군, 지방군, 채소군, 과일군으로 나눈다. • 각 식품군에 속한 식품들을 서로 바꾸어 섭취할 수 있도록 1회의 섭취량 및 교환단위 등을 기준으로 영양소 함량이 동일한 중량을 결정하고 그 양을 '1교환단위'라고 정의한다. 예 환자가 빵이 먹고 싶을 때는 밥 대신 빵을 먹을 수가 있다. 따라서 밥의 1교환단위는 70g(1/3 공기)이고 빵은 35g(1쪽)이 교환단위이므로 밥 70g(1/3 공기)과 빵은 35g(1쪽)은 서로 교환이 가능하다.

저혈당 방지
[국시 2014]
	공복	• 지나친 공복을 피한다. 지나친 공복은 저혈당 위험이 있고 다음 끼니의 과
		  식으로 고혈당 위험이 있다.
		• 식사가 늦어지는 경우 저혈당을 피하기 위하여 우유나 크래커를 섭취한다.
		• 식욕이 없을 때 식사를 굶지 말고 당질을 국물이나 주스로 섭취하여 저혈
		  당을 방지한다.

	운동	운동을 길게 할 때 저혈당을 피하기 위하여 칼로리 섭취량을 증가한다.

당 지수
(Glycemic
Index; GI)
	정의	• 식후 혈당의 흡수 속도를 반영하여 당질의 질을 비교할 수 있도록 수치화
		  한 것
		• 당질이 풍부한 음식을 섭취한 후 혈당 반응의 강도와 속도를 비교하는 glycemic
		  index라는 용어를 이용하여 혈당 변화가 적고 느리게 유리하는 당질은 low
		  glycemic index 식품이라 하고 혈당을 급히 증가시키는 것을 high glycemic
		  index 식품이라 한다.
		• 일반적으로 콩류와 유제품은 당지수가 낮고 설탕과 뿌리가 있는 식품은 당
		  지수가 높다.
		• 당 지수(Glycemic Index)는 당질 50g을 함유한 표준식품(포도당 또는 흰
		  빵)과 비교 후 백분율로 표시한 값으로 당지수 55 이하는 저당지수 식품,
		  70 이상은 고당지수 식품으로 분류한다.

	효과	당지수가 낮은 음식은 당지수가 높은 음식에 비해 → 혈당을 천천히 상승시키므로 인슐린 필요량을 줄이고 → 포만감을 늘려 식사섭취량을 감소시키고 → 인슐린 저항성을 개선하는 효과가 있다.
	당지수를 낮추는 요령	• 흰밥보다는 잡곡밥을, 흰빵보다는 통밀빵을, 찹쌀보다는 멥쌀을 선택한다. • 채소류, 해조류, 우엉 등 식이섬유소 함량이 높은 식품을 선택한다. • 주스보다는 생과일, 생채소 형태로 섭취한다. • 잘익은 과일, 당도 높은 과일(예 열대과일)은 피한다. • 조리 시 레몬즙이나 식초를 자주 이용한다. • 식사 시 한 가지 식품만 먹기보다 골고루 섭취한다. • 천천히 꼭꼭 씹어 먹는다.
단순 당질 제한	방법	• 당성분이 많은 음식은 피한다. • 음식에 꿀, 설탕, 시럽, 젤리, 잼 등을 첨가하지 않는다.
	근거	단당류, 이당류는 빨리 소화되어 포도당으로 전환되므로 혈당치에 미치는 영 향이 가장 크다.
전분(다당류)	방법	전분(다당류, 복합 탄수화물 : 곡류)을 단백질, 지방 함유 식품과 함께 준다.
	근거	전분(다당류)을 단백질, 지방 함유 식품과 함께 주면 위장관에서 흡수가 느려져 혈당이 낮아진다.

술 제한	방법	술을 마시지 않는다.	
	효과	• 공복 시 음주하면 저혈당이 유발된다. • 술(에탄올)에는 과량의 포도당이 있어 간에서는 흡수된 에탄올을 에너지원으로 우선 사용되고 간에 술로 인한 중간 대사 물질들이 축적되어 간에서 당원 신생 작용이 감소하여 저혈당이 유발된다.	
저지방식	근거	부족한 에너지 보충을 위해 지방질을 이용하여 혈중 콜레스테롤 & 중성 지방, LDL(저밀도 지단백) 증가와 HDL(고밀도 지단백) 감소는 심장혈관계 질환을 일으킨다.	
	포화 지방산	• 지방음식을 제한한다. • 콜레스테롤 & 중성 지방량은 총 지방량의 1/3 이하로 제한한다. • 동물성 지방, 낙농제품(우유제품), 열대식물 기름[코코넛, 팜유(기름 야자)], 마가린, 쇼트닝의 고체성 기름	
	불포화 지방산	• 식물성 기름 : 올리브유, 포도씨유, 견과류 • 불포화 지방산에 HDL을 함유하여 혈중 콜레스테롤을 간으로 운반하여 혈중 콜레스테롤을 낮춘다.	
고섬유질	방법	채소류, 콩, 율무, 보리, 현미의 섬유소를 많이 포함한 음식을 섭취한다.	
	효과	혈당↓	섬유질이 장관을 통과하면서 당분의 흡수를 지연한다. → 혈당을 서서히 상승시킨다.
		콜레스테롤↓	섬유질이 풍부한 음식은 장운동을 항진시켜 음식이 장에 머무르는 시간을 감소시켜 콜레스테롤, 지방산의 배설을 촉진하여 혈중 콜레스테롤, LDL를 감소시킨다.
3대 영양소	방법	3대 영양소의 배분은 당질 55~60%, 지방 20~25%, 단백질 15~20%와 비타민, 무기질의 각 영양소가 골고루 섞인 균형 잡힌 식사를 한다.	
	근거	성장발달	균형 잡힌 식사로 어린이와 청소년의 정상적 성장발달을 유지한다.
		저열량 제한	저열량 식이는 단백질의 이화를 촉진하여 단백질 부족을 초래한다.
체중 감소	방법	II형 DM 환자는 개인에 따른 체중 감소 목표 달성으로 주당 체중 감소가 0.5~1kg이 되도록 총 칼로리를 제한시키기 위해 농축된 당질 음식, 비만증을 조절한다.	
	효과	인슐린 저항↓	비만은 말초 조직에서 인슐린 저항을 증가시키며 체중 감소로 인슐린 저항을 감소시켜 혈당을 정상 범주 내로 감소시킨다.
		혈관 장애↓	체중 감소로 복부지방, 지방조직 감소로 고지혈증을 감소시켜 죽상경화증(동맥경화증)을 감소하여 당뇨병성 혈관 장애를 감소시킨다.

(3) 운동요법

운동요법	• 운동은 당분의 세포이용을 증가시켜서 혈당을 떨어뜨리며, 건강증진에 도움이 됨
	• 날마다 일정량의 운동을 규칙적으로 함
	• 심한 운동을 피하여 저혈당이 되는 것을 막아야 하며, 저혈당에 대한 대비책을 강구하여 둠
운동형태	유산소 운동, 가벼운 운동으로 시작
	• 걷기, 자전거 타기, 수영, 스키, 춤추기 등
운동시간	• 최소 1주에 3회, 1회에 20~45분 이상씩 규칙적으로 운동
	• 5~10분간 신전성 유연성 준비운동
	• 20~30분간 의사 처방의 목표심박수 정도의 호기성 운동
	• 15~20분간 가벼운 신전운동으로 정리운동
운동 강도	목표심박수 범위 내 또는 최대심박수의 60~75%
	☺ 최대심박수 = (220 − 연령) × 60~75%
운동요법의 효과 [1998 지방 기출]	• 혈당치를 낮춤 : 인슐린 이용 촉진, 인슐린 저항성 감소
	• 당질대사 증가 및 체내 근육의 포도당흡수 증가
	• 순환(적절한 혈압유지)과 근력 증진
	• 대사율 증가
	• 체중 감소와 적절한 체중유지
	• 스트레스 완화로 안녕감 유지
	• 혈중 고밀도지단백(HDL)을 높이고, 총콜레스테롤과 중성지방 수치를 낮춤
운동 시 주의점	약물효과 고려	인슐린, 경구 혈당강하제 요법을 고려(이때는 인슐린을 낮출 필요가 있음)
	음식 섭취 계획을 고려	운동 전에 여분의 탄수화물 섭취
	저혈당 주의	• 운동 초기(또는 전) 흡수율이 좋은 탄수화물 간식(쉽게 흡수되는 사탕이나 과자) 또는 복합 탄수화물 간식(치즈크래커 등)
		• 운동 직후에 간식 섭취
		• 장기 운동 시 운동 전/중/후 혈당 측정
		• 운동 예상될 때 인슐린을 주사하지 않거나 흡수가 느린 부위에 주사함
		• 투여한 인슐린 작용이 강하게 나타나는 시간에는 운동 피하기(인슐린 주사를 맞은 후 1~2시간 후에 하기)
		• 운동은 혈당농도가 최고에 이르는 시간에 규칙적으로 실시
	고혈당 시 운동 삼가	• 혈당이 300mg% 이상이고 소변 내 케톤 검출 시 : 음성이 될 때까지 운동을 삼감
		• 혈당↑상태 → 운동 → 글루카곤, 카테콜아민↑ → 간에서 포도당 생성↑ → 혈당↑

혈압주의	고혈압 시 운동 → 망막증 또는 망막출혈의 위험
허혈성심장질환 시 주의	숨차거나 흉통 시 심근경색증의 위험이 있으므로 중단함
매일 운동 후 발 확인	신경증 시 하지손상에 주의 : 발에 감각이 없는 사람은 달리기, 조깅은 피하고 수영, 자전거 타기, 걷기에 좋은 신발 선택
기온에 주의	심한 더위나 추위에서의 운동은 피함
당뇨환자 인식표	당뇨환자 카드나 팔찌를 지참함

03

18 약물요법

(1) 경구용 혈당강하제

대상자	제2형 당뇨병 환자는 혈당을 낮추기 위해 경구 혈당강하제가 필요할 수 있음
종류	• 설포닐유레아계(sulfonylureas) • 바이구아나이드계(biguanides) • α-glucosidase inhibitor • thiazolidinedione
적응증	40세 이상, 케톤증의 병력이 없는 사람, 1일 인슐린 사용량이 40unit 이하로 조절되는 경우, 당뇨병 발병 5년 이내인 경우
금기증	제1형 당뇨병이나 임산부, 모유수유자, 수술을 받는 사람, 설파제에 알레르기가 있는 사람 등
주의사항	• 반드시 식이요법 및 운동요법을 병행하여야 함 • 수술 중 저혈당을 방지하기 위해 수술 24~48시간 전에 사용을 중단해야 함 • 노인에게는 특별히 주의하여 투약하여야 함 • 설포닐유레아계(sulfonylurea) 섭취 시 아스피린을 같이 투여하면 저혈당 효과를 가져오므로 주의

종류	약명	약리작용	특징 및 주의사항
설포닐유레아계 (sulfonylureas)	• 1세대 　- chlorpropamide 　　(Diabenese) • 2세대 　- glipizide(Deberin) 　- glimepiride(Amaryl) 　- gliclazide(Diabeta)	• 췌장의 β세포를 자극하여 인슐린을 분비하게 함 • 간의 포도당 생산억제와 말초 인슐린 저항성을 개선시키는 효과	• 식사 10분 전에 복용 • 2세대 약물은 신장이나 간 장애가 있는 경우 투여 금지 • 부작용 　- 체중 증가, 과민반응, 저혈당

바이구아나이드계 (biguanides)	metformin(glucophage)	• 간의 당신생 억제 • 위장관에서 당흡수를 감소시키고 말초조직에서 인슐린 작용을 강화시킴 • 주로 소장에서 흡수되며 간대사 없이 소변으로 배설됨	• 식후 즉시 복용 • 식욕을 억제하는 작용이 있어 비만형 당뇨에서 선호 • 저혈당이나 체중 증가를 초래하지 않음 • 신장장애가 있는 경우 투여 금지
α-glucosidase (글루코바이) 억제제	acarbose(glucobay)	acarbose는 소장 점막효소인 α-glucosidase를 억제하여 복합 탄수화물의 흡수를 지연시킴	저혈당이나 체중 증가를 초래하지 않음
thiazolidinedione	troglitazone(rezulin)	말초에서 인슐린감수성을 증가시키고 간에서 포도당생성을 감소시키는 작용	

(2) 인슐린 요법

효과	인슐린의 기본적인 작용은 포도당을 세포 내로 이동시키고 글리코겐과 아미노산이 포도당으로 전환하는 것을 억제하여 혈당을 낮추는 것이다.
종류	인슐린은 신체에서 작용 속도에 따라 4가지로 나뉜다. • 속효형 : Humalog, Regular, Actrapid, Humulin R • 중간형 : Insulatard, Monotard, NPH, Humulin NPH • 장시간형 : Ultralente • 혼합형 : Mixtard(30% regular, 70% NPH), Novolin(70% regular, 30% NPH)
적응증	• 제1형 당뇨병 환자 모두 • 제2형 당뇨병 환자도 식이요법이나 운동요법 및 경구 혈당강하제로 조절이 잘 되지 않을 경우 • 특히 당화혈색소치가 10.5% 이상인 경우
주의사항	• 심하게 아프거나 감염성 질환자, 외상환자, 수술환자, 사춘기 중인 경우 인슐린 요구량이 증가한다. • 인슐린은 체중 1kg당 0.5~1unit를 투여하는 것으로 시작하여 용량을 조절하는 데는 몇 주일이 필요하다.

(3) 인슐린 요법의 합병증

저혈당	당뇨병 환자가 인슐린의 과량투여, 식사거르기, 너무 많은 양의 운동을 할 경우에 저혈당이 초래된다.
조직의 비후나 위축	조직 비후는 인슐린 종양이라고도 하며 주사부위의 피하조직이 두꺼워지는 것이며, 위축은 주사 부위의 피하 지방이 상실되거나 함몰되는 상태이다. 비후된 부위는 혹처럼 딱딱하거나 부드러운 스폰지 같을 수 있다. 조직이 손상된 경우에는 이 부위가 치료될 때까지 새로운 부위에 주사를 놓아야 한다.
잘못된 반응	인슐린의 잘못된 반응을 나타내는 원인은 아래와 같다. • 식이에 태만한 경우 • 인슐린 주사 방법이 잘못되었을 경우, 즉 정확한 용량을 측정하지 않은 경우, 주사부위를 돌아가면서 주사하지 않은 경우, 주사부위의 조직비후나 위축, 인슐린 주사약의 잘못된 혼합, 시효가 지난 인슐린을 사용하는 경우 • 심리적 혹은 정신적 갈등으로 약물을 고의적으로 중단하는 경우 • 고혈당이나 저혈당을 초래할 수 있는 약물을 섭취하는 경우(아스피린, 스테로이드, 피임약, 술, 시럽, 기침약, 이뇨제, 니코틴산 등) • 운동이나 안정을 불규칙하게 하는 경우
인슐린 알레르기	인슐린 요법 중에 알레르기가 생기는 경우는 보통 인슐린의 단백질 성분에 예민하기 때문이다. 국소반응에 대한 특징적인 증상은 가려움증, 발적, 주사부위의 화끈거림 등이다. 이러한 반응은 1~2주 후에 사라진다.
인슐린저항	저항의 정확한 이유는 모르지만 혈액 내에 인슐린에 길항작용을 하는 특수한 물질이 있거나 인슐린을 파괴하는 항체가 혈액 내에 순환하고 있을 때 저항이 나타날 수 있다. 이때 인슐린을 계속적으로 투여하기보다는 간헐적으로 투여하는 것이 좋다.
소모기 (somogyi) 현상	전날 저녁의 인슐린 양의 과다 투여로 인해 발생하는 반동성 고혈당이다. 우리 몸은 저혈당에 빠지게 되면 병태생리학적으로 혈당을 올리기 위해 인슐린과 반대작용의 호르몬을 유리하게 되고 이는 결과적으로 간에서 포도당을 생성하여 혈당을 올리게 되어, '반동성 고혈당' 상태가 된다. 원인은 아래와 같다. • 적절한 칼로리의 섭취 없이 운동을 하는 경우 • 아침 검사 시 계속적으로 높은 혈당으로 인해 과량의 인슐린을 투여하게 되는 경우. 즉 저녁 인슐린 양의 과다 주사는 새벽 2시에서 4시 사이에 저혈당이 나타나고 이는 다음날 아침 7시에 반동성 고혈당을 일으키게 된다. 이때 조치로는 인슐린 주사시간을 좀 더 늦은 시간(자기 전)으로 변경하거나 자기 전에 간식을 준다.
새벽현상 [2016 기출]	• 새벽현상의 특징은 새벽 3시까지는 혈당이 정상이다가 그 이후부터 증가하기 시작한다. • 이 현상은 1형 당뇨병 대상자에게서 성장호르몬이 밤중에 분비되기 때문에 초래된다. 성장호르몬은 인슐린 필요량을 증가시킨다. • somogyi 현상과는 분명히 구별해야 한다. 새벽 고혈당을 규명하기 위해 자기 전, 새벽 3시, 잠에서 깰 때 혈당을 측정한다. • 새벽현상의 치료는 인슐린 용량을 증가시켜 밤 동안의 혈당을 조절하는 것이다.

(4) 인슐린 주사

투여 시 주의점	• 인슐린은 냉장고에 보관할 필요가 없으며 상온에서 1개월간 두고 사용하되, 1개월 이상 보관 시에는 냉장고에 보관한다. • 차가운 인슐린을 투여할 경우 피부의 변화(lipodystrophy)를 일으킬 수 있으므로 냉장고에 둔 인슐린은 투여하기 몇 시간 전에 꺼내 놓는다. • 인슐린 주사 시 복부는 일정한 흡수율을 나타낼 수 있으므로 권장하는 부위이다. 주사부 위는 주의 깊게 선택하며 전체적으로 회전시키는 것이 중요하다. • 운동이 인슐린 흡수율을 증가시키므로 근육에 주사하는 것은 피하도록 한다. • 항상 여분의 주사기와 바늘, 주사약을 준비한다. • 주사 전 항상 손을 철저히 씻고, 주사 시에는 소독된 주사기와 바늘을 사용한다.
주사부위 선정	• 주사부위는 복부, 팔, 허벅지가 사용된다. • 복부는 매일 돌아가며 위치를 바꾸어 주사한다. 　👑 주사부위를 전신에 걸쳐 회전하는 것은 지방조직의 국소적인 변화를 예방하기 위함이다. • 인슐린의 흡수속도를 일정하게 유지하기 위해서는 주사부위를 회전하는 것보다 한 부 위의 이용 가능한 곳을 모두 주사한 후 다른 부위로 옮기게 한다. 이때 그 전 주사부위에서 1~2cm 떨어진 곳에 주사한다. • 회전법의 또다른 방법은 하루 중 같은 시간에는 같은 부위에 주사를 하는 것이다. 예를 들어, 아침주사는 복부에 하고 저녁주사는 팔이나 다리에 하는 것이다. • 모든 회전법의 일반적인 원칙은 다음과 같다. 　– 2~3주 동안 같은 곳에 한번 이상 주사하지 않는다. 　– 운동을 하려고 할 때는 사지에 주사하지 않는다. 인슐린의 흡수속도가 빨라져서 저혈 　　당에 빠질 수 있기 때문이다. 복부 주사부위 및 순서　　　　상환부 및 대퇴부의 주사부위 및 순서

주사방법	• 인슐린을 수사할 때 주사바늘을 꽂는 방법은 여러 가시가 있다. 피부를 펴서 하는 방법, 피부를 집어서 하는 방법, 45° 또는 90° 각도로 넣는 방법 등이 있다. • 피부를 집어서 바늘을 꽂을 경우 반드시 피하조직 내로 주사해야 한다. 피하조직 내에 너무 얕게 주사하거나 근육 내에 너무 깊게 주사하는 경우 인슐린의 흡수율에 영향을 주게 된다. • 엄지와 검지, 중지로 피부를 들어올려 바늘을 꽂는다. 모든 손가락으로 피부를 들어올리면 근육이 따라 올라오게 된다. • 인슐린 펜이 찬 공기나 더운 공기에 노출되지 않도록 펜형 주사기의 몸체와 주사침은 반드시 분리하여 보관하도록 한다. • 펜형 인슐린은 매 주사 시 1회용 바늘을 교체하여 사용한다. • 펜형 주사기는 주사 방법에 따라 흡수효과가 달라지므로 피부를 5cm 두께가 되도록 잡고 90° 각도로 주사하여 근육에 주사하지 않도록 해야 한다. 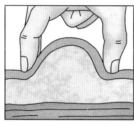  ○ 정확한 방법 ✕ 부정확한 방법

피부
지방층
피하조직
근육

1992학년도	외상(염좌 · 타박 · 골절 · 관절염)간호, 척추측만증, 류마티스관절염의 증상, 개방창 처치
1993학년도	근육퇴화증
1994학년도	
1995학년도	견인장치, 단순골절 증상, 잦은 척수손상부위, 골절치유에서 골화과정
1996학년도	
1997학년도	
1998학년도	척추측만증의 진단방법, 냉요법의 적응증
1999학년도	골다공증의 원인과 예방대책(지방)
후 1999학년도	
2000학년도	
2001학년도	하퇴골절 시 사정내용 및 응급처치
2002학년도	
2003학년도	척추측만증이 계속 진행 시 나타날 수 있는 주요 증상 3가지, 척추측만증 판별을 위한 전방굴곡 검사(forward bending test) 실시 방법
2004학년도	
2005학년도	
2006학년도	척추측만증 때 예방 방법 4가지, 부목의 효과, 염좌 시 응급처치 RICE
2007학년도	
2008학년도	류머티스양 관절염의 신체적 간호, 골다공증 증상
2009학년도	상하지 골절, 척추 골절
2010학년도	목발보행시 주의점, 골다공증의 요인
2011학년도	
2012학년도	염좌 시 처치, 석고붕대 시 처치, 통풍 시 처치
2013학년도	골다공증, 의족관리
2014학년도	통풍, 류머티스열, 척추측만증 검사
2015학년도	수근관증후군 검사
2016학년도	
2017학년도	
2018학년도	통풍, 목발보행
2019학년도	척추측만증 (전방굴곡검사)
2020학년도	
2021학년도	
2022학년도	목발보행(3점보행), 손잡이
2023학년도	

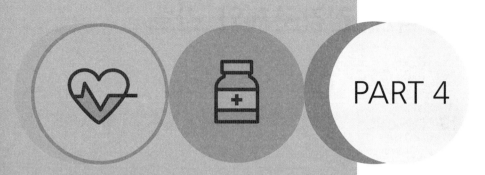

PART 4

근골격계
건강문제와
간호

04 근골격계 건강문제와 간호

01 근골격계 사정

1 무릎의 삼출물 사정

팽윤 징후 검사 (bulge sign test)	방법	대상자를 앙와위로 눕혀 무릎을 신전하고 내측면을 두세 번 짜내려준 후 슬개골 외측면을 두드려 팽윤 징후를 유도한다.
	정상	관절의 반대쪽에 액체 파동이나 팽윤 징후를 볼 수 없다.
	비정상	만약 액체파동이 있다는 것은 골관절염과 같은 염증과정의 일부분으로 장액성 삼출물이 축적된 것이다.
부구감 검사 (ballottement test)	방법	좀 더 많은 양의 삼출물이 있을 때 시행, 무릎을 신전하고 한손의 엄지와 나머지 손가락으로 슬개골 상낭 아래쪽으로 압력을 가한다. 그리고 다른 손으로 대퇴를 향해 슬개골을 힘껏 밀었다가 뗀다. 그러나 손가락은 어떤 액체파동이 있는지 확인하기 위해 무릎에 댄 상태로 놓아둔다.
	정상	슬개골로 돌아오는 액체의 파동이 촉진되지 않는다.
	비정상	슬개골을 두드릴 때 손가락에 대항하여 반동된다면 염증으로 삼출물이 존재한다.

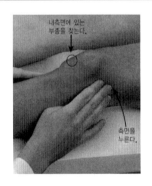

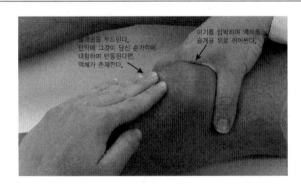

2 관절경 검사(arthroscopy)

정의	• 관절의 급만성 질환과 관절연골이나 인대의 손상 여부를 파악하기 위해 관절강에 광섬유관을 삽입하여 관절 내부를 직접 관찰하는 검사 • 흔히 하는 부위 : 무릎(감염 있으면 금지)
간호	• 검사 전날 밤 12시부터 금식 • 검사 후 신경혈관상태 사정(초기 1시간마다 평가) • 다리 들기 운동, 대퇴사두근 등척운동 등 수행 격려 • 통증 시 마약성 진통제나 acetaminophen 투여 • 합병증 사정 : 저체온증, 통증, 혈전성 정맥염, 감염, 종창, 관절손상, 출혈 • 얼음주머니 24시간 동안 적용 또는 다리를 24~48시간 거상

3 뼈의 성장과 대사에 관여하는 전해질 및 호르몬

칼슘, 인	뼈는 체내 칼슘 99% 포함, 혈청 내 칼슘과 인은 서로 역상관 관계 유지
calcitonin	갑상샘에서 생성 파골세포에 의한 뼈의 흡수를 억제하고 혈청칼슘농도 감소
비타민 D	소장에서 칼슘과 인의 흡수를 촉진, 신장에서 칼슘을 재흡수하여 칼슘 배설을 감소
부갑상샘호르몬	파골작용을 촉진하고 칼슘을 혈류로 이동시킴
성장호르몬	뼈의 길이를 증가시키고, 사춘기 이전의 골량을 결정
당류피질호르몬 (glucocorticoid)	단백대사를 조절하여 뼈의 실질을 감소시키거나 강화시킴
estrogen (androgen)	조골활동을 자극하며 부갑상샘호르몬을 억제, 남성호르몬은 골량을 증가
thyroxin	뼈를 포함한 모든 조직에서 단백질 합성을 증가시킴
insulin	성장호르몬과 함께 건강한 뼈조직을 형성하고 유지시킴

02 염증성 근골격계 질환

1 골수염(osteomyelitis)

(1) 개요

특징	• 혈액성 감염질환으로 급성, 만성으로 발병 • 성인보다는 소아나 청소년기 남자에게 많이 발병
원인균	황색 포도상구균(staphylococcus, 80%) 연쇄상구균(streptococcus), E.col
흔한 침범부위	흔한 발생 부위는 성장이 빠른 장골인 대퇴골이나 경골(종아리 안쪽 뼈)을 침범하며 장골의 골간단에 잘 침범

(2) 골수염의 주요 감염경로와 병태생리

감염경로	직접	농포나 감염된 상처 등 먼 곳에서부터 혈행으로 감염원이 전파됨
	간접	• 개방성 골절, 구강수술 • 균혈증, 기저질환, 비관통성 손상, 비뇨기 감염, 관통상(개방골절), 동물교상, 창상, 비위생적인 구강, 구강치료, 방사선치료
병태생리	기전	• 골수염 감염의 시작은 화농 병소로부터 혈행성 감염으로 장골의 골간단부로 감염이 전파됨 • 골수 조직(혈액 공급이 잘됨)에 염증으로 백혈구 증가, 충혈, 부종이 발생함 • 골막염 → 골막하 농양 → 골구형성(involucrum) → 부골형성(sequestrum) → 공동형성(sinus tract)
	골막염	세균이 뼈와 주위 연조직까지 침범하여 염증을 일으킴
	뼈 농양, 골막하농양	뼈에 농양이 쌓이고 골을 뚫고 나가면서 골막하 농양이 형성됨
	골구(신생골)	뼈를 보호하고 뼈의 성장을 관장함. 골절이 생겼을 때 부러진 부분 사이의 골막에서 골질이 만들어져 뼈를 유착함
		골막하 농양으로 골막하 자극에 의해 골구인 신생골을 형성함
	부골(사골)	골조직은 뼈가 농양으로 감싸지고 혈행이 단절되고 괴사되어 부골인 사골이 생김
	골수염 진행단계	

골수염의 발병은 잠정적 또는 급성적으로 일어난다. 괴저 과정이 감염 초기에 골수 조직에서 시작되며 충혈과 부종이 있으며 백혈구가 증가된다. 그 후에 제1단계에서 단백질 분해 효소에 의하여 조직이 괴저되면 화농(3일 내 발생)이 생겨서 골막하 농양이 생긴다. 농은 저항이 약하고 혈행이 느린 골간단부 근처로 가서 쉽게 서식하며 골막하 농양을 형성하게 된다. 농양은 골막을 밀고 외측의 피질표면으로 퍼진다.
혈관과 림프 조직을 통해 골간단부의 해면골로 감염이 전파되고 장골의 중간 간부를 따라 퍼져 뼈에 농양이 쌓인다. 골막하 농양으로 골막이 박리되면 골막하에 자극으로 인해 신생골이 생기고 이것이 골막의 내면에 부착되어 골구를 형성한다. 농들은 골구 사이 틈새를 통해 흐른다. 골조직은 혈전증으로 괴저되어 분리되며 패혈 상태가 되어서 부골이 생긴다.

(3) 증상

급성골수염	전신증상	• 피로, 권태감 • 발열(38℃ 이상의 체온상승), 야간 발한, 오한 • 안절부절못함 • 오한과 허약감
	국소증상	• 환부의 부종 • 환부의 발적, 열감 • 환부의 압통 : 환부의 근육강직에 의해 걷지 않으려 함 • 강직과 지속적인 뼈 통증(지속적, 국소적, 박동성, 움직이면 더 심해지는 통증)
	통증	휴식을 취해도 완화되지 않고 활동 시에는 더욱 악화
	배액성궤양	순환장애로 잘 치유되지 않으면 발생하므로 하지의 순환상태를 사정함
	백혈구증가	15,000~40,000/mm³, ESR 증가, X선 병변은 증상발생 10일 이후에나 발견
만성골수염	피부궤양	순환장애 때문에 치유가 되지 않으면 손발에 배액성 궤양 발생
	공동선	공동선(sinus tract) 형성
	국소통증	–
	손상 부위 삼출	• 발열, 부종, 발적 증상이 드묾 • 공동을 따라 궤양이 생겨 국소통증과 배액(drainage)이 나타남 • 초기에 항생제 치료효과가 없을 때 배농관이 생겨 농이 흐르며 근육 위축이나 운동장애 등의 부작용이 초래됨
합병증	근육 위축, 관절경축	통증으로 운동 장애가 지속되면 근육 위축, 관절경축
	관절 협착증	–
	병리적 골절, 탈구	• 심하면 병리적 골절(경미한 외상으로 쉽게 골절), 탈구가 발생함 • 성장기 아동 → 뼈의 성장판 파괴로 사지의 단축 및 변형
	재발	항생제 사용에도 불구하고 치유되기 어렵고 재발이 잘 됨
	화농성 관절염, 패혈증	–
	성장판 파괴	성장기 아동 → 뼈의 성장판 파괴로 사지의 단축 및 변형
예후		• 항생제 치료에도 불구하고 완전 치유가 힘들고 재발이 잘 되며 심하면 병적 골절, 탈구, 패혈증 등의 합병증이 초래되니 조기발견이 중요함. 조기 치료 시 관절 삼출액이 신속히 흡수되고 회복도 빠름 • 농성 삼출액 형성 시 운동장애, 관절 협착증이 있고 심하면 패혈증으로 치명적이 됨

04

(4) 치료

항생제	• 다량의 항생제, 수액 요법, 전해질 투여 • 항생제 요법에 실패하면 외과적으로 절개 후 배농 • 급성 골수염은 수 주 동안 정맥 내로 두 가지 이상 항생제 투여 • penicillin, nafcillin(Nafcil), neomycin, vancomycin, cephalexin(Keflex), cefazolin(Ancef), cefoxitin(Mefoxin), tobramycin(Nebcin), gentamicin(Ganamycin), aminoglycoside계 약물 • 항생제는 골수염이 치료될 때까지 오랜 시간 투여함 • 증상이 사라진 후에도 항생제의 혈청 농도 유지의 필요성 설명	
절개, 배농술	• 증상이 완화되지 않을 시 절개, 배농술 시행	
	부골 적출 수술 (sequestrectomy)	환자의 영양상태가 양호하고 부골의 위치가 분명할 때 실시
	배(杯) 형성술 (saucerization)	• 광범위한 상흔 조직, 감염된 조직, 경화된 뼈를 제거 • 환부의 뼈를 작은 접시 모양으로 깎는 수술 • 수술 후 지속적 세척요법 적용

(5) 간호 및 보건지도

침상 안정	• 기능적 체위를 유지한다. • 병리적 골절 방지를 위하여 감염된 사지로 체중을 지탱하지 않는다.	
고정	• 급성기 동안 감염된 사지를 움직이면 통증을 느낀다. • 뼈의 파괴가 많을 때 석고붕대를 급성 염증의 소실이 있을 때까지 적용한다.	
마사지 금기	염증 상태가 심하여 뼈가 부골(사골)이 되어 약한 상태로 마사지를 하지 않는다. (감염된 뼈는 매우 약하다.)	VS 마사지 금기 : 악성 종양, 색전, 급성 염증 (골수염)
더운물 찜질	부종 감소, 근경련 감소	
영양	칼슘, 비타민 D, 단백질, 고칼로리 식이 - 뼈의 재형성을 촉진한다.	
악화방지	• 병리적 골절 및 교차 감염을 방지한다. • 갑작스런 체온상승 및 심한 동통은 2차적 농양 형성의 증상이므로 세심한 관찰이 요구된다.	
방취제 사용	방취제 사용 : 상처의 악취 방지	

2 골결핵

특징		• 폐에 있는 결핵균이 혈액을 타고 뼈나 관절에 침범하면 뼈조직이 파괴된다. • 골결핵은 어떤 연령에서나 모든 뼈와 관절에서 발생하며 대개는 속발성으로 폐나 림프절로부터 전파된다. • 흔한 발생 부위는 척추, 골반, 무릎 등이다. 결핵균은 혈행성이다. • 뼈 주위에는 한냉성 농양이 형성되고 골 파괴와 관절 구축이 심하면 관절이 변형된다. • 질병 과정이 천천히 진행되므로 증상이 나타나면 이미 상당히 진전된 상태가 된다. • 전신적으로 창백해지고 식욕부진, 체중 감소, 미열, 발한, 전신 쇠약의 증상이 있다. 통증은 천천히 진행되면서 점차 심해지고 특히 근육이 이완된 상태에서 움직이게 되는 밤에 심하다.
척추결핵	병태생리	• 결핵균으로 척추가 파괴되면 체중을 이기지 못하게 되며 특히 흉추가 돌출되는 척추 후굴 상태가 된다. • 손상된 뼈 주위에 결핵성 한냉성 농양이 방추상으로 형성되고 척추 주변을 둘러싸게 된다. 한냉성 농양은 인접한 척추 뼈에서 시작되어 주위 조직에 형성된다.
	간호사정	• 환부 척추를 움직일 때 요통이 심하다. 특히 밤에 통증이 심하다. • 요추의 압박으로 근육 경련, 대퇴관절 굴곡과 외회전 불가, 변비, 마비 등의 문제가 생기고 척추후만증이나 척추측만증이 올 수 있다. • 방사선 소견으로 추간판 간격이 좁아지고, 척추체가 부식되고 불규칙하며 척추후만이나 측만이 있는 것을 확인할 수 있다.
치료		• 항생제 복용, 휴식, 균형 있는 식사 • 경추 결핵 시 두부견인 • 파괴된 척추를 위한 융합술 • 관절고정술(금속삽입하여 척추 고정)
수술 후 간호		• 체위 변경 시 통나무굴리기 • 회복되면 보조기, 복대 사용

04

03 관절염(arthritis)

1 골관절염(osteoarthritis) [2014 기출]

(1) 정의 및 특징

정의	• 만성 관절염의 하나로 퇴행성 관절염 또는 퇴행성 관절질환이라고도 함 • 모든 관절질환의 일반적인 현상이며 관절연골의 변성으로 초래됨 • 관절표면의 가장자리에 거상돌기가 형성되고 피막과 활액막이 두꺼워지는 것이 특징 • 체중부하를 많이 받는 관절의 연골부에 잘 생기고 관절면의 뼈가 과밀, 과잉 증식됨에 따라 관절간격이 좁아져 점점 눌리면서 점차 퇴행성 변화를 보임
특징	흔히 침범되는 부위는 체중부하와 관계된 관절(고 관절, 무릎 관절) • 관절부 연골면에 염증 • 연골부가 얇아져 뼈가 노출 • 연골부의 뼈가 과잉 증식(Hebeden 결절) : 원위관절에 잘 생김

원인	연령	55세 이상의 70~80%가 X 선상 변화
	폐경	폐경기 이후 에스트로겐 감소로 관절 연골 세포의 증식 감소와 분해 증가
	비만	비만한 사람은 고관절과 무릎에 골관절염이 잘 생김
	심한 운동	과다한 사용으로 관절에 반복적 체중 부하가 심한 직업인 운동선수
	운동부족	근육이 관절을 지지하나 운동 부족으로 근육 소실이 골관절염의 원인
	외상	반복되는 좌상, 염좌, 관절탈구, 골절의 외상에 의한 연골의 파손
	질병	• 당뇨병으로 결체조직 퇴행, 상피세포 기능 장애 • Paget 병 – 뼈의 흡수와 소실이 증가 • 겸상세포빈혈 – 겸상 적혈구로 무혈관성 괴사 • 혈우병 – 반복적인 관절 내 혈증

(2) 병리과정

연골마모	관절면의 연골부에서 골기질 성분이 마모됨으로써 시작 → 연골이 닳고 관절면에 미란이 생기고 얇아짐 → 뼈가 노출되어 뼈의 마찰로 통증, 관절부종 → 뼈의 모양과 관절구조가 변하고 관절의 가동력이 제한 → 이러한 현상을 '마모'(wear and tear)과정이라고 함 즉 외부적 힘에 대하여 관절면의 견디는 힘이 약해지고 조직이 퇴행됨
골증식체	연골부의 마찰로 연골부의 뼈가 과잉으로 증식된 골증식체(osteophyte)가 형성됨 → 골관절 구순(body suur)형성

활액막염 헤버든씨 골성비대 (Heberden 결절)	원위지	• 관절낭이 점액성 변형을 일으켜 피하 종창이 골화됨 • 연골에서 떨어져 나온 조각들이 활액내로 떠다니다가 활액막에 부착하여 염증을 일으켜 활액막의 강직과 이상적 비대증이 초래됨 → 헤버든씨(Heberden) 결절
	근위지	부차드 결절(Bouchard's nodes)

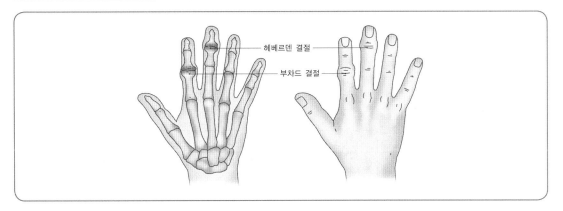

(3) 진단

X-Ray	• 관절의 가장자리에 창끝처럼 뼈가 솟아오른다. → 구순과 같은 뼈 모양(관절표면의 가장자리에 거상돌기)이 확인된다. • 관절면에는 뼈가 하얗고 불규칙하게 많이 생기며 관절 간격은 현저히 줄어든다.
활액	활액에 다소의 백혈구가 증가한다.

(4) 증상

관절통	초기에는 관절 사용 후에 한 개 또는 두 개의 관절강직을 호소하며 쑤시는 듯한 통증을 동반함
골관절염의 특징	• 쑤시는 듯한 통증과 관절의 구축, 근육의 경직, 운동의 제한 • 대부분 운동 후에 발생하고 조조강직 • 고관절이 굴곡 수축되고 무릎관절을 펼 수 없으며 휴식(안정)해도 통증이 있는 것은 근육경직 때문 • 대개 비대칭적으로 나타나며 주로 손의 원위지관절(DIP)과 근위지관절(PIP), 체중 부하 관절인 고관절(hip joint), 무릎관절(knee joint), 발의 중족지관절(MTP), 경추나 요추하부가 침범
주호소	• 피로를 쉽게 느끼며 춥고 습한 기후에 매우 민감 • 통증은 초기에는 경하나 관절을 계속 사용하면 더욱 악화 • 운동하면 쉽게 피곤해지고 특히 앉는 것이 어려워짐 • 관절에 종창이나 관절주위의 압통

(5) 치료 및 보건지도

적절한 안정	• 오후에는 주로 쉬도록 한다. • 간단하고 체중이 부하되지 않는 운동을 한다. • 체중이 많으면 음식을 조절한다.		
약물요법	Acetaminophen (Tylenol)	해열 진통제	
	NSAIDs	비선택적 NSAIDs	• aspirin, ibuprofen, indomethacin • COX-1(위벽 조절하는 prostaglandin), COX-2를 억제한다. • COX-1도 억제로 위장장애가 심하면 음식물과 같이 먹는다.
		선택적 NSAID	• celecoxib(celebrex), rofecoxib(vioxx) • COX-1을 억제하지 않고 COX-2만 억제하여 위장관계 부작용이 없다.
	steroid		• Phenylbutazone • 장시간 작용하는 steroid를 관절 내 주입(의사의 처방 아래)한다. • steroid의 전신 요법 금기로 질병 과정을 급속히 악화시킬 수 있다. [국시 2007]
국소적 관절치료	• 부목(splint, brace)을 이용하여 환부를 국소적으로 안정시킨다. • 증상완화 : 열치료, 수욕, 파라핀욕, 마사지		
수술	• 활액막 제거술 • 골 제거술 • 관절 협착술 • 관절 성형술 • 인공관절 대치술		
예후	류머티즘성 관절염보다 예후가 좋으며 치료를 잘하면 동통도 적고 운동장애도 적다.		

② 류머티즘성 관절염(rheumatoid arthritis) [1992 · 2014 기출]

(1) 개요

정의	• 반복되는 관절활막의 염증으로 특징지어지는 만성적, 전신적 염증질환으로 관련 구조들이 불구가 되는 질환으로 주로 사지의 근위부관절을 침범하며 양측에 대칭성으로 나타나고 맥관, 폐, 신경계, 기타 주요 기관들도 침범한다. • 신체의 일부나 전체가 침범되는 만성 질환이다. • 관절의 환막이나 내부 등의 결체조직의 만성 염증성 병변이다. • 난치이며 이환율이 상당히 높고 주로 35~45세 여자(2~3배)에게 흔하다.

원인	• 자가 면역요인: 확실하지 않으나 활액막 내의 림프구의 증가와 류머티즘 인자(Rheumatoid Factor; RF)로 알려진 비정상적 면역글로불린의 일종이 혈장 내에 많이 증가되고 있다. • 바이러스 감염요인 • 유전적 요인: 가족성 경향이 있다. • 대사요인

(2) 류머티스 관절염의 병리적 관절변화

기전	• 비특이적 IgG 반응이 유발 → 숙주를 이물질로 인식 공격 → 자가항체 생산(류머티즘 인자, Rheumatoid Factor; RF) → 면역 복합체 형성 → 활막에 침착 염증 • 네 단계가 계속되면서 관절 기형과 기능장애가 심해지고 피하에는 결체조직의 부종으로 류머티즘성 결절이 주관절부위 뼈돌출부에 특징적으로 나타남
활액막 염증시기	관절낭에서 염증이 확대되어 활액막에 울혈과 부종, 혈관충혈이 있고 활액막의 일부가 과민 → 섬유아세포, 섬유조직
Pannus 형성	활액막에서부터 붉은 색을 띠고 거친 pannus가 연골 아래 붙어있고 관절연골의 영양공급을 차단 → 섬유결체조직
섬유성 관절 강직	활액막의 과립조직이 섬유성 조직으로 대치되어 섬유성 관절강직이 되어 관절의 기동력 저하 → 근육탄력성 저하, 관절가동력 제한
골강직	과립조직이 골단부까지 파급되고 섬유조직이 골화되면서 골강직 형성 관절기형과 기능장애가 심해짐 → 골강직 형성, 근섬유 퇴행, 탄력성 수축력 약화
류머티스 관절염의 진행과정	 | 류머티스 관절염의 진행과정 | 활액막 염증　활액막 증식　연골 파괴　섬유성 관절강직　뼈, 인대 손상　골강직　탈골 변형 | 류머티스 관절염의 조직변화 |

류머티즘 인자는 민감한 숙주가 항원에 대해 초기 면역반응을 시도하면서 이에 따른 변화를 시작한다. 항원은 모든 환자들에게는 아니지만 비정상 면역글로불린(IgG) 형성을 촉진시키고 이러한 비정상 IgG에 대항하는 자가 항체들의 존재로 류머티즘 인자를 알 수 있다. 자가항체들은 류머티즘 인자로 알려져 있으며 초기에 활액막 또는 관절연골 표면에 침전된 면역복합체들을 형성하기 위해 IgG와 결합한다. 면역복합체 형성은 보체를 활성화시키고 염증반응결과를 유도하게 된다.

비후된 활액막은 연골, 인대, 건, 관골구 등의 주위를 침식해가면서 만성 염증으로 인해 관절변화가 따르게 된다. 류머티즘성 관절염으로 염증반응이 생기면 주위 조직이 파괴되고 초기에는 관절부종과 통증이 있으며 후에는 관절 주변의 증식된 활액막이 과립조직으로 대치되면서 관절이 파괴되고 통증과 함께 관절강직이 나타난다. 류머티즘성 관절염에서 나타나는 관절의 병리적인 변화는 ① 활액막염, ② pannus 형성, ③ 섬유성 관절강직, ④ 골강직성 변형의 4가지 단계의 변형이 있다.

출처 ▶ http://healthcare.joins.com

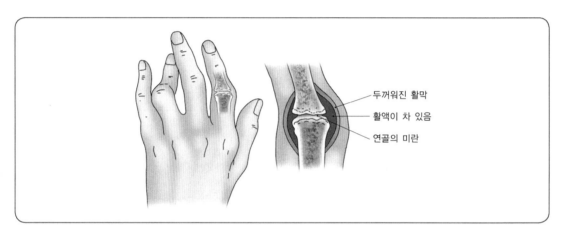

| 류머티즘성 관절염의 병리소견 |

(3) 관절에 대한 손상 4단계

초기단계	활막에 특정 변화 초래
면역반응단계	림프구와 류머티즘 인자(Rheumatoid Facter; RF)가 활액막에 존재 → 백혈구, 대식세포 유인, 프로스타글란딘 방출자극 → 연골파괴
염증단계	부종발생, 활막의 모세혈관 손상, 활막의 표면에 균열 → 염증 심화, 활막 증식
파괴단계	판누스(섬유성 육아조직) 형성

(4) 진단검사

류머티스 인자 (RF) [국시 2006]	• RF 양성 • RF는 여러 결체 조직 질환에서 생성되는 비정상 IgG와 IgM항체에 대항하는 자가 항체 • 대상자의 70~80%가 RF 양성 • RF의 증가는 다른 결체 조직 질환(SLE)에서도 나타나므로 확진하지 못함. 활성기에 역가가 높아지고 치료를 하면 류머티스 인자의 역가도 낮아짐	
	RF(+)	RA, SLE
	RF(−)	OA, 통풍
항핵항체 (ANA)	• 세포핵을 파괴하여 조직을 괴사시키는 항체의 수 • 양성 → 역가가 1 : 8 이상으로 역가가 높을수록 활동성	
ESR, CRP	• 적혈구 침강 속도(ESR), CRP : 상승 • 급성, 만성 시기	
C3 감소	• C3 보체(serum complement) : 감소 • 많은 보체가 면역기전에 참여하면 혈중 보체량은 적어짐	
igG 상승	면역글로불린 : IgG 상승	
글로불린	알파글로불린 상승	결체 조직 질환을 의미하며 급성 염증 시 상승
	r-globulin 상승	만성 염증 시 상승
WBC 증가	−	

(5) 증상 [1992 · 2013 · 2014 기출]

초기증상 (관절증상)	• 발열, 피로, 허약감, 식욕부진, 감각이상, 체중 감소, 전신통증 • 아침강직(morning stiffness)이 특징		
	관절증상	• 침범된 관절에는 염증 증상인 열감, 부종, 통증 및 관절강직, 운동제한이나 기능 상실이 경미한 상태에서부터 매우 심한 상태까지 다양한 증상이 나타남 • 아침에 조조강직으로 뻣뻣하며 기상 후 30분~1시간 후에야 부드러워짐 • 관절의 통증과 부종은 관절에만 국한되지 않고 근육, 건, 인대로 퍼지며 날씨가 습하거나 과로, 피로, 정신적 긴장이 있으면 증상이 악화	
	이환관절	• 흔히 손가락 관절과 발의 중족지관절 같은 소관절이 영향을 받으며 주로 대칭적으로 나타남 • 점점 손목관절, 주관절과 견관절, 대퇴관절, 무릎관절, 족관절에도 증상이 나타나고 경추, 측두하악관절, 흉쇄관절 등 모든 관절에 다 나타날 수 있음	
		근위지관절	−
		제2, 제3 손가락 중수지관절	• 대칭적인 부종 • 주먹을 쥐기 힘들고 손목관절은 대체적으로 굵어지며 굴곡운동이 제한됨

	혈액검사	백혈구증가증, 빈혈, 적혈구 침강속도(ESR) 증가, RA factor 80% 정도 존재, CRP 상승, ASO titer 증가
진성관절염 (후기증상 – 변형과 기형)	위축과 기형	• 증상이 심하면 근육위축으로 힘이 약해지고 운동의 제한이나 기능장애와 변형이 나타남 • 완부의 내전과 내회전 변형, 주관절의 굴곡, 전완부의 회내전, 완관절의 굴곡과 척골쪽으로 편위(ulnar deviation), 손가락 관절의 신전변형으로 swan neck이나 boutonniere 변형 • 관절의 굴곡 변형, 엄지발가락의 외반기형(bunion), 족부의 첨내반족 (equinovarus), 발가락의 갈퀴발 등으로 통증과 보행장애를 야기
	단추 구멍 변형	• 단추 구멍 변형(boutonniere 기형) • 단추 구멍 변형으로 손가락이 구부러지며 손가락에 원위지 관절의 과신전과 근위지 관절의 굴곡에 기인
	백조 목 변형 (swan neck)	백조 목처럼 올라오는 모습으로 원위지 관절의 굴곡과 근위지 관절의 과신전

백조 목 변형
류머티스 관절염에서 보이는 변형은 백조 목과 유사하다.

단추 구멍형 변형
류머티스 관절염에서의 손가락 변형은 검지와 엄지로 단추를 잡을 때의 모습과 같다.

피하결절	류머티즘성 결절(팔꿈치나 아킬레스건에 나타남) • 전체 환자의 약 25% 정도에서 주관절 피하에 류머티즘 피하결절이 나타남 • 이 결절은 지속되거나 자연 퇴화됨 • 쉽게 상처가 나거나 감염될 수 있으므로 주의함 • 결절은 공막이나 폐에도 생길 수 있으며 예후가 좋지 않음을 암시함
건초염	건초(tendon sheath)의 염증은 손목에 흔함(침범관절에 근육경련)
주호소	항상 피곤함, 전신의 허약증, 나른함과 같이 다음의 증상을 호소 • 수족을 움직이기 힘들고 통증이 있으며 움직이면 더 아픔 • 주먹을 꽉 쥐지 못함 • 관절부의 피부표면에 열감이 있음 • 근육이 허약하고 위축됨 • 사지의 피부가 얇아지며 윤기가 있고 손가락은 차고 습함 • 관절의 피하조직에 결절이 있음 • 사지의 모양이 변형되고 통증 때문에 움직이면 아픔

04

합병증	• 치료를 하지 않으면 빠르면 질환의 첫 1년 내에 관절 파괴가 시작됨 • 굴곡경축과 손의 변형으로 인해 쥐는 힘이 감소하고 자가간호수행이 어려워짐 • 공막의 결절은 백내장과 시력감소를 가져올 수 있음 • 류머티즘 결절로 인해 합병증 등이 생길 수 있는데 피부나 결절에 궤양이 생길 수 있고 성대 결절은 쉰 목소리를 가져오고 척추에 생긴 결절은 골구조를 파괴하기도 함 • 질환의 말기에는 흉막염, 흉막삼출증, 심낭염, 심낭삼출증, 심근증과 같은 심폐질환을 흔히 가져옴 • 신경근육 침범으로 인해 수근터널증후군이 나타날 수 있음

(6) 관절 외 증상(전신 증상)

전신피로, 빈혈	심한 피로감, 허약, 식욕부진, 체중 감소, 빈혈			
전신염증	말초혈관염, 말초신경염, 심낭염, 섬유성 폐질환, 신장질환			
류머티즘 결절	• 사지말단부에는 발한과 청색증과 한기가 있으며 전체 환자의 약 25% 정도에서 주관절 피하에 류머티즘 피하결절은 나타남 • 이 결절은 지속되거나 자연 퇴화될 수 있으며 일반적으로 재발 가능성이 높기 때문에 제거하지 않는다. 그러나 쉽게 상처가 나거나 감염될 수 있으므로 주의해야 함 • 결절은 공막이나 폐에도 생길 수 있으며 예후가 좋지 않음을 암시			
쇼그렌증후군	• 환자의 약 10~15% • 눈물샘과 타액분비의 감소로 안구통증, 이물감, 가려움 등을 호소하며 광과민성을 경험			
	분류	1차성	다른 질환과의 연관성이 없이 독단적으로 발생하는 것. 주로 눈과 입에 영향
		2차성	류머티스 관절염이나 루푸스, 다발성 근염, 피부 경화증 등 류머티스 질환과 함께 나타나는 경우
	증상	구강 건조	정상적으로 구강 내에는 침샘이 있어서 음식을 먹고 삼키는 작용을 원활하게 도와주지만 쇼그렌증후군 환자들은 침 분비가 저하되기 때문에 씹고 삼키며 말하는 것이 힘들어지게 됨
		안구 건조	눈은 마르고 모래가 들어간 듯한 느낌을 받게 됨. 충혈이 되어 빨갛게 보이는 경우도 있으며 수면 중에 두꺼운 이물질이 눈 안에 쌓이는 듯하고 햇빛이나 광선에 예민한 반응을 보이게 됨
		침샘 부종	침을 분비하는 선은 3가지로 혀 밑, 귀 앞의 뺨, 구강 뒤쪽에 위치하고 있으며 이들 침샘 부위가 붓고 아프며 열이 나는 증상이 나타날 수 있음
		충치	구강이 건조해지면서 나타나게 되는 증상. 침은 세균에 대항하는 기능도 있어서 침의 분비가 적어지게 되면 충치가 생길 수 있는 확률이 더욱 높아지고 쉬워짐

	비강, 목, 폐의 건조	목의 건조함이나 간지러움을 느낄 수 있음. 마른 기침, 성대의 변성, 후각의 감퇴, 코피 등과 같은 증상이 나타나게 되는데, 폐렴이나 기관지염과 같은 이비인후과적 문제를 유발하기도 함
	기타	이외에도 질 건조로 인한 성교통, 쉽게 지치고 피로감을 느끼며, 근력의 약화, 기억장애, 피부건조, 감각의 장애 등과 같은 증상들이 나타날 수 있음
펠티증후군		류머티즘 결절이 형성된 심한 환자의 대부분에서 발생하는 증상인데 이는 염증성 안질환, 비장비대, 임파선증, 폐질환 그리고 빈혈, 혈소판감소증, 과립구감소증과 같은 혈액이상 등으로 특징지어짐

⑺ OA(골관절염)과 RA(류머티즘성 관절염)의 특징

	OA(골관절염)			RA(류머티즘성 관절염)		
대칭	초기 편측성, 체중부하와 관계된 관절 (고관절, 무릎 관절)			대칭적		
진행속도	수년에 걸쳐 서서히			수주, 수개월에 걸쳐 진행		
침범관절	• 손가락 끝마디 • 체중 부하 관절(무릎, 고관절관절)			• 여러 관절이 동시에 붓고 아픔 • 손과 발의 작은 관절에 흔함 • 손목, 팔꿈치, 어깨, 무릎 등이 침범		
	헤버덴 결절	• 원위지 관절 과잉증식 • 통증(−)		기형, 변형	Boutonniere	원위지 과신전, 근위지 굴곡
					swan neck	원위지 굴곡, 근위지 과신전
	보차드 결절	• 근위지 관절 과잉 증식 • 통증(−)			척골일탈	관절 기형으로 손가락은 척골 일탈 모양의 특징적인 방추상
관절증상	• 국소통증, 강직 • 부종, 삼출증 • 골증식			• 통증, 강직 • 부종, 삼출증, 발적, 열감, 압통, 근육통 • 활액막염 • 관절에만 국한되지 않고 근육, 건, 인대로 퍼짐		
조조강직	30분 이내 사라짐			조조강직이 1시간 이상에서 하루 종일 강직		
통증악화	• 춥거나 습기가 많은 날씨 • 관절 사용 시 악화 • 휴식하면 완화			날씨가 습하거나 과로, 피로, 정신적 긴장 시 악화		
염발음	관절이 변형되면 관절면이 고르지 않아서 움직일 때 삐걱거리는 뼈의 마찰음			(−)		

피하결절	(一)	• 류머티스 결절 • 관절 부근의 뼈 돌출 부위에 형성 • 팔꿈치, 아킬레스건에 나타남 • 통증(一) • 결절은 자연퇴화됨
전신	침범(一)	• 심한 피로감, 허약, 식욕부진, 체중 감소, 빈혈 • 말초혈관염, 말초신경염, 심낭염, 섬유성 폐질환, 신장질환 • 주요 3증상: 류머티스 결절, 소그렌증후군, 펠티 증후군
약물	• 스테로이드, NSAID • 관절강내 히알루론산	aspirin(salicylates), NSAIDs, 진통제, 항류머티스제
치료	관절성형술	• 활막절제술, 관절낭절제술 • 인공 관절 대치술

04

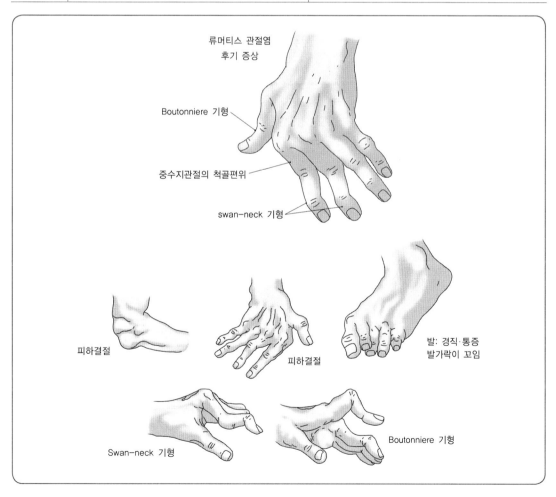

(8) OA(골관절염)과 RA(류머티즘성 관절염)의 주요 임상소견 [2014 기출]

	OA(골관절염)	RA(류머티즘성 관절염)
혈액검사	• 류머티스 인자 RF(−) • 활액 염증 시 적혈구 침강속도(ESR) 상승	• 류머티스 인자 RF(+), 70~80% • 항핵항체 역가(ANA Titer) 증가 • 염증 시 적혈구 침강 속도(ESR), CRP상승
X 선	• 관절의 가장자리가 창끝처럼 뼈가 솟아오름 → 구순과 같은 뼈모양(관절표면의 가장자리에 거상돌기) 확인 • 관절간격은 현저히 줄어듦. 관절 협착, 미란	• 활액막염의 침범으로 관절강의 침식 [2014 기출] • 관절강 협착, 미란, 관절변형, 아탈구 류머티스 관절염이 차츰 진행되면서 관절이 사라지고 위 아래 뼈가 붙었다.
관절액검사		• 활액에 백혈구 증가 > 50,000/mm^3 • 활액의 혼탁도가 증가하고 점성이 감소

☀ 항핵항체 역가(ANA Titer)
  • 세포핵을 파괴하여 조직을 괴사시키는 항체의 수
  • 양성) 역가가 1 : 8 이상으로 역가가 높을수록 활동적임을 의미

(9) 진단기준 [2014 기출]

병력과 신체검진	• 적어도 1시간 이상 지속되는 아침강직(morning stiffness) • 세 군데 이상의 관절에서 나타나는 부종 • 손목, 근위지절 관절 및 중수수지관절의 부종 • 관절의 대칭적인 부종 • 류머티스 결절 • RF(Rheumatic factor)검사에서 양성 • 손의 X-검사상 전형적인 RA의 변화 - 전형적인 뼈의 침식징후
진단기준	• 적어도 하나의 관절에서 분명한 활막염의 증상(swelling)을 갖는 환자 • 다른 질환에 의해 잘 설명되지 않는 활막염, 분류기준 범주 A–D에서 10점 만점 중 합이 6점 이상이면 확실한 류머티스 관절염으로 분류함

A. 관절 침범 양상에 따라(관절의 수와 위치)	
대관절(어깨, 팔꿈치, 엉덩이, 무릎, 발목) 1개	0점
대관절(어깨, 팔꿈치, 엉덩이, 무릎, 발목) 2~10개	1점
소관절 1~3개	2점
소관절 4~10개	3점
소관절 1개 이상 포함해서 관절 10개 이상	5점
B. 혈청학 검사	
류머티스인자와 항 CCP항체 모두 음성	0점
류머티스인자와 항 CCP항체 모두 양성(기준치 상한선의 3배 미만)	2점
류머티스인자와 항 CCP항체 모두 양성(기준치 상한선의 3배 이상)	3점
C. 혈청 염증반응물질(ESR 또는 CRP)	
적혈구 침각속도(ESR) 또는 C-반응 단백질(CRP) 모두 정상	0점
적혈구 침각속도(ESR) 또는 C-반응 단백질(CRP) 모두 상승	1점
D. 증상 발생 기간(증상 이환 기간)	
6주 이내	0점
6주 이상	1점

| 류머티즘성 관절염의 조직변화 |

구분	골관절염	류머티즘성 관절염
병리변화	연골퇴행	활액막의 염증
침범관절 및 대칭	손, 척추, 무릎 : 편측성	손목, 무릎, 중수지관절 : 대칭성
손가락변화	손가락 결절(Heberden 결절)	손가락 변형(swan neck 기형)
증상	국소통증, 강직	부종, 발적, 열감, 통증, 압통, 피로, 근육통
다른 침범기관	없음	폐, 심장, 피부 등의 결체조직
호발연령	45~90세 : 주로 노인	25~40세 성인
성별	남녀 비슷	여성에게 흔함
유전	가족경향을 보이는 경우도 있음	가족성 경향
체중	과체중	비교적 정상이거나 감소
X-ray	뼈가 경화되고 가시처럼 튀어나옴	뼈가 약해지거나 뼈가 갉아 먹힘
검사결과	RF(−)	• 환자의 80%에서 RF(+) • 항핵항체, CRP 상승, 염증수치 높음
강직	30분~1시간	1시간~하루 종일

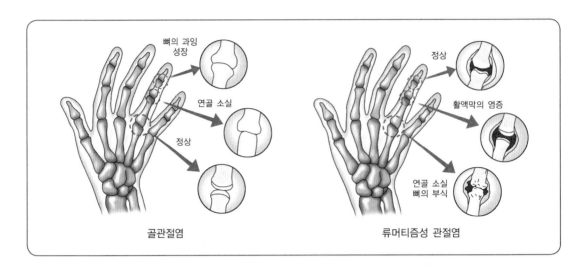

	골관절염	류머티즘성 관절염

(10) 약물요법

① 비스테로이드성 소염제(NSAIDs)

Aspirin [국시 2003]	종류	ibuprofen, naproxen, tolmetin sodium, indomethacin
	기전	• 항염증 효과 : prostaglandin의 합성을 방해하여 염증과 통증 감소 COX-1 • 억제 : 위벽을 조절하는 prostaglandin에 영향
셀렉콕시브 (celecoxib)	종류	셀렉콕시브(celecoxib), 로페콕시브(rofecoxib)
	기전	염증 반응을 중개하는 콕스 투(COX-2)를 억제하여 prostaglandin만 억제
	장점	• 위장관 부작용을 감소 • 혈소판 억제작용이 없어 출혈 시간을 증가시키지 않음
	부작용	간 독성, 신장 독성

② 스테로이드 제제

종류	corticosteroid, glucocorticoid(cortisone or prednisolon)	
기전 [국시 2003]	면역계 이상 조정	B림프구와 T림프구의 기능 억제로 면역계를 억압하여 자가면역을 감소함 예 재생 불량성 빈혈, 이식편대숙주질환, 신장 이식의 급성, 만성 거부반응
	염증 억제	cytokines과 leukotrienes, prostaglandin의 생성 억제와 다른 염증 매개물질의 방출을 억제함. 염증반응에 의한 발적, 부종, 열감, 압통을 감소시키고 전신성 염증 질환의 염증 억제로 조직 파괴를 방지함
투여 방법	관절강 내 주사, 전신 투여 cf) 골관절염 : steroid를 관절강에 주사하며 전신 투여는 금기	

③ 항류머티스제 : SAARD

하이드록시클로로카인, 메토트렉세이트, 설파살라진, 금치료(Gold Compounds) : 진행과정 억제

하이드록시클로로킨 hydroxychloroquine : plaquenil	작용	• 면역체계에 대한 영향 감소로 관절의 염증, 부종, 뻣뻣함, 통증을 감소시킴 • 말라리아의 치료에 사용
	부작용	위장관 장애 : 입에서 쓴 느낌, 식욕부진, 오심, 구토, 설사, 두통
		피부발진
		• 망막장애, 망막의 독성, 실명 초래 • 신독성
	간호	하이드록시클로로킨을 사용하기 전과 복용 중에도 1년에 한 번 안과 검사
메토트렉세이트 methotrexate : Rheumatrex	작용	항대사성 약물로 세포 복제에 필요한 엽산의 길항제로 세포 주기 중 S기(DNA 합성기)에 엽산의 활성 효소를 차단하여 DNA, RNA 합성을 방해한다. 염증 관절에서 새로운 미란을 늦추어 질환의 진행을 억제
	금기	임신 중, 임신 계획한 사람(2~3개월 전부터 복용 중단)
		신장, 간질환자, 에이즈환자
	부작용	위장관 장애 : 식욕부진, 오심, 구토, 설사, 구강궤양, 구내염
		• 피부발진, 광과민성 • 탈모
		골수 억제, 백혈구 감소 [국시 2019]
		• 간기능 장애, 간경변 • 신독성 : 고용량 MTX가 세뇨관에 침착
	간호	복용 전·후에 혈액검사, 소변검사, 간기능 검사
		골수 억제 부작용 : 적혈구, 백혈구, 혈소판검사
sulfasalazine : Azulfidine	작용	엽산에 의한 세포 복제를 차단하여 관절의 염증과 파괴를 감소시킴 예 염증성 장질환 : 항균, 항염증 작용
	부작용	• 오심, 설사 • 피부반점 • 엽산 결핍증
	간호	식간에 sulfasalazine투여
		엽산이 포함된 음식 섭취 증가

(11) 간호 [2008 기출, 국시 20001 · 2003 · 2004 · 2005]

간호 목적	• 통증 조절과 염증의 최소화 • 관절의 가동력 유지 • 근력 유지 • 관절강직과 관절변형 예방	
신체적 간호 [2008 기출]	안정	급성기 시 침상안정, 휴식과 활동의 적절한 균형 • 단단한 침요에서 휴식: 신진대사율 저하, 굴절기형 예방, 동통 완화
	관절보호	• 부목, brace, 보조기(손잡이, 그릇, 빗, 변기 등) 및 보조장구(목발, 지팡이, 부목 등)를 사용하여 관절의 변형 및 구축 예방 • 목과 발목에는 얇고 작은 베개, 팔꿈치에는 타올을 접어서 대주면 기형을 방지할 수 있음
	체위 변경	체위 변경 및 앙와위: 발목내반, 무릎, 고관절, 요추의 굴절 기형 방지
	동통 완화	• 열이나 냉찜질 등의 적절한 적용으로 통증 및 안위 도모 • 더운물 찜질 및 파라핀욕 • 냉찜질: 통증 경감, 적절히 사용치 않으면 피부 손상 등의 위험 초래 • 수욕요법(whirlpool bath): 관절 운동을 위한 적극적 치료방법 • 관절 주변 조직의 마사지: 통증 감소, 부종이 있는 관절의 마사지는 피할 것
	운동요법	• 류머티즘성 관절염 환자에게 운동의 의의는 크나 피로해지고 병세가 악화될 수도 있음. 그러나 운동을 하지 않으면 근육이 위축되고 관절 가동력이 감소 되며 변형이 더욱 진행되는 것을 볼 수 있음. 따라서 적당한 운동과 휴식의 균형이 중요함 • 안전하고 효과적인 운동: 매일 ROM 운동, 등척성 운동과 등장성 운동을 번갈아 함. 너무 과격한 운동은 피하고 운동으로 인한 피로가 남지 않을 정 도의 강도로 행함 　- 수동운동: 관절의 강직예방 　- 능동운동: 근육의 강도 증가 　- 등척운동: 근력유지 　- 등척성 운동과 등압성 운동으로 허약한 근육의 강화
	영양식	균형 있는 영양식이(칼슘과 단백질 충분히, 지방 줄이기)와 체중과다 예방

관절 보호 전략	일과 휴식의 균형을 유지한다.	• 업무를 수행할 때 여러 번 주기적으로 5~10분간 쉬도록 한다. • 충분한 수면을 취한다. • 오후에 30분 정도 휴식을 취한다.
	관절에 무리가 가지 않게 한다.	• 물건을 들어올리기보다는 미는 방법을 사용한다. • 적절한 높이에 물건을 둔다. • 구부리거나 손을 멀리까지 뻗어야 하는 일 등은 피한다. • 가능한 일할 때 앉아서 한다.
	관절에 스트레스를 주는 체위를 피한다.	• 단단한 손잡이는 사용하지 않는다. • 새끼 손가락쪽으로 손가락을 틀지 말고 엄지쪽으로 손가락을 움직인다. • 휘저을 때 손목을 굴곡 또는 회전시키지 않는다. • 물건을 들거나 옮길 때는 양손을 사용한다. • 항상 적합한 기구 사용을 고려한다.
	크고 강한 근육을 사용한다.	• 손가락 대신 손바닥이나 전박을 사용해서 물건을 들어올린다. • 손으로 드는 가방 대신 배낭 같은 것을 사용한다.
	가장 안전한 체위에서 관절을 사용한다.	• 관절인대의 과도한 신전을 피하거나 최소화한다. • 적절한 자세를 유지한다.
	한 자세로 오래 유지하는 것을 피한다.	매 20분마다 체위를 변경한다.
	멈추기 힘든 활동을 피한다.	활동을 부분적으로 나누어서 한다.
	통증을 조절한다.	통증에 대한 공포는 활동을 제한시키므로 통증을 무시하는 것은 관절 손상을 초래한다. • 피로감이나 불편감이 올 때까지만 활동하고 운동하도록 한다. • 통증이 있는 경우에 활동을 줄인다. • 관절에 염증이 있으면 활동을 피한다.
자가간호	자가 간호를 위해 특수한 손잡이, 그릇, 빗, 변기 등 다양한 기구를 사용한다.	

운동원칙	• 목적 　- 근력의 유지·증진, 근위축 방지, 관절가동 유지, 변형의 방지, 혈액순환 촉진, 부종 　　감소, 동통 경감 • 사정 　각 관절의 가동성, 염증 증상(종창, 통증, 열감, 발적)의 유무, 변형의 유무를 사정 및 근 　력상태 사정으로 개인에 맞는 운동요법을 선택한다. 　- 침상안정 기간에는 근육의 약화와 위축을 방지하기 위해 관절운동을 한다. 　- 염증상태가 심하면 손상받기 쉬우므로 급성기에는 운동을 피하고 안정을 취한다. 　- 통증이 심하면 운동을 부드럽게, 천천히 하며 운동 횟수도 줄인다. 　- 골다공증 시 과격한 운동은 골절을 초래하므로 피한다. 　- 마비증세 감각둔마가 있을 때 운동을 심하게 하면 관절에 영향을 주어 통증이나 출혈 　　이 생기므로 강제적 운동은 금기한다. 　- 관절에 강직 증세가 있을 때는 갑자기 힘을 주지 말고 천천히 움직여 운동한다. 　- 등척성 운동이나 등장성 운동으로 근육을 강화한다. 　- 휴식기간에는 체위를 기능적으로 유지하여 근육강직을 예방한다. 　- 적당한 운동과 알맞은 휴식의 균형이 중요하며 운동 후 전신증상, 심한 동통, 피로가 　　다음날까지 남는다면 지나친 운동은 삼간다.

③ 연소성 류머티스양 관절염(juvenile rheumatoid arthritis) [2008·2022 기출]

(1) 개요

정의	아동에서 관절 및 결합조직을 침범하는 자가면역성 만성 염증성 질환군 → 부종, 통증, 열감과 제한된 ROM과 연관된 만성적 활액염증에 특징되는 만성적, 특발성 　관절염	
원인	• 유전적, 환경적, 면역학적 요인들이 상호 　관련 • 감염, 자가면역(IgA 결핍, 저감마글로불린 　혈증), 유전성 경향이나 스트레스와 외상	• 가장 흔한 아동기 류머티스성 질환 • 평균 1~3세에 발생됨(2~5세, 9~12세) • 여아 2배 > 남아
병태생리	• 활막의 만성적 염증 → 삼출액 및 관절연골의 부식, 파괴 및 섬유증 초래 • 관절 표면과 관절 주위의 강직 초래, 유착 유발	

(2) 유형

전신형	다수관절형	소수관절형
	5개 이상의 관절이 대칭적 침범	4개 이하의 비대칭적 관절 침범
• 관절염이 나타나기까지 수주~ 수개월 동안 고열, 발진, 전신림프절 종대(경부, 액와, 서혜부), 간비종대 • 특징적인 열형(39.4도 이상) : 1~2회/일 or 격일 고열, 오한, 열이 내리면 멀쩡해 보임 • 일과성 발진 : 열과 동반 경우에↑ 　－ 열 떨어지면 함께 소실 　－ 작은 홍반, 둘레는 창백 　－ 몸통과 대퇴부, 상완에 호발 　－ 늦은 오후나 이른 저녁↑ 　－ 반점성 또는 구진성, 이동성 　－ 연분홍색 • 관절염 증상 : 관절통, 근육통 • 흉막염, 심막염, 심장염 OX(흉통, 빈맥) • 백혈구 증가, 빈혈	• 여아 • 류머티스 인자가 양성인 경우 　－ 소아기 후기에 호발 　－ 류머티스결절 동반 　－ 관절 증상이 심함 　－ 만성적 경과 나타냄	• 가장 흔하고 가장 양성 • 1형과 2형으로 나뉨 　－ 1형 : 가장 흔한 형태(30~40%) 　　 : 여아, 4세 이전 시작 　－ 2형 : 남아, 8세 이후 발생
	• 모든 관절에 침범 가능 • 손과 작은 관절에 질환 호발 • 목, 측두하악관절, 무릎, 발목, 손목, 팔꿈치에 대칭적으로 시작 • 둔부 발현 시 불구 위험성 • 관절강직, 운동상실, 종창 • 불안, 만지면 매우 아파함 • 성장장애, 식욕부진, 권태, 경한 빈혈, 미열 • 여러 관절의 아침 강직 발생(특히 손가락이 흔함)	• 무릎 등의 큰 관절 침범이 흔함 • 발적, 수명, 통증, 시력장애 • 권태, 경증빈혈, 림프샘비대, 간비장비대, 미열 • 합병증 : 홍체 모양체염 　－ 항핵항체 양성인 학령 전 여아에게 흔함

• 고열과 가벼운 피부발진 경험
• 전형적으로 아침에 더 심한 지속적인 관찰 종창과 동통 및 강직 : 관절염의 증상
　－ 열감 동반한 부종, 발적, 통증, 제한된 ROM, 다리 절음, 걷지 않으려고 함, 자극 과민, 피로 등

(3) 치료 및 보건지도

휴식	급성기 시 침상 안정, 휴식과 활동의 적절한 균형
고정	• 관절의 변형 및 구축 예방 • 부목, brace, 보조기(손잡이, 그릇, 빗, 변기 등) 및 보조장구(목발, 지팡이, 부목 등)를 사용
열, 냉요법	통증 및 안위도모
운동	• 매일 ROM 운동, 등척성 운동과 등장성 운동을 번갈아 함 • 너무 과격한 운동은 피하고 운동으로 인한 피로가 남지 않을 정도의 강도
식이	균형있는 영양식이(칼슘, 단백질 충분히/지방 줄이기)와 체중과다 예방

4 통풍(gout) [2012 · 2018 기출]

(1) 개요

정의	통풍이란 단백질인 퓨린(purine)의 신진대사장애로 요산(uric acid)이 과잉 공급되거나 배설 장애로 요산의 혈중 농도가 높아지고 요산 나트륨이 관절이나 관절 주위 및 연부조직에 축적되어 격심한 발작성 관절통을 일으키는 질환	
원발성 통풍	• purine 대사의 유전적 결함 • 요산 생산 > 신장 배설 • 비만한 남자가 여자보다 약 20배 정도 발병률이 높고 보통 30~50세에 나타남	
속발성 통풍	퓨린의 과잉 공급과 신장에서의 요산 배설이 원인	
	신부전	신장 기능 저하로 인한 요산 배설량 감소로 요산 증가
	조혈장애	• 다발성 골수증(비정상적인 형질 세포에서 M단백을 만들어 증가로 세포 파괴 산물인 요산 증가) • 원발성 다혈구혈증(적혈구의 과도 생성에 다른 과도 파괴로 세포 파괴 산물인 요산 증가) • 백혈병(다량의 백혈구 파괴로 다량의 요산 방출)
	항암치료	백혈병에서 항암제 투여로 백혈구 파괴 증가로 다량의 요산을 생성하여 요산으로 신질환 초래
	아스피린	요산 배설↓ → 통풍 악화
	이뇨제	thiazide계 이뇨제(요산↑ 고요산, 고요당)
고요산혈증 유발요인	• 음주, 알코올 중독 • 고지방 식이 • 산증 또는 케톤증 • 외상, 수술	

🖋 고요산혈증의 유발요인

① 산증 또는 케톤증 ② 악성질환
③ 알코올 중독 ④ 골수증식성 질환
⑤ 죽상경화증 ⑥ 비만이나 기아상태
⑦ 항암제 ⑧ 신장질환
⑨ 당뇨병 ⑩ 겸상세포 빈혈
⑪ 약물에 의한 신장손상 ⑫ 상용약물(salicylates, diuretics)
⑬ 고지혈증 ⑭ 고혈압

병태생리 [2018 기출, 국시 2005]		• 관질부에 크림 같이 하얗게 요산니트륨이 고여서 이물질에 대한 인체의 반응이 나타남 • 주로 활액막, 인대, 연골하부와 관절면에 나타남 • 요산이 축적된 상태를 통풍결절(tophi)라고 하며 이는 피하조직, 근막, 신장, 심장 및 장기에도 나타남. 요산의 축적으로 이차적인 퇴행성 변화가 일어남
	요산 증가	단백식이 중 퓨린(purine)의 최종 대사 산물이 요산으로, 퓨린 대사 장애로 요산이 과잉 공급되거나 신기능장애로 배설 장애가 있을 때 혈청내 요산 수치가 상승함
	요산 결정체	관절부인 연골하부, 활액막, 관절면, 인대에 크림 같이 하얗게 요산 결정체(요산 나트륨, 토피 tophi)가 고이고 요산 결정체(tophi)는 피부, 신장, 심장, 장기에도 나타남
	염증 반응	요산 결정의 침착과 축척의 증가로 백혈구 활동이 증가하여 심한 염증 반응을 일으켜 다발성 관절염을 일으킴
	요산 결석	반복적으로 요산 결석이 생기는 경우에 콩팥이 손상됨
진단검사		• 가족력, 통증 발작의 간격, 요산결석으로 인한 신장기능장애, 고요산혈증, colchicine에 대한 반응 정도를 사정하고 활액분석 검사로 요산 결정체를 발견하여 확진 • 활액분석검사(관절의 활액검사로 요산결정체를 발견하여 확진)

(2) 증상 진행

무증상성		고요산 혈증
급성 통풍 **(다발성** **관절염)**		• 통증은 발작성이며 주로 야간에 심함 • 움직이면 아프고 이불 정도의 무게에도 심한 통증 호소 • 관절의 염증으로 관절부종, 발적, 압통, 급성 관절통, 열감 • 짧은 기간의 발작과 긴 완화기가 교차 • 엄지발가락에 심한 통증 : tophi는 첫 번째 발가락의 관절에 흔하며 손, 손목, 주관절, 무릎에 발생함. 고관절이나 척추 같은 큰 관절에는 침범이 드묾
만성통풍	퇴행성 관절염	재발이 계속되면 통증과 관절면의 불규칙으로 섬유성 경직이 오게 됨
	통풍결절	• 여러 관절 피부에 요산 결정체의 침착으로 통풍 결절이 생김 • 요산 결절은 제일 먼저 이륜에 나타나나 이외에 소 관절부에도 나타나고 백색물질이 돌출하며 이때 colchicine은 별로 효과가 없음
	신부전	반복적인 요산 결석 'tophi(요산 결정체)'로 신기능 부전이 나타남

(3) 치료

치료원칙	고요산혈증을 치료하기 위해 요산 생성을 억제하고 요산 공급을 제한한다. 또한 신장에서 요산 배설을 증가시키고, 백혈구가 요산결정을 탐식하지 못하게 하고, 고요산혈증에서 통풍을 야기시키는 요인을 제거한다.		
약물요법	콜키신 (콜히친, colchicine) [국시 2014]	통풍 완화, 요산 배설제	colchicine은 항염증 작용으로 요산 결정이 침전된 관절 조직의 염증반응이 감소한다. 염증이 있는 관절로 백혈구 이동을 차단하여 백혈구에 의한 염증 반응을 억제하여 급성 만성 통풍 발작을 예방, 염증·통증을 감소한다.
	알로퓨리놀 (allopurinol) [국시 2014·2017]	요산 생성 억제제	요산 생성에 관여하는 효소인 잔틴 산화 효소(xanthine-oxidase)를 억제하고 잔틴(xanthine)이 요산으로 전환되는 것을 예방함으로써 요산 생성을 줄이고 고요산혈증을 감소시킨다.
	프로베네시드 (probenecid) [2018 기출]	과다한 요산요 배설제	요산배설 촉진제로 근위세뇨관에서 요산의 재흡수를 감소시키고 요산의 배설을 촉진하여 소변으로 요산이 배설되게 하며 혈청 내 요산 농도를 감소시킨다.
	NSAID [국시 2006]	항염증 효과	• ibuprofen, indomethacin(indocine) • 발작 시 단시간에 대량으로 사용한다.
	아스피린 금기	아스피린은 속발성 통풍의 원인으로 요산 배설 감소로 통풍이 악화된다.	
수술	tophi가 크면 외과적으로 수술한다.		

(4) 식이간호

저퓨린 식이 [2014·2018 기출]	• 고퓨린 함유 식품: 내장(특히 흉선, 간장, 신장, 뇌), 육즙, 정어리 등 • 중정도 퓨린 함유 식품: 쇠고기, 생선, 새우, 게, 조개류, 콩류 시금치, 아스파라거스, 버섯 등 • 저퓨린 함유 식품: 야채, 곡류, 과일, 감자류, 우유, 치즈, 계란 등
단백질 제한	• 단백질은 체중 1kg당 1g 이상이 초과되지 않도록 섭취하고 육류는 가능한 줄인다. • 엄격한 식이 제한: 단백질이 지나치게 부족할 정도로 식이를 제한한다. • 우유, 치즈, 달걀, 한 토막 정도와 흰살 생선으로 단백질을 보충한다. **만성 신부전** 체중 1kg당 0.5g 섭취
지방 제한	고지방 식이가 고요산혈증을 유발한다.
알코올 제한	• 알코올을 금한다. • 알코올은 요산 생성을 증가시키고 배출을 저하시킨다.

산성식품 제한	산성식품은 제한하고 감귤이나 우유 등 알칼리성 식품을 섭취한다. 요산은 알칼리성 소변에 잘 녹으므로 알칼리성 식이를 권한다.
수분 섭취	요산 배설 촉진을 위해 수분 섭취 증가: 신장, 심장에 이상이 없으면 신 결석을 예방하기 위해 매일 3,000ml 이상 수분을 섭취한다.
체중조절식이	알코올은 금하고 외적 조직이 손상받지 않도록 주의한다.

(5) 증상완화 간호

안정 [2018 기출]	절대적 안정으로 급성 통풍 동안 관절을 쉬게 한다.
부목 [2018 기출]	• 통증은 작은 관절을 침범하므로 움직임을 줄이기 위해 손목, 손가락, 엄지손가락에 기능성 부목을 제공한다. • 해당 하지를 부목으로 고정함으로써 통증성 관절을 쉬게 한다.
냉찜질	• 국소적 신진 대사를 저하시켜 항염증, 진통 효과를 보게 한다. • 통증을 완화시키기 위해 냉찜질을 적용한다. • 염증이 있다면 온찜질 요법은 피한다.
마사지	급성기 이후에 마사지를 한다.
체중 감소	• 과잉 체중이 되지 않도록 규칙적인 운동을 통해 조절한다. • 비만이 고요산혈증의 유발 요인으로 요산 생성을 줄이고 관절의 부담을 주지 않도록 비만을 예방한다. • 체중 감소는 1주일에 0.5kg이 적당하며 갑자기 많은 살을 빼면 통풍이 악화될 수 있다.
혈청요산 검사	혈청요산은 약물 수치 모니터를 돕는다.

5 전신 홍반성 낭창(루푸스) [2020 기출]

정의		전신 홍반성 루푸스는 일종의 류머티즘성 만성질환으로 여러 기관에 염증 증상을 나타내는 자가면역성 질환이다. 전형적으로 신장, 혈액계, 신경계와 함께 피부, 관절, 흉막이나 심장과 같은 장막에 염증성 변화를 가져온다.
병태생리 [2020 기출]		• 전신 홍반성 낭창은 면역조절기전 장애이다. DNA세포핵에 대한 성분에 대항해서 자가면역반응이 일어나고 과잉 항체반응은 B-cell, T-cell의 과잉활동과 관련된다. • 자가항체가 그들의 특이항원에 결합하면 보상체계가 활성화되고 면역복합체들이 신장, 심장, 피부, 뇌, 관절 같은 모세혈관 기저막에 침착된다.
임상증상	일반증상	38℃ 전후의 고열, 식욕감퇴와 체중 감소, 각종 통증(관절, 근육), 극심한 피로감, 림프선 비대(어깨, 목, 서혜부), 두통, 오심과 구토, 계속되는 우울증, 쉽게 멍듦, 모발이 잘 빠짐(탈모증), 얼굴이 잘 붓는 증상 등이 있다.

	특징적 증상	• 코를 중심으로 양 뺨에 붉은 반점이나 발진(나비형 홍반)이 나타나며 햇빛이나 자외선에 노출된 후의 발진이 심해진다. 추위에 노출되면 손끝이 창백해진다. • 입안이 이유 없이 헐고, 두 곳 이상의 관절염 증상과 빈혈, 혈소판감소, 혈뇨, 단백뇨가 발견된다. • 신경조직의 이상으로 인한 경련 발작, 손발이 저리고 때로 감각장애(Raynaud 증상), 운동장애가 있다. • 증상이 심할 때도 있으나 거의 정상인에 가깝도록 경미한 경우도 있다. 그리고 침범부위가 다양하여 심낭염, 심근염, 심내막염, 흉막염, 폐렴, 비장, 림프까지도 침범될 수 있다.
	진단 기준	• 뺨에 나비 모양의 발진 • 원반 모양의 발진 • 광과민성 • 구강궤양 • 관절염 : 2개 혹은 그 이상의 비미란성 관절침범 • 장막염(serositis), 흉막염, 심낭염 • 신장장애 : 단백뇨나 소변 내 원주체 • 신경학적 장애 : 발작 혹은 정신증 • 혈액학적 장애 : 용혈성 빈혈, 백혈구감소증, 림프구감소증, 혈소판감소증 • 면역학적 장애 : LE cell test(+), antinuclear antibody(+), antiDNA antibody(+), anti-Sm antibody(+), 매독혈청검사에 위양성(false-positive)
	치료	• 전신 홍반성 낭창 환자는 증상의 심각성이나 임상적 증세에 따라 간호를 계획해야 한다. 일반적인 간호문제는 신체 기동성 장애, 통증, 체액 결핍, 잠재적 감염, 신체상 변화, 말초조직 관류 저하 등이다. • 증상이 악화되면 특히 자외선에 노출을 금하여 피부 손상을 방지하고 영양 및 대사 상태 유지, 감염 예방, 정서적 지지 제공 등을 위주로 간호계획을 세우고 비통감·절망감에 관심을 두고 이를 극복하고 적응하도록 돕는다.

04 기계적 근골격계 질환

1 추간판 탈출증(herniated intervertebral disk)

정의	• 원판 주위의 섬유륜에서 원판핵이 돌출하여 신경을 압박하는 상태이다. • 40~60세의 남자에게 흔하나 20대 이후부터 약화되어 발생한다. • L 4~ 5에서 98% 발생하고 드물게 경부에서 있다. • 제4~5요추판, 제5요추~제1천추 간, 제3~4요추 간의 순으로 발생된다. [1995 기출]	
증상	• 요통은 하요추부의 중심선을 따라 비교적 넓고 불확실하게 느껴지며 천장관절, 둔부, 하퇴부까지 방사통, 저리고 마비된 느낌, 감각의 저하, 다리 쇠약감 등의 증상이 나타난다. • 요통은 척수 내압을 항진시키는 활동(재채기, 무거운 물건 들기, 기침, 긴장)에 의해 악화된다. • 압통은 이환 부위를 압박할 때 느끼는 국소통증이며 특히 좌골 신경통을 호소한다.	
치료	• 침상 안정 • 약물요법 : 근육 이완제, 항염증약제, 부신피질호르몬제, 진통제 투여 • 골반견인, 보조기 착용, 운동 • 물리치료	
	추궁판 절제술, 척추 고정술, 수핵 용해술, 수핵 제거술, 신경근 차단술	
환자교육	경추 추간판 탈출증	• 작업 중 경추의 무리한 운동은 금한다. • 수면 중에 머리를 적절한 높이로 유지한다. • 급성기에 진동을 피한다.
	요추 추간판 탈출증	• 급성 염증 소실 후 요추굴곡운동을 권한다. 복부의 근육과 척추의 굴근을 강화한다. • 가볍고 점진적으로 시작한다. • 동통 악화 시 운동을 중단한다. • 슬관절, 고관절을 굴곡시켜 측와위로 잠잔다(두 다리 사이에 베개를 끼운다). • 엎드려 자지 않는다(척추의 과도신전 방지). • 올바른 신체역학을 참고하여 운동한다.

2 골절(fracture) [2001 · 2009 기출]

※ 골절 내용은 기본서 2권 <학교보건 · 응급> 참조

| 골절직후 합병증 |

골절직후	**동맥혈관손상**	• 뼈가 골절될 때 압박붕대나 석고붕대로 외부적인 압력이 가해질 때 혈관이 손상된다. • 특히 슬와동맥의 손상과 상박골절 시 상박동맥이 손상되면 Volkmann's 허혈성 구축이 되기 쉽다. • 무맥, 부종, 창백증, 통증, 정맥혈류의 장애, 마비, 무감각 등의 증상이 관찰된다. → 즉각 석고붕대를 풀거나 부목을 제거한다.
	지방전색증 [국시 2001 · 2006]	지방산의 활성화로 지방조직이 골절부위의 골수에서 유리되어 혈관으로 유입된 것이다. • 장골이나 골반부 골절 시 48시간 내 발생되며 생명을 위협할 수 있는 합병증이 초래될 수 있다. • 폐의 저산소증으로 인한 짧은 호흡과 빈맥(140회/분)이 있으며 심하면 창백증, 기침, 심장 근처의 통증, 호흡수의 증가와 급성 폐수종이 나타난다. • 뇌조직의 저산소증으로 혼수 및 어지러움을 호소하며 성격이 난폭해지기도 한다. • 색전이 폐, 심장, 뇌혈관을 막게 되면 생명이 위험하다.
		뇌색전증 어지러움, 혼돈, 섬망, 혼수
		폐색전증 빈호흡, 호흡곤란, 흉통, 천명음, 기침, 객담, 객혈, 청색증
		신장색전 옆구리 통증, 소변에서 유리지방산 검출
		예방 [국시 2004] 부목으로 골절부의 부동화로 자세를 고정시키는 동안 골절된 뼈를 적절하게 지지한다.
	말초혈관 신경손상	**순환계** • 색깔: 석고붕대 주위의 사지나 손가락의 색깔은 순환상태를 나타낸다. − 'Blanching test': 발과 손가락의 순환상태를 알아보기 위해 손톱이 하얗게 될 때까지 압력을 가한 후 재빨리 손을 떼었을 때 3~5초 이내 정상적인 분홍색으로 돌아오는 것을 본다. • 체온: 양쪽 사지의 느낌을 비교하면서 측정한다. • 부종: 부적절한 정맥귀환을 나타낸다. • 맥박이 뛰지 않으면 그 부위를 표시하고 계속 관찰한다.

	신경계	• 감각 : 둔감, 저린감, 작열감, 둔한 통증, 무감각 등을 확인한다. • 움직임(＝motion) : 굴곡, 신전, 내전, 외전을 관찰한다. • 무감각(numbness) • 얼얼한 느낌(tingling) • 통증 • 마비
	감염	개방골절일 경우 더욱 유의한다.
	기타	shock, 심장마비, 비뇨기계 손상 등
속발성 합병증		• 유합지연 • 비유합 • 무혈관성 골괴저 　－ 대퇴의 두부와 경부가 분리되면서 부골 형성 후 관절염이 유발된다. 　－ 예방이 불가능하다. 　－ 특히 고관절의 골절 및 탈구로 혈류 차단 시 발생된다. • 구획증후군

3 속발성 합병증

(1) 구획증후군 [2016 기출]

기전	• 구획이란 근막으로 둘러싸인 근육, 뼈, 신경, 혈관으로 구성되어 있다. 구획은 근막 때문에 밖으로 확장되어 나갈 수가 없다는 것을 알아야 한다. • 구획의 크기가 증가되면 구획 내에 있는 근육이나 신경, 혈관과 같은 부드러운 조직이 압박을 받게 된다. • 구획증후군은 석고붕대나 조이는 드레싱과 같은 외부적인 압력에 의해 발생되기도 한다.
하지의 구획	

증상	• 허혈성 통증, 극심한 통증으로 특히 신전 시 통증이 심하고 진통제로 감소되지 않는다. • 구획증후군의 초기증상으로 지각 이상이 나타나고, 후기증상으로 맥박이 소실된다. • 손상된 사지에 능동적 움직임이 감소되며 감각 이상(핀으로 찌르는 듯한 감각의 변화), 맥박의 감소나 소실, 냉감과 창백힘이 나타닌다. • 6시간 내로 치료하지 않으면 사지의 기능상실이 오거나 절단해야 한다. 구획증후군이 12시간 이상 진행되면 신경과 근육에 비가역적인 손상이 오게 된다. 이러한 전형적인 예가 볼크만씨 허혈성 구축이다. 이는 팔꿈치 부위의 손상 시 나타나는데 손과 전박은 운동감각 기능상실로 영구적인 장애가 남는다.		
간호	자세	• 심장과 같은 높이에 둔다. • 구획증후군을 완화시키기 위해 사지를 심장 위로 상승시켜서는 안 됨 — 사지를 심장 높이보다 위에 두면 혈량을 증가시키는 보상기전을 억제하여 국소빈혈의 보상반응으로 심장은 사지의 혈액량을 증가시키고 그 결과 종창을 악화시킨다.	
	압박의 원인 제거	구획증후군의 치료는 압박의 원인을 제거하는 것이다(석고붕대의 앞쪽 반을 제거하고 압력붕대도 제거).	
	근막절개술	그 원인이 심한 부종으로 인한 것이라면 근막절개술을 시행한다.	
즉각적으로 의사에게 알려야 할 경우	• 감각의 변화(핀으로 찌르는 듯한 감각) • 진통제로도 감소되지 않는 극심한 통증 • 움직일 때 나타나는 통증 • 창백함 • 맥박 소실 • 손상되지 않은 사지에 비해 냉감 존재 • 사지의 움직이는 능력 감소		

(2) Volkmann's 허혈성 구축 – 갈고리 모양의 기형

기전	팔꿈관절이나 전박의 골절로 인해 발생하는 손이나 전박의 불구상태를 말한다. 이것을 또한 동맥이나 정맥의 순환부전으로 근육이 국소빈혈과 신경압박으로 손상을 입어 팔과 손이 영구적으로 경직되고 갈고리 모양의 기형이 발생한다.	 | Volkman 구축 |
증상	맥박 감소(요골맥박 촉지 안 됨), 손과 손가락의 부종, 변색, 운동 감각기능 상실(저린감과 마비 동반)	
후유증	국소빈혈 발생 6시간 후 근육과 신경에 치명적 손상을 입히며, 24~48시간 후에는 사지의 회복이 불가능하다.	

(3) 심부정맥혈전증과 폐색전증

위험한 합병증	• 근골격계 환자의 가장 위험한 합병증 • 갑작스러운 호흡곤란, 빈 호흡, 흉통, 창백증, 의식의 변화
Homan's sign 양성	DVT의 임상증상은 한 쪽 다리에만 국한된 부종과 통증

(4) 무혈성 골괴저

정의	• 조직에 혈액이 공급되지 않아 뼈조직이 사멸되는 것, 대퇴의 두부와 경부가 분리되면서 혈액공급이 심하게 손상받으면 죽은 뼈조직이 생기면서 붕괴된다. • 파괴된 상태에서 통증이 생기며 후에는 통증이 관절염으로 발전되는데 이러한 합병증은 거의 예방이 불가능하다.

(5) 기타

말초신경 손상	석고나 압박붕대로 인한 압력이나 신경 자체의 손상이 원인이 될 수 있다. 흔히 손상받기 쉬운 신경은 척골신경, 요골신경, 좌골신경, 슬와신경이다.
감염	• 개방성 골절 시에 파상풍이나 가스괴저, 골수염의 위험이 크다. • 가스괴저는 염기성 박테리아인 파상풍균에 의하여 발생되며 혈류나 림프선을 따라서 신경 중추 및 말초신경 조직에 영향을 준다. 근육경직, 두통, 미열, 오한, 전신적 통증이 있으며, 몸이 활처럼 뻣뻣해진다. 최근에 화학요법의 발달로 사망률이 현저히 저하되고 있다. • 피부나 심부조직에 생기는 봉와직염은 고열, 혈색소 저하, 빈맥, 통증, 급성 부종이 있고 체액성 삼출액에서는 나쁜 냄새가 난다. 치료는 산소요법과 외과적 배농이며 대증요법을 하거나 항생제를 복용한다.
골절 유합의 합병증	• 지연유합(delayed union), 부전유합(nonunion), 변형유합(malunion)이 있다. • 지연유합과 부전유합은 골절 부위에 감염이 있거나 두 골절편 사이에 연조직이 끼어 있거나 두 골절편 간이 너무 벌어져 있어서 혈액순환이 잘 안 될 때 발생될 수 있다. 두 골절편 사이에 섬유조직만 있고 뼈와 칼슘이 침착되지 못하면 가성관절이 형성된다. • 변형유합이란 정복은 되었으나 위치, 모양 등이 잘못된 상태를 의미한다. 만약 심각한 상태라면 뼈의 재조정이나 수술을 행한다.

(6) 인공관절치환술

목적	통증을 없애고 경화된 관절의 기능을 소생, 관절운동범위 유지, 기형교정, 관절의 안정감 유지
적용부위	고관절, 주관절, 지관절, 턱, 무릎
단점	관절염 환자의 경우 골다공증이 심해지고 대퇴골이 약해짐
수술 후 간호	외전 유지(15°, 발을 벌리고 베개나 모래주머니를 받쳐줌), 내전 예방

퇴원 시 교육	• 고관절이 내전되지 않도록 항상 주의 • 고관절이 90° 이상 굴곡되지 않도록 함 • 3개월간은 양반다리를 하지 않음 • 수술 후 6주간 탄력성 있는 긴 양말로 고관절을 지지함 • 6주까지는 성생활이나 운전을 피함 • 관절의 심한 굴곡, 내전, 내회전을 피함
인공고관절 환자가 지켜야 할 주의사항	• 대퇴관절이 직각 이상이 되지 않게 함(탈골의 원인이 됨) • 눕거나 앉을 때 또는 서 있을 때 다리를 교차하지 않음 • 낮고 안락한 의자나 낮은 변기를 피함 • 팔걸이 없는 의자를 피함(설 때 지지할 부분이 없기 때문) • 의자에 앉았다 일어날 때는 둔부를 의자 가까이 옮긴 후 인공 관절부를 먼저 내밀고 정상 다리에 힘을 주면서 일어남 • 대퇴관절의 회전을 금함. 특히 수면 시 조심함 • 혼자서 양말을 신거나 구두를 신지 말고 보조기구를 이용함 • 바닥에 있는 물건을 잡을 때 허리를 굽혀 잡지 말고 무릎을 굽혀서 잡음

⑺ 골절의 일반적인 치료 및 보건지도

정복	폐쇄정복	골편의 길이나 각도를 조정하면서 도수 교정이나 도수 견인 예 뇌장골 골절: 전박의 하 1/3부위 골절, 경골하부, 소아골절

	견인	• 정복을 시키고 정상적 길이와 정돈선을 회복시키기 위해 두 방향으로 힘을 적용
		• 장관골 골절 예 뇌 대퇴간부, 경추골절
		• 가능하면 근육경직이 오기 전에 하면 동통 감소 및 정복이 용이
		• 사지에 적용되는 견인
		  − 피부 견인: 반창고나 moleskine 사용
		  − 골격 견인: 뼈를 가로지르는 철사, 핀, 또는 집게를 사용(분쇄골절이나
		    나선형골절에 응용)

	개방정복	• 심한 골절이나 골절편이 연조직 사이에 박힌 경우 개방수술 • 완전 치유될 때까지 내고정 도구(금속핀, 철사, 나사, 판금, 못, rod)로 골절을 바른 위치로 유지 • 뼈의 유합 후 내고정 도구 제거 결정 • 유합이 안 될 경우 내고정 도구는 환부자극의 요인이 됨
부동		• 치료될 때까지 정복 지속 • 외고정: plaster cast, 부목, 지속 견인 • 증강되는 동통: 잘 맞지 않는 plaster cast 및 부목 의미

재활		• 자주 cast의 상하 관절을 적극적으로 움직임
		  − cast로 덮여진 근육의 등척운동: 가능한 조기에 운동
		  − 골절이 안정됨에 따라 등척운동 증가
		• cast 제거 후 환자가 능동적인 운동을 하도록 함
		  − 가능하면 물 안에서 운동하도록 격려: 사지 지지 및 근육 이완의 작용이 있기 때문에
		    보행하도록 함(걷기, 목다리, 지팡이)

4 견인

(1) 개요

견인 (traction)	• 신체의 한 부분(피부, 연조직, 뼈)에 힘을 적용하여 잡아당기는 것 • 정복 후 골절 원위부에 힘을 적용하여 당기는 것
기전 [1996 기출]	뼈에는 직접 외력을 가하지 않고 피부에 직접 견인력을 적용하여 뼈에 근육, 연조직을 간접적으로 고정
목적	근육 경직이 오기 전에 견인하면 통증 감소, 정복치료 가능
traction의 5대 원칙	① 견인선 유지 ② 마찰 방지 ③ 상대견인 유지 ④ 견인의 유지 ⑤ 기능적 체위
견인의 원리	
합병증	• 봉와직염, 골수염, 부종, 변비, 감각/인지/수면 장애, 피부손상 등 • 봉소염(cellulitis) : 피부 깊은 부위(피하조직)에 세균이 침범한 화농성 염증성 질환

> ✎ **특수한 보조구의 종류**
> ① Halo 견인 : 척추흉합 전후 사용(femoral, skeletal)
> ② Milwaukee Brace : 골성장 완료까지 사용, 가벼워 착용 후 활용 가능
> ③ Halo : skeletal 견인, 척추 측만증 교정 도구
> ④ 헤링톤 대(Harrington rod)
> ⑤ Thomas 부목 : 골반 하지 다발성 골절 시 사용
> ⑥ Pearson 연결대
> ⑦ Dunlop씨 견인 : 어깨상박의 염증 및 외상 치료
> ⑧ Buck씨 견인 : 골반부 골절, 대퇴의 전자 하부(subtrochanteric) 및 상부 골절
> ⑨ Russel씨 견인 : 골반부, 대퇴부 골절, 고관절 성형술 혹종의 손상 시 적용

> ✎ **Buck 신전견인/럿셀 견인**
> • Buck씨 견인
> ① 골반부 골절의 수술 전 일시적 고정 ② 대퇴의 전자 하부나 대퇴 상부 골절의 정복 ③ 심한 근육경련의 이완 ④ 골곡경축의 경감 및 예방에 적용한다.
> • 럿셀 견인 : 수평 견인력 외에 무릎을 걸대로 받쳐서 걸어주는 수직의 견인력이 작용되어 실제적으로 추의 견인력이 증가된다. 이 방법은 골반부나 대퇴부 골절에 흔히 적용한다.

(2) 견인의 적응증

Bryant 견인	적용	• 대퇴부 골절에 적용 • 고관절 형성장애아에서 탈구된 고관절 정복 위해 수술 전, 석고붕대할 수 없을 때 • 2~3세 이하 아동에게 적용
	방법	• 무릎을 펴고 엉덩이를 90°로 굴곡하며 엉덩이가 침대에 닿지 않도록 약간 올려주어 체중이 역견인으로 작용 • 한쪽 다리만 손상되었더라도 양쪽 다리에 적용 • 엉덩이가 회전하는 것을 막기 위해 몸통을 억제하며, 재킷 억제대를 이용하여 침대에 고정
Buck's traction	적용	• 골반부 골절의 수술 전 일시적 고정 • 대퇴의 전자하부나 대퇴상부 골절의 정복 • 심한 근육경련의 이완 • 골곡경축의 경감 및 예방에 적용 • 근육경련 감소, 고관절이나 대퇴골의 골절 시 수술 전 고정이나 수술 후 자세 유지, 고관절이나 무릎의 경축감소 및 질병 시 휴식을 위해 사용 • 상지의 상완 팔꿈치 부위에도 적용 • 하지 적용 시에는 무릎 아리 2~5cm부터 발목까지 접착성 테이프를 적용
	방법	• 부츠를 고정하거나 접착성 견인테이프를 다리 양옆으로 댄 후 탄력성 붕대로 고정하고 고리에 추를 연결하여 견인하는 방법 • 추의 견인력으로 엉덩이, 대퇴, 무릎이 당겨져 펴짐 | Buck 신전견인 |
Russell 견인	적용	• 수평 견인력 외에 무릎을 걸대로 받쳐서 걸어주는 수직의 견인력이 작용되어 실제적으로 추의 견인력이 증가됨 • 골반부나 대퇴부 골절에 흔히 적용 • 2~10세의 소아에게 고관절이나 대퇴골절의 고정을 위해 흔히 사용 • 무릎이나 대퇴골절의 고정 • 무릎이나 골반부의 기형을 위해 적용 • 성인의 경우 요통치료를 위해 사용할 수 있음 • (장점)견인선 변경 않고도 움직일 수 있음

방법	• 무릎이나 대퇴히부를 걸대로 메달아 올리고 다른 것은 buck's traction과 비슷한 방법으로 견인하는 것 • 하지에 수평인 것과 하지에 수직인 두 방향의 견인선 유지 • 수평 방향 견인줄: Buck 확장 견인과 같음 • 수직 방향 견인줄: 무릎 아래 패드 대고 위쪽 방향으로 들어올림 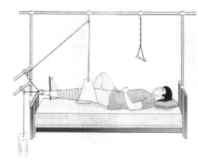 | Russell 견인 |

(3) 견인 종류

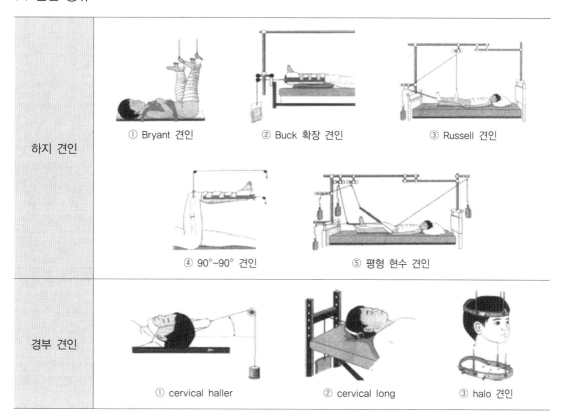

하지 견인	① Bryant 견인 ② Buck 확장 견인 ③ Russell 견인 ④ 90°-90° 견인 ⑤ 평형 현수 견인
경부 견인	① cervical haller ② cervical long ③ halo 견인

기타 견인	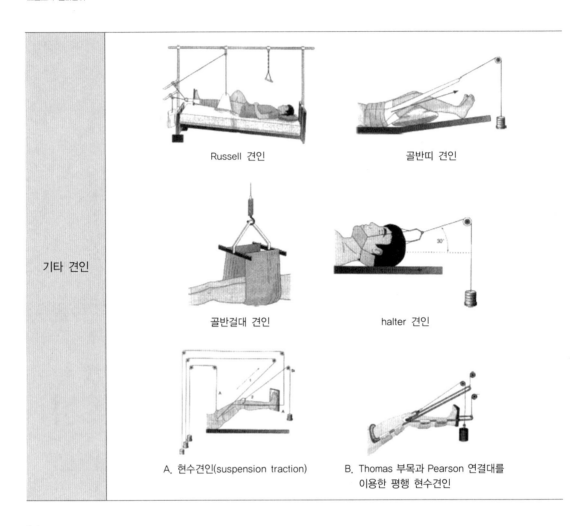

(4) 피부견인

정의 [1996 기출]	• 단기간(3~4주) 적용 • 적은 무게로 2~3kg까지 사용 • 한 방향으로만 당김	
기전	뼈에는 직접 외력을 가하지 않고 피부에 직접 견인력을 적용하여 뼈, 근육, 연조직을 간접적으로 고정함	
간호	• 붕대가 정확하게 적용되는지 봄 • 탄력붕대를 너무 단단히 감았을 때 혈액순환장애가 있음 • 견인의 실패를 이끄는 느슨함은 없는지 확인함	
Bryant 견인 [2010 국시]	적응증	• 대퇴부 골절에 적용 • 고관절 형성장애아에서 탈구된 고관절 정복 위해 수술 전, 석고붕대할 수 없을 때 • 2~3세 이하 아동에게 적용

	방법	• 무릎을 펴고 엉덩이를 90°로 굴곡하며 엉덩이가 침대에 닿지 않도록 악간 올려주어 체중이 역견인으로 작용 • 한쪽 다리만 손상되었더라도 양쪽 다리에 적용 • 엉덩이가 회전하는 것을 막기 위해 몸통을 억제하며, 재킷 억제대를 이용하여 침대에 고정
Buck 확장 (신전) 견인	적응증	골반부 골절의 수술 전 일시적 고정 대퇴 전자 하부, 대퇴 상부 골절 정복
	방법	추의 견인력으로 엉덩이, 대퇴, 무릎이 당겨져 펴짐

Russell 견인	적응증		• 무릎 손상, 경축 치료 • 고관절, 대퇴부 골절 정복 위해 수술 전후 자세 유지
	방법 [국시 2007]	두 방향 견인선	• 하지에 수평인 것과 하지에 수직인 두 방향의 견인선 유지 • 수평 방향 견인줄: Buck 확장 견인과 같음 • 수직 방향 견인줄: 무릎 아래 패드 대고 위쪽 방향으로 들어 올림
		상대적 견인력	베개를 무릎이나 하지에 대주어 뒤꿈치가 침상에 닿지 않음

(5) 골격견인

특징		• 4.5~9kg, 추의 무게가 무겁고 견인 기간 장기화 • 골절 원위부에 철사, 핀을 삽입한 후 추를 연결하여 골편이 어긋나거나 겹치게 됨을 막고 근육경련 감소
간호 [국시 2006 · 2007]	신경혈관계	• 신경혈관계 사정 • 앙와위 시 압박 부위 사정(천골, 발뒤꿈치, 뼈 돌출부) 피부와 손톱 색깔, 감각 변화, 통증 증가, 운동의 변화
	견인 유지 [국시 2005 · 2019]	• 추가 침대나 바닥에 닿게 되면 견인력이 변하므로 추가 매달려 있음 • 도르래에 견인줄이 서로 닿지 않음 • 도르래에 견인줄이 서로 닿아 있으면 효과가 없음
	상대적 견인력	상대적 견인력 유지를 위하여 침대 발치를 상승시키거나 침대의 무릎 부위를 올림. 상대적 견인이란 치료적 견인력에 대응하여 환자가 침대 밑으로 미끄러지는 것을 방지하고 치료적 견인력의 분산을 말함. 침상 발치나 환자의 무릎을 상승시킴. 상대적 견인력을 유지하기 위해 환자의 등을 올릴 때 침대의 각도가 20도 보다 높지 않도록 함
	견인줄	견인줄의 매듭이 묶어 있어 편평한지 확인함. 견인줄이나 도르래가 빠져 있지 않은지 확인함

핀		• 핀 부위의 감염 위험을 줄임 • 핀에 의해 긁히지 않도록 핀 끝을 보호패드로 덮음 • 핀에 있는 견인줄을 확인하여 줄이 평평해야 함 • 견인장치를 핀에 연결시키는 나사가 잘 조여져 있는지를 점검함
방사선 촬영		• 방사선 촬영하여 견인선이 적절한지, 골절 부위에 가골이 형성되는지 확인하여 가골 형성이 확인되면 골격 견인을 중단함 • 견인으로 부동 상태 유지하여 골단이 재정렬되면 석고붕대로 고정 핀을 제거한 후 치유되는 뼈를 지지해주기 위해 석고붕대, 부목 사용

5 석고붕대

(1) 목적 및 종류

목적		• 치유기간 동안 환부(예 골절)를 고정하거나 지지함 • 외부자극으로부터 환부를 보호 • 만성질환(예 관절염) 시 치료목적으로 침상안정할 때 나타날 수 있는 관절의 굴곡구축을 예방 • 척추측만증이나 만곡족, 선천성 고관절 탈구의 경우에 기형을 교정
종류	단상지석고	손의 뼈와 요골하부의 골절이나 손목골절
	장상지석고	팔굽관절의 손상이나 상박골절, 전박골절, 손목인대손상 등
	상박현수석고	환자가 서있을 때 상박과 어깨관절 부위를 지지
	단하지석고	발목이나 발의 골절
	장하지석고	무릎관절이나 대퇴하부의 심한골절이나 경골, 비골, 발목뼈의 경미한 골절
	체간부석고	척추골절의 고정이나 척추손상
	수상석고	• 둔부나 어깨부위 또는 엄지손가락에 적용 • 몸체와 사지의 주요부분을 함께 고정

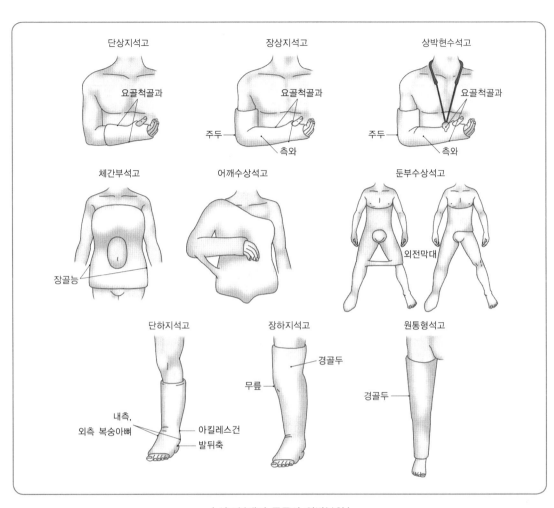

| 석고붕대의 종류와 압박부위 |

(2) 석고붕대의 합병증 사정

간호사정	석고붕대의 사지 압박으로 연조직의 괴사를 일으키는 혈류손상 및 뼈 돌출부를 지나가는 신경압박으로 신경 손상, 피부손상으로 인한 감염과 조직괴사, 체간부석고로 인한 복부팽만 등 사정		
	촉각적 관찰	• 손, 발, 손가락, 손톱, 발톱을 정상 쪽과 비교 • 핀으로 찌르거나 가볍게 만지면서 환부의 감각 정도를 사정	
		피부온도	비정상적 피부냉감은 동맥순환부전을 의미
		맥박	• 상지석고붕대일 때 요골동맥 측정은 매우 중요 • 하지석고 시 족배동맥 측정이 중요
		감각	지각감퇴는 피부감각이 저하되고 있음을 의미

		온도	• 온감 · 냉감 확인 • 하지의 비골신경, 손의 정중신경, 척골신경, 요골신경의 표면적 감각 확인
	시각적 관찰		• 색깔: 청색증 • 탈색검사(blanching test): 모세혈관충혈검사 • 통증 확인: 사지의 국소허혈괴저 시 움직임에 심한 통증 동반 • 운동기능 사정: 손, 발가락을 움직여 보게 함 • 부종사정: 석고붕대 끝의 피부손상이나 부종 관찰 • 복부팽만: 체간부석고의 경우에 복부팽만을 호소하는 것은 석고붕대가 복부를 누르는 결과임
	후각적 관찰		석고붕대의 냄새를 맡아 봄(감염 시 곰팡이 냄새나 역한 냄새가 남)
혈관 압박	기전		석고붕대 압박으로 혈관이 압박되어 혈류 손상
	청색증(pallor)		• 손, 발, 손가락에 정맥혈의 귀환 장애나 동맥의 혈액 순환 부전 • 지각이상 동반 시 심각한 상태를 의미
	피부 냉감 (poikilothermia)		동맥이 혈액 순환 부전으로 피부 냉감
	맥박소실 (pulselessness)		동맥 혈류의 상태 확인(요골동맥, 족배동맥)으로 사지에 맥박소실
	부종		석고붕대 끝의 부종 관찰로 부종이 심하면 석고붕대가 꽉 조이는 것 같음
	출혈		상처의 출혈 상태로 출혈이 석고붕대로 배어나오는지 관찰
모세혈관 충혈 시간 = 모세혈관 재충전 시간, 탈색검사 (blanching test)	방법		석고붕대하고 있는 사지의 손톱이나 발톱을 간호사의 손으로 누른 후 손을 떼어 소실되었던 색깔이 곧 정상으로 돌아오는가를 확인하여 혈액순환이 적절히 되고 있는가를 사정하는 것
	비정상소견	색깔이 너무 빨리 돌아오면	정맥혈의 울혈을 의미
		색깔이 천천히 돌아오면	동맥의 순환장애
신경압박	기전		사지의 국소적 허혈로 신경에 혈액 공급 부족과 뼈 돌출부를 지나가는 신경에 대한 압박으로 신경 손상
	통증 (pain)		통증 증가
	감각 변화 (paresthesia)		핀으로 찌르거나 가볍게 만지면 감각 이상, 감각 감소
	운동마비 (paralysis)		손가락 or 발가락을 움직여 보도록 하면 운동 기능 약화, 운동마비

감염	열감	석고붕대 위의 열감	
	배농	석고붕대 부위에서 배농 or 배액	
	냄새	석고붕대 부위, 끝 부분에서 조직 괴저 시 역한 냄새	
	체온 상승	갑작스런 체온 상승	
	백혈구 증가	–	
석고붕대 증후군	(4){}{• 체간부석고의 경우 석고붕대가 복부를 눌러 복부팽만 호소 • 석고붕대 후 위와 십이지장이 이완되어 오심과 구토가 계속되고 막연한 복통이 있는 상태 → 위장이 이완되는 이유는 십이지장과 상장간동맥이 압박받기 때문}		

석고붕대 증후군	기전	체간부 석고에서 꽉 조이는 석고붕대로 상장간막 동맥(superior mesenteric artery syndrome)이 십이지장을 압박	
	증상	소화계 증상	지속되는 오심, 반복되는 구토, 복부팽만, 막연한 복통
		자율신경계 증상	호흡수 증가, 발한, 동공산대, 심박수 증가, 혈압 증가, 급성 불안반응
		심하면 장폐색	장압을 내려주기 위해 석고붕대 제거, 체액 전해질 보충

(3) 석고붕대 후 간호

체위	• 부종예방을 위하여 석고붕대 후 24~48시간 동안 계속 상승시킨다. • 발뒤꿈치는 베개나 침요에 닿지 않도록 하고 두꺼운 담요로 발을 덮지 말아야 한다. • 가끔 복위를 취해주며 수족을 예방한다. • 발이 외전되지 않도록 한다. • 체위변경 시 환자의 수술 부위나 골절 고정 부위에 압력이 가해지지 않도록 유의 • 체위변경 시 log-rolling 방법으로 자세를 돌린다.
보행 침상이상	• 석고붕대를 한 채로 보행한 후에는 침상에서 석고붕대 부분을 베개 위에 올려놓고 휴식한다. • 상지석고붕대를 한 환자는 팔걸이에 상지를 지지한다. • 손목의 굴절을 방지하기 위하여 팔, 팔목, 손을 팔걸이로 모두 싸도록 한다. • 보행 후 침상안정 시에는 석고붕대를 한 팔을 베개 위에 올려놓고 휴식한다.
운동	• 석고붕대를 하지 않는 부위의 관절가동운동(ROM)이 필요하다. • 장상지 석고를 한 환자는 어깨와 손가락 관절운동을 한다. • 장하지 석고를 한 환자는 둔부와 발가락의 등척성 운동을 매시간 시행한다. • 등척성운동은 근육의 힘과 근육의 양을 유지하기 위하여 필요하며 근육허약증이나 불용성 위축을 예방하고 근육의 긴장도나 내구력을 길러준다.
영양	• 변비를 예방할 수 있는 섬유소가 풍부한 음식을 준다. • 체간부석고나 고관절수상석고시 복부팽만이 생길 수 있으므로 가스 발생 음식은 피한다.

(4) 가정간호를 위한 기본지침

석고붕대의 가장자리를 다음과 같이 점검한다.	석고붕대의 가장자리가 거칠고 피부를 자극하면 천이나 테이프로 감싸준다.
석고붕대를 건조하게 하기 위하여 다음과 같이 한다.	• 단단한 침대에 눕힌다. • 베개로 석고붕대와 관절을 지지한다. • 2~4시간마다 자세를 변경시킨다. • 석고붕대를 만질 때는 손바닥을 이용한다. • 석고붕대를 말리기 위하여 선풍기를 이용한다.
24~48시간은 부종이 가장 심하다. 문제를 예방하기 위하여 다음과 같이 한다.	• 석고붕대 주위에 냉찜질을 실시한다. • 베개를 사용하여 사지를 상승시킨다. • 석고붕대를 한 사지의 손톱, 발톱 밑을 누른 후 색깔이 돌아오는지 시간을 확인한다(정상이면 2초 이내에 돌아온다). 48시간 동안은 2~3시간 간격으로 확인한다. • 석고붕대를 한 사지의 피부색, 온도가 다른 쪽과 동일해야 한다. • 손가락이나 발가락의 감각과 운동성을 확인한다.
석고붕대를 보호하기 위해 다음과 같이 한다.	• 목욕할 때는 비닐이나 랩으로 감싸주어 젖지 않도록 한다. • 석고붕대 안에 아무것도 넣지 않는다. 작거나 날카로운 장난감은 아동의 손이 닿지 않는 곳에 치우고 식사 시 음식부스러기 등을 석고붕대 안쪽으로 집어넣지 않는지 관찰한다.
다음과 같은 일이 발생하면 의사에게 연락한다.	• 석고붕대가 따뜻하거나 뜨겁고 비정상적인 냄새가 날 때 • 갑자기 분비물이나 혈액이 보일 때 • 아동이 통증, 작열감, 무감각, 저린 증상을 호소할 때, 사지의 색깔, 온도에 변화가 있을 때, 부종이 지속될 때 • 구강체온이 38.5℃보다 높을 때
석고붕대를 제거할 때 다음과 같이 한다.	• 석고붕대를 제거하는 상황을 설명하고 아동을 격려한다. • 석고붕대를 제거하기 위한 도구에 아동이 적응하도록 한다. • 일단 석고붕대가 제거되면 피부가 건조하고 각질이 있을 수 있으므로 따뜻한 물과 비누로 씻게 한다. • 사지는 당분간 뻣뻣하고 근육을 사용하지 않음으로 인해 다른 부위보다 작게 보일 수 있으나 정상적인 움직임을 통해 뻣뻣함이 나아질 것이다.

6 목발보행 [2010 · 2011 · 2018 · 2022 기출]

(1) 목발 길이

목발 길이 측정	 ① 서 있는 자세: 액와 전면에서 발외측 15cm 거리까지의 길이를 측정 ② 누워 있는 자세: 액와 전면에서 발뒤꿈치 측면까지의 길이를 잰 후에 5cm를 더함 ③ 환자의 신장에서 40cm를 뺌 ④ 보조기 착용: 보조기 구두착용 후 지면에서 액와까지의 길이를 측정 겨드랑이에 접하는 목발 부분에 솜이나 고무를 대서 상지와 흉곽에 가해지는 압력을 완화시킴
긴 목발 [2010 기출]	목발의 길이가 길면 상완신경총을 압박하여 목발마비
짧은 목발	길이가 짧으면 등이 굽어지는 자세가 될 수 있음
적절한 목발 자세	적절한 자세는 고개를 들고, 손목은 신전, 팔꿈치는 25~50° 굴곡, 겨드랑이 부위는 액와 1~2손가락 아래, 목발의 위치는 발의 약간 옆에서 25cm 정도 앞에 목발을 놓는 것

(2) 목발간호

고무 덮개	방법	• 목발 끝에 고무 덮개가 있어야 하고 목발 끝의 고무 덮개가 닳거나 벗겨졌는지 확인한다. • 목발에만 의존하는 대상자는 항상 여분의 목발이나 고무 덮개를 가진다. • 목발 끝의 고무 덮개가 건조하게 유지한다.
	효과	목발 끝의 고무 덮개는 미끄러짐으로 인한 낙상을 방지한다.
신발	방법	바닥에서 미끄러지지 않도록 발에 잘 맞고 굽이 낮고 튼튼하고 단단한 밑창이 있는 신발을 신는다.
	효과	튼튼한 신발은 미끄러짐으로 인한 낙상을 방지한다.
삼각위치	방법	기초적 목발위치를 삼각위치로 하며 목발의 위치는 발 앞쪽으로 15cm, 옆으로 15cm 떨어진 곳으로 하고 보행은 삼각위치에서 시작한다.
	효과 [2018 기출]	이 위치는 기저면을 넓혀주어 균형을 유지하고 안정감을 최대화시킨다.
곧은 자세	방법	삼각위치에서 신체 선열은 머리와 목은 똑바로 하고, 척추는 반듯하며 둔부와 무릎은 신전시켜 곧은 자세를 유지한다.
	효과	곧은 자세가 낙상을 방지한다.
체중부하 부위 [국시 2008]	방법	목발이 3~4횡지 액와로부터 떨어져 있어야 하고 체중부하는 액와에 주지 말고 팔과 손에 주어 옮긴다.
	효과	액와에 체중이 가해지면 상완 신경총에도 체중이 가해져 압박되고 목발 마비가 생긴다.
걸을 때	방법	• 고개를 들고 발 앞으로 10~15cm, 발의 옆 25cm에 목발을 한다. • 4점 보행, 3점 보행, 뛰기 보행, 건너뛰기 보행 중 어떤 걸음걸이가 가장 좋은지 결정한다.

(3) 체중지지 보행

4점 보행	양측 하지에 체중부하가 가능한 환자에게 적당하다. 매 보행 시마다 3점의 기저를 이루므로 매우 안정되나 느리다. 방법은 우측 목발, 좌측 발, 좌측 목발, 우측 발의 순서로 걷는다(왼쪽 목발이 나아간 다음 오른쪽 다리를 내딛고, 그 다음에 오른쪽 목발이 나간 다음 왼쪽 다리를 내딛는 것이다).
2점 보행	4점 보행보다 좀 더 빠른 방법이다. 양쪽 하지가 어느 정도 체중을 지탱할 수 있으며 균형 유지가 가능할 때 적당하다. 좌측 목발과 우측 발이 동시에 나가고, 그 다음에는 우측 목발과 좌측 발이 동시에 나가서 딛게 되는 보행으로 항상 2점이 땅에 닿게 된다.

삼각보행	하지마비 환자에게 적용되는 보행으로, 몸의 중심점을 전방으로 옮겨 목발을 이용해 보행하는 방법이다. 좌측 목발이 먼저 나가고, 그 다음 우측 목발이 나간 후 몸을 앞으로 끌어당기는 방법으로 훈련시키며, 나중에는 양측 목발, 몸을 앞으로 끌어당기는 순서로 보행한다. 보행 시는 안정 기저를 넓게 하여 몸을 충분히 전방으로 기울이게 하여 중력의 중심이 골반의 전방에 오게 한다. 만약 중력의 중심이 골반의 후방에 위치하면 넘어지기 쉽다.

(4) 부분 체중지지 보행

3점보행 [2010 · 2012 기출]	이 방법은 한쪽 하지가 약해서 체중부하를 할 수 없고 다른 한쪽 하지는 튼튼하여 전체 체중유지가 가능할 때 사용한다. 양쪽 목발로 허약한 쪽 다리를 지탱하면서 동시에 나가고 그 다음 강한 쪽 다리를 내딛는다. 좌측 목발, 우측 목발, 환측 발, 건측 발의 순이며, 점차적으로 좌측 목발과 우측 목발을 동시에 내고 환측 발, 건측 발의 순으로 훈련시킨다. 나중에는 좌측, 우측 목발과 환측 발을 동시에 내고 건측 발의 순으로 한다.

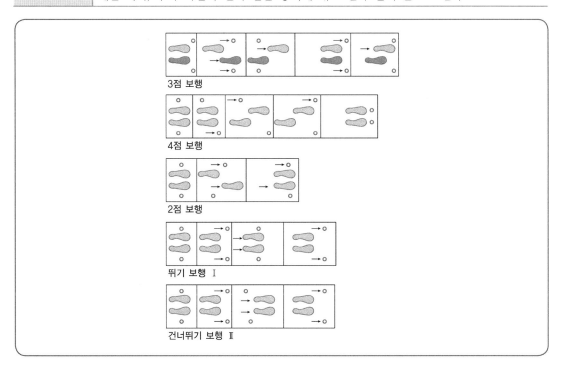

(5) 체중지지 없는 보행

뛰기 보행	양측 목발이 앞에 오고 몸을 들어서 앞으로 나가게 하는데 이때 몸이 목발의 선을 넘지 못하고 양발을 떼어 놓는 보행이다.
건너뛰기 보행	빠른 목발 보행으로 장애물을 뛰어넘기 위해 양발을 동시에 들어올려 뛰는 보행이다. 양측 목발이 앞에 오고 몸을 들어올려 양측 목발을 넘어 양발을 뛰어 놓는다. 보행속도가 가장 빠르다.

(6) 계단 오르내리기

오르기	양쪽 목발을 한손으로 잡고 다른 한손은 계단 난간을 잡고 먼저 건강한 다리를 올린 다음, 목발과 약한 다리를 계단 위로 올린다.
내려오기	양쪽 목발을 한손으로 잡고 다른 한손은 계단 난간을 잡고 먼저 목발을 한 계단 내려놓고 먼저 약한 다리를 내려놓은 후, 다음으로 건강한 다리를 내려 상체를 내려온다.

(7) 의자에 앉을 때, 설 때

	A. 아픈 다리 p. 손에 목발을 모아 쥔다. 체중을 건강한 다리와 목발로 지탱한다. B. 자유로운 손으로 의자 팔걸이를 잡고 앉는다. C. 의자에 완전히 앉는다.
의자	목발을 사용하는 대상자에게는 팔걸이가 있고 벽에 안전하게 고정되어 있는 의자가 필요하다.
앉을 때 [2018 기출]	• 의자 앞면에 다리의 뒤가 닿도록 선다. • 의자에 앉을 때 몸을 약간 앞으로 숙이고 다치지 않은 다리 쪽 손에 목발 2개를 포개어 손잡이를 잡는다. • 체중은 다치지 않은 다리에 실린다. • 앉는 동안 체중이 가해지는 것과 굴곡을 막기 위해 손상된 다리를 앞으로 뻗는다. • 건강한 다리가 의자 중간에 오도록 한다. • 아픈 다리 쪽으로 목발을 옮겨서 쥔다. 대상자는 건강한 다리 쪽 손으로 의자의 팔걸이를 잡는다. 이는 대상자가 건강한 다리 쪽으로 체중을 지지하기 위함이다. • 몸을 앞쪽으로 기울이면서 무릎과 둔부를 구부리고 의자로 낮춘다. • 체중은 건강한 다리와 모아 쥔 목발로 지탱한다. • 이환된 다리를 앞으로 들고 빈손으로는 의자와 팔걸이 또는 바닥을 잡고 엉덩이를 뒤로 빼면서 서서히 의자에 앉는다.
설 때	• 의자에서 설 때는 의자에 앉을 때와 반대로 하면 된다. • 손상되지 않은 다리를 의자의 앞면으로 옮긴다. • 체중은 다치지 않은 다리에 싣고 옆에 두 목발을 잡고 일어선다. • 의자에서 일어설 때는 상체를 앞으로 기울이면서 의자의 가장자리에 건강한 다리를 놓는다. 아픈 쪽 다리의 손으로 목발 손잡이를 붙잡고 건강한 쪽 손으로 의자의 팔걸이를 잡는다. 대상자가 일어설 때 건강한 쪽 다리를 지지하기 위해 목발과 의자 팔걸이를 잡은 손에 체중을 싣는다. • 목발과 의자의 팔걸이를 밀치면서 몸을 의자에서 일으킨다. 완전히 일어선 후 걷기 전에 삼각위를 취했는지 확인한다.

(8) 목발간호

목발 사용 시 유의점	• 손목에 체중부하를 한다. 액와에 체중이 가해지면 요골신경이나 상완 신경총이 눌려서 손상되고, 팔꿈치와 손목신전 근육이 마비되어 목발 마비가 온다. • 겨드랑이 부분에 패드(솜이나 고무)를 대서 상지와 흉곽에 가해지는 압박을 완화해야 한다. • 걸을 때는 팔꿈치를 펴야 한다. 목발에 힘을 줄 때는 팔 뒤꿈치가 약간 구부러지게 한다. • 목발 끝의 고무가 닳거나 벗겨졌는지, 안전을 위해 점검한다. • 보행통로에 휴지통, 전선 등 장애물을 치우도록 한다. • 청결하고 물기가 없어야 한다. • 미끄럼방지 바닥이 있는 신발이나 지지가 되는 신발, 굽이 낮은 신발을 신는다. • 캐스트를 한 발에는 보행 시 충격을 흡수할 수 있는 다리 석고붕대용 신발을 착용한다.		
목발보행훈련	• 하지의 양측 또는 한 측의 병변이나 허약 또는 마비로 스스로 보행이 불가능할 때 목발을 이용한다. • 목발 보행을 하는 동안 어깨와 상지근육으로 힘을 기르는 운동과 근육군의 힘과 조정력 증진을 위한 평행대 운동을 점차적으로 진행한다. • 목발 사용 전에 의자 옆에 정상 하지로 서서 균형 잡는 훈련을 한다. • 목발 훈련은 환자의 근력상태(특히 상지의 근육)와 관절의 운동범위 상태를 파악하고 올바른 목발을 선택하여 훈련해야 한다. • 액와 목발은 환자의 신장에 따라 목발 길이와 손잡이를 조절할 수 있어 가장 널리 사용되며 체중의 80% 이상을 목발에 지지할 수 있다. • 목발 사용 시 손목으로 체중을 지탱하도록 하고 액와와 손바닥에는 체중이 가해지지 않도록 주의한다. • 목발의 길이가 길면 상완 신경총을 압박하여 목발마비가 나타날 수 있으며, 길이가 짧으면 등이 굽어지는 자세가 될 수 있다		
손잡이 높이 [2018 기출]	방법	30° 굴곡	• 손잡이 높이는 손을 손잡이에 올려 놓았을 때 관절 각도계로 팔꿈치가 30°(20~30°)각이 되어 약간 굴곡되는 것이다. • 손잡이가 올바르지 않으면 체중이 액와에 실리게 되어 상완 신경총이 눌려 팔에 마비가 온다.
		펴기	걸을 때는 팔꿈치를 펴야 한다.
액와 받침대	방법	대상자가 똑바로 서서 이완된 상태일 때 액와 아래 3~4개의 손가락 아래에 액와 받침대가 있고 패드를 액와 받침대에 댄다.	
	효과	액와 받침대는 흉곽과 상지에 가해지는 압력을 완화한다.	
고무 덮개	방법	• 목발 끝에 고무 덮개가 있어야 하고 목발 끝의 고무 덮개가 닳거나 벗겨졌는지 확인한다. • 목발에만 의존하는 대상자는 항상 여분의 목발이나 고무 덮개를 지닌다. • 목발 끝의 고무 덮개가 건조하게 유지한다.	
	효과	목발 끝의 고무 덮개는 미끄러짐으로 인한 낙상을 방지한다.	

신발	방법	바닥에서 미끄러지지 않도록 발에 잘 맞고 굽이 낮고 튼튼하고 단단한 밑창이 있는 신발을 신는다.
	효과	튼튼한 신발은 미끄러짐으로 인한 낙상을 방지한다.
삼각위치	방법	기초적 목발위치를 삼각위치로 하며 목발의 위치는 발 앞쪽으로 15cm, 옆으로 15cm 떨어진 곳으로 하고 보행은 삼각위치에서 시작한다.
	효과 [2018 기출]	이 위치는 기저면을 넓혀주어 균형을 유지하고 안정감을 최대화시킨다.
곧은 자세	방법	삼각위치에서 신체 선열은 머리와 목은 똑바로 하고, 척추는 반듯하며 둔부와 무릎은 신전시켜 곧은 자세를 유지한다.
	효과	곧은 자세가 낙상을 방지한다.
체중부하 부위 [국시 2008]	방법	목발이 3~4횡지 액와로부터 떨어져 있어야 하고 체중부하는 액와에 주지 말고 팔과 손에 주어 옮긴다.
	효과	액와에 체중이 가해지면 상완 신경총에 체중이 가해지어 압박되어 목발 마비가 생긴다.
걸을 때	방법	• 고개를 들고 발 앞으로 10~15cm, 발의 옆 25cm에 목발을 한다. • 4점 보행, 3점 보행, 뛰기 보행, 건너뛰기 보행 중 어떤 걸음걸이가 가장 좋은지 결정한다.

7 수근관 증후군 [2015 기출]

정의	• 손목의 정중신경에 압박이 가해지는 가장 흔한 신경성 질환이다. • 횡수근 인대 때문에 정중신경이 압박받게 되는데 이런 상태가 심해지면 손목에 통증이 오는 수근관 증후군이 발생된다.
발생요인	주로 손목을 많이 사용하는 직종인 컴퓨터 사용자, 손가락과 손목을 많이 쓰는 산업 근로자, 계속적으로 망치를 사용하는 사람에서 발생빈도가 높다. 또한 골절 치료 시 불유합의 합병증이 있는 경우, 그리고 특히 30~60세 여성으로 류머티즘성 관절염 환자, 임신 말기, 폐경 시에 나타날 수 있다.
증상과 징후	정상적으로 수근관으로는 9개의 굴곡건과 정중신경이 지난다. 압박이나 염증상태가 비교적 약하면 엄지, 검지와 중지의 외측 1/2에 감각의 변화가 나타난다. 손을 흔들어 보거나 손가락을 마사지하면 증상이 약해진다. 통증은 주로 밤에 더욱 심해지고 팔로 뻗치며 섬세한 움직임이 어려워진다. 점차 근육이 허약해지고 손에 힘이 없어 엄지손가락의 외전이 약해지므로 물건 잡기가 힘들어진다.

간호사정	Tinel 징후	팔목의 정중신경 부위를 가볍게 타진하면 징싱인은 무반응이나 수근관 증후군에서는 세개 반 정도의 손가락에 얼얼한 느낌이 생긴다.
	Phalen 징후	팔목을 20~30초간 힘있게 굴곡시키면 양성인 경우 팔목부위가 무감각해지고 얼얼해진다. 손목압박검사는 팔목의 굴근표면에 30초간 손으로 압박을 가했을 때, 감각이상이 나타나면 양성으로 판단한다.
	근전도 검사	그 외 손목압박검사가 있으며 확진을 위해 근전도 검사를 행한다.

통증을 유발하는 정중신경 압박

얼얼한 부위

수근터널 증후군을 진단하기 위한
Tinel 검사

Phalen 검사

수근골 터널 해리술 후의 간호지침

• 손의 냉감이나 부종상태 등의 순환상태를 확인한다.
• 발열, 수술부위의 통증증가나 악취 나는 드레싱 등의 감염징후를 관찰한다.
• 발사 혹은 수술 후 7~14일간 부목을 대고 있도록 한다.
• 수술부위에 발사할 때까지 물이 닿지 않도록 한다.
• 환측 팔을 상승시키고 부목을 대어서 부동을 유지하는 한편, 손가락의 굴곡 및 신전운동은 매 시간 행하도록 한다.
• 수술 후 약 2개월 간은 물건 들어올리기 등의 자세는 금한다.
• 간호 : 통증, 말초혈관 확산장애, 손의 기동장애, 자존감 저하 등의 간호문제와 관련된 간호진단을 내린다.
  – 손목 안정 : 손목부목으로 손목굴곡 운동을 제한한다. 이 부목은 팔목의 굴곡 방지를 위해 밤에도 적용한다.
  – 통증관리 : 얼음찜질을 할 수 있고 진통제로 비스테로이드성 진통제를 복용하거나 코르티코스테로이드를 환부에 주입한다.
  – 심하면 외과적으로 횡수근 인대를 절단하는 수근관 해리술을 시행한다.
  – 부종이 있는 환자는 이뇨제, 저염식이, 피리독신(비타민 B_6)을 준다.
  – 합병증으로 근육허약과 위축, 그리고 건의 파열이 있을 수 있으므로 신경혈관계 기능을 세심하게 관찰해야 한다.

8 절단 환자 간호

환자 지지	절단수술 환자는 보행을 위하여 보철물(의지)을 사용하게 됨에 따라 신체적, 심리적으로 새로운 환경에 적응해야 하는 재활과정이 필요하다. 일반적인 재활간호의 목적은 환자가 보철물(의지)을 신체의 새로운 일부분으로 수용하고 충분히 독립적인 생활을 영위하도록 돕는 것이다. 독립적인 생활은 환자의 건강 상태, 연령, 집안 환경, 업무량에 따라 다르므로 환자마다 개별적인 계획이 필요하다. 재활의 목표는 적어도 90% 이상을 달성할 수 있도록 설정한다.
보철물 사용 훈련	둔부나 슬부 아래에 베개를 놓는다. 침대에 단단부를 걸쳐 놓는다. 휠체어에 단단부를 걸쳐 놓는다. 척추를 구부린다. 목발 손잡이 위에 단단부를 놓는다. 슬부나 둔부를 굴곡시킨 채 눕는다. 대퇴 사이에 베개를 놓는다. 단단부를 외전한다.
보철물 관리	• 의지 소켓을 매일 점검하여 땀과 먼지를 제거한다. • 매일 아침 착용 전 보철물 속을 마른 수건으로 깨끗이 닦는다. 보철물 속이 젖어 있지 않도록 유의하여 절단부의 감염과 피부면의 손상을 예방한다. • 만일 보철물(의지)이 크거나 작으면 환자 스스로 크기를 조절하지 말고 반드시 전문가에게 의뢰하도록 한다.

보철물 착용 후 합병증	절단부의 피부 손상	단부의 피부 손상은 의지 사용 훈련을 방해하고 입원 기간을 장기화시킨다. 증상으로 치유된 상처부위가 헐거나 수포 혹은 괴사가 발생한다. 특히 당뇨병 환자는 말초혈관 및 신경질환 등과 같이 피부 손상이 심하게 나타난다. 피부 손상을 예방하기 위하여 수술 후 보철물을 착용하고 처음 보행을 시작하는 단계에서 자주 절단부 면을 관찰하며, 피부 자극이나 찰과상이 있으면 보철물 착용을 잠시 중단한다. 절단부 면의 피부를 간호하고 만약 상처가 치유되지 않으면 절단부를 재절개한 후 재봉합한다.
	절단부 허약 또는 전신 허약증	절단부 허약 또는 전신 허약증은 특히 노인 환자에게 흔히 발생하므로 운동과 기동력 훈련에 대한 개별적인 계획을 통해 근육의 힘과 내구력을 향상시킨다.
절단부 간호		• 매일 관찰하여 발적, 수포 및 찰과상의 발생 유무를 살핀다. 거울을 준비하여 환자 스스로 관찰할 수 있게 지지한다. 　－ 찰과상이 있으면 일회용 밴드를 사용하기 쉬우나, 일회용 밴드는 연한 피부면을 더욱 자극하는 효과가 있으므로 사용하지 않도록 주의한다. • 절단부 청결을 위하여 매일 부드러운 비누로 씻고 잘 닦은 후 말린다. 　－ 잘 닦은 절단부에는 아무것도 바르지 않는다. • 알코올은 피부를 너무 건조시키고 기름이나 크림은 절단부를 너무 부드럽게 하여 보철물 사용에 불편을 준다. • 절단부에는 목양말을 신으며, 양말은 줄거나 구겨지지 않도록 세탁에 유의한다.

합병증	환상지감	절단 환자의 대부분은 수술 직후 환상지 감각인 절단한 발이나 손부위의 얼얼한 느낌, 무감각, 경련, 가려움증을 경험한다. 환상지 감각은 주로 자기 제한적이나 수십 년간 지속되기도 한다.
	환상지통 [국시 2004 · 2007 · 2017]	• 환상지 감각이 통증을 동반하기 시작하면 환상지통으로 전환된 것이다. 사지 절단 수술을 한 환자에게 사지를 절단한 후에 잘려나간 부위가 아프게 느껴진다. • 이는 남아 있는 신경이 전과 같이 뇌의 같은 부위에 극을 보내기 때문이다. • 의수족 착용에 의해 환상지통이 완화된다. • 거울요법 - 거울은 뇌로 전달된 사지로부터 감각을 대체하는 시각적 정보를 제공하여 환상지감과 통증을 완화시킨다.
	관절구축	가장 흔한 구축은 고관절 굴곡이다.

05 대사장애질환

1 골다공증(osteoporosis) [1999 · 2008 · 2010 · 2013 기출]

(1) 골다공증 정의

정의	• 뼈의 무기질이 빠져나가 골밀도가 감소하고 뼈의 강도가 약해 병리적 골절이 생기는 대사성 질환으로 쉽게 골절되는 골격계 질환 • 골다공증이란 화골세포의 기능 저하로 골기질 형성 장애가 초래되고 동시에 뼈의 흡수가 뼈의 형성보다 빠르게 진행되어 무기질화된 조직이 지속적으로 감소해 피질골이 얇아지며 골소주의 수도 감소된다.		
분류	연소성 골다공증, 특발성 골다공증, 폐경기 후 골다공증, 노년기 골다공증		
	원발성	type I : 폐경 후 골다공증	• 51~75세 여성에게 흔하다. • 해면조직이 풍부한 척추와 팔목골절이 흔하다. • 폐경기 이후에는 에스트로겐 감소로 뼈의 강도와 밀도가 감소되어 뼈가 약해진다.
		type II : 노인성 골다공증	여성이 남성보다 2배 정도 많으며, 둔부와 척추에 가장 많이 발생한다.

속발성	• 부갑상샘 기능항진증 • 부신피질 기능항진증 • 갑상샘 기능항진증 • 말단비대증 • 헤파린 치료 중이나 임신 중, 장기간의 부동 등의 합병증 등

(2) 폐경기 이후 골다공증의 일차적인 원인 [2013 기출]

가족력	골다공증의 가족력
나이	• 30~35세 이후부터 골흡수가 골형성보다 활발해 골밀도가 감소한다. • 장에서 calcium 흡수는 노화에 따라 감소한다. • 파골세포 : 골흡수 작용 • 조골세포 : 골형성 작용
폐경기 이후	• 폐경기 이후 여성은 estrogen 농도가 감소하여 발생한다. • 여성은 폐경기 이후 5년 동안 매년 2%씩 골량이 감소한다.
마르고 작은 사람	• 마르고 작은 약한 사람 • 체질량 지수(BMI) : 저체중 20kg/m² 미만(정상 체중 : 20~24kg/m², 비만 : 25kg/m²) • 비만여성은 에스트로겐을 비만조직에 저장하여 혈중 칼슘농도를 유지하기 때문에 마른 사람보다 발병률이 낮다. • 부신에서 생산되는 안드로스테네디온은 말초 조직이나 지방조직에서 에스트로겐 형태인 estrone으로 전환된다.
체중지지, 운동 부족	• 특히 폐경 이후 부동의 상태이다. • 체중부하운동은 골흡수 · 골파괴를 감소시키고 골형성을 자극한다.
부동 상태	지속적인 부동 상태는 골량을 빠르게 감소한다.
햇빛 노출	햇빛 노출이 적은 경우 적절한 비타민 D(칼슘의 흡수로 뼈의 무기질화에 필수적)를 얻을 수 없기 때문에 칼슘은 낮아진다.
칼슘과 비타민 D 결핍, 인 과다	칼슘, 비타민 D 결핍(칼슘은 뼈를 재형성), 인 과다는 부갑상샘을 자극하여 부갑상샘 호르몬(PTH)을 생산하여 뼈 조직에서 칼슘을 유리하여 뼈의 양이 감소되고 골다공증이 발생한다.
단백질 결핍	• 단백질의 결핍은 뼈의 탈무기질화를 시킨다. • 그러나 단백질이 과다하면 단백질 안에 인이 많아 소변으로 칼슘 배출을 증가시킨다.
알코올과 흡연	흡연은 산증을 일으키고 산혈증에 의한 뼈에서 칼슘 유리로 골소실 증가 알코올은 골조직에 직접 독성 효과로 골형성 감소, 골흡수가 증가된다.
카페인	과다한 카페인 섭취는 소변에서 칼슘 소실이 증가한다.
약물복용	다량의 부신피질호르몬제제를 장기간 투여한 경우이다.

(3) 골다공증의 요인과 병태생리기전

발생에 영향을 미치는 요인	골다공증은 영양 부족, 신체적 상태, 호르몬, 선천적 요인 등이 복합적으로 관련되어 있으며 이 중에서 세 가지 주요 요인은 다음과 같다.	
	칼슘 결핍	섭취부족, 칼슘흡수를 방해하는 질환, 부적당한 비타민 D 섭취, 약물복용
	운동 부족	–
	성별 차이	호르몬에 따라 뼈의 힘에 미치는 영향이 다르다.
여성이 남성에 비해 골다공증이 흔한 이유	• 여성은 생활상 식이에서 남성보다 칼슘을 더 적게 섭취한다. • 여성의 골격 구조는 남성에 비해 골질량이 적다. • 여성의 골흡수가 이른 나이에 시작되고 폐경기에 더 가속화된다. • 여성이 임신이나 수유기에 적절한 칼슘섭취를 하지 않으면 뼈에 저장된 칼슘 고갈이 일 어난다. • 여성의 수명이 길어지면서 더 오래 살기 때문에 골다공증이 증가한다.	
폐경 이후 골다공증의 병태생리기전	• 뼈감소율(흡수)이 뼈형성보다 많아서 전체 뼈무게의 감소(골밀도 감소)를 초래한다. 　→ 골소주나 해면 골조직에서 골밀도가 가장 먼저 감소, 그 다음 피질골의 밀도가 감소 　　한다. • 뼈에서 칼슘과 인산염이 빠져나간다. • 결과적으로 뼈에 작은 기공이 많이 생기고 부러지기 쉬운 상태가 되어 쉽게 골절된다. • 병리적 골절 진행: 체중이 부하되는 골 침범 – 척추골절, 대퇴골절, 요골골절 • 특히 폐경기 후에 급속한 estrogen 감소는 골다공증을 촉진하며, 장기간의 부동과 외상 환자는 조골세포에 의한 뼈의 생성을 저하시키고, 파골세포에 의한 재흡수를 증가시켜 뼈의 탈무기질화를 유발한다.	

🖊 **골다공증 위험요인**

① 여성, 노인
② 마르고 작은 체격
③ 골다공증의 가족력
④ 인종(백인, 아시안계)
⑤ 과다한 음주
⑥ 흡연
⑦ 칼슘 섭취 부족
⑧ 비활동적 생활습관
⑨ 스테로이드의 장기사용, 갑상샘호르몬 보충제, 항경련제
⑩ 폐경 후
⑪ 신경성 식욕부진이나 식욕항진증, 만성 간질환, 흡수불량

- 뼈는 일생 동안 새로운 뼈가 만들어지는 골생성(osteoblasts) 과정과 오래된 뼈가 흡수되는 골파괴(osteoclasts) 과정을 거친다.
- 이와 같은 골 재형성 과정(bone remodeling)은 30~35세에 절정에 달한다.
  → 이후 골흡수(bone resorption)가 골형성보다 활발해지면서 골밀도가 감소한다.
- 골소주(trabecular bone)나 해면골조직(cancellous bone)에서 골밀도가 먼저 감소하고, 다음으로 피질골의 밀도가 감소한다.
- 건강한 사람은 뼈 재형성주기(bone remodeling)가 약 4개월이나, 골다공증으로 진행된 사람은 24개월 이상 소요된다.
- 호르몬과 약물은 뼈 재형성주기에 영향을 미친다.
  예 – 고용량의 헤파린은 골흡수를 촉진하여 뼈 재형성주기를 지연시킴
  – 갱년기 여성은 에스트로겐이 감소함에 따라 골밀도가 급속히 감소
- 여성은 일생 동안 40~45%의 골량이 소실되며, 65세 이상 여성 노인의 50%가 골다공증을 가지고 있다.
- 남성은 갑작스런 호르몬의 변화가 없고, 뼈의 양이 절정에 이른 시기가 더 길어 골다공증의 발생률이 여성보다 낮다.
- 골다공증은 흉추와 요추의 압박골절, 대퇴경부와 전자부위(trochantric region)의 골절, 요골하단골절 등을 야기한다.
- 노인에게는 골다공증으로 인한 골절이 주요 사망원인이 되고 수년간 고통을 겪게 한다.
- 척추의 다발성 압박골절은 척추후만증과 같은 골격 기형을 초래한다.

(4) 골다공증의 자가진단 및 증상

자가진단		• 나이가 65세 이상이다. • 45세 이전에 폐경이 되었다. • 성인이 된 이후에 작은 충격에도 골절을 경험한 적이 있다. • 어머니나 여자 형제가 나이가 들면서 등이 굽었다. • 체중이 적게 나가는 편이다. • 양측 난소를 절제하는 수술을 받은 적이 있다. • 활동량이 적고 주로 앉아서 생활하는 편이다. • 칼슘, 비타민 D의 섭취가 부족하다. • 스테로이드 호르몬제제를 주기적으로 복용하고 있다. • 음주, 흡연, 과다한 커피의 습관을 가지고 있다.
검사	X 선상	무기질이 손실되어 뼈의 전반적 방사선 투과성이 증가한다.
	혈청 검사	• 혈청 무기인, 혈청 알칼리 인산 효소(ALP, alkaline phosphatase) 정상 • 골절, 전립선암에서 뼈의 전이: 혈청 알칼리 인산 효소(alkaline phosphatase) 상승
	골밀도 검사 (DEXA) [국시 2008]	척추, 골반, 전박(아래 팔)의 뼈의 골밀도 측정에 유용한 검사이다.

증상 [2008 기출]		발견뇌기 오래 선부터 신행뇌며, 골절로 입원하기 전에는 증상이 없다.
	경미한 외상 후 골절 발생	고관절, 척추, 손목골절이 흔하다(골다공증의 첫 지표).
	초기증상	허약과 피로감, 불안정한 걸음걸이, 경직, 식욕부진, 흉곽의 하부나 효추부 통증 등
	치아 손실	구강 위생상태가 좋지 않으면 턱 뼈의 골질량 손실로 치아가 손상된다.
	요통증관절통	• 움직임에 따른 통증이 악화가 초래된다. • 척추의 기형으로 일어서거나 구부리거나 뒤로 젖힐 때 척추 통증이 있다. • 어깨, 팔꿈치, 손 관절이 저리거나 관절통, 근육통 등이 발생한다.
	키 감소	• 체중부하로 인해 척추 후굴 및 척추의 다발성 골절로 신장이 감소(20년에 5~7cm 감소)된다. • 척추에서는 뼈의 밀도가 느슨해지고 상하추체의 압박으로 압박골절을 동반하며 통증이 심하다. 키 165cm 160cm 150cm 40세　60세　70세
	병리적 골절	• 골절이 일어나는 수준까지 골밀도가 감소하여 허리의 척추 뼈, 대퇴부, 손목 뼈들이 약해지고 부러지기 쉽다. • 척추의 압박골절이 동반(신경계 합병증은 동반되지 않음)된다. • 고관절 골절 • 요골 하단(콜리스 골절, Colie's) 골절(정중신경이 눌려 손의 운동 제한, 지각 이상) [국시 2019]
	척추기형	척추 후굴, 척추 후만증, 흉추의 만곡이 둥글게 증가한다.
	운동 제한	뼈의 허약으로 운동 제한과 불안정한 걸음걸이가 관찰된다.
	폐기능부전	흉곽 크기 감소로 폐 기능부전이 초래된다.
	소화기계	역류성 식도염, 식욕부진, 변비
	심리적	자존감 저하, 골절에 대한 불안과 공포감으로 신체활동이 제한된다.

04

(5) 치료 및 간호중재 [2013 기출]

> • 적절한 칼슘과 비타민 D의 공급
> • 운동
> • 약물요법 및 척추성형술

① 약물요법

	약물	Alendronate(Fosamax)와 etidronate(Didronel)
골흡수 억제제 비스포스포네이트 (Bisphosphonates; BPs)	기전	• 파골세포의 기능을 저하시킴 → 골밀도, 골질량↑ • 골소주에 있는 크리스탈과 결합하여 골흡수를 억제
	금기	신장기능장애, 저칼슘혈증, 역류성 식도장애
	주의	• Fosamax는 식도궤양을 유발할 수 있으므로 아침 일찍 다량의 물과 함께 복용, 복용 후 1시간 정도 눕지 않도록 주의 • 식전(30분 전) 투여하고 200ml 이상 수분 섭취 • 통증이나 식도자극이 있으면 약물복용 중단
	간호	• 아침 일찍 공복 상태로 복용. 음식물이 약물 흡수를 방해함 • 30분 동안 다른 것을 먹거나 마시면 안 됨. 음식물이 약물 흡수를 방해함 • 다량의 물을 함께 복용하여 약물을 완전하게 삼킴. 약물을 완전하게 삼키지 않으면 식도염, 식도궤양이 발생함 • 복용 후 30분~1시간 동안 눕지 않고 상체를 똑바로 세움. 누우면 약물이 역류되어 식도자극의 위험이 있음 • 식도를 사정하여 식도 자극과 통증에 약물 복용을 중단함
선택성 에스트로겐 수용체 조절제 (Selective Estrogen Receptor Modulator; SERMs)	약물	Raloxifene(Evista)
	기전	• 골밀도를 증가시키고 골흡수를 감소시키며, 혈청 콜레스테롤을 낮춤 • 유방과 자궁에는 항에스트로겐으로 작용하여 자궁암 유방암 감소
	금기	폐경 이후 골다공증을 예방하기 위해 사용하지만, 혈전증 병력 여성은 금기
에스트로겐	기전	• 골흡수를 차단하여 골밀도 감소 예방 • 칼시토닌의 혈중 농도를 상승시켜 골흡수 감소 • 골세포 파괴를 자극하는 물질인 cytokine을 억제하여 골흡수 차단 • 골세포 형성제로 골파괴, 골흡수 억제 • 조골세포의 골 형성을 자극 • 활성 비타민 D 농도 증가로 장내 칼슘 흡수 촉진 • 신세뇨관에서 혈중 칼슘 배설 억제로 칼슘 흡수 촉진

	주의	• 자궁내막암이나 유방암의 부작용을 초래할 수 있으므로 소량의 합성으로 치료 시작 • 종양발생을 최소화하기 위해 estrogen과 함께 progesterone을 사용하기도 함
Calcitonin	기전	• 골세포 형성제로 골파괴와 골흡수를 억제하고 조골 세포의 골 형성을 자극 • 골흡수를 억제하는 갑상샘호르몬
	적용	• 골다공증, paset병, 암과 관련된 고칼슘혈증의 치료에 사용 • 척추골절 시에 진통효과가 있어 조기회복을 촉진
	간호	• 근육, 피하, 비강으로 투여 • 안전하며 부작용이 없으나 오래 사용하면 효과 감소
칼슘		• 골흡수는 30~35세 이후에 가속화되므로 칼슘보충제를 제공 • 칼슘의 과다섭취는 고칼슘혈증을 초래하여 신장기능에 치명적인 손상을 유발하므로 철저한 관리가 필요
비타민 D		충분한 칼슘흡수를 위해 1일 400~800IU의 비타민 D가 필요
androgen		• 남성호르몬인 androgen은 특히 남성 골흡수를 감소시킴 • 폐경 이후 여성에게 투여 시 남성화나 간질환을 일으킬 수 있음

| 골다공증의 약물요법 |

골흡수 억제 약물	골생성 촉진 약물
• 여성호르몬 • 비스포스포네이트 • 랄록시펜 • 캘시토닌 • 비타민 D 활성 유도체	• 불소 • 성장호르몬 • 부갑상샘호르몬

② 비약물요법(간호중재)

자세	• 비슷한 정도의 골다공증 환자라도 자세가 좋으면 뼈의 손상을 최소화할 수 있다. • 자세가 앞으로 혹은 옆으로 기울어져 있으면, 균등한 힘의 배분을 받아야 할 뼈가 한쪽으로만 압력을 받게 되어 뼈가 쉽게 손상되고 통증을 유발하게 된다. • 올바른 자세로는 가슴, 어깨와 허리를 꼿꼿이 편 상태를 항상 유지하고 의자 뒤에 엉덩이를 바싹 붙인다. • 딱딱하고 휘지 않는 침요 위에서 수면을 취하도록 교육한다.

식이요법	단백질, 비타민 D, 무기질(칼슘, 마그네슘, 구리, 망간, 아연)은 골기질 생성에 중요하다.	
	칼슘	• 1일 칼슘요구량은 estrogen이 충분한 경우 1,000mg이고 부족한 경우는 1,500mg이다. • 우유 유제품, 뼈째 먹는 생선, 해조류, 녹색 채소, 콩 견과류
	비타민 D	• 칼슘 흡수를 높이기 위해 비타민 D를 같이 먹는다. • 지방이 많은 생선, 정어리, 유제품, 버터, 마가린, 달걀 노른자, 간, 간유 • 비타민 D 섭취가 부족하면 적당히 햇볕을 쪼여 비타민 D가 합성되도록 한다.
	콩	식물성 에스트로겐 이소플라본이 많이 있다.
	단백질	• 단백질은 뼈를 구성하며 단백질 결핍은 뼈의 탈무기질화를 시킨다. • 뼈가 조금 부실하더라도, 뼈 주변의 근육이 튼튼하면 뼈가 제 기능을 하는데 도움이 된다. • 너무 많이 먹으면 인의 수치가 증가하여 소변으로 칼슘 배설량이 증가되므로 적량만 섭취토록 한다.
	인 제한	• 칼슘과 인의 적당한 비율은 1 : 1이다. 　- 혈중 인의 수치가 높으면 장에서 칼슘 흡수 저하와 소변으로 칼슘 배설량이 증가한다. • 인을 함유한 음식인 쇠고기, 닭고기, 계란, 생선, 탄산음료(콜라 등)를 줄인다.
	카페인 제한	카페인이나 소다는 칼슘 흡수를 방해하므로 삼간다.
	알코올 제한	알코올은 골조직에 직접 독성 효과로 골형성을 감소시키고 골흡수 증가로 골 질량이 감소한다.
	금연	• 흡연은 산증을 일으키고 산증은 골소실을 증가시켜 골질량을 감소시킨다. • 니코틴은 에스트로겐 분비 저하로 장과 신장에서 칼슘 흡수를 방해한다.
	알루미늄 제산제 제한	알루미늄 함유 제산제 사용은 골다공증을 유발한다. 위장 증상 치료를 위해 알루미늄 함유 제산제(Amphogel, 인산결합제)는 혈중 인과 결합하여 배설로 인의 소실로 골다공증이 발생한다.

운동	• 상하로 흔들거나 중력을 받는 체중부하운동을 실행한다. 　- 골다공증 예방은 물론 통증관리, 심장기능 향상, 안녕감 유지에 필수적이다. 　- 근력강화운동이나 체중부하운동 추천 : 근육이나 뼈 조직을 물리적으로 자극이 된다. • 걷기, 춤, 에어로빅, 체조, 배드민턴과 같은 체중부하운동을 1회 30분씩 주 3회 시행한다. • 수영, 자전거 타기는 근력을 기르는 것에 많은 도움이 되나 골밀도를 높이는 데는 도움이 　되지 않는다. 　- 척추에 부담을 주는 운동은 피한다 : 승마나 볼링, 척추를 구부리는 운동이다. 　- 복근과 배근을 향상시키는 운동 : 자세를 바르게 하고 척추의 지지가 향상된다. 　- 폐 용량을 늘리기 위한 복식호흡과 흉부신장운동이 필요하다. 　- 등척성 운동, 저항성 운동, ROM운동 등이 필요하다. 　- 평소 바른 자세와 신체역학을 사용하고 단단한 매트리스를 사용한다. 　- 코르셋을 장기 사용하면 관련 근육약화, 척추손상을 예방할 목적으로만 사용한다. 　- 골절의 위험성이 높으므로 신체활동 시에는 안전에 유의한다.
통증관리	• 척추골절에 따른 통증 : 약물치료와 함께 자세교정기구로 조절(6~8주)한다. • 급성 통증에는 진통제와 근육이완제를 사용한다. • 바이오피드백, 요가, 마사지, 반사요법 등은 통증을 완화하고 신체 심리적 스트레스를 　완화시키며, 대상자의 안녕과 신체 에너지를 증진시킨다.
자세교정기구	급성 통증 시 척추 지지
낙상 예방	• 환경 개선 : 미끄러운 바닥, 카페트, 어두운 환경, 팔걸이가 없는 목욕시설, 굽이 높은 신발, 　부적합한 지팡이 등의 '환경의 개선'이 필요하다. • 자주 넘어지는 습관을 고치려면 낮고 편한 신발을 신고 무리한 행동은 삼간다. • 평형감각·민첩성·유연성이 떨어지지 않게 하는 것도 골밀도 관리 못지 않게 중요하다. 　균형감을 길러 몸의 중심을 잡을 수 있으면 넘어지는 횟수가 줄어든다.

🖊 폐경 이후 골다공증의 예방대책

① estrogen 요법 실시 : 파골세포 자극 물질 억제. 단 자궁암, 유방암 발생에 주의
② 규칙적인 체중부하 운동 : 1주일에 적어도 3번, 한 번에 30분씩 가벼운 중력부하운동(걷기, 줄넘기, 자전거
　타기, 에어로빅 등)을 규칙적으로 시행하도록 한다.
③ 매일 적당량의 칼슘과 비타민 D 섭취, 칼슘의 흡수를 방해하는 음료를 피하도록 한다.
④ 금연 및 이상적인 체중 유지

2 골연화증(osteomalacia)

정의	• 비타민 D 결핍으로 인하여 칼슘과 인의 대사장애로 골기질에 무기질이 침착되지 않아 뼈가 연화되는 현상 • 골조직이 석회화되지 않아서 부드럽고 휘어지기 쉬운 질병으로 성인의 구루병(ricket)을 일컬음	
원인	비타민 D 부족	1차성 비타민 D 결핍증은 태양 노출과 음식 섭취 부족
	임신	임신부와 장기간의 수유
	흡수장애	소장의 비타민 D 흡수장애는 소장 수술, 부분 위절제술, 전체 위절제술 후 생기고 Crohn 병도 비타민 흡수를 방해함
	신부전	신부전에서 calciferol 합성 방해로 비타민 D의 활성화 감소
	암포젤	암포젤(인산결합제)의 부작용으로 저인산혈증
기전	• 뼈 유연화로 흉골이 각지고 골반과 대퇴경부 기형을 초래 • X-선상에 뼈의 밀도감소와 가성 골절, 루저대골절 • 치료로 비타민 D와 칼슘과 인을 투여	
	가성골절	불완전 골절 위에 골막의 비후와 골신생을 볼 수 있는 상태
	루저대골절	독특한 골의 희박화선(방사선 투과성이 있는 선)이 나타남
임상검사	calcium, 인 감소	혈청 calcium 감소로 PTH 증가
	ALP 증가	부갑상선호르몬이 높아 ALP(Alkaline Phosphatase) 증가 예 전립샘암 : 암세포가 뼈로 전이, 골절, 간, 담도 폐쇄
	골생검	골생검으로 골연화증 확인
증상	광범위하게 뼈 조직의 탈칼슘화 현상과 연화가 있으며 특히 척추, 골반, 하지에 흔함. 뼈는 점차로 구부러지고 편평해지며 변형됨. 체중 부하로 골격에 기형이 초래되며 특히 경골 및 대퇴골이 구부러짐	
	근허약감	• 저인산혈증으로 근세포의 ATP 생산이 부적절해지면 근세포의 에너지 감소로 골반, 어깨 근허약감 호소 • 하지의 근허약으로 어거적거리는 보행 • 불안정한 보행으로 낙상, 골절 위험

	골절	장골, 척추골, 늑골에 골절
	척추기형	• 척추기형, 장골 만곡 같은 악성 뼈질환 관찰 • 척추후만(kyphosis)으로 키가 작아짐
	뼈의 통증	활동할 때와 밤에 아프다고 뼈의 통증 호소
간호중재		• 다량의 비타민 D와 인을 보충해서 투여 • 비타민 D를 장기간 투여 시 고칼슘혈증과 칼슘뇨 검사 • 태양광선 및 인공 일광 요법을 실시 : 비타민 D의 합성을 위해 햇빛에 노출 • 단단한 침요와 보조기 또는 코르셋으로 지지

3 골다공증과 골연화증

특성	골다공증	골연화증
병태생리	• 뼈의 무기질 감소로 골량의 감소 • 뼈내 칼슘 부족 • 뼈의 구성성분인 칼슘과 콜라겐이 동시에 줄어들어 골밀도(bone density)가 줄어든 것	• 뼈의 무기질 감소로 뼈가 연화됨 • 비타민 D 부족 • 칼슘이 덜 들어간 뼈
방서선 결과	골량 부족, 골절	• 가성 골절 또는 루저대 골절 • 골다공증과 유사
혈중 칼슘농도	정상	비타민 D 부족으로 칼슘이 낮음
혈중 인농도	정상	비타민 D 부족으로 인이 낮음
부갑상샘호르몬	• 정상 • 원발성 골다공증에서 부갑상샘호르몬은 항진되지 않음	높거나 정상
Alkaline, phosphatase	정상	상승
통증	증상 없음	뼈와 근육이 아픔
피로 허약감	증상 없음	전신이 피로, 심한 허약감
뼈의 구성	뼈가 단단하여 압박을 해도 신경에 자극을 주지 않으므로 통증 없음	뼈가 연하므로 살짝 압박해도 신경에 자극을 주어 통증
수면	해당없음	부족

4 Paget병(osteitis deformans, 변형성 골염)

정의	침범된 부위의 오래된 뼈가 파괴되는 것보다 더 빨리 새로운 뼈가 과도하게 생성되는 질병으로, 새롭게 형성된 뼈는 구조적으로 무질서한 상태이고 뼈 변형과 골절에 매우 취약한 상태가 된다.		
병태생리	• 일반적으로 혈관단계와 경화단계의 2단계로 진행된다. • 혈관단계는 파괴된 골세포 공간에 새로운 뼈 대신 혈관과 섬유조직으로 채워지는 단계로 일반적으로 세포는 크고 다핵이며 점차 새로운 골소주는 정상 뼈의 2배 정도로 크고 모자이크 형태를 갖는다. 뼈의 재혈성으로 종창과 기형이 발생한다. 장골은 두꺼워지고 활처럼 굽어진다. • 경화단계는 혈관섬유조직이 딱딱해지는 단계로 모양은 정상 뼈조직과 비슷하지만, 뼈조직이 약해져 병리적 골절이 잘 생긴다. 정상　　　　변형성 골염		
증상	근골격	뼈통증	• 관절과 하지의 긴 뼈 통증이 유발된다. • 지속적이고 밤에 악화되며 부종과 기형이 나타날 수 있다. • 두개골은 두껍고 커져 있다. • 귀의 이소골에 침범 시 청력상실, 난청 등이 유발된다. • 뇌기저부에 침범 시 뇌신경을 눌러 신경계장애가 초래된다. • 뇌간 침범 시 생명이 위험하다.
		기형	크고 두꺼워진 두개골, 장골의 휘어짐, 무릎과 팔꿈치 기형
		병리골절	상대퇴골, 골반
		압박골절	—
		척추	척추의 무너짐, 척추후만증으로 키가 작아진다.
		근위축	—
	신경계	청력소실, 척수손상, 치매, 척추관 협착증으로 인한 통증, 대소변장애	
	심혈관	심부전	
	대사	부동환자에게서 고칼슘혈증의 증상, 고칼슘뇨증, 콩팥돌, 침범된 뼈 주위의 피부 온도 상승	

		| Payet병의 증상 |
	근골격계	• 1개의 뼈와 주변 관절에 통증 발생 • 걸을 때 더 악화 • 요통과 좌골신경통 • 장골이 휘어짐 • 비정상적인 척추만곡 • 크로 두꺼워진 두개골(대두증) • 병리적 골절 • 골육종(가장 치명적, 남성, 골반 대퇴 상완골 주로 침범)
	피부	화끈거리고 따뜻한 피부
	기타	• 무관심, 기면과 피로감 • 요산혈증 및 통풍(뼈대사활동 증가로 핵산이화작용 증가) • 부갑상샘 기능항진증 • 체액과다(혈관이 많아지면서 심박출량 증가)로 인한 심부전
치료		약물요법의 목적은 통증완화와 뼈 소실을 예방하는 것이다. • 경증이나 중등도의 통증 : aspirin이나 ibuprofen을 투여한다. • Calcitonin 주사 : 혈중 칼슘치를 조절해주고 뼈 소실을 예방하며 통증을 완화시켜 준다. • Bisphosphonate(BPs) : 골흡수를 감소시키고 통증완화에도 도움이 된다.
간호		• 통증완화 : 열, 마사지, 이완요법, 운동프로그램 • 운동 : 뼈의 성장을 자극하고 유연성과 강도를 유지하는 운동의 중요성을 교육한다. • 뼈에 과도한 스트레스가 가해지지 않도록 적정체중 유지한다. • 환부부동을 유지하고 지지하기 위해 보행 지지기구를 제공한다.

5 골종양

골육종	• 골육종은 종양성 유골조직을 형성하는 원발성 악성종양으로 빠른 성장과 전이를 특징으로 한다. • 골종양의 약 20%를 차지하고 다발성 골수종 다음으로 발생 빈도가 높다. • 원발성 골육종은 10~25세의 남성에서 매우 높게 발생하며 10세 이전에는 드물다. 발생부위는 어느 곳이나 가능하나 특히 장골의 골간단부에 발생하며 약 75%는 무릎관절 부위인 대퇴골 원위 간단부와 경골 근위 간단부에 발생한다. 상완골 근위 간단부, 골반뼈 등에서도 발생하기도 하며 증상은 통증, 종창, 운동 제한, 체중 감소, 빈혈 등이 있다. • 가장 흔히 전이되는 곳은 폐이다.

유잉 육종	• 유잉 육종은 뼈와 연조직에서 발생하는 가장 흔한 악성 신생물로서 약 2/3가 20세 이전에 발생한다. • 남자에게 발생 빈도가 약 2배 높고 골성장이 빠른 5~15세에 호발한다. • 특히 대퇴골, 상완골, 골반이나 경골과 같은 장골의 골수강 내에서 빠르게 성장하며 전이도 빨리 일어난다. 어느 골에나 침범하나 주로 장골의 간부와 골간단부에 발생하며 대퇴골과 골반에 흔하다. • 악성 골종양 중에서도 그 진행이 가장 빠르며 빈혈, 전신쇠약 등의 증상이 동반된다.

06 기타

1 요통(low back pain) 시 올바른 자세 [2022 기출]

요통	• 부척추근(paraspinal muscle)의 심한 경련과 함께 요부에 발생하는 급성 동통이다. • 근육경련 : 근육이 수축으로 인해 동통을 수반하는 상태이다.
기립 체위	• 서 있을 때 가능한 10~20cm의 발판을 준비해 한쪽 발을 올려놓으면 요추전만증이 감소되어 편해진다. • 발판이 없으면 등을 벽에 기댄다.
보행	• 가볍게 걷는 것은 실제로 통증을 완화시킨다. • 높은 구두를 피하고 낮고 편한 신발을 착용한다.
앉는 자세	• 단단하고 등이 곧고 팔걸이 있는 의자를 선택한다. • 푹신하고 부드러운 소파는 통증을 악화시킨다. • 오래 앉는 자세에서는 자주(2~3분씩) 일어선다. • 의자의 높이가 키와 맞아야 하며 다리가 바닥에 닿아야 한다. • 운전 시 의자의 높이와 거리를 조정한다.
등 굽히기	• 무릎과 고관절을 구부린 상태에서 등을 굽히면 등근육의 긴장감을 피하여 통증을 경감시킬 수 있다. • 요추부에 코르셋을 2~3주간 착용한다.
무거운 물건 들어올리기 [2022 기출]	• 되도록 무거운 물건은 들어올리지 않도록 한다. • 들어야 할 경우 고관절과 무릎은 구부린 상태에서 물건을 몸체로 가까이 하여 들어올린다. • 물건을 끌기보다는 밀기가 더 좋다. • 높은 선반의 물건을 꺼낼 때도 발꿈치를 들거나 팔을 뻗쳐서 꺼내지 말고 발판을 이용한다.
침대와 침요	• 침요는 단단한 것이 좋다. • 엎드려 눕는 자세는 피한다. • 푹신한 침구는 요통을 악화시킨다.

2 척추측만증, 척추옆굽음증(scoliosis) [1992 · 1998 · 2003 · 2006 · 2014 기출]

(1) 정의

정의			• 척추가 옆으로 휜 상태로 척추의 구조적인 변화에 의한 것이다. • 척추가 측방으로 만곡되거나 편위되어 있는 상태로 외관상의 문제뿐만 아니라 변형이 심하면 주위의 장기를 전위시키거나 압박하여 기능 장애가 초래되고 수명을 단축시킨다.
비구조적	정의		측막각이 가역적으로 추체의 회전이나 비대칭적인 변화가 없다.
	원인		요부의 통증, 불량한 자세, 다리 길이의 차이에 따른 골반 경사 등
	증상		• 척추를 앞으로 구부리면 등쪽의 늑골 돌출부가 사라진다. • 복위를 취하거나 똑바로 앉으면 측만증이 없어진다. • 자세를 바르게 하면 척추축을 똑바로 펼 수 있다. • 방사선 소견상 척추의 회전이 없다. • 하나의 긴 흉요부 만곡이 C자형으로 나타난다.
구조적	특발성 측만증, 선천적 측만증, 신경근육성 측만증, 신경섬유성 측만증 등이 있다.		
	정의		척추구조에 이상이 있다.
	원인		• 선천성 측만증(연골화와 골화가 잘 이루어지지 않아 생긴 선천적 발육 이상) • 신경근육성 측만증(마비성 측만증) 소아마비 등 • 신경섬유종 측만증(여러 뼈질환을 동반하는 질환) • 선천성 기형, 척추체의 변형, 마비 • 신경근육 질병 : 근이영양증 • 특발성 측만증
	특발성측만증		가장 흔한 구조적 측만증, 대부분 청소년기형이다.
		빈도	10세~성장완료시기에 많다. 여자에 호발, 우측만곡 형태가 많다.
		특징	• 견갑골과 유방의 위치가 다르다. 견갑골과 둔부가 돌출된다. • 만곡 정도가 심하면 통증, 심폐기능장애, 소화기장애 등이 나타난다. • 나이, 고연령, 초경시기, 병력 등에 따라 예후가 좌우된다.
청소년기에 측만증이 흔히 발생하는 이유			• 관절의 유연성이 커서 쉽게 커브가 형성되기 때문에 자세가 바르지 못하면 급성장기에 척추가 쉽게 굽을 수 있다. • 체격발달 조건에 맞지 않는 의자, 책상으로 인해 바른 자세를 가지지 못하여 발생한다. • 키가 급성장하는 시기이다. • 여자에게 많은 이유는 남자보다 조숙하기 때문이다. • 키가 크고 마른 학생에게 흔하다. • 운동 부족 : 입시위주의 교육환경, 멀티미디어의 발달과 관련된다.

(2) 척추측만증 여부를 판별하기 위한 전방굴곡 검사(forward bending test) [1998 · 2003 · 2014 · 2019 기출]

기본자세	먼저 학생을 러닝셔츠만 입힌 상태 또는 상의를 다 벗은 상태에서 바른 자세로 약간 다리를 벌리고 바로 세운다. • 촉진 시 C자형이다.

첫 번째 검사	좌우 어깨선 높이의 차이 및 견갑골 높이의 차이를 본다.	
	서 있는 자세 진단	• 양쪽 어깨 높이 차이와 양쪽 견갑골 높이 차이, 골반 높이 차이를 본다. • 좌우 견갑골 후방돌출, 등쪽 늑골 후방 돌출부, 한쪽 둔부 후방 돌출출을 본다.
	 | 전방굴곡검사 |	

두 번째 검사	아담스 전방굴곡 검사 (등심대 검사, adams forward bending test) [1998 · 2014 · 2019 기출]	• 무릎을 편 자세에서 양팔을 나란히 하여 등을 90°까지 전방으로 굽히게 하고 검사자가 앞에서 혹은 뒤에서 등과 같은 눈높이로 좌우 등높이(늑골 돌출고)의 돌출정도를 본다. • 좌우 허리높이(요추부 돌출고)의 돌출을 보면 된다. 돌출된 모습이 확인되면 자세 이상자로 보면 된다.

방사선 촬영 후 Cobb 방법	• 만곡의 오목한 쪽으로 가장 많이 기울어진 척추의 끝을 상단과 하단에서 각각 결정한 후 상하부 양쪽의 척추 끝을 따라 선을 그은 후 직각으로 교차된 각을 구한다. • 이 방법은 환자가 선 상태에서 척추 전부를 포함하는 전 척추 엑스레이를 촬영하여 측만증의 휜 부분(만곡)의 양쪽 끝에 위치하는 척추뼈(끝척추뼈)에서 평행선을 긋고 각각의 선에서 직각이 되는 선이 이루는 각도(콥 각도, Cobb angle)를 측정하는 것이다.

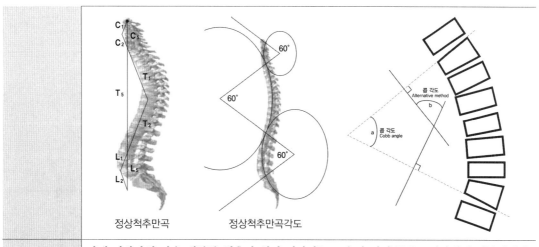

| | 정상척추만곡   정상척추만곡각도 |

자세 이상자의 경우 대부분 척추가 휘기 시작하는 모습이 정밀 X-Ray검사에서 관찰되지만, 콥각도 10° 이상의 휜 각도가 측정될 때 임상적으로 척추측만증이라고 진단한다.

척추측만증
진단

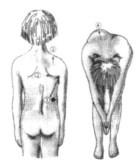

척추측만증의 진단 요점
① 양측 어깨 높이의 차이
② 양측 견갑골 높이의 차이
③ 양측 겨드랑이 선의 차이
④ 앞으로 몸을 숙였을 때 양측 등 높이의 차이

(3) 일빈적 증상

일반증상	• 어깨가 올라가고 둔부 돌출 • 피로 • 요통 • 호흡기능의 저하 • 위장장애 • 하지의 길이가 다름 • 복부근육이 약하고 비대칭적 • 신경 섬유종의 커피 우유색 점을 피부표면에서 볼 수 있음 • 청년기 전후에는 척추 발달부분이 비대칭적, 몸통의 근육이 한쪽만 약함 • 보행장애

계속진행 시		• 어깨가 한쪽으로 기울어져 있다. • 어깨 견갑골(날깨쭉지뼈)이 비대칭이고 한쪽이 튀어나와 있다. • 흉부가 비대칭을 보이며 여성의 경우 유방의 크기가 달라 보인다. • 허리곡신이 비대칭이다. • 골반이 평행하지 않고 어느 한쪽으로 기울어져 있다. • 몸이 한쪽으로 기울어져 있다. 천골의 균형이 무너져 기울어진다. • 한쪽 근육은 무리, 반대쪽은 약해진다. 1단계　2단계　3단계　4단계 콥각도(cobb's angle)가 10도 미만으로 골반 변형으로부터 측만증이 시작되는 단계 / 콥각도가 20도 이상으로 변형된 골반위의 척추가 곡선을 이루면서 변형하게 됨 / 측만증 단계가 악화되어 흉추의 심한 변형과 요추 및 골반까지 전체적인 신체 균형이 나빠짐 / 외관상 눈에 띌 정도로 심한 변형. 심한 경우 흉각 내의 기관이 눌려 심폐기능 이상 초래
척추측만증 진행 시 나타날 수 있는 주요 문제 [2003 기출]	불균형	등과 가슴의 균형이 안 맞아 보기 흉하다.
	통증	• 어깨, 등, 허리가 불편하고 아프다. • 척추변위로 신경의 압박을 받아 요통이 생긴다.
	피로감	• 게을러진다. 아프면 짜증스럽고 만사가 귀찮아진다. • 피로감으로 학습능률의 장애를 겪는다.
	퇴행성 관절염	• 척추의 퇴행성 관절염(골관절염)이 발생한다. • 평생 휘어진 등으로 살아야 하므로 디스크와 같은 병에 시달린다.
	척추변위와 관련된 기능장애	요추 만곡이 50° 이상에서 흉곽 크기가 감소되어 호흡기계 장애로 폐기능, 폐활량 감소가 되며, 다음과 같은 증상 또한 초래된다. • 심폐기능부전 • 소화기 장애 • 골다공증 증상 • 호흡기 : 흉곽 크기 감소로 폐기능 부전 • 소화기 : 역류성 식도염, 식욕부진, 변비 • 수명 단축

(4) 치료

내과적방법	• 침상안정 • 운동 • 견인 • 석고나 부목	
치료	20° 이하	• 20° 이하로 만곡이 유연한 성장 중 동은 운동을 시키면서 3~6개월마다 방사선 촬영을 하여 교정 정도를 확인한다. • 운동으로 만곡의 각도를 줄이지 못하지만 척추의 유연성을 유지한다.
	만곡이 40° 이하	만곡의 각도가 20~40°로 만곡이 유연할 때 운동이나 보조기로 기형을 교정한다. • Milwakes brace, Risser cast halfemoral, halopelvic traction
	40~50° 이상	허리가 40~50° 이상 휘어진 경우 성장이 끝나고 어른이 되어도 허리가 휠 수 있어 수술로 휘어진 척추를 교정한다.

20도 이하	20~40도	40~50도	50도 이상
• 경과관찰 • 6개월~1년간 방사선 검사	• 보조기 착용 • 15~16세까지만 사용 • 집행을 억제하는 의미	• 성장기 어린이는 수술을 고려 • 나머지 연령은 관찰	수술

| Cobb's Angle에 따른 치료 방법 |

각도 교정방법	석고붕대 및 견인	Halo : skeletal, crutchfield tong : femoral skeleta
	보조기 (Milwaukee brace)	• 척추만곡의 돌출부에 등 뒤에서 패드를 누르는 척추 추간판에 압력을 고르게 가하는 교정력을 제공하여 척추가 성인 크기가 될 때까지 만곡의 진행을 늦춘다. • 측만이 흉추 7, 8번 보다 위에 있을 때 후두부와 골반부 사이로 분산하는 힘을 준다. • 교정되는 정도에 따라 보조기의 앞 뒤받침을 높이고 등 뒤쪽의 패드를 더욱 조인다. • Milwakee 보조기는 목욕과 운동시간을 제외하고는 매일, 하루종일 착용해야 한다. • 만곡 각도가 20~40° 정도이고 골격성장이 2년 이상 남아 있는 경우에 효과적

	흉요천추 보조기 (boston brace)	측만이 흉추 7, 8번보다 아래 있을 때 흉요부 또는 요부 만곡에 목 부분의 받침이 없어 간편하고 미관상 보기가 좋다.
수술요법	척추 접합술 (spinal arthrodesis)	• 14세 전까지 금기한다. • 골성장이 완전히 끝난 후부터 가능하다. • 척추 치유가 끝날 때까지 body cast를 한다. • 수개월간 침상안정 후 기동할 수 있다.
	헤링톤대 삽입 (harrington Rod)	–
	수술 적응증	• 만곡이 심해(40~50° 이상) 외관상 기형이 심하고 보전적 치료로 교정이 안 되는 경우 • 보전적 치료 후에도 만곡이 진행되는 경우 • 성인으로 요부 만곡으로 체간의 불균형이 심하거나 이차적 통증을 호소하는 경우

(5) 보건지도

바른 자세로 생활화	
척추 주변 근육강화운동	• 윗몸 일으키기 : 무릎을 세우고 발을 고정한 후 팔을 앞으로 뻗치고 45° 상체를 들어올려 5초 지속 후 원위치로 돌아오는 것을 10회 정도 반복 • 상체 들기 운동 : 엎드려서 가슴을 들어 올려 5초 지속하고 원위치로 돌아오기를 10회 반복 • 등 들어 머리 위 올리기 운동 : 반듯하게 누워 팔을 바닥에 붙이고 다리를 올린 후 엉덩 이부터 들어올려 같은 자세를 취하여 5초 지속하고 원위치로 돌아와 10회 반복 • 스트레칭 운동 : 손을 깍지 낀 후 팔을 90°까지 올린 상태에서 옆구리 운동을 하되, 스트 레칭 시킨다는 생각으로 5회 정도 같은 방향으로 몸을 굽히고 그 다음 반대방향으로도 같은 방법을 실시

보조기 착용	심한 경우 보조기 착용으로 교정하거나 수술
20° 이하의 유연한 만곡	• 3~6개월마다 방사선 검사를 포함하여 관찰을 지속함 • 근력강화와 유연성운동을 통해 75%에서 진행을 막아주며 50%에서는 약간의 교정도 가능함 • 이러한 운동만으로 진행을 막을 수 없을 때에는 보조기 착용 등 적극적 치료가 필요함
각도가 20~40° 이내의 만곡	만곡이 유연성이 있고(성장이 2년 이상 남아있을 때), 각도가 20~40° 이내의 만곡일 때 : 보조기 치료
40° 이상	40° 이상이거나 성장이 거의 완성되어 유연성이 없을 때에는 보조기가 별로 도움이 안 되며 수술적 치료를 생각해야 함

(6) 예방 대책 [2006 기출]

정기적 검사, 이학적 검사	부모가 일주일에 한번 정도 목욕을 같이 하면서 척추이상을 체크 : 조기발견, 자세이상 시 X-선 검사
척추 주변 근육강화운동	정적운동(윗몸 일으키기, 상체 들기운동 등), 전신운동(줄넘기, 수영, 자전거 타기)
바른 자세 생활화	경추 전만 곡선을 감소시키는 좋은 자세, 바르게 앉기, 바르게 책읽기, 바른 자세로 자기, 무거운 물건 주의, 턱을 책상에 괴고 앉지 말 것 등
일상에서 주의 (척추압력 제거)	체격에 맞는 책걸상 사용, 가방 무게 줄이기, 학업 시 한 시간마다 일어나 허리운동 하기, 컴퓨터 게임도 한 시간 이상 하지 않기 등
심리요법 등	가정에서 부모, 학교에서 담임교사, 보건교사가 정기적인 면담과 카운셀링 실시
기타	그 외 스스로 본인의 자세가 나쁘다고 생각되거나 어깨, 등, 허리에 아픈 증상이 있다고 생각되면 의사의 진단 받기

(7) 바른 자세 생활 교육

좋은 자세	턱을 내리고 머리를 위쪽으로 치켜올려 되도록 경추의 전만 곡선을 감소시켜 일직선상에 있도록 하는 자세
책을 읽거나 일을 할 때	일의 대상의 높이가 눈의 높이와 같은 선상에 놓이도록 하고 목의 과신전이나 과굴곡은 피함
의자에 앉을 때	• 되도록 등받이가 긴 의자를 사용해 머리 받침대를 자주 활용 • 둔부를 등받이에 바짝 대고 고관절이나 몸통과의 각도와 무릎의 구부린 각도가 모두 90°로 유지함(팔걸이 필수) • 등받이가 없는 의자에 앉을 때는 머리와 목과 흉추허리가 일직선, 가슴을 펴고 배를 안으로 수축시킨 상태
서서 일할 때	서서 장기간 일할 때는 10~15cm 높이의 보조 발 받침대 위에 양발을 번갈아 놓고 일을 함
무거운 것을 들 때	허리를 편 상태로 무릎을 반듯이 구부리고 물건과 몸을 가깝게 해서 들어 올림. 즉, 허리 힘보다 무릎의 힘으로 들어올리도록 하고 되도록 척추가 일직선이 되도록 노력함
세수할 때	엎드려 세수하는 것보다 서서 샤워하는 편이 좋음
잠잘 때	엎드린 자세는 피하고 낮은 베개를 사용해 경추가 흉추와 일직선상에 있게 하고 옆으로 누운 경우엔 베개를 높게 하여 경추가 일직선상에 있게 함
목이 아픈 경우	목이 아픈 경우 물컵을 마실 때는 'ㄱ'자 빨대를 사용하는 것이 좋음

(8) 근골격계 문제를 가진 아동의 안정상태, 즉 부동으로 발생될 수 있는 영향(문제점)

근골격계	관절구축 및 근육허약증, 골다공증, 고칼슘혈증(뼈의 탈무기질화)
심혈관계	직립성 저혈압, 혈전형성, 의존성 부종
호흡기계	호흡기능 저하, 흉부확장 감소와 폐활량 감소, 비효율적 기침 및 상기도 감염
소화기계	식욕부진, 복부팽만, 변비
비뇨기계	배뇨곤란, 요정체, 감염, 신석 형성
피부계	순환저하 및 압력으로 인한 조직손상(욕창)

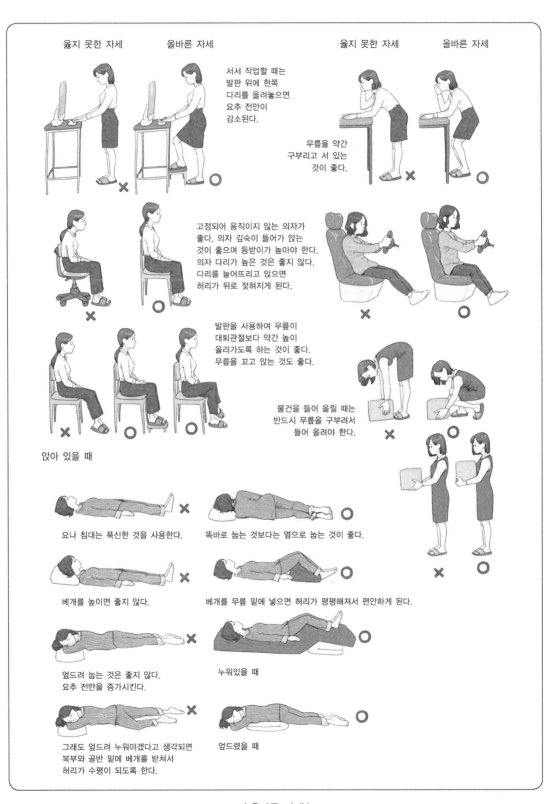

옳지 못한 자세　　올바른 자세

서서 작업할 때는 발판 위에 한쪽 다리를 올려놓으면 요추 전만이 감소된다.

옳지 못한 자세　　올바른 자세

무릎을 약간 구부리고 서 있는 것이 좋다.

고정되어 움직이지 않는 의자가 좋다. 의자 깊숙이 들어가 앉는 것이 좋으며 등받이가 높아야 한다. 의자 다리가 높은 것은 좋지 않다. 다리를 늘어뜨리고 앉으면 허리가 뒤로 젖혀지게 된다.

발판을 사용하여 무릎이 대퇴관절보다 약간 높이 올라가도록 하는 것이 좋다. 무릎을 꼬고 앉는 것도 좋다.

물건을 들어 올릴 때는 반드시 무릎을 구부려서 들어 올려야 한다.

앉아 있을 때

요나 침대는 푹신한 것을 사용한다.

똑바로 눕는 것보다는 옆으로 눕는 것이 좋다.

베개를 높이면 좋지 않다.

베개를 무릎 밑에 넣으면 허리가 평평해져서 편안하게 된다.

엎드려 눕는 것은 좋지 않다. 요추 전만을 증가시킨다.

누워있을 때

그래도 엎드려 누워야겠다고 생각되면 복부와 골반 밑에 베개를 받쳐서 허리가 수평이 되도록 한다.

엎드렸을 때

| 올바른 자세 |

1992학년도	뇌압상승, 소발작간질, 파상풍, 자율신경계 호르몬, 뇌신경, 파킨슨씨병, 뇌막자극증상, 제10신경
1993학년도	Reye 증후군
1994학년도	뇌성마비
1995학년도	3차신경, 뇌좌상증상, 뇌신경(제5신경)
1996학년도	무의식 환자 간호, 열성경련과 간질 비교
1997학년도	
1998학년도	
1999학년도	
후 1999학년도	
2000학년도	
2001학년도	
2002학년도	간질 발작 환아 발생 시 발작 동안과 발작 후 응급처치 중 우선적 처치 내용 5가지
2003학년도	
2004학년도	
2005학년도	발작 시 응급조치 사항 5가지, 뇌압상승이 원인이 되어 나타나는 두통의 생리적 기전
2006학년도	
2007학년도	뇌수막염 시 뇌막자극 징후 2가지
2008학년도	
2009학년도	
2010학년도	
2011학년도	
2012학년도	
2013학년도	뇌진탕 증상
2014학년도	세균성뇌막염 징후 검사
2015학년도	Glascow Coma Scale, 외상성 뇌손상에 의한 두개골절 징후
2016학년도	
2017학년도	
2018학년도	
2019학년도	
2020학년도	
2021학년도	뇌종양(발생부위, BBB)
2022학년도	알츠하이머(메만틴약물, 파국반응, 일몰증후군)
2023학년도	

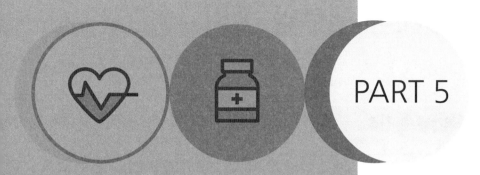

PART 5

신경계
건강문제와
간호

신희원
보건교사 길라잡이
④ 성인[2]

01 신경계의 해부와 생리

01 신경계의 정상구조와 기능

신경계의 기능은 감각신경계와 운동신경계의 작용을 통하여 신체의 내적 또는 외적 환경으로부터 자극을 받아들이고 또 그 자극에 대한 반응을 나타냄으로써 신체의 모든 부분을 조절, 통합한다.

신경세포		수초로 둘러싸여 있다.
신경원 (neuron)	세포체	—
	수상돌기	세포체에 신경흥분을 전달한다.
	축삭	세포체로부터 세포 밖으로 신경흥분을 전달한다.
신경계	중추 신경계	뇌와 척수
	말초 신경계	뇌신경과 척수신경
	자율 신경계	교감신경과 부교감신경

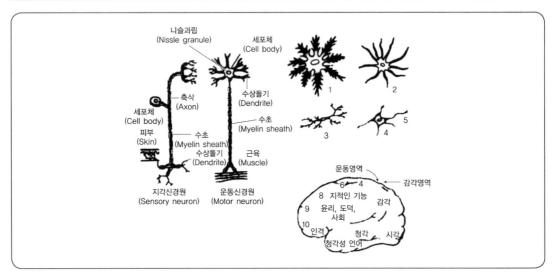

| 신경계 구조 |

		20%의 산소를 소모한다.
뇌	대뇌 (cerebrum)	뇌 전체 무게의 80%를 차지, 좌반구와 우반구로 나누어진다. 감각과 운동, 사고, 학습능력, 각종 정보분석 통합 및 저장기능을 한다. • 전두엽 : 운동기능, 언어(운동성)중추, 도덕·가치관·정서·판단 기능을 한다. • 두정엽 : 통각, 촉각, 온도감각, 압각 등의 해석·판별기능 • 측두엽 : 청각, 후각, 미각중추, 감각성 언어중추 • 후두엽 : 시각중추
	간뇌 (diencephalon)	• 시상 : 대뇌피질로 가는 감각자극을 구별하고 연결시킨다. • 시상하부 : 조절, 긴장반응, 수면, 식욕, 체온, 수분균형, 성에 영향을 미친다.
	중뇌 (midbrain)	제3, 4뇌신경의 기점으로 운동조정, 안구운동을 지배한다.
	교 (pons)	제5, 6, 7, 8뇌신경의 기점으로 불수의적 호흡반사에 관여한다.
	연수 (medulla oblongata)	제9, 10, 11, 12뇌신경의 기점이며 아래로는 척수와 연결되어 있다. 뇌의 피질로부터 척수로 가는 운동신경섬유의 주행로가 되고 척수로부터 들어오는 감각신경섬유의 통행로이다. 그리고 위의 신경섬유가 연수에서 교차된다. 심장·호흡·구토·혈관운동의 중추이다.
	소뇌 (cerebellum)	근육운동, 자세, 평형, 근육긴장도 등을 조정하고 시상과 대뇌피질과 연결되어 운동기능을 조절하며 대뇌기능 통합에 주된 역할을 한다.

뇌의 구조와 기능

척수 (spina cord)		척추관으로 둘러싸여 있는 긴 원주모양을 한 중추신경으로 길이가 40~45cm 정도이다.
	감각신경원	감각수용기로부터 신경충격을 받아 대뇌로 전달한다.
	운동신경원	대뇌로부터의 신경충격을 받아 말초로 보낸다.

02 중추신경계

1 대뇌

전두엽 (이마엽)	운동 [국시 2014]	1차 운동 영역	추체로 중추 (피질 척수로)	• 추체로 중추가 있어 수의적 운동 • 우측 전두엽의 운동중추 흥분은 연수에서 교차하여 좌측 신체 움직임을 조절
			cf) 추체외로 계 중추	• 피질 척수 외 나머지 뇌줄기에서 시작하여 연수의 추체를 통과하지 않음 • 복잡하고 학습된 자동적인 수의적 운동과 무의식적 운동 • 근의 긴장이나 협동 운동, 불수의적 운동, 숙련된 운동, 자세 유지 예 타이핑, 쓰기
		운동언어 중추 [국시 2006 · 2010]		우성 반구의 브로카(Broca) 운동언어중추 : 좌측 반구 95% 예 운동실어증은 이야기한 것에 이해를 하지만 말하기와 쓰기 장애. 표현하는 능력에 장애가 있음
		수의적 눈 운동		
	정신 기능			• 문제 해결, 의지력, 도덕, 윤리적인 가치관 • 합리성, 집중력, 추상력, 추리, 창조적인 사고 • 고도의 지적 기능, 학습
	인격			인격과 태도
	정서			정서의 조절
	자율신경계			자율신경계 조절
	장애			• 이상 시 반사회적 행동, 자제력 상실, 분노 증가, 인격 변화 • 감정 둔마, 무관심, 판단력 장애 • 정신 기능, 운동 기능의 장애, 파악 반사
두정엽 (마루엽)	감각 기능			체감각을 통해 유입된 정보를 통합하여 신체, 공간을 인식하고 운동 기획 3차원적인 공간 인지 : 감각, 크기, 모양, 공간적 관계 이해
	노래, 악기 연주			–
	미각 해석			–
	장애			• 관념 실행증 : 연속된 움직임을 제대로 수행하지 못함 • 관념 운동성 실행증 : 지시(언어적 명령)에 의해서 제대로 따라하지 못함

측두엽 (관자엽)	청각	소리 해석으로 청각중추가 있어 소리를 받아들이고 의미를 판독하여 구어의 뜻을 이해
	미각, 후각	–
	기억 과정	측두엽 안쪽에 해마가 위치하여 기억력에 관여
	기분과 감정	• 측두엽의 안쪽에 변연계에서 기분과 감정 조절 • 변연계 : 해마(기억), 편도체(정서)로 구성
	언어이해 [국시 2006 · 2010]	베르니케(Wernicke) 언어이해중추 예 감각 실어증(유창성 실어증)은 말은 하는데 상대의 말을 이해하지 못 함(듣기, 읽기 장애)
후두엽 (뒤통수엽)	시각 중추	시각적 정보를 받아들이고 해석하는 역할로 시각적 정보를 통합하는 능력

2 편도체

위치	대뇌변연계에 있음
기능 [국시 2018]	• 정서기억을 저장하고 학습된 정서 반응, 공포감에 중요한 역할을 함. 공포와 기억을 통합 • 공격성 조절에 관여하며 기능 장애 시 공격성을 표현함 • 측두엽 안쪽에 편도체가 손상되면 정서적 단서를 탐지하는 능력을 잃어 위협적인 얼굴 표정이나 소리를 알아채지 못하고 공포 반응이 일어나지 않음

3 해마

위치	대뇌변연계의 측두엽 안에 있다.
기능	기억하는 기능을 한다. 해마가 손상되면 기억할 수 없다. 예 치매 : 해마의 뉴런이 파괴되어 기억 상실이 있다.

4 소뇌

소뇌 (cerebellum) 위치		대뇌와 척수 사이
기능	운동조정	대뇌피질이 시행하지 못하는 정교하고 무의식적 운동을 수정하고 조절
	평형	내이의 삼반규관과 연결하여 자세, 근육의 평형과 긴장 유지로 신체운동의 방향 변화와 자세 변화를 지각하고 전정신경과 뇌간(중뇌, 뇌교, 연수)을 경유하여 소뇌로 전달 예 삼반규관과 전정: 위치 감각과 평형감각
소뇌 기능 이상	운동실조증	조정력, 보행, 평형 장애로 운동실조증, 운동조정곤란, 길항운동 반복불능증, 소뇌의 병소가 왼쪽에 있다면 왼쪽 사지에 조정 장애
	의도성 떨림	운동 중 떨림의 증가로 목표물에 접근할 때 떨림이 심해짐 cf) 파킨슨 질환: 안정 시 떨림
	안구진탕증	－
	근긴장도 저하	기저신경절계, 소뇌계 질병은 마비를 유발하지 않음 예 무긴장증(운동실조증) 뇌성마비: 소뇌와 경로에 병변을 초래해 평형 감각에 문제 초래

| 소뇌 기능 사정 |

손가락-코 조정 검사 (지적검사)	한 손을 앞으로 내밀고 다른 손의 검지를 이용해 손가락과 코 끝을 교대로 접촉 처음은 눈을 뜨고 한 후 그 다음은 눈을 감고 시행함
빠른 교대운동 검사	앉아서 무릎 위에 양손을 올려 놓고 손바닥과 손등을 교대로 무릎을 접촉함
발뒤꿈치- 정강이 조정 검사	• 두 눈을 감고, 누워서 한쪽 발의 발뒤꿈치를 다른 쪽 다리 무릎 위에 올려놓고 앞정강이를 밀고 내려감 • 다른 쪽 다리도 똑같이 시행함

Romberg 검사 (기립검사) [국시 2017]	방법	• 평형 감각 검사 • 눈을 뜬 상태에서 무릎과 발을 모으고 서 있게 하여 두 팔은 몸 양옆으로 자연스럽게 내리고, 흔들림이 있는지 관찰함
	정상	두 눈을 감고 그 자세를 유지함
	소뇌장애	환자는 눈을 뜨거나 감을 때 모두 흔들림으로 눈을 감으나 뜨나 발을 모으고 서 있을 수 없음
	cf) 전정의 문제	• 메니에르병 같은 전정의 문제는 시각이 전정 기능을 보상하여 눈을 감은 상태에서만 흔들림 • 전정 : 평형 감각 담당
보행검사		소뇌성 운동실조는 걸음이 비틀거리고 휘청거리며 보상하고자 폭이 넓고 방향을 바꿀 때 이런 동작이 커짐

5 간뇌

기능	통증, 온도변화 같은 자극을 직접 이지로 냄새(후각)를 제외한 모든 감각 담당
시상하부	• 자율신경계의 핵이 있어 자율신경계의 활동 • 심박동, 혈압, 체온조절, 수분 대사, 식욕, 수면-각성 주기, 온도 조절, 갈증 조절 등 신체의 항상성 조절 예 삼투감수체 • 호르몬활동 • 뇌하수체 후엽, 전엽 호르몬 분비 • 호르몬 방출인자와 억제인자 배출
뇌하수체	• 시상하부의 통제하에 호르몬을 순환계로 방출 • 전엽 : 갑상샘 자극 호르몬, 부신피질 자극 호르몬, 성장호르몬, LH, FSH • 후엽 : ADH, Oxytocin

6 뇌간

기능	인식과 각성을 조절하는 망상활성계가 분포하여 망성 활성계가 손상되면 의식의 변화, 혼수 상태
중뇌	동안신경(3)과 활차신경(4)의 뇌신경핵 위치 예 중뇌에 손상: 동공이 확장되고 대광반사가 소실
뇌교	• 삼차신경(5), 외전신경(6), 안면신경(7), 청신경(8)이 기시 　예 뇌간기능으로 각막반사: 제5뇌신경, 제17뇌신경 • 신경 정보를 전달해 주거나 소뇌로부터 정보를 받아들이는 중간 교통로
연수	• 뇌와 척수가 연결되는 곳으로 추체로 교차가 이루어짐 • 설인신경(9), 미주신경(10), 부신경(11), 설하신경(12)이 나옴 • 생명 유지 중추로 호흡 중추, 심박동 조절 중추, 연하 중추, 구토 중추, 딸꾹질 중추

7 말초신경계(Peripheral Nerve System; PNS)

뇌신경 (cranial nerve)	• 12쌍 [1992 · 2005 기출] • 지각신경과 운동신경으로 구성. 뇌신경은 말초신경의 한 부분이며, 운동신경 또는 감각신경의 역할을 하거나 또는 양자의 역할을 함께 할 수 있음. 포유동물에서는 대뇌에서 기원하는 좌우 한 쌍의 제I뇌신경(후각신경), 시상에서 비롯되는 한 쌍의 제II뇌신경(시신경), 교(pons)에서 비롯되는 다섯 쌍의 뇌신경(제III−제VII뇌신경), 그리고 연수(medula oblongata)에서 비롯되는 다섯 쌍의 뇌신경(제VIII−제XII뇌신경)이 존재함
척수신경 (spinal nerve)	○ 31쌍 • 경부: 8쌍 • 흉부: 12쌍 • 요부: 5쌍 • 천부: 5쌍 • 미부: 1쌍

🖋 뇌신경의 이름과 기능(S = 감각, M = 운동을 나타냄) 요약

① 제Ⅰ뇌신경(후각신경, olfactory nerve) : S
코 점막의 후각수용기에서 감각된 후각을 후각신경을 통해 대뇌피질 측두엽으로 전하게 된다.

② 제Ⅱ뇌신경(시신경, optic nerve) : S
눈의 망막에 있는 시신경을 통해 얻어진 시각을 시교차(optic chiasma)를 거쳐 시상(thalamus)까지 전하는 신경이며, 그 이후 신경연접을 거쳐 후두엽으로 전해진다.

③ 제Ⅲ뇌신경(동안신경, oculomotor nerve) : M
아래와 같이 두 가지 운동기능에 대한 정보를 전한다.
  • 안구 및 눈썹 운동 : 안구를 움직이는 6개의 근육들 중 상직근(superior rectus, 내상방 운동), 내직근 (internal rectus, 내전운동), 하직근(inferior rectus, 내하방 운동), 하사근(inferior oblique, 외상방 운동)과, 윗눈썹을 움직여주는 상안검거근(levator palpebrae)에 전달된다.
  • 동공조절 : 눈조리개(iris)의 크기를 조절하여 안구 안으로 들어가는 빛량을 조절하도록 한다.

④ 제Ⅳ뇌신경(활자신경, troclear nerve) : M
눈의 상사근(superior oblique)에 전달되어 안구의 외하방 운동에 관한 정보를 전달한다.

⑤ 제Ⅴ뇌신경(삼차신경, trigeminal nerve) : S/M
  • 얼굴, 머리, 귀, 잇몸, 눈물샘, 코 점막 등으로부터 감각 정보를 전달한다.
  • 교근(masseter muscle)의 수축작용을 통해 저작운동을 일으키는 정보를 전달한다.

⑥ 제Ⅵ뇌신경(외전신경, abducens nerve) : M
눈의 외직근(external rectus muscle)에 전달되어 안구의 외전운동에 관한 정보를 전달한다.

⑦ 제Ⅶ뇌신경(안면신경, facial nerve) : S/M
  • 혀의 전방 2/3 부위의 미뢰(taste buds)를 통해 미각을 수용하여 전달한다.
  • 얼굴 표정, 침분비, 눈물분비 등을 조절하는 운동 정보를 전달한다.

⑧ 제Ⅷ뇌신경(청신경, vestibulocochlear nerve) : S
평형 및 청각 : 내이 속에 들어 있는 반고리관(semicircular canals)으로부터 신체평형에 관한 정보와 달팽이관(와우, cochlea)으로부터 청각에 대한 정보를 대뇌 측두엽에 전달한다.
  • vestibular nerve
  • cochlear nerve

⑨ 제Ⅸ뇌신경(설인신경, glossopharyngeal nerve) : S/M
  • 혀의 후방 1/3 부위의 미각과 인두 점막의 감각 정보를 전달한다.
  • 인두(pharynx)의 삼키는 작용과 침 분비 조절에 대한 운동 정보를 전달한다.

⑩ 제Ⅹ뇌신경(미주신경, vagus nerve) : S/M
  • 인두, 후두, 식도, 위, 심장 등 내장에서 얻어진 감각 정보를 전달한다.
  • 흉부 및 복부의 내장운동, 분비운동, 혈관운동 등에 대한 정보를 전달한다.

⑪ 제Ⅺ뇌신경(부신경, accessary nerve) : M
어깨와 머리의 운동 정보를 전달한다.

⑫ 제Ⅻ뇌신경(설하신경, hypoglossal nerve) : M
혀 운동에 대한 정보를 전달한다.

| 뇌신경 |

뇌신경 이름	신경의 유형	기저부	중단부위	기능
Ⅰ. 후신경	감각(구심성)	비강점막의 감각 수용기	뇌의 후엽	냄새
Ⅱ. 시신경	감각(구심성)	망막의 감각세포	대뇌의 후두엽	시각과 관련반사
Ⅲ. 동안신경	운동(원심성)	중뇌의 회색질	눈꺼풀 올림근, 위곧은근, 안쪽곧은근, 아래경사근	안구운동, 동공수축과 조절
Ⅳ. 도르래 신경	운동(원심성)	중뇌의 회색질	위곧은근	안구운동
Ⅴ. 삼차신경	감각(구심성) 감각(구심성) 혼합	• 안신경가지 : 눈, 눈 물샘, 코, 전두 • 상악신경 : 뺨, 윗입술, 턱, 치아 • 하악신경 : 치아, 턱, 잇몸, 아랫입술, 혀의 감각, 종교의 운동	• 감각 : 제4뇌실 아래 뇌교의 중앙부 • 운동 : 저작근육	얼굴, 입, 코, 혀의 앞쪽 부위의 일반적 감각 저 작, 연하, 연구개의 운 동, 첨관, 고실뼈, 고막
Ⅵ. 외전신경	운동(원심성)	제4실 아래의 뇌교의 하부	외측곧은근	안구운동
Ⅶ. 안면신경	운동(원심성) 감각(구심성)	• 뇌교의 하부 • 혀의 앞쪽 2/3, 외이, 안면선	• 앞이마, 얼굴근육, 혀 밑샘, 턱밑샘, 눈물샘 의 부교감 신경섬유 • 측두골의 무릎 신경절	안면표정 : 눈물샘 작용, 침분비, 혈관 이완 이각, 외이와 전의감각
Ⅷ. 청신경	감각(구심성)	• 달팽이 가지 : 달팽이 의 감각 수용기 • 전정가지 : 세반고리 관과 전정의 감각수 용기	• 대외의 측두엽 • 소뇌	• 듣기 • 광형
Ⅸ. 설인신경	운동(원심성) 감각(구심성)	• 연수 • 편도선, 인두의 점막, 외이와 혀의 뒤쪽 1/3, carotid body의 압력 수용기와 화학 수용기	• 인두근, 부교감신경 섬유를 경유하여 귀 밑샘 • 연수	• 연하작용, 혈관이완, 침 조절 • 미각, 편도선, 상부인 두, 혀 뒤쪽의 일반적 감각, carotid body와 carotid sinus의 수용 기로부터 심혈관계, 호흡기효과

X. 미주신경	감각(구심성)	• 호흡기, 소화기의 점막	• 연수	• 맛과 후두, 목, 흉부, 복부의 일반적 감각
	운동(원심성)	• 연수	• 인두근, 후두근, 흉각과 복부 장점막의 부교감 신경섬유	• 연하, 안후두의 운동 심장에 대한 억제섬유 • 위선과 췌장의 분비 : 복부장점막의 혈관 이완 섬유
XI. 부신경	운동	• 뇌의 일부, 연수 • 척수의 일부, 척수의 경추상부	• 인두근과 후두근 • 흉쇄유돌근과 등세모근	• 인두, 후두, 연구개의 운동 • 어깨와 머리의 운동
XII. 설하신경	운동	연수	혀의 근육	말하기, 연하, 혀의 운동

03 뇌신경검사

제1뇌신경 : 후각신경	눈을 감게 하고, 검사하지 않는 비공을 손가락으로 막게 하고 커피, 담배, 비누같이 익숙한 냄새를 감지하여 말한다.		
제2뇌신경 : 시신경	시력 검사		중심시력표 또는 Snellen chart를 이용한다.
	시야 검사 [국시 2007]	방법	검사자의 코에 시선을 모으게 하고, 검사자가 시야 바깥쪽에서부터 시야 안쪽으로 양 손가락을 이동시켜 가며 어느 지점까지 대상자가 검사자의 손가락 움직임을 볼 수 있는가를 말하게 한다.
		이상	시각신경로 중 뇌병변의 위치에 따라 시각장애의 범위가 다르다.
	동공 수축 반사		✪ 제2뇌신경(구심신경), 제3뇌신경(원심신경) • 구심신경 : 감각 수용기로부터 중추신경계로 신호를 전달한다. • 원심신경 : 중추신경계에서 수의근의 운동을 담당한다.
제3뇌신경 : [국시 2006 · 2014] 동안신경	기능		• 안구운동, 동공축소, 눈꺼풀을 올린다. • 동안신경 파괴로 눈이 바깥쪽으로 돌아가고 동공이 확장되고 안검하수가 초래될 수 있다. 예 안검하수증 : 제3뇌신경 마비, Horner 증후군(집락성 두통 : 눈의 교감신경마비로 환측의 안검하수, 축동), 중증 근무력증
	동공 크기		• 정상 동공은 3~5mm • 동공이 5mm보다 크고 3mm보다 작거나 양쪽 동공의 크기가 동등하지 않다.

	동공 조절 능력	방법	동공의 조절 능력 사정으로 가까운 곳에 있는 물체와 먼 곳에 있는 벽쪽을 교대로 보아 동공의 변화를 본다.
		정상	물체를 가까이하면 동공은 수축되고 눈동자는 한 곳으로 수렴한다.
	대광 (동공수축) 반사	방법	• 정상적인 동공은 빛을 비추면 수축하게 된다. • 동공수축 반사(대광 반사)로 어두운 방에서 대상자의 눈 가까운 곳에 penlight를 비춘다. • 동공이 수축되고 그 상태를 유지해야 정상 다른 쪽 눈의 공감성 대광 반사도 검사하며 한쪽 동공에 빛을 비추었을 때 반대편 눈에서도 동공 이 축소되는 것은 간접 빛반응이다. • 제2뇌신경(구심신경), 제3뇌신경(원심신경)
		정상	◐ 양 동공은 빛에 동시에 축동(수축) • 축동 : 동공의 수축 • 산동 : 동공의 이완
제4뇌신경 : 활차신경	방법	 안구의 안쪽 아래 방향으로 회전	
	손상	안구는 외상방으로 편위된다.	
제5뇌신경 : 삼차신경	정의	삼차신경의 3가지인 안신경(감각), 상악신경(감각), 하악신 경(운동)을 좌우 대칭적 검사 삼차신경 분포도　　　안면의 분포도	
	각막반사	• 안신경(감각) 검사로 솜으로 각막의 모서리 부분을 접촉했을 때 눈을 깜박이면 정상이다. • 감각 : 5뇌신경, 운동 : 7뇌신경	

	얼굴 감각		상익신경(김긱) 김사로 인진핀 같은 물체를 대상자의 얼굴에 접촉하여 느낌을 구별한다. cf) 제7뇌신경 : 얼굴 운동 담당
	하악 운동 [1992 · 2005 기출]		저작 운동에 관여하여 측두근과 저작근의 촉진으로 입을 다물고 힘을 주어 물어보게 하여 씹기 근육이 부풀어 오르는 것을 촉진한다.
제6뇌신경 : 외전신경	측면운동		안구의 측면운동으로 머리를 똑바로 한 상태에서 검사자의 손가락이나 들고 있는 물체에 따라 시선을 움직이게 한다.
	이상		안구가 안쪽으로 몰린다.
제7뇌신경 : 안면신경	얼굴운동	주름짓기	이마 찡그리기, 주름 짓기를 사정한다.
		눈감기	안검을 스스로 닫을 수 있는지를 사정 눈감기 눈을 꼭 감게 하고 물리적으로 안검을 열어 근력을 사정한다.
		뺨	웃기, 뺨을 볼록하게 부풀리게 하여 양쪽이 대칭인지 확인한다.
	미각		혀의 전방 2/3부분에 미각의 감각신경이 분포해 있다.
	누선, 타액 분비		• 누선에 작용 • 이하선, 악하선, 설하선에 분포하여 타액분비가 증가된다. • 부교감신경 : 제3, 7, 9, 10뇌신경 예 안면신경마비(Bell's palsy) : 침범된 부위의 안면근육이 마비되어 안면표정이 상실되고 마비된 쪽의 안검이 닫히지 않고, 입은 반대쪽으로 비틀어진다. 　• 혀의 전방 2/3의 미각 상실 　• 각막 반사(5, 7뇌신경)는 소실 　• 마비된 쪽의 눈 & 입에서 눈물과 침이 흐른다. 　• 등골 근육을 지배하는 신경을 침범하여 청각 과민증(안면신경이 등골 근처에 위치)
제8뇌신경 : 청신경	전정신경	평형 감각 [국시 2006]	• 안구진탕증, 현기증에 기립(Romberg) 검사, 제자리걸음 검사, 보행 검사, 온도(calori) 검사를 실시한다. • 전정신경 : 전정과 삼반고리관에 분포해 있다.
	와우신경	청력 감각	• 감각(청각) 검사이다. • 눈을 감게 하고 귀 가까이에 시계를 대주어 소리난 쪽을 말한다. • 전도성 장애, 감각신경성 장애를 확인하기 위해 Weber 검사, Rinne 검사를 한다.
제9뇌신경 : 설인신경	미각		혀의 후방 1/3에서 단것, 짠것, 신것, 쓴것을 맛보게 한다.
	인두운동과 감각		• 인두에 분포되어 10뇌신경과 함께 연구개 운동, 연구개 반사, 구토반사, 연하반사, 소리내기를 본다. • 인두 : 구강과 식도 사이에 있는 소화기관으로 공기와 음식물이 통과하는 통로이다.

제10뇌신경: [국시 2013] 미주신경	제9뇌신경과 함께 인두, 후두 운동과 감각	연구개 운동	• 대상자가 '아' 소리를 내도록 지시하면 연구개, 구개수(목젖)는 양측으로 똑같이 올라간다. • 장애 시 연구개가 올라가지 않는다.
		연구개 반사 [국시 2008]	• 설압자로 연구개를 건드리면 연구개가 상승하며 좌우 차이를 본다. • 제10번 뇌신경 마비에서 동측 연구개는 상승하지 못하고 목젖은 반대측으로 편위된다. 올라오지 못한다.　　　왼쪽으로 편위된다. | 인두, 구개, 구강점막의 비정상 |
		연하 반사 [국시 2003]	• 연하 반사로 연하작용 • 장애 시 연하곤란과 침이 입에 고인다.
		구토 반사 [국시 2005]	설압자로 한 쪽씩 교대로 후인두를 가볍게 자극하여 후인두벽에 닿으면 구토 반사를 자극하여 '게-' 소리가 난다.
		소리 내기	• 정상적으로 소리를 내고 말한다. • 구개 마비 시 비음 • 인두, 후두(성대)의 마비로 말더듬증
제11뇌신경: 부신경	정의		흉쇄 유돌근, 승모근의 움직임 담당이다.
	승모근		뒤쪽에서 승모근의 위축이 있는지 보고, 한쪽을 다른 쪽과 비교해 본다.
	머리 돌리기		목의 운동으로 머리 돌리기는 검진자는 손으로 대상자 얼굴을 좌우 번갈아 옆으로 밀며 대상자는 저항하여 얼굴을 반대로 돌림으로 흉쇄유돌근과 승모근의 힘을 사정한다.
	어깨 운동 [국시 2008]		어깨의 운동으로 대상자의 양 어깨 위에 손을 올려놓고 검진자의 손에 대항해서 으쓱해 보라고 한다.
제12뇌신경: 설하신경	정의		혀의 운동이다.
	검사		혀를 내밀어 보게 하여 혀의 운동 상태를 검사하고 설압자를 밀어 보도록 요구함으로 혀의 근력 검사를 한다.
	손상		혀를 내밀었을 때 비대칭인지, 혀가 한쪽으로 치우치지 않았는지 사정한다.

04 뇌신경검사방법

1 시야검사(visual field)

관련 뇌신경	제2번 뇌신경 기능검사	
시야	눈이 한 점을 주시하고 있을 때 그 눈이 볼 수 있는 범위	
대면검사 (confrontation test) [2017 기출]	방법	• 검사자가 환자와 50cm~1m의 거리를 두고 마주 앉아 환자의 왼쪽 눈을 가리고 오른쪽 눈과 검사자의 오른쪽 눈의 중간 지점에서 시표를 주변에서 중심으로 점차 이동시킴 • 보이는 눈의 시야를 사분면으로 나누어 각 분면에서 　－ 검사자 손가락의 개수를 맞추게 함 　－ 검사자가 들고 있는 물체의 이름 혹은 색깔을 맞추게 함 • 정확하지(정확도, 민감도↓) 못하므로 병변이 의심되는 환자에게는 시야계 등을 사용하여 정확한 측정검사가 필요할 수 있음
	정상	물체를 두 사람이 동시에 볼 수 있으면 정상
주변시야계측 (perimeter)	방법	회전하도록 된 반구형 모양이며 각도가 세분되어 있는 기구로 시야 장애를 정확하게 평가할 때 사용함
	정상	정상 시야의 범위는 대략 위쪽 $60°$, 코쪽 $60°$, 아래쪽 $70°$, 귀쪽 $90°$
	비정상	시야 결손이 나타나면 뇌질환, 녹내장, 망막박리를 의심함

2 대광반사

관련 뇌신경	제2, 3번 뇌신경의 기능		
뇌신경검사	동공 조절 능력	눈앞 10cm 거리에 물체를 놓고 가까운 곳에 있는 물체와 먼 곳에 있는 벽쪽을 교대로 보도록 하여 동공의 변화를 보는 것이다. 먼 곳을 볼 때는 동공이 커지고 가까운 곳을 볼 때는 축소된다.	
	대광반사	어두운 방에서 대상자의 눈 가까운 곳에 penlight를 비춘다. 동공의 수축을 확인한다.	
		직접대광반사	빛이 망막에 비춰지면 즉시 동공이 축소되고 그 상태를 유지한다.
		공감대광반사	한쪽 동공에 빛을 비추었을 때 반대편 눈에서도 동공이 축소되는 것을 말하며 정상은 양 눈이 동시에 축소된다.

3 차폐법(cover-uncover test)

뇌신경검사방법	차폐법(cover-uncover test)
관련 뇌신경	제3, 4, 6번 뇌신경의 기능
방법	한눈을 가리개로 가리고 물체를 응시한 후 가리개를 뗌
정상	정상에서는 시야의 흔들림이 없음
비정상	시야가 흔들리면 외안근 검사로 6방향에서 중심에서 말초를 향하여 표적을 움직이면서 안구를 움직이도록 함

4 각막반사검사

뇌신경검사방법	각막반사검사
관련 뇌신경	제 5, 7번 신경
방법	안신경(감각) 검사로 솜으로 각막의 모서리 부분을 접촉
정상	눈을 깜박이면 정상
비정상	눈을 깜박이지 못함

안신경가지검사와 같은 방법으로 상악신경, 하악신경가지 검사도 할 수 있다.

5 안면신경검사

관련 뇌신경	제7번 신경(안면신경)
방법	• 주름 짓기, 이마 찡그리기, 안검을 스스로 닫기, 눈감기, 웃기, 뺨 부풀리기 • 눈을 꼭 감게 하고 물리적으로 안검을 열어 근력사정 • 웃기, 뺨을 불룩하게 부풀리게 하여 양쪽이 대칭인지 확인

6 제9, 10번 신경검사

관련 뇌신경	제9, 10번 신경
방법	• 제9, 10번 뇌신경은 둘 다 삼키기, 구역 반사를 제어하기 때문에 함께 검사 • 대상자에게 삼켜보라고 함 • 대상자에게 "아아아"라고 말하도록 하여 구개(입천장)과 구개수(목구멍 뒤쪽에 달린 작고 부드러운 돌기, 목젖)의 움직임을 확인 • 목구멍 뒷부분은 설압자로 건드려볼 수 있는데, 이 때 대상자는 구역 반사를 초래
연구개반사	• 설압자로 연구개를 건드리면 연구개가 상승하며 좌우 차이를 봄 • 제9, 10번 뇌신경 마비에서 동측 연구개는 상승하지 못하고 목젖은 반대측으로 편위됨

연하반사	• 연하작용 • 장애 시 연하곤란과 침이 입에 고임
구토반사	설압자로 한 쪽씩 교대로 후인두를 가볍게 자극하여 후인두벽에 닿으면 구토 반사 자극

7 시각경로

시각신경로 중 뇌병변의 위치에 따라 시각장애의 범위가 다르다.

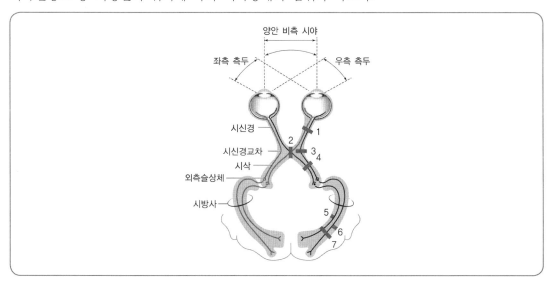

| 시로와 관련된 시야결손 |

05 자율신경계(autonomic nervous system)

정의		• 불수의적인 신경계 • 무의식적 반사신경 • 교감신경(adrenaline)과 부교감신경(acethylcholine)으로 구분한다.
교감신경과 부교감신경의 차이점	구조적 차이	마지막 신경원(신경섬유와 효과기 사이)의 길이가 교감신경이 부교감신경보다 길다.
	생리적 차이	길항작용(대부분의 장기는 양측의 이중지배를 받는다)
	화학적 물질차이	adrenaline(교감신경), acethylcholine(부교감신경)

| 자율신경계의 기능 |

구조(장기)	교감신경	부교감신경
눈: 동공	이완(확대)	축소
모양체근	시력조정의 이완과 멀어짐	시력조정의 축소와 가까워짐
샘: 코샘, 눈물샘 위장, 췌장, 귀밑샘, 턱밑샘, 땀샘	• 분비를 변화시키는 혈관 수축 • 분비 촉진	• 분비 증가 • 효과 없음
심장: 심장근 관상동맥	• 수축의 강도와 비율의 증가 • 확장	• 수축 비율이 느려짐 • 수축
폐: 기관지 혈관	• 이완 • 약한 수축	• 수축 • 효과 없음
내장: 근육 조임근 간 신장	• 연동운동 감소 • 증가된 긴장도 • 당분해가 자극됨 • 배설량 감소	• 연동운동 증가 • 감소된 긴장도 • 효과 없음 • 효과 없음
음경	사정	발기
혈관: 복부 외생식기	• 수축 • 축소	• 효과 없음 • 확대
골격근	증가된 강도와 당 분해	효과 없음
정신활동	가속화됨	효과 없음
혈액: 당 응고	• 증가 • 증가	• 효과 없음 • 효과 없음
방광	배뇨 억제	배뇨 촉진
털뿌리	수축	이완

06 　의식수준

기민상태 (alert)	정상적인 의식인 기민상태(alert)로 시각, 청각, 그리고 기타 감각에 대한 자극에 충분하고 적절한 반응을 즉시 보여주는 상태이다.
기면상태 (lethergy : 무기력)	졸림(somnolence, drowsy) 혹은 기면(lethargy)으로 불려진다. 졸음이 오는 상태로 자극에 대한 반응이 느려지고, 불완전하며 환자로부터 반응을 보기 위해서는 자극의 강도를 증가시켜야 한다. 대개 질문이나 지시 또는 통각 자극에 반응을 보인다. 그러나 질문에 대한 대답에 혼돈이 있고 때로는 섬망이나 불안을 나타내며 환자가 혼자 있게 되면 다시 수면에 빠지게 된다.
혼미 (stuporous)	환자는 계속적이고 강한 자극, 즉 큰소리나 통증 또는 밝은 빛의 자극을 주면 반응을 나타낸다. 이때 간단한 질문을 하면 한두 마디 단어로 대답을 하기도 한다. 통각 자극에 대해서는 더 이상의 자극을 피하려는 듯한 의도적인 행동을 보이기도 한다.
반혼수 (semicoma)	표재성 반응 외에는 자발적인 근육움직임은 거의 없고 고통스러운 자극을 주었을 경우 어느 정도 이를 피하려는 반응을 보이기도 한다. 때로 신음소리를 내거나 말을 중얼거리기도 한다.
혼수 (coma)	모든 자극에 반응이 없으며 아주 고통스러운 자극에는 지연된 반사반응이 단편적으로 나타나기도 한다. 그러나 깊은 혼수상태에서는 지연된 반사반응도 없다. 자발적인 움직임은 전혀 없고 사지의 수동 운동에도 저항이 없다. 뇌의 연수는 기능을 유지하고 있어 대광반사는 나타날 수 있다.

07 　기타 정신상태 검사

1 　실어증

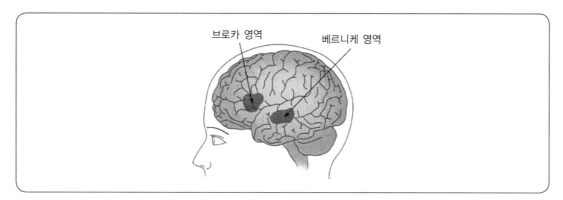

| 실어증 |

(1) 운동언어 실어증 = 브로카 실어증, 표현성 실어증, 비유창성 실어증 [국시 2014]

정의	대방의 이야기를 모두 이해하고 대답할 단어도 알며 쓰거나 읽을 수도 있으나 그 단어를 발음할 수 없는 상태
원인	• 1차 언어중추가 있는 브로카 영역(Broca's area)이 출혈, 혈전 또는 종양으로 인하여 파괴 • 영구적인 운동언어 실어증은 브로카 회선 밑에 있는 백질 부분까지 파괴되었을 때 나타나고 브로카 회선 회백질에만 손상이 되었을 때는 실어증이 일시적
증상	• 표현장애 • 성대 근육에 마비가 없는데도 불구하고 발음을 할 수 없으며 발음을 하려고 노력하면 더욱 알아들을 수 없는 소리를 냄 • 단어를 알고, 볼 수 있지만 그 단어를 발음할 수 없는 것 • 말을 알아듣는 데는 지장이 없으나 유창하게 말을 하지 못함 • 쓰기능력이 손상되는 경우가 많음. 실서증(agraphia), 이는 전두엽 회선의 뒤쪽 끝부분의 손상에서 기인함 • 인사와 같은 자동적 언어, 단순한 언어는 남아 있음 • 대상자는 이러한 자신의 결함을 인식할 수 있으므로 쉽게 우울해 짐

(2) 감각 실어증 = 베르니케 실어증, 유창성 실어증, 감수성 실어증

정의	베르니케 영역(Wernicke's area)의 파괴로 오며, 유창하게 말하지만 의미 없는 말을 하고 이해력이 저하되는 상태
원인	• 측두엽 회선의 좌상후면에 병소가 있을 때 나타남. 각회(모이랑, angular gyrus)에 병소가 있을 때는 실독증도 수반됨 • 측두엽 손상을 의미하며 측두엽은 언어 이해 중추로 청각적인 형태로 들어온 정보를 해석하고 이해하는 역할
증상	• 가끔 환자는 뜻을 알 수 없는 소리를 내기도 하나 그 자신은 정확히 단어가 발음되지 않았음을 인식하지 못함 • 스스로 말은 할 수 있으나 남의 말을 이해하기가 힘듦 • 말한 것을 이해할 수 없고, 그 말을 따라할 수도 없음 • 내용이 부적절하며 문법의 오류나 틀리게 말하며 자신이 무엇을 말하고 있는지 모름 • 조리 있게 말을 하지 못하며 말 비빔의 언어와해 상태 • 말은 유창한 것 같으나 비논리적, 작화증, 신어조작증, 의미 없는 말 • 말 비빔 : 논리적으로 연결되지 않는 단어, 구, 말을 나열 • 신어조작증 : 과장되고 부적절하게 말을 만드는 조어증

2 완전 실어증

정의	완전 실어증이 있으면 말을 하지 못할 뿐 아니라 글씨를 읽을 수 없으며 상대방의 말을 이해할 수도 없다.
원인	뇌출혈로 인해 좌측 내포와 그 주위 신경섬유가 손상을 입었을 때 발생한다.
증상	말을 이해하는 능력을 보기 위해서는 "오른쪽 엄지 손가락을 보여주세요.", "혀를 내밀어 보세요." 등과 같은 구체적인 움직임을 요구하거나 이것을 종이에 쓴 다음 읽고 수행해 보라고 한다. 표현력을 보기 위해서는 "예, 아니오"보다는 단어나 문장으로 대답을 해야 하는 질문을 한다. 사고 기능을 평가하기 위해 환자에게 속담의 뜻을 설명하라고 하거나 "남의 주민등록증을 주웠을 때 어떻게 하겠느냐?"와 같은 질문에 답하게 하여 사고가 자연 스럽고 상황에 일치하는지, 타당한지, 논리적인지, 판단력이나 통찰력이 있는지 확인한다.

3 반사활동 검사

병리적 반사	영아기에는 정상적으로 나타나는 반사이지만 성인에서 나타나면 병적인 것으로, 후천적으로 나타나는 것이다(예 빨기, 쥐기).
바빈스키 반사	• 추체로에 병변 • 발바닥의 가장자리를 긁을 때 정상인에서는 발가락이 아래쪽으로 향해 오그라드는데 비정상적인 상태에서는 엄지발가락이 배굴되고 남은 발가락이 부채살처럼 벌어진다. • 이때 검사의 결과는 바빈스키 양성이라고 한다. • 생후 1년까지 정상으로 관찰된다.
오펜하임 검사	• 전내경골근을 강하게 긁어서 자극한다. • 엄지발가락은 배측굴곡(신전)이 되고 나머지 발가락은 부챗살 모양으로 퍼진다. → 피질척수로(추체로)질환을 의미한다.

4 뇌의 보호구 [2022 기출]

뇌막	경막, 지주막, 연막으로 구성	대뇌와 척수를 지지 & 보호, 영양과 혈액공급의 통로, 경막은 가장 바깥층에 위치한 단단한 섬유층으로 동맥이 있음, 경막 아래에 지주막이 위치해 있으며, 정맥이 있음, 연막은 뇌 및 척수와 가장 인접한 막으로 뇌척수액이 흐름
뇌척수액	무색투명한 액체로 측위에서 압력은 약 60~180mmH₂O, 순환경로가 막히면 두개내압상승, 수두증 발생	• 뇌실에 있는 맥락총의 분비 및 확산 작용에 의해 혈액으로부터 생산되어 지주막 융모를 통해 두개골 정맥순환으로 흡수됨 • 뇌와 척수를 보호하고 충격을 흡수하며 신경세포에 영양공급, 노폐물 제거 • 무색, 투명한 액체, 뇌척수 공간에 약 140mL정도 있음, 1일 500mL생성 및 흡수 • 포도당, 단백질, 포타슘, 소듐 포함 • 뇌척수액 순환경로 폐쇄시 두개내압 상승으로 오심, 구토, 두통, 수두증 발생
뇌의 혈액공급	• 양측경동맥에서 시작하는 전뇌순환, 양측 추골동맥에서 시작하는 후뇌순환으로 구성 → 뇌기저부에서 연결되어 윌리스환 형성 • 대뇌정맥 혈액은 경막동을 거쳐 상대정맥으로 순환	• 뇌는 심박출량의 15%인 분당 750mL의 혈액을 공급, 신체에 소모되는 전체 산소의 약 20% 공급, 하루 약 400Kcal 정도의 당분 소모 • 뇌순환이 20초가량 정지되면 의식소실, 4~6분 지속되면 중추신경계에 비가역적 변화 • 뇌혈류 조절영향요인: 이산화탄소, 수소이온, 산소농도 • 뇌관류압: 정상 70~100mmHg • 하나의 혈관이 막히더라도 다른 혈관을 통해 혈액공급이 가능한 측부순환 발달 • 윌리스 환: 뇌 기저부에 존재하는 가장 중요한 측부순환로
뇌혈관 장벽 BBB(Blood-Brain Barrier) [2022 기출]	뇌모세혈관의 상피세포막으로 성상교세포와 함께 연결	산소, 당, 이산화탄소, 알코올, 물 등은 뇌로 쉽게 이동하나, 분자량이 큰 알부민, 항생제 등은 뇌혈관 장벽 BBB(Blood-Brain Barrier)때문에 천천히 통과하거나 통과하지 못함 → 뇌와 척수조직을 보호

족저 (바빈스키) 반사	L1, S1	면봉의 끝을 가지고 발뒤꿈치로부터 엄지발가락 방향으로 발바닥 외측으로 계속 줄을 그음	정상 (음성)	발가락은 족저굴곡
			비정상 (양성)	• 엄지발가락은 배측굴곡(신전)이 되고 나머지 발가락은 부챗살 모양으로 펴짐 • 생후 1년까지 정상
	−		양성	−

02 신경계 질환의 치료와 보건지도

01 감염성 질환

- 세균성 혹은 화농성 감염(세균성 뇌막염, 뇌농양, 기타 세균성 감염)
- 바이러스성 감염(바이러스성 뇌막염, 바이러스성 뇌염)
- 기타 감염(곰팡이 감염, 신경계 매독)

1 세균성 수막염(bacterial meningitis) [1992 · 1998 · 2007 · 2014 기출]

(1) 정의

정의	뇌와 척수의 지주막, 연막 그리고 지주막 하강을 포함한 부위에 발생되는 염증	
원인	수막염구균, 폐렴구균, 인플루엔자균(거의 어린이에게 발견)	
병태생리	• 뇌와 척수를 둘러싸고 있는 연막과 거미막의 급성 감염으로 뇌척수액의 염증 • 세균성 수막염은 내과적인 응급상태, 치료하지 않으면 치사율이 100%	
	중추침투	원인균은 대개 상부호흡기계를 통해 중추신경계로 침투하거나 혈류를 따라 전파되고 두개골의 관통상, 기저부 두개골절에 의해 직접 전파될 수도 있음
	염증반응 두개압상승	• 뇌척수액의 생성이 증가되고 두개내압이 상승 • 뇌실질속으로 전파되거나 현재 뇌염이 있다면, 뇌부종과 두개내압 상승이 더욱 문제시 됨 • 경막 주위의 부종과 증가된 뇌척수액으로 인한 두개내압 상승
증상	• 두통, 쇠약, 오심, 구토, 오한, 발열, 강부강직과 동통 • 의식은 혼미, 반혼수 • 경련성 발작 • 뇌막자극증상	
진단	요추천자 실시(뇌척수액과 혈액의 배양)	
치료 및 보건지도 [1998 광주 · 부산 기출]	• 다량의 항생제 주입(1일/4~6회, 10일간) • 적절한 수분과 전해질 균형 유지 • 항경련제 투여 • 관찰(합병증의 예방과 상태의 악화 파악) : 체온, 뇌압 • 뇌압상승, 고온증, 섬망상태의 환자보호와 대증적 간호 • 조용하고 어두운 환경유지(수명증상 완화) 및 안전관리	

(2) 뇌막자극 증상 [1992 · 2007 · 2014 기출]

Brudzinski's sign(+)	검진자가 머리와 목을 굴곡시킬 때, 환자의 무릎의 굴곡과 함께 양측 고관절이 불수의적으로 굴곡을 일으키고 경부에 동통을 느낀다.
Kernig's sign(+)	앙와위에서 대퇴와 무릎을 90°로 굴곡시킨 다음 다리의 신전은 슬건의 경축을 유발시키며 저항과 함께 대퇴후측에 동통을 일으킨다.
경부강직 (nuchal rigidity)	뇌막자극 초기증상으로, 목을 굴곡시킬 때 저항이 나타난다. 나이가 어리거나 노인은 음성으로 나타날 수 있다.

2 뇌농양

원인	• 신체 어느 부위에 급성 화농성 감염이 있은 후 뇌조직 내에 고름이 존재하거나 피막으로 쌓여 존재한다. • 대개 원발소로는 귀, 유양돌기동 또는 부비동의 감염이 직접 뇌로 파급되는 경우가 많으며, 개방성 두부손상이나 두개내 수술 후에 오는 경우도 있다. • 기타 신체의 다른 부위(특히 폐)에서 화농성 과정이 파급되는 수도 있다. • 외상과 관련된 가장 흔한 원인균으로는 연쇄상구균을 들 수 있으며 HIV에 감염된 경우에는 톡소플라즈마가 흔한 원인이 된다.
병태생리	• 병리적 소견으로는 농양의 크기가 현미경적 크기로부터 대뇌반구의 중요 부분을 포함하는 정도의 범위에까지 이르고 있다. • 농양의 초기에는 염증, 괴사, 주위 조직의 부종으로 시작되며 며칠 이내에 농양의 중심부는 고름과 육아조직의 벽이 형성된다. • 대개 농양은 피막으로 쌓여지며 이 낭의 두께가 다양하기 때문에 낭의 약한 부분으로 농양이 퍼지게 된다. 뇌농양의 발생은 매우 드물고 어느 연령에서도 발생이 되나 30대에서 많이 나타난다.

증상과 징후	• 초기 증상으로 두통, 발열, 오한이 나타나며 의식장애 또는 일시적인 국소 신경장애가 나타난다. • 수일 혹은 수주 이내에 두개내압 상승 증상(재발되는 두통, 의식변화, 국소 또는 전신적 경련)이 나타나며 농양이 위치하는 부위에 따라 신경 증상이 나타난다.
진단	• CT scan을 하면 중앙의 저밀도 핵을 감싸고 있는 고음영 영역 형태의 뇌농양을 확인할 수 있다. • 요추천자를 할 경우 뇌척수액압이 현저히 올라가고 단백질량과 백혈구 수가 상승한다. • 뇌농양과 같은 공간점유성 병소를 가지고 있는 환자에게 요추천자 시행 시 뇌탈출이 발생할 수 있으므로 두개전산화 단층촬영을 우선적으로 실시한다.
투약	• 핵심 치료는 항생제 투약이다. • 감염체를 알지 못하는 경우에는 광범위 항생제를 복합적으로 사용한다.
수술	• 피막성 농양을 외과적으로 배액시키기도 한다. • 수술의 여부는 환자의 전반적인 상태와 농양의 발달단계 및 위치를 고려하여 결정한다. • 다발성 농양이나 심부에 위치한 농양은 수술하지 않고 내과적으로 치료한다.
간호	• 두개내압상승을 확인하고 이를 예방할 수 있는 간호가 필요하다. • 환자의 활력징후 및 신경학적 상태를 자주 평가하고 변화가 있을 때에는 즉시 보고한다. • 환자가 발작을 하는지 면밀하게 관찰해야 하며 낙상을 비롯한 외상을 예방할 수 있도록 침대 난간을 올려놓는다.

05

02 두개내 중추신경 결손 및 기능장애

1 간질 [1992 · 1996 · 2002 · 2005 기출]

(1) 개요

정의	• 간질은 일반적으로 잘 알려진 신경학적 질환 중의 하나로 나이, 성, 경제, 사회적 수준, 지식의 정도와 관계없이 발병한다. 간질발작을 갖고 있는 대부분의 사람들은 다른 모든 행동에서는 완전한 정상적 생활이 가능하다. • 하나의 질환이기보다는 증세명이다. 주기적이고 돌발적으로 일어나며 일정한 시간의 의식불명과 뇌의 전파장해로 특징지워지는 반복성 경련이다.
간질의 원인 - unknown	• 특발성 • 기질성(외상, 출혈, 산소결핍증, 감염, 퇴행성 질환 등) • 선천성(뇌형성 부전, 혈관이상증, 기생충성 뇌질환 등) • 감각성(빛, 소리, 읽기, 자연유도 등)

전조 (aura)	• 작고 국소적인 발작으로 대발작에 선행되어 경보의 역할을 한다. • 불안정, 위장관장애, 지적 둔감과 같은 모호한 증상을 포함한다. • 전조와 대발작의 간격이 비교적 짧으며 한 시간 혹은 1일까지 되는 경우도 있다.
대발작 (grand-mal attacks)	• 전조증상 : 시작은 갑자기 일어나며 1/3은 전조증상이 있다. • 강직성 경련 : 전신은 뻣뻣해지며 의식이 소실된다. 얼굴은 창백하고 찌그러지면서 눈알이 한쪽으로 고정된다. 팔은 구부러지고 손은 꼭 쥐고 다리는 쭉 뻗어 있으며, 침은 삼킬 수 없고 호흡경련과 청색증이 나타난다. • 간대성기 : 강직기 후에 운동이 꼬이는 것이 특징으로 전신을 떨게 되며 경련으로 혀를 물거나 거품을 내게 되고, 대소변 실금을 보일 수 있다. • 기간 : 발작은 대개 3~5분간 지속되며, 발작 후에는 깊은 잠에 들게 된다. • 경련 후 상태 : 수면 혹은 탈진상태로 두통이 있으며 발작을 하지 않고 자동적인 행동을 수행한다. • 속발증상 : 성인과 소아에서 적고, 10~25세에 주로 발병한다.
소발작 (petit-mal attacks) [1992 기출]	• 수초간 주위와의 접촉이 상실된다(순간적인 의식상실). • 갑자기 창백해지고, 말이 없어진다. 하던 일을 중단하고, 멍청히 서 있게 되며 얼굴에 약간의 경련증을 일으키기도 한다. • 2~10초 만에 대부분 끝나며 발작 후 졸음 없이 발작 전에 하던 행동을 계속한다. • 발생횟수가 잦으며 많을 경우 하루에 수백번씩 나타날 수 있다.
정신 운동 발작 (psychomotor attacks)	• 의식의 삽화 직전 장애와 여러 가지 자동적인 행동을 보이는 것이 주증세이다. • 보통 30초~2분 정도, 의식의 변화가 있는 동안의 행동을 기억하지 못한다. • 공포, 두려움, 이상한 불쾌감을 느낀다.
국한성 간질 (focal epilepsy- Jacksonian epilepsy)	이는 대뇌피질의 병변부위에 해당하는 손가락과 같은 일정한 부위에만 경련이 오는 것을 말한다.
대발작 중적상태 (status epilepticus)	• 간질성 전신경련 후에 의식이 원상태로 회복되기도 전에 다시 경련이 재발하는 것이 반복되는 상태를 말하는데, 치사율이 아주 높아서 긴급히 병원으로 옮겨 신속하고 적절한 응급치료를 받는 것이 중요하다. • 단 1분의 시간지연이 있어도 그 사이에 뇌손상이 빠르게 진행되고 있다는 점을 잊어서는 안 된다.
발작의 원인	간질환자(generalized tonic-clonic type)가 평소에 복용하던 항경련제를 어떤 원인에서건 갑자기 복용을 중단하는 것으로, 간질환자가 갑자기 치료법을 변경할 경우 이런 위험을 고려해야 한다.

(2) 치료 및 처치

화학요법	지시된 대로 정확한 시간에 약물을 투여한다.
불안 감소	불필요한 자극 제거
발작 시 응급간호 [1999 · 2011 기출]	기본서 2권 <학교보건 · 응급> 참조

아동의 부모에 정서적 지지	• 질병에 대한 정보를 제공한다.
	• 정상적인 지능을 가지며 유용하고, 생산적인 삶을 살 수 있다.
	• 투약은 지적 능력 또는 인성에 영향을 미치지 않으며, 약물중독의 원인이 되지 않는다.
	• 독립심을 갖도록 한다.
	• 의학적 치료 및 가정간호와 관련한 지시사항을 중점적으로 교육한다.
	  – 약물 투여
	  – 발작 시 응급간호
	  – 약물 부작용: 기면, 다모증, 잇몸비대, 피부발적, 골수기능 억압 [1995 기출]
	  – 발작유발요인

간질발작 시 처치	• 손상받지 않도록 대상자 주변의 위험한 물건을 치우고 특히 머리를 보호한다.
	• 깨끗한 천이나 손수건으로 싼 설압자를 치아 사이에 넣어 혀를 깨물지 않게 하고 이때 강제적으로 턱을 벌리거나 하지 않는다.
	• 대상자를 옆으로 돌려 눕힌다.
	• 대상자의 죄는 옷을 느슨하게 해준다(목, 허리 등).
	• 구강으로 아무것도 투여하지 않는다.
	• 억제대로 손상받을 수 있으므로 발작 중에 대상자를 억제하지 않는다.
	• 발작이 끝난 이후 다음과 같이 간호한다.
	  – 완전한 반응이 보일 때까지 대상자 곁을 지킨다.
	  – 대상자의 활력징후를 측정한다.
	  – 대상자를 옆으로 눕힌다.
	  – 대상자가 휴식을 취할 수 있게 한다.
	  – 발작의 양상을 기록한다.
	
	✒ **발작 시 관찰하고 기록해야 할 사항**
	① 발작의 발생빈도: 발작한 날짜, 시간, 기간
	② 발작의 특성
	  • 긴장성, 간대성
	  • 뭔가에 홀린 듯한 응시, 깜빡거림(blinking)
	  • 자동행동
	③ 한 가지 이상의 발작 발생 유무, 발작 진행의 후유증
	  • 발작이 시작한 장소
	  • 처음 침범받은 신체부위

05

	④ 발작 동안 관찰 　• 동공 크기의 변화와 안구편위 　• 의식수준, 무호흡, 청색증, 타액분비 　• 발작 동안 요실금, 변실금 　• 눈떨림, 운동성 활동의 움직임과 진행 　• 입술 빨기, 자동행동, 혀 혹은 입술 깨물기 ⑤ 발작의 지속 시간 ⑥ 마지막 발작이 일어나는 시간 ⑦ 발작의 전조증상 유무 ⑧ 발작 후 양상 　• 어지럼증, 허약감, 무감각, 시각장애, 미각이나 청각장애 유무 　• 정상 행동 유무 　• 발작 인지 유무 ⑨ 발작 전 상태로 회복하는 데 걸리는 시간
일상생활에서의 주의사항	• 목욕은 탕목욕보다 샤워가 좋다. • 사고예방을 위해 주변환경을 정리정돈한다. • 침대보다 요를 사용한다. • 가스레인지보다는 전자레인지를 사용하고 난로나 선풍기 옆에 가까이 있지 않는다. • 칼 같은 평소 위험한 물건은 일정한 장소에 보관한다. • 가구는 모서리가 둥근 것을 사용한다. • 자주 사용하는 물건은 손 닿기 쉬운 곳에 둔다. • 운동 시에는 매트를 깔고 하며 휴식시간을 자주 갖는다. 수영은 절대 하지 않는다. • 운전은 현재 제한하는 법적 규정이 없으므로 설득하여 하지 않도록 한다. • 다른 사람이나 자신에 상해를 줄 수 있는 직업은 피하도록 한다.
간질약물 복용 시 주의사항 (명심할 사항)	• 처방받은 대로 정확하게 복용한다. • 다른 약을 먹어야 하는 경우에는 반드시 담당의사에게 알린다. • 약의 부작용이 일주일 이상 계속될 때에는 의사에게 알린다. • 약이 떨어지기 전에 정규적으로 약물농도 및 혈액검사를 받는다. • 임신계획을 세울 때에는 반드시 전문인과 상의한다. • 약을 복용하는 것은 식사를 하는 것과 같은 일과 중의 하나임을 명심한다. • 갑자기 약을 중단하면 생명의 위협을 일으키는 심한 발작인 간질중첩증이 발생할 수 있다. • 간질은 사람마다 조금씩 다르므로 약 선택은 발작의 종류와 기타 개인적인 상황에 따라 　정한다. • 약을 변경하거나 새로 먹기 시작한 후에는 약의 효과를 모르므로 행동을 조심한다.

발작유발 요인으로 피해야 할 사항	• 약물의 중단: 임의로 약을 중단하게 되면 심한 발작을 보일 수 있다. • 수면부족: 수면시간이 부족하거나 숙면을 취하지 못하면 발작증상이 있을 수 있다. • 음주: 술을 마실 경우 혈중 알코올농도가 떨어질 즈음 발작증상이 많이 나올 수 있다. • 흡연: 발작 가능성을 높이고 또한 발작을 하게 되는 경우에 화재나 신체화상의 위험이 있다. • 과로 및 스트레스: 신체적인 과로나 정서적인 스트레스는 발작을 보이게 할 수 있다. 그러므로 지나친 과로는 피하고 적당한 휴식을 취해야 한다. • 공복상태 • 기타: 발작을 보이는 상황은 개인마다 다르므로 사람마다 그 상황을 잘 알고 피해야 한다. 과식, 체한 경우, 환절기, 여성의 경우 생리 등과 같은 요인과도 관련이 있다.
발작으로 인한 잠재적 위험성	• 바닥으로 쓰러지거나 벽에 부딪힘으로써 일어나는 손상(특히 뇌손상 주의) • 혀로 인한 기도폐색 • 침, 구토물 흡인으로 인한 질식 • 간질 중첩 발작
열성경련과 중추신경계 감염증과의 감별기준	열성경련과 뇌염, 수막염 등의 중추신경계 감염증과의 감별법은 다음 5개 사항 중 하나 이상이면 중추신경계 감염증임을 고려해서 급히 입원할 수 있는 전문의의 진료를 권고한다. • 발열하고 나서 24시간 이상 • 연령이 6개월 미만, 또는 5세 이상 • 열성경련의 가족력이 없다. • 경련이 20분 이상 계속된다. • 의식장애가 1시간 이상 계속된다.

열성경련과 간질 감별법 [1996 기출]	구분	열성경련	간질
	발병연령	6개월~3년	연령에 관계없음
	발병지속시간	짧음(대개 15분 이내)	다양함(수분~수 시간)
	발작특징	전신성	전신성 or 국소성
	뇌파	정상	간질파(정상일 수도 있음)
	체온상승	체온상승 직후 발생	체온상승 시 언제나
	빈도	1년 4~5회	매일~매년
	유전 가족성	높음	낮음

2 신경계 외상환자 간호 - 두부손상 [2015 기출]

두부외상의 1차적인 손상에는 두피손상, 두개골절, 뇌손상이 있다.

(1) 두피손상

(2) 두개골절

- 선상골절
- 함몰골절
- 기저두개골절

중요성	• 기저 두개골절은 뇌간 부위가 인접해 위험하다. • 두개골의 기저 부위에 선상골절이 있는 것으로 이 골절은 정맥동을 지나 전두엽이나 측두엽의 경막이 손상되어 뇌척수액이 귀나 코로 누출된다. • 가장 심각한 두개골 골절의 합병증은 두개내 감염, 혈종 그리고 뇌막과 뇌조직의 손상이다.
진단	X-선 촬영에 의해 진단되는 것은 드물고, 뇌신경 손상증상(예 시신경 손상으로 시력변화, 청신경 손상으로 청력상실, 동안신경 손상으로 동공확장과 고정, 안구 움직임의 상실과 사시 등), 귀 뒤에서의 출혈(Battle's sign), 안구 주위의 반상출혈(Racoon's sign), 뇌척수액의 halo sign (달무리 징후) 또는 ring sign이 진단의 기준이 되고 있으며, 나중에는 유양돌기에 좌상이 생길 수도 있으므로 계속적인 사정이 필요하다.
라쿤징후 (racoon's sign)	안구 주위의 반상출혈(피부나 점막에 3mm 이상의 출혈)
배틀징후 (battle's sign)	유양돌기에 반상출혈
이루, 비루 [국시 2007]	이루, 비루 : 뇌척수액은 물같이 투명하다.
혈당검사	방법	혈당 검사 용지로 누출된 용액에 당이 존재하는지 테스트이다. 코나 귀로 누출되는 액체가 뇌척수액인지 확인한다.
	양성 반응	뇌척수액은 당이 정상적으로 존재하여 양성 반응을 나타낸다. 혈액이 당을 함유하여 액체에 혈액이 존재하면 양성 반응이다.
halo sign (ring sign, 달무리 징후)	뇌척수액에 혈액이 있는지 확인 위해 누출된 액체를 하얀 패드에 떨어뜨리고 몇 분 안에 혈액이 중앙으로 뭉치고 투명한 뇌척수액이 혈액을 감싼다.

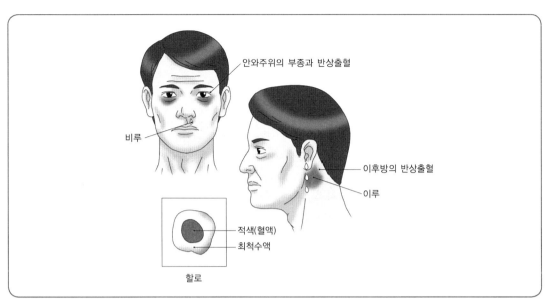

안와주위의 부종과 반상출혈

이후방의 반상출혈

비루

이루

적색(혈액)

최척수액

할로

| A. Racoon 징후와 비루, B. Battle 징후, C. Halo 또는 ring 징후 | [2015 기출]

(3) 두부 외상 종류

경막외 혈종 (경질막외 혈종) [국시 2006]	정의	심한 외상의 10%에서 발생하는데 경막하 혈종에 비해 뇌피질에 손상이 적다. 동맥이나 정맥의 열상으로 출혈의 두개골 내측면과 경질막 사이에 있는 공간에 생긴 혈종이다. 경질막은 혈종 형성부위에서 머리 뼈와 분리되면서 혈종이 커져 두개내압이 높아지고 뇌조직에 압력을 가하면서 신경계 합병증 증상이 있다.
	증상	수 분에서 수 시간까지 지속되는 의식 명료기가 나타난 다음 바로 의식을 잃는다.
	뇌 CT	• 뇌 CT 사진에서 볼록렌즈 모양의 음영이 특징적이다. • 경막외 혈종은 뼈와 경질막 사이는 결합이 강하여 출혈이 확대되지 않고 국한 되어 볼록 렌즈 형태이다.
경막하 혈종	정의	• 급성 경막하 혈종은 대부분 수 분에서 수 시간 내에 증상이 나타나지만 만성 경막하 혈종은 수 주 후 내원한다. • 경막밑 혈종은 경질막과 거미막(지주막) 사이의 공간에 정맥 열상으로 출혈로 생긴 혈종이다. • 급성 경막밑 혈종은 경막외 혈종보다 뇌손상이 심하고 광범위하여 혈종을 제거해도 심한 뇌부종 때문에 예후가 나쁘다.
	증상	50%에서 손상 초기부터 혼수상태까지
	뇌 CT	• CT상 초승달 모양의 경막하 혈종을 확인한다. • 경막밑 혈종은 경질막과 거미막(지 주마)과의 결합이 약하여 초승달 모양이다.

(4) 뇌손상

뇌진탕	• 뇌진탕은 갑작스럽게 일시적인 그리고 물리적인 힘에 의해서 신경활동의 중단과 의식상실이 함께 오는 가벼운 두부손상이다. • 일시적인 뇌의 마비로 뇌의 병리적인 변화가 없다. • 잠시동안 의식을 완전히 상실할 수 있다. • 현기증이나 눈 앞에 별을 보는 것 같은 경험을 한다. • 수초에서 5분 이내의 의식상실이 올 수 있고 역행성 기억상실이나 손상 후 기억상실을 초래한다. • 다른 비정상적인 신경학적 증상은 나타나지 않는다. • 두개골이나 경막의 손상이 없으므로 CT나 MRI에서도 변화는 볼 수 없으며 특별한 치료는 없다.
뇌좌상	• 연막과 지주막의 손상으로 뇌조직이 상처를 입어 뇌진탕보다 좀 더 심하게 뇌조직의 여러 곳에 출혈, 경색, 괴사와 부종이 오며, 장기간 동안 무의식 상태이다. • 뇌의 병리적인 변화가 동반되어 있다. 손상받은 엽에 따라 의식상실이 있을 수도 있고, 없을 수도 있다. 보통 전엽 손상시 의식명료, 뇌간 손상시에는 즉시 혼수에 빠지고 여러 신경학적 이상상태가 발견된다.
뇌열상	• 뇌조직이 찢어지는 것으로 종종 함몰복합골절과 함께 관련되어 일어난다. • 조직손상이 매우 심하여 뇌실질 내 출혈이 동반되며 국소적, 전신적인 증상이 나타난다. • 뇌내출혈은 일반적으로 뇌열상과 관련이 있으며 반대측 반신마비, 동측 동공 산대가 나타난다. • 혈종이 커지면 두개내압 상승 증상이 점점 심해지며 뇌내출혈이 많은 환자의 예후는 좋지 않다.
뇌진탕증후군	• 두통, 현기, 신경성 불안증 • 뇌진탕 후 2주에서 2개월 내에 발생한다. • 지속되는 두통과 기면, 현기증을 동반한 목 쪽의 통증, 집중력과 단기기억감소, 주의력 감퇴, 집중력 저하, 감정의 기복이 심해지거나 불면, 우울증이 나타날 수 있으며 성격과 행동변화, 만성적인 피로감이나 이명 현상, 빛과 소음에 민감해지는 등 환자의 일상생활 능력에 영향 미치므로 환자, 가족에게 증상이나 신경학적 상태변화에 대한 정확한 기록과 관찰 하도록 설명한다.

03 신경학적 증상 및 기능장애

1 두개내압상승(Increased ICP) [1992 기출]

(1) 개요

뇌압상승의 이해	• 두개내압과 관련된 기전 이해는 신경학적 문제를 가진 환자 간호에 중요하다. 두개골은 뇌조직, 혈액, 뇌척수액 등 3가지 기본용적으로 구성된 닫힌 상자와 같다. • 정상적 조건에서의 두개내압상승에 영향을 미치는 요인은 ① 동맥압, ② 정맥압, ③ 복부압과 흉부압, ④ 자세, ⑤ 체온, ⑥ 혈액가스, 특히 CO_2 수준의 변화이다.
두개내압상승	ICP상승은 두개골의 3개 구성성분(뇌조직, 혈액, CSF) 모두 혹은 일부의 증가로부터 초래되는 생명이 위협받는 상황이다. 뇌부종은 ICP상승에 기여하는 중요한 요인이다.
뇌부종	**혈관성 뇌부종** 뇌농양, 농양, 독성 등과 같은 다양한 원인이 혈뇌장벽(BloodBrain Barrer, BBB)의 투과성을 증가시키고, 세포외액 부피의 증가를 초래한다.
	세포독성 뇌부종 대개 회백질에 생긴다. 세포독성 뇌부종은 뇌조직의 파괴적 손상이나 외상에서 발전하여 뇌 저산소증이나 무산소증, 나트륨 고갈, 항이뇨호르몬부적절분비증후군(SIADH)을 초래한다.
	간질성 뇌부종 간질성 뇌부종은 조절되지 않은 뇌수종 환자에서 뇌실 CSF의 뇌실주위 확산의 결과이다. 간질성 뇌부종은 또한 전신 수분과다(저나트륨혈증)의 결과로 세포외 공간의 팽창에 의해 초래된다.
두개내압상승 기전	• ICP상승은 종괴병변(혈종, 타박상, 농양, 종양 등) 뇌부종(뇌종양, 뇌수종, 두부손상, 뇌감염), 대사 손상 등 다양한 임상문제에 의해 야기된다. 이러한 뇌손상은 고탄산혈증, 뇌산증, 자기조절성 장애, 전신성 고혈압 등을 유발하여 뇌부종의 생성과 확산을 촉진한다. 부종은 뇌조직을 교란시키고, ICP를 더욱 상승시켜 조직 저산소증과 산증을 유도하게 된다. • 조직의 보존에 중요한 것이 CBF의 유지이다. ICP의 지속적인 상승은 뇌간 압박과 뇌탈출을 초래한다. 뇌간과 뇌신경의 탈출은 치명적이다. 뇌간 압박이 제거되지 않으면 호흡마비가 일어난다.

✐ **뇌부종의 원인**
① 종괴병변(mass lesion) : 뇌농양, 뇌종양(원발성 또는 속발성), 혈종(두개내, 경막하, 경막상), 출혈(대뇌, 소뇌, 뇌간)
② 두부외상 : 뇌진탕, 출혈, 외상후 뇌부종
③ 뇌수술
④ 뇌막염, 뇌염
⑤ 혈관손상(vascular insult) : 무산소성과 허혈성 발작, 대뇌경색(혈전이나 색전), 정맥동 혈전
⑥ 독성이나 대사성 뇌병뇌적 병변 : 납이나 비소중독, 간성 두뇌병변, 요독증

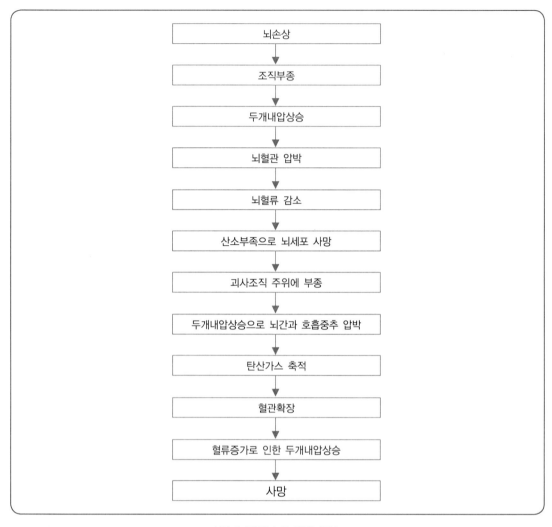

| 두개내압상승의 진행과정 |

(2) 임상소견

의식수준의 변화	의식상태는 뇌파(EEG)에 기록된 뇌활동 양상으로 정의된다. 의식의 변화는 혼수에서와 같이 극적이거나 감정의 무미건조, 지남력의 변화, 집중력 감소와 같이 애매하기도 하다. 혼수와 같은 깊은 무의식상태에서는 통증자극에 반응하지 못한다. 각막반응과 동공 반응이 상실되고, 마시거나 기침을 할 수 없고, 대소변의 실금이 있다.
두통	뇌 자체가 통증에 둔감할지라도 동맥과 정맥, 뇌신경의 벽과 같은 다른 두개내 구조의 압박은 두통을 일으킨다. 두통은 종종 지속적이지만 오전에 더 심하다. 긴장과 움직임은 통증을 악화시킨다.
구토	대개 오심 없이 나타내는 분출성 구토는 ICP상승의 비특이적 증상으로 ICP상승과 관련된다.

활력징후의 변화	활력징후의 변화는 시상, 시상하부, 뇌교, 연수의 압력 증가로 발생한다. Cushing triad(수축기 혈압 상승, 맥압의 폭 넓어짐, 반사적인 서맥, 불규칙한 호흡양상 – 특히 무호흡의 기간이 있음)와 같은 증상이 있으며 ICP가 일정기간 동안 증가되거나 또는 갑자기 증가하기도 한다. 체온 변화 또한 관찰된다.
안구증상	동안신경의 압박은 종괴나 병변이 있는 동측의 동공은 확장되고 대광반사가 없거나 느려지고, 눈을 상측으로 움직이지 못하고 안검하수가 나타난다. 이러한 증상은 중앙에서의 뇌변이로 동안신경의 몸체가 압박되며 동공근육을 마비시켜 나타나는 결과이다. 동공고정, 편측 동공확대는 뇌탈출을 암시하는 신경학적 응급상태이지만, 시신경, 활차신경, 외전신경 등 다른 뇌신경의 손상일 수도 있다. 망막검사에서 관찰되는 유두부종은 오래 지속된 ICP 상승과 관련된 비특이적 증상이다.
운동 기능 감소	• ICP가 계속 오르면, 환자는 운동능력의 변화 증상이 생긴다. ICP상승의 근원 위치에 따라 반대쪽 부전마비나 편마비가 생긴다. 운동반응을 유도하기 위해 아픈 자극을 가하면, 환자는 자극에 국소화 반응 또는 자극으로부터 회피 반응을 보인다. 제피질자세와 제뇌경직자세는 유해자극에 의해 유도된다. 제피질자세는 자발적 운동경로의 중단으로 팔꿈치, 손목, 손가락은 굴곡되고 팔이 내전되어 내측으로 회전된다. 다리의 신전이 관찰되기도 한다. 제뇌경직자세는 더 심각한 손상을 의미하는 것으로, 중뇌와 간뇌의 운동섬유의 파열로 초래된다. • Babinski(+) → 추체로에 이상이 있음을 의미한다.
뇌탈출	교정되지 않으면 뇌의 전위 또는 탈출로 사망에 이르게 된다.

| ICP상승의 징후 |

징후	임상소견
의식수준의 저하	통증은 없으나 잡음이나 동맥류는 있을 수 있음
활력징후의 변화	• 시상, 시상하부, 뇌교, 연수의 압력의 증가로 'cushing triad' • 수축기 혈압상승, 서맥, cheyne stokes 호흡이 나타남. 두개내압의 상승으로 대상부전이 시작될 때 체온이 상승
빛에 대한 동공의 변화	• 두개압이 상승하면 동안신경이나 시신경을 압박하여 동공반응이 변함 • 두개내압이 현저히 상승하면 유두부종이 나타나고 마지막에는 양측 동공이 확대
두통	• 특히 아침에 두통이 심함. 이는 수면 시 혈중이산화탄소 농도 증가로 뇌혈관이 확장되기 때문 • 기침, 배변, 재채기 시 증가
구토	분출성 구토(projectile vomiting)
Cushing 궤양	• 스트레스 궤양과는 다르며, 시상하부의 자극으로 미주신경이 활성화되어 가스트린 수치가 증가하고, 이로 인해 염산 분비가 과다하여 발생 • 대개는 식도, 위, 십이지장에 발생하는데 병변이 깊고, 심한 위장출혈을 초래할 수 있음

(3) 글라스고우 혼수척도(Glasgow Coma Scale; GCS) 사정

GCS는 의식 손상의 정도를 사정하는 데 있어 빠르고 실무적이며 표준화된 체계이다. GCS의 3영역은 눈뜨기반응, 운동반응, 언어반응으로 되어 있다. 15점은 정상 의식상태이며, 3점은 가장 낮은 점수로 완전한 혼수를 나타낸다. GCS 점수 8점 이하는 일반적으로 혼수상태를 나타낸다.

☀ Glasgow Coma Scale : 15점 만점에 7점 이하면 혼수

기능 측정	반응	점수
눈의 반응	자연적으로 눈을 뜸	4
	음성을 듣고 눈을 뜸	3
	동통이 있을 때 눈을 뜸	2
	전혀 눈을 뜨지 않음	1
운동 반응	명령에 따름	6
	동통에 국소적 반응이 있음	5
	자극에 움츠린다.	4
	비정상적인 굴절반응	3
	비정상적인 신전반응	2
	전혀 없음	1
언어 반응	지남력이 있음	5
	혼돈된 회화	4
	부적절한 단어	3
	이해할 수 없는 소리	2
	전혀 반응 없음	1

(4) 치료

뇌압 상승 치료	• 투약: 삼투성 이뇨제, 스테로이드 • 수분 섭취 제한, 수액전해질 균형 유지 • 침상 머리쪽을 상승, Trendelenburg position 피하기 • 기계적 감압 가하기 • 두개내압 모니터
호흡중재	• 기도개방성을 위해 측위를 취해주고 자주 체위를 변경해주어야 한다. • 간호사는 저산소증과 과탄산을 예방하는 중재를 수행한다. • 침대 머리 부분을 30° 올리는 것이 가스 교환을 돕고 뇌부종을 줄인다. • 복부팽만은 호흡기능을 방해하므로 예방해야 한다.

체위	• 목에 손상이 없다면 머리를 30° 정도 올리는 체위가 좋다. 그러나 머리를 30° 정도 올리는 체위는 두개내압 하강, 경정맥을 통한 정맥귀환에는 효과적이나 뇌산소화를 감소시켜 뇌관류압을 낮춘다는 반론이 있다. 따라서 두개내압과 관류압을 잘 사정하여 최선의 체위를 유지하는 것이 좋다. • 흉부내압 상승은 정맥귀환을 방해하여 두개내압을 상승시킨다. 기침, 재채기, 그리고 발살바 수기를 피한다.
합병증 예방	• 신경향적 기능부전과 심맥관계 쇼크를 관찰 • 저산소증 예방 : morphin 금함 • 수분전해질과 산염기 균형 유지 • 환자에 의한 긴장 피함 : 기침, 구토, 변비 예방

(5) 뇌압상승과 쇼크의 비교

뇌내압 상승증상	Shock 증상
처음에는 맥박이 올라갔다가 나중에는 40~60회/min으로 떨어진다(혈액 내의 산소감소현상이 일어나면 다시 빨라진다).	맥박은 빠르고 약하다(1분에 100~160 정도).
맥박압이 넓어진다(수축기압과 이완기압의 차이). 예 뇌 180/90	수축기압과 이완기압이 동시에 떨어진다.
호흡의 변화가 심하고 코 고는 소리가 난다.	호흡이 빠르고 얕다. 1분당 40~50으로 높아지는 수도 있다.
피부 : 건조하고 더우며 붉은 빛을 띤다.	피부 : 차고 끈끈하며 축축하다. 말단혈관의 위축으로 인해 창백하다.
동공 : 확대되거나 양쪽 크기가 달라진다.	동공변화가 없다.
의식이 점점 없어지며 혼수상태가 심하다.	환자는 대개 인사불성 상태이다.
• 안면근 약화와 같은 운동력 감퇴가 일어난다. • 현기증 • 정신이상	저혈압일 경우에만 왼쪽에 나열한 현상이 나타난다.

2 두통

긴장성 두통	• 정서적이나 신체적 긴장은 목과 두피근육의 경련을 일으켜 긴장성 두통이 유발된다. • 지속적인 압박감이 있으며 대개 전두, 측두, 목덜미 부위에서 시작하여 머리의 한 쪽 혹은 전체로 퍼지게 된다. • 긴장성 두통은 오심과 구토는 없으나 불빛, 소음에 자극을 받는다. • 심한 긴장성 두통에 투여하는 약물로는 진통제 아스피린, 페나세틴, 코데인이 있으며 근육이완제와 정온제 등을 사용하기도 한다.
편두통	• 편두통은 주기적으로 심하게 나타나는 두통으로 머리 전체에 나타나며, 원인은 분명히 밝혀져 있지는 않으나 혈관장애에 의한 것으로 흔히 여자(16~25%)에서 많이 볼 수 있다. • 이 두통은 유전적인 경향이 높아서 환자의 65%에서 가족력이 있다. • 원인으로 정서적 긴장이 두개내의 혈관 경련을 일으켜 뇌피질에 국소 허혈을 일으킨다는 설이 받아들여지고 있다. 또한 스트레스, 밝은 불빛, 생리, 알코올, 초콜릿이나 치즈와 같은 음식들 섭취에 의해서 발생한다. • 두통이 있는 동안 환자들은 '동면' 하는 것처럼 소음, 빛, 냄새, 사람, 문제들로부터 회피하게 된다. 두통은 안정되고 맥박처럼 규칙적인 박동성을 가지고 있지만 편두통의 표현은 강도에 따라 여러 가지이다. • 편두통의 치료는 혈관을 수축시켜 증상을 완화시킬 수 있고, 사용되는 혈관수축제는 ergotamine제이다.
집락성 두통	• 집락성 두통은 수주에서 몇 달 동안 발생하고 일시적으로 사라졌다 다시 나타나며, 통증이 아주 심하게 나타난다. 남자가 여자보다 8배나 더 많이 발생하며, 대개 20~50대에 많이 발생한다. • 원인은 명확하게 밝혀지지 않았지만 혈관의 이완으로 인해 신경전달물질인 세로토닌과 연관이 있는 것으로 알려져 있다. • 과도한 음주와 스트레스 외에 얼굴에 닿는 찬 바람이나 뜨거운 바람, 식품과 약품에 들어 있는 질산염과 같은 혈관이완제, 흥분, 수면 등도 원인이 될 수 있다. • 집락성 두통의 증상은 코 위쪽과 전두부 통증, 각막충혈, 콧물, 비강충혈, 얼굴부종, 축동, 안검하수, 안검 부종이 나타난다. • 두통은 갑작스럽게 나타나며 전조증상은 없고, 5~10분간 가장 통증이 심하다가 30~90분 뒤에 사라진다. 두통은 주로 밤에 발생하고 그 양상이 일정치 않으며 통증으로 인해 깨어나게 된다. 수주 내지 1~2개월 집중적으로 반복되다가 수개월 내지 수년간은 두통 없이 지낼 수도 있다. • 집락성 두통 환자는 각막염, 눈물, 비강충혈 등의 증상이 나타난다. 환측 얼굴에 발한이 나타나기도 하며, Horner' sign(환측의 안검하수, 축동)이 나타나고, 두통의 양상은 깊고 안정적이며 찌르는 듯한 통증이나 박동성은 없다. 편두통 환자와 다르게 혼자 있으려고 하고, 복도를 왔다 갔다 하며, 소리 내어 울기도 하고 자신을 만지는 것에 화를 내기도 한다.

| 긴장성 두통, 편두통, 집락성 두통의 비교 |

양상	긴장성 두통	편두통	집락성 두통
부위	양측성, 두개골이나 얼굴, 또는 양쪽에 밴드 형태의 압력	일측성(60%), 바깥쪽, 주로 안쪽	일측성이며 눈주변으로 방사되는 통증
질	변하지 않는 통증이면서 꽉 조이는 듯한 통증	박동성 통증	뇌가 쪼개질 듯한 심한 통증
빈도	며칠간 주기적으로 나타남	전조 증상 있기도 함: 일년 중 몇달	몇 달이나 몇 년에 걸쳐: 4~8주 동안 하루에 1~3회 지속
기간	간헐적으로	하루에 지속적으로	30~90분 동안
시간과 발병 시기	시간과 상관 없음	전조증상에 의해 발생: 아침에 일어나면 발생하고 잠자면 호전	밤에 발생
증상	목과 어깨의 경직과 긴장	오심, 구토, 부종, 안절부절못함, 발한, 불빛공포, 음성공포, 감각 운동, 신경학적인 자극에 전조증상, 가족력(65%)	안면홍조, 창백, 콧물, 눈물 흘림, 안검하수

| 두통환자를 위한 간호사정 |

주관적 자료	건강정보	• 과거력: 간질, 암, 최근에 낙상이나 외상 • 두개감염, 뇌졸중, 천식 또는 알레르기 • 정신장애, 과다 업무, 스트레스, 생리, 운동, 음식, 성생활, 여행, 밝은 불빛, 소음
	건강기능 양상	• 건강인지-건강관리 측면: 긍정적인 가족력, 권태 • 영양-대사: 술, 커피, 치간, 초콜릿, 글루타민, 핫도그 등. 오심, 구토, 식욕부진 • 활동: 현기증, 어지러움, 허약, 부전마비, 금단 • 휴식: 불면증 • 편두통: 전조, 국한적, 중증, 주기적인 두통, 시각장애, 수명, 현기증 • 집락성: 국한적이면서 중증, 야간 두통 • 긴장형 두통: 양측성, 지속적이면서 둔한, 두개에 접한 통증, 목 긴장 • 자가인지-자가개념: 우울 • 스트레스 대응: 스트레스, 불안, 안절부절못함, 금단

	일반적 사항	불안, 걱정
객관적 자료	피부	• 집락성: 앞이마 발한, 창백, 한쪽 얼굴에만 홍조, 결막염 • 편두통: 일반적인 부종, 창백, 발한
	신경계	Honer's 징후, 안절부절못함(집락성), 부전마비(편두통)
	근골격계	목과 머리 움직임 시 저항감, 목덜미의 저항감
	가능성 있는 요인	질병, 기형을 유발시킬 수 있는 사건, 두개내 감염에 대한 영상

04 퇴행성 질환

1 무도증(헌팅턴 병, Huntington's chorea)

정의	• 조절할 수 없는 이상움직임: '춤추는 것처럼' 보임 • 신체의 한 부분에서 시작해서 갑작스럽게 예기치 않게, 그리고 종종 지속적으로 다른 부위로 이동하는 반복적이고 짧게 지속되는 불규칙적이고 급속한 비자발적 운동 • 뇌에 발생하는 유전성 신경퇴행성 질환(일반적으로 30~50세 사이에 증상이 시작) - 환자들은 움직임, 행동, 인지기능(생각, 이해, 배움, 기억), 성격 등 일상 생활의 다양한 영역에 문제가 발생
원인	• 무도병은 상염색세 우성 유전 질환 • 부모 중 한명에서만 이상 유전자를 받게 되어도 발생 • 부모 중 한쪽이 비정상적인 유전자를 갖고 있다면, 자녀가 무도병에 걸릴 확률은 50%
증상	• 무도증: 얼굴과 상지에서 서서히 시작하여 격렬해지면서 전신으로 파급됨 • 보행장애 • 언어장애: 발음이 이상하여 알아들을 수 없음 • 정신적 황폐: 부정적이고 의심 많고 자제력 상실, 기억력 감퇴 및 주의집중력 감퇴 • 심한 기분변화와 무기력 • 치매 상태에 이름
치료 간호	• 발작 시: 손방방지 • 약물투여: Haloperidol(dopamine 차단제) • 정신과적 치료

2 Parkinson씨 병 [1992 기출]

(1) 정의 및 병태생리

정의		파킨슨병은 파킨슨증후군의 가장 일반적인 유형임. 1817년 제임스 파킨슨에 의해 소위 '흔드는 마비'로 최초로 보고되어 그의 이름으로 명명되었음. 미국의 경우 50세 이상 인구의 약 1%이며 파킨슨병의 진단은 연령에 따라 증가하며 60대에 가장 많고 남자가 여자보다 3 : 2의 비율로 더 많음. 기저핵의 뉴런을 침범하는 만성 퇴행성 중추신경계 장애이며 떨림마비라고도 함
병태생리	추체외로계의 퇴행성변화	• 뇌의 흥분성 신경전달물질인 도파민을 생성하는 중뇌의 흑질과 기저 신경절의 도파민성 신경원의 퇴행으로 도파민의 농도와 대사가 상당히 감소 • 중뇌의 흑질과 선조체의 장애로 신경세포의 퇴행 • 흑질에서 도파민 신경원 파괴 → 선조체에서 이용되는 도파민 양 감소
	도파민 감소	• 파킨슨 질환은 중뇌의 흑질과 선조체에서 dopamine 분비 감소로 발생함 • 도파민과 아세틸콜린은 운동신경에 대한 움직임 조절 • 도파민성 신경원의 상실은 도파민과 아세틸콜린의 불균형 초래 • 수의적 운동이 억제되지 못하고 근육긴장도 상실, 경직, 자세 변화 • 도파민은 자세를 통제하고 지지하며 수의적 운동에 관여하는 추체외로의 정상적 기능에 중요한 신경흥분 전달물질 • 도파민의 감소는 무도증, 경축, 그리고 떨림과 관계가 있으며 파킨슨병의 증상은 흑질의 80% 정도 상실될 때까지는 나타나지 않음

(2) 증상과 징후

떨림, 안정 시 진전 (resting tremor) : '환약제조양 떨림'	• 손에서 시작하여 하지까지 확산, 점점 글씨 작아짐
	• 휴식 시 손, 발, 머리에서 나타나며 활동을 시작하면 감소되며 잠자는 동안 사라짐
	• 손떨림은 엄지와 검지로 환약을 굴리는 듯한 환약 제조양 떨림(pill-rolling tremor)이 전형적인 특징
	• 떨림은 긴장이나 피곤 또는 추위에 노출될 경우 심해짐
	
	  • VS 원발성 떨림 : 의도적 운동 시 심하게 떨림
	  • 자세를 유지하려 할 때 더 떨림, 운동 중 가장 심한 떨림
	  • 운동성 또는 의도성 떨림은 일반적으로 손상, 종양, 다발성경화증, 뇌졸중으로 인한 2차적인 소뇌성 질환에서 발생

경축 경직 (rigidity) : '톱니바퀴 경축'	• 사지를 관절가동범위로 움직일 때, 수동적 운동에 대한 저항이 증가 • 톱니바퀴운동(cogwheel rigidity)을 간헐적으로 하는 것과 같은 움찔거림이 특징 • 근육의 지속적 수축으로 통증과 피로감 • 초기에는 주로 하지근육에서만 나타나나 후에는 자세와 보행에 영향을 미침

서행증, 운동완만 (bradykinesia)	• 어떤 동작을 빨리 시작하거나 수행할 때 나타남(움직임을 시작하는 데 어려움) • 관절부위 강직과 통증을 동반 • 일상생활 활동 느림 • 자동운동성의 상실, 동작이 고정됨(freezing) • 무표정한 얼굴(가면안), 목소리톤의 단조로움, 침흘림, 눈 깜박이는 반사도 감소
체위(자세) 불안정 (postual instability)	• 머리는 앞으로 굽어지고 어깨는 웅크러지며 척추는 전방으로 활같이 굽어 있음 • 걷기의 시작은 어려우나, 일단 시작하면 가속화되어 정지하기가 힘듦 • 걸음걸이의 폭은 짧고 질질 끄는(shuffling) 종종걸음을 하며, 보행 시 팔을 흔들지 않음
그 외	• 얼굴 표정이 고정(mark like face) • 목소리가 단조로워짐 • 먹는 것, 씹는 것, 삼키는 것, 눈 깜박거리는 것이 둔해짐 • 자율신경계증상(변비, 빈뇨, 배뇨지연, 요정체, 체위성 저혈압, 구음장애, 침흘림, 과도한 발한 등)

(3) 치료 및 간호

대증요법	증상완화를 위한 간호
물리요법	근육강직 예방
항파킨슨약물	항히스타민제, 항콜린성 약물, 레보도파(levodopa) 등

(4) 도파민 작용제(Dopaminergics)

적응증	파킨슨 질환, 항정신병 약물에 의한 도파민 감소로 아세틸콜린이 증가되어 추체외로 증상 치료		
levodopa (레보도파, 도파민 전구물질)	dopamine은 뇌혈관장벽을 통과할 수 없으므로 뇌혈관장벽을 통과하는 dopamine의 전구 물질인 levodopa를 투여하여 뇌 속에서 dopamine으로 전환		
	부작용	심혈관계	직립성 저혈압, 심계항진, 부정맥
		소화기계	• 구강 건조 • 오심, 구토(도파민이 구토 중추 자극), 식욕부진
		중추신경계	산동, 불면증, 흥분, 환각(환시, 환청)
	주의점	• 공복 시 흡수가 잘되나 오심 시 음식과 함께 투여 • 알코올은 길항하므로 최소한으로 섭취 • 단백아미노산은 레보도파 흡수를 방해하므로 약물복용시간에 단백섭취를 제한		

		• 비타민 B₆(피리독신)을 함유한 비타민제제 섭취를 피함. 간에서 레보도파의 전환을 증가시킴으로써 뇌에서 도파민으로의 전환을 감소시킴 • 직립성 저혈압의 가능성에 주의하고, 체위변경은 서서히 하고, 증기목욕, 사우나, 온탕은 피함
레보도파의 효과 유지를 위한 간호	투약시간	공복 시 흡수 가장 잘 됨, 오심 시 음식과 함께 제공
	제한식이	• 알코올 ×: 레보도파의 길항작용 • 고단백식이 ×: 레포도파 흡수를 방해하므로 피함 → 저단백의 아침과 점심식사 → 고단백의 저녁식사(단백식이: 우유, 돼지고기, 생선, 치즈, 달걀, 콩제품, 땅콩류 등) • vit B₆: 간에서의 레보도파 대사 증가 + 뇌 도파민의 전환기능 저하 → 레보도파 효과 감소 - 탈탄산효소(decarboxylase)가 활성화되어 L-dopa가 간에서 조기변환되어 BBB를 통과하는 L-dopa가 감소됨
	부작용관리	• 구강건조: 사탕, 껌 • 직립성 저혈압: 자세변경조심, 증기욕/사우나/열탕 ×

| 신경계 질환 비교 |

중추신경계 장애		말초신경계 장애	
파킨슨병	기저 신경절부위에 도파민 감소, 아세틸콜린 증가	GB 증후군	• 말초신경에 침범하는 수초 탈락의 염증성 질환으로 하위운동 신경원 질환 • 뇌신경 증상, 척수신경 증상, 자율신경 증상
알츠하이머병	뇌에 아밀로이드 베타 단백질 존재와 아세틸콜린, NE, 세로토닌 감소	삼차 신경통	제5뇌신경 장애(안신경 가지와 상악신경은 감각, 하악신경에 운동)
다발성 경화증	중추신경계의 수초 탈락으로 뇌, 척수, 시신경의 전도 장애로 운동 마비, 감각장애, 소뇌증상, 뇌신경 장애의 상위운동신경원 질환	안면신경마비	안면운동을 지배하는 7번 뇌신경장애로 안면 마비

3 중증성 근무력증(myasthenia gravis)

(1) 개요

정의	• 신경근육 접합부에서 발생하는 자가면역질환 • 항아세틸콜린 수용체 항체가 아세틸콜린 수용체를 침범하여 신경근 접합부의 Ach 수용체의 수를 감소시킴으로써 발생하는 자가면역질환	
병태생리	• 항아세틸콜린 수용체 항체가 아세틸콜린 수용체를 침범하여 아세틸콜린 기능 감소 • 신경근육 접합부에서 아세틸콜린 분자들이 근육수축을 자극하거나 근육에 부착하는 것을 방해 → 근육 수축을 방해하여 골격근(수의근)의 허약감이 생김	
증상	근약화	• 골격근의 약화(근력은 휴식을 취하면 회복) • 침범 받는 근육은 안구와 안검을 움직이는 근육, 저작하고 음식을 삼키는 근육, 말하고 호흡하는 근육 • 안검거근 쇠약 → 안검하수증(ptosis) • 안구근 쇠약 → 안구진탕증
	강직	강직은 아침에 가장 강하고 활동하면 계속적으로 쇠진되는 양상을 보인다. 결과적으로 일과가 끝나는 시간에는 근력의 약화가 절정에 달한다.
	표정 짓기 ×, 저작곤란	환자의 90%에서 안검근 또는 외안근이 침범받는다. 얼굴의 움직임과 표정 짓기가 어려워지며 음식을 저작하고 삼키는 것이 힘들어진다.
	악화	정서적 스트레스, 임신, 생리, 이차성 질환, 외상, 극한적인 기후 그리고 저칼륨혈증에 의해 촉발된다.
	진행	• 진행되면 표정근, 저적근, 연하작용과 말하는 데 관여하는 근육에 이상 • 호흡기계 합병증 유발 • 팔근육에서 다리근육으로 침범
진단	혈액검사에서는 전신 중증근무력증 환자의 85~90%가 Ach 수용체 항체가 증가되어 있다.	
	Tensilon 단기작용항콜린 에스테라제 (anticholinesterase 성분)검사	• 콜린분해효소 억제제인 tensilon, Neostigmine(Prostigmin)을 정맥주사한다. • 콜린분해효소(acetylcholinesterase)인 아세틸콜린을 불활성화하는 효소를 차단하여 아세틸콜린을 증가시켜 근육의 수축력 향상을 본다. • 정맥주사 후 근육수척력의 향상을 보는 것이다. • 약해진 근육이 잠시 근력증가되면 양성을 진단한다.

	위기 진단	콜린분해효소 억제제(anticholinesterase) 약물의 과다사용으로 나타나는 콜린성 위기와 근무력증 위기를 진단한다.
	tensilon의 해독제	• atropine, cholinergie antagonist • Cholinergic antagonist인 atropine은 tensilon의 해독제로서 부작용이 일어났을 때 효과를 중화한다.
치료		• 콜린분해효소 억제제 Neostigmine(Prostigmin)과 pyridostigmine(Mestinon) • 외과적 치료: 흉선절제술, 면역억제제 • 식사: 소량씩 자주/비위관 영양, 정맥 내 영양공급 실시 • 호흡 보조구 준비, 기도유지

(2) 약물요법

콜린분해효소 억제제	종류	Neostigmine(Prostigmin), pyridostigmine(Mestinon)
	작용	 | 콜린에스테라제(cholinesterase) 억제제의 기전 | • 아세틸콜린(A)은 신경시냅스부터 방출되어 시냅스 건너편으로 메시지를 전달함 • 콜린에스테라제(B)는 아세틸콜린을 분해함 • 콜린에스테라제 억제제(C)는 콜린에스테라제를 차단함으로써 아세틸콜린이 메시지를 전달하기 위한 시간을 벌어줌 콜린분해효소 억제제(Anticholinesterase)는 아세틸콜린을 증가시킴. 신경근 접합부에서 Ach을 불활성화시키는 효소인 콜린분해효소(Acetylcholin-esterase)를 억제함으로써 아세틸콜린을 증가시켜 신경근 전도를 촉진시키고 근육반응을 증가시켜 근력을 향상시킴
	부작용	• 저혈압 • 설사, 발한 • 근육 허약감
면역억제제	종류	azathioprine(imuran), cyclophosphamide(cytoxan)
	작용	중증 근무력증이 자가면역질환이므로 면역 억제제들이 사용됨
corticosteroid (prednisone)	작용	T림프구와 B림프구의 기능억제로 면역계를 억압하여 자가면역 감소

	근무력성 위기	콜린성 위기
원인	근무력증을 악화시키는 촉발요인에 노출로 약물용량이 부족하거나 약물을 복용하지 않은 경우	• 콜린분해효소 억제제(anticholinesterase) 약물의 과다 투여 • 자연적으로 또는 흉선절제술 후 증상 완화 수용체 부위에서 아세틸콜린이 증가함으로 복용 중이던 콜린분해효소 억제제(anticholin-esterase) 약물 용량이 과다해진 경우
공통증상	• 안검하수, 구음장애, 연하장애, 안면근육부전 • 호흡곤란, 골격근 허약감 • 눈물 증가, 타액, 발한(교감 신경이나 신경홍분 전달은 아세틸콜린)	
증상	• 호흡, 맥박, 혈압 상승 • 소변량 감소 • 요실금, 변실금	• 부교감신경 항진증상 • 동공 축소, 흐린 시야 • 서맥, 저혈압 • 오심, 구토, 복부경련, 설사 acetylcholine이 항상 수용체와 결합된 상태가 되어 오히려 신경전달이 억제되어 근력의 저하
감별진단	콜린분해효소 억제제(anticholinesterase) 약물의 정맥주입 후 힘이 생길 때	콜린분해효소 억제제(anticholinesterase)의 복용 1시간 내 골격근 허약증상, 안검하수, 호흡곤란
치료	–	atropine sulfate 투여

4 근위축성 측삭경화증(amyotrophic lateral sclerosis)

정의	상하 운동신경원의 변성으로 나타나는 만성 진행성 신경학적 질환으로 결과적으로 호흡근이 약해지고 마비되어 죽음에 이르게 된다. 이 질환으로 사망한 유명한 야구선수의 이름을 붙여 Lou Gehrig병이라고 한다.
원인	• 정확한 원인은 알 수 없지만 신경 홍분전달물질인 글루타메이트의 비정상 수치와 자가면역, 자유기에 의한 세포손상에 대한 연구가 진행되고 있다. • 환경적 요인으로는 과도한 세포 내 칼슘, 칼슘통로에 대한 항체형성 등이 있다.
병태생리	• 진행성 퇴행성 질환으로서 하위 운동신경원인 척추전각, 뇌간의 운동핵, 대뇌피질의 상위 운동신경원에 영향을 미친다. • 운동신경원이 죽으면 축삭퇴행, 탈수초, 신경교 분화 등이 피질척수로를 따라 나타난다. • 초기 단계에는 운동신경원이 이환된 근섬유에 신경재생을 위해 새로운 가지를 형성하여 근력이 보존되지만 하위 운동신경원이 절반 이상이 이환되면 근력의 약화가 나타나며, 결국에는 호흡근의 약화와 마비로 사망한다.

	• 근위축성 측삭경화증은 수초탈락 및 흉터조직 형성으로 상부 및 하부 운동신경원의 점진적인 퇴행을 가져온다. • 이 질병은 운동신경 전달체계를 점차적으로 파괴하지만 감각기능과 정신상태는 침범하지 않는다.
증상	• 일반적으로 하부 운동신경원이 먼저 침범당해 근육쇠약과 위축이 나타난다. • 상체 근육이 다리보다 더 빨리 더 많이 영향을 받으며, 환자들은 물건을 떨어뜨리거나 운동기능을 수행하는 능력이 떨어진다는 것을 인지할 수도 있다. • 다른 초기 증상은 근육 위축, 근섬유속 연축, 건반사 감소 등이다. • 근육경련과 전신피로 역시 일반적인 증상이다. • 질환은 지속적으로 진행되어 결국 상부 운동신경원을 침범하여, 침범된 근육의 약화와 경직을 초래한다. • 반사항진, 턱 간대성 경련, 혀의 근섬유속 연축, 바빈스키반사 양성 반응이 나타날 수 있다. • 마비는 피할 수 없는 증상이며 일반적으로 폐렴과 호흡기 부전으로 사망에 이르게 된다.
치료	• 완치되지 않으므로 치료는 증상완화가 목적이다. • Riluzole(Rilutek)가 약물로 사용되며 중추신경계에서 글루타믹산이 연접 전에 유리되는 것을 억제하여 신경원이 독성 작용에 노출되지 않도록 보호한다. • 매일 동일한 시간에 음식과 같이 섭취하지 않도록 하고 간기능 검사, 혈액검사, alkaline phophatase를 모니터한다. • 열성 질환이 있으면 보고하도록 하고 술을 마시지 않도록 한다.

5 다발성 경화증(multiple sclerosis)

(1) 정의

정의	중추신경계의 수초 탈락으로 뇌와 척수의 전도에 장애를 초래하는 만성 진행성 퇴행성 신경계 질환으로 재발과 관해를 반복한다.
원인	• 바이러스 감염(바이러스는 염증반응에 수초 탈락을 일으킨다)과 면역학적, 유전적 요인이 관련 있다. • 다발성 경화증의 민감성은 유전되며 질병의 재발을 촉진시키는 요인은 감염, 신체적 손상, 정서적 스트레스, 과도한 피로, 임신, 불량한 건강상태 등이다.
병태생리	• 특징적인 병리현상은 중추신경계의 만성염증과 탈수초화, 반흔조직의 형성이다. • 바이러스에 노출됨으로 감작된 T세포가 중추신경계로 이동하고 뇌-혈관-장벽을 파괴한다. • 중추신경계 내부로 많은 염증 세포가 유입된다. • 중추신경계인 뇌와 척수인 대뇌, 뇌간, 뇌간에 있는 뇌신경, 소뇌와 척수에 있는 수초(말이집)는 항원항체반응이 계속해서 일어나 염증반응이 활성화되고 신경 종말기관의 축삭에서 탈수초화가 야기된다.

- 중추신경계 내부에서는 항원항체반응이 계속해서 일어나 염증반응이 활성화되고 신경종말기관의 축삭에서 탈수초화가 야기된다.
- 수초 탈락과 축삭이 파괴되어 신경자극의 전도에 장애를 초래하는 만성 진행성 퇴행성 신경계 질환으로 재발과 완화를 반복한다.
- 말초신경계는 손상되지 않는다.

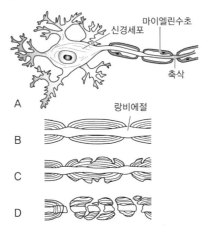

A. 말이집을 가진 정상 신경세포　　　　B. 정상축색
C. 말이집의 파괴　　　　　　　　　　D. 완전히 파괴된 말이집 : 축색의 기능부전

| 다발성 경화증의 발병기전 |

(2) 증상

- 수개월 또는 수년에 걸쳐 뚜렷하지 않은 증상이 간헐적으로 발생하면서 잠행성 점진적 진행 양상을 보이므로 첫 증상의 발현 이후에도 오랜 기간 확진을 받지 못하는 경우가 있다. 다발성경화증은 중추신경계에 반흔조직이 퍼지면서 만성적, 점진적으로 악화되거나 회복되었다가 다시 악화되는 등의 다양한 질병경과를 보여준다.
- 다발성경화증의 일반적인 증상은 운동, 감각, 소뇌, 정서적 문제를 포함한다.

악화 요인	• 무리한 일, 피로, 스트레스 • 열에 민감하며 사지의 열감, 더운물 샤워 • 유토프 징후 : 뜨거운 물에서 목욕을 하거나 높은 온도에 노출된 후 증상의 악화가 생긴다. • 수초 탈락이 일어난 신경이 온도에 민감해서 생긴다.
운동증상	사지, 체간, 머리를 움직이는 근육이 허약해지고 마비되는 증상과 복시, 단속성 언어, 만성적으로 침범받는 근육의 경련 등

뇌신경 장애	• 갑작스런 안구통증 • 시력장애(시각신경염, 제2뇌신경), 시력의 명료성 저하, 혼탁한 시야 • 갑자기 눈이 보이지 않다가 1개월 후 다시 보임 • 느린 동공반사, 복시(제3뇌신경) • 안면 허약(제7뇌신경) • 청력 상실, 이명, 현훈, 안구진탕증(제8뇌신경) • 연하장애, 언어장애(제9, 10뇌신경)
비정상적인 감각 : 레르미트 징후	• 무감각, 저린감, 지각이상, 암점으로 인한 실명, 흐릿한 시야, 현기증, 이명, 청력 감소 그리고 만성 신경병적 통증이 포함된다. • 목을 구부릴 때 전기쇼크와 같은 감각이 척수 아래로 퍼져나가는 듯한 레미떼 징후도 나타난다.
감각장애	• 지각이상, 무감각, 통각 감퇴, 온도 인지 감소, 진동감각 장애 • 만성 신경병적 통증, 안면 통증
반사	• 과다 활동, 심부건반사 항진, Babinski 반사 양성(상위운동신경원) • 복부반사(표재성 반사) 상실
소뇌증상	• 흔히 후기에 나타나며 균형과 조정감 상실, 떨림, 안구진탕증, 운동실조, 눌어증, 연하곤란 등 • 의도성 진전으로 활동을 수행할 때 일어나는 진전 • 운동실조증 • 교호 운동 기능장애(교대운동) : 빠른 교대운동 검사
장과 방광기능 장애	• 경화된 반흔조직이 배설을 조절하는 중추신경계 영역에 위치할 때 나타난다. • 배변문제는 일반적으로 변의 실금보다는 변비로 인한 문제가 많이 발생하며, 다양한 배뇨 관련 문제도 생긴다. • 배뇨문제 중 보편적인 것이 조절되지 않는 경련성 방광이다. 그 결과 긴박뇨, 빈뇨, 실금, 적하뇨 현상이 나타나게 된다. • 이완성 방광으로 인한 문제도 발생한다.

05

✒ **다발성 경화증의 주요 증상**
① 쇠약, 마비, 조정불능, 운동실조
② 방광이나 장운동 마비, 무감각
③ 시력손상, 언어손상
④ 정서불안, 의식상실, 경련 등

(3) 치료와 간호

치료	• 병세 약화 요소 제거 • 투약, 식이 • 방광훈련 및 장훈련 • 물리치료 및 언어치료 • 합병증 예방과 관찰 및 간호		
자동성(경련성) 방광	기전	천수 2번상부의 상위운동신경원에 의해 발생(S2~5: 장, 방광 조절)으로 방광 수축력에 대한 상위분절의 억제력 감소임. 방광은 수축력이 억제되지 않아 너무나 작은 공간으로 소량의 요량에도 민감성 증가로 긴박성 요실금을 초래함	
	치료	종류	propantheline(Pro-Banthine), oxybutynin(Ditropan)
		기전	항콜린성 제제는 방광의 평활근 이완과 방광 용적 증가로 방광 근긴장도 감소, 배뇨근 자극 감소, 방광 과잉 수축 감소, 방광 감각의 과민성 감소
이완성방광	기전	천수 2번 이하 손상의 하위운동 신경원 장애로 방광 기능을 조절하는 반사궁에 병변으로 정상적 공간보다 큰 공간을 가져 배뇨를 위한 욕구, 감각, 압력, 통증을 느끼지 못하여 소변이 정체되어 범람성 요실금을 초래함	
	증상	빈뇨, 야뇨	
	치료	bethanechol (urecholine)	콜린성 제제(cholinergics)로 방광 수축을 자극하여 이완성 방광을 치료
		neostigmine (prostigmine)	• 콜린분해효소 억제제로 콜린분해효소를 억제하여 아세틸콜린을 증가시켜 이완성 방광에 의한 소변 정체에 방광근의 긴장도를 향상시키고 방광을 쉽게 비움 • 중증 근무력증에 사용

05 치매와 알츠하이머병

1 정의

정의	• 치매란 기억력, 사고력, 지남력, 이해력, 계산능력, 학습능력, 언어 및 판단력 등이 상실되거나 장애를 일으키는 증후군이다. • WHO는 치매를 "뇌의 질환으로 인해 생기는 하나의 증후군으로 대개 만성적이고 진행성으로 나타나며, 계산능력, 학습능력, 언어 및 판단력 등의 뇌 피질기능 장애"라고 정의하고 있다.

가역성 치매	우울증이나 약물, 알코올 및 화학물질 중독에 의한 정신과적 질환을 들 수 있으며 대사성 원인으로는 전해질 장애, 갑상샘 질환, 비타민 결핍증, 일시적인 뇌기능의 장애를 초래하는 감염성 뇌질환, 두부외상, 다발성 경색증 등이 있다.
비가역성 치매	퇴행성 뇌질환이 대표적이며 감염, 대사성 질환 또는 중독 등에 의한 원인을 배제함으로써 진단을 한다. 비가역적인 치매를 주증상으로 동반하는 퇴행성 뇌질환에는 알츠하이머병, 픽병 등이 있으며, 치매와 다른 신경학적 증상이 동반되어 나타나는 경우는 헌팅턴병, 다발성 신경계위축 등을 들 수 있다.
진단	• 비타민 B_{12} 결핍과 갑상샘 기능저하증, 신경매독 등을 검사한다. 또한 정신상태검사를 실시하는데 경한 경우에는 대화만으로는 인지기능을 평가하기 힘들므로 MMSE와 같은 인지검사를 하는데 주로 기억력, 계산, 언어, 시공간지각력, 민첩성 등에 초점을 두어 평가한다. • 우울은 흔히 노인성 치매로 오해되기도 하는데 우울의 증상에는 슬픔, 사고와 집중력장애, 피로, 절망 등이 있다. 우울이 심해지면 집중력이나 주의가 저하되고 기억력과 기능장애가 초래될 수 있다.
치료	혈관성 치매는 예방이 가능하다.

② 알츠하이머병

정의	• 만성적이고 진행성이며 퇴행성인 뇌의 질환으로서 치매의 한 형태이다. 치매는 두 개 이상의 인지 영역이 점점 쇠퇴해 가는데 보통 기억과 언어, 계산, 공간과 시간에 관한 인지, 판단, 요약, 그리고 성격이 쇠퇴해 간다. • 베타 아밀로이드 단백질의 과다생성이 이 병의 기전으로 제시되어 왔으며 이 단백질의 유전자가 알츠하이머병 환자의 특정 염색체(14, 19, 21)에 특징적으로 존재한다고 밝혀졌다.
원인	• 연령의 증가 • 외인성 독소: 뇌의 반점과 섬유농축에서 알루미늄이 발견된다. • 유선석 요인: 아밀로이느의 선수 불실 문자가 염색체 21에 있으며 알츠하이머 질환을 앓고 있는 환자 가족에서 염색체 21의 이상이 있다. • 아밀로이드 단백질: 혈관 기형과 관련되는 물질이 아밀로이드이며 아밀로이드는 환자 뇌의 반점과 혈관에서 관찰되는 울퉁불퉁한 단백질로서 혈관과 신경원을 폐쇄시킨다.

3 병태생리

신경반	아밀로이드 베타 단백질을 포함하는 퇴행된 축삭과 수상돌기 말단이 뭉친 것이다.
신경섬유 덩어리	• 타우(tau)단백질은 중추신경계에서 세포 내 구조를 지지하는 역할을 하며 타우단백질에 변성이 오면 엉겨서 신경섬유덩어리를 형성하여 신경세포를 죽게 한다. • 기억과 학습을 조절하는 뇌의 해마, 뇌피질 등의 영역에 있는 비정상적인 신경원의 세포 질에서 볼 수 있다. 구조적 변화와 더불어 신경 전달물질인 아세틸콜린의 부족으로 기억과 학습 문제가 나타난다.
	• 신경반과 신경섬유덩어리↑ 　→ 콜린성 신경원을 상실 → 아세틸콜린의 부족 → 세로토닌, 노르에피네프린도 서서히 상실한다. • 해마와 전두엽 및 측두엽의 뇌피질에서 뇌조직의 위축과 소실이 심해진다. • 해마 − 단기기억상실 • 대뇌피질 − 언어기술과 판단력장애, 정서적 행동장애가 나타나 배회와 초조증상이 나타난다.
3개 주요 유전자가 관여	• 프레세닐린 1과 2가 돌연변이를 일으키면 A−beta 단백질을 과잉 생산한다. • 첫째 관련유전자는 19번 염색체상의 아포리포 단백질 유전자의 대립유전자인 엡실론 4인데 사람은 각각의 양친으로부터 1개의 대립유전자를 전달받는다. • Apo E는 아밀로이드 프라그를 없애는 역할을 하는데 이 유전자가 돌연변이를 일으키면 아밀로이드의 축적이 증가한다. • Apo E−4는 노령의 알츠하이머병 발병위험을 증가시키지만 이를 갖고 있는 사람 중에서 알츠하이머에 걸리지 않는 사람은 많다.

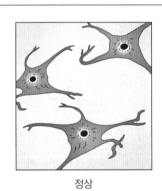 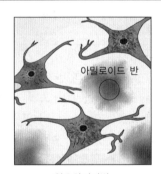

정상　　　　　　　　알츠하이머병

| 알츠하이머병 |

정상

조직을 손상시키는 단백질인 아밀로이드가 쌓여 있지 않다.

정상인의 뇌 촬영 사진 ▶

치매 초기

중기

말기

알츠하이머성 치매에 걸리면 해마가 있는 측두엽부터 시작해 전두엽·후두엽·두정엽에도 아밀로이드가 쌓인다. 이 때문에 치매 환자는 시간이 지날수록 생활하는 데 어려움을 겪는다.

치매 환자의 뇌 촬영사진. 대뇌피질에 아밀로이드가 쌓여 있다. ▶

| 알츠하이머성 치매 진행 과정 |

05

4 증상과 징후

단계	구분	내용
1단계 : 1~3년	단기기억 장애	작화증이 나타난다.
	과업수행	익숙한 과업의 수행능력이 서투르다.
	정서	불안정하고 의심하게 되며 무관심해지고, 흥분, 발성곤란, 이상한 행동이 인지적 장애와 관련되어 나타난다.
2단계 : 2~10년	언어 장애	• 단어 사용이 적절하지 못하고 둘러 대며 말하는 것이 특징이다. • 자연스러운 대화가 결여되고 자발적 언어에 착오가 일어나고 착어증이 나타나며 글로 의사소통하는 데에 장애가 발생된다.
	과업	상식적인 행동을 잊어버리게 된다. → 위생 관념 무시, 부적절한 식사 습관
	배뇨 및 배변	배뇨 및 배변 능력의 퇴행이 초래된다.
	감각손상	• 보고, 듣고, 통증을 느끼는 능력이 상실된다. • 실인증으로 촉각이나 시각을 통하여 익숙한 물체를 식별하지 못한다.
	장기기억장애	장기기억을 회상하지 못하게 되고 가족과 친구들을 알아보지 못한다.
	정서	공격적이며 배회하는 경향이 있다.
3단계 : 8~12년	인지	• 심한 지적 기능 장애와 혼돈이 유발된다. • 의사소통(−) 농자가 된다.
	과업	• 일상생활을 수행할 능력을 잃어버리게 된다. • 무반응을 보이며 실행증이 초래된다.
	사지의 강직과 굴곡 자세	

✍ **알츠하이머병의 초기증상**
① 직업과 관련된 기능에 영향을 미칠 정도의 기억력 상실
② 집안일을 하는 데 있어서의 어려움
③ 올바른 언어를 적절하게 사용하지 못하는 언어상의 장애
④ 시간과 장소에 대한 지남력 장애
⑤ 판단력 저하
⑥ 추상적 사고의 어려움
⑦ 물건들을 부적절한 곳에 놓음
⑧ 정서나 행동의 변화
⑨ 인격변화
⑩ 솔선하는 것이 사라짐

5 알츠하이머 치매에 사용되는 대표적인 약물 [2022 기출]

치매약물	약물기전	
아세틸콜린에스테라제 억제제 (acetylcholinesterase inhibitor)	기전	• 아세틸콜린은 신경시냅스로부터 방출되어 시냅스 건너편으로 메시지를 전달한다. • 콜린에스테라제는 아세틸콜린을 분해한다. • 콜린에스테라제 억제제는 콜린에스테라제를 차단함으로써 아세틸콜린이 메시지를 전달하기 위한 시간을 벌어준다.
	작용	• 아세틸콜린이 메시지를 전달하기 위한 시간을 벌어준다. • 인지기능과 기억력증진의 효과가 있다. • 질병의 진행을 지연시키는 효과가 있다. • 증상호전이 되는지를 보기 위해 기억 및 일상생활동작을 살펴본다.
	부작용	• 어지러움증이 흔한 부작용이므로 움직일 때 주의한다. • 당뇨환자는 혈당을 조절한다. • 위장관 출혈과 위통증을 관찰한다.
NMDA수용체 차단제: memantine (Namenda)	작용	• 뉴런이 죽는 것을 늦추는 작용을 한다. • 중증상태에서의 증상을 일시적으로 지연시킨다.
	부작용	황달, 발작, 심음저하, 위장관출혈, 배뇨곤란 → 의사에게 즉시 보고

🖊 **콜린에스테라제 억제제의 기전**

아세틸콜린은 신경시냅스로부터 방출되어 시냅스 건너편으로 메시지를 전달한다. 콜린에스테라제는 아세틸콜린을 분해한다. 콜린에스테라제 억제제는 콜린에스테라제를 차단함으로써 아세틸콜린이 메시지를 전달하기 위한 시간을 벌어준다.

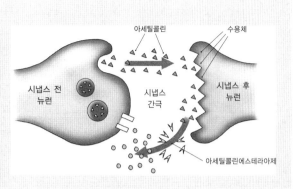

05

6   간호중재

알츠하이머와 관련된 주요간호진단
- 제한된 주의력, 기억력, 익숙하지 않은 환경노출과 관련된 만성혼돈
- 인지 자가간호결핍과 관련된 배뇨 배변장애
- 실어증, 명칭실어증, 실인증, 실행증과 관련된 의사소통장애
- 기억상실, 배회, 행위변화, 발작행동과 관련된 신체손상위험성
- 과다한 자극, 혼돈, 불안정과 관련된 배회
- 인성변화, 불안, 낯선 환경, 과다한 자극, 혼돈과 관련된 수면장애

간호진단	제한된 주의력, 기억력, 익숙하지 않은 환경노출과 관련된 만성혼돈
간호중재	• 인지적 자극: 계획된 자극에 의해 주변환경을 이해하고 인지기능을 증진 • 기억력 훈련: 기억력 촉진
인지적 자극	• 다양한 사람과 접촉하게 하여 환경적 자극 제공 • 현실의 변화가 필요하면 점진적으로 바꿈 • 달력 제공 • 휴식기간 제공 • 새로운 물건을 제공하기 위해 반복적으로 사용설명 • 정보는 적은 양으로 핵심적인 것을 제공 • 치료적 접촉 사용
기억력 훈련	• 기억의 문제는 환자나 가족과 상의 • 환자가 마지막으로 표현한 생각을 적절하게 반복하게 함으로써 기억력을 자극 • 과거의 경험에 대해 적절하게 회상하게 함

간호진단	실어증, 명칭실어증, 실인증, 실행증과 관련된 의사소통장애
간호중재	• 의사소통 문제가 있거나 잘 듣지 않는 대상자와 대화할 때 관심을 집중하게 함 • 주의가 산만하지 않도록 환경을 조성함 • 전전히 분명한 어조로 밀하고, 문장은 짧게 함 • 대상자에게 한번에 한 가지 일을 하도록 지시하고, 충분한 시간을 제공 • 질병이 진행됨에 다라 업무수행이 어려움. 수행에 필요한 것이 무엇인지 보여주고, 어떻게 하는지 기억할 수 있게 단서를 제공하거나 시범을 보여줌 • 일반적으로 통증이나 불편감을 잘 느끼지 못하므로 거친 숨소리, 부정적인 발성, 공포의 표정, 못마땅한 얼굴, 부자연스러운 신체언어 등을 잘 관찰함

간호진단	• 기억상실, 배회, 행위변화, 발작행동과 관련된 신체손상위험성 • 과다한 자극, 혼돈, 불안정과 관련된 배회
간호중재	배회감소와 안전 증진
인지적 자극	• 불안정하고 배회하는 대상자가 집밖으로 나갈 때 전화번호와 주소가 적힌 이름표를 꼭 착용하게 함 • 출입구 앞에 정지표시나 빨간 테이프를 붙여놓고, 문에 경보장치를 달아줌 • 대상자가 자주 걸으면 불안정이 감소될 수 있음 • 대상자가 가려는 곳이 어딘지 파악함. 예를 들어, 대상자가 옷을 사러 쇼핑하러 간다고 고집부리면 대상자를 옷장으로 데리고 가서 옷을 선택할 수 있게 해 줌 • 대상자가 능동적으로 활동에 참여하도록 계획한다. 퍼즐, 보드게임, 미술활동이 적절함 • 억제대는 불안정과 격양을 악화시키므로 사용을 자제하고 마지막 대안으로 이용함 • 잠재적으로 위험한 물건을 제거하거나 안전한 곳에 보관함(뜨거운 물, 칼, 독성장치, 전기장치, 바늘 등)

06 말초신경질환

1 삼차 신경통(tic douloureux, trigeminal neuralgia) [1995 기출]

원인과 병태생리	• 제5번 뇌신경 장애로서 사차신경의 3개 분지 중의 하나 혹은 그 이상의 신경분지에 견디기 어려운 반복적인 발작적 통증(찌르는 듯한 통증)이 나타난다. 삼차신경의 3개 분지는 안신경가지, 상악신경가지, 하악신경가지이다. • 삼차신경분지에서 나타나는 통증은 시발점(trigger zones)이 있어(**예** 환자의 윗입술, 아랫입술, 잇몸, 코 또는 뺨의 측면) 이 부위에 강한 자극(찬바람, 면도 시, 세수, 음식을 씹거나 삼킬 때 또는 말할 때)이 있으면 통증이 나타난다. 그러므로 환자는 음식을 먹는 것, 구강위생 또는 면도하는 것조차 기피하고 말을 하는 동안에도 얼굴을 움직이려 하지 않는다.
삼차신경	 삼차신경 분포도 안면의 분포도
증상	• 가장 특징적인 통증의 양상은 주로 눈 아래 쪽의 안면부에 칼로 베는 듯한, 타는 듯한 통증이 있는데 주로 어느 한쪽 안면부에서 발생하는 경우가 많다. • 통증은 발작성이며 수초에서 수분 동안 지속되다가 자연적으로 사라지며, 하루에 수회씩 수십 번 반복적으로 나타났다가 사라지기도 한다. • 세수, 이 닦기, 식사, 입술 주변이나 콧방울을 건드릴 때, 대화, 바람을 쐴 때, 머리카락을 건드릴 때 통증이 유발된다.
치료	• 약물치료 • 보존적 치료: 신경차단술은 약물요법으로 효과가 없을 때 삼차신경 가지에 주사침을 삽입하고 알코올이나 페놀을 주입한다. • 외과적 치료: 글리세롤 삼차 신경근 절단술

(1) 간호과정

간호진단	• 삼차신경의 압박이나 감염으로 인한 통증 • 삼차신경통의 공포감, 섭취량 감소와 관련된 영양부족 • 수술과 관련된 신체손상 위험성 • 통증과 관련된 불안
통증관리	• 통증 유발요소(찬바람, 음식물의 저작, 면도, 세수)를 피한다. → 대부분의 위생간호가 통증을 유발시키므로 이를 기피하여 위생상태가 불량하다. • 물의 온도를 적정하게 유지, 매 식사 후 구강을 청결히 한다. • 실온의 물과 면패드를 이용하도록 한다. • 식후에는 구강함수제로 입안을 헹구도록 하며, 통증이 없는 동안에 개인위생을 수행하도록 한다. • 실온의 음식과 음료를 섭취하도록 하고 건강한 쪽으로 음식을 씹도록 하며, 부드러운 음식을 섭취하도록 권장한다. • 환자의 활동은 특별히 제한하는 경우 외에는 가능한 일상활동을 유지하도록 권장한다. • 약물을 정확하게 투여하고 약물효과를 관찰, 기록하며 필요시 적절한 교육을 실시한다. • 환자의 통증이 만성화된 경우에는 불안, 우울, 불면증이 동반될 수 있음을 인식하고 적절한 중재를 적용한다.
영양관리 (영양불균형)	• 환자가 통증에 대한 공포감 때문에 음식섭취를 기피하게 된다. • 되도록 음식은 쉽게 빨리 씹을 수 있는 것으로 준비한다. • 흔히 유동식이나 반고형음식이 수술 전 환자에게 허용된다. • 음식의 온도가 중요한데 너무 뜨겁거나 차면 통증발작을 유발하기 때문에 실온상태를 유지하여 소량을 자주 공급하는 것이 좋다. • 구강섭취가 제한되어 영양장애와 탈수증이 나타나면 경장영양이 고려된다. • 통증이 없는 쪽으로 씹도록 하고 칼로리 없는 식사는 피한다.
손상예방간호	• 각막반사가 없으므로 안구보호가 필요하다. • 상악신경과 하악신경분지를 제거한 경우 구강에 화상을 입을 수 있으므로 너무 뜨거운 음료수와 음식섭취는 제한한다.
자가간호증진 (자기간호결핍)	• 통증발작 때문에 대상자는 세수, 구강관리, 면도 등을 기피하려 하므로 미지근한 물로 목욕하도록 한다. • 구강위생을 위해 가볍게 함수하게 하고, 각막감각을 상실한 대상자에게 눈간호를 실시하여 합병증을 예방한다.

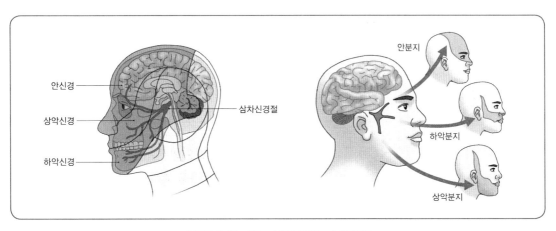

| 얼굴에 분포하는 삼차신경의 지배영역 |

출처 ▶ 보건복지부, 대한치의학회

(2) 수술 후 간호

수술부위 부종 완화	수술 후 4시간 동안 수술부위에 얼음주머니를 대준다.
눈 기능 보호·유지	• 안분지를 침범하면 각막반사가 소실된다. • 각막을 안대로 보호한다. • 얼굴을 닦을 때 눈을 건드리지 않는다. • 인공눈물을 점적한다. • 매일 눈의 충혈이나 과민상태를 관찰하고 시야가 흐려지면 의사에게 보고한다. • 통증기전이 상실되었으므로 눈을 비비지 않게 한다.
하부 분지 침범 시 구강기능 증진	• 감각기능이 상실되면 구강에 화상을 입을 수 있으므로 뜨거운 음식을 섭취하지 않도록 한다. • 침범되지 않은 쪽으로 음식을 씹도록 한다. • 저작 시 구강점막을 물지 않도록 한다. • 식사 후 구강에 남은 음식이 없도록 구강간호를 한다. • 음식은 연식을 제공하고 감각이 회복될 때까지 수술부위로 음식을 씹지 않도록 한다. • 6개월마다 정기적으로 치과를 방문하여 충치를 예방하도록 한다.
안전증진	전기면도기를 사용한다.

2 안면신경마비(Bell's palsy)

(1) 개요

진단명	안면신경마비(Bell's palsy)
침범뇌신경	제 7번 뇌신경
특징	귀 뒤 부위의 불편감으로 시작하여 외이에 단순포진성 수포를 보이는 경우가 있으며 몇 시간 내에 얼굴 한 쪽 편에 완전마비가 초래된다. 영향을 받은 쪽의 근육은 모두 힘이 없고 이완되며, 눈썹을 올리거나 눈을 감지 못하게 되고, 미소를 짓거나 안면근육을 올려 치아를 보이게 할 수 없으며 침이 입 가장자리로부터 흐른다. 침범받은 쪽의 눈에서는 눈물이 흐르고 휘파람을 불지 못하며 음료수나 음식을 먹는 데 어려움이 있다. 또 침범된 쪽 혀 전면 2/3의 미각 상실이 있다.

말초성 신경마비   중추성 신경마비

| 안면신경마비 임상증상 |

	중추성 마비 : 뇌졸중	말초성 마비 : Bell's palsy
원인	뇌졸중의 뇌의 왼편 전두엽 손상 시 오른쪽 아랫 부분 안면 마비 + 오른쪽 위부분 안면은 피질 양쪽에서 온 신경로 지배로 정상	Bell's palsy 시 오른쪽 안면신경 손상으로 이마를 포함한 전체 오른쪽 안면 마비
이마 주름잡기	○ (피질의 양측성 지배)	×
눈감기	○ 경도	×
코입술고랑, 입꼬리	× (반대측성 지배)	×
증상	반대쪽	같은쪽

(2) 임상소견

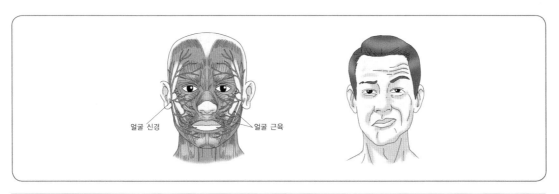

얼굴 신경　　　　　얼굴 근육

증상	귀 뒤 부위의 불편감으로 시작하여 외이에 단순포진성 수포를 보이는 경우가 있으며 몇 시간 내에 얼굴 한쪽 편에 완전마비가 초래됨. 영향을 받은 쪽의 근육은 모두 힘이 없고 이완
표정	얼굴표정상실, 얼굴 찡그리기, 뺨에 바람 넣기 등의 동작이 불가능
이마	이마에 주름잡을 수 없음, 눈썹을 치켜 올리지 못함
눈	• 눈이 감기지 않고 눈동자는 위로 올라감 • 각막반사는 대부분 소실됨
코	코, 입술 주름이 펴짐
입	• 얼굴하부 마비 − 영향을 받은 쪽의 근육은 모두 힘이 없고 이완되며 입은 반대쪽으로 비뚤어짐 • 웃기, 휘파람 불기, 얼굴 찡그리기, 뺨에 바람 넣기 등의 동작이 불가능, 음료수나 음식을 먹는 데 어려움이 있음 • 마비된 쪽에서 계속 침이 흐름 • 침범된 쪽 혀 2/3의 미각 상실

(3) 치료 및 간호

간호진단		• 뇌신경 염증으로 인한 통증 • 저작근의 무능력과 관련된 영양부족 • 얼굴 근육마비로 인한 신체장애
간호중재	진통제 스테로이드	완전 치유방법은 없고 신경조직의 부종감소를 위하여는 스테로이드제제 및 zovirax를 투여한다.
	물리치료	• 단순포진으로 인한 불편감에는 진통제를 투여하고 온습포 적용이나 마사지 등의 물리요법으로 안면신경을 자극한다. • 마사지 등의 물리요법으로 안면신경을 자극해 주고 늘어난 안면근육은 안면 삼각건이나 반창고를 사용하여 지지해 준다. • 각막보호를 위하여 안경을 쓰거나 밤에는 안대를 해주고 인공눈물을 사용하며 주기적으로 부드럽게 눈을 감도록 만들어 주기도 한다.

	안면능동운동	• 휘파람 불기, 뺨 부풀리기 등 안면의 능동운동을 시행해 보도록 권유하고 영향받지 않는 부위로 음식을 씹도록 한다. • 침범되지 않는 쪽으로 씹고 부드러운 음식을 소량씩 먹도록 한다. • 식사 후에는 구강간호를 철저히 해주어 이하선염, 충치, 잇몸질환을 예방하고, 감각이 결여되어 있으므로 너무 뜨겁거나 찬 음식은 피하게 한다.
예후		대부분의 Bell's palsy 환자는 몇 주 이내에 회복이 되며 후유증도 남기지 않는다. 영구적이고 완전한 마비가 되었을 때에는 수술이 요구된다.

3 Miniere's disease

원인	• unknown • allergy, 독성, 국소빈혈, 출혈, virus감염, 부종
임상소견	청각기전의 위축, 청각장애는 일반적으로 일측성이며 진행성임, 만성적이며 재발하는 경향이 있음
증상	현훈, 이명, 난청, 내이충만감 및 압박감, 안구진탕, 오심 및 구토
치료 및 간호	• 혈관확장제, 이뇨제, antihistamine, 안정제 • low sodium diet, 수분 섭취 억제 • 제8뇌신경의 전정기관 절개 또는 내이 적출술 • 외상을 예방, 걸을 때 환자 보조

4 Bulbar palsy

병리생리학적 소견	• 설인신경마비 : gas reflex(-), 연하곤란, 타액분비과다, 혀 밑과 후두개의 무감각 • 미주신경마비 : 언어, 호흡, 역류곤란
간호	• 내외과적 치료 • 흡인 : 침상가에 흡인기구 준비, 구강간호 • 호흡곤란 : 기도확보, 호흡능력사정, 응급기구 준비

5 길랑 – 바레(Guillian–Barre) 증후군

정의	원인 모를 염증성 질환이 말초신경과 뇌신경을 광범위하게 침범하여 나타나며 전 세계적으로 어느 계절에나 남녀 모두에서 발생됨. 말초신경의 수초탈락설이 가장 유력함	
원인과 증상 · 징후	바이러스	• 열 • 피로 • 인후통 • 상기도감염 • 예방접종 • 약물 | 길랑 – 바레 증후군의 원인 |
	하지근육쇠약 → 상지	• 하지의 이상감각증, 원위부분의 근육쇠약으로 시작 • 며칠 내에 양측성으로 나타나며 하지 근육쇠약에서 시작되어 몸체로 올라오고 그 다음 팔, 얼굴, 근육, 그리고 뇌 조직으로 진행 • 대개 10~13일 사이에 전체 운동마비가 일어나며 일반적으로 몸체와 하지의 근육쇠약은 아주 심하여 양 하지의 이완성 마비와 호흡근의 쇠약상태를 일으킴 • 뇌신경까지 침범되면 저작, 연하, 그리고 언어장애가 나타나며 심지어 눈도 감을 수가 없게 됨
	3대 증상	안면근마비, 무반사, 심한 운동실조증
	자율신경계의 항진 또는 부전	특별한 치료법은 없으며 급성기 동안 주로 호흡의 유지가 필요함
치료와 간호	• 호흡부전 시 기도 내관삽입 또는 기관절개술: 분비물 자주 흡인, 감염예방 • 약물: 대체로 투여하지 않지만 급성기 동안에는 steroid제제를 투여함 • 급성기 동안에는 절대 안정시키고 회복기부터 수동적 ROM운동을 시킴	

05

07 뇌혈관질환 – 뇌졸중 [1992 기출]

1 개요

정의	뇌졸중(stroke) 또는 중풍(apoplexy)으로 알려져 있으며 뇌의 갑작스런 혈류 감소로 인해 중추신경계의 기능장애가 오는 응급상황을 포괄적으로 나타내는 용어로 뇌혈관에 색전이나 혈전, 죽종에 의해 폐색되거나 출혈이 발생했을 때 유발됨
뇌졸중의 위험요인	• 고혈압 • 심장질환 : 심방세동, 심근경색, 판막이상 류머티즘성 심질환 • 당뇨병 • 고지혈증 • 과응고 상태 • 음주과다 • 흡연 • 무증상 경동맥 폐쇄 • 비만 • 경구 피임약 사용
원인	• 혈전 : 주로 죽상경화증에 의해 발생 • 색전 : 응고된 혈액파편, 종양, 지방덩어리, 세균 • 경련 : 동맥수축으로 인해 발생 • 출혈 : 고혈압, 두개내압상승 • 압박 : 종양, 혈종, 뇌부종

2 허혈성 뇌졸중의 분류

혈전성 뇌졸중	혈전증 뇌졸중의 70%는 고혈압과 당뇨와 관련이 있고 대상자의 30~50%에서 일과성 허혈증이 전구증상으로 나타난다.
색전성 뇌졸중	–
일과성 허혈증	• 일과성 허혈증은 일시적이고 국소적인 대뇌허혈로 인한 단순 가역성 신경 기능장애이다. 이때 신경계의 기능장애는 흔히 1~2시간 이내에 회복되며, 드물게 24시간까지 지속되는 경우가 있으나 곧 뇌혈류가 정상으로 돌아오는 특성이 있다. 이러한 일과성 허혈증을 임박한 뇌졸중의 경고 증상으로 간주하여 소뇌졸중으로 부르기도 한다. • 일과성 허혈증은 대뇌나 뇌간의 일시적인 혈액공급 감소로 인해 발생한다. 주원인은 진행성 동맥경화증으로 인한 두개외부혈관의 폐쇄이고 가장 흔하게 발생하는 부위는 내경동맥의 시작부위와 추골기저동맥 계통이다. • 일과성 허혈증의 증상은 손상받는 뇌의 부위에 따라 다양하게 나타난다. 흔한 증상은 팔다리의 갑작스런 허약감이나 마비감, 언어양상의 변화, 한쪽 눈의 시야장애 등이다.

3 출혈성 뇌졸중의 분류

종류	출혈성 뇌졸중은 뇌졸중의 15%를 차지하며 뇌혈관이 파열되는 뇌실질내 출혈과 거미막하 출혈을 일으키는 뇌동맥류가 있다.
뇌내 출혈	• 모든 뇌졸중의 10% 정도이며, 예후는 나쁘다. 발생 후 48시간 이내 50%가 사망에 이른다. • 대부분 고혈압과 관련되어 탄력이 떨어진 혈관이 혈압이 오르는 상황에서 터지면서 뇌실질로 출혈이 일어나 혈종을 형성하는 질환이다. • 초기에 오심과 구토를 동반한 심한 두통이 있으며, 피각과 내낭출혈이 있으며 일측성 허약감, 말이 어눌해지는 증상이 있다. 심한 출혈로 증상이 진행되면 편마비, 동공확대 및 고정, 비정상적 자세, 혼수 등이 나타난다.
거미막하 출혈 : 뇌동맥류	• 거미막하 공간에 생기는 출혈로 가장 흔한 원인이 윌리스 환에 생긴 동맥류의 파열이다. 뇌동맥류는 뇌의 동맥이 주머니처럼 늘어나거나 확장된 것을 말한다. • 두개내 동맥류는 선천성, 외상성, 동맥경화성 변화로 발생하며 동맥혈관벽이 주머니 모양으로 팽창된 것이다. 90%가 선천적이며, 80%는 윌리스 환에 생긴다. 여성에게 더 자주 발생하며, 30~60세에 흔하고 절정기는 50대이다. • 원인은 두개내 동맥류의 파열이나 균열로 일어나는데 45세 이하 뇌혈관질환 사망의 절반 이상을 차지하는 자발성 거미막하 출혈이 가장 흔한 형태이다.

4 임상증상

조기경고증상	일시적 반신부전, 언어장애, 편측 감각마비(일과성허혈발작), 고혈압 환자에게 뇌출혈을 예고하는 증상은 심한 후두골 통증, 경부통, 현기증이나 기절, 감각장애, 비출혈 및 망막출혈 등
뇌혈관 손상 후 증상	반대측 반신부전, 반대측 감각부전 등
지주막하 출혈 증상	뇌신경의 압박으로 시력 손상, 동공산대, 복시, 혈관파열로 인한 출혈증상에는 두통, 의식혼돈, 현기증, 현훈, 구토, 경련
편마비와 반신부전	대뇌피실의 운동영역이나 주체로의 손상으로 인해 발생
실행증	손상받은 부분을 움직일 수는 있으나 의도하는 대로 사용하지 못하는 것. 실행증이 있는 환자는 근육에 메시지를 전달하는 양상이나 틀을 재조직하지 못함. 그러므로 정확한 지시를 뇌에서 팔로 전달하지 못하여 원하는 행동이나 움직임을 하지 못하는 것을 의미함
실어증과 구음장애	뇌의 손상으로 인해 언어를 사용하거나 해석하는 데 장애가 있는 것으로 말하기, 읽기, 쓰기, 구어이해 등의 영역을 포함. 감각실어증(베르니케 실어증 : 언어이해 능력의 장애), 운동실어증(브로카 실어증 : 언어구사 능력의 장애), 전실어증(감각 및 언어구사 능력의 장애를 모두 포함)

시력변화 (Horner 증후군)	눈과 연결된 교감신경장애로 안구가 쑥 들어가고 상안검하수, 하안검의 상승, 동공수축 및 눈물 감소가 특징적
실인증	시각, 청각, 촉각 또는 기타 감각정보의 해석장애로 감각은 있으나 물체를 인식하지 못함, 편측무시는 자신의 신체 반쪽을 인지하지 못하는 것
연하곤란	–
운동감각	감각장애로 신체 반쪽에 감각소실, 이상감각(중압감, 무감각, 저림, 바늘로 찌르는 것 같음, 감각증가), 근관절 실조 등이 나타나는 것
정서적 불안정	–
추상적 사고장애	물체의 위치를 찾지 못하고 크기나 거리를 추정하지 못함, 기억력장애, 공간인지장애, 방향감 상실 때문에 나타남
실금 (비억제 신경인성 방광)	배뇨를 수의적으로 조절하지 못하고 빈뇨나 긴박뇨가 나타남. 기타 기억력장애, 집중력장애, 정서적 요인, 의사소통장애 및 감염 등으로도 실금이 나타날 수 있음
잔여 증상	• 좌측 반구의 병소: 대개 우세반구의 병변부위에 나타나며 언어중추, 운동성·감각성 실어증, 행동은 느리고 신중하고 무질서함 • 우측 반구의 병소: 좌측 반신불수, 공간에 대한 인지 결손, 행동은 충동적이고 빠름, 결손을 깨닫지 못함, 능력의 판단부족 제한성, 마비된 부위를 무시하게 됨 • 전신적: 기억결손, 감정의 기복이 심함, 시력결손, 실행증
사망원인	심장기능부전(연수의 기능부전), 호흡기계 감염

🖉 뇌졸중에 의한 의사소통장애

① 구음장애(dysarthria)

발성기관의 근육마비로 알아듣기 어려운 말을 한다. 구음장애는 발음장애가 있고 말이 느리고 어눌할 뿐 언어구사에 있어서 장애가 없고, 읽고 쓸 수 있다.

② 실어증(aphasia)
  • 표현성실어증(브로카 실어증: 언어구사 능력의 장애)
    - 말하기와 쓰기가 어렵다.
    - 대상자는 자신의 언어결핍을 인식할 수 있기 때문에 좌절하거나 분노할 수 있다.
    - 말을 하는 근육의 마비는 없지만 언어구성에 필요한 잠재기억이 소실되어 말을 할 수 없다.
    - 즉 무슨 말을 해야 할지는 알지만 소리를 말과 음절로 만들지 못하는 것이다.
  • 감수성실어증(베르니케 실어증: 언어이해 능력의 장애)
    - 말과 글의 이해에 어려움이 있다.
    - 말은 유창한 것 같으나 비논리적이거나 의미가 없다.
    - 작화증(confabulation), 신어조작증(neologism)이 있다.
  • 전실어증(global aphasia): 단어와 대화를 이해하는 데 어려움이 있고, 읽기와 쓰기에 어려움이 있다.

5 간호관리

간호	• 일차적인 간호목표는 생을 지지하고 합병증을 막는 것 → 장기적인 목표는 재활 • 무의식 환자 간호 • 기도유지와 환기 : shock이 나타나지 않는다면 침상머리쪽을 20° 올림 • 합병증을 막기 위해 임상증상을 관찰함 • 최상의 자세를 유지함 • 피부의 통합성을 유지함 • 개인위생을 유지 : 환자 스스로 하도록 권장함 • 적당한 영양, 수분 그리고 전해질 균형을 유지하며 self-feeding을 유지함 • 배설증진 • 정서적 지지를 제공함 • 의식을 되찾음으로써 행동의 변화를 관찰함 : 기억상실, 감정기복 심함, 착란, 언어장애 • 지남력, 안심, 언어소통의 방법을 되도록 빨리 수립함
일과성 허혈증의 관리	일과성 허혈증이 뇌졸중으로 진행되는 것을 막는 것이 치료목표. 항고혈압제나 혈소판응집억제제를 사용함. 경우에 따라 혈전성을 예방하기 위해 항응고제인 wafarin(Coumadin)을 처방함 다음 증상이 있으면 의사를 방문한다. • 신체의 한 쪽에 갑작스런 허약이나 마비가 있다. • 언어, 시력, 청력에 갑작스런 변화를 경험한다. • 얼굴, 팔, 다리 등의 한 쪽에 비정상적인 감각이 있다. • 갑자기 강도가 심해지는 두통이 있다. • 갑자기 사고 과정이나 성격에 변화를 경험한다. • 간질이 발생한다. 만약 이전에 간질이 있었다면 발작의 특징이 변화함을 느낀다.
실어증 대상자와의 의사소통	• 의사소통을 방해하는 환경적 자극을 줄임 • 대상자를 인격적으로 대함 • 한 번에 하나씩 설명함 • 질문은 예/아니오로 대답할 수 있도록 간단하게 함 • 대상자의 말을 중간에 지르지 말고 생각을 충분히 나타내도록 기다림 • 의사소통을 위한 가능한 방법들 제스처, 시범 등을 사용. 즉 "보여주세요", "원하는 것은 지적하세요"를 사용함 • 대상자를 이해하지 못했음에도 이해한 척하지 않음. 조용히 이해하지 못했다고 말하고 비언어적 의사소통을 사용하도록 권장하고 필요하면 글로 쓰도록 함 • 정상 음량과 어조로 말함 • 재차 다그치는 질문을 하기 전에 대상자가 정보로 통합하고 반응을 이끌어 낼 때까지 기다림 • 가능한 한 자주 손잡기 등 신체접촉을 함. 접촉이 대상자가 자신의 감정을 표출할 수 있는 중요한 수단이 되기도 함 • 체계화된 스케줄을 짜고 가능한 한 반복적이고 지속적으로 수행하도록 함 • 대상자가 피곤해하거나 불안정 시 의사소통은 강요하지 않음. 실어증은 피로와 불안으로 더 심해질 수 있음

✚ 출제경향 및 유형

연도	내용
1992학년도	비출혈, 편도절제술 적응
1993학년도	숭이염, 편도적출금기, 부비동염
1994학년도	
1995학년도	감음성 난청
1996학년도	중이염 합병증, 알러지성 비염, 비출혈의 원인
1997학년도	
1998학년도	
1999학년도	
후 1999학년도	
2000학년도	
2001학년도	
2002학년도	
2003학년도	
2004학년도	전도성 난청
2005학년도	
2006학년도	
2007학년도	
2008학년도	
2009학년도	
2010학년도	
2011학년도	
2012학년도	
2013학년도	
2014학년도	
2015학년도	청력검사(웨버, 린네검사)
2016학년도	
2017학년도	
2018학년도	
2019학년도	
2020학년도	
2021학년도	
2022학년도	
2023학년도	

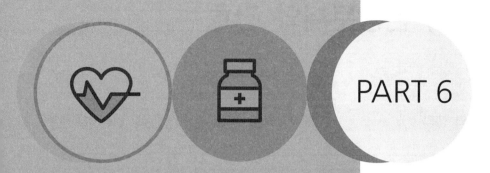

PART 6

귀·코·목
건강문제와
간호

Chapter

01 귀의 건강문제와 간호

01 귀의 해부와 생리

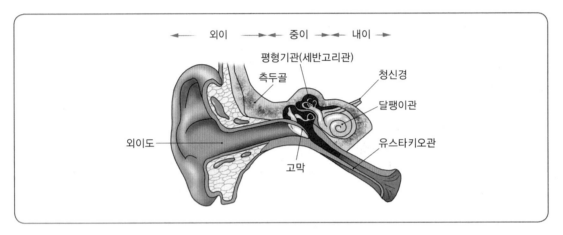

| 귀의 구조 |

귀는 청각(hearing)과 균형(equilibrium)의 두 가지 기능을 하고 있으며 음파를 모으는 외이(external ear), 공기의 진동을 기계적인 진동으로 바꾸어 주는 중이(middle ear), 기계적인 진동을 액체의 진동으로 전환시켜 주는 내이(internal ear)의 3부분으로 구분된다.

외이	• 이개(auricle) : 음파를 모아서 외이도 내로 도입하는 집음관 역할을 한다. • 외이도(external auditory canal) : 이개강에서 고막에 이르기까지의 관으로써 이개에 의해 증강된 음압을 다시 증강시켜 고막 전면으로 보내는 역할을 한다. • 고막(tympanic membrane) : 외이도와 고실 사이에 놓여 있는 얇은 막으로써 중이에 대한 방어벽인 동시에 음전도에 대해서도 중요한 역할, 즉 음압과 진폭을 증가시키는 역할을 한다.
중이	• 고실(중이강) : 불규칙한 prism형의 공동으로서 앞쪽으로는 이강에 의해 비이강으로, 뒤쪽으로는 유양동구를 통해 유양돌기의 유양동에 연결되어 있으며 공기 중의 음파를 내이액으로 전도시키는 데 필요한 기관이다. • 이소골 : 추골·첨골·등골의 3개 이소골이 있으며 연골접합에 의해 chain을 이루고 고막에서 시작하여 난원창에서 그친다. 이소골 연쇄의 지렛대 작용에 의해서 음압을 증강시키는 작용을 한다. • 유스타키오관(eustachian tube) : 중이와 외부의 기압평형을 유지하는 역할을 한다. 비인두와 연결되어 있으며, 하품하면 열리게 되어 이관을 통해 감염원이 들어올 수 있다.

내이	평형감각 및 청각을 감수하는 장치가 있는 부분이며 구조가 복잡하여 미로라고도 한다. • 삼반규관(senicircular canal): 평형감각 • 달팽이관, 와우(cochlea): 음파를 신경흥분으로 전환시킨다.

02 귀의 사정 및 간호력

1 간호력

이루	이루의 성격으로 장액성인지, 점액성인지, 혈액성 또는 악취 여부, 양, 기간, 통증이나 현기증 또는 청력장애를 동반하는지 여부
청력장애	양측성인지, 청력장애의 기간과 진행양상이 급성인지 또는 만성인지, 가족력이나 청력에 영향을 주는 항생제나 소음노출 여부 등
이명	성질과 음질로 고음인지, 저음인지, 물소리인지, 바람소리인지, 매미 우는 소리인지, 기간과 이명이 연속적인지 혹은 단속적인지, 청력장애나 현기증의 동반 여부
이통	기간과 동통 정도, 지속적인지 혹은 단속적인지, 이루나 이명 여부
현기	발작시기, 지속시간, 정도, 오심이나 구토 또는 발한 여부, 자세변동에 따른 증상변동 여부

2 외이도 및 고막검진

이개	이개와 이주, 유양돌기의 기형, 혹, 피부병변, 압통을 관찰한다. • 이개, 이주를 움직여서 아픈 것은 급성 외이염이고 중이염일 때는 아프지 않다. • 이후부의 압통은 중이염을 의심한다.
이도와 고막	환자의 머리를 약간 반대쪽으로 숙이게 한다. • 이경을 삽입하여 관찰(성인은 이개를 상하방으로, 어린이는 이개를 후하방으로 잡아당김)한다. • 외이도에 귀지나 분비물, 이물이 있는지 확인하고 고막을 관찰하여 중요 부위를 구별한다.
이경 삽입	• 환자를 편안하게 앉히고 어린이는 후하방으로 성인은 후상방으로 잡아당겨 외이도를 일직선으로 하고 조심스럽게 이경 삽입 후 정상고막을 관찰한다. • 외이도에 맞는 이경을 선택하고 시야를 좋게 하기 위해 귀지를 제거한다. • 정상고막은 진주양, 회색빛이고 단돌기, 추골파병, 광추 등이 보인다.

비정상 고막	• 충혈, 발적 : 고막이 진홍색, 외이도염이나 외이도 자극 시 초래된다. • 출혈, 일혈(ecchyomsis) : 외상에서 나타나며 처음에는 진홍이나 자적색 또는 진한 감색이며 날이 갈수록 암적이나 흑갈색이다. → 결국에는 황색이 되고 소실된다. • 고실 내 수액이 축적된다. • 팽윤(bulging) : 급성 중이염에서 염증산물로 고막팽윤이 초래된다. • 천공 : 염증성이나 오래된 것은 둥근 모양이나 외상성은 불규칙하여 끝이 예리하다. 출혈, 일혈 또는 혈괴가 있다. • 혼탁 : 반흔, 석회 침착, 고실 내 염증은 고막 비후와 더불어 혼탁이나 반흔으로 광택과 투명도가 상실된다. • 내함(retraction) : 이관 폐쇄나 외이도의 기압상승으로 고실 내에 음압이 형성되면 내함이 형성된다.

| 이도 시진 |

양상	원인
황색	부드러운 귀지
녹색	급성 외이염
장액성	이도벽의 습진성 병변, 초기 급성 중이염, 중두개와 골절로 인한 뇌척수액
화농성	급성 또는 만성 중이염, 결핵성 중이염, 진주종
혈성	이도벽의 외상, 고막의 파열, 중두개와의 골절

| 고막 시진 |

고막의 양상	원인
고막에 흰줄이나 반점	감염이 치유된 후의 오래된 반흔
호박색	장액성 중이염에서 보여진 호박색으로서 고막을 통해 보이는 장액성 액체
고막 뒤에 공기기포 : 공기/액체면	이관염과 함께 장액성 중이염
두드러진 경계선과 더불어 쑥 들어가고 찌그러져 있거나(내함) 빛반사가 없음	이관폐쇄나 이관염
밝은 빨강색이고 팽윤 : 광택이나 빛반사가 없음	급성 화농성 중이염
검푸른색 : 빛반사가 없음	외상으로 인해 이차적으로 중이 내에 혈액 축적
오래된 천공들	급성 중이염에서 이차적으로 초래

3 청력검사 [2004 · 2015 기출]

공기전도	공기 전도는 외이도로 들어온 음파에 의해 중이의 고막이 진동하고 고막의 진동이 중이의 이소골을 거쳐서 난원창으로 내이에 전도한다.		
골전도	음파가 고막을 거치지 않고 골전도로 내이에 직접 전도한다.		

음성검사	방법	30cm 떨어진 곳에서 대상자의 귀에 대고 조용하게 문장을 속삭인다. 그 후 대상자에게 그 문장을 말하게 한다. 다음은 중간 정도로, 점차 크게 강도를 높인다.	
	정상	양쪽 귀에서 부드러운 속삭임의 소리를 들을 수 있어야 정상이다.	

음차검사	구분	전도	Weber	Rinne
	–	–	골전도	골전도, 공기전도 비교
	정상	–	편위 ×	공기전도 > 골전도
	전도성 난청	공기전도↓, 골전도↑	환측에서 잘 들림	공기전도 < 골전도
	감각신경성 난청	공기전도↑, 골전도↓	정상에서 잘 들림	공기전도 > 골전도

편기검사, (Weber test) 골전도검사	방법	음차를 가볍게 진동시켜 대상자의 머리중앙이나 이마 가운데 댄 후 어디에서 소리가 들리는지 확인한다.		
	결과	정상	양쪽 귀에서 똑같이 소리가 들린다.	
		전도성 난청	손상된 귀에서 더 크게 들린다.	
			근거	골전도로 전달된 음은 정상적으로 외이를 통해 빠져 나가지만 전도성 난청은 정상 공기전도의 길이 막혀 음파 유출 방해로 강한 내이 진동을 일으켜 크게 오래 들린다.
		감각신경성 난청	• 손상된 귀에서 잘 들리지 않는다. • 골전도 감소로 음은 건강한 귀에서 잘 들린다.	
			근거	골전도로 전달된 음은 감각신경성 난청의 내이나 청신경 장애로 청신경 전도가 되지 않는다.

린네검사 : 공기전도와 골전도의 비교 (Rinne test) [2015 기출 · 국시]	방법	진동하는 음차를 유양돌기 위에 놓았다가 더 이상 음을 들을 수 없을 때 외이에서 1~2cm 떨어진 위치(얼굴 앞쪽 이도 가까이에)에 음차를 대고 대상자가 그 음을 들을 수 있는지 여부와 들을 수 있는 시간을 비교하는 방법으로 양쪽 귀에서 각각 검사한다.		
	결과	정상	–	
		전도성 난청	• Rinne 검사가 음성(−) • 공기전도 < 골전도 • 골전도가 공기전도보다 더 오래 들린다.	
			근거	골전도로 전달된 음은 정상적으로 공기 전도인 외이를 통해 빠져 나가지만 전도성 난청은 정상 공기 전도의 길이 막혀 음파 유출 방해로 강한 내이 진동을 일으켜 크게 들린다.

06

	감각신경성 난청		• Rinne 검사가 양성(+) • 공기전도 > 골전도 • 공기전도, 골전도는 정상보다 감소하나 음은 공기전도를 통해서 더 크고 길게 들린다. • 공기전도가 골전도보다 더 오래 들린다.
		근거	감각신경성 난청은 공기전도의 장애가 없고 물리적 음향 에너지를 전기적 음향 에너지로 바꾸는 내이나 청신경 장애에 의한 신경 전도의 문제이다. 공기전도, 골전도가 감소하나 공기전도를 통해서 더 크고 길게 들린다. 공기전도가 골전도보다 민감하다.
Schwabach 검사	• 골전도와 검사자의 골전도 시간을 비교하는 것이다. 진동하는 음차를 대상자의 유양돌기에 대고 골전도 시간을 측정하여 들리지 않으면 검사자가 먼저 들은 후 대상자에게 들게 한다. • 결과 : 검사자와 대상자가 동시에 같은 강도의 소리를 들어야 정상이며, 검사자보다 대상자가 더 오래 소리를 들으면 전도성 난청, 짧게 들으면 감각신경성 난청이다.		

| 음차검사결과 |

손상 부위	Weber test	Rinne test	Schwabach
정상청력	머리 중앙부위에서 소리 들림	공기전도가 골전도 2배 오래 지속	대상자와 검사자가 동일
전도성 난청 (외이/중이)	손상된 귀에서 소리 들림	골전도가 공기전도보다 더 오래 지속	대상자가 검사자보다 소리를 오래 들음
감각신경성 난청(내이)	건강한 귀에서 소리 들림	공기전도가 골전도보다 더 오래 지속	검사자가 대상자보다 소리를 더 오래 들음

| 청력상실의 양상 | [2001 · 2004 · 2015 기출]

전도성 난청	
외이나 중이의 이상	• 웨버 검사 : 병이 있는 귀쪽으로 기울어진다. 병이 있는 귀는 방안 소음에 의해 전환시키지 못하기 때문에 정상보다 골진동을 더 감지한다. 손으로 한쪽 귀를 막고 혼자 해볼 수도 있다. 이것은 아주 조용한 방에서는 없어진다. • 린네 검사 : 골전도가 공기전도보다 오래 지속된다. 외이나 중이를 통한 진동이 막힌 곳을 지나간다.
감각신경성 난청	
내이나 신경이상	• 웨버 검사 : 정상 귀쪽으로 기울어진다. 내이나 신경은 골이나 그 외의 통로로 오는 진동을 받는 능력이 적다. 따라서 소리가 완전한 귀에서 잘 들린다. • 린네 검사 : 공기전도가 골전도보다 오래 간다. 내이나 신경은 이들의 통로를 통한 진동을 적게 받아들인다. 정상형태는 유지되어 있다.

	전도성 난청	감음성 난청
	소리경로의 장애	신경전도 장애
병태생리	• 모든 주파수의 소리에 동일하게 청력장애 • 외이나 중이를 통한 정상 전도로가 폐쇄되어 뼈를 통한 진동이 폐쇄부위를 우회하여 통과하여 골전도가 공기전도보다 오래 지속됨	내이의 수용체 세포의 상실이나 손상으로 달팽이관의 변화 및 청신경의 기형으로 자극을 받아들이고 해석하는 능력을 감소하거나 왜곡
원인	• 귀지 또는 이물, 종양 등으로 외이도의 폐색 • 중이내수액 – 중이염으로 중이강 내 화농성 또는 카타르성 분비물이 고인 경우 • 고막 천공 시 • 이경화증 또는 이소골 파괴 시	• 코르티기관의 털세포의 손상 • 짧은 시간동안 큰 진폭으로 나오는 전압이나 전류 또는 시끄러운 기계소음 • 간헐적이거나 지속적으로 고음의 소음에 노출 시 손상됨 • 이독성 약물(아스피린, 라식스, 마이신류 항생제, 항암제 cisplatin) • 감염(풍진, 바이러스, 외상, 뇌막염, 탈수초화질환 등)

(1) 평형검사

정의			8뇌신경 검사이며, 안뜰(전정) 기능 검사로 평형을 유지하는 기능을 사정한다.
사지평형기능 검사			평형을 담당하는 전정기능을 사정하기 위한 검사이다.
one leg raising 검사			한쪽 다리로 서게 한다.
지시검사	방법		• 검사자와 대상자가 서로 마주보고 앉아 검사자는 양손의 둘째손가락을 펴서 대상자의 어깨 높이 만큼 수평으로 올린다. • 검사자는 대상자에게 양손의 둘째손가락을 펴서 검사자의 손가락에 깃다 대도록 지시한다. • 대상자는 눈을 감고(시각은 전정 기능을 보상) 양팔을 동시에 서서히 머리 높이로 올리게 한 다음 내려서 검사자의 손가락에 댄다.
	결과	전정 기능 정상	대상자의 손이 정확하게 시작한 위치로 돌아온다.
		급성 전정 기능장애	손상된 쪽으로 기울어 정확하게 닿지 못한다.
		만성 전정 기능장애	시각은 전정 기능을 보상 작용으로 하며 정상이다.
차안 서자검사	방법		눈을 가리고 몇 개의 문자를 세로로 쓰게 하여 그 축을 조사한다.
보행검사	방법		일직선상을 걷게 하여 한쪽으로 기울어지는지 평가한다.

족답검사 (stepping test)	방법	한 지점에서 제자리 걷기를 시킨 후 신체의 회전, 이동 조사 등을 시행한다.
Romberg 검사	방법	• 눈을 뜬 상태에서 두 팔은 몸 양옆으로 자연스럽게 내리고, 무릎과 발을 모으고 서 있게 하여 흔들림이 있는지 관찰한다. • 눈을 가리고 똑바로 서게 하여 직립 반응 검사한다.
	정상	정상적으로 약간의 흔들림이 있을 수 있으나 평형을 유지한다.
	전정 문제	눈을 감은 상태에서만 흔들림, 시각이 전정기능을 보상한다. cf) 소뇌성 실조증: 눈을 감으나 뜨나 모두 흔들림 [국시 2017]

03 외이질환

1 범발성 외이도염(otitis externa diffusa)

정의	외이도에 여러 세균의 감염으로 생기는 염증이며 귀를 후빌 때 상처도 잘 생김
증상	• 동통 및 이로 인한 수면장애 • 외이도의 분비물 또는 폐쇄 • 고막에는 보통 경한 발적이 있음
치료 및 보건지도	• 기계적 자극을 피함(귀를 후비지 말 것) • 목욕 시 물·비눗물이 귀에 들어가지 않도록 함 • 동통조절을 위한 aspirin 투여 및 항생제 요법 사용(lincocin penbritin 등)

2 외이도 이물(foreign bodies)

원인	소아에 있어서는 콩·팥·쌀·모래 등을 자신이나 다른 아이가 넣어서 장기간 이물로 가지고 있는 수가 있다. 성인에게서는 귀를 후비다가 성냥골·솜 등을 넣기도 하고, 피마자 씨나 깨 씨 같은 것을 넣는 수가 있다. 이런 것을 무생이물이라고 하며, 파리·개미·모기·바구미 같은 이물을 유생이물이라고 한다.
증상	• 이물의 종류와 크기에 따라 다르다. 무생물로 작은 것은 아무런 증상 없이 오랜 시일이 경과할 수 있으나, 큰 것은 난청·폐색감·동통 등이 있다. • 유생물인 때는 그것이 귓속에서 운동하기 때문에 환자는 심한 동통과 잡음으로 고통을 받게 된다.

치료	• 작은 무생물은 이세척으로 간단히 제거된다. • 콩 같은 것이 습기로 종창되어 있으면 알코올로 탈수하여 용적을 작게 한 다음, adrenalin을 주입하여 외이도의 충혈을 소퇴시킨 후 꺼낸다. 이때 글리세린 등을 소량 주입하면 적출이 더욱 편리하다. • 생물인 것은 먼저 알코올이나 올리브유를 귓속에 넣어 곤충을 먼저 죽인 후 이물감자로 적출한다.

3 이진균증(이사상균증, 외이도 기생균증, otomycosis)

정의	사상균(곰팡이)이 외이도와 고막에 기생해서 생기는 질환이다.
원인	사상균의 아포는 공중을 떠다니기 때문에 언제나 외이도로 들어갈 수는 있지만 외이도에 적당한 습기가 있어야만 발병할 수 있다. 즉 만성 중이염이나 외이도염으로 외이도가 불결하면서 축축한 상태에 있을 때나 외이도를 긁어서 피부에 상처를 내었을 때 발병한다.
증상	• 소양감, 이물감, 폐색감, 가벼운 난청 • 외이도에 흰 딱지가 자주 낀다.
치료	• gentian violet 용액 도포, 98% 알코올로 외이도를 닦은 후에 도포한다. • 가네스텐 연고의 도포도 필요하다.

04 중이질환

1 급성 삼출성 중이염(카타르성/장액성 중이염, otitis media catarrhalis)

정의	이관이 협착되거나 폐쇄되어 관속으로 공기가 통하지 않는 상태를 총칭해서 이관협착증이라고 하는데 염증에 의해서 협착이 왔을 때를 말한다. 카타르란 말은 화농성이 아닌 점막의 염증을 말한다.
원인과 병태생리	이관점막·이관편도 등이 부어서 이관이 폐쇄되면 중이강 내에 있는 공기가 폐쇄된 채 환기가 잘 안 된다. 그 결과 중이내압은 음압으로 되고 고막이 내측으로 끌리게 되며 고막이 운동장애를 받게 되어 청력에 장애를 주게 된다. 이런 상태가 오래 계속되면 조직액을 중이강에서 수입하게 되어 중이 속에 화농되지 않은 깨끗한 조직액이 차게 되는데 이를 삼출성 중이염이라고 한다.
증상	• 귀가 막힌 감이 있고 이명, 난청이 있다. • 자기의 목소리가 귓속에서 울리는 것 같고 동통은 별로 없다. • 고막은 보통 안으로 함몰되어 있고 전반적으로 경한 발적이 있다.

치료	• 이관 통기법 : 이관협착에 대한 치료에 주력한다. • 원인 제거 : adenoid의 제거, 비강이나 부비동 또는 비인강의 염증 제거, 상인두종양에 대한 처치가 필요하다. • 약제주입법 • 고막천자 및 절개

2 급성(화농성) 중이염[acute(suppurative) otitis media] [1993 · 1996 기출]

정의		세균이 어떤 경로를 통하여 중이강 내에 들어와서 염증을 일으킨 상태이다.
원인	원인균	연쇄상구균에 의한 것이 가장 많다.
	이관 감염	감기, 급·만성의 상인두염, 비염, 부비동염, 아데노이드 종양 등이 있으면서 이관을 개방시키는 동작 즉 하품, 기침, 재채기, 구토, 딸꾹질, 이관통기 및 비세척 등의 조작이 상당한 압력으로 조작될 때 발생한다.
	외이도 감염	대부분 고막의 천공을 통하여 목욕·수영·세수할 때 오물이 침입하여 발생한다.
	혈행 감염	장티푸스, 인플루엔자, 결핵, 매독 등의 경우에 발생할 수 있으나 극히 드물다.
급성 중이염이 성인보다 어린이에게 빈번하게 발생되는 이유		어린이의 이관은 성인의 이관보다 굵고 넓고 짧으며 경사가 적기(수평) 때문이다.

증상
[1993 기출]
		• 이폐색감, 이통, 이명
		  ☪ 이통(otalgia) : 화농기에 있어서 고막천공 전의 이통이 가장 심하며 대개 찌르는 듯한 감이 있다. 고막천공 후에도 계속 이통이 지속되면 병변이 심상치 않을 수 있다. 인플루엔자성 중이염 때 이통이 가장 심하다.
		• 발열, 박동감, 두통, 약간의 어지러움, 오심, 구토, 귀의 압박감과 가득찬 느낌 : 초기에는 38~40℃의 발열이 있으며, 고막이 천공되어 분비물이 유출되어 나가면 열이 떨어진다 (분비물이 박동성으로 유출됨이 특징이다).
		• 고막이 터지지 않았으면 고막이 빨갛고 외이도 쪽으로 팽만되어 튀어나온 상태이다.
		• 고막천공 후는 이통이 약화되고 열이 떨어지고 박동성 분비물이 있다. 처음에는 장액성 이다가 점차 점액농성이 된다.
		• 혈액검사 시 백혈구 증가, 청력검사 시 전도성 난청을 보인다.
		
		  ✒ 중이염의 주증상
		  ① 두통 ② 이폐색감, 이통, 이명
		  ③ 청각소실, 식욕부진, 오심, 구토 등 ④ 화농성 시 발열

진행과정	• 발적기 : 상기도감염 후 이통, 발열, 귀 충만감, 충혈성 부종, 고막(탁, 두꺼움, 충혈, 정상) • 삼출기 : 삼출물 형성으로 구토, 전도성 난청을 일으킴, 부동성 고막(팽윤, 발적, 광택 없음) • 화농기 : 고막천공 전에는 이통 심함, 고막이 터지면 화농성 분비물 배출로 통증과 발열이 사라지고, 전도성 난청이 심해진다.
합병증 [1996 기출]	인접조직에 침범함으로써 유양돌기염, 뇌막염, 뇌농양, 미로염, 추체첨단 화농증, 안면신경마비 등
치료	절대로 신체의 안정이 필요하다. 선행 질병인 감기나 비염의 치료가 필요하다. • 전신요법 : 침상안정, 음주와 흡연 삼가, 항생제와 소염제를 투여한다. 항생제는 최소한 7일 이상을 사용하는데 귀가 건조하고 고막이 정상화되고 청력도 정상일 때까지 투여한다. • 고막파열이나 고막 절개 후에 소독솜으로 외이도를 느슨하게 막아 분비물이 밖으로 흐르는 것을 방지한다. • 동통완화를 위해 codein이나 acetylsalicylic acid 투여하고 국소적 냉찜질을 한다. • 귀점적약은 잘 쓰지 않고 흡수촉진을 위해 국소열 적용을 한다. • 오심, 구토가 없이 열이 있으면 수분 섭취를 권장한다. • 항상 충분한 영양과 휴식을 취한다. • 코를 풀 때 너무 힘을 주는 버릇이 있으면 이도 고친다.
자가간호	• 귀 감염 확산을 막기 위해 활동 전후에 손을 깨끗이 씻도록 한다. • 고막이 치유될 때까지 귀에 물이 들어가지 않도록 샤워나 샴푸 시 귀마개를 사용하고 물기를 깨끗이 닦고 면봉을 삽입하거나 수영하는 것은 피한다. • 귀를 함부로 문지르거나 긁지 않도록 한다. • 입을 다문 채 재채기를 하거나 코를 풀지 않도록 한다.

✒ 급성 중이염 환자의 잠재적 문제점
① 만성 중이염과 유양돌기염으로 진행
② 전도성 난청의 심화 및 청력의 완전 상실
③ 수막염이나 뇌막염 및 뇌농양으로 진행
④ 안면신경마비 : 안면신경은 대뇌에서 나오는 12신경 중 7번째 신경으로 내이와 중이를 통과히여 안면부 근육으로 들어간다. 대부분 중이염에 의한 안면마비는 합병증이 발생한 것을 의미하며 조속한 치료를 필요로 한다.
⑤ 심한 어지러움증(현기) : 귀의 전정기관에 기인한 현기증은 대부분 주위의 사물이나 천정 등이 빙빙 도는 느낌을 주며 자세를 유지하기 힘들다.

✒ 화농성 중이염의 실제적 문제의 우선순위
① 증상에 따라 통증을 경감
② 삼출액을 배액
③ 발열의 감소로 환자의 안위를 증진
④ 감염을 통제함으로 합병증을 예방

| 중이염의 약물요법 |

약물	작용	간호
항생제 amoxacillin	세균성장 정지	• 항생제에 대한 민감성과 알레르기 유무를 사정한다. • 혈중농도를 일정하게 유지하기 위해 정해진 기간 동안 같은 시간 간격으로 약물을 복용하도록 한다.
진통해열제 aspirin acetaminophen (tylenol), codein	진통, 해열, 항염작용	• 활력징후, 특히 체온을 측정한다. • 운전과 기계조작을 하지 않도록 한다. • 알코올과 함께 섭취하지 않도록 한다. • 변비를 예방하기 위해 수분과 채소를 많이 섭취한다. • 오심감소를 위해 식사와 함께 복용한다.
비스테로이드성 소염제 ibuprofen (advil)		
항히스타민제 chlorpheniramine	진토제, 진해제, 국소 마취제, 점액생산 감소	• 고혈압 환자는 혈압을 측정한다. • 운전과 기계조작을 하지 않도록 한다. • 알코올은 약물효과를 상승시키므로 피한다.
충혈제거제 pseudophedrine	교감신경계 유사작용, 평활근 혈관수축, 중이 내 삼출물 감소	• 맥박, 혈압 등을 모니터한다. • 흥분효과가 있으므로 수면 시 복용하지 않는다. • 불안정, 빈맥 등이 있으면 투약을 금한다. • 처방 없이 다른 약물(에피네프린이 포함될 수 있기 때문)을 사용하지 않는다.

3 영아의 중이염

정의	유스타기오관의 기능적 장애로 중이에 분비물이 축적되면서 유스타키오관의 폐쇄를 유발하여 발생하는 중이의 급만성 염증이다.
원인 병태생리	streptococcus pnemonia, haemophilus influenzae, 상기도감염, 간접흡연
호발요인	• 유스타키오관이 성인에 비해 넓고 짧으며 수평면에 위치하여 상기도 감염 취약 • 관을 둘러싼 연골의 미발달로 쉽게 팽창되고 부적절하게 열려 역류 가능성 증가 • 미성숙한 자연 방어기전으로 감염 취약 • 후두의 림프조직이 발달되어 있어 유스타키오관을 막기 쉬움 • 주로 누워 있는 영아는 우유나 분비물이 유스타키오관에 들어가기 쉬운 자세
증상	• 화농성 중이염 : 이통 • 발열, 식욕부진 • 영아 : 울음, 안절부절, 아픈 쪽 귀를 잡아당기거나 비벼댐 • 삼출성 중이염 : 심한 통증이나 발열은 드물고 귀의 팽만감 있음

치료	급성 중이염 : 항생제, 해열진통제
예방	상체를 높여서 수유
간호중재	• 이통감소를 위해 진통제 • 해열제 : 고열로 인한 열성경련 예방 • 국소적인 열요법 혹은 부종완화를 위해 얼음주머니 적용 • 배액이 실시되면 생리식염수, 과산화수소수로 적신 면봉으로 이강 내를 청결하게 유지 • 고막절개관을 삽입한 경우 목욕이나 수영 시 귀마개를 사용하여 감염 예방 • 항생제 투여 후 24~48시간 내에 통증이나 고열이 사라지더라도 처방된 약을 모두 투여할 것을 강조 : 재발 방지 • 예방 : 앉은 자세에서 수유, 감기에 걸렸을 때 코를 세게 풀지 않도록 교육시킴

| 영아의 중이염 예방 및 보건지도 |

간접흡연에 노출되지 않도록	담배 연기는 유스타키오관을 자극하여 중이염을 유발
생후 6개월 이상 모유수유를 실시	모유 속에 함유된 면역 성분이 유스타키오관과 중이 점막을 병원체로부터 보호
감기에 걸렸을 때는 코를 세게 풀지 않도록	3세 이하의 영유아의 유스타키오관은 성인에 비해 짧고 굵고 직선으로 수평하게 연결되어 있기 때문
젖병 수유 시에는 아기를 똑바로 눕힌 상태에서 수유하지 않아야 함	
증상이 호전되어도 처방된 약을 모두 먹이고, 치료 후에는 병원을 방문하여 귀 검진	처방받은 대로 충분히 치료하지 않으면 중이염은 재발이 잘 되기 때문

06

4 이경화증

정의 및 특징	• 미로낭 안의 해면성 골조직이 증식하여 기존 골조직과 대치되고 난원창을 침공하여 등골 발판이 점차 굳어져 움직임이 없어져서 난원창이 폐쇄되고 음의 진동이 내이에 효과적으로 전달되지 않는다. • 전도성 청력장애를 일으키는 흔한 원인이다. • 유전질환이며 우리나라에서는 흔하지 않다.
진단	진단에는 청력검사가 사용되며 음차검사에서는 골전도가 공기전도와 동일하거나 같다.
청력증진	청력증진을 위하여 보청기 사용과 등골절제술을 시행할 수 있다.

5 중이 진주종(진주종성 중이염, cholesteatoma of the middle ear)

정의	만성 중이염 때에 중이 내에 생길 수 있는 회백색의 광택을 가진 종양성 물질로서, 그 외관이 진주와 같다는 뜻에서 진주종이라고 한다.
증상	• 염증증상은 비교적 가벼우나 환측의 압박감, 두통, 두중감이 있다. • 안면신경관 침범 시는 안면신경마비, 수평반규관 파괴로 어지럼증을 유발한다. • 두개 내로 파급되면 뇌막염, 뇌농양, 정맥동혈전증을 초래한다. • 이루는 극히 적으며, 부패균이 부착되면 심한 악취가 난다.
치료	대부분 수술적 요법, 특히 합병증 초래 시는 주저 없이 중이 수술을 시행해야 한다.

Chapter 02 코의 건강문제와 간호

01 코의 해부와 생리

1 코의 구조

비강	비중격에 의해 좌우 2개로 나누어지며 전방에서는 외비공에 의하여 외계로, 후방에서는 후비공에 의하여 비인두로 통함
비중격	좌우비강의 경계를 이루는 비중격은 연골판과 골판으로 형성되어 서로 단단하게 접합하고 있음. 전방 가동부는 비중격 연골로 좌우 어느 편으로 만곡되는 수가 많음. 비중격의 전하방의 혈관이 풍부한 부위는 키셀바하부위라고 하며 비출혈과 관계가 깊음
비갑개와 비도	비강측 벽에 골을 기초로 하고 점막으로 덮인 3개의 돌기가 하방을 향하여 돌출하고 있으며 혈관이 풍부함. 이를 각각 상비갑개, 중비갑개, 하비갑개라고 하며 이들에 의해 비강측 벽에 전후로 달리는 상비도, 중비도, 하비도 등 3개의 비도가 생김
부비동	전두동, 전후 사골동, 상악동 및 접형동이 있으며 12~14세에 거의 완성됨

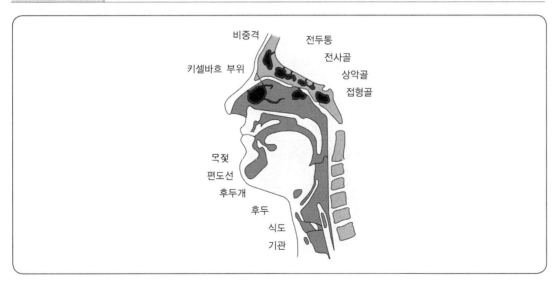

| 코와 인후의 구조 |

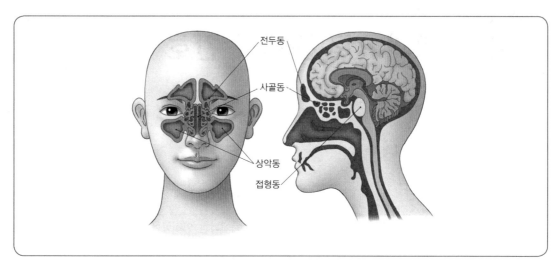

| 부비동의 구조 |

2 코의 기능

후각 작용	—
호흡 작용	가습, 가온, 여과 작용
자가 정화작용 (selfcleansing function)	흡기에서 모인 해로운 물질을 안전하게 처치하는 작용. 이것은 대단히 중요한 작용으로서 특히 감염성 질환에 대한 방어 및 근절에 있어서 점액층의 역할이 그러함
성음공명 (resonance) 작용	비강은 후두의 부속기강의 일부이며 개방공명기로 높은 고유진동을 가지고 있으며, 음성의 높은 부음으로 음색 구성

| 코에 생기는 이상 |

코의 부스럼	종기는 비전정에 아주 흔하다. 이때 이 부위는 민감하고 붉게 부어 올라 있다. 따라서 이 부위의 검사는 조심성 있게 하여야 하며, 염증이 퍼지지 않도록 하여야 한다.
급성비염	비점막은 빨갛게 부어 있고, 분비물은 처음에는 물같이 말간 분비물이 많이 나오지만, 나중 에는 농 같은 점액물질이 진하게 나온다.
알레르기성 비염	비점막은 부어 있고, 창백하고 습하며 보통은 회색빛을 띤다. 가끔 엷은 붉은색이나 파란색을 띨 때도 있다. 비알레르기성, 혈관운동성 비염이 있는 환자에서도 가끔 이와 비슷한 소견을 보여줄 때가 있다.
비폴립	알레르기성 비염이 있는 환자에서 폴립이 생길 수 있다. 폴립은 연하고 창백한 회색빛을 띠는 구조를 가지고 있으며, 중비도에서 보통 발견되며, 가동성이다.
비중격편위	어느 정도의 비중격편위는 대부분의 성인에서도 있다. 비중격편위가 비폐쇄를 초래하긴 하지만, 대부분의 경우 증상이 없다.

02 비중격 비강질환

1 비중격 만곡증(deviation of the nasal septum)

정의	• 비중격은 정상인에 있어서도 반듯한 것은 드물고, 약간의 기형을 보이고 있는 것이 보통이다. 비중격이 병적이라 말할 때는 그 기형으로 인해 비강속에 어떠한 기능적 장애를 일으키거나 그럴 위험성이 있을 때를 말한다. • 비중격 만곡의 발현도는 우리나라 사람에 있어서 대략 남자는 78%, 여자는 68%로 남자에 많고, 남녀 다 같이 좌편 만곡이 많다.
원인	• 선천성 또는 발육이상 • 외상 • 압박 : 비중격 발육과정에서 하비갑개, 중비갑개, 폴립, 비강 내의 종양, 이물 등이 오랫동안 비중격을 압박함으로써 기형이 생긴다.
증상	• 만곡의 정도가 심한 데도 자각증세가 없는 수가 있고 정도가 경한 데도 증세가 심한 수가 있다. 자각증세로는 비폐색과 두중감이 주로 많다. • 만곡된 좁은 쪽에서 비출혈과 건성 전비염이 잘 생긴다. 비강 내에도 염증이 잘 생기기 쉽고 코가 목 뒤로 흘러내려 목에 이물감과 불쾌감을 유발한다. • 콧소리로 말하게 되고 감기가 잘 들며 입호흡으로 말미암아 편도선염·인두염·후두염·기관 기관지염을 병발할 수 있다. • 두통, 수면장애, 기억력 감퇴, 주의산만, 신경통, 신경쇠약 등 신경증세를 초래한다.
치료	• 비중격 교정수술이 유일한 방법이다. • 이 수술의 적응증은 비중격 만곡의 임상증세가 심하여 여러 가지 고통을 받을 때 시행한다. • 외상성인 경우를 제하고는 일반적으로 발육이 완성된 만 17세 이후에 하는 것이 좋다.

2 비출혈(epistaxis, nasal hemorrhage) [1992 · 1996 기출]

비출혈 시는 출혈부위를 발견하는 것이 가장 중요하며, 또 확실히 비출혈인가를 확인해야 한다. 객혈이나 토혈이 비강에 역류해서 비출혈로 오인되는 수도 있다. 순환기계 질환이나 고혈압에서는 비강의 후부에서 출혈하는 수가 있고, 여성의 생리현상으로도 올 수 있다.
대부분의 비출혈은 표재성인 혈관의 손상으로 일어나게 되며, 가장 흔히 나타나는 부위는 키젤바흐(kiesselbach) 부위로서, 이 부위는 비중격의 전하방에 위치하여 혈관이 풍부하고 점막이 얇아 손으로 후비거나 외상받기 쉬운 부위이다.

출혈부위	 | 키젤바흐(kiesselbach) 부위 |	
원인	국소적 원인	• 외상으로서 비강점막의 손상, 외비의 타박상, 골절, 두개저의 골절, 수술에 의한 손상이다. • 증후성 출혈: 전정비염, 비디프테리아, 궤양성 비염, 급성 비염, 결핵, 매독, 낭창 등 염증성 병변 혹은 출혈성 비용, 섬유종, 악성종양 등 비강 또는 부비강, 비인두 등의 신생물 또는 크롬산, 염산 등 유독가스, 먼지, 이물 등 화학적, 기계적 자극에 의해서 온다.
	전신적 원인	• 출혈성 소질로 혈우병, 자반증, 괴혈병, 빈혈증, 백혈병 등의 혈액질환 • 순환기계 질환으로 심장, 간장, 신장질환 특히 동맥경화증, 고혈압증 • 기타 전신질환의 부수 현상으로 생길 수 있다.
	혈관의 확장:	음주·흥분·머리를 장시간 아래로 숙이는 것 등은 비출혈을 일으키기 쉽고, 코코아나, 카페인 등의 원료가 들어있는 초콜릿은 혈관확장으로 출혈을 초래한다.
	기타:	분명한 원인이 없이도 발생한다. 수면 중, 세수 시 또는 흥분·정신적 스트레스로도 일어난다.
증상	• 비출혈은 비강에서 앞으로 흘러내리든가, 목뒤로 넘어가든가, 콧물에 섞여서 나오는 등 여러 가지이다. • 자발성 비출혈은 20세 전후의 남자에 더 많다. • 계절적으로는 8월·3월경에 많고 아무런 전구증상 없이 돌발적으로 오는 수가 많다. • 일반적으로 고령자에서의 출혈은 중대한 질병의 증후인 때가 많고, 소아기의 출혈은 다른 질환의 부수 현상인 때가 많다.	
대처방법 [2007 기출]	기본서 2권 <학교보건·응급> 참조	

03 부비동질환 - 부비동염(acute paranasal sinusitis) [1992·1993·1995 기출]

부비동은 그 자연구를 통하여 비강과 직접 연결되어 있어, 급성 비염과 같은 급성 염증이 일어날 때는 쉽게 부비동도 침범하며, 비강에서의 염증이 쇠퇴하면 함께 치유되는 것이 보통이다. 부비동은 상악동, 사골동, 전두동, 접형골동의 4개로 되어 있는데 이 중에서 상악동에서 가장 많이 생긴다.

정의	• 부비동을 이루는 점막에 염증성 변화가 초래된 것이다. • 부비동 배액이 정상적으로 흐르는 길이 막힌 경우이다.
원인	코에서 시작하여 부비동으로 전염 : 알레르기성 비염, 감기, 비중격 만곡증
빈도	상악동 > 사골동 > 전두동 [1993 기출]
증상	• 급성 부비동염 : 피로감, 식욕감퇴, 오심, 비강폐색이나 울혈, 기침, 인후통, 화농성 배액, 미열(37~38℃), 부비동이 막힌 경우는 40℃까지 열, 감염된 부비동 부위 압통 • 만성 부비동염 : 기면상태, 수면장애, 만성기침, 후각둔화, 아침 기상 시 둔한 통증이 낮에는 사라짐, 점액성, 화농성 점액 분비물, 구강 내 불쾌한 냄새, 열 없음 • 합병증 : 안구 내 세균감염, 균혈증, 뇌막염, 골수염, 코막힘, 구씨관 부종으로 인한 전도성 난청
급성부비동염 사정	• 주호소 증상을 확인한다 : 피로감, 오심, 비강울혈, 폐색, 화농성 배액, 압박감 등 • 최근 병력을 확인한다 : 비염, 독감, 중이염, 치주염 등 • 통증의 양상을 확인한다 : 완전폐쇄 시 40℃의 고열과 눌렀을 때의 압통 호소하는지 여부 • 통증 부위를 확인한다. 　－ 접형동염 사골동염 : 눈위와 눈 사이, 앞이마 부위 　－ 상악동염 : 볼과 눈 사이, 눈뒤, 양쪽 코 ✎ **세균성 부비동염 환아에게 나타나는 주요 증상** ① 비강울혈 및 압박감, 화농성 비루 ② 두통, 안면통증, 상악치통(아침에 가장 심함) ③ 발열, 피로감, 권태감 ④ 기침, 목청소(throat clearing)
만성부비동염 사정	• 주호소 증상을 확인한다 : 기면장애, 수면장애, 만성기침, 후각둔화 • 두통 양상을 확인한다 : 아침 기상 시 둔한 통증이 낮에는 사라진다. • 점액성, 화농성 점액 분비물 • 콧물이 흘러 불편감 호소, 불쾌한 냄새 • 두통, 발열이 거의 없다.

06

증상완화	• 통증과 비폐색감 등의 증상 등을 완화하는 것이 중요하다. • 건열이나 습열적용으로 통증을 완화시킨다. • 수분 섭취 증가, 가습기 적용으로 비강배액 촉진(건조한 분비물은 점막의 섬모운동이나 기침으로 쉽게 제거되지 않고 유스타키오관, 부비동, 기관이나 기관지의 폐쇄 초래)한다. • 카페인 음료 제거 : 이뇨작용으로 수화를 방해한다. • 비강울혈 제거를 위해 ephedrine 적용한다. • 항생제, 소염제로 감염을 조절한다. • 부비동 세척으로 배액을 돕고 화농물질 제거 : 따뜻한 생리식염수를 이용한다. • 저항력 증진, 피로회복 : 침상안정, 영양식이, 정신적 안정이 중하다. • 실온, 습도 유지, 증상악화 예방을 위해 갑작스런 체온변화를 피한다.
부비동 수술 후 간호	• 의식을 회복할 때까지 분비물이 목으로 넘어가지 않도록 복위, 머리는 옆으로 돌리되 의식이 회복되면 45° 올린다(배액증진 및 부종감소 도모). • 냉찜질 : 통증의 경감과 지혈을 도모한다. • 구강호흡으로 인한 구강 건조 예방을 위해 가습기, 충분한 수분 공급 등을 제공한다. • 구강 내 감염 예방을 위해 구강 간호로 청결을 유지한다. • 코를 풀면 수술부위의 봉합이 터질 수 있으므로 코를 풀지 않고 입으로 뱉거나 삼키도록 한다. • 수술 후 3주 동안 매주 2~3회 환자의 콧속 분비물과 응고된 혈전을 제거한다. • 항생제와 진통제를 투여한다.
치료	부비동 수술 후 병원에서 퇴원한 학생에게 보건교사는 비출혈, 시신경이나 안근육 손상, 통증, 감염 등의 합병증을 예방하기 위한 추후관리의 주의점을 알려주어야 한다. • 수술 24~48시간 후 심지 제거 시 약 20분 정도 비출혈이 있을 수 있으므로 출혈예방을 위해 심지 제거 후 적어도 48시간 동안 코로 숨 쉬지 않도록 한다. • 재채기를 피한다(재채기가 나오면 입을 벌리고 한다). • 무거운 물건 드는 것을 피한다. • 변비를 피한다. • 약 2주 동안 코를 풀거나 수술부위로 음식을 씹지 않도록 한다. • 감염 징후(발열, 화농성 분비물)는 의사에게 보고한다. • 삼킨 혈액으로 인해 검은 변을 보는지 며칠 동안 관찰한다. • 1~2주 동안은 코와 눈의 반상출혈로 색깔변화가 있다는 것을 알려준다. • 약물요법이 끝날 때까지 예방적인 항생제는 처방에 의해 투여한다.

03 인두의 건강문제와 간호

Chapter

01 인두의 해부와 생리

인두의 구조	인두는 상인두, 중인두, 하인두로 구분된다. 상인두는 비인강에 해당되며, 중인두는 구인두에, 하인두는 후인두에 해당되어 후두 및 식도입구까지 차지하고 있다.
인두의 기능	• 생체의 보호 작용 : 생체의 방어전선으로서, 인두점막은 방부 및 중화작용을 영위한다. 이물이 붙으면 인두점막의 반사작용으로 객출된다. • 호흡기류의 통로 : 호흡 시에 구개수가 하강하여 비인강부와 구강인두부 사이에 통로를 이루어 기류 통과. 온도와 습도를 인두점막이 조절한다. • 공명작용 : 비강 및 구강과 더불어 인두는 공명작용을 한다. 특히 구개수 운동은 비강을 차단 혹은 개방함으로써 비음과 관계가 깊다. • 연하작용 : 중인두 및 하인두는 소화관의 일부이다.
편도의 구조	• 편도란 인두점막 속에 임파세포인 여포의 집합체를 말하며 구개편도, 아데노이드(인두편도), 설편도, 이관편도 등이 있다. • 편도의 구조는 임파선과 비슷하나 오직 다른 점은 임파선은 출·입 임파관을 다 가지고 있으나 편도는 유출임파관 뿐이고 유입임파관은 없다.

이관편도

인두편도(아데노이드)

구개편도

설편도

02 인두질환

1 급성 인두염

기본서 3권 <성인(1)>, P.3 「호흡기계 건강문제와 간호」 참조

2 급성 편도염(acute tonsilitis)

정의	급성 편도염은 인두 임파조직의 급성 염증이라 하여도 언제나 전반적인 인두점막의 염증을 합병
원인	• 연쇄상구균 특히 β-용혈성 연쇄상구균이 기원균이 되는 수가 가장 많음 • 추위, 피로, 과음, 과식 등으로 전신의 저항력이 약해졌을 때 이들 균들이 직접 또는 간접적으로 편도에 침범하여 심한 염증을 일으킴
증상	• 갑작스런 오한, 고열 • 전신권태, 두통, 이통, 사지통, 인두건조감 호소 • 연하 곤란, 구취 발산 • 때로는 언어장애 수반
치료	• 안정과 연식을 섭취 • 동통, 발열 시에 aspirin이나 codein 섭취 • 생리식염수나 2% 중조수로 양치질 • 항생제 투여(페니실린 계통)

3 만성 편도염(chronic tonsilitis)

원인	모든 인후질환 중 가장 많이 일어나는 것은 구개편도의 특수한 위치와 조직에 기인함. 이것은 급성 염증뿐 아니라, 국소 또는 전신적 영향을 받기 쉽기 때문. 편도는 만성 염증으로 비대되기도 하고 위축되기도 함
증상	• 일반적으로 증세를 모르고 지내는 수가 많음 • 급성 편도염을 반복해서 앓게 되며, 때때로 경도의 인두통·이물감·기침·구취 등을 호소 • 때로는 식욕부진·피로·권태·이유 없는 두통 등을 호소하고 관절·신장·심장 등에 감염을 일으킴
치료	보존적 요법으로 일시적 효과를 얻을 수는 있지만 수술만이 유일한 방법

④ 편도주위염(peritonsilitis), 편도주위 농양(peritonsillar abscess)

원인	편도의 급성 염증이 주위결체조직으로 파급하여 농양을 형성하는 것이다. 일반적으로 한쪽에 나타난다.
증상	• 인두 한쪽에 격통이 있고 때로는 귀쪽으로 방산된다. • 연하곤란 및 연하통은 점차 증가되고, 개구가 곤란하여 구음장애가 생긴다. • 전신권태, 발열, 두통, 구취 등이 동반된다. • 농양이 완전히 형성되면 편도주위에서 파동을 느낄 수 있다.
예방	편도주위 농양은 반복되는 것이 보통이므로 단 1회의 농양 형성이라도 편도적출수술을 해야한다. 가장 적당한 수술시기는 농양의 염증증상이 모두 소실된 4~6주 후이다.
치료	• 농양 형성 전에는 더운 생리식염수로 양치하면 농양 형성을 촉진하고 끈끈한 분비물을 제거한다. • 진정제를 투여한다. • 염증 초기에는 sulfonamide 치료 또는 항생물질(특히 Terramycin)은 농양 형성을 방지한다. • 농양이 형성되면 절개해서 배농시키는 것만이 병을 완치시킬 수 있다.

⑤ 편도적출술(tonsillectomy) [1993 기출]

적응증	급성 편도염은 인두 임파조직의 급성 염증이라 하여도 언제나 전반적인 인두점막의 염증에 의한 합병을 유발함 • 급성 염증의 잦은 재발 • 인접기관 즉 비・부비동, 중이, 유양돌기, 후두 또는 기관에 염증 파급 • 호흡곤란(기도폐쇄), 연하곤란, 체중 감소를 초래하는 편도선 증식 • 편도염이 류머티즘열, 천식, 관절염, 홍채염 등을 악화시킬 때 • 편도 주위 농양 • 악성종양 의심 시 • 디프테리아 보균자
금기	• 모든 종류의 급성 염증(감염) : 면역기능이 전반적으로 저하되어 합병증(출혈, 감염 등)의 발생 위험 증가 • 혈액질환(혈우병, 백혈병, 재생불량성 빈혈, 혈소판 자반증 감소증 등) : 편도선 절제 후 출혈을 유발 가능 → 정상적인 지혈과정의 장애로 출혈의 위험성이 증가 • 당뇨병, 심장병, 심장염이 있을 때 : 감염감수성이 높다. 당뇨병인 경우 감염 시 혈당조절이 어렵고, 당뇨병성 케톤산증 유발 가능성이 증가. 심장병, 심장염의 경우 심장의 정상 기능이 저하 → 수술 부위의 회복을 돕기 위한 혈액 공급이 원활하지 않아 수술 상처 치유가 지연, 면역기능 저하로 감염 위험 증가 • 류머티즘열이나 사구체 신염 : 전반의 면역기능 저하로 합병증 발생 위험 증가

		• 활동성 폐결핵 : 보통 결핵균의 활성화는 인체 저항력이 감소되었을 때 나타나므로 감염의 위험이 높은 상태에 해당되므로 수술 금기 • 고령자나 만 3세 이하의 소아 : 연령이 증가함에 따라 편도의 크기는 감소할 수 있으므로 만 3세 이전에는 대개 수술하지 않는 것을 원칙 • 소아마비의 유행시기 : 편도선 절제 후 polio에 걸리면 연수형 polio가 되기 쉽기 때문
편도 수술 후의 성격		가장 효과적인 것은 감기에 걸리는 횟수가 감소하며 통계적으로 92%에서 좋은 결과를 얻었음. 인두의 증세가 없어지는 것은 물론이고 두통, 권태감, 미열, 류머티즘, 신장염 등이 개선됨. 수술 후 치료로는 진통제를 경구 또는 주사로 주며 수분을 충분히 공급함
출혈 합병증 증상		• 아동이 혈액을 계속해서 삼키는 증상 • 맥박의 상승(120회/분), 빠른 호흡 및 천명 • 계속되는 창백 및 청색증 • 토혈 • 안절부절함, 흥분
편도선 적출 수술 후 간호	자세	수술 후 배액촉진을 위한 복위 및 측위, 반좌위를 취하도록 함
	출혈	• 수술 후 출혈을 관찰하고 활력징후를 주의깊게 사정함 : 응고된 혈액, 코 안이나 치아 사이에 짙은 갈색의 출혈이나 구토물 • 심한 기침, 가래뱉기, 코풀기, 거친 음식은 피함. 빨대는 봉합선을 터트려 출혈을 야기할 수 있으므로 사용하지 않도록 함
	안위	• 냉적용으로 불편감 감소 • 진통제, 단 아스피린은 출혈을 조장할 수 있으므로 투약 금기
	식이	• 얼음조각이나 아이스크림을 주되 수분이 많이 공급되면 주지 않음(아동이 인후를 깨끗하게 하기 위해 애를 쓰다 출혈될 수 있음) • 찬물(증상이 완화되면 미지근한 물)이나 자극이 적은 인공과즙, 시원한 연식 유동식 • 자극적 음식은 피함 : 양념 강한 음식, 거칠거나 삼키기 어려운 음식 등
	활동	• 침상안정, TV시청 등 가벼운 활동 • 개인이 견딜 수 있는 정도에 따라 활동량을 서서히 증가
편도선 적출 퇴원 후 교육		• 자극적이거나 양념 많은 음식, 거친 음식, 오렌지 주스는 제한 • 칫솔질을 지나치게 하지 않도록 하고 당분간 인후를 깨끗이 하기 위한 목 세척 등은 피하며 부드럽게 함수 • 재채기, 심한 기침, 가래 심하게 뱉기, 코를 세게 푸는 행위는 피함 • 통증 시에는 진통제나 얼음목도리를 사용 • 필요에 따라 경한 완화제를 투여하기도 • 하루 2~3L의 물을 마심 - 구강악취 감소, 변비완화, 경미한 체온상승 안정 • 출혈징후, 귀의 통증과 열, 기침이 심하게 지속되면 병원에 방문 • 삼킨 혈액으로 수술 후 며칠 동안 검은 변을 볼 수 있음 • 정상활동이 가능하나 과도한 활동은 피함 • 퇴원 후 1주 후 추후 검사를 받음

- 자극적이거나 양념 많은 음식, 거친 음식, 오렌지 주스는 제한
- 칫솔질을 지나치게 하지 않도록 하고 당분간 인후를 깨끗이 하기 위한 목 세척 등은 피함
- 부드럽게 함수
- 재채기, 심한 기침, 가래 심하게 뱉기, 코를 세게 푸는 행위는 피함
- 통증 시에는 진통제나 얼음목도리를 사용
- 필요에 따라 경한 완화제를 투여하기도 함
- 하루 2~3L의 물을 마심 – 구강악취 감소, 변비완화, 경미한 체온상승 안정
- 출혈징후, 귀의 통증과 열, 기침이 심하게 지속되면 병원에 방문
- 삼킨 혈액으로 수술 후 며칠 동안 검은 변을 볼 수 있음
- 정상활동이 가능하나 과도한 활동은 피함
- 퇴원 후 1주 후 추후 검사를 받음

6 인두 디프테리아(pharyngeal diphtheria)

원인	• diphtheria는 diphtheria bacillus의 감염으로 발생하는 급성 전염병으로서 체외 독소를 산출하여 중독증상을 일으키고 국소에는 특유한 위막을 형성한다. • 대개는 직접 비말감염이나 침구·의류 등을 통한 간접 감염도 적지 않다. 발병은 만 1세 이하와 성인에서는 적고, 12세 미만의 소아에 많고, 계절적으로는 10~3월까지의 추운 계절에 많다.
증상	• 1주일 내외의 잠복기 후, 경증에 있어서는 인두통·연하통·발열·두통·구취가 있고 회백색의 위막이 편도·인도·구강 등에 생긴다. • 3~5일 후에는 인두의 제 증상은 소실되고 때로는 신염·근육마비를 일으키거나 악화되어 중증 또는 패혈형에 빠진다. • 경부임파선의 종창·두통이 심하고 순환기계통, 신경계통의 장애를 초래하고 나중에는 신장장애를 일으키는 수가 있다.
진단	특유한 위막과 diphtheria균의 세균학적 검사로 진단한다.
치료	혈청주사는 환자 혈액 중의 녹소를 중화시킬 뿐 항균능력도 없고 이미 조직 중에 결합된 독소를 중화시킬 수도 없다. 따라서 가능한 치료혈청은 일찍 충분한 분량을 주사하고, 균 자체의 억제는 erythromycin을 사용한다. • 환자는 격리시키고 안정을 시킨다. • 경식을 취하게 하며 구강을 깨끗이 한다. • 벗겨진 위막은 흡인기나 면봉으로 제거한다. • 격리는 균배양이 음성화된 후 해제한다. • 보균자는 편도적출이 적용된다.

Chapter 04 후두부의 건강문제와 간호

01 후두의 해부와 생리

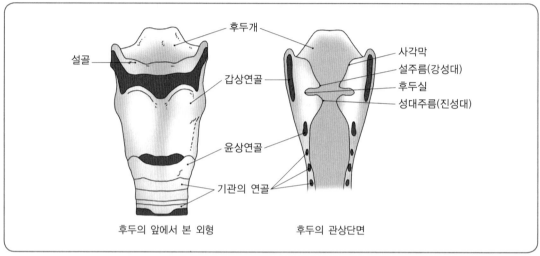

설골	후두개
	갑상연골
	사각막
	설주름(강성대)
	후두실
	성대주름(진성대)
윤상연골	
기관의 연골	

후두의 앞에서 본 외형 　　　후두의 관상단면

구조	• 인두와 기관 사이에 위치하는 호흡기도의 한 부분이며 발성기관인 성대를 직하고 있는 부분이다. • 여러 개의 연골로 구성되어 있는데, 갑상연골, 윤상연골, 피열연골, 후두개 등이 있다. 갑상연골은 남자에게서 사춘기가 지나면 돌출이 현저해지는데 이를 Adam's apple이라고 한다. • 후두의 상부에는 후두개연골이 있어서 음식물이 기도로 침입하는 것을 방지하며 아래쪽에는 윤상연골이 기관연골과 연결된다.
기능	• 호흡작용 : 기도의 일부분으로 열려 있으며 자유로운 호흡작용을 한다. • 발성작용 : 성대주름의 이완·긴장에 의해 발성을 하게 된다. • 방어작용 : 기도를 폐색하여 이물의 잠입을 방지한다. 또한 들어온 이물은 반사적인 기침에 의해 내보낸다. • 연하작용 : 후두는 후두개로 덮어지면서 위로 거상되면 음식물은 하측방으로 떨어지게 되며 기도로 들어가지 않게 한다.

02 후두질환

1 급성 후두염(acute laryngitis)

정의	후두 점막의 급성 카타르성 염증으로서, 대개는 후두 전체가 침범된다.
원인	• 대개는 상기도 염증의 한 부분증으로 생기는데 원인균은 바이러스가 가장 많고 여기에 인플루엔자균, 폐렴균, 연쇄상구균, 포도상구균 등이 혼합 감염된다. • 이밖에 뜨거운 공기, 자극성 가스, 먼지 등의 흡입과 술·담배의 과용, 과도한 발성 등도 유인이 된다.
증상	• 목소리가 쉬고 심하게 되면 음성이 전혀 나오지 않는다. • 후두부의 소양감, 이물감, 건조감, 작열감, 기침 등의 증상을 보인다. • 분비물은 처음에는 적고 끈끈하나 후에는 농성으로 변한다. • 이와 같은 증세는 4~5일에 없어지기 시작하나 기침과 객담은 오랫동안 계속될 때가 있다
치료	• 실온을 조절(22℃)하고 환기를 자주 시키며, 습도를 적당히(50%) 유지한다. • 술·담배를 금하고, 음성을 제한하여 후두의 안정을 취한다. • 목부분에 냉 혹은 온습포를 한다. • 소염제, 항히스타민제를 복용한다. • 국소에는 식염수·붕산수로 가글하고, protargol을 도포한다.

2 후두 디프테리아(laryngeal diphtheria)

원인	• 디프테리아균에 의해서 생기며, 인두 디프테리아에서 속발하는 수가 많다. • 상기도 점막에 잘 침범되며 비강·인두 및 후두에 발생할 때는 기관·기관지로부터 심부 기도까지 진행되는 수도 있다. • 연령적으로 소아(5세 전후)에 많고 성인에는 적으나 임산부에 올 때가 있다.
증상	• 초기 증상은 목쉰 소리와 개기침이 있으며 점차 진행하면서 호흡곤란을 유발한다. • 호흡곤란증은 점점 심해져 땀을 흘리면서 청백해지고 목과 기슴의 근육이 안으로 딸려 들어가며 맥박은 고르지 못하고 무기력 상태에 빠지면서 마침내 경련이 일어나 사망하게 된다. 그 상태는 서서히 왔다가 갑작스럽게 악화되는 것이 특징이다.
예후	• 인두 디프테리아보다 예후는 훨씬 나쁘다. • 사인은 호흡곤란에 의한 질식이나 심장쇠약 또는 치유 후에 오는 디프테리아 후 마비로서의 심장마비에 의한 것이 있다.
치료	• 후두경을 시행하여 균검사를 하고 조기에 디프테리아 항독소를 주사한다. • 호흡곤란에 대해서는 adrenalin 주사, 증기 흡입도 증상을 경감시킨다. • 호흡곤란이 심할 때는 기관절개수술을 시행한다. • 디프테리아균 자체에는 penicillin, erythromycin 등의 항생제 투여가 유효하다.

🧰 출제경향 및 유형

학년도	내용
1992학년도	사시 검사 방법, 다래끼, 약시의 정의, 눈의 천공상 외상
1993학년도	
1994학년도	
1995학년도	안구전방출혈, 화학약품(산)에 의한 안구손상 시의 처치
1996학년도	약시의 정의
1997학년도	
1998학년도	시력보호방법(지방)
1999학년도	
후 1999학년도	
2000학년도	시력저하의 원인, 근시의 예방법
2001학년도	
2002학년도	
2003학년도	시력증진을 위한 개인행위
2004학년도	
2005학년도	
2006학년도	
2007학년도	
2008학년도	사시 검사법
2009학년도	사시 검사법
2010학년도	
2011학년도	
2012학년도	
2013학년도	스넬렌 시력검사, 녹내장, 망막박리
2014학년도	
2015학년도	
2016학년도	
2017학년도	시력검사
2018학년도	
2019학년도	
2020학년도	
2021학년도	
2022학년도	적반사, 시력(스넬렌 차트시력)검사
2023학년도	

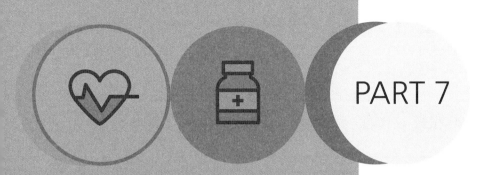

PART 7

눈의
건강문제와
간호

신희원
보건교사 길라잡이
④ 성인[2]

눈의 구조와 생리

01 눈의 구조와 기능

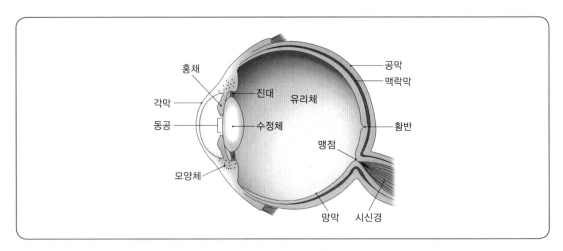

| 눈과 그 부속기관 |

1 눈 구조

안검 (eye lids)	안구 전면에 근육조직으로 형성된 피부로 깜박이는 작용을 통해 눈의 습도 유지 및 눈의 보호작용을 한다.
Meibom glands	상부 안검에 위치한 작은 규모의 피지선으로 피지를 분비한다.
누선 (lacrimal gland)	안와의 상부 외측에 위치, 눈물 분비로 안구습도 유지 및 이물을 씻어내는 역활, 누낭을 통해 비강으로 연결한다.
외안근 (extraocular muscles)	4개의 직근(rectus m.)과 2개의 사근(oblique m.)으로 구성되며, 이들의 공동작용에 의해 여러 방향으로 안구를 움직인다.
공막 (sclera)	각막에 연결, 안구 외면의 5/6를 덮고 있는 불투명한 백색부분으로 안구형태 유지와 눈을 보호하는 기능, 공막 뒷부분은 시신경과 합쳐져 뇌까지의 시각 전달을 한다.
임파총관 (schlemm's canal)	공막과 각막연의 경계부에 위치, 방수배출로 정상 안압을 유지한다.

각막 (cornea)	안구의 가장 외면 구성, 안구의 창문 같은 부분으로 투명하고 혈관이 없으며 이물·미생물의 침입을 방지하여 내안을 보호한다.	
안구혈관막 (일명 포도막)	중층에 해당하는 막으로 혈관과 색소가 풍부한 흑색의 조직으로 안구의 영양을 공급하고 있으며, 부위에 따라 홍채·모양체 및 맥락막으로 나눈다.	
	맥락막 (choroid coat)	공막의 내면에 위치, 많은 혈관으로 구성, 망막에 혈액공급작용을 한다.
	홍채(iris)	색소를 가진 부분, 그 색의 정도에 따라 눈의 색이 결정되며, 그 중앙부에 원형으로 된 동공(pupil)이 있어 안쪽으로 빛을 통하게 하고 빛의 양을 조절한다.
	모양체 (ciliary body)	홍체 부근의 원반조직으로 lens의 두께를 변화시켜 눈의 초점을 조절하는 모양근과 방수를 분비하는 모양돌기를 포함한다.
수정체 (lens)	홍체 후면에 위치, 투명한 피막(탄성막)으로 쌓여 있어 원거리·근거리에 따라 물체의 초점을 맞추는 조절운동을 한다.	
초자체 (vitreous body)	젤리와 같은 투명한 물질로 차 있어 안구의 형태 유지 및 내안조직에 영양을 공급한다.	
망막 (retina)	눈의 가장 내면에 위치, 망막의 바깥층은 색소(pigment)로 구성, 안층은 감각층(sensory layer)으로 구분, 감각층은 안계물체(visual Stimuli)를 받아들여 시신경을 뇌로 보낸다.	

2 눈의 기능

(1) 눈의 기능

굴절기능	• 만곡된 눈의 표면과 굴절매체는 빛을 굴곡시켜 망막에 상을 맺게 한다. • 눈의 굴절 기능은 눈으로 들어온 광선은 망막을 향해 가면서 각막과 수정체를 지나갈 때 굴절된다.
동공조절기능 (명암조절)	• 동공을 수축한다. • 동공은 눈에 들어온 빛의 양을 조절, 수축정도는 들어온 빛의 양에 의해서 작용한다. • 동공의 크기조절은 망막에 상을 뚜렷하게 맺기 위한 과정이다. • 홍채원판의 근섬유가 이완하면 축동이 생긴다. • 동공의 구멍이 좁아지는 것은 수정체의 주변을 통해 광선이 들어가는 것을 막아주기 때문이다.
수정체조절 기능 (원근조절)	• 수정체 조절로 먼곳을 보다가 가까운 곳을 볼 때 물체의 상이 망막에 정확히 맺히게 한다. • 눈의 조절기능은 수정체와 모양근을 통하여 이루어진다. 근거리로 볼때 근은 수축하여 수정체는 볼록해지며, 원거리를 볼때는 모양근은 이완되어 수정체는 편평해진다.
노안	가까운 사물을 볼 때 수정체가 충분히 두꺼워지지 못하여 근거리 시력이 감소된다.

(2) 노안 조절

	근거리 시력	모양체	수정체
징상안	근거리글씨가 선명하게 보인다.	수축	두꺼워져 가까운 곳을 볼 때 물체의 상이 망막에 정확히 맺히게 할 수 있다.
노안	근거리글씨가 흐릿하게 보인다.	수축력↓	탄력이 떨어져 충분히 두꺼워지지 못하여 망막에 초점을 맺기가 어렵다.

| 노안과 관련된 눈의 변화 |

구조/기능	변화
모양	• 눈이 움푹 들어가 보인다 • 노인환이 형성된다. • 공막이 노랗게 된다.
각막	각막이 편평해진다.
수정체	• 탄력성 감소로 근거리 조절능력이 감소하여 노안이 발생한다. • 수정체는 단단하고 혼탁해진다.
홍채	동공이 작고 확대능력이 감소되어 어둠에 대한 적응력이 떨어진다.
동공	• 크기는 더 작아진다. • 동공크기가 변화되는데 오랜시간이 필요하여 흐린 불빛에는 보는 능력이 감소한다.
눈물	눈물 생산의 감소로 건성안, 불편감과 감염에 대한 위험이 증가한다.
안검	안검이 내려오거나 이완된다.

(3) 기타 눈의 조절

방수생산 (안압조절)	홍채 뒤에 있는 모양체의 모양돌기에서 계속적으로 분비되어 후방으로 들어감 → 동공을 거쳐 전방으로 → 슐렘관으로 배출 → 방수정맥으로 배출
시력	빛 파동 → 각막 → 수정체 → 망막 → 시신경 → 후두엽 시중추 피질에서 물체 인식

02 눈의 사정 [2017·2018 기출]

1 시야검사(visual field) [2017 기출]

관련 뇌신경		제2번 뇌신경 기능검사
시야		눈이 한 점을 주시하고 있을 때 그 눈이 볼 수 있는 범위를 의미한다.
대면검사 (confrontation test) [2017 기출]	방법	• 검사자가 환자와 50cm~1m의 거리를 두고 마주 앉아 환자의 왼쪽 눈을 가리고 오른쪽 눈과 검사자의 오른쪽 눈의 중간 지점에서 시표를 주변에서 중심으로 점차 이동시킨다. • 보이는 눈의 시야를 사분면으로 나누어 각 분면에서 ─ 검사자 손가락의 개수를 맞추게 한다. ─ 검사자가 들고 있는 물체의 이름 혹은 색깔을 맞추게 한다. • 정확하지(정확도, 민감도↓) 못하므로 병변이 의심되는 환자에게는 시야계 등을 사용하여 정확한 측정검사가 필요할 수 있다.
	정상	물체를 두 사람이 동시에 볼 수 있으면 정상이다.
주변시야계측 (perimeter)	방법	회전하도록 된 반구형 모양이며 각도가 세분되어 있는 기구로 시야 장애를 정확하게 평가할 때 사용한다.
	정상	정상 시야의 범위는 대략 위쪽 60°, 코쪽 60°, 아래쪽 70°, 귀쪽 90°
	비정상	시야 결손이 나타나면 뇌질환, 녹내장, 망막박리를 의심한다.

07

2 대광반사

관련 뇌신경	제2, 3번 뇌신경의 기능		
뇌신경검사	동공 조절 능력	눈앞 10cm 거리에 물체를 놓고 가까운 곳에 있는 물체와 먼 곳에 있는 벽쪽을 교대로 보도록 하여 동공의 변화를 보는 것이다. 먼 곳을 볼 때는 동공이 커지고 가까운 곳을 볼 때는 축소된다.	
	대광반사	어두운 방에서 대상자의 눈 가까운 곳에 penlight를 비춘다. 동공의 수축을 확인한다.	
		직접대광반사	빛이 망막에 비춰지면 즉시 동공이 축소 되고 그 상태를 유지한다.
		공감대광반사	한쪽 동공에 빛을 비추었을 때 반대편 눈에서도 동공이 축소 되는 것을 말하며 정상은 양 눈이 동시에 축소된다.

3 시력검사 : 제2번 뇌신경의 기능

Snellen 시시력표와 Snellen 시력 [2017 기출]	• 눈 높이에 시력표를 건다. • 시력표의 조명은 200~500룩스가 표준이며 측정거리는 6m(20피트)이다. • 눈가리개나 불투명한 카드로 왼쪽 눈을 완전히 가리고 오른쪽부터 검사한다. • 큰 시표부터 작은 시표쪽으로 읽게 하여 읽을 수 있는 최소 시표를 따라 옆의 숫자를 본다. • 분모가 정상인이 볼 수 있는 거리(시표번호)이고 분자는 차트(시력표)에서 떨어진 거리이다. 분모가 크면 클수록 환자의 시력이 나쁜 것이다. 시력표시법은 검사거리/시표번호와 같이 분수로 표기하거나 소수로 표기한다. $$\text{스넬렌의 시력(표시법)} = \frac{\text{시력측정거리}}{\text{시표번호}} = \frac{20\text{feet}}{\text{시표번호}}$$ • 판정 : 20/200(0.1), 20/100(0.2), 20/60(0.3), 20/40(0.5), 20/20(1.0), 20/10(2.0) 등으로 표시
한천석 시력표	• 5m에서 시력표를 읽고 시력은 소수로 나타낸다. 20/20의 시력이 한천석 시력표로 1.0이다. 시력이 나빠서 0.1 시표를 보지 못하면 시력표의 0.1 시표를 볼 수 있는 지점까지 걸어 나가 그 지점과 시력표와의 거리를 측정한다. 예를 들어 2m에서 0.01시표를 판독한다면 이 때 시력은 0.1/5(= 0.02)에 그 거리를 곱한다. 0.02 × 2 = 0.04가 된다. • 1m에서도 큰 시표가 보이지 않을 때 50cm 거리에서 손가락 수를 세도록 하고, 이를 손가락 세기(Finger Count; FC)라 하고 FC 50cm(FC/50cm)로 기록한다. • 손가락도 셀 수 없고 눈앞에서 손을 흔들 때 그 움직임만을 볼 수 있다면 시력은 손 흔들기(Hand Motion; HM)라고 기록한다. • 손 흔들기도 보지 못하는 경우는 암실에서 광선의 유무를 판단한다. 이때의 시력을 빛인지(광각, Light Perception; LP)라 한다. • 광각이 없으면 NLP(No Light Perception)로 표시한다. 즉, 엄밀한 의미의 실명(맹, 시각상실, blindness)이 된다. • 40세 이상에서 근거리 시야는 독서에 문제가 발생하지 않으면 정규적으로 검사할 필요는 없다. 40세가 넘으면 노안으로 인하여 수정체의 탄력성이 감소되어 근거리의 물체를 똑똑히 볼 수 없다. 근거리 시야는 인쇄물을 사용하여 눈앞 30cm 되는 곳에 놓고 검사한다.

4 차폐 – 비차폐검사(cover – uncover test) : 제3, 4, 6번 뇌신경의 기능

검사내용	cover-uncover 검사는 한 눈을 가리개로 가리고 물체를 응시한 후 가리개를 떼면 정상에서는 시야의 흔들림이 없다. 시야가 흔들리면 외안근 검사로 6방향에서 중심으로 말초를 향하여 표적을 움직이면서 안구를 움직이도록 한다.
외안근의 6방향	

5 검안경 검사 [2023 기출]

목적	• 안저검사(fundoscope = ophthalmoscope exam) • 원인을 알 수 없는 시력상실의 원인을 조사 • 망막, 시신경, 망막혈관, 황반부의 검사
검사내용	• 어두운 방에서 동공의 크기가 작은 경우 산동제를 점안하고 검사 • 30cm 떨어진 곳에서 동공에 빛을 비출 때 적반사(동공에서 발광성 오렌지 빛)가 나타나면 동공 가까이 검안경을 접근하는데 검안경의 초점은 근시는 빨간색, 원시는 검은색으로 다이얼을 돌려 초점을 맞춤 → 적반사가 없는 것은 수정체의 불투명과 유리체의 혼탁 • 망막이 보이면, 중심 → 위 → 좌옆 → 우옆 → 위를 향하여 검안경을 움직여 시신경 유두(optic disk), 황반, 안저, 망막혈관들을 관찰함
검안경 사정내용	• 시신경유두(optic disk) : 색깔, 가장자리(모양이나 흔적), 고리(ring)나 반월형(crescent) 존재 • 망막혈관 : 색깔, 크기, 꼬임, 좁아짐 • 안저(fundus) : 색깔, 병변(lesion) 출혈, 열상이나 구멍 • 황반(macula) : 색깔, 병변, 출혈, 혈관의 존재 • 적반사(red reflex) 유무
시신경 유두	노란색의 경계가 분명하며 가운데 생리적 유두함몰이 있고 그 주위로 망막혈관이 뻗어나가고 있음. 직경은 1.5mm
망막혈관	시신경 유두를 중심으로 사방으로 뻗어 있으며 동맥벽은 안 보이고 혈관기둥만 보임
적반사	동공에서 발광성 오렌지 빛

황반	시신경유두의 외부로 직경의 2배 거리가 있으며, 혈관이 없어 검은 적색에 둘러싸인 노란 점으로 보이며 중앙에 중심와가 있음			
이상소견	적반사(−)	• 각막의 불투명 • 수정체의 불투명 & 초자체의 혼탁 • 백내장 : 수정체의 혼탁 • 망막 박리		
	유두부종(+)	• 고혈압 • 중심정맥압 상승 • 뇌압 상승(외상, 종양, 지주막하 출혈, 뇌막염의 뇌압 상승) • 지속적 유두부종은 시신경 위축으로 시력 상실		
	비정상 소견의 망막	• 고혈압 : 세동맥이 가늘어져 은철사나 구리철사 같이 보임 • 유두부종(고혈압, 당뇨병, 임신중독증, 무의식 환자), 출혈 • diopter : 검안경렌즈의 초점거리단위, 빛을 집중시키거나 확산시키는 렌즈의 힘을 측정하는 단위		

시신경 유두의 이상소견		정상	시신경위축	유두부종	녹내장성 유두함몰
	진행	작은 유두혈관들의 색으로 유두가 정상적인 색을 띄움	시신경 섬유가 죽으면 유두혈관이 소실됨	정맥울혈로 충혈과 부종이 있게 됨	안압상승으로 유두함몰과 위축이 증가됨
	모양, 색	노란색 유두 가장자리는 선명	흰색	충혈된 분홍색	창백

07

6 황반

시신경유두의 외부로 직경의 2배 거리가 있으며, 혈관이 없어 검은 적색에 둘러싸인 노란 점으로 보이며 중앙에 중심와가 있다.

> ✎ **검안경으로 사정해야 할 구조**
> ① 시신경유두(optic disk) : 색깔, 가장자리(모양이나 흔적), 고리(ring)나 반월형(crescent) 존재
> ② 망막혈관 : 색깔, 크기, 꼬임, 좁아짐
> ③ 안저(fundus) : 색깔, 병변(lesion), 출혈, 열상이나 구멍
> ④ 황반(macula) : 색깔, 병변, 출혈, 혈관의 존재
> ⑤ 적반사(red reflex) 유무

7 망막검사

Chapter 02 안과적 질환의 치료와 보건지도

01 눈의 질환

1 백내장(cataract)

(1) 개요

병태생리		• 수정체는 노화로 인해 점차 수분이 줄어들고 밀도가 증가함. 밀도의 증가는 수정체 섬유의 응축과 외층의 새로운 섬유소 생성으로 발생하는데, 수정체의 어느 부분이라도 혼탁해질 수 있음 • 섬유소의 응축으로 수정체 수분 함량이 감소될 때, 수정체 단백질은 크리스탈 형성이 촉진되고 점차적으로 통증 없이 수정체 투명도가 감소됨 • 투명도의 감소로 상을 맺지 못함
원인 [국시 2004]	나이	50세경에 시작되어 나이가 들면서 진행되며 시력장애의 주원인
	외상성 백내장	눈, 머리에 타박상, 눈의 관통성 손상, 안구 내 이물질 등
	중독 백내장	코르티코스테로이드, phenothiazine(항구토제)계열 약제, 축동 제제(콜린성제 : pilocarpine)
	동반된 백내장	• 당뇨병 : 눈의 수정체 혼탁 • 만성으로 햇빛에 노출
	합병 백내장	망막 색소변성, 녹내장, 망막박리
	선천성 백내장	임신 초기에 풍진, 이하선염, 간염, 다운증후군
증상 [국시 1999 · 2002]	조기 증상	• 왜곡되거나 흐린 시력 • 색깔인식 감소 • 야간 운전 시 번쩍거림(glare) • 야간에 동공이 확장되었을 때 시력이 좋아짐
	후기 증상	• 시력이 흐리고 복시와 혼탁, 심해지면 전 동공이 완전히 회백색 또는 백색으로 됨 • 복시, 동공 크기에 따른 시력변화가 심함, 감소된 시력은 실명으로 진행, 적반사 소실
	흐린 시력	• 선명하게 볼 수 없고 약간 뿌옇게 보임 • 시력 감소 : 동공 수축이 일어나는 상황에서 시력이 저하 • 색깔 인식 감소

주간맹	주긴맹으로 밝은 곳에서 동공 수축이 일어나고 눈부심이 심해져서 시력이 매우 감퇴 불빛이 밝지 않을 때 동공이 이완되므로 잘 보임
수정체 근시	핵백내장의 경우 수정체가 볼록해져 수정체의 굴절률이 증가하여 근거리 글씨를 잘 보게 됨
단안 복시	부분적 혼탁으로 수정체의 각 부분마다 굴절 상태가 다를 때 한쪽 눈으로 사물을 보아도 두 개로 보임
눈부심	안구매체의 불균일로 인한 빛의 산란 때문에 일어남
하얀 동공	수정체가 혼탁되어 하얀 동공이나 통증이 없음
적반사 소실	• 적반사 소실로 검안경으로 동공에 직접 빛을 비추어 검안경 빛이 망막에 반사되어 동공에 적반사가 보여짐 • 적반사가 없는 것 : 각막의 불투명, 수정체의 불투명, 초자체의 혼탁, 백내장, 망막 박리, 미숙아 망막증, 망막아 세포종

✒️ **백내장 위험요인 : CATARACt**
① Congenital
② Aging
③ Toxicity(스테로이드 등)
④ Accidents
⑤ Radiation(sunlight)
⑥ Altered metabolism(diabetes mellitus)
⑦ Cigarette smoking

• 수정체 혼탁으로 점진적으로 무통의 어른거리는 시력감퇴로 복시, 광선 눈통증
• 양측성이나 양눈의 진행속도는 다름
• 조기증상으로 야간 운전 시 번쩍거림
• 야간에 동공이 확장되었을 때 시력이 좋아짐
• 성숙기에 동공이 육안으로도 흰색이나 회색으로 보임

(2) 백내장 진행단계

미숙기	수정체 혼탁이 완전하지 않아서 빛이 일부 투과되어 물체를 볼 수 있다.
성숙기	수정체 혼탁이 완전하여 시력이 현저히 감소된다.
과숙기	수정체의 단백질이 파괴되어 수정체낭을 통하여 새어나오며, 단백질은 대식세포에 의해 포식되며 섬유주를 막아서 녹내장이 초래되기도 한다.

(3) 치료

수정체 적출술 (cataract extraction, 낭외적출술— 초음파유화술)		배내장이 성수하면 수정체 적출술을 한다. 수술 후에는 강한 볼록렌즈(약 +10D) 또는 콘텍트 렌즈를 사용하며, 경과가 좋으면 교정시력 0.5~1.0까지 가능하다.
수술 적응		우선 시력이 0.3 이하이면 수술하게 되는데, 안압과 망막기능이 정상이어야 하고, 눈의 염증이나 초자체 혼탁, 당뇨병 등이 없어야 한다.
간호	수술 전 불안 완화	
	수술 전 투약	진정제, 안압감소를 위한 diamox(경구), 산동확대를 위한 phenylephrine 같은 교감신경 자극제 약물 또는 부교감신경 차단제(안약 점적)
	수술 후 손상예방	• 안대나 보호가리개로 가린다. • 체위는 semi Fowler 체위나 수술하지 않은 쪽으로 눕도록 한다. • 분비물이 있는지 관찰하고 있으면 의사에게 보고한다. • 불편감은 진통제로 조절한다.

	대상자 교육	• 안압상승 및 출혈의 합병증 시 통증 발생
		• 오심, 구토를 동반한 통증 시 즉시 보고
		• 안압을 상승시키는 활동 피하기
		  — 허리 구부리기
		  — 재채기, 기침
		  — 코 푸는 것
		  — valsalva maneuver(배변 시 긴장)
		  — 구토
		  — 성교
		  — 셔츠 깃이 꽉 낄 때
		• 수면 시, 취침 시 수술부위 쪽으로 눕지 않기
		• 합병증 발생 시 의사보고
		  — 눈의 발적, 시력의 변화, 눈물, 눈부심
		  — 수술 후 눈의 전방출혈
		• 수술 당일 시력 향상을 경험할 수 있으나 수술 후 4~6주에 최고시력이 나옴

퇴원교육	• 날카롭고 갑작스런 통증, 출혈과 분비물 증가, 안검부종, 시력감소, 번쩍하는 빛이나 부유물이 있으면 병원을 방문하도록 알려 줌 • 안압을 상승시키는 활동은 피하도록 함 • 대상자는 수술 후 1~2일에 머리를 감을 수 있으나 미용실 같은 곳에서 머리를 뒤로 기울이는 자세를 취해 눈에 물이 들어가지 않도록 함 • 수술 후 샤워는 즉시 가능하지만 얼굴에 물이 닿지 않도록 특히 주의 • 음식조리와 가벼운 집안일은 허용함 • 운전 기계조작이나 골프와 같은 운동은 안과의사가 허락할 때까지 자제하도록 함 • 4~6주간 안약을 처방함

2 녹내장(glaucoma)

정의	• 섬유주(trabecular meshwork)와 쉴렘관의 폐쇄로 방수 유출이 잘 안 되어 안압이 상승되는 것이다. 안압이 상승되면 망막세포와 시신경이 위축되어 시력상실과 시야결손이 나타난다. • 녹내장은 자기도 모르는 사이에 시력을 상실하기 때문에 밤도둑으로 비유되기도 한다. 녹내장을 발견하는 방법은 안압측정이며, 특히 40세 이후에는 정규적인 안압측정이 바람직하다. 또한 녹내장은 유전적 경향이 있으므로 가족력이 있는 경우에는 해마다 안압측정을 하도록 한다. • 눈으로 받아들인 빛을 뇌로 전달하는 시신경에 이상이 생겨 시야결손이 발생되고 이를 방치하게 되면 실명이 되는 질환이다.
병태생리	• 방수는 맑은 액체로 전방과 후방을 채우나, 정상안압은 평균 10~22mmHg로 섬모체(ciliary body)에서 생성되고 후전방을 거쳐 섬유주와 쉴렘관으로 흐름이나 흡수의 균형에 의해 유지된다. 이 균형은 방수의 흐름이 약화되거나 방수의 흡수저하로 깨지게 된다. • 기전은 불분명하지만 안압상승이 일어나면 첫 번째로 시신경판 주변의 축삭이 파괴된다. 시신경이 손상을 받으면 시신경판의 가장자리(rim)가 줄어들고 시신경유두의 중앙에 함몰(optic cup)이 생겨서, 점점 커지고 깊어진다. 시신경판의 변화는 시야장애가 오기 전에 육안으로 볼 수 있다. 질병이 진전되면서 무통의 점진적인 시야결손이 있고, 마침내는 실명된다. 시야상실은 환자가 병원에 와서 진단을 받기 전에 나타나는 의미 있는 증상이다. 전방을 통한 방수의 배출이 감소하거나 방수의 과잉생산에 의해 안압이 상승할 수 있다. 상승한 압력은 시신경손상을 일으키고 이러한 손상은 주변에서 시작해서 중심와로 진행되며 치료하지 않으면 실명을 초래한다.

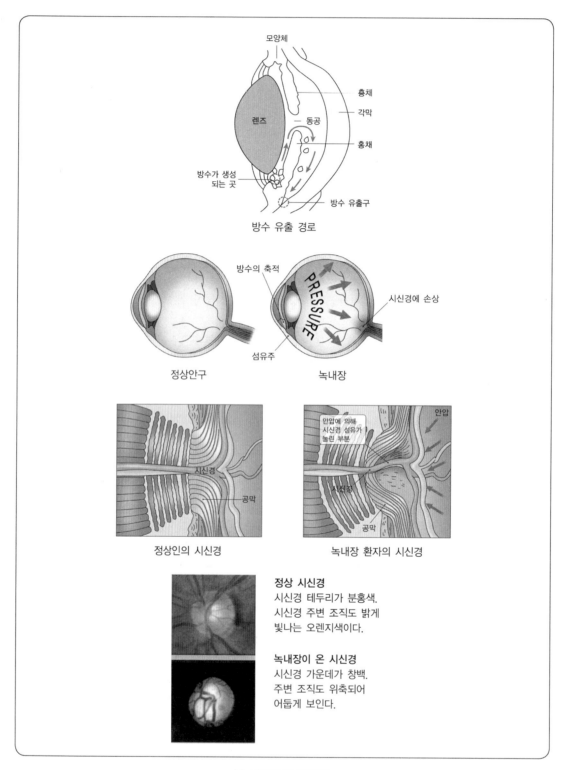

모양체

홍채
각막
렌즈
동공
홍채

방수가 생성
되는 곳

방수 유출구

방수 유출 경로

방수의 축적

PRESSURE

시신경에 손상

섬유주

정상안구   녹내장

시신경
공막

정상인의 시신경

안압에 의해
시신경 섬유가
눌린 부분

안압

시신경

공막

녹내장 환자의 시신경

정상 시신경
시신경 테두리가 분홍색.
시신경 주변 조직도 밝게
빛나는 오렌지색이다.

녹내장이 온 시신경
시신경 가운데가 창백.
주변 조직도 위축되어
어둡게 보인다.

| 녹내장의 발생기전 |

출처 ▶ 센트럴서울안과

(I) 진단검사

안압측정	• 정상안압은 10~21mmHg • 개방각녹내장 안압은 22~33mmHg • 폐쇄각녹내장은 30(25~50)mmHg 혹은 그 이상이다.
안저검사	• 검안경검사에서 시신경유두의 함몰과 위축이 보인다. 그리고 컵모양으로 변화된다. • 시신경유두는 커지고 깊어지고 회백색으로 보인다.
전방각경검사	• 전방각은 불투명한 각막 윤부로 가려져있고, 전방각에서 나온 빛은 각막내변에서 전부 반사되므로 직접 눈으로 관찰할 수 없다. • 각막만곡을 제거하는 특별렌즈로 눈의 전방각을 보기쉽게 하여 홍채, 각막둘레 360° 전체를 검사할 수 있다.
시야검사	• 눈으로 볼 수 있는 범위를 보는 것이다. • 만성 개방각녹내장은 초기에 작은 초승달 모양 결손을 보이고 점진적으로 시야결손이 커진다. 심하면 시야가 아주 좁아져 터널시야가 나타난다. • 급성폐쇄각녹내장은 시야가 급격히 감소한다.

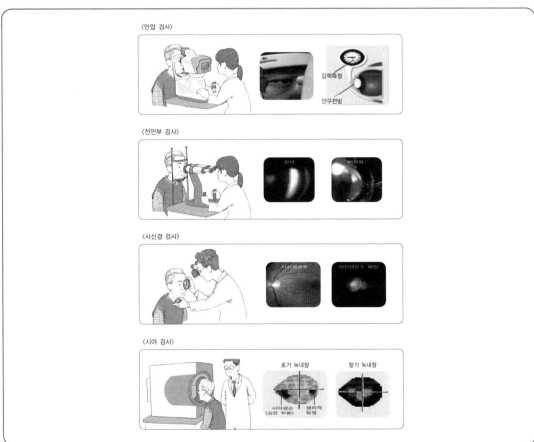

| 녹내장의 진단 |

출처 ▶ 보건복지부, 대한의학회

(2) 증상

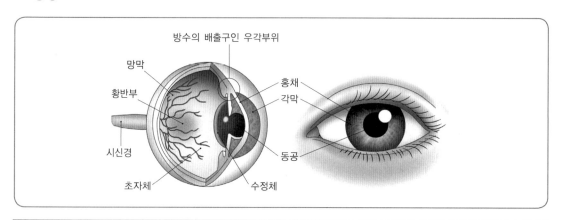

방수의 배출구인 우각부위

망막

황반부

홍채

각막

시신경

동공

초자체

수정체

개방각
녹내장
(원발성)
	• 증상 없이 천천히 발생한다.
	• 중심시력이 영향을 받지 않기 때문에 시야가 점진적으로 좁아지는 것을 알지 못한 채 진행될 수 있다.
	• 전형적으로 안압이 24mmHg 이상으로 상승하면서 초생달 모양의 암점이 나타난다.
	• 시신경유두부가 함몰되거나 컵모양으로 변하면서 점진적으로 시야결손이 나타난다.
	• 심하면 시야가 아주 좁아져서 터널시야가 나타난다.
	• 때때로 흐릿한 시력, 조절(accommodation)기능이 감소한다.
	• 눈에 가벼운 통증이나 두통이 있고 안경처방을 자주 받는다.
	• 시신경기능이 회복될 수 없이 손상된 후에 발생한 후기증상이 발생한다.
	   － 시야 상실
	   － 안경으로 교정할 수 없는 시력저하
	   － 불빛 주위에 무지개 색의 달무리(halo)

급성 폐쇄각 녹내장	• 전방각의 폐쇄는 섬유주와 쉴렘관이 방수흐름을 차단하여 안압이 급격히 상승하면서 망막과 시신경세포 손상을 주어 만일 적절한 치료를 하지 않으면 영구적 시력상실이 초래된다. • 급성으로 나타나고, 제 5뇌신경의 감각 분포부위로 방사 되는 눈 주위의 갑작스럽고 심한 통증이 초래된다. • 심한 안통증으로 두통, 오심, 구토, 복부불편감도 발생한다. • 시력감소, 동공이 확대되고 고정됨, 광원주위 무지개 색의 달무리, 결막발적, 뿌연 각막이 나타나고 안압이 갑작스럽게 50mmHg 이상 상승한다. • 광각의 감소로 갑자기 시력이 흐려진다.

| 녹내장의 임상증상 |

초기 증상	후기 증상
• 안압 상승 • 조절 감소	• 시야 감소(주변시야 상실) • 시신경유두 창백 • 안경으로 교정되지 않는 시력저하 • 두통이나 눈 통증(급성 폐쇄각 녹내장) • 시신경 유두가 커짐

〈개방각녹내장〉

특별한 증상을 느끼지 못함   상당히 진행한 후 시야결손 발생

〈폐쇄각녹내장〉

급성의 경우
심한 안통, 두통, 시력저하 발생

〈선천녹내장〉

스스로 증상을 호소하지 못하므로
보호자에 의해 이상 발견
(눈물 흘림 / 눈부심 / 안검연축
/ 각막확장, 각막혼탁 등)

| 녹내장의 증상 |

출처 ▶ 보건복지부, 대한의학회

(3) 약물요법

방수 생성 감소	탄산탈수효소 억제제	약명	acetazolamide(diamox)
		기전	• 탄산탈수효소를 억제하여 눈의 방수 생성을 감소시켜 안압을 낮게 유지한다. • 탄산탈수효소 : 탄산의 탈수 반응을 가역적으로 접촉하는 효소
	β-교감신경 차단제	약명	timolol, levobunolol
		기전	동공수축을 일으키지 않고 방수생성을 감소시킨다.
	부작용주의		• 눈의 색깔이 붉어질 수 있다(8~12주 내 사라짐). • 눈썹 성장 촉진, 홍채 색깔의 변화 등이 있을 수 있다.
방수 배출 증가	축동제 (콜린성 작동제)	약명	필로카핀(pilocarpine hydrochloride)
		기전 [국시 2000 · 2005]	콜린성 작동제로 동공 수축을 일으켜 홍채 각막각 증가로 방수가 흡수 부위로 더 많이 순환하여 방수 배출 증가로 안압을 하강시킨다.
		적응증	급성 폐쇄각 녹내장
		간호	사용 후 1~2시간 동안 동공 수축과 시력이 흐려지므로 어두운 환경에 적응이 어렵다.
	삼투성 제제	약명	mannitol, 글리세린
		적응증	안압 감소, 두개내압 상승
		기전	폐쇄성 녹내장 대상자의 응급치료로 삼투작용으로 수분 배설을 증가시켜 안압을 빨리 감소시킨다.

(4) 간호

급성기 간호	• 안압을 낮추기 위한 투약 • 방을 어둡게 함 • 이마에 찬물 찜질 • 조용한 장소에서 쉴 수 있도록 함
손상 예방	❑ 시력손상 예방 • 흡연, 꽉 맨 넥타이, 색소폰 등 관악기 연주, 물구나무 자세, 번지점프, 과도한 다이어트 등의 안압상승 활동 피하기 • 커피 같은 카페인 음료나 알코올 피하기(탈수로 안압 올림) • 걷기, 달리기, 자전거 타기 등의 유산소 운동으로 혈액순환을 도와 안압감소 돕기 • 주기적 안과검진 : 나이가 들어감에 따라 녹내장 발생빈도 증가

퇴원교육	• 질병의 과정 이해 • 투약의 중요성 강조 　－ 약물의 목적 　－ 투약횟수 　－ 투약방법에 대한 설명

🖊️ 안압을 낮추는 녹내장 예방 생활수칙

① 넥타이를 느슨하게 맨다. 목이 편한 복장을 한다.
② 혈관을 수축시키는 카페인 음료는 삼가고 담배는 끊는다.
③ 술은 1~2잔 정도로 줄인다.
④ 한 번에 많은 물을 마시지 않는다.
⑤ 안압상승 활동(흡연, 꽉 맨 넥타이, 색소폰 등 관악기 연주, 물구나무 자세, 번지점프, 과도한 다이어트, 고개 숙인 자세에서 장기간 독서하기 등) 피하기
⑥ 머리로 피가 몰리는 자세(물구나무 서기, 역도, 과도한 요가 등)는 피한다.
⑦ 복압이 상승하는 운동(윗몸일으키기)을 삼간다.
⑧ 복부비만을 해소한다.
⑨ 감정의 동요를 막고 흥분하지 않는다.
⑩ 어두운 곳에서 TV를 보거나 책을 읽지 않는다.
⑪ 기온변화에 유의(추운 겨울날이나 무더운 여름에 발작하기 쉬움)한다.
⑫ 걷기, 달리기, 자전거타기 등의 유산소 운동으로 혈액순환을 도와 안압감소 돕기
⑬ 주기적 안과검진 : 나이가 들어감에 따라 녹내장 발생빈도 증가

07

3 망막질환

(1) 망막박리(retinal detachment) [2013 기출]

망막박리 [2013 기출]	정의	망막이 열공(찢어짐 발생)된 곳으로 액화된 유리체가 흘러들어가 망막이 박리되는 것이다.	
	병태생리	• 망막박리 시 초자체(유리체)에서 나온 액체가 망막 밑으로 스며들어 맥락막과 분리되어 분리된 망막은 맥락막으로부터 혈액의 영양공급이 차단된다. • 망막의 시세포가 죽게 되어 영구적인 시력상실이 일어난다.	
유발요인	노화, 백내장적출, 망막의 퇴화, 외상, 고도의 근시, 가족적 소인		

망막 박리

망막 열공 / 박리된 망막 / 수정체 / 유리체 / 시신경

증상	섬광	눈앞의 번쩍임(초자체가 망막을 끌어당겨 생기는 현상: 광시, photopsia)
	눈앞의 부유물	• 시야 내 불규칙적인 검은색 선이나 점(망막파열시에 초자체내로 혈구가 유출되기 때문)이 보인다. • 어두운 점이 떠 다니는 것을 경험(비문증, 날파리증)한다. − 눈 안에 많은 부유물(floating spots)이 갑자기 발생한다.
	시야결손	• 커튼을 드리운 것 같은 시야결손이 초래된다. • 박리초기 또는 부분적이라면 눈앞에 커튼을 친 것처럼 느낌이 든다.
	통증(−)	통증이나 출혈은 없다. 서서히 또는 급격히 발병하며 치료를 하지 않는 경우 1~6개월 이내 실명된다.
	시력감퇴	시야장애 및 시력감퇴가 진행되며 실명할 수 있다.
검안경검사		박리된 망막은 망막에 작은 구멍이나 찢어지고 안구 내로 들떠 있고 청회색이다.
응급자세		• 망막박리가 있는 부위를 신체에서 가장 낮게 유지한다. 오른눈의 박리가 상측두부(시야상실은 하측내측)이면 머리를 우측으로 하여 똑바로 눕힌다. − 적절한 체위는 망막과 맥락막이 보다 가까이 접근하도록 눈 후방의 박리된 부위에 압력이 놓이도록 한다. • 망막박리가 의심되면 중력에 의해 망막과 맥락막의 박리를 예방할 수 있는 체위로 환자의 머리를 놓고 의사의 치료를 받도록 한다(예: 망막상부박리는 상부가 아래로 향할 수 있도록 엎드린 자세).
응급처치		• 손상의 진행을 막기 위해 절대 안정하고 양 눈에 안대를 제공한다. • 눈의 긴장을 피하고 필요시 정온제나 진정제를 투여한다. • 갑작스럽게 머리를 움직이는 것과 같은 안압을 상승 행위는 피하고 배변완화제를 투여한다.
수술		• 투열요법, 냉동요법, 광선이용 등을 실시한다. • 공막 버클링: 망막박리를 교정하는 가장 흔한 수술로 공막에 압력을 주어 맥락막을 유리체 내로 밀어들이는 방법과 공막절개를 하여 단축시키는 방법이 있다. 망막이 눈의 벽에 다시 붙을 수 있도록 실리콘 '버클'을 눈에 봉합시킨다. • Circling 방법(띠 두르기): 실라스틱 밴드로 안구 주위를 단단하게 조여 박리된 망막을 유착시킨다. 안구 주위에 밴드는 공막버클링과 함께 사용하여 이물을 지지한다. • 초자체 내 공기나 액체 주입: 유리체 내에 생리식염수나 공기를 주입하여 안구 내 압력을 증가시켜 망막의 유착을 돕는 것이다.

(2) 황반변성

정의	망막은 우리 눈 바닥에 깔려 있는 아주 섬세한 그물과 같은 신경조직으로 마치 카메라의 필름처럼, 눈 속에 들어오는 빛의 영상이 초점을 맺는 장소이다. '황반'은 약 1.5mm의 반지름을 가지는 망막의 중심부위이며 이 부위에는 빛을 느낄 수 있는 광수용체가 밀집되어 있다. 따라서 이곳에 이상이 발생하면 빛이 통과하지 못하게 되어, 마치 사진의 가운데 부분이 가려진 것처럼 흐리게 보이게 된다.
원인	황반변성은 65세 이상에서 황반과 주위조직에 위축성 변성이 나타나면서 중심시력이 상실되는 것이다. 원인은 잘 알려지지 않았지만 노화, 여성, 흡연, 유전적 요인을 들 수 있다. 최근 연구에 오메가3 복용이 황반변성을 줄이는 것으로 알려지고 있다.

정상 눈 / 빛 / 망막 / 황반 / 수정체 / 각막

특징	• 황반변성은 국내 노인 실명 원인 1위로, 망막에 노폐물이 쌓이면서 시작된다. 눈에 빛이 들어오면 눈이 운동을 시작하고 이때의 생리적인 현상으로 노폐물이 생긴다. 나이가 들어 노폐물이 망막에 쌓이고 변성이 생겨 새로운 혈관이 만들어진다. 새로운 혈관이 약해 잘 터지는데, 혈액과 삼출액으로 황반이 붓고 실명된다. • 황반변성은 황반부가 손상을 받아 중심시력이 저하되는 경우이며, 사물을 주변부 망막으로 보게 되는 것이다. 현재까지 황반변성은 글 읽기와 정교한 작업을 불가능하게 만드는 가장 흔한 원인으로 알려져 있다. ☀ 황반을 통하여 글을 읽거나 정교한 작업을 할 수 있고, 색을 구별할 수 있으므로 황반은 눈 중의 눈이라 불릴 만큼 매우 중요한 부위이다.
병태생리	**비삼출성 변성 [건성 황반변성 (90%)]** • 망막에 드루젠(노폐물들이 황반부에 쌓여가는 상태)이나 망막색소상피의 위축과 같은 병변이 생긴 경우이다. • 망막이 위축되면서 퇴화한다. • 검안경을 통해서 결정체(drusen)라고 하는 황색의 둥근 반점이 망막과 황반에 보인다. • 이 결정체는 망막의 색소성 익피세포로부터 무정형의 물질이 축적된 것이며 시간이 지나면서 점점 커지고 결석화된다. • 색소성 상피화(epithelium)는 작은 부위에서 박리되어 위축되고 황반의 감각부분을 방해한다. • 보통 심한 시력상실을 유발하지는 않지만, 습성 형태로 발전할 수 있기 때문에 정기적인 경과관찰과 예방이 중요하다. **삼출성 망막변성 [습성 황반변성 (10%)]** • 망막과 맥락막 사이의 잠재적 공간에 연약한 신생혈관 생성이 특징이다. • 신생혈관은 우리 눈의 망막 중에서 특히 중요한 황반부에 삼출물, 출혈 등을 일으켜서 맥락막이 망막을 상승시켜 누출이 일어나 시력의 왜곡을 일으킨다. • 삼출성 황반변성은 느리게 진행하지만 흉터가 형성되어 영구적으로 중심시력에 영향을 주며, 심한 경우 실명을 가져온다.

07

증상	• 황반변성은 녹내장, 당뇨성 망막증과 함께 3대 실명질환이라고 한다. • 황반이 손상을 받으면 중심시가 흐려지고(blerred), 왜곡되나 주변시는 정상이다. • 첫 증상으로 한쪽 눈의 장애가 일어난다. 직선이 구부러지거나 왜곡되어 보인다. • 대표적인 증상으로는 똑바로 보여야 할 물체가 휘어지거나 검은색으로 보인다. • 중심시력 상실은 읽고, 쓰고, 위험을 인식하고 운전하는 데 지장을 준다.
치료	건성 황반변성이면 특별한 치료법이 없으며, 대부분 시력에 큰 영향을 주지 않지만 드물게 습성 형태로 발전할 수 있기 때문에 정기적인 경과관찰이 필요하다. 반면 습성 황반변성은 치료하지 않고 그대로 내버려두면, 시력이 빠르게 저하되어 실명에 이를 수 있기 때문에 시력보존을 위한 적극적인 치료가 필요하다. 습성 황반변성의 치료에는 크게 3가지가 있다. • 레이저 광응고술 : 레이저광선으로 신생혈관을 파괴하는 방법인데, 주변의 정상 망막조직까지 같이 손상될 수 있어 제한된 경우에만 사용되고 있다. • 광역학 치료 : 광감작물질을 주사한 뒤에 약한 레이저를 맥락막 신생혈관에 조사하여 신생혈관만을 선택적으로 없애는 방법이다. 이러한 광역학 치료는 시력저하의 속도를 늦추거나 멈추는 효과가 있는 것으로 보고되고 있다. • 항체주사 치료 : 가장 최근 들어 시도되고 있는 방법으로 시력저하의 원인인 맥락막에서 신생혈관을 유발하는 혈관생성 인자에 대한 항체를 유리체 내에 주사하여 맥락막 신생혈관을 쇠퇴시키는 치료방법이다.
간호	• 자외선은 눈의 노폐물을 증가시키므로 선글라스 등을 착용하는 것이 좋다. • 항산화제, 눈 비타민, 푸른잎 채소, 주황색이나 노란색 채소와 과일 등이 노화되는 망막의 활성화를 도와 시력저하를 지연시킨다. • 환자가 큰 책이나 대중교통수단 등 다양한 적응장비를 제공하는 지역사회단체를 알아본다.

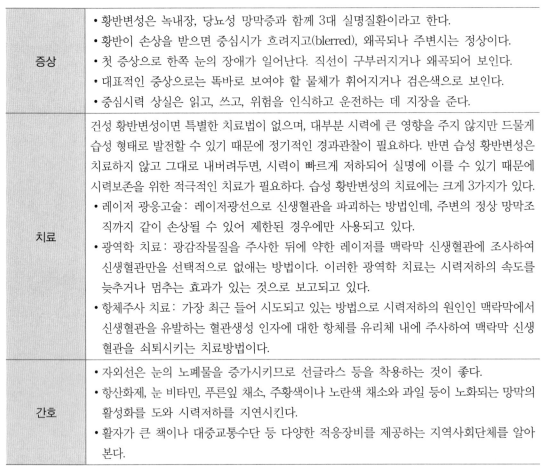

정상 시야   AMD환자의 시야

똑바로 보여야 할 물체가 휘어지거나 검은색으로 보임

| 암슬러 격자 |

1. 정상인의 시야
2. 황반변성이 시작된 사람의 시야
   (중심부가 일그러져 보인다)
3. 황반변성이 심하게 진행된 환자의 시야
   (중심부에 검은 반점이 보인다)

| 황반변성의 증상 |

(3) 당뇨망막병

원인	당뇨망막병은 망막의 모세혈관에 경화를 일으키는 혈관장애로 산소와 영양분을 이동시키는 장애가 일어난다. 당뇨망막병의 위험정도는 당뇨병기간과 혈당조절 정도에 달려있다. 그중 고혈압이 주요 위험요인이다.
병태생리 및 증상·징후	• 당뇨망막병의 4단계 　① 비증식성 당뇨망막병 　② 중등도 비증식성 당뇨망막병 　③ 중증 비증식성 당뇨망막병 　④ 증식성 당뇨망막병 • 눈의 정맥혈관이 확장되어 누출을 일으킬 수 있는 미세정맥류를 형성하여 망막부종이 일어나고 결과적으로 파열되어 망막출혈이 발생한다. • 검안경검진에서 노란색 삼출물이 보이고 망막허혈을 나타내는 면화반 패치(cotten-wool patch)와 붉은 점 출혈이 보인다. • 망막 주변부가 침범되면 빛 눈부심 외에 다른 증상은 거의 없고 황반부종이나 큰 출혈은 시력손상을 일으킨다. • 당뇨망막병은 증식성 형태로 진행한다. 큰 망막허혈부위가 있으며 신생혈관이 형성되어 망막의 내표면과 유리체로 파급된다. • 혈관들은 섬세하고 연약하며 투과력이 높고 쉽게 파열된다. • 혈액과 혈액단백누출이 망막부종과 유리체 내로 출혈이 일어난다. • 혈관은 점점 섬유화하고 유리체에 단단히 부착하여 망막박리의 위험을 높인다.
치료 및 간호	• 안과검진 : 1형은 당뇨병 발병 후, 2형은 당뇨증상이 나타난 시점에서 5년부터 주기적으로 눈 검사를 실시한다. • 혈당과 혈압조절 교육 : 혈당조절을 잘하는 것이 당뇨망막병의 발생을 예방하고 발병 후에는 진행을 늦춘다는 것을 강조하여야 한다. 당뇨망막병은 멈추게 하거나 치료가 안 되고 철저한 관리로 진행을 막을 수 있을 뿐이다. 교육이 중요하다.

- 시술
  - 레이저 응고법 : 미세동맥류의 누출을 봉쇄하고 증식혈관을 파괴하여 출혈, 망막부종, 망막박리의 위험을 감소시킨다.
  - 유리체 절제술 : 심한 증식성 망막병에서 유리체 출혈을 없애고 망막박리치료를 위해 실시한다.
- 증상관찰 및 보고 : 한눈 또는 양눈의 흐린 시야, 검은색 부유물, 거미줄, 눈앞의 섬광, 갑작스런 시력상실과 같은 증상이 나타나면 즉시 보고한다.

⊕ PLUS

시각장애 대상자의 독립성 증진을 위한 간호

1. 약물
- 매일 적절히 약물을 투여하는지 평가한다. 이웃, 친척 혹은 방문간호사가 일주일에 한번 방문하여 모니터할 수 있다. 하루에 한 번 이상 약물을 점안하려면 매 시간 다른 형태의 용기(덮개가 있는 것)를 사용하는 것이 도움이 된다. 예를 들면, 9AM, 1PM, 그리고 9PM에 약물을 투여하려면 9AM의 약물은 삼각형 용기에 넣는다.
- 시간을 말로 알려주는 시계는 시력이 좋지 않은 대상자에게 도움이 된다.

2. 의사소통
- 숫자판이 크고 돌출되어 있는 전화기가 도움이 된다. 전화기는 하얀 전화에 검은 번호판, 검은 전화기에 하얀 번호판으로 되어 있는 것을 권한다.
- 경찰서, 친척, 친구, 이웃, 119 등에 자동으로 전화를 걸 수 있도록 프로그램되어 있는 것이 도움이 된다.

3. 안전
- 가구는 대상자가 원하는 대로 배치하고 이동하지 않는 것이 좋다.
- 작은 깔개는 사용하지 않는 것이 좋다.
- 가정용 전기기구 코드는 짧아야 하고 통로에 두지 않는다.
- 발을 올려놓을 수 있는 안락의자가 좋다.
- 깨지지 않는 접시, 찻잔, 컵을 사용한다.
- 세제와 독성물질은 큰 문자로 표시한다.

4. 개인간호
- 욕실에 손잡이를 설치한다.
- 욕실바닥은 미끄럽지 않게 한다.
- 남자는 전기면도기를 사용한다.
- 관리하기 쉽고 어울리는 머리 모양을 한다.

5. 기분전환 활동
- 인쇄가 크게 된 책이나 신문, 잡지를 이용한다.
- 뜨개질을 할 수 있는 대상자는 털실로 짠 담요 같은 것을 만들 수 있다.
- 크고, 명암이 뚜렷하게 인쇄된 카드게임, 도미노와 보드게임은 시력이 좋지 않은 대상자에게 도움이 된다.

02 **사시안** [2008 · 2009 기출]

① 잠복사시, 사위 : 양안시는 되지만 융합을 중지시키면 한 눈의 시선이 돌아가 편위되는 것으로 사위는 사시로 발전하기도 함
② 사시(사팔눈) : 양안시가 불가능하고 한 눈이 항상 편위되는 것
· 융합(fusion) : 한 물체를 보는 두 눈의 망막상을 다시 한 물체로 느끼고 입체시할 수 있는 기능을 말하며, 6세까지 발달함
· 사시는 안구가 편위되는 방향에 따라 내사시, 외사시, 상사시, 하사시, 회선사시 등으로 불리며, 또 외안근 마비의 원인으로 생긴 마비성 사시(비공동성 사시)와 비마비성 사시(공동성 사시)로 구분하기도 함

1 공동성 사시(concomitant squint)

정의	흔히 주위에서 보는 이상으로 비마비성이며 시선 방향에 따라 그 편위도가 항상 일정하다.
원인	선천성, 가족성, 외안근의 평형상태의 이상, 한쪽 눈의 실명, 약시, 원시, 근시에 생길 수 있다.
증상	· 편위(사팔눈) · 안구의 운동장애 및 복시증상은 없다. · 여러 지각이상(sensory anomaly) 합병 · 교대성 사시 : 양안이 교대로 편위되며 이 경우 양안시력은 좋다. ☼ 편안사시 : 한쪽 눈만 항상 일정하게 편위되며, 사시된 눈에 약시 등 지각이상이 생기게 된다.
치료	사시의 교정은 외관상 안구 위치를 정상으로 만드는 것 이외에 완전한 양안시 기능을 회복시켜 주는 데 있다. 사시의 치료는 융합기능이 완성되기(6세) 전에 실시하여야 효과적이며, 12세 이후의 지각이상은 교정이 거의 불가능하다.
치료단계	· 광학적 치료(optical treatment) : 조절 마비제를 점안 후 굴절검사를 하여 굴절이상을 교정, 안경 사용 후 2개월 후에 효과를 판정한다. 　- 원시 교정 대신 축동제 점안이나 산동제도 같은 목적으로 사용한다. · 차안법(occlusion) : 잘 보이는 정상안을 안대 등으로 완전히 가리고 대신 편위된 약시 경향의 눈으로 보도록 훈련, 나이가 어릴수록 빠르며, 6개월 정도 후에 효과를 알 수 있다. 6세 이상에서는 효과가 없다. · 시기능 교정(orthoptics) : 융합을 훈련시켜 양안 단일시를 습득시키는 것이 목적으로 5세 이상 환자가 대상. 워어즈 약시경, 대약시경 등을 사용한다. · 수술 : 비수술요법으로 교정이 안 될 때 안근수술로서 사시를 교정한다. 　- 근육을 단축하여 근의 힘을 강하게 하는 방법(resection)과 근육을 연장시켜 근의 힘을 약하게 하는 방법(recession, tenotomy)이 있다. 양안시 기능훈련이 필요한 경우에는 수술 후 염증이 없어지는 대로 곧 시작한다.

2 마비성 사시(paralytic squint)

원인	• 안근 자체에 병변(외상, 염증, 변성, 종양, 선천이상 등) • 지배하는 신경의 마비(뇌혈관 순환장애, 뇌염, 뇌막염, 중독, 당뇨병, 외상, 뇌종양 등)
증상	• 복시(double vision) : 양안 복시 • 안구 운동장애 : 안구는 마비근의 운동방향으로 돌리기가 어려움 • 두통, 두부 위치가 마비근의 작용방향으로 회전, 현기, 정위오인, 안정피로 • 눈의 편위
치료	• 원인 치료 • 정상안을 가리고 마비안에 프리즘 처방 • 6개월 경과 후에도 회복이 안 되면 수술

✒ **사위 및 사시 검사방법** [1992 · 2008 기출]
① 단안 및 양안주시 검사
② 차폐법(cover test, cover-uncover test)
③ 각막반사법(corneal reflex test)
④ 안구운동의 검사
⑤ 복시검사(diplopia test)

3 사시검사법 [2008 기출]

각막 빛 반사 검사법 (허쉬버그검사, Hirschberg)	방법	물체를 주시할 때 외안근이 눈을 안정되고 평행하게 유지하는 기능을 하는지의 능력을 사정하기 위해 시행하는 검사로서 대상자의 30~38cm 앞에서 광점을 주시하게 하고서 양눈의 각막반사점의 위치를 관찰한다.
	정상	불빛은 양쪽 동공에 대칭으로 비춰진다.
	사시	빛이 동공의 중심을 벗어나 반사된다.
차폐검사 (가림검사, cover test)	방법	근거리(33cm), 원거리(6m) 모두에서 물체를 주시하도록 한 후 한쪽 눈을 가리개로 가리고 물체를 바라볼 때 가리지 않은 눈의 움직임을 관찰한다.
	정상	가리지 않은 정상인 눈이 움직이지 않는다.
	사시	가리지 않은 사시의 눈이 움직인다. 정상 눈이 일시적으로 가려질 때 부정렬이 있는 눈이 물체에 시선을 고정하기 위해 움직인다. 눈에 사물이 정확하게 고정되어 있지 않아 움직인다.

cover-uncover 검사 (차폐-노출 검사)	방법	근거리(33cm), 원거리(6m) 모두에서 물체를 주시하도록 한 후 한쪽 눈을 가리개로 가리고 물체를 바라볼 때 가리지 않은 눈의 움직임을 관찰하고 가리지 않은 눈이 집중할 때까지 기다린 후 가리개를 치우고 가리지 않은 눈과 가리개를 치운 눈에 초점의 움직임을 평가한다.
	정상	가리개(cover 카드)를 없앴을 때 양쪽 눈 모두 움직이지 않는다.
	사시	• 사시인 눈이 움직인다. • 눈이 물체에 시선을 고정하기 위해 움직인다. 눈에 사물이 정확하게 고정되어 있지 않아 움직인다.
교대가림검사 (alternate cover test)	방법	근거리(33cm), 원거리(6m) 모두에서 가리개를 한쪽 눈에서 다른 쪽 눈으로 바꾸면서 검사를 시행하며 앞쪽 한 지점을 응시하는 동안 가리개를 떼면서 바로 가려져 있던 눈의 움직임을 관찰한다.
	정상	가리개를 한쪽에서 다른 쪽 눈으로 옮겨도 바로 가려져 있던 눈에 움직임이 없다.
	사시	가리개를 제거하면 바로 가려져 있던 사시인 눈이 움직인다.
안구 운동 검사	방법	• 대상자의 머리를 정지한 상태로 펜과 같은 작은 물체를 따라 눈을 움직이게 한다. • 눈을 움직이는 동안 눈 운동의 편위를 관찰한다.
	정상	눈을 움직이는 동안 눈 운동의 편위가 없다.

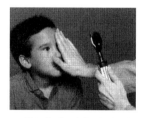

A. 한쪽 눈을 가린 체 이동은 불빛을 바라본다.

B. 가린 눈의 가리개를 치웠을 때 눈이 움직이지 않으면, 양눈은 정렬된 것이다.

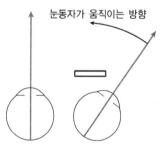

눈동자가 움직이는 방향

C. 가린 눈의 가리개를 치웠을 때 눈이 움직이지 않으면, 양눈은 정렬된 것이다.

| 사시검사를 위한 차폐-노출검사 |

학년도	내용
1992학년도	다래끼, 농가진, 수두, 전신성 홍반성낭창, 대상포진
1993학년도	옴, 수두
1994학년도	수두 전염기간
1995학년도	1차 피부발진, 수두
1996학년도	바이러스 피부질환, 전신 홍반성 낭창
1997학년도	
1998학년도	
1999학년도	
후 1999학년도	
2000학년도	
2001학년도	
2002학년도	수두 바이러스의 명칭, 격리기간, 전파양식 2가지, 소양감 감소를 위한 피부관리
2003학년도	
2004학년도	
2005학년도	
2006학년도	
2007학년도	
2008학년도	
2009학년도	
2010학년도	
2011학년도	머릿니, 농가진
2012학년도	
2013학년도	대상포진
2014학년도	
2015학년도	
2016학년도	
2017학년도	
2018학년도	
2019학년도	
2020학년도	
2021학년도	아토피(태선화)
2022학년도	
2023학년도	

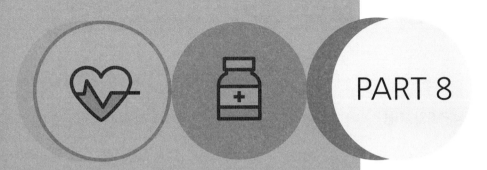

PART 8

피부
건강문제와
간호

Chapter

01 피부의 해부와 생리

01 피부의 정상구조와 기능

1 피부의 구조

피부는 바깥쪽으로부터 표피, 진피, 피하지방조직의 3층으로 이루어져 있다.

표피 (epidermis)	• 각질층, 투명층, 과립층, 자세포층, 기저세포층 • 임파관, 혈관, 결체조직은 없다. • 주로 각질세포(keratinocyte), 그리고 기타 langerhans씨 세포 및 melanin 형성 세포 (melanocyte)로 구성되어 있다. • 기저세포가 끊임없이 세포분열을 일으켜 점차로 각질세포층으로 밀려나가게 되면 피부의 신진대사가 이루어진다.
진피 (dermis)	결체조직섬유성분, 세포성분, 기질, 혈관, 신경, 근육, 임파관이 존재한다.
피하조직 (subcutaneous fat tissue)	지방조직으로 구성(triglyceride가 주성분), 혈관, 임파관, 신경 등이 분포, 지방의 형성과 저장열의 완충, cushion 역할, 영양분의 저장, shock의 흡수 등의 생리적 기능을 가진다.

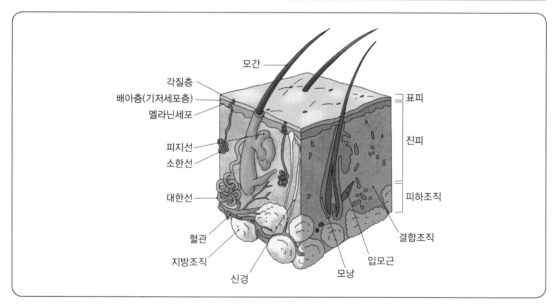

| 피부의 구조 |

2 피부의 생리 기능

보호 작용	각화현상으로 인한 탈락, 피부의 산성막(pH 3~5). 표면지방막에 지방산 melanin 색소에 의한 자외선의 침투 방지 등
지각 작용	촉각, 압력, 동통, 냉한 등의 감각을 느끼고, 환경의 조건을 알려줌
분비 작용	피지선과 한선의 분비로 표면지방막 형성, 수분 증발 지연, 피부의 윤활 작용 및 세균 성장 억제역할
체온 조절	모세혈관의 수축과 확장 작용
경피 흡수	외부로부터의 물질에 대해 선택적으로 투과시킬 수 있는 능력(→ 선택적 투과성)
호흡 작용	–
피부색 결정	–
비타민 D	비타민 D의 합성
혈압 조절	–
전신 변화	전신 변화의 거울(mirror)의 역할
영양	비타민, 전해질, 철, 물의 저장

3 피부와 그 부속기관의 기능

방어 기능	피부는 외부 환경에 대항하는 첫 번째 방어선으로 감염성 미생물, 기생충, 방사선 에너지, 화학물질 등으로부터 신체를 보호한다.
체온 조절 기능	피부에는 많은 혈관이 분포하고 있어 체온 상승이나 저하에 빨리 적응할 수 있다.
감각의 지각	피부는 통증, 압력, 온도, 접촉 등의 감각을 받아들이는 여러 형태의 감각수용체를 가지고 있다.
신진 대사 기능	땀샘을 통해 물과 소량의 염분을 배설하여 혈액과 전해질의 조절을 돕고, 햇빛이나 자외선을 쬐면 비타민 D를 합성한다.
체내 수분 조절	각질층은 수분을 흡수하여 체내 수분과 전해질의 과도한 상실을 막고 피하조직 내 수분을 유지한다.
면역 기능	Langerhans 세포와 각질형성 세포가 면역계에서 중요한 역할을 한다고 보고되었다.

02 피부병변

1 일차적 병변 [1995 기출]

정상피부였던 곳에 병변이 온 것을 의미한다.

병변	특성	예
피진(macule)	평평하고 손으로 만질 수 없고 직경이 1cm보다 작다.	주근깨, 풍진, 몽골리안 반점
구진(papule)	융기된 형태로 촉지가 가능하며 단단하고 1cm보다 작다.	모반, 좌창, 단순 혈관종, 사마귀, 낙설
소수포(vesicle)	피부와 점막에 1cm보다 작게 융기되어 있으며 구속에 장액성 체액이 들어 있다.	포진, 수두, 두창, 헤르페스, 접촉성 피부염
대수포(bulla)	소수포와 비슷하며 1cm보다 크다.	2도 화상 정도의 포진, 심상성 천포창
농포(pustula)	소수포, 대수포와 비슷하며 농으로 채워져 있다.	여드름, 농가진, 결절, 두창, 모낭염
팽진(wheal)	융기되어 있고 팽팽하게 퍼져 있으며 다양하고 불규칙한 모양이다.	두드러기
결절(nodule)	1~2cm 정도이며 융기되어 있고 구진보다 깊고 단단하게 형성되어 있다.	통풍결절, Heberden 결절, 결절성 홍반
종양(tumor)	융기된 형태이며 2cm보다 크며 단단하다.	상피종, 섬유종, 지방종, 흑색종
반점(patch)	1cm보다 크고 편평하며 불규칙한 형태이다.	백반
반점(plague)	편하고 융기되어 있는 1cm보다 큰 것을 때로 구진들이 합쳐서 형성된다.	—

2 이차적 병변

원발진의 변화로 생긴다.

병변	특성	예
가피(crust)	약간 융기된 부분이며 혈액, 농, 혈청이 마른 부분으로 크기와 색깔은 다양하다.	농가진, 습진, 찰과상 위의 가피
인설(scale)	불규칙하며 마르거나 기름지거나 두껍거나 얇거나 비늘 박리조각이며 크기, 색깔에서 다양하다.	비듬, 건선, 박리성 피부염
태선화 (lichenification)	거칠고 두텁고 단단한 피부이며 만성적인 마찰 또는 자극에 의해 형성되고 반점처럼 확실히 구별되지 않는다.	만성 피부염
열구(fissure)	선상의 갈라지거나 깨진 드러난 상처이다.	무좀, 구각증

미란(erosion)	표피 박리가 떨어져 나간 축축하고 반짝거리는 부분이며 열구보다 크고 소수포, 대수포가 터져서 생긴다.	수두, 강보성 피부염
궤양(ulcer)	표피, 진피 때로는 피하 조직까지 손실되며 움푹 패이고 삼출물이 있으며 크기에 있어서 다양하고 붉은 색을 띤다.	욕창, 울혈궤양, 3도화상, 연성하감
반흔(scar)	파괴된 조직이 섬유조직으로 대치된 것이다.	아문 상처 또는 외과적 절개선
위축(atrophy)	• 표피의 부속물이나 진피를 포함한 표피의 소모 • 얇고 빛나며 반투명한 종이 같은 모양이며 피부 주름의 상실로 나타난다.	선, 노화피부

3 피부색의 변화

색	기전	원인	발생부위
갈색	멜라닌 침착	• 유전 • 광선 • 임신 • 애디슨씨병/뇌하수체의 종양	• 전신적으로 퍼짐 • 노출된 부위 • 얼굴, 유두, 윤상부, 흑선 • 노출부위, 압력과 마찰이 있는 부위, 유두, 생식기, 손바닥의 주름진 곳, 최근에 생긴 상처, 때로는 전신적으로 분포
청색	• 산소부족으로 인하여 이차적으로 환원된 혈색소 증가가 일어나 발생 • 말초혈관 또는 중심혈관 • 비정상 혈색소	• 걱정을 하거나, 추운 환경 • 심장, 폐의 질환 • 선천적 또는 후천적인 methe mogiobinemia; sulfhemoglobinemia	• 손톱, 때로는 입술 • 입술, 입, 손톱
적색	산화 혈색소 증가원인 : 혈량의 증가 내지는 표면혈관의 증가 확장, 피부에서의 산소 유용성 감소	열, 알코올 섭취, 부분적 염증, 부끄러움, 추위에 노출	얼굴, 상부흉부, 염증이 있는 부위, 귀와 같은 추운 부분
노란색 황달	빌리루빈 증가	간질환, 적혈구 용혈	처음에는 각막, 그 다음에는 점막과 전체적으로 퍼짐
색소의 감소	• 멜라닌 색소의 감소 − 선천적으로 멜라닌을 만들지 못할 때 − 후천적으로 멜라닌이 없어졌을 때	• 백피증 • 백반증	• 피부, 모발, 눈에 색소가 전반적으로 부족함 • 반점이 대칭적으로 나타나며 종종 노출된 부위에 나타남. 가슴, 등, 위쪽 및 목

08

• 산화 혈색소의 감소
   – 표재성 혈관의 혈류 감소
   – 산화 혈색소량의 감소
 • 부종은 멜라닌 색소, 혈색소,
   황달 등을 감출 수 있음
	• 실신, 쇼크, 정상에서도 볼 수
	   있다.
	 • 빈혈
	 • 신증후군
		• 얼굴, 결막, 입, 손톱, 발톱,
		   부종이 있는 부위

피진(macule)
둥글고, 편편하며 피부색만
변화가 온 직경 1cm 이내의
부위
예 : 주근깨, 정상출혈, 홍역,
편평모발(nevus)

균열(fissure)
표피에서 진피에 걸쳐
선상의 균열이나 파괴가
있으며, 건조하거나 습함
예 : 무좀, 입 가장자리의
갈라진 틈

구진(papule)
직경 1cm 미만의 단단하고
융기된 병변
예 : 사마귀, 융기모반

인설(scale)
비정상적 각질화와 탈락에
의해 죽은 표피세포가
과다하게 만들어짐
예 : 성홍열이나 약물 반응
후의 피부탈락

수포(vesicle)
둥글고 직경 1cm 미만이며
표면이 장액성 액체로 차
있는 병변
예 : 바리셀라(수두),
대상포진, 2도화상

반흔(scar)
정상피부를 대치하는
비정상적 결체조직의 형성
예 : 외과적 절개나
치유된 상처

판(plaque)
직경 1cm 이상이며,
둥글고 표면이 융기되어
있고 단단한 병변
예 : 건선, 지루성 각화증

궤양(ulcer)
표피와 진피의 상실
움푹 파인 불규칙한 모양
예 : 욕창, 하감

팽진(wheal)
직경은 다양하며, 단단하고
부종이 있으며 불규칙한
형태를 띤 부위
예 : 곤충에 물린 곳,
두드러기

위축(atrophy)
표피와 진피가 얇아져서
생기는 피부의 함몰
예 : 노화피부,
선상피부위축증

농포(pustule)
화농성 액체로 가득찬
융기된 표재성 병변
예 : 여드름, 농가진

찰상(excoriation)
표피의 상실로 인해 진피가
노출된 부위
예 : 옴, 찰과상이나 긁힌 것

| 일차 피부병변, 이차 피부병변 |

4 피부진단검사

우드 램프 검사 (wood lamp examination)	• 모발과 피부의 곰팡이 감염 진단 : 자외선 등에 특수 필터(wood filter)를 부착하여 모발을 비춤 → 감염된 모발은 밝은 녹색 또는 빛에 반사되어 반짝임 • 진균감염, 일반 세균감염, 색소침착성 장애진단
챙크 도말 검사 (Tzanck smear)	• 수포성 질환의 감별에 이용 • 수포의 끝을 자르고 수포 밑부분에서 수포액을 채취하여 도말 • 단순 포진, 대상포진 바이러스 등 확인 • 화상, 다발성 홍반, 헤르페스성 피부염의 수포는 음성 반응

첩포 검사 (patch test)	• 알레르기성 접촉 피부염의 알러젠 확인
	• 농축된 알러젠 샘플을 등이나 상박 피부에 도포
	  − 테이프 붙이고 48시간 경과
	  − 첩포 떼어내고 20분 후에 발적, 부종, 수포 형성 유무를 확인
	  − 지연반응이 나타날 가능성이 있으므로 1주일 후 다시 평가

즉시형 피부반응 검사	특이 알러젠에 대한 IgE의 존재 확인 검사
도말법	• 수산화칼륨(KOH) 검사, 챙크(Tzanck) 도말법, 옴검사 • 곰팡이질환 검사법으로 무좀을 확진하는 데 좋은 방법(각질, 손발톱을 긁어 슬라이드에 모은 후 수산화칼륨 용액을 떨어뜨려 진균 여부를 관찰함)

피부질환의 치료와 보건지도

01 소양감이 심한 피부질환 - 접촉성 피부염(contact dermatitis)

1 알레르기성 접촉성 피부염

정의	접촉성 피부염은 알레르기원에 노출된, 시간, 피부의 침투성, 면역 생성 정도에 따라 피부 발적이 12~24시간 내 나타남	
접촉발진	• 소양감과 작열감을 동반 • 홍반, 부종, 구진, 수포, 삼출물 • 급성인 경우 발적의 강도가 크고 대수포가 생기며 부식되거나 궤양 발생	
간호중재	원인제거	접촉 시 충분히 세척 감작의 기회를 줄여줌
	소양증완화	• 알코올 로션, 칼라민 로션 도포 • 심한 소양증 시 항히스타민제와 진정제 병용 • 광범하고 심한 경우 전분 목욕으로 진정
	전문치료	• 삼출성 병변에는 습포를 적용 : KMnO$_4$나 Burrow's액을 이용 • 부신피질호르몬제 • 2차 세균 감염 시 항생제 병용
예방	• 가능하면 자극제의 접촉을 피하고 부득이한 경우 방수용 옷을 입거나 장갑 착용 • 새 의복이나 침구류는 사용 전에 세탁 • 외적 자극요인 제거 : 한랭, 열, 화장품, 비누, 반지, 독성 식물과의 접촉 • 처방된 약제 외에는 사용을 금함 • 피부가 갈라지는 것을 막기 위해 윤활제나 보호크림 도포 • 알레르기성 물질과 접촉한 후에는 즉시 비누나 물로 닦아 냄	

2 자극성 피부염(irritation dermatitis)

정의	알레르기성 피부염과 유사한 병변, 피부에 접할 수 있는 어떤 물질이든지 장시간 반복·지속하게 되면 모든 사람의 피부에 염증성 반응을 유발할 수 있다.
원인	비누, 세척제와 같은 알칼리, 주부가 만진 음식물, 고무장갑(예 주부습진), 금속, 신생아의 기저귀 접촉(강보성 피부염), 그외 염산·질산 등의 산과 기름류, 살충제, 유독가스 또는 도포약제, 열·광선 등의 기계적 자극이 원인이다.

증상	알레르기성 피부염과 유사한 병변을 보인다.
치료 보건지도	• 원인 독성물질의 접촉을 피하는 것이 우선: 확실한 원인을 발견하기 어려울 때는 흔히 알려진 여러 종류의 자극성 물질을 우선적으로 접하지 않도록 한다. • 자극성 피부염 부위를 충분히 세척한 후에 급성기에는 $KMnO_4$(과망간산칼리)나 0.3% 명반액을 사용하여 습포실시 후 로션 타입의 steroid제를 도포한다. • 병변이 건조하고 인설(딱지)의 동반 시에는 부신피질호르몬제를 도포하여 지나친 건조를 막는다. • 세균의 2차 감염 동반 시: 항생제의 전신 투여 또는 국소 도포를 실시한다.

3 진균피부 감염증

(1) 백선증(dermatophytes)

원인균	microsporum, trichophyton, epidermophyton	
증상	염증반응, 통증, 소양증, 수포	
분류	두부백선	전염성이 높으며 모발의 상실, 염증, 인설, 모낭염이 나타남
	체부백선	어린이에게 호발 빈도가 높으며 얼굴, 팔등과 노출된 영역에 염증성 윤상의 반점과 인설이 있는 구진 발생
	족부백선 (무좀, Tinea Pedis)	대개 성인에게 발생하며 가장 흔한 진균 감염증임. 발가락 사이의 인설, 연화현상과 균열을 수반하며 수포 발생
치료	항진균제 도포, 습포, 자주 닦고 잘 건조, 남하고 수건이나 빗을 같이 쓰지 않기	
무좀관리	• 신발은 통기성이 좋고 양말은 땀 흡수를 잘하는 면을 소재로 한 것을 택할 것 • 땀을 많이 흘릴 때는 발에 자주 파우더를 뿌려주고 양말은 자주 갈아 신을 것 • 감염되었을 경우에는 환부를 청결하고 건조하게 유지시킬 것 • 급성일 때는 과망간산칼륨이나 생리식염수로 세척할 것 • 치료제인 항진균제를 도포함. 증상이 사라져도 일정기간 계속 도포할 것 • 경구석으로 griseofulvin과 같은 약제를 투여할 것	
무좀예방	• 발과 신은 항상 건조하게 유지시킴. 발에 파우더를 바름 • 양말은 면으로 된 것을 택하며 자주 갈아 신음 • 통기가 잘 되는 신발 착화 • 땀이 많이 날 경우 발가락 사이에 흡수성이 강한 천 조각이나 솜을 끼움	

08

(2) 칸디다증

분류	구강	아구창(아동에게 호발), 구강 구석 기저부의 열이 있는 부위에는 흰색 반점으로 나타남
	피부	붉고 축축한 침식된 가피가 형성되고 소양감 있음
	질	심한 소양감과 점액성의 분비물
치료		• flora를 변화시키는 선재 요인인 항생제, 영양실조, 당뇨, 면역저하, 임신이나 피임약 사용 등을 제한하거나 조절 • 국소적인 항진균성 파우더나 크림 사용 • 피부는 건조하고 시원하게 유지

4 개선(옴, scabies) [1993 기출]

정의	기생충의 피부 감염으로 옴진드기인 sarcoptes scabiei에 의한 표재성 굴과 소양감으로 특징지어진다.
병태생리	옴은 개선이라고도 하며 인체 옴진드기에 의한 피부증상으로 옴진드기는 피부에 침투하여 조그만 선모양의 누공을 형성한다. 이때 암컷은 즉시 피부를 파고 들어가 알을 낳게 되는데 1일 2~3개의 알을 2달 동안 낳고 성충은 죽는다. 알은 3~4일 이내에 부화되고 10일 이내에 성숙해져서 그 자신의 누공을 만들게 된다.
증상	옴에 접촉된 지 4주 후에 나타난다. • 심한 소양증: 취침 전 저녁 시간과 밤에 특히 심하다. • 피부는 누공이 생기며 표피가 박리된다. 여기저기 긁은 자국과 같이 작은 수포성 구진이 산재해 있다. • 주로 손가락 사이, 손목, 전박, 겨드랑이, 허리, 등 하부, 유방, 배꼽 주위, 남자의 생식기 주위에 발생한다. • 주로 직접 접촉에 의해 전파되며 간접 전파는 불량한 위생상태와 관련하여 더러운 의복과 이불, 수건 등을 공동 사용할 때 발생한다.
치료	• 환자와 접촉한 사람은 모두 동시에 치료받도록 한다. • 감염된 옷, 침구들을 소독한다. • lindane이나 crotamiton을 밤에 자기 전에 목에서 발까지 전신에 바른다. 약을 바른 후에는 의복을 완전히 갈아입고 약은 12~24시간 동안 그대로 두었다가 조심해서 닦아낸다. 24시간 간격으로 두 번 더 바른다. 다음날 저녁에 목욕을 시키고 옷을 갈아입힌다.

5 머릿니 [2011 기출]

특징	• 머릿니는 특히 학령기 아동에게 매우 흔한 기생충으로, 인간 이 기생충(pediculus humans capitis)에 의한 두피감염이다. • 이는 하루에 대략 5회 정도 피를 흡혈하여 살아가는 유기체이다. 성충은 숙주인 인간으로부터 떨어져서는 48시간 정도 생존이 가능하고 암컷의 평균 생명주기는 1개월이다. 이의 알은 따뜻한 환경을 요구하기 때문에 암컷은 밤에 머리카락 줄기부위나 두피에 가까운 곳에 알을 낳는다. 알 또는 서캐는 약 7~10일 후에 부화한다. • 진단은 머리카락 줄기 부위에 단단히 부착된 흰색의 알을 보고 내린다. 머릿니는 작고 회색빛이 도는 황갈색으로 날개가 없다. • 머릿니의 감염은 나이, 사회경제적 수준이나 위생 상태에 관계없이 누구나 걸릴 수 있다.
증상	• 보통은 피부에 이가 기어가는 것과 이의 타액으로 생긴 소양증이 유일한 증상이다. • 가장 흔한 침범부위는 후두부, 귀 뒤, 목덜미, 간혹 눈썹과 속눈썹 부위 등이다.
전파	• 머릿니는 날거나 뛰지 못하며 단지 사람에서 사람으로, 개인의 소지품을 통해 전파된다. • 빗, 머리장신구, 모자, 스카프, 옷 등을 서로 같이 사용하는 것에 대해 아동에게 주의를 준다.
치료	• 이는 물론 이의 알까지 제거하도록 한다. 치료는 lindane이 포함되어 있는 샴푸로 감고 충분히 헹군 다음 빗살이 가는 참빗으로(식초에 담근 다음) 머리카락에 남아 있는 이와 알을 모두 제거하도록 한다. 그리고 환자의 모든 의복과 수건들은 삶아 세탁한다. • 머리에 기생하는 이는 머리빗을 같이 사용하거나 주거 환경이 불량한 밀집된 장소에서 신체 접촉으로 옮겨질 수 있으며 음모에 기생하는 이는 화장실에서 용변 보는 변기나 또는 성적 접촉으로 옮겨진다.

6 소양증

정의	• 소양증은 불유쾌한 가려운 감각으로서 피부질환에서 흔히 있는 문제점의 하나이다. • 소양감은 이러한 자극 중 어떤 것에 의하든지 히스타민 또는 히스타민 유사 물질을 방출하여 일어나는 것으로 알려져 있다. 가려움증을 더욱 예민하게 느끼게 하는 것으로는 모세혈관의 확장이 있다. 즉 열은 혈관 확장을 일으켜 소양감을 증가시키고, 냉은 혈관 수축을 일으켜 소양감을 경감시킨다. 소양감을 줄이는 약물에는 항염증 효과로 가려움증을 경감시키는 코르티코스테로이드가 있다.
실제적·잠재적 문제	• 감염 • 안위변화 • 자가간호결핍 • 자아개념장애 : 신체상, 자아 존중감 • 수면장애 • 지식부족

소양감 해소를 위한 간호접근	• 가려움증 경감을 위한 간호활동에는 방안의 온도조절과 기분전환 활동, 불안과 긴장 완화, 원인을 알 경우 원인 제거, 피부과적 치료약물이 있다. • 손톱은 짧게 깎아 주고 가려운 곳을 두드릴 수 있는 부드러운 빗을 사용하거나 부드럽게 입력을 가해 주는 방법들이 도움을 줄 수 있다. • 술, 커피 등과 같이 혈관을 확장시키고 정서적 긴장을 유발시키는 자극제는 피하도록 한다. • 건조피부는 가려움증의 직접 원인이거나 또는 가려움증 발생에 영향을 미치기 때문에 국소 약물도포에 부가하여 피부에 수분을 충분히 공급하는 것이 도움이 된다. 따뜻한 물과 중성비누로 목욕 또는 샤워를 15~20분간 하고 피부 국소약제나 피부연화제를 발라주면 피부건조를 예방할 수 있다. 분말성 고체성분이 들어 있는 현탁액 로션류는 흔들어서 사용하며 이러한 로션은 부드러운 솔이나 손으로 문질러서 수포가 있거나 삼출물이 있는 곳에 발라준다. 오일을 포함한 로션은 흔들어서 사용함으로써 피부면에 덩어리 형성을 막고 건조함을 줄일 수 있다. • 가려움증을 줄이는 약물로 코르티코스테로이드는 항염증 효과로 가려움증을 경감시킨다. 장뇌, 박하뇌 또는 페놀 등이 신경말단부에 냉효과를 가져오며 윤활제는 피부 건조를 막아 가려움증을 경감시킨다. 항히스타민제가 처방되고 정온제나 진정제 등도 가려움증을 덜 느끼게 하며 휴식과 수면을 취할 수 있게 한다.
국소치료	• 수성 치료(습포) : 냉습포의 적용은 여러 종류의 피부 질환에 사용되는데 목적은 혈관수축을 일으켜 염증 상태를 완화시키고 피부의 삼출물, 가피, 인설을 제거하며, 감염된 부위를 배액시키기 위함이다. 흔히 냉습포를 할 때에는 치료를 요하는 피부의 상태에 따라서 멸균적으로 시행할 것인가 아니면 청결하게만 할 것인가를 정하고 시작하여야 한다. • 습포 시 사용되는 용액은 찬물, 생리식염수, Burrow 용액이다.

• 원인 질환 치료
• 방안의 온도 습도 조절 : 시원하고 조용한 환경제공
• 기분전환을 위한 활동 : 독서, 오락 등
• 불안과 긴장을 완화시켜 줌
• 손톱은 짧게 깎고 굵지 않도록 하여 2차 감염을 예방
• 가려운 곳을 두드릴 수 있는 부드러운 빗의 사용 또는 부드럽게 압력을 가해주는 방법들이 도움이 됨
• 건조한 피부에는 국소약제도포에 부가하여 피부에 충분히 수분을 공급. 1일 15~20분간 따뜻한 물과 비누로 목욕과 샤워를 하고 약제를 도포함
• 습포의 사용과 침수
• 전문적 치료(항소양증제제 도포)
  − 칼라민 로션
  − 항히스타민제 도포
  − burrow 용액, 생리식염수 등에 침수

| 국소적용 외용약물 |

종류	작용	간호
항세균제	세균의 화학적 구조를 변화(단백의 변성), 세포투과성의 증가 대사장애	약물의 적용 전 유착된 가피와 피부 부스러기를 깨끗이 한다. 연고제를 하루에 두 번 또는 세 번 바른다.
항생제	항세균작용, 구진성 농포성 병변의 염증 반응을 억제한다.	처방대로 하루에 두 번 바른다. 로션은 손가락 끝으로 문질러 바른다. 비강 주름이나 입술, 눈 가장자리에는 바르지 않는다.
항진균제	세포투과력을 변화시키고 환부 조직을 제거한다.	하루에 2번씩 2주 내지 3주 동안 바르도록 한다. 바른 위에 또 바르는 것은 민감한 환부를 자극시킬 수 있다.
항대사제	DNA 합성을 방해, thymi dylate 합성작용 저지시키고, 햇빛의 손상으로 인한 기저세포 상피종양과 같은 피부암이나 암 전구기 증상에 효과적이다.	점막이나 눈에 닿는 것을 피하고 장갑 낀 손으로 약물을 바르도록 한다. 약물 적용 시 나타날 수 있는 작열감, 소양감과 같은 빠른 염증반응에 대해 대상자에게 설명해 주고 약을 바른 부위를 햇빛에 노출하지 않도록 한다.
진양제	소양감을 줄이고 마취와 냉효과가 있다.	약제가 마취제를 포함하지 않은 경우 자주 바르도록 한다. 약제가 눈에 들어가지 않도록 하고 마취제가 포함된 경우 하루에 2~4회 바르도록 한다.
항바이러스제	DNA 합성을 방해한다.	자가 접종을 피하기 위해 장갑 낀 손으로 바르도록 하고 바른 후에는 손을 닦는다. 매 3시간마다 하루에 6번 정도 바른다. 효과를 얻기 위해서는 전구기부터 치료를 시작한다.
부식제	세포단백을 침전시켜 조직을 파괴한다.	약제는 주의 깊게 환부에만 바르도록 한다. 병변 주위 조직을 백색바셀린이나 zinc oxide로 보호한다. 약을 바른 후 드레싱을 하고 처방된 시간이 지나면 환부와 주위조직을 따뜻한 비눗물로 닦아낸다. 약물이 눈과 점막에 닿지 않도록 한다.
코르티코스테로이드제제	혈관 수축효과로 혈류와 염증반응을 감소시킴, 항유사분열(antimitotic) 작용을 한다.	약제는 얇고 고르게 펴 바른다. 장기간에 걸쳐 발생되는 부작용을 피하기 위해 처방기간을 체크한다. 작용이 강한 코티코스테로이드제는 얼굴, 목이나 피부가 접촉하는 부위에 국한한다.
윤활제 (보호제)	일시적인 피부보호벽으로 작용하며 피부를 보호하고 연화시키며, 보호작용으로는 피부를 덮어주고 자극을 완화한다.	약제는 고르고 부드럽게 도포한다. 피부가 접하는 곳에 바셀린제제나 약물은 도포치 않도록 한다. 약제가 흡수되었거나 사라졌을 때 피부보호작용을 위해서는 도포한 곳에 다시 덧바르도록 한다.

각질용해제	각질층의 상피를 부드럽고 느슨하게 하여 과잉 인설을 제거한다.	병변에만 바르도록 하고 인설제거를 위해 처방한 경우에는 인설이 없어졌을 때 곧 중지토록 한다. 발적이나 자극이 나타나면 사용빈도를 감소시키도록 의사와 협의한다.
타르(Tar)제제	각질용해, 각질형성, 진양제, 광감수성 작용을 한다.	특수병변에 국소적으로 또는 넓은 부위의 피부에 도포하며 얼굴이나 피부접합부위는 사용하지 않는다. 약물의 광감수성 작용물질에 대해 설명해주고 태양에 노출을 제한하는 방법을 알려준다. Tar 제제는 착색을 일으키기 때문에 헌 의복이나 쉽게 세탁되는 옷을 입도록 한다.
옴진드기 박멸제	정확한 약물작용 기전은 모르나 통상적인 절족 동물 기생충에 독성작용을 한다.	염증피부나 상처 난 피부에는 금기이고 치료 후 나타나는 소양증은 지연된 과민반응이거나 치료의 효과가 없음을 의미한다.

02 염증성 피부질환

1 지루성 피부염

원인과 증상·징후	• 지루란 피지의 과잉 분비를 말하며 피지선은 주로 얼굴, 두피, 눈썹, 눈꺼풀, 코와 위 입술 가장자리 또는 뺨, 귀, 겨드랑이, 유방 하부, 서혜부, 둔근의 주름이 있는 부분에 많이 분포되어 있다. 지루는 피지선이 많이 분포된 곳 또는 세균이 많이 존재하는 주름이 잡힌 피부에서 흔히 발생된다. • 질환의 원인은 정확히는 모르나 만성적인 피지선의 과잉활동과 유전적 요인, 정서적인 긴장, 고지방 식이, 호르몬 불균형 등이 관련 요인으로 알려져 있다. • 증상은 처음에는 두피에만 나타나나 이후에는 눈썹, 귀 주위의 피부, 코 주위, 앞이마로 퍼진다. 두피의 건성 인설의 낙설을 비듬이라고 하며 인설이 있으면 소양증이 발생한다.
치료	지루성 피부염에 대한 치료법은 아직 밝혀지지 않았다.

2 심상성 좌창(= 여드름) [2020 기출]

(1) 개요

정의		심상성 좌창은 피지선과 모낭의 장애로 인한 것으로 가장 흔히 보는 피부장애이다. 원인은 여러 인자가 관여되는 것으로 남성 호르몬이 중요한 요인으로 생각된다. 이 외에도 유전적 요인, 피로나 정서적 긴장, 열, 습도, 심한 발한 등도 관련이 있는 것으로 알려져 있으며 여성의 경우는 월경 시에 더욱 심해진다. 여드름이 많이 생기는 부위로는 얼굴, 가슴 등이며 여드름의 형태는 면포, 구진, 농포, 결절 및 낭포가 있다. 여드름을 너무 소홀히 다루면 피부 깊숙이 파고 들어가 흉터가 생긴다.
원인 [2020 기출]	유전	특히 낭포성 acne는 가족력의 경향이 크다.
	hormonal unbalance [2020 기출]	• 안드로겐(androgen)은 남성의 신체변화(목소리가 굵어지고, 근육발달, 수염, 뼈 단단 등)를 일으키면서 피지선의 피지생성을 촉진(피지선이 많은 T존 부위의 피지가 많아짐)한다. • 안드로겐이 피지 분비량을 늘리고 각질과 엉겨 붙게 만들어서 여드름을 일으킨다. 청소년기 여드름은 20대 초반이면 성호르몬 분비가 정상화되면서 사라진다. • 성인 여드름의 주요 원인은 스트레스, 수면부족, 모공을 막는 화장, 서구식 식습관, 술과 담배 등 잘못된 생활습관이다. 스트레스를 받으면 스트레스 호르몬인 코르티솔이 분비되고 피지가 증가해서 여드름 발생에 영향을 준다.
	식이	단음식과 기름진 음식(초콜릿, 호두, 돼지고기 비계, 닭 껍질 등)은 여드름을 악화시킬 수도 있으므로 과량 섭취하지 않는 것이 좋다.
	피부청결	• 피부청결을 위해 최소 1일 4번 이상 세수하는 것을 권장(그중 적어도 3회는 비누세수를 할 것)한다. • 피부 불결 시 → 남성 호르몬의 영향으로 증가된 피지선 증대, 지방저류 → 정상적으로 무해한 세균이 들어가 지방을 자극적 지방산으로 가수분해 → 급성 및 만성 자극 초래 • 화장품, 습윤제, cream 등도 낭포를 막히게 하여 색이 없는 면포와 구진이 형성된다.
	전신건강	• 타 피부질환으로 ACTH 장기(수주 이상) 전신사용으로 색이 없는 면포, 구진 형성이 될 수 있다. • 약물 : 경구적 피임약, 결핵약 또는 호르몬제제 등 약물의 부작용 등이 원인이 될 수 있다. • menstration 전(20~30대에도 자주 재발) • 그외 변비, 소화장애, 간장장애 등은 여드름을 오래 지속시키는 데 영향이 된다.

08

	계절적 변화	봄·가을에 악화되고 자외선이 강한 여름철에는 상태가 어느 정도 호전된다.
	심리적 요인	정서적 충격, 긴장 또는 만성적 피로하에 악화되는 경향이 있다.

> ✎ **여드름 발생에 영향을 주는 대표적인 요인**
> ① 피지선의 과잉활동
> ② 강한 유전적 소인
> ③ 호르몬 : androgen, estrogen

병태 생리 [2020 기출]	피지선 [2020 기출]	• 피지분비의 증가(increased sebum production)의 원인이다. • 안드로겐과 부신피질호르몬에 의한 모낭에 붙어있는 피지선에서 과도한 피지를 생산한다.
	비정상 모낭세포의 각화증	모낭의 상피세포가 비정상적 질화인 이상각화(켈라틴화)를 일으켜 모낭이 막히고 모낭 속에 폐색적인 딱딱해진 면포성 여드름을 형성한다.
	프로피오니 P. acnes	모공 속 프로피오니 박테리아(P. acnes)의 모낭 내 생성 및 정체 : 피지각질에 막혀 배출되지 않는 피지는 프로피오니박테리움 아크네스균의 영양분이 된다.
	염증반응	피지분비량과 점도의 증가 → 여드름에 의한 피지선의 폐색 → 지루성 낭포 → 농포 → 상흔
증상		• 비염증성 여드름 : 폐쇄성 면포 • 염증성 여드름 : 홍반성 구진, 농포
치료		• 치료는 국소 약제, 항생제, 호르몬 요법으로 만족할 만한 치료여야 한다. • 치료는 acne가 지속하는 한 오랜 기간 충분히 성실하게 치료해야 함을 설명한다. • 반복해서 병소를 짜거나 압박, 만지거나 비비는 것을 피한다. • 식이요법(적절하고 균형이 잘 잡힌 식사)을 실시한다. • 안면에 oil·cream·moisturizers·make up·pomade 등을 피한다. • 좋은 위생, 청결한 모발 유지가 중요하며, 심한 발한을 피한다. • 땀을 내는 운동을 권장한다(피지선이 터지도록). • 자극성 물질은 제거한다. 　- 거친 옷감이나 모직은 피한다. 　- 너무 강한 화장품이나 지방성 화장품 또는 강한 피부세정제는 피한다. 　- 열, 습기, 발한은 여드름을 악화시킨다. • 지나친 햇빛과 바람에의 노출을 삼간다. • 여드름을 잡아떼거나 짜내지 않는다.

(2) 원인 제거법과 위의 대증요법에 실패했을 때 약물 적용

① 각질용해제 retinoids(retinol acid, tretinoin)

각질용해제	• 모낭을 막는 각질을 용해시키는 작용을 한다. • Tretinoin(Reti-A, stieva), Adapalene 0.1%젤
기전	면포 용해로 사용되며 여드름을 생산하는 모낭의 상피세포의 이상각화(켈라틴화)를 중지시키는 유일한 약으로 모낭 속 딱딱해진 면포성 여드름 형성 억제로 형성된 면포 수 감소와 기존에 있는 병변을 제거한다.
효과	비타민 A 유도체로부터 합성된 것으로 유전적으로 지성인 피부에서 과도한 피지분비량을 억제해주는 약물이다.
적용	자기 전에 씻은 후 하루 한 번 바른다.
자극 감소	사용 초기에 홍반, 가려움, 타는 느낌, 피부 박리(벗겨짐)를 초래하며 이런 증상은 약물의 사용과 함께 완화 → 화끈거림을 감소시키기 위해 세안 후 20~30분간 바르지 않는다.
감광성 [2020 기출]	자외선에 노출되면 쉽게 화상(감광성)을 입을 수 있기 때문에 햇빛을 피하고 밤에 약물을 바른다. 낮 동안에는 자외선 차단제를 사용하도록 권한다.
점막건조증	피지를 제거하므로 점막건조증이 있다. 눈마름, 입마름, 코점막마름으로 코피 등이 나기도 하므로 하루 1번 정도만 적용하여도 충분히 피지량을 조절할 수 있으므로 자주 적용하지 않도록 한다.
2~3개월 적용	2~3개월 사용해야 확실한 효과를 볼 수 있다.

② 국소항생제

benzoyl peroxide	모낭에 있는 P. acnes 성장을 억제하여 P. acnes 수를 감소하는 강력한 항생제(항균성제제)로 P. acnes는 염증 반응을 자극하고 모낭 벽을 손상하는 P. acnes의 성장을 억제
clindamycin, erythromycin	P. acnes 성장을 억제
tetracycline	염증성 또는 면포형성, 심한 결절성 낭포성 여드름에서 P. acnes 감소
하루 두 번 적용	국소 retinoid와 병용하면 효력 증가
6주	복용 후 6주부터 효과가 나타나며, 총 투여기간은 4~6개월

③ 경구 retinoids(isotreinoin, Roacuutane)

비타민 A, 12-cis-retinoin acid	표준 치료 반응이 없는 중증 염증성 여드름, 심한 결절성, 낭포성 여드름에 강력함과 잠재적 부작용으로 사용이 제한된다.
기전	여드름 생성에 관여하는 모든 병리적 변화에 효과를 나타내는 유일한 제제로 직접적으로 피지선에서 피지 생산을 억제하고 모낭의 상피세포의 이상각화를 교정한다.

효과	심한 여드름에 사용한다. 95% 환자에서 눈에 띄는 효과가 나타난다.
적용	• 복용 초기에는 오히려 여드름이 악화되는 것처럼 보일 수 있어 낮은 용량 0.1~0.5mg/kg/day으로 시작하고 서서히 용량을 증가시켜 1개월에 1mg/kg/day로 쓴다. • 6개월 정도 복용한다.
부작용	• 비타민 A의 유도체이기 때문에 부작용으로(몸의 피지선을 건조시킴으로써) 구순염, 피부건조증, 안구건조증, 잦은 코피, 근육통 등이 있다. 태아 기형을 유발하므로 가임기 여성의 경우는 투여 전과 매월 임신 여부를 확인해야 한다. • 간수치와 콜레스테롤을 높일 수 있으므로 치료 전과 2~4주, 이후 매 1~2개월마다 추적검사를 한다.
간호	• 복용 시 여성은 치료 중과 치료 후 한 달 동안 엄격한 피임을 한다. 가임기 연령의 여성은 치료 도중 한 달에 한번 임신을 검사한다(태아기형). • 가족은 즉각적 효과를 보지 못해도 16~20주(4~5개월)간 지속적 사용하는 치료과정을 따르도록 청소년을 격려한다.

④ 경구피임약

estrogen progesterone 복합 경구 피임약	• cyprotenrone과 ethinyl estradiol이 함유된 경구피임약인 다이안느는 여드름을 완화시키는 데 효과가 있다. • norgestimate(프로게스틴)와 Ethinyl estradiol
기전	피지선은 남성호르몬인 안드로겐에 의해 기능이 항진되고 여성호르몬에 의해 억제되므로 여성호르몬이 있는 경구 피임약으로 안드로겐의 피지분비 자극 효과를 억제한다.
적응증	항생제 치료에 반응하지 않고 isotretinoin을 복용할 수 없는 젊은 여성에게 처방하고 경중등도 여드름을 가진 여성이 국소적 치료와 함께 사용 시 증상이 호전된다.
부작용	두통, 유방통, 기분변화, 구역 등이 생길 수 있고 무엇보다도 혈전증의 위험도를 높이므로 주의한다.

⑤ 보조치료

부신피질 호르몬제	심한 낭종성 여드름에 항생제보다 우수한 효과를 보이나 장기간 사용 시 심한 부작용을 일으킨다.
보조치료	보조치료로 여드름 전용 세안제(abrading cleanser), 면포박출, CO_2 laser, 585nm pulse laser가 사용되기도 한다.

3 건선

원인과 증상·징후	• 건선은 피부의 만성 염증성 질환으로 특징적인 증상은 현저한 표피의 증식과 빠른 세포의 교체이다. 원인은 확실히 알려지지 않았다. • 은빛의 두꺼운 비늘로 덮여진 것 같은 피부를 볼 수 있으며 반점은 건조하며 소양증이 있거나 없는 경우도 있다. 반점은 서서히 커지고 수개월이 지나면 불규칙한 모양의 큰 반점을 형성한다.
치료와 간호	환자 교육 시 증상을 악화시키는 요인인 정서적 긴장을 제거하도록 하며 알코올 섭취를 금하도록 강조한다.

4 절종(furunculosis)·독종(carbuncles) [1996 기출]

특징		• 절종은 모낭이나 피지선의 급성 감염으로 포도상구균이 원인균이다. 흔히 여드름을 짜거나 털을 뽑아서 생긴 상처가 직접적인 원인이 된다. 절종증은 다발성으로 나타나고 재발이 되며 저항력이 약해져 있거나 또는 전신건강이 안 좋을 때, 영양이 불량할 때 볼 수 있다. • 독종은 포도상구균에 의한 피부와 피하에 생기는 농양으로 급성이며, 주로 목덜미와 등 뒤에 잘 생기고 증상은 광범위하게 부종과 발적이 오며 통증이 심하다.
원인		• 대부분 병소에서 staphylococcus aureus가 공통적으로 배양(직접적 원인으로 간주)된다. • 개선·소양증 등에서 2차적 감염이 유발된다. • 전신상태 저하 질환 시 다발(비만증, 백혈병, 부신피질 호르몬제의 투여나 항면역제 사용, 면역단백의 결핍상태 등)적으로 초래된다. • 호발부위 : 주로 모낭이 많이 분포된 부위, 발한 마찰이 많은 부위[경부, 안면, 액와부, 신부(腎部) 등] 등이다.
절종	정의	• 일명 종기, 부스럼이라고도 한다. 모낭과 그 주위 피하조직에 깊숙이 발생하는 감염이다. • 초기에는 압통을 동반한 단단한 적색결절 → 수일 후 말랑말랑한 병소로 변화 → 일단 병소부위의 표피파열과 함께 농성 삼출액 또는 내부의 괴사된 핵의 배출로 홍반과 부종은 수일 내지 수주일에 걸쳐 점차 소실된다.
	원인균	포도상구균
	호발부위	자극과 마찰, 압력, 수분에 노출되는 털 부분
	증상	얼굴, 두피, 목, 둔부, 겨드랑이 등에서 화농성의 액을 유출시키는 단단하고 붉고 건조한 결절과 궤양이 생기며, 통증과 압통이 뚜렷이 나타난다.
	치료와 간호중재	• 원인제거 : 항생제를 도포한다. • 대증요법 : 정서적 긴장해소, 청결한 위생이 중요(환부를 물에 침수시켜 감염 국소화) • 환부는 짜지 않고 경결된 부위를 터트리지 않는다. • 절개배농(환부에 고름이 국소화되었을 때)

독종	정의	• 절종이 융합되어 다수의 농루를 갖는 응어리를 형성한 것이다. 모낭 주위에 발생한다. • 비교적 깊숙히 위치하여 보다 크고 심한 염증성 반응 → 때로는 발열과 피로감 등 진신증상 동반 → 병소에는 홍반과 결질, 다수의 농포가 피부표면에 나타나 많은 모낭주위에 누공을 형성 → 계속적인 화농성 삼출 → 병변의 중심부가 육아조직으로 대치되어 서서히 치유되면서 결국 반흔을 남긴다.
	호발부위	한 부위에 국한되어 주로 목 뒤나 등 뒤에 잘 생긴다.
	증상과 증후	• 종기와 비슷하나 종종 파열되어 불쾌한 냄새가 나는 다량의 농이 배출된다. • 서서히 치유되며 치유된 후 흉터가 남는 것으로 부종, 발적, 통증이 심하다.
	치료와 간호중재	• 원인제거 : 항생제를 도포한다. • 대증요법 : 절개배농, 환부를 더운물에 침수하여 감염 국소화하고 재감염을 예방한다. • 세심한 손 씻기, 사용 후 린넨을 분리한다.
합병증		가장 큰 문제가 되는 것은 그리 흔치는 않으나 패혈증·골수염·급성 심내막염·뇌농양 등의 심각한 합병증을 유발할 수도 있으므로 피부농포를 짜낼 때 특별한 주의를 요한다.
치료	전신 항생제	전신 항생제요법으로 penicillin, erythromycin, dicloxacillin : 포도상구균 감염에 효과가 있다.
	절개하여 배농	• 감염이 국소화될 때까지 환부는 짜지 않고 경결된 부위를 터트리지 않는다. • 환부에 고름이 국소화되었을 때 절개하여 배농한다.
간호	더운물 침수	환부를 더운물에 침수하여 감염을 국소화한다.
	손 씻기	재감염 예방 위해 세심한 손 씻기를 실천한다.
	린넨 분리	재감염 예방 위해 사용 후 린넨을 분리한다.
	저항력 강화	휴식, 영양, 정서적 긴장 해소로 저항력을 강화한다.

5 단독(erysipelas), 봉소염(cellulitis)

정의	• 봉와직염은 연쇄상구균에 의해 진피와 피하조직의 광범위한 부위에 걸쳐 발생되는 감염이다. 발적과 국소결절이 감염을 의미하며 현저한 전신증상을 수반한다. • 봉와직염은 전염되지 않는다. • 단독 : 단독은 용혈성 연쇄상구균에 의하여 발생되며 어린이보다 어른에서 많이 볼 수 있다. 보통 얼굴에 많이 발생하며 일종의 급성 봉와직염이다. 표재성으로 발생한 봉소염으로 임파관 염과 전신증상을 동반한다. 치료는 penicillin과 같은 약물로 효과를 본다.
원인	주로 Group A의 β-hemolytic streptococci의 감염에 의해 발생되나 응고효소(coagulase) 양성 staphylococci에 의해서도 발생한다.

증상	• 감염부위에 작은 홍반 발생 → 확대 → 수일 내 급격한 고열과 병변부위 선홍색이며 통증이 심하다. • 변연부가 융기되어 정상 피부와의 경계가 명확하다. • 전신증상(오한, 전율, 두통, 권태감 심함)과 타 부위로 퍼진다. sepsis를 일으켜 사망할 수도 있다. • 호발 부위 : 안면, 두부, 지·족부, 기타 상처부위, 신생아의 배꼽 등이다.
치료	• 초기에 충분한 양의 penicillin 또는 penicillin계 항생제 및 erythromycin 등 강력 항생제를 전신에 투여한다. • acetaminophen, ibuprofen으로 통증을 완화시키고 열을 감소시킨다. • 병소부위의 안정과 냉찜질을 시행한다. • 괴사 또는 농의 축적 시 배농시킨다.

6 전염성 농가진(impetigo contagiosum) [1992 · 2011 기출]

원인	• staphylococcus aureus에 기인하며, 여름철 어린아이의 피부에 자주 발생되고 전염력이 높다. 원인균은 연쇄상구균 또는 포도상구균 및 복합된 다수 세균들에 의해 감염이 된다. • 전염은 직접 환부와의 접촉에 의해 전염될 뿐만 아니라 환자가 입고 있던 의복, 만진 장난감, 수건 등으로 인해 간접적인 전염이 가능하다. • 증상은 홍반과 수포가 생기고 수포가 터지면 황색의 가피가 형성된다. 농가진은 위생 상태가 불량한 어린이들에게 발생된다.
병태생리	• 연쇄구균에 의한 농가진의 시작은 얇은 막으로 형성된 작은 수포이다. 수포는 쉽게 터지고 껍질이 벗겨진다. • 수포는 농포로 되었다가 건조해지면서 누르스름한 색의 딱지가 형성되어 피부에 달라붙어 있다. 표피에 국한되어 있던 이러한 과정이 딱지 아래 부분으로 확장되기도 한다. • 작은 수포가 점차 큰 수포가 되었다가 터지고 얇은 미란을 형성하는 것이 포도구균에 의한 농가진의 특징이다. 치료하지 않으면 농가진은 수주 동안 지속되면서 새로운 병소를 계속 형성한다.
진단	• 초기 소수포는 수두와 감별이 어려우나, 수두는 후기에 암갈색 가피, 농가진은 황색의 가피 형성으로 감별한다. • 피부 병소에서 채취된 가피를 배양(약 60%에서 staphylococcus aureus, 30%에서 Group A streptococci, 10%에서 두 가지의 균이 모두 배양됨)한다. • 체부 백선증 · 단순포진의 2차 감염과도 감별이 필요하다.

증상	• 초기 작은 적색 구진 → 엷은 막을 지닌 소수포 형성(화상 시와 비슷) → 소수포 파열, 황색의 삼출 보임 → 바로 건조되어 특징적인 황색의 가피 형성(부스럼) → 때로는 개개의 병소가 융합하여 거대한 병변을 보인다. • 외부에 노출되는 안면과 사지에 호발(유아에서는 전신에 호발)된다. • 치료하지 않으면 수주일에 걸쳐 새로운 병변의 발생과 지속이 보이며, 간혹 streptococcus 에 의한 농가진의 약 4%에서 신우신염 합병증이 발생할 수 있다.
치료	• 항생제 전신 투여 : penicillin, 과민반응 시 oxacillin 또는 erythromycin을 최소한 7일간 경구 투여한다. • 국소 요법 　－ 가피를 수시로 제거하여 깨끗하게 유지시킨다. 　－ 가피 제거 후 bacitracin(500U/gm)을 함유한 국소 도포제 사용이 효과적이다. 　－ 신체접촉 금지 : 병소의 내용물이 건강한 피부에 닿으면 자기 자신은 물론 타인에게도 전염되므로 유의한다. 　－ 목욕 금지 : 목욕은 병소를 퍼지게 하는 요인이므로 수포진이 남아있는 동안은 금한다.

03 　바이러스성 피부질환

• virus는 일반 세균과는 달리 세포 내에서만 번식하는 초미니 균으로 핵산과 단백질로 구성된다.
• 감염된 세포로부터는 interferon이라는 물질이 생성되어 더 이상의 virus의 전파를 억제시킨다.
• virus의 피부감염은 보통 수포와 염증, 증식성 병소 등으로 나타난다.

1 단순포진(herpes simplex)

정의	• 단순포진은 herpes virus의 type Ⅰ에 의해 흔히 발생되고 있고 대부분의 1차감염은 어린이들에게서 많이 볼 수 있으며 발생 부위는 입술, 얼굴과 입 주위 등의 피부점막 접합부이다. 흔히 많은 사람들에서 바이러스가 잠복되어 있다가 단순포진을 일으키는 것으로 알려져 있으며 감기, 발열, 정서적 장애, 월경 등이 있을 때 나타나기도 한다. • 수포는 좁쌀이나 쌀알 크기 또는 쌀알 반 크기의 원형 소수포이며 1주일이면 자연히 낫는다.
형태	• 제1형 입술 헤르페스(헤르페스성 구내염) • 제2형 생식기 헤르페스(genital herpes) : 성교 같은 직접 접촉을 피한다.
기전	• 나이, 면역 억제기간에 의해 질병이 악화·피로해 질 수 있으며, 스트레스는 재발을 촉진한다. • 1차 감염 후 바이러스는 말초신경을 타고 올라가 체내 신경절에 잠복해 있다가 면역력이 저하되면 피부의 감각신경 경로를 따라 옮겨 다니면서 반응한다. [국시 2002]

원인진단	• 단순포진은 DNA virus의 일종인 herpes hominis virus에 의해 유발된다. • 호발 부위나 군집성 수포군으로 진단이 용이하나, 농가진·대상포진 등과 감별이 필요하다.		
증상	• 피부에 발적과 염증이 있는 다수의 작은 수포가 무리를 지어 나타난다. • 수포는 좁쌀, 쌀알 또는 쌀알의 반 정도 크기의 원형 소수포로 수포는 자연히 건조되나 때로 짓무르는 수가 있다. • 대개는 1주일이면 자연히 낫는다. • 가벼운 작열감을 느끼는 일이 있으며 때로 국소적 림프선 종창이 나타난다. • 신경통과 같은 아픔을 수반한다.		
구순포진	발병기	• 3~10일간 • 바이러스 전염 : 최초 3~5일 사이	
	발진	홍반성 발진	
	수포	• 군집을 이룬 소수포로 집단으로 무리를 지어 피부, 점막의 코, 볼, 입술, 귀에 나타난다. • 대부분 입 주위에 많이 관찰된다.	
	통증	소양감, 작열감, 통증, 수포(물집)에 통증을 동반한다.	
	농포	삼출물이 나오는 농포	
	가피	가피 형성	
	발열	–	
합병증	안면 신경 마비, 삼차 신경통		
약물	acyclovir [국시 2004]	항바이러스 약물, acyclovir로 바이러스의 DNA 합성을 방해로 바이러스의 복제를 차단하여 바이러스 확산 감소와 치유 촉진한다.	
보건지도	• 증상은 심하지 않으면 특별한 치료 없이도 회복된다. • 2차 세균감염을 동반하지 않는 한 1주 정도 경과 후 자연 치유된다. • 5% IDU가 포함된 연고의 국소적인 도포와 환부의 건조처리가 경과를 단축시켜 주며, 2차적인 세균감염이 되었을 때는 항생제가 포함된 연고를 바르도록 한다. • 질환의 급성기에는 병변의 불편감을 덜어주기 위해 냉습포를 해준다. • 70% 알코올을 자주 발라서 병변을 건조시키는 것이 좋다. • 자각 증상이 심하거나, 2차 세균감염 시 전신적·국소적 항생제, 소염제, 진통제 등을 사용한다. • 삼출이 심한 경우 wet dressing과 적당한 항생제의 도포가 필요하다.		

2 대상포진(herpes zoster) [1992·2013 기출]

원인균	• 바리셀라 조스터 바이러스(varicella zoster virus) • 잠복기의 수두(varicella)가 재활성화된 것이다.
발병빈도	• 50~60세 이후(노인) : 연령이 증가할수록 발생률이 증가한다. • 면역기능의 약화, 악성 종양, 백혈병, 림프종 등이 원인이다. • 재발은 드물며 재발하는 경우 면역 저하를 의심해야 한다. [국시 2001·2006]
기전	수두의 원인균인 varicella zoster 바이러스가 신경절에 잠복하여 잠복 바이러스가 피부의 말초신경(뇌신경, 교감신경, 척수 신경)의 감각 신경을 따라 움직이며 재활성화된다.
전파	• 급성기, 수포 형성 시기 • 대상포진의 수포로부터 직접 접촉이나 흡입을 통해 전파된다. • 면역기능이 정상인 사람에서 공기를 통해 전파시키지 않으나 감수성이 있는 사람에게 바이러스는 전파한다.
발병형태	• 통증을 수반하는 수포성 발진이 후반 신경절로부터 말초신경의 주행을 따라서 주로 편측성으로 나타난다. 대상포진의 발생은 림프종, 백혈병, 후천성 면역결핍증 환자에게 빈번히 발생된다. • 수포성 발진이 말초신경을 따라 나타날 때 소양감이 있으며 수포가 나타난 부위는 홍반성이고 피부는 부종이 있다. 초기의 수포는 혈청을 포함하고 있으나 후에는 화농성이 되고 터지면 가피를 만든다.

증상	발진	• 발진은 하나 혹은 그 이상의 척수후근 신경절로부터 나온 신경의 분포를 따라 일측성으로 나타난다. • 병소가 척추를 건너 신체 반대편에 나타나지는 않는다. • 통증 → 반점 → 구진 → 수포 → 농포 → 가피 형성
	수포	• 수포는 군집된 선형으로 배열되어 나타난다. • vs단순포진은 집단으로 나타난다. • 수포액은 혼탁하고 딱지가 생성되었다가 10일 정도면 떨어진다. 수포가 나타나기 전에 권태, 발열, 가려움, 침범부위의 통증이 나타날 수 있다.
	병소	대상포진 환자의 2/3 정도는 흉부에 병소가 발생한다. 나머지는 삼차신경 침범에 따라 얼굴, 눈, 두피에 병소가 생긴다. 발진은 처음에는 반점으로 시작하나 빠르게 수포로 진행한다.
	통증	• 발진에 앞서 4~5일 전부터 악성 통증, 통증과 함께 발진으로 타는 듯한, 예리하게 자르는 듯한, 찌르는 듯한, 작열감, 신경통, 압통, 발진은 약간만 건드려도 통증이 유발된다. • 시신경 침범 : 눈에 통증이 있다. • 통증은 약 4주까지도 유지된다. 환자의 10% 정도에서는 대상포진 후신경통이라고 하는 통증 증후군이 생긴다.
	삼차신경	삼차신경의 눈 부위가 침범되면 각막궤양, 홍채염, 공막염 등이 합병할 수 있다.

합병증	• 감염, 반흔 • 대상포진 후 신경통증 • 삼차 신경통(제5뇌신경) • 눈의 합병증(삼차 신경의 안가지 침범)		
진단	챙크 (Tzanck) 도말법	• 수포성 장액 확인에 유용하다. • 수포가 터지지 않도록 소독한 후 메스로 수포의 윗부분을 제거하고 작은 큐렛을 사용해 긁어내어 채취된 체액 성분, 세포를 슬라이드 위에 놓고 현미경으로 검사한다. 예 단순포진, 대상포진의 바이러스성 감염, 천포창(수포성 질환) 감염 의심 • 접촉성 피부염과 대상포진을 감별하기 위하여 임상검사가 필요하다. • Tzanck smear로 포진바이러스를 식별하나 단순포진과 대상포진을 구별하지는 못한다.	
치료	약물	아시클로버 (acyclovir) [국시 2004 · 2017]	항바이러스제로 acyclovir는 바이러스의 DNA 합성을 방해로 바이러스의 복제를 차단하여 바이러스 확산 감소와 치유를 촉진한다.
		corticosteroid제	대상포진 후 신경통증(치유 후에도 침범당한 신경에 지속적 통증)의 발병을 감소시킨다.
		비타민 B_{12} 투여	신경계증상 완화
	수렴성 습포	적응증	• 수포, 농포, 궤양성 질환, 급성 염증성 질환 • 아토피성 피부염, 수두
		방법	찬물이나 생리 식염수와 Burow 용액이나 마그네슘 현탁액을 1 : 10, 1 : 20로 희석하여 사용한다.
		효과 [국시 2013]	• 염증 상태 완화, 치유 증진 • 통증 완화 • 냉습포는 혈관 수축을 일으켜 소양감 경감 • 감염된 부위의 배액 • 피부의 삼출물, 가피, 인설 제거
	전파	• 수포 형성 시기에 면역억제상태에 있는 사람들이나 수두에 민감한 사람들에게 전염성이 증가된다. • 전파 예방 위해 처치 후 손을 철저히 씻는다.	
	불편감 감소	냉찜질과 진양제 로션을 바르도록 한다.	

3 심상성 우췌(verruca vulgaris = warts, 사마귀)

정의	papova virus에 기인되는 무증상의 과각질화된 둥근 결절로서, 자기접종(autoinoculation)에 의해 전염되는 양성 상피세포 종양으로 환자의 혈청에서 이에 대한 항체 증명과 세포면역의 저하·결함이 있는 사람에게 자주 발생한다.
증상	• 어린이는 신체 어느 부위에나 나타날 수 있으나 주로 손·손가락 등에 다발성으로 나타나며 성인에서는 다발성으로 나타나는 예가 거의 없다. • 입술 등의 점막·조갑하부에도 나타나며, 발바닥에 나타난 사마귀는 흔히 티눈(과각화증)과 감별이 힘들다.
치료	• 성장에 따라 자연 소실되는 경우가 많으나, 단순치료에 의해 자주 재발되기도 한다. • 간단한 국소마취 후 전기 소작법으로 제거(반흔을 동반하므로 안면부 적용 시 주의를 요함)한다. • 한냉요법 : 사마귀 직하부에 수포를 형성하여 사마귀를 분리한다. • 좋은 건강습관(good health habits)이 중요하다. • 적당한 신발을 착용한다.

✐ **감염성 피부질환**
① 기생충 피부질환 : 옴, 이기생증, 진드기
② 세균성 피부질환 : 농가진, 절종, 옹종, 봉와직염
③ 바이러스성 피부질환 : 단순포진, 대상포진, 사마귀
④ 진균성 감염 피부질환 : 백선증

04 피부과 증상을 동반한 전신질환

1 전신성 홍반성 낭창 [1992·1996 기출]

정의	전신성 홍반성 낭창은 여러 기관(주로 피부, 관절, 신장 및 장막)의 혈관조직과 결체조직을 침해해서 많은 국소적, 전신적 증상을 일으키는 원인 불명의 염증성 질환
원인	• 원인불명이나 자가면역성 질환이라는 학설이 있음 • 성격상 유전적이고 가족력이 있는 것으로 보임 • 젊은 여성의 관절과 피부에서 잘 발생 • 약물에 기인되기도 함 • 증상이 완화되었다가 악화되기도 함

증상	• 허약, 권태감, 체중 감소
	• 피부증상
	  － 볼(협부)의 발진, 탈모증, 피부혈관염, 자반
	  － 협골돌출부에 나비 모양의 피부발진(홍반)
	  － 목, 상지, 하지에 유사한 병소 : 가려움, 인설 발생
	• 범발성의 임파절 증상
	• 지속적 미열
	• 류머티즘과 유사한 관절염
	• 빈혈, 백혈구 감소, 혈소판감소
	• 근육, 골격의 동통
	• 심낭염, 심근염, 늑막삼출
	• 단백뇨, 농뇨, 신염 : 신부전(사망의 1차 원인)
	• 전신신경증상

합병증	**관련 계통**	**주관적, 객관적 결과**
	심폐계	과호흡, 호흡곤란, 좌위호흡, 빈맥
	신장계	체중 증가, 요량 감소, 부종, 혈뇨, 단백뇨, 원주세포, 혈압상승
	소화기계	오심과 구토, 설사, 통증, 팽만, 장음의 감소 또는 소실
	신경계	복시, 안검하수, 안구진탕, 운동실조, 발작, 성격변화, 편집증 또는 정신이상적 행동
	혈액계	권태감, 쇠약, 발열, 오한, 점상출혈, 비출혈, 토혈, 양성 잠혈검사

진단기준 : 4개 이상 해당 시 확진	① 뺨의 발진 : 고정된 뺨의 홍반(나비 모양의 발진) ② 원판상 발진 : 여러 개가 모인 홍반성 병변 ③ 광과민성 : 태양광선 노출 시 발진 ④ 구강궤양 : 구강과 비강에 동통 없는 궤양 ⑤ 기형이 동반되지 않는 관절염 ⑥ 장막염 : 늑막염/심막염 ⑦ 신장장애 : 지속적인 단백뇨/cast ⑧ 신경장애 : 신경증/경련 ⑨ 혈액장애 : 용혈성 빈혈, 혈소판감소증, 백혈구감소증, 림프구감소증 ⑩ 면역장애 ⑪ LE세포 또는 anti-DNA 항체, 항핵항체

피부보호 교육지침	• 부드러운 비누로 피부를 씻음 • 피부를 문지르지 말고 두드려서 완전히 말림 • 건조한 피부에 로션을 자주 바름 • 파우더나 다른 건조 유발물질을 피함 • 수분이 많은 화장품을 사용함 • 직접적인 태양노출을 피하고 다른 자외선 노출도 피함

08

	• 외출할 때는 챙이 넓은 모자, 긴소매 옷, 긴 바지를 착용함 • 최소한 SPF 30 이상의 자외선 차단크림을 사용함 • 노출된 부위의 피부와 발진을 매일 관찰함
치료 간호	염승 증세 완화, 증상 완화에 중점을 둠 • 합병증을 치료함 • corticosteroid를 투여함 • 환자를 햇빛에 노출하지 않음 : 피부병소가 악화될 수 있음 • 근육, 골격통에 대해서는 salicylate를 줌 • 항말라리아제제를 투여함 • 면역억제제 투여 : 면역반응을 없애기 위함임 • 빈혈치료 • 고비타민 식이, 고칼로리 식이 • 문제별로 치료한다 : 신염, 울혈성 심부전, 중추신경계 낭창
편평상피암	−
기저세포암	피부에서 발생하는 가장 흔한 표피 악성 종양, 천천히 성장하며 전이는 드문 경우임
흑색종	• 악성 흑색종은 멜라닌 세포의 악성으로 생긴 종양으로 빠르게 증가하며 쉽게 전이됨 • 악성도가 가장 높음 cf) 파킨슨 질환 : 흑색질에 멜라닌 색소가 소실되어 멜라닌 신경 세포의 탈락이 나타나 흑색질의 멜라닌신경 세포에서 만들어지는 도파민이 감소함

2 악성피부질환

원인	자외선	• 햇빛(자외선 : 피부암, 백내장 유발)의 과다한 장기간 노출 될 때 • 햇빛에 의한 피부 손상은 나이에 비례하다. • 야외에서 근무, 높은 고도, 낮은 위도에 사는 경우
	발암물질	• 직업상 비소, 화학적 발암 물질(라듐, 방사선 물질) 노출 [국시 2014] • 크롬 : 폐암, 피부암 • 비소 : 피부암, 폐암, 백혈병, 간의 혈관육종
	모반	만성궤양이나 흉터의 조직, 만성 자극 등에 의해서이다.
피부암	기저세포암	• 무통성 성장, 태양에 노출된 얼굴의 관자놀이, 귀, 머리, 목에 잘 발생한다. • 기저세포상피종의 경우 피부암 중에서 가장 흔하고, 악성도가 낮다.
	편평상피암	• 태양에 노출되는 외층표피에 생기는 암으로 얼굴, 입술, 입, 손 등에 호발한다. • 표피의 각질 형성 세포에서 빨리 성장하며 전이가 잘 된다. • 내부장기로 전이될 수 있기 때문에 피부암 중에서 위험한 종류이다.

	흑색종	• 멜라닌세포 유래의 악성종양으로서 멜라닌세포가 존재하는 곳에는 어느 부위에서나 발생할 수 있으나 피부에 가장 많이 발생한다. 악성흑색종은 멜라닌세포 또는 기존에 존재하는 모반세포(점을 구성하는 세포)의 악성 형질변환으로 정의할 수 있으며 악성도가 높다. • 3개월에서 8개월 사이 2배로 증식하고 출혈 및 소양증, 궤양 등의 증상을 보인다. 절제하거나 재발방지를 위해 알파－인터페론과 백신치료를 한다.
Malignant melanoma (흑색종)의 조기증상	A	Asymmetry(반으로 잘랐을 때 비대칭이다)
	B	irregular Border(경계가 불분명하거나 불규칙적이고 가장자리가 흐리다)
	C	varies in Color(색이 고르지 않고 얼룩덜룩함, 다양한 색소침착, 갈색 또는 흑색)
	D	Diameter > 6mm(직경이 6mm보다 큼, 연필에 달린 지우개 크기)
	E	Elevation(융기 : 편평했다가 최근에 솟아오른다)
	F	Feeling(느낌 : 병변이 가렵거나 저리거나 따가운 느낌)
피부암 예방교육		• 태양광선에 노출되는 것 피하기 • 적절한 자외선 차단제 사용 • 햇빛이 강한 야외에서는 모자, 불투명한 옷, 선글라스를 사용하기 • 한 달에 한번 피부 자가검진하기 • 피부색, 병소의 크기·모양·감각·특성의 변화가 있을 때 병원 방문하기

| 병변의 악성 여부를 확인하는 법(ABCDE 방법) |

구분	양성종양	악성종양
A Asymmertry 비대칭성		
B Border irregularity 불규칙한 경계		
C Color variation 색조의 다양함		
D Diameter 직경이 0.6cm 이상		 직경 0.6cm 이상
E Evolution 색조나 크기에 있어서의 변화		

출처 ▶ 보건복지부, 국립암센터, 대한의학회

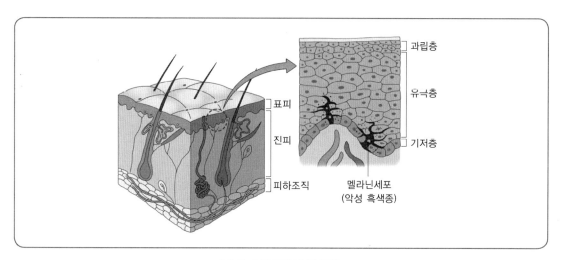

| 악성 흑생종의 발생부위 |

출처 ▶ 보건복지부, 국립암센터, 대한의학회

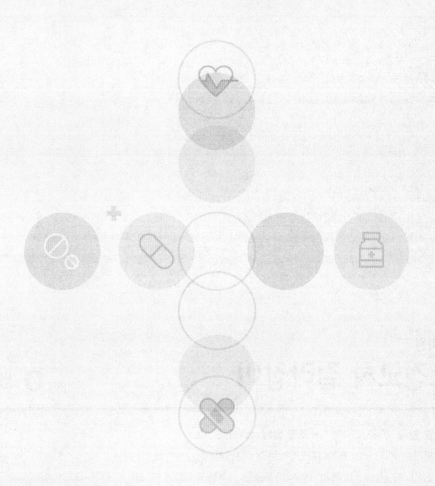

신희원

보건교사 길라잡이

④ 성인[2]

● **초판 인쇄** 2023. 5. 15.　● **초판 발행** 2023. 5. 19.

●**편저자** 신희원　●**표지디자인** 박문각 디자인팀

●**발행인** 박 용　●**발행처** (주)박문각출판　●**등록** 2015. 4. 29. 제2015-000104호

●**주소** 06654 서울시 서초구 효령로 283 서경 B/D　●**팩스** (02)584-2927

●**전화** 교재주문 (02)6466-7202, 동영상 문의 (02)6466-7201

저자와의
협의하에
인지생략

정가 33,000원

ISBN 979-11-6987-022-1 | 세트 979-11-6987-016-0